华南理工大学亚热带建筑科学国家重点实验室资助项目

城乡规划法律及准则编译丛书 / 周剑云主编

1961纽约市区划决议案

黎淑翎　陈　璐　于萍萍　译

周剑云　戚冬瑾　校译

华南理工大学出版社
SOUTH CHINA UNIVERSITY OF TECHNOLOGY PRESS
·广州·

图书在版编目（CIP）数据

1961纽约市区划决议案/黎淑翎，陈璐，于萍萍译. — 广州：华南理工大学出版社，2018.12

（城乡规划法律及准则编译丛书/周剑云主编）

ISBN 978-7-5623-5864-0

Ⅰ.①1… Ⅱ.①黎… ②陈… ③于… Ⅲ.①城市规划法–纽约–1961 Ⅳ.① D971.222.97

中国版本图书馆CIP数据核字（2018）第281957号

1961 纽约市区划决议案

黎淑翎　陈　璐　于萍萍　译

出 版 人：卢家明
出版发行：华南理工大学出版社
　　　　　（广州五山华南理工大学17号楼，邮编510640）
　　　　　　http://www.scutpress.com.cn　E-mail: scutc13@scut.edu.cn
　　　　　营销部电话：020-87113487　87111048（传真）
策划编辑：赖淑华
责任编辑：骆　婷
印 刷 者：广州一龙印刷有限公司
开　　本：787mm×1092mm　1/16　印张：37.5　插页：1　字数：867千
版　　次：2018年12月第1版　2018年12月第1次印刷
定　　价：148.00元

版权所有　盗版必究　　印装差错　负责调换

Acknowledgement

Zoning Resolution of the City of New York (as it existed on December 15, 1961) used with permission of The City of New York Department of City Planning. The City of New York Department of City Planning shall not be responsible for any misrepresentation or misinformation resulting from inaccuracies contained in the translated text of the Zoning Resolution.

声明

纽约市城市规划局授权翻译《纽约市区划决议案》(1961年12月15日生效之日的版本)。该书对《区划决议案》文本的不准确翻译所造成的任何错误解释或信息,纽约市城市规划局不负有责任。

纽约市

Robert F. Wagner 市长

城市规划委员会

2 Lafayette Street, New York 7, N. Y.

委员

James Felt 主席

Francis J. Bloustein 副主席

Elinor C. Guggenheimer

Lawrence M. Orton

Michael A. Provenzano

James G. Sweeney

秘书

Pauline J. Malter

1961 年 12 月 15 日生效

基于预算委员会于 1960 年 12 月 15 日采纳的《区划决议案综合修正案》,并经后续修正

城乡规划法律及准则编译丛书
编 辑 委 员 会

主　编：周剑云

副主编：吕传庭　　戚冬瑾

编　委：蔡　赢　　邱衍庆　　张洪林

　　　　何明俊　　张春阳　　李立勋

　　　　黎淑翎　　鲍梓婷　　曾天然

　　　　贺璟寰　　庞晓媚

■ 总 序

城乡规划是解决城市现实问题与实现城市发展目标的理性综合工具，其基本表现形态为制度。规划制度是城市地区的历史与文化、社会与政治、城乡发展问题及规划知识等要素综合演进的产物，而规划法是一个国家、地区或城市正式规划制度的集中体现。规划法是通过管理开发来协调三重关系：第一是协调人与环境的关系，目的是促进可持续发展；第二是协调政府与社会的关系，目的是通过规定政府的权力与义务来保障私人权利和维护公共利益；第三是协调邻里关系，目的是克服城市土地使用竞争性冲突，维护社会公平。规划法建立在特定的政治、社会及历史文化环境基础上，以该地区特定历史阶段的城乡发展核心问题为目标，运用科学的规划理论和规划知识来组织与规范规划、开发行为等社会性活动，试图减少或缓解城乡发展的基本矛盾。城乡发展的不充分预见性特征及其问题的复杂性，以及对理想人居环境目标的永恒性追求，使得规划法具有历史动态性与稳定性的对立统一特征。

城乡规划与城乡规划法就其功能而言都是管治城市发展的工具，然而两者的规范对象不同，城乡规划的管治对象是城市土地或城市空间，城乡规划法的规范对象是人的行为，主要包括：规划制定的行为、开发行为与开发控制行为，以及与此相关的公共参与、公示与公告要求、开发申请、违章处罚、强制执行、规划上诉等行为准则。城市土地开发与使用的管治存在多种方式，包括规划、政策和法律，法定规划是城乡规划的一种基本类型；针对城市土地和空间形态管治还有一种更直接的法律工具，这就是区划法。所谓区划就是对城市土地进行划分，并针对每类分区制定用途规则与开发准则。有些国家和地区的法律既规范规划与开发行为，又明确土地开发及空间使用准则，呈现规划法与区划法混合的特征。一般而言，规划法呈现三种基本类型：界定规划行为类型并制定规划行为规则，划分城市土地并提出分区开发准则，行为规则与空间准则混合的综合立法。

尽管每个城市所处的历史阶段不同，城乡发展所面临的问题不同，每个城市的政治制度与社会环境、政府规划管治的权力也不一样，但由于规划法的目的一致，法律作为管治工具的实质没有变，法律形式自身具有稳定性，不同国家和地区的城市规划法呈现相似的结构特征。就针对规划行为的立法而言，大体遵守"规划、实施、救济"三种行为类型；而区划法的内容大体就是"用途管理、开发强度及建筑形态管控"等内容，比如我国的城乡规划法与澳大利亚昆士兰州的整合规划法的框架结构相似，我国控制性详细规划与纽约区划法内容接近等；规划法律的内容与框架的相似性为不同国家制定规划法律提供了参考借鉴和比较研究的基础。

为借鉴发达国家和地区城乡规划的立法经验，参考真实的法律文本以提高我国城乡规划立法水平，本丛书选择一些有代表性的国家和地区的规划法律及规定进行系统性地翻译。第一是《1947英国城乡规划法》，这是英国规划体系的基石，是在私有土地的政治制度基础上，通过细分土地权利，以规划法的方式确立土地开发权国有化并确立规划权力的基础。比较而言，为促进城市土地开发，我国自20世纪90年代起采取土地所有权与使用权分离制度，以市场化的方式转让土地使用权，在激发市场活力的同时，又保留规划的权力来维护城市公共利益和促进城市健康有序的发展。尽管英国是私有土地的开发权国有化，我国是公有土地转让使用权但国家仍保留开发权，两者的过程不同，然而实质都是通过开发权来协调国家与私人的权益，是以开发权为核心的规划制度。第二是《1961纽约区划决议案》，这是一部最具代表性的区划法。我国的控制性详细规划的起源与区划有关，控制性规划的内容以及法定化形式与区划类似，但是控制性规划的适用性与稳定性远远不及纽约区划。频繁的、普遍的控规修改和调整成为我国规划体系的主要问题之一，严重影响控制性规划作为法定文件的严肃性。纽约区划的管理指标体系为世界许多城市的规划管理提供了有效的参考样板并且卓有成效，而我国控规指标体系中相似的借鉴却没有达到预期的效果，这是由于对指标含义的曲解和误读。第三是澳大利亚昆士兰州的系列规划法律，包括1997整合规划法、2009可持续规划法和2016规划法。我国城市规划制度与澳大利亚昆士兰州的规划制度比较类似，在规划制定方面采用城市总体规划和地段详细规划两层次规划体系，在规划管理方面都采用开发项目的规划许可制度。两个规划制度的差异主要是：（1）规划编制方面，昆士兰州的两层次规划是一体化编制，而我国是分阶段编制；（2）规划管理方面，昆士兰州采用多部门、多主体参与的整合开发评估系统，我国依然是传统的规划行政体系；（3）规划救济制度方面，昆士兰州建立完善的规划上诉、赔偿、违法处罚和强制执行制度，建立专门的规划与环境法院、建筑与开发仲裁庭，在制度和机构方面充分保护私人权利和维护公共利益；（4）昆士兰州采用的是整合的规划法律，将涉及规划与开发规则的庞杂法律规范文件系统性整合为一部法律，既方便公众使用，又提高行政效率。第四是日本和新加坡的规划法律。这两个国家在历史文化方面与我国比较接近，也都是在学习和借鉴欧美规划法律的基础上建立符合本国要求与适合自身特点的规划法律体系，并在城市管理实践中取得显著成效，尤其是新加坡已成为我国城市规划管理的范例。第五是我国香港与澳门的城乡规划法律汇编。港澳是近代中国联系世界的门户与窗口，在曾经100多年的殖民统治时期分别引入了英、葡两国的规划制度，建立了地方性的城市规划法律体系，其中香港的规划管理方法，如法定图则也深深影响了内地的控制性规划；回归之后，港澳成为"一国两制"的实践地区，与内地在经济、社会、文化方面有深度交流，在粤港澳区域合作日益扩大的同时，深层次的法律和制度差异也反映出来，因此在区域合作中需要在法律制度层面进行协调与沟通。第六是城市设计指南汇编。在高速城镇化和城市大规模外延扩张之后，城市空间的品质提升成为现实的要求和规划管理面临的挑战，城市设计成为主要的管理工具与手段。与城市规划的土地用途与建筑形态管理不同的是，城市设计管理的内容深入到城市空间的形态及其美学艺术范畴，公共与私人的权利关系更加复杂，公众的美学诉求更难统一，如何在制度层面建立城市公共空间的艺术准则就成为城市设计管理的核心问题。此处初选了美国旧金山、圣迭戈、西雅图、纽约等城市设计指南文本进行编译，展示城市空间形态控制的内容、准则及要求。

立法是国家治理的根本性工作与城市管理的基本依据，我国城乡发展中产生诸多问题的原因之一，就是立法不足或立法不够科学。目前规划的立法问题是多层面的，既有对城市发展规划认识不足，比如1990年城市规划法要求严格限制大城市发展，而其后发展最快的就是大城市；也有对规划管理实践自身的反思不够，比如总体规划的有效性问题、控制性规划的稳定性问题等；再者就是立法经验不足，包括规划法律的基本格式与结构编排，甚至法律语言的文字表述等。因此，需要优秀的法律范本来比较和参考，这就是翻译本丛书的原因和目的。

目前我国对翻译工作的学术评价较低，对国外规划法律文本的翻译几乎是一个空白，但是这又是一件不得不为的工作。法律文本的翻译是一件极其困难的工作，既因为存在法律语言、术语的中文词语不足的问题，也因为语言背后的政治、历史与文化内涵上有较大差异。外国的法律并不适用于中国，法律翻译的目的也不是在中国使用外国法律，而是学习借鉴他国的法律经验，这些经验包括立法的过程、法律内容和文字格式及版式。本套丛书采取整本全文编译的方式，包括法律附带的修正案、废除条款，以及注释、解释、术语、附录等，并且在格式和版式方面都与原版保持高度的一致，其目的就是展示法律文件的规范性与严肃性，体现规划知识的法律形态特征，为我国规划立法提供基础资料与基本线索。

周剑云

2018年9月于广州

译者序

区划是美国规划制度的核心，而纽约的区划法是美国区划制度的起源及代表。为了全面深入地认识美国的区划制度，为规划法制学术研究提供原始的基础资料和优秀的规划法律文件，译者翻译了《1961纽约区划决议案》（以下简称《1961决议案》）全文。该决议案是纽约区划制度发展中的重要转折和现行区划制度的基础与框架，也是认识美国区划制度的关键。

1. 《1961决议案》的历史背景

作为美国规划历史上第一个制定综合性区划条例的城市，纽约市的区划实践一直以来备受瞩目。

早在19世纪末，为了避免日益增高的建筑影响市民获得阳光的权利，纽约州立法机关颁布了一系列关于限制居住建筑高度的法令，并于1901年颁布《出租公寓法》（Tenant House Act）。

此时，纽约已经成为国家的经济中心，高速的商业拓展与大量涌入的新移民对建筑空间产生了巨大的需求，建筑技术的进步使建筑高度不断提升，住房的短缺催生了体块最大化、标准最低化的住宅产品，仓库和工厂向市中心布局进一步降低了城市环境质量。城市迫切需要用更加有效的手段来管理土地用途和建筑形态。1915年在曼哈顿落成的公平大厦大面积遮挡了周边建筑的阳光，法院对此裁决认定政府有权基于公共利益规定建筑的高度和体量，并因此酝酿了美国第一部综合区划条例《1916建筑区划决议案》（Building Zone Resolution）。虽然它只是一份内容相对简单的文件，但它革命性地用法规限定了建筑的高度和建筑退让，并把不相容的用途排除在居住区域以外。当美国其他城市相继出现与纽约相似的城市问题时，综合区划条例《1916建筑区划决议案》便成为参照的范本，并逐渐成为普及全美的模式。

然而，当其他城市先后采用纽约模式时，纽约自身的区划却并非一成不变。《1916建筑区划决议案》被频繁地修改以应对城市人口和土地利用不断出现的新变化。经历近半个世纪的实践，到1960年代，区划文件所强调的规划原则已经显得不合时宜了，虽然对文本和地图的修正已经超过2500次，但仍不足以应对新的发展与挑战。例如，1916年计划的建设密度将使城市人口远超实际容量；在柯布西耶模式的影响下，用公共设施换取更多建筑面积的鼓励性区划概念开始形成；汽车使用的增长产生了以汽车为导向的土地开发模式和生活方式。另外，使区划审批变得更加简单和高效的社会需求也从未间断。因此，《1916建筑区划决议案》的框架需要重新构建。

1950年，纽约市聘请了Harrison、Ballard和Allen为《1916建筑区划决议案》的综合修改和现代化提出建议，他们在同年10月向城市规划委员会提交了研究成果——《为重新分区而规划》（Plan for Rezoning），详细列出了八项提议及其对城市的影响，其中的许多内容成为《1961决议案》的基础。基于该项研究，建筑设计公司Voorhees Walker Smith & Smith在1958年8月完成了第二份咨询报告，其中包含新的区划决议案的文本和地图，并附有说明。1959年的6月至8月，由城市规划委员会主席和城市规

I

划局职员组成的区划委员会审查了 Voorhees 的报告，并制定了综合计划书。1960 年 10 月及 12 月，城市规划委员会和评估委员会分别完成了关于区划决议案的综合修正案的报告。

经过长时间的研究和公众讨论，《1961 决议案》于 1961 年 12 月生效。同年，纽约颁布了一本理解和使用区划决议案的区划手册（*Zoning Handbook*）。

2. 《1961 决议案》的重要性

《1961 决议案》体现了当时先进的规划理论。它综合了用途（Use）和体位（Bulk）的规定，强调了停车的要求，并引入了鼓励性区划，通过增加额外的建筑面积奖励以鼓励在开发过程中创造更多的开敞空间。

《1961 决议案》的重要性在于，它奠定了纽约市现行区划决议案的框架和结构，其中的分区体系以及关键的控制指标，如容积率、开敞空间率及建筑面积奖励等一直沿用至今，这些技术性管理指标也成为世界上大多数国家规划管理借鉴与学习的对象。

3. 《1961 决议案》的特点

（1）分区体系

区划的实质就是分区，即对城市土地进行区域划分，从而对不同特质的区域进行适当的规划管理。如何进行区域划分是区划决议案的基本问题。在《1916 建筑区划决议案》中，纽约市采用了三套分区地图，分别是：①用途分区（Use Districts），用于管理土地上的建筑用途；②高度分区（Height Districts），旨在控制建筑的体块和高度；③区域分区（Area Districts），是为确定庭、院和开敞空间而设立的。

一个城市的区划管理采用三套不同的分区地图，使得查阅特定地块的规划信息变得十分困难，而且容易产生混乱。因此，在《1961 决议案》中，《1916 建筑区划决议案》中的三套地图被单一的区划图取代。这个区划图以用途分区为基础，基于用途分区再对建筑高度、庭、院、体块和开敞空间等控制要素进行详细的规定。

但是以"用途分区"为基础的分区体系并不意味着简单的功能隔离。例如，在"居住区"中并不是只允许居住功能，还包括各类符合居住环境特性的社团设施等。而且，区划法中也列出了关于土地与建筑功能混合的相关规定。

（2）用途管理

在《1916 建筑区划决议案》中，"用途分区"包含三类地区：居住区（Residence Districts）、商务区（Business Districts）和无限制区（Unrestricted Districts）。其中商务区只列出了禁止的用途。由于这种管理方式不可能全面地规范新出现的用途，到《1961 决议案》时，法案规定的是各个分区允许的具体用途，这类用途属于法定权利范畴，因此在具体开发的时候就无须申请规划许可。而新的用途，也就是区划议案没有列明的用途，就必须通过严格的审查来确定它是否能够服务于社区并且符合社区的特质。另外，《1916 建筑区划决议案》中的"无限制区"是允许所有土地用途的，成为重工业唯一能落地的区域，也是所有类型的开发入侵的地方。这些不相容的用途混杂在一起，产生了严重的环境和社会问题。因此，"无限制区"在《1961 决议案》中被取消。

为了适应经济发展和生活方式的转变，《1961决议案》把分区划定为居住区（Residence Districts）、商业区（Commercial Districts）和工业区（Manufacturing Districts）。而且，它在工业区中引入"释放标准"的概念，释放标准规定了对开发项目环境影响的要求，包括噪声、气体、污水、辐射等环境影响因素。这个概念既能创造对其他土地用途影响较少的工业区，又能为工业企业的选址提供更大的灵活性。

（3）地块分类

值得注意的是，《1961决议案》依据地块与街道的关系将地块分为三种类型，分别是邻边临街的转角地块（Corner Lot）、对边临街的穿越地块（Through Lot）和只有一个临街面的内部地块（Interior Lot）。一个复杂的多边形区划地块可能根据适用标准被切成多个从属于不同类型的部分，各个部分分别遵循相应地块的规定。

（4）控制指标

《1961决议案》精心设计了相互关联的控制指标，除了规定地块上可以建设的房间数量以外，还综合运用"开敞空间率""容积率"和建筑面积奖励等指标，有效地控制建筑的形态，创造更宜人的生活空间。它引入的"平均高度（高度系数）"和"天空曝光面"等指标也改变了以往体位控制对建筑外形的僵硬规定，在确保建筑获得足够的阳光和空气的同时，鼓励更多样、更高质量的设计，而且提高了建筑的经济性。

"二战"以后，技术革命把城市带入汽车时代和航空时代。因此，《1961决议案》中根据不同地区和分区的需求制定有针对性的停车设施和装卸泊位要求，并使用独立的篇章规范机场周边的建设高度。

（5）对行政裁量行为的规定

为了彰显法律精神、保障公共利益并实现实质正义，在执行《1961决议案》时，城市规划委员会或标准及上诉理事会可以依据区划决议案的具体规定批准特殊许可，也可以对决议案中的规定进行解释、变通或修正。《1961决议案》中对两个机构的具体权力、行政裁量行为的具体条件有详细的规定。

（6）文本的设计更加关注使用者

《1961决议案》采用了大量的表格和图示，既能简化文本，又能减少语言解释产生的歧义。另外，不同分区或用途类型的相关规定在所有适用的条款中都重复出现，尽量减少条文之间的交叉引用。

为了使公众更容易理解区划决议案的内容，《1961决议案》配备了一本使用手册，用更加简单和易懂的语言对区划决议案中的关键问题进行解释。

（7）法律语言

作为一份法律文件，语言的精确与严谨是非常重要的。在《1961决议案》中，对文本中的语言使用规则做了详细的解释，也给专用术语下了严格的定义，而且所有被定义的专用术语在文本中都以特殊的格式（在《1961决议案》原文中为斜体，在此译文中为楷体）出现。这样可以有效区分文本中的专用术语与日常用语，术语只能采用区划决议案中"术语与定义"这一章规定的含义，一般词语采用词典的含义，从而避免产生歧义。

■ 翻译说明

翻译英语规划法规，难处主要有两个：一是术语的对应翻译，二是法律条文长句的翻译。

在不同的规划语境当中，要找到相对应的专业术语并不容易，尤其是要在中文词汇中找到一个完整而全面地表达原文定义的，又比较贴近原英语单词的字面意思的词语，就更加困难了。例如，court 和 yard 是两个术语，《1961 决议案》中分别对二者有详细的定义。yard 是建筑退让区划地块边线而出现的空间，在地块边线上可以有围墙，也可以没有围墙，翻译成中文的"院"就隐含围墙的存在；court 是建筑之间的空间，可以是单一产权建筑围合的院落，也可以是不同产权建筑形成的空间，翻译成"庭"就是单一产权建筑中的空间。court 和 yard 作为词语在中文中都能解释为"庭院"，而中文"庭"和"院"所固有的含义与此定义并不一致。又如，bulk 作为词语的含义是"体积"，但是作为术语在《1961 决议案》中是表达建筑体块以及建筑与周边环境的关系，因此译者运用一个规划专业以外的词语"体位"，赋予新的含义——建筑的体块与位置，试图消解中文的习惯含义。另外，public park 直译应为"公共公园"，但《1961 决议案》中定义其包含了公园、操场、海滩、林荫道和部分道路，所含内容比"公园"的一般含义广泛，因此，译文将 public park 译为"公共场地"以避免语义混淆。

《1961 决议案》作为法律文件，它的语言相当严谨，一个条文就是一句话，句子长达若干段落，长句子中含有多个修饰语和重句，由此造成语句结构对译的难度。译者发现，如果过于强调中文句子对英语原文的还原程度，通常不太符合中文表述的习惯，也很难被读者所理解。为此，译者在基本尊重原文语序，通过重复主语或指代关系，按照中文法律语言习惯进行适当的拆分，这种拆分使得中文语义与英文语义存在细微的差异，这种差异不会损害法律文件的严谨性；如果读者有机会去纽约使用区划法从事专业工作，应以英语原文为主，中文仅供辅助理解，《1961 决议案》的翻译授权声明也重申了这一点。

本书由黎淑翎博士进行全文通译，两位硕士研究生陈璐和于萍萍完善了第三、四篇并补充了附录部分，核对了噪声标准和机场部分的专业术语，重绘了部分图纸。周剑云对第一篇第 2 章、第七篇进行深入的校译和改版，厘定关键术语，对全文进行校审，戚冬瑾博士对区划制度和用途分类等核心内容进行了重点核对，卓玥琪、贾镜雪、曾馨仪、赵睿、赵海琪、张展鹏、张钰参加了版式调整和图纸重绘工作。译者为城市规划专业人士，对法律语言领悟不深，翻译不当之处，敬请批评指正。

■ 编辑说明

本书为1961年纽约市区划决议案的翻译作品。纽约是美国最早实行区划制度的城市,此区划决议案为纽约市的规划法,从1961年修订后一直沿用至今,后续的城市规划管理都以此为基础。为了尊重原法律法规,准确完整地介绍国外城乡规划法律与准则,同时为了便于读者对照阅读外文原文,作者翻译以直译为主,未对原文进行过多改译,因此本书的部分内容无法完全按照我国相关国家标准和出版规范进行编排。针对这些内容,特在此作简单说明。

一、计量单位。为准确表达规划条例的规定,便于读者体会国外规划法律精神,本书未将大量出现的长度、面积、质量英制计量单位换算为我国法定计量单位,在此统一说明其换算关系:1英里=1609.344米,1英尺=0.3048米,1英寸=0.0254米,1英亩=4046.8564平方米,1磅=453.5924克,1加仑=3.79升。其余较少出现的非法定计量单位,已于文中相应位置用括号注明法定计量单位的数值。

二、正文序号。本书采用原文序号编排方式,序号级别从上至下为A.、(a)、(1)、①,序号后的文字段落为相应的从属关系。部分表格内,序号 A.下面出现圆点符号 •,代表这部分内容从属于序号 A.后的文字,而与其他序号级别无层级关系。

三、条款后的连接词。本书大部分内容以条款形式排列,部分条款后加有连接词"及""或"等,从形式上不符合中文逻辑;但由于外文原文为此形式,而且条例后的连接词代表着前后条例之间有并列、选择等关系,所以译者决定按原文直译。本书针对法律语言有专门的章节进行解释,敬请读者参阅本书的第一篇第2章"语言解释及定义"。

鉴于法律语言的严谨性,本书在出版审校过程中以尊重原文为主,不作任何可能改变语意的修改,特此说明。

华南理工大学出版社

目 录

导言 1

第一篇　总则

第1章　名称、控制的建立及规定的解释
11-00　名称 2
11-10　控制的建立及控制的范围、分区的设立及区划图的融合 2
11-20　规定的解释 4
11-30　在决议案或修正案生效日之前，授予建筑许可 4
11-40　例外、变通，或以往授予的许可 6
11-50　可分离性 7
11-60　违例 7
11-70　生效日 7

第2章　语言解释及定义
12-00　语言解释的规则 8
12-10　定义 9

第二篇　居住区规则

第1章　立法意图的阐述
21-00　居住区的一般目的 27
21-10　特定居住区的目的 27

第2章　用途规则
22-00　一般目标 29
22-10　法规许可的用途 29
22-20　特别许可的用途 33
22-30　标牌规则 35

第3章　居住区中住宅的体位规则
23-00　适用性与一般目的 38
23-10　开敞空间及楼板面积规则 38

I

23-20 密度规则：每个居住单元或每个房间规定的地块面积 ... 47

23-30 地块面积及地块宽度规则 ... 54

23-40 院规则 ... 55

23-60 高度及退缩规则 ... 64

23-70 单个区划地块内两个或多个房屋之间的最小距离规定 ... 75

23-80 庭规则及窗与墙或窗与地块线之间的最小距离 ... 78

说明表格 ... 84

居住区中体位规则总览（住宅） ... 95

第4章 居住区中社团设施房屋的体位规则

24-00 适用性、一般目的及定义 ... 98

24-10 楼板面积及地块覆盖范围规则 ... 99

24-20 部分用于居住用途的建筑的地块面积要求 ... 105

24-30 院规则 ... 107

24-40 被分区边界线划分的区划地块的特别规定 ... 111

24-50 高度及退缩规则 ... 112

24-60 庭规则及窗与墙或窗与地块线之间的最小距离 ... 120

第5章 辅助性的路外停车与装卸区规则

25-00 路外停车规则的一般目标及定义 ... 126

25-10 许可的辅助性的路外停车空间 ... 126

25-20 住宅规定的辅助性路外停车空间 ... 130

25-30 许可的非居住用途所要求的辅助性的路外停车空间 ... 135

25-40 辅助性的路外停车位运营的限制 ... 143

25-50 辅助性的路外停车位位置的限制 ... 144

25-60 许可的或规定的辅助性的路外停车位的附加规则 ... 148

25-70 路外装卸规则的一般目的 ... 151

第三篇 商业区规则 ... 156

第1章 立法意图的阐述 ... 156

31-00 商业区的一般目地 ... 156

31-10 特定商业区的目的 ... 157

第2章 用途规则 ... 159

32-00 一般规定 ... 159

32-10 法规许可的用途	160
32-30 特别许可的用途	180
32-40 补充用途规则	182
32-50 沿分区边界线适用的特别规定	185
32-60 标牌规则	187

第3章 商业区中商业或社团设施房屋的体位规则 196

33-00 适用性、定义及一般规定	196
33-10 楼板面积规则	196
33-20 院规则	206
33-40 高度及退缩规则	213
33-50 庭规则及窗与墙或地块线之间的最小距离	229
商业区中体位规则总览	230

第4章 商业区中住宅的体位规则 234

34-00 适用性及定义	234
34-10 居住区体位规则的适用性	234
34-20 适用居住区控制的例外情况	235

第5章 商业区中混合房屋的体位规则 238

35-00 适用性及定义	238
35-10 一般规定	238
35-20 混合房屋适用居住区体位规则	238
35-30 混合房屋适用楼板面积及开敞空间规则	240
35-40 混合房屋适用地块面积要求	242
35-50 混合房屋院规则的修订	244
35-60 混合房屋的高度及退缩规则的修订	246

第6章 辅助性的路外停车与装卸区规则 247

36-00 辅助性的路外停车规则的一般目标及定义	247
36-10 许可的辅助性路外停车位	247
36-20 许可的商业或社团设施用途的辅助性的路外停车位	248
36-30 商业区中许可的住宅所要求的辅助性的路外停车位	261
36-40 辅助性的路外停车位位置和使用限制	271
36-50 许可的或要求的辅助性的路外停车位的附加规则	276

36-60 路外装卸规则的一般目标 ... 279

第四篇 工业区规则 ... 290

第1章 立法意图的阐述 ... 290

41-00 工业区的一般目的 ... 290

41-10 特定工业区的目的 ... 290

第2章 用途规则 ... 292

42-00 一般规定 ... 292

42-10 法规许可的用途 ... 293

42-20 释放标准 ... 300

42-30 特别许可的用途 ... 307

42-40 补充用途规则及沿分区边界线适用的特别规定 ... 308

42-50 标牌规则 ... 311

第3章 体位规则 ... 314

43-00 适用性及一般规定 ... 314

43-10 楼板面积的规则 ... 314

43-20 院规则 ... 317

43-40 高度及退让规则 ... 322

43-50 庭规则及窗与墙或窗与地块线之间的最小距离 ... 328

工业区中体位规则总览 ... 329

第4章 辅助性的路外停车与装卸区规则 ... 330

44-00 辅助性的路外停车规则的一般目标及定义 ... 330

44-10 许可的辅助性路外停车空间 ... 330

44-20 工业、商业或社团设施用途要求的辅助性路外停车空间 ... 331

44-30 辅助性的路外停车位位置和使用限制 ... 338

44-40 许可的或法规要求的辅助性路外停车位的附加规则 ... 340

44-50 路外装卸规则的一般规定 ... 342

第五篇 不一致的用途及不合规的房屋 ... 349

第1章 立法意图的阐述 ... 349

51-00 不一致用途及不合规房屋的管理规则的目的 ... 349

第2章 不一致的用途 ... 350

52-00 定义及一般规定 ... 350

52-10	不一致的用途的延续	351
52-20	维修或变更	351
52-30	不一致的用途的变更	351
52-40	扩建或延伸	352
52-50	损坏或拆除	353
52-60	中止	354
52-70	到期后特定的不一致用途的终止	354
52-80	适用于不一致标牌的规则	355

第3章 违反补充用途规则的一致用途 357

53-00	一般规定	357
53-10	延续	357
53-20	用途的变更	357
53-30	扩建工程或延伸工程	357

第4章 不合规的房屋 358

54-00	一般规定	358
54-10	用途的延续	358
54-20	维修或变更	358
54-30	扩建或转变	358
54-40	不合规房屋的损坏或拆除	359

第六篇 在主要机场周边适用的特别高度规则 360

第1章 建筑最大高度限制 360

61-00	一般规定	360
61-10	主要机场净空面以下的区域	360
61-20	高度限制	360
61-30	定义	361
61-40	表格或示意图	362

第七篇 施行 366

第1章 强制执行与施行 366

71-00	强制执行与施行	366

第2章 解释与变通 367

72-00	标准及上诉理事会的权力	367

V

| 72-10 要求解释的上诉 | 367 |
| 72-20 变通 | 367 |

第3章 标准及上诉理事会批准的特别许可 369

73-00 特别许可用途和修改	369
73-10 特别许可用途	369
73-40 用途或停车规则的修改	377
73-50 沿分区边界线适用的特别规定	380
73-60 体位规则的修改	381
73-70 许可的失效	382

第4章 城市规划委员会批准的特别许可 384

74-00 城市规划委员会的权力	384
74-10 预算委员会的行动	384
74-20 申请的要求	384
74-30 特别许可用途	384
74-40 娱乐设施	385
74-50 路外停车设施	387
74-60 公共服务或交通设施	388
74-70 许可的失效	391

第5章 修正 392

| 75-00 修正的程序 | 392 |

第6章 分区边界线的定位 393

| 76-00 分区距离的测量 | 393 |
| 76-10 区划图上的分区边界线 | 393 |

第7章 被分区边界线划分的区划地块的特别规定 395

77-00 一般规定	395
77-10 用途规则	395
77-20 体位规则	395
77-30 路外停车及装卸规则	399

第8章 适用于大型居住开发或大规模社团设施开发的特别规定 401

| 78-00 定义（重复第12-10节） | 401 |
| 78-10 一般规定 | 402 |

78-20	与大型居住开发相关的公共设施规定	403
78-30	体位规则	403
78-40	停车规则	404
78-50	大型居住开发的细分	404

区划图 ... 405
附录 ... 533
附录A 用途清单 ... 533
附录B 放射性材料的数量 ... 573
附录C 干线公路名称 ... 575

导言

为提升和保护公共健康、公共安全和公共福祉依法采纳本决议案。这个总体目标包括了分区及分区组团的立法意图中陈述的特定目标。

第一篇 总则①

第1章 名称、控制的建立及规定的解释

11-00 名称

11-01
全称

在纽约市内，规范房屋及其他构筑物的高度和体位，控制和决定院、庭及其他开敞空间的面积及人口密度，控制和限制商业和工业的位置及其他为特定用途设计的建筑区位，并出于上述目的而划定城市分区的一项决议案。

11-02
简称

本决议案应该简称及被引用为《纽约市区划决议案》。

11-10 控制的建立及控制的范围、分区的设立及区划图的融合

11-11
用途控制与体位控制的建立

11-111
对于新用途

在本决议案生效日之后，在所有分区中任何新的房屋或其他构筑物或任何土地都应当依据本决议案规定的用途、体位及其他所有适用的规则而使用、建设或开发。

11-112
对于现状用途

除了在第五篇（不一致的用途与不合规的房屋）有其他规定以外，在本决议案生效日之后，

（a）所有分区中的任何现状房屋或其他构筑物的用途可以继续、改变、或延伸；

（b）所有分区中的任何现状土地的用途可以继续、改变、或扩建；或者

（c）所有分区中的任何现状房屋或其他构筑物可以扩建、变更、转变、重建或迁移。

所有分区只能依据本决议案的用途、体位及其他所有适用的规则。

11-12
分区的设立

为了依法实行本决议案的目标和规定，特此设立以下分区：

居住区

R1-1 单户独栋居住区

R1-2 单户独栋居住区

R2 单户独栋居住区

R3-1 一般居住区（L）

R3-2 一般居住区

R4 一般居住区

---

① 本篇楷体字参照第12-10节的定义。

R5 一般居住区

R6 一般居住区

R7-1 一般居住区

R7-2 一般居住区

R8 一般居住区

R9 一般居住区

R10 一般居住区

商业区

C1-1 本地性的零售商业区

C1-2 本地性的零售商业区

C1-3 本地性的零售商业区

C1-4 本地性的零售商业区

C1-5 本地性的零售商业区

C1-6 本地性的零售商业区

C1-7 本地性的零售商业区

C1-8 本地性的零售商业区

C1-9 本地性的零售商业区

C2-1 本地性的服务区

C2-2 本地性的服务区

C2-3 本地性的服务区

C2-4 本地性的服务区

C2-5 本地性的服务区

C2-6 本地性的服务区

C2-7 本地性的服务区

C2-8 本地性的服务区

C3 滨水休闲区

C4-1 一般商业区

C4-2 一般商业区

C4-3 一般商业区

C4-4 一般商业区

C4-5 一般商业区

C4-6 一般商业区

C4-7 一般商业区

C5-1 受限的中央商业区

C5-2 受限的中央商业区

C5-3 受限的中央商业区

C5-4 受限的中央商业区

C6-1 一般中央商业区

C6-2 一般中央商业区

C6-3 一般中央商业区

C6-4 一般中央商业区

C6-5 一般中央商业区

C6-6 一般中央商业区

C6-7 一般中央商业区

C7 商业性的娱乐区

C8-1 普通服务区

C8-2 普通服务区

C8-3 普通服务区

C8-4 普通服务区

工业区

M1-1 轻工业区（高释放标准）

M1-2 轻工业区（高释放标准）

M1-3 轻工业区（高释放标准）

M1-4 轻工业区（高释放标准）

M1-5 轻工业区（高释放标准）

M1-6 轻工业区（高释放标准）

M2-1 中等工业区（中释放标准）

M2-2 中等工业区（中释放标准）

M2-3 中等工业区（中释放标准）

M2-4 中等工业区（中释放标准）

M3-1 重工业区（低释放标准）

M3-2 重工业区（低释放标准）

11-13
公共场地

在区划图中表示的分区规定不适用于公共场地。公共场地或公共场地中一部分已出售、转移、交换，或公园委员会以任何其他方式让出控制权的情况下都不应授予建筑许可，这类曾经的公共场地或公共场地中的一部分也不应许可任何用途；这项规定直至指定地区的区划修正案（依据第75-00节"修正程序"编制）被城市规划委员会采纳，以及向纽约市预算委员会提交后并生效为止。

11-14
区划图的融合

由本决议案确定的分区及其位置和边界都标示在区划图上，兹将区划图与本决议案的规定融合为一体。当全称提及区划图时，就包括它的所有修正案，并且区划图作为本决议案的一部分与本决议案的阐述和描述完全一致。

11-20 规定的解释

11-21
规定是最低要求

在解释和适用本决议案的规定时，下列规定应作为最低要求：

（a）正如在本决议案的导言及各分区和其他规定的立法意图的陈述中所阐述的，规定的最低要求是提升和保护健康、安全及公共福祉的；以及

（b）针对现有状况的不良条件规定能够提供渐进改良。

11-22
重复规定的适用

无论何时，当本决议案的任何一条规定与其他法律的任何规定出现重复，不论是在本决议案中出现，还是在其他法律、法令或其他类型的决议案中出现，当土地的用途或者房屋或其他构筑物的用途或体位存在重复规定或相互矛盾的规定，或者对同一主题的任何重复限制或矛盾的时候，应当以较严格的或者以较高标准与要求的规定为准。

当释放标准与空气污染控制理事会所采用的规则和条例之间存在矛盾时，应采用更为严格的规则。

11-30 在决议案或修正案生效日之前，授予建筑许可

11-31
一般规定

本节第11-32或11-33条与决议案或修正案生效日之前授予建筑许可的事项有关，出于这两条的目的，应当适用下列术语和一般规定：

（a）一个合法授予的建筑许可应是基于一项获批的申请，这份申请具备完整规划和说明书；许可批准的是整体项目而不仅是其中一部分，并且是在本决议案或其任何适用的修正案的生效日之前授予的。对于在本决议案生效日之前授予的多户住宅的建筑许可情况，已完成的规划和说明书应同时符合《多户住宅法》第26和27条的规定，该法规的效力直至《纽约州1960年法案》第1072章颁布为止。

仅仅出于第11-32条（在决议案生效日之前，授予建筑许可）的目的，合法授予的建筑许可也应包括本决议案生效日之后授予的许可，该许可应基于一项获批的申请，这份申请具备完整规划和说明书；许可批准的是整体项目而不仅是其中一部分，并且该申请是在本决议案或其任何适用的修正案的生效日之前已经填写。

（b）本决议案或其任何适用的修正案生效日之后，当与区划相关的所有规划修改只有在符合本决议案的规定情况下，或不增加不合规的情况时，本条所陈述的权利应当保留。

（c）在第 11-32 条（在决议案生效日之前，授予建筑许可）或第 11-33 条（在修正案生效日之前，授予小型或大型开发项目的建筑许可）中运用的：

（1）"小型开发项目"应包括：

① 任意单栋房屋的建设，该建设将被本决议案或其任何适用的修正案认为是不一致的或不合规的情况；或

② 两栋或多栋房屋的建设，依据本决议案或其任何适用的修正案该建设被视为不一致的情况；如果设计用途为单户或两户双拼独立住宅时该建设将成为不合规的两栋或多栋房屋；或

③ 一项大型的扩建工程，该工程要求扩大基础，并且扩建部分的建筑面积超过总建筑面积的 50%；依据本决议案或其任何适用的修正案该扩建工程被视为不一致的或不合规的情况。

（2）"大型开发项目"应包括两栋或多栋房屋的开发，且依据本决议案或其任何适用的修正案的规定这些建筑将被视为不合规的情况，除非这项目的设计用途是单户或两户双拼独立住宅。

（3）"其他工程"应包括：

① 依据本决议案或其任何适用的修正案，将视为不一致的或不合规的任何扩建工程，大型扩建工程除外；或

② 依据本决议案或其任何适用的修正案，将视为不一致的或不合规的任何延伸、转换或结构变更；或

③ 依据本决议案或其任何适用的修正案，将视为不一致的或不合规的任何构筑物的施工，房屋除外。

11-32

在决议案生效日之前，授予建筑许可

11-321

开工或继续建设的权利

如果在本决议案生效日之前，批准建设的建筑许可已经合法地授予区划地块的权益占有人，该项建设可以在生效日之后开工或继续。如果获得许可的建设工程未完成时，下列情况可以授予占用执照：

（a）在本决议案生效日之后两年内的大型或小型开发项目；或

（b）本决议案生效日之后三个月内的其他工程。

其他未完成的建设项目建筑许可应自动失效，其继续建设的权利应被终止。但是，在此许可失效后三十日内可以向标准及上诉理事会申请更新该建筑许可。

11-322

延长竣工时间

根据下列规定理事会可以更新此类建筑许可：

（a）对于小型开发项目，在建筑许可失效日后如果理事会查明该房屋（或每一栋房屋）基础以上的工程已经大部分完成，而且与上部结构相关的费用已经支出了大部分，为完成这些许可的房屋，理事会可以批准延期一次，且延时期限不多于一年。

（b）对于大型开发项目，在建筑许可失效日后如果理事会查明开发项目中至少一栋房屋的基础以上的工程已经大部分完成，而且与上部结构相关的费用已经大量支出，理事会可以批准延期一次，且延长期限不超过两年，以允许该开发继续施工（包括开建新的**房屋**）。在此之后，如果在延期的建筑许可失效日之后理事会查明部分房屋的基础以上的工程已经大部分完成，而且与上部结构相关的

费用已经大量支出，理事会可以再批准延期一次，延长期限不超过一年，此许可仅用于完成这些房屋。

（c）对于其他工程，在建筑许可失效日之后如果理事会查明该工程的大部分已经完成，而且与该工程相关的费用已经大量支出，理事会可以批准延期一次，且延长期限不超过三个月，以允许完成该工程。

11-33
在修正案生效日之前，授予小型或大型开发项目的建筑许可

11-331
如果基础已经完工的建设权利

如果在本决议修正案实施生效日之前，建筑许可已经合法地授予区划地块的权益占有人，建筑许可是授予给小型开发项目或大型开发项目，这些项目可以按照下列要求继续建设：

（a）对于小型开发项目，在此生效日前所有基础工作已经完成；或

（b）对于大型开发项目，在此生效日前至少一栋房屋的基础已经完成。

如果在此生效日之前所要求的基础已经开工但未完成，建筑许可应自动失效，其继续建设的权利应被终止。在此许可失效后三十日内可以向理事会申请更新该建筑许可。在建筑许可失效日之后如果理事会查明基础已经开挖完成，且基础施工进度已经大部分完成，理事会可以更新建筑许可并批准延期一次，且延时期限不超过六个月，以允许完成所要求的基础。

11-332
延长竣工时间

如果在修正案实施生效日之后两年内，依据第11-331款（如果基础已经完工的建设权利）许可的建设未完成，且未被授予占用执照，建筑许可应自动失效，其继续建设的权利应被终止。根据第11-322款（延长竣工时间）规定的相同方法和相同条件理事会可以更新该建筑许可。

11-40 例外、变通，或以往授予的许可

11-41
一般规定

无论如何，依据1916年7月25日的区划决议案及其修正案（包括1940年6月28日的综合修正案及随后的修正案）的规定，经纽约市预算委员批准，标准及上诉理事会和城市规划委员会可以采用例外、变通或许可的方式在区划地段内授予任意用途，尽管这些用途是法规不允许的；仅当符合本条或第七篇第3或第4章的规定时，可以批准这些用途继续、变化、延伸、扩建或结构性变更。

11-411
更新

授予许可的时候如果没有规定用途期限，该用途可以继续。如果该用途获得许可的时候有一个期限，该用途可以继续直至期限届满，随后许可该用途的原机构可以在适当的情况下延长一次或多次继续使用的期限，每次延期不超过十年。许可机构可以规定适当的条件和防护措施，从而把该用途对邻近地区的特征造成的不良影响降到最低。

11-412
变更、延伸工程或扩建工程

在适当的情况下，可以进行维修或伴随性变更，许可机构可以许可结构性变更、延伸工程或扩建工程。但是，任何房屋或其他构筑物的用途的延伸不应超过该用途在本决议案生效时所占用或利用的该房屋楼板面积（或该构筑物尺寸）的50%，房屋或其他构筑物的扩建也不应超过上述楼板面积。

11-413

用途的改变

任何情况下都不应把该用途转变为一致用途以外的用途,且任何机构不应授予这类用途变化的许可。出于本条的目的,用途的改变是指在同一个用途组或其他用途组中所列明的一种用途转变为另一种用途。所有权和占有的改变本身不属于用途的改变。

11-50 可分离性

关于立法意图特此声明:

(a) 如果管辖法院认为本决议案的任何条款的整体或部分失效或无效,该法律决定的效力应当仅限于在决定中明确指出的失效或无效的条款,本决议案的其他所有条款应分离地且完全地继续有效。

(b) 如果管辖法院认为本决议案的任何规定在应用于任何区划地块、房屋或其他构筑物或土地的情况下,整体或部分失效或无效,该法律决定的效力应当仅限于争议直接涉及的人、财产或情形,任何此类条款在其他人、财产或情形的应用不应受到影响。

11-60 违例

已经违反了本决议案或存在违反本决议案行为的任何房屋或其他构筑物或土地的所有人、一般机构、承租人或占有人,或者做出、参与或协助任何此类违法行为的一般机构、建筑师、承建商、承包人或任何其他个人,或者存在此类违法行为的任何房屋或其他构筑物或土地的维护人,应当认定为犯有轻罪。

已经被勒令消除此类违法行为的任何人,若在十天内不能遵守该项命令,或者继续违反该勒令中所指明的本决议案的任何规定,应当被认定犯有轻罪。补充前述救济措施,本市应保持发出禁令的行动以遏制违反本决议案的行为。

11-70 生效日

本决议案从纽约市预算委员会批准之日起一年后生效。

纽约市预算委员会批准之日后,依据本决议案规定的建筑许可申请可以提交至房屋局审批,且规定如下:在决议案生效日之前,根据本决议案不能合法授予建筑许可。

第 2 章 语言解释及定义

12-00 语言解释的规则

12-01
决议案文本适用的规则

本决议案的文本应用下列解释规则：

（a）具体的应当控制一般的。

（b）如果本决议案的文本与任何描述、图示、汇总表或图表之间存在任何不同的意思或含义，以文本为准。

（c）"应"一词总是强制的，非自由决定的。"可"一词是许可的。

（d）用现在时的词语应包括未来；用单数的词语应包括复数，而用复数的词语也应包括单数，除非上下文对相对应的一方有清晰的指示。

（e）一个"房屋"或"构筑物"包括它的任何部分。

（f）词组"用于"包括"为……安排""为……设计""以……为目的""为……维护""被……占用"。

（g）"人"一词包括一个人、一家公司、一间合营公司、一个法人团体或任何其他相似的实体。

（h）除非上下文对相对应一方有清晰的指示，当一项规则包含两个或以上的、以"及（和）"或"（或者）"或"要么……要么"连接的条款、条件、规定或事件，对连接词的解释如下：

　（1）"及（和）"表示连接的所有条款、条件、规定或事件都适用。

　（2）"或（或者）"表示其连接的条款、条件、规定或事件可适用于单个或任何组合。

　（3）"要么……要么"表示其连接的条款、条件、规定或事件应适用于单个而非组合。

（i）"包括"一词不应限制于特定的例子，目的是把意思延伸到所有其他类型或特征相似的实例或情况。

（j）在同一条中的引用或对四位条款号的参照应包括前四位节号与该四位节号相同的所有条款；但对五位条款号的引用和参照应仅指代该五位号码的这一款。

12-02
专栏表格的解释规则

在本决议案某些页面右侧出现的专栏表格是本决议案文本中不可或缺的部分。当一个或多个分区名称出现在一个条款另一侧的这类专栏表格中，该条款适用于该分区或这些分区。

当一个条款包含一个表格，且一个或多个分区名称出现在该表格的一个具体项目或数字的另一侧的专栏表格中，该项目或数字明确地仅适用于该分区或这些分区。

贯穿专栏表格的双横线表示一个条款对特指分区的适用性终止。在表格中的一个项目或数字和专栏表格中一个或多个分区名称下的单横线表示该项目或数字仅适用于这些分区，但不终止该条款对该表格单横线以下部分或该条款以下部分的特指分区的适用性。

对于没有使用专栏表格的条款，该条款的规定应被解读为适用于该条款出现的、该篇讨论的所有分区，或者如果有特别说明的，仅适用于该条款本身阐述的分区。因此，第二篇适用于所有居住区，第三篇适用于所有商业区，第四篇适用于所有工业区。其他所有篇章适用于所有分区，另有规定的除外。

12-10 定义

本决议案文本或表格中的楷体词应按照本节的规定进行解释。

辅助用途，或辅助性的（Accessory use, or accessory）

"辅助用途"：

（a）是在同一个区划地块上，与主要用途相关的用途安排。（辅助用途可以是在同一个房屋或其他构筑物内，或是在辅助性的房屋或其他构筑物内，或者是作为土地的一项辅助用途。）除了适用的分区条例的特别规定以外，辅助性的路外停车或装卸不需要位于同一个区划地块中；及

（b）是与主要用途明确伴随的及习惯地相连的用途；及

（c）要么是与这些主要用途属同一所有权，要么是实质上为了业主、占有人、雇员或主要用途的访客的利益和便利性在同一个区划地块中运行和维持的用途。

当文本中使用"辅助性的"一词时，"辅助性的"应与"辅助用途"的词义相同。

辅助用途包括：

（a）服务生的居住或睡眠场所。

（b）门卫的居住与睡眠场所，与用途组 3 至 18 所列的相关的任意用途。

（c）与商业或工业用途相关的雇员居住或睡眠场所。

（d）饲养和驯养动物，但是这些动物不用于销售或租用。商业马厩或养狗场不是辅助用途。

（e）不在用途组 1 或 2 中的房屋的游泳池是辅助用途，且规定如下：

（1）该泳池应仅限于主要用途的占有人和客人使用，且不收取任何入场费或会员费；

（2）对于用途组 2 所列的用途，如果泳池是辅助性的，那么其边缘距离任何地块线应不少于 100 英尺；

（3）对于用途组 1 所列的用途，如果泳池是辅助性的，那么其边缘距离任何地块线应不少于 10 英尺，如果该泳池距离地块后边线或地块侧边线不足 50 英尺，则应沿着地块后边线和地块侧边线中紧邻泳池的部分使用连续栅栏围挡，并且密集种植不少于 4 英尺高的树木或灌木；

（4）该泳池的照明应限于水下。

游泳池俱乐部不是辅助用途。

（f）在谷仓、棚、工具房中的驯养或农业仓库是辅助用途，或与之类似的房屋及其他构筑物也是辅助用途。

（g）居家工作。

（h）完全处于房屋内部且没有户外标牌或展示的、主要是为房屋占有人便利性服务的报纸摊属于辅助用途。

（j）焚化炉。

（k）与商业或工业用途相关，通常在店内运输的，由这些用途使用或生产的货物的仓库属于辅助用途，适用的分区条例明确规定的仓库除外。辅助性的仓库的楼板面积应包含在用途组所列的特定用途允许的最大楼板面积之中。

（l）伴随性维修属于辅助用途，适用的分区条例有明确规定的除外。用于辅助性的维修的楼板面积包含在用途组所列的特定用途允许的最大楼板面积之中。

（m）销售从同一区划地块的房屋或其他构筑物施工中移除的，或与区划地块土地整治相关的草皮、土壤、灰、沙、砾石或石头等是辅助用途，但区划地块整治不能低于法定的街道高度。

（n）辅助性的路外停车空间，开敞的或围蔽的。

（o）辅助性的路外装卸泊位。

（p）辅助性的标牌。

（q）辅助性的无线电塔或电视塔。

（r）作为铁路乘客站台运营的一部分，在其底下开展的辅助性的活动，诸如：配电、储存、维护或火车检修等属于辅助用途。

变更，伴随的，或伴随性变更（Alterations, incidental, or to alter incidentally）

"伴随性变更"是

（a）房屋或其他构筑物非结构部分的变化或替换，包含但不仅限于下列例子：

（1）在不一致的住宅中变更室内隔墙以提高宜居性，但不能由此增加居住单元；

（2）住宅外部的微小增加，诸如开敞走廊；

（3）在所有其他类型的房屋或其他构筑物的室内变更非承重隔墙；

（4）公用管道、风道或布线管道的替换，或容量的微小改变。或

（b）房屋或其他构筑物的结构部分的改变或替换，仅限于以下情形，或与其类似的特征和情形：

（1）在外墙开窗或门；

（2）房屋立面的替换；

（3）为适应许可的特别机械或设备单元而加强楼板的负荷，但是，加强部分的面积不超过总楼板面积的10%。

"伴随的变更"也作"伴随性变更"。

敞廊（Arcade）

"敞廊"是向街道或广场开敞的连续空间，该空间在不少于12英尺的高度内是开敞的和无障碍的，并保持全天候的公众可达，至少是下列其中一种情况：

（a）紧邻地块前边线或广场边界，进深不少于10英尺或不大于30英尺（从地块前边线或紧邻的广场边界垂直测量），并且其长度沿该地块前边线或广场边界的全长延伸，或至少延伸50英尺，二者取最小距离；或

（b）在转角地块上，由两条交叉街道边线围合，面积不小于500平方英尺，且最小边长不少于10英尺。

敞廊中任意一点的高度不得高于紧邻的街道或广场的最高点。为了计算奖励楼板面积，敞廊中房屋柱子占据的面积应计入敞廊的楼板面积。

限制出入区域（Area of restricted access）

与学校、操场、公共场地，或其他设施的入口或出口相关的"限制出入区域"应包括：

（a）与这些入口或出口最近的相交街道的整个沿街面，从该入口或出口的两个方向，在该入口或出口所在街道的两侧，但是任何情况下不应将限制出入区域延伸超过300英尺，以直线方式从该出入口的其中一侧进行测量；及

（b）任何200英尺以内的区域，从该出入口沿习惯性人行线路测量。

机动车服务站（Automotive service station）

"机动车服务站"是只用于储存及销售汽油或其他机动燃料及其任何辅助用途的房屋或其他构筑物或土地。

润滑油、配件或储备物的销售，机动车添加润滑剂，只使用手工工具小幅度调整或维修机动车，或偶尔清洗机动车等是许可的辅助用途。

公共停车场或公共停车库不是许可的辅助用途。在本定义中，用于机动车服务站的区划地块的所有权应被视为包含一份不少于十年期的租契。

地下层（Basement）

"地下层"是部分位于路沿石标高以下的"层"

（或层的一部分），至少有一半的层高（从地板至天花测量）高于路沿石标高。判断穿越地块的"层"（或层的一部分）是否为地下层应以最靠近该层（或该层的一部分）的路沿石标高为准。

街区（Block）

"街区"是一块以下列各项为边界的土地：

（a）街道；

（b）公共场地；

（c）在地面层或以上铁道路权线，当路权线是地上或地下的情况，是不包括与区划地块同一所有权的铁路侧线或支线；

（d）机场边界线；

（e）堤岸线（没有堤的情况下是岸边线）；或

（f）纽约市辖区边界线。

水上旅馆（Boatel）

"水上旅馆"是具有以下内容的一个房屋或房屋组团：

（a）包含主要用于短时占用的居住或睡眠场所；及

（b）可使用小船直接进出。

房屋（Building）

"房屋"是具有下列特征的任意构筑物：

（a）永久附着于土地上；及

（b）具有一个以上的楼板和一个屋顶；及

（c）以开敞区域或区划地块的地块线为边界。

房屋应不包括，如广告牌、栅栏或无线电塔等构筑物，或具有通常人的活动不可达的室内楼层，如储气罐、水塔、烟囱、谷物升降机、煤坑、原油裂解塔等构筑物，或其他相似的构筑物。

例如：房屋可以包括单户独栋住宅、两户双拼住宅、排屋、一组排屋（依据地块线的位置确定），具有独立入口的一排花园公寓，或公寓住宅；独栋或成组的商店（依据地块线的位置确定）；单独的厂房或库房。

房屋，混合（Building, mixed）

"混合房屋"是商业区中部分是居住用途和部分是商业设施或商业用途的房屋。

房屋或其他构筑物（Building or other structure）

"房屋或其他构筑物"包含任意房屋或任何其他类型的构筑物。

房屋，居住（见住宅）（Building, residential（see Residence））

体位（Bulk）

"体位"是术语，用于描述房屋或其他构筑物的尺寸、房屋或其他构筑物之间的关系，以及它们与开敞区域和地块线的关系。因此，体位包含：

（a）房屋或其他构筑物的尺寸（包括高度及楼板面积）；及

（b）住宅所在的区划地块面积，及该房屋的居住单元数量或房间数量与区划地块面积的关系；及

（c）房屋或其他构筑物的形状；及

（d）房屋或其他构筑物的外墙位置与地块线、与该房屋的其他墙体、与法律要求的窗户，或与其他房屋或其他构筑物之间的关系；及

（e）与房屋或其他构筑物相关的所有开敞区域，及其与房屋或其他构筑物之间的关系。

地窖（Cellar）

"地窖"是全部或部分位于路沿石标高以下的空间，有超过一半的层高（从地板至天花测量）低于路沿石标高。判断穿越地块上的此类空间是否为地窖应以最靠近该空间的路沿石标高为准。

商厦（Commercial building）

"商厦"是指仅用于商业用途的房屋。

商业区（Commercial District）

"商业区"包含任意区域，并以字母"C"为字首的符号来指定这些区域。

"C1 区"包含任意区域，并以"C1"为字首的符号来指定这些区域。

"C2 区"包含任意区域，并以"C2"为字首的符号来指定这些区域。

"C4 区"包含任意区域，并以"C4"为字首的符号来指定这些区域。

"C5 区"包含任意区域，并以"C5"为字首的符号来指定这些区域。

"C6 区"包含任意区域，并以"C6"为字首的符号来指定这些区域。

"C8 区"包含任意区域，并以"C8"为字首的符号来指定这些区域。

商业用途（Commercial use）

"商业用途"是指用途组 5、6、7、8、9、10、11、12、13、14、15 或 16 条所列的任意用途。

社团设施（Community facility building）

"社团设施"是指仅用于社团设施用途的房屋。

社团设施用途（Community facility use）

"社团设施用途"是指在用途组 3 或 4 所列的任何用途。

完全围蔽（Completely enclosed）

"完全围蔽"房屋是用永久的屋顶、外墙或部分外墙在所有边缘隔离该房屋与邻近的开敞区域、其他房屋或其他构筑物，并且外墙上仅开设窗户，或通常仅设置为行人、货物和机动车出入的门；但是，公共停车库或包含辅助性的路外停车空间的房屋，且该房屋的外墙开敞比例小于 50%的应被视作完全围蔽的房屋。

庭（Court）

"庭"不是内庭就是外庭。

庭，外庭进深（Court, depth of outer）

"外庭进深"是外庭的开口与其对边墙体之间的最大水平距离，沿着垂直于外庭开口的方向测量。外庭开口应视为任何庭墙与其他墙的交角，与对侧庭墙之间可以画出的最短的虚构线。

庭，内（Court, inner）

"内庭"是除院或院的部分以外的任意开敞区域，从开敞区域的最低标高点到天空之间没有障碍物，并且通过下列其中一种要素划定边界：

（a）房屋的墙；或

（b）房屋的墙和一条或以上的地块线，地块前边线除外；或

（c）房屋的墙，沿着地块侧边线或地块后边线在任何开敞区域中有一处宽度小于 30 英尺的开口的除外。

庭凹口，内（Court recess, inner）

"内庭凹口"是内庭的任意部分，内庭凹口不包含该内庭中内接的最大的单个水平长方形。

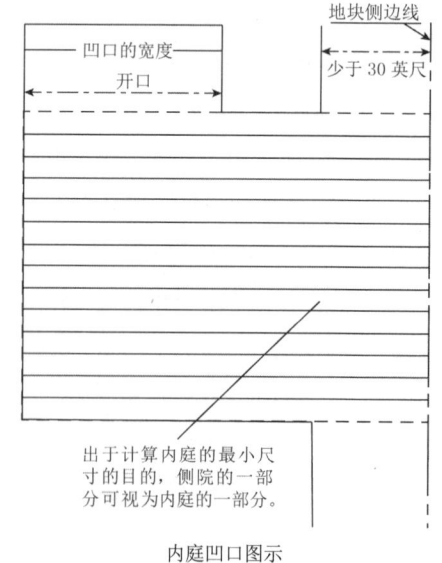

内庭凹口图示

庭，外（Court, outer）

"外庭"是除院或院的部分以外的任何开敞区域，从其最低标高点到天空之间没有障碍物，除了在以下地方有一个开口：

（a）在地块前边线；

（b）在前院；

（c）在后院；或

（d）沿着地块后边线或地块侧边线有宽度或进深不少于 30 英尺的开口的任意开敞区域，且该开敞区域沿该地块后边线或地块侧边线的全长延伸。

外庭通过以下其中一种要素划界：

（a）房屋的墙；或

（b）房屋的墙和一条或以上的地块线，地块前边线除外。

庭凹口，外（Court recess, outer）

"外庭凹口"是外庭的任意部分，当从上直接俯视时，该外庭无法用垂直于外庭开敞边的虚构线条包围。

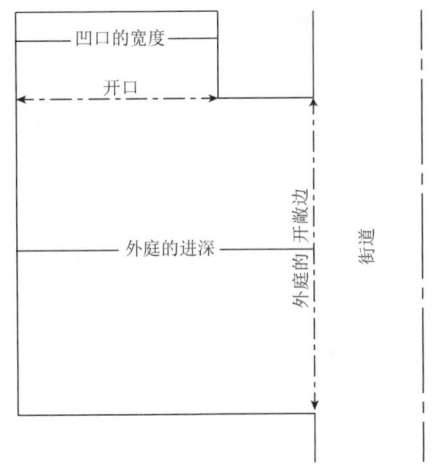

外庭凹口图示

庭，外庭宽度（Court, width of outer）

"外庭宽度"是外庭的最小水平距离，不含外庭凹口，平行于该外庭开口测量。

路沿石标高（Curb level）

"路沿石标高"是紧邻区划地块的路沿石的平均标高。在转角地块，路沿石标高是紧邻交叉街道路沿石的标高的平均数；但是，在规定和确定转角地块中的庭、院或其他开敞区域的标高时，路沿石标高是相交街道上路沿石的标高平均数的最大值。在穿越地块上，基于路沿石标高的高度及退缩规则应在穿越地块面向的每一条街道上独立运用；而且为了确立等效后院的标高，路沿石标高应为在此穿越地块面向的每一条街道上的路沿石标高的平均高度。

指定居住用途（Designed for residential use）

"指定居住用途"的房屋位于居住区，并且初始设计为居住用途，且至少 25%的楼板面积为居住用途。

独立（Detached）

"独立"房屋是被同一区划地块的"院"或其他开敞区域所环绕的房屋。

开发项目，或开发（Development, or to develop）

"开发项目"包括在区划地块上建设新的房屋或其他构筑物，现有的房屋搬迁到另一个区划地块，或使土地有新的用途。

"开发"是创造开发项目。

居住单元（Dwelling unit）

"居住单元"是由住宅或房屋的居住部分中的一个或多个房间构成的，为一人或多人一起居住并且维持普通家庭而组织、设计、使用或计划的，且具有符合法规的煮食空间和卫生设施供占有人使用。

为了确定地块面积而计算居住单元的房间数量时，出租单元不应被计算为居住单元的部分。

扩建工程，或扩建（Enlargement, or to enlarge）

"扩建工程"是在现有房屋增加楼板面积，或其他任何构筑物尺寸的扩大，或在房屋用地上增加现状用途。

"扩建"就是创造一项"扩建工程"。

延伸工程，或延伸（Extension, or to extend）

"延伸工程"是在现有房屋内增加现状用途的楼板面积。

"延伸"就是创造一项"延伸工程"。

家（Family）

"家"是以下其中一项：

（a）一个人占用一个住宅并维持一个家庭，包含不多于一个的"寄宿者、房客或租客"(《多户住宅准则》中 D26-2.2 所定义）；或

（b）两个或更多有血缘或婚姻关系的人，占用一个住宅，生活在一起并维持一个普通家庭，包含不多于一个寄宿者、房客或租客；或

（c）不多于四个没有关系的人占用一个住宅，生活在一起并维持一个普通家庭。

如果所有成员可以进出住宅的所有部分，则可以判定存在一个普通家庭。

楼板面积（Floor area）

"楼板面积"是一栋房屋或一组房屋所有楼板的总面积；从外墙的外表面，或从两栋房屋的分隔墙的中线测量。楼板面积具体包括：

（a）地下层空间，在本节定义中明确排除的不计；

（b）每一层的电梯井或楼梯间；

（c）屋面小屋的地板空间；

（d）结构净空为 8 英尺或更高的阁楼空间（无论有无放置地板）；

（e）室内阳台或夹层的地板空间；

（f）超过 50%的周长是封闭的露天的或有屋顶的平台、室外阳台、通道或门廊的地板空间，但护墙不高于 3 英尺 8 英寸的，或扶手不少于 50%是开敞的且不高于 4 英尺 6 英寸的，不应视为封闭；

（g）用于居住目的任何楼板空间，在没有具体排除的情况下，不论其在房屋内的位置；

（h）辅助性的房屋的楼板空间，用于辅助性的路外停车的楼板空间除外；

（i）高于路沿石标高 23 英尺以上，且用于许可的或要求的辅助性的路外停车的楼板空间；

（j）超过适用的分区条例所要求数量的 200%的辅助性的路外装卸泊位的楼板空间；

（k）任何其他没有明确排除的楼板空间。

但是，房屋的楼板面积不应包括：

（a）地窖空间，但是为了计算辅助性的路外停车空间及辅助性的路外装卸泊位的要求，用于零售业的地窖空间应被包括在楼板面积中；

（b）电梯或楼梯的舱壁、辅助水塔或冷却塔；

（c）无盖顶的步级；

（d）结构净空少于 8 英尺的阁楼空间，无论是否设置地板；

（e）封闭范围的周长不超过 50%的露天的或有屋顶的平台、室外阳台、通道或门廊的楼板空间，但护墙不高于 3 英尺 8 英寸的，或扶手不少于 50%是开敞的且不高于 4 英尺 6 英寸的，不应视为封闭；

（f）在路沿石标高以上不足 23 英尺处的，用于许可的或要求的辅助性的路外停车空间的楼板空间；

（g）在适用的分区条例所要求数量的 200%以内的辅助性的路外装卸泊位的楼板空间；

（h）用于机械设备的楼板空间；

（i）住宅的最低一层（无论是地下层或其他），

但是：

（1）该住宅中在最低一层以上的层数不超过两层；及

（2）最低一层及其上方紧邻的一层同属于一个居住单元；及

（3）最低一层用于火炉房、设备房、辅助休闲用房或其他地下层习惯的使用目的；及

（4）最低一层至少有一半的高度在沿该住宅至少一侧的地面高度以下，或最低一层包含一个车库。

容积率（Floor area ratio）

"容积率"是一个区划地块上的楼板面积的总和除以该区划地块的地块面积。（例如，在 10 000 平方英尺的区划地块上有一栋楼板面积为 20 000 平方英尺的房屋，其容积率为 2.0。）

集合停车设施（Group parking facility）

"集合停车设施"是用于停放机动车的一栋房屋或其他构筑物或一块场地，其容量应多于一个车位，且从公共街道可以抵达所有车位；如果是辅助于居住用途的，应指定服务于一个以上的居住单元。

集合停车设施应包括，但不仅限于下列各项：

（a）开敞的停车区域；

（b）主要用途不是停车的房屋内或屋顶上的停车空间；

（c）主要用于停车的房屋或房屋组，包括一组独立的停车库。

平均层数（Height factor）

房屋的"平均层数"等于房屋的楼板面积总和除以地块覆盖范围。如果同一个区划地块上有两个或以上的房屋，它们的平均层数则是它们的楼板面积总和除以地块覆盖范围的总和。因此，如果房屋没有退让地直立起来，那么平均层数就等于房屋的层数。在计算平均层数时，大于等于 0.5 的应视作 1，小于 0.5 的应舍去。

居家工作（Home occupation）

"居家工作"是具有以下特征的辅助用途：

（a）对于居住单元或出租单元的居住用途而言是明显属于附属的或次要的用途；及

（b）是居住单元或出租单元的一个或多个占有人在此居住单元、出租单元，或在辅助性的房屋中进行的工作，只有与专业工作有关时，可聘请一人，此人可以不在此居住单元或出租单元居住；及

（c）居家工作所占用的面积不多于此居住单元或出租单元的总楼板面积的 25%，且任何情况下居家工作的楼板面积不得多于 500 平方英尺。

与下列有关的居家工作不予许可：

（a）销售不在此地生产的物品；

（b）有户外展示或从外面可以看到物品的展示；

（c）在辅助性的房屋或其他构筑物以外的部分存储材料或产品；

（d）在 R1 或 R2 区展示标志或其他标牌，因专业业务而被许可的情况除外；

（e）导致不适于住宅的外部结构变化；

（f）产生令人反感的噪声、振动、烟、尘或其他颗粒物、有气味的物质、热、潮湿、强光或其他令人反感的影响。

居家工作包括：

（a）美术工作室；

（b）专业办公室；

（c）同时教育不多于四名学生，或者，如果是音乐授课，每次不超过一名学生。

但，居家工作不应包括：

（a）广告或公共关系机构；

(b) 理发店；

(c) 美容院；

(d) 商业马厩或养狗场；

(e) 脱毛、电蚀或类似的办公室；

(f) 室内设计师的办公室或工作坊；

(g) 房地产或保险办公室；

(h) 股票经纪人的办公室。

酒店，公寓式（Hotel, apartment）

"公寓式酒店"是符合以下各项的一栋房屋或房屋的一部分：

(a) 居住单元或出租单元主要用于永久占用的；及

(b) 服务于这些单元的一个或多个共用的入口；及

(c) 提供下列的一种或多种服务：客房服务、电话、书桌或门童和行李生服务，或家具布置与布草洗涤。

餐厅、鸡尾酒廊或室内游泳池是被许可的辅助用途；在居住区规定如下：除了适用的分区条例许可之外，此类辅助设施应只能通过大堂出入，且不应有任何标牌。公共宴会厅、舞厅或会议室不是许可的辅助用途。

酒店，短时（Hotel, transient）

"短时酒店"是符合以下各项的房屋或房屋的一部分：

(a) 主要用于短时占用的居住或睡眠场所，且可以日租方式出租；及

(b) 服务于这个居住或睡眠单元的一个或多个共用的入口；及

(c) 提供二十四小时服务的总台，另可增加下列一种或多种服务：客房服务、电话、书桌或门童和行李生服务，或家具布置或布草洗涤。

许可的辅助用途包括：餐厅、鸡尾酒廊，公共宴会厅、舞厅或会议室。

基本退缩距离（Initial setback distance）

"基本退缩距离"是按照分区条例从街道边线到区划地块面向街道正面进深方向测量的水平距离。

微改造土地（Land with minor improvements）

"微改造土地"是一块具有下列特征的土地：

(a) 不涉及任何房屋或其他构筑物；或

(b) 依据第52-32条、52-52条或52-72条（微改造土地）的规定，微改造所涉及的房屋或其他构筑物位于地下或主要在地面层的，总体评估价值不能超过2000美元，在该用途变化、损坏或摧毁，或者终止所适用的日期，有效的税收稽征清册决定这一评估价值。

大规模的社团设施开发（Large-scale community facility development）

"大规模的社团设施开发"是在一片土地上用于社团设施用途的开发项目或扩建工程，这片土地包含单个区划地块，或者相邻的或有一条街道分隔的两个或更多区划地块，且这片土地符合下列各项：

(a) 有或将有至少3英亩的面积；及

(b) 被土地所有者指定为一片土地，全部都将作为单一所有权的一个整体使用、开发或扩建。

出于本定义的目的，所有权应包括一份不少于五十年期的租约，并可选择更新该租约，使其总期限不少于七十五年，或两个或更多所有者之间的具有约束力的协议，这些协议能够证明其占有权益或控制权，并同意将此片土地作为一个整体来开发。

依据第七篇第8章的规定，此片土地可以包括向城市规划委员会提交申请时被现有房屋占据的任何土地，但是这些房屋必须是规划开发项目或扩

建工程的不可分割的部分。

大型居住开发（Large-scale residential development）

"大型居住开发"是在一片土地上用于居住用途的开发项目，这片土地包含单个区划地块、或相邻的或有一条街道分隔的两个或更多区划地块，且这片土地符合下列各项：

（a）有或将有至少 20 英亩的面积，或在至少 3 英亩的土地上共有至少 500 个居住单元；及

（b）被土地所有者指定为一片土地，全部都将作为单一所有权的一个整体使用或开发。

出于本定义的目的，所有权应包括一份不少于五十年期的租约，并可选择更新该租约，使其总期限不少于七十五年。

法律要求的窗户（Legally required window）

"法律要求的窗户"是窗户或窗户的部分（包括要么作为机械通风的补充要么作为其替代物的窗户），这些窗户是被任何适用法律所要求的或满足《多户住宅法》第 4 条定义的"居室"窗户的采光与通风规定。

地块面积（Lot area）

"地块面积"是区划地块的面积。规定如下：如果区划地块包括本决议案生效后所封闭的街道的任何部分，应有不超过该封闭街道的一半的面积计入地块面积。并且，进一步规定如下：在商业区或工业区中，如果该封闭街道的总面积超过区划地块总面积的 20%，则该街道总面积中超出此 20% 的部分可作为许可的商业或工业用途计入地块面积。

每个居住单元的地块面积（Lot area per dwelling unit）

"每个居住单元的地块面积"是位于区划地块上的每个居住单元要求的地块面积。

每个房间的地块面积（Lot area per room）

"每个房间的地块面积"是位于区划地块上的每个房间的要求的地块面积。

地块，转角（Lot, corner）

"转角地块"要么是全部以街道为边界的区划地块，要么是紧邻两条或多条街道交叉点的区划地块，并且沿着街道边线方向延伸所形成的内角小于或等于 135°。当任何街道边线与地块线而非街道边线的交点是弧线时，则该弧线在该交叉点处的切线应视为街道边线的方向。转角地块中，距离两街道边线或两切线交叉点超过 100 英尺的部分应适用"穿越地块"或"内部地块"的规则，且应被要求按该部分被视为独立区划地块的情况提供一个后院或等效后院。

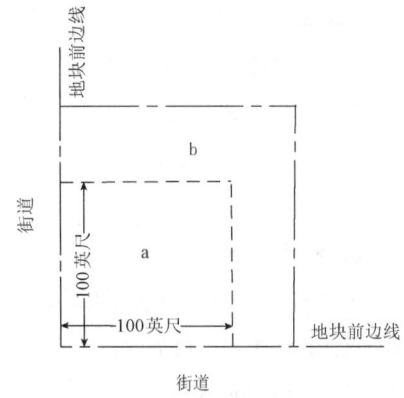

a-转角地块中遵循转角地块规范的部分
b-转角地块中遵循内部或穿越地块规范的部分

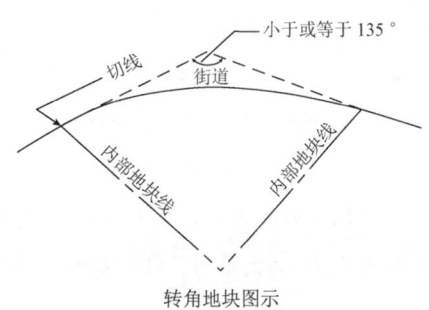

转角地块图示

地块覆盖范围（Lot coverage）

当从地块上方垂直俯视时，被房屋或房屋的任何部分覆盖的区划地块部分称为"地块覆盖范围"。但是，出于计算平均层数的目的，被屋顶覆盖的可作为开敞空间的部分，或不计算楼板面积的平台、阳台、通廊、门廊或它们的任意部分，都不应包含在地块覆盖范围中。

地块进深（Lot depth）

"地块进深"是区划地块上地块前边线与地块后边线之间水平距离的平均值。在转角地块中，地块进深是地块前边线分别与对面的地块侧边线之间平均水平离中的较大值。

地块，内部（Lot, interior）

转角地块和穿越地块之外的都是"内部地块"。

地块线（Lot line）

"地块线"是区划地块的边界。

地块线，前边（Lot line, front）

"地块前边线"是街道边线。

地块线，后边（Lot line, rear）

"地块后边线"是区划地块中除了地块前边线外的任意一条地块线，并且与围合该区划地块的任何街道边线平行或在45°内平行且不相交。

地块线，侧边（Lot line, side）

"地块侧边线"是除地块前边线或地块后边线之外的任意地块线。

地块，穿越（Lot, through）

"穿越地块"是非转角地块的，紧邻两条相对的街道，且两街道边线相互平行或在45°内相互平行的区划地块。对"穿越地块"中任意部分不是或不能以这样的对边街道边线和与它们相交的两条街道边线为边界的部分适用"内部地块"的规则。

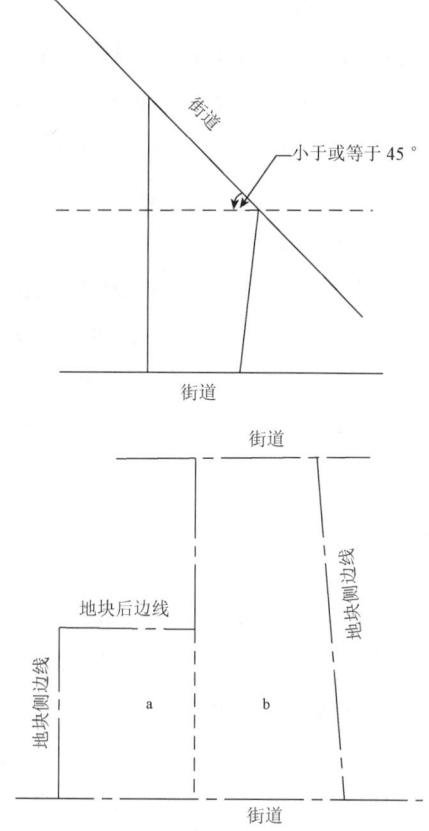

a-遵循"内部地块"规范的部分
b-遵循"穿越地块"规范的部分
穿越地块图示

地块宽度（Lot width）

"地块宽度"是区划地块的地块侧边线之间水平距离的平均值。

地块，区划（见区划地块）（Lot, zoning（see Zoning lot））

工业区（Manufacturing District）

"工业区"包含任意区域，并以字母"M"为字首的符号来指定这些区域。

"M1区"包含任意区域，并以"M1"为字首的符号来指定这些区域。

"M2区"包含任意区域，并以"M2"为字首的符号来指定这些区域。

"M3 区"包含任意区域,并以"M3"为字首的符号来指定这些区域。

工业用途(Manufacturing use)

"工业用途"是指用途组 17 或 18 所列的用途。

汽车旅馆或驿站(Motel or tourist cabin)

"汽车旅馆"或"驿站"是符合下列各项的房屋或房屋组:

(a)主要用于短时占有的居住和睡眠场所;及

(b)这些居住或睡眠单元具有直通房屋外部的独立的出入口。

不合规的,或不合规的情况(Non-complying, or non-compliance)

"不合规的"房屋或其他构筑物是合法的任意房屋或其他构筑物,这些房屋或其他构筑物要么是在本决议案生效日后不符合适用的分区体位规范中的任意一条或多条,要么是因随后的修正案而变得不符合这些规范。

"不合规的情况"是不合规的房屋或其他构筑物没有符合适用的体位规范的任意一项。

不一致的,或不一致的情况(Non-conforming, or non-conformity)

"不一致的"用途是房屋或其他构筑物或者土地的合法用途,这些用途要么是在本决议案生效日后不符合适用的分区用途规范中任意一条或多条,要么是因随后的修正案而变得不符合这些规范。

不一致的用途应当是不符合许可的用途组或释放标准两者之一所适用的分区规则而产生的结果。

"不一致的情况"是不一致的用途与适用的用途规则中其中任意一条不一致。

但是,不应仅仅由于下列任何原因而把现状的用途视为不一致的或认为存在不一致的情况:

(a)现有的辅助性的路外停车或装卸泊位比要求的少;或

(b)存在不一致的辅助性的标牌;或

(c)要么存在违反第 32-41 到 32-43 条关于(补充用途规)的情况,要么存在违反第 32-51 到 32-52 条关于沿分区边界的特别实施规定的情况,要么存在违反第 42-41 到 42-45 条关于补充用途规范和沿分区边界的特别实施规定的情况。

开敞空间(Open space)

"开敞空间"是区划地块的一部分,包含庭或院,且符合下列条件:

(a)从其最低标高至天空之间是开敞和没有障碍物的,下文另有规定的除外;及

(b)占用该区划地块的一个居住单元或出租单元的所有人都可以进入和使用;及

(c)不是含有居住单元或出租单元的房屋部分的屋顶。

开敞空间可以包含屋顶覆盖的区域,其屋顶覆盖区的总面积需少于区划地块中无屋顶覆盖面积的 10%,且屋顶覆盖区域最多有一面封闭的,或封闭的长度不能超过覆盖区域周长的 10%,两者中取较大值。

与住宅相连的车库屋顶,或住宅中车库部分的屋顶,或混合房屋中不用于居住的部分的屋顶,或社团设施房屋的屋顶,或用于社团设施用途的房屋部分的屋顶,如果这些屋顶满足本定义中下列情况的要求,可以视为开敞空间:

(a)在路沿石标高以上不超过 23 英尺,但此规定不适用于房屋中非居住部分的屋顶;及

(b)屋顶的高度在面向屋顶开敞的、法律要求的窗户的窗台高度以下至少 2.5 英尺;及

（c）可以通过房屋的走廊直接进入，或通过房屋、院、庭或街道的斜坡（坡度少于10%）直接进入，下列情况除外，即R8或R9区中此类屋顶区域不需要占有人进入，因此不适用于此要求；及

（d）没有一个边长少于25英尺；但在R8或R9区中，当此类屋顶区域紧邻街道边线或后院时，它的最小进深可以为9英尺，以及沿该街道边线或后院的最小长度至少可以等于进深的两倍或区划地块的全宽度，或50英尺，三者取最小距离。

开敞空间率（Open space ratio）

区划地块的"开敞空间率"是区划地块上开敞空间的面积，这个指标表示区划地块上开敞空间的面积与区划地块的楼板面积的百分比。即：每100平方英尺的楼板面积对应1平方英尺的开敞空间，则为1点。（例如，对于一栋房屋，要求开敞空间率为20，房屋的楼板面积为20 000平方英尺，则该房屋所在的区划地块上需要提供4000平方英尺的开敞空间；或者，如果地块面积中有6000平方英尺的开敞空间，则区划地块上房屋可以有30 000平方英尺的楼板面积。）

广场（Plaza）

"广场"是公众在任何时候都能进入的开敞区域，且仅符合下列其中一项：

（a）沿地块前边线的连续开敞区域，且进深不少于10英尺（垂直于地块前边线测量），面积不少于750平方英尺，开敞区域的完整进深应沿此地块前边线的全长或至少50英尺延伸，两者取较大值；或

（b）在穿越地块上从街道到街道的连续开敞区域，且垂直于最接近的地块侧边线测量时宽度不少于40英尺；或

（c）在转角地块上，面积不少于500平方英尺的开敞区域，它的两边以两条相交的街道边线为界，且最小边长为10英尺；或

（d）面积不少于8000平方英尺的开敞区域，最小边长尺寸为80英尺，而且一边是以地块前边线为界，或者是通过敞廊或不少于40英尺宽的开敞区域与街道相连。

除了上述（d）所描述的开敞区域，其他开敞区域部分如果除了一边开口以外其余边界都以房屋的墙或以房屋的墙及一条地块侧边线为界，那么该部分不应视为广场的部分，除非这些部分的开口宽度至少为50英尺。

广场的任意一点不应高于最近的相邻街道的路沿石标高以上5英尺，且从最低点到天空之间应没有障碍物，但在第23-44、24-33、33-23或43-23条（后院或等效后院中许可的障碍物）中许可的障碍物也应视为在广场中允许的障碍物。

公共场地（Public park）

"公共场地"是公众所有的公园、操场、海滩、林荫道，或由公园委员会管辖或控制的道路，不在其管辖或控制下的路面上的街边公园带或林荫街道除外。

公共停车库（Public parking garage）

"公共停车库"是房屋或其他构筑物，且符合下列特征：

（a）提供停车或机动车存放的，但不能是商业性或公共设施性的车辆，或不能用于废旧机动车存放；及

（b）不是同一个或另一个区划地块的辅助用途。

如果在完全围蔽的房屋内进行的、伴随机动车停放而产生的机动车燃油或润滑油的销售、微小维修是许可的辅助用途。

公共停车场（Public parking lot）

"公共停车场"是任何一块土地，且符合下列特征：

(a) 提供停车或机动车存放的，但不能是商业性或公共设施性的车辆，或不能用于废旧机动车存放；及

(b) 不是同一个或另一个区划地块的辅助用途。

伴随机动车停放而产生的机动车微小维修是许可的辅助用途。

住宅，或居住的（Residence, or residential）

"住宅"是包含居住单元或出租单元的房屋或房屋的部分，包括单户住宅或两户双拼住宅、多户住宅、寄宿或出租房屋或公寓式酒店。但住宅不包括：

(a) 诸如短时酒店、汽车旅馆或驿站，或拖曳式房车营地等短时性居所；或

(b) 宿舍、兄弟会或妇女联谊会的房屋、修道院或女修道院；或

(c) 护士住所、疗养院、护理院，或在社团设施房屋中或在用于社团设施用途的房屋部分中的居住与睡眠场所；或

(d) 混合房屋中非居住用途的部分，居住的辅助用途除外。

"居住的"即属于住宅的。

居住区（Residence District）

"居住区"包含任意区域，并以字母"R"为字首的符号来指定这些区域。

"R1 区"包含任意区域，并以"R1"为字首的符号来指定这些区域。

"R3 区"包含任意区域，并以"R3"为字首的符号来指定这些区域。

"R7 区"包含任意区域，并以"R7"为字首的符号来指定这些区域。

住宅，独栋（Residence, single-family）

"独栋住宅"是只包含仅由一户占用的一个居住单元的房屋。

住宅，双拼（Residence, two-family）

"双拼住宅"是只包含仅由两户占用的两个居住单元的房屋。

居住用途（Residential use）

"居住用途"是指用途组 1 或 2 所列的任何用途。

房间（Room）

出于与要求的地块面积一致的目的，居住单元中的"房间"数量按下列方法计算：

(a) 应计算在《多户住宅法》第 4 条中定义的"起居室"的数量，下列各项除外：

(1) 厨房或其他煮食空间（没有尺寸限制的）不应算作"起居室"。

(2) 没有用墙或门与其他"起居室"或煮食空间分隔的用餐凹室、小餐室或其他用餐空间（没有尺寸限制的），不应算作"起居室"。

(3) 在含三个或以上卧室的居住单元中的餐厅不应算作"起居室"。以下情况除外：当根据第 54-31 条（一般规定）的规定来判定不合规的情况的程度时，这类餐厅可以被计入房间数量。

(b) 在计算要求的地块面积时，根据下表计算房间数量：

在上述（a）中的"起居室"的数量	相当于房间的数量
1	2.5
2	3.5
3	4.5
4	5.5
5	6.5
6	7.5
每增加1间	1

在出租单元中的房间数量应算为2。

出租单元（Rooming unit）

在住宅或房屋的居住部分中，"出租单元"是任意一种"起居室"（其内容由《多户住宅法》第4条所定义），且具有下列特征：

（a）属于"B类多户住宅"中的《多户住宅法》第 4 条定义的"出租房间"或"带家具的出租房间"；或

（b）用于《多户住宅法》第 D-26-2.2 条定义的"B类占用"；或

（c）用于《多户住宅法》第4条定义的"单户房间占用"；或

（d）被《多户住宅准则》第 D-26-2.2 条定义的"寄宿者""房客"或"租客"所占用的；但是，如果在一个居住单元中居住不超过两名的此类寄宿者、房客或租客，被该寄宿者、房客或租客占用的房间应算作该居住单元的一部分，而不应算作出租单元；或

（e）在住宅或房屋的居住部分中的任何其他非居住单元或非居住单元的部分中的"起居室"。

学校（School）

"学校"是：

（a）提供全日制指导和学习课程的，满足《纽约州教育法》第 3204、3205 及 3210 条的要求的机构；或

（b）托儿所或幼儿园：

（1）每年的学习时间不超过《纽约州教育法》第 3204 条规定的全日制学校的学习时间；及

（2）由教育委员会运营的，在小学中已设立的任何宗教组织，或有根据《纽约市健康准则》第 47.03 条授予的许可的。

橱窗（Show window）

"橱窗"是在用于商业目的任何房屋部分的外墙上的窗户或开口，展示或宣传商品、服务或业务的。在房屋的商业部分装有透明玻璃的窗户，在窗户下方的人行道或既定的人行道标高上方不足 6 英尺的窗户的任意部分应视为橱窗。

标牌（Sign）

"标牌"是文字（包括字母、词语或数字）、形象化展示（包括图示或装饰）、符号（包括装置、符号或商标）、旗帜（包括横幅或三角旗），或任何其他具备相似特征的内容，且符合下列各项：

（a）标牌是构筑物或构筑物的任何一部分，或者是黏附于、绘制于或以其他任何形式展示于房屋或其他构筑物上的；及

（b）是用于宣告、吸引注意力或广告的；及

（c）是从房屋外部可见的。仅当位于窗户内而有照明的情况下，房屋内的文字、展示或有相似特征的其他内容应属于标牌。

下列各项不适用于本决议案的规定：

（a）正式成立的政府机构的标志，包括交通标志或相似的监管装置、法律通告或在铁路道口的警示；

（b）政治的、城市的、慈善的、教育的或宗教机构的旗帜或象征；

（c）上述机构的活动、运动或事件的临时通报标志；

（d）纪念标志或碑牌；

（e）在施工场地放置的、面积不超过 25 平方英尺的显示建筑师、工程师或承建商的标志；

（f）法律或政府法令、规则或条例要求保留的，在任何区划地块上总表面面积不超过 10 平方英尺的标志；

（g）显示方向或为公众便利的小型标志，包括指示厕所、货运入口等，在任何区划地块上总表面面积不超过 5 平方英尺。

双面标牌的两侧面的最宽处的距离不多于 28 英尺、最窄处的距离不多于 18 英尺，而且显示相同的文字或其他展示内容，表面面积应仅包括一面。在计算总表面面积时，多面标牌的多个侧面应视为不同的标牌。

标牌，广告（Sign, advertising）

"广告标牌"是把注意力吸引到在同一区划地块以外的地方实施、出售或提供商业、专业、商品、服务或娱乐内容的标牌。

标牌，商业（Sign, business）

"商业标牌"是把注意力吸引到同一区划地块内实施、出售或提供专业、商业、商品、服务或娱乐的地方的辅助性的标牌。

标牌，闪光（Sign, flashing）

"闪光标牌"是任意一种发光标牌，无论是固定的、循环或旋转的，这些标牌是展示灯光变化或颜色效果的。规定如下：循环或旋转标牌在没有灯光变化和色彩效果变化（因其旋转或循环产生的除外）的情况不属于闪光标牌，仅当它们展示突然或显著的灯光或颜色效果变化时才应被视为闪光标牌。

显示时间、温度、天气或其他相似信息的发光标牌，如果符合下列要求，不应被视为闪光标牌：

（a）该标牌的总表面面积不大于 16 平方英尺；

（b）任何字母或数字的竖向高度不大于 24 英寸；及

（c）除变化频率不大于每分钟一次的信息显示的周期变化外，颜色或光强是恒定的。

标牌，发光（Sign, illuminated）

"发光标牌"是为放出任何人造光线或反射人造光源的光线而设计的标牌。

标牌，表面面积（见表面面积）（Sign, surface area of（see Surface area））

有非直接照明的标牌（Sign with indirect illumination）

"有非直接照明的标牌"是任意发光非闪光标牌，其光源完全来源于外部人工光源，且从人工光源发出的光线没有直接射入住宅或街道。

天空曝光面（Sky exposure plane）

"天空曝光面"是一个虚构的倾斜平面：

（a）从街道边线上（或，如有提示时，从前院线上方）以分区条例规定的高度开始；及

（b）在区划地块上以分区条例规定的竖向距离与横向距离的比值攀升。

层（Story）

"层"是房屋中楼板表面（不论这个楼板是否计入容积率）与其上方紧邻的天花之间的部分。无论如何，地窖都不是"层"。

街道（Street）

"街道"是：

（a）在《城市地图》上显示的道路；或

（b）为普通公众使用而设计或提供的道路，它连接地图上显示的两条道路：

（1）起到的作用通常与《城市地图》上显示的道路相关，及

（2）全路段的宽度至少为 50 英尺，及

（3）其业主用协议在房屋及用途的整个生命周期中，保证街道的开放和无障碍，从而满足本决议案的任何要求；或

（c）以普通公众使用为目的的，为机动车或行人提供从《城市地图》上显示的道路到房屋或其他构筑物的主要路径的任何其他开敞区域：

（1）起到的作用通常与《城市地图》上显示的道路相关，及

（2）全路段的宽度至少为 50 英尺，及

（3）被城市规划委员会核准为满足本决议案的任何要求的"街道"，及

（4）其业主用协议在房屋及用途的整个生命周期中，保证街道的开放和无障碍，从而满足本决议案的任何要求；或

（d）其他任意公共道路，这些道路在本决议案生效日正在执行通常与《城市地图》上显示的道路相关的功能。

仅用于机动车进入辅助性的停车或装卸设施的机动车道，或允许机动车在房屋入口上下客的机动车道，不应被视为街道。

街道边线（Street line）

"街道边线"是将街道与其他土地分开的地块线。

街道，窄（Street, narrow）

"窄街道"是宽度少于 75 英尺的任意街道。

街墙（Street wall）

"街墙"是房屋面向街道的墙或墙的一部分。

街墙，合计宽度（Street wall, aggregate width of）

在任意给定平面上的"街墙合计宽度"是距离街道边线 50 英尺以内的房屋所有街墙的最大宽度的总和。从街道上方直视，从街墙向街道边线画垂线，垂线覆盖的街道边线的长度就是街墙的宽度。

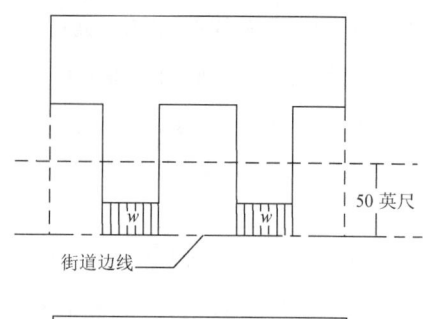

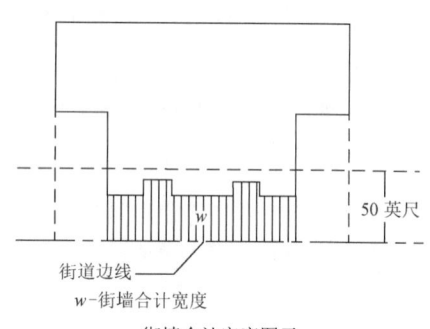

w-街墙合计宽度

街墙合计宽度图示

街道，宽（Street, wide）

"宽街道"是宽度大于等于 75 英尺的任意街道。

表面面积（标牌的）（Surface area（of a sign））

标牌的"表面面积"应是总面积，包括单一连续的边界围合的文字、展示、符号，或有相似特征的任何内容的整个区域，同时包含构成展示的整体部分的或用于使该标牌区别于其所在背景的材料或颜色。任何情况下，用于支撑该标牌的支架或直柱不应算入标牌的表面面积。

拖曳式房车（Trailer）

"拖曳式房车"是在车轮或固定支座上的，用于居住或睡眠的车辆。

拖曳式房车营地（Trailer camp）

"拖曳式房车营地"是为两辆或以上拖曳式房车用途而使用或设计的土地。

用途（Use）

"用途"是：

（a）房屋或其他构筑物或一块土地可以被设计、安排、计划、维护或占有的任意目的；或

（b）在房屋或其他构筑物中或一块土地上进行的或计划进行的任意活动、占用、业务或运营。

院（Yard）

"院"是区划地块中开敞的且从最低点到天空之间没有障碍物的任意部分；它沿着地块线全长扩展，以及从地块线开始扩展至适用的分区条例所规定的进深或宽度。

等效院，后（Yard equivalent, rear）

"等效后院"是可以要求设置在穿越地块中的，替代所要求的后院的开敞区域。

院，前（Yard, front）

"前院"是沿着地块前边线全长扩展的院。

在转角地块上，沿着街道边线全线扩展的任何院都应视为前院。

院线，前（Yard line, front）

"前院线"是平行于地块前边线的线，前院线与地块前边线的距离等于要求的前院进深。

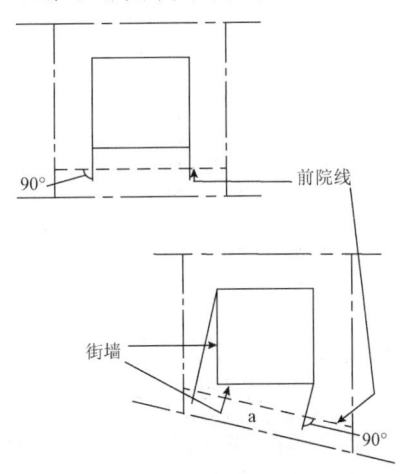

a-前院线上用于判定前院线基准线的部分

前院线基准线图示

院线，前，(的)基准线（Yard line, front, level（of））

"前院线基准线"是前院线的一个部分的平均标高，该部分从上直接俯视时，可以被从街墙垂直于街道边线所画的线段覆盖。在转角地块上，前院线基准线是多个前院线基准线的平均值。

院线，后（Yard line, rear）

"后院线"是平行于地块后边线的线，与地块后边线的距离等于要求的后院进深。

院，后（Yard, rear）

"后院"是沿着地块后边线全长扩展的院。

院，侧（Yard, side）

"侧院"是沿着地块侧边线从要求的前院（或如不要求前院，则从地块前边线）到要求的后院（或如不要求后院，则到地块后边线）全线扩展的院。在转角地块上，不是前院的任何院都应视为侧院。

区划地块（Zoning lot）

"区划地块"是以下任何一项：

（a）在本决议案生效日时已登记的现状地块，或任何随后实施的修正案生效日时已登记的现状地块；

（b）一块土地，位于单个街区内，这块地或是没有分割，或是由两个或以上紧邻的登记地块组成，在本决议案生效日或随后实施的任意修正案的生效日时在同一所有权名下；或

（c）一块土地，位于单个街区内，在填报建筑许可时（如果不要求建筑许可，则是在申请占有证书时）由业主或开发商指定为属单一所有权的一个整体进行使用、开发或建设。

因此，区划地块可能符合或不符合在纽约市官方税收地图上或在任何有登记细分的地图或契约上显示的地块。

本定义所称区划地块的所有权应包括一份不

少于五十年期的租约，并可选择更新该租约，使其总期限不少于七十五年。

区划地块可细分为两个或更多的区划地块，但是细分所形成的区划地块及其上方的房屋应服从本决议案中所有适用的规定。如果该区划地块被不合规的房屋占用，该地块在细分时，只要该细分不使房屋产生新的不一致的情况，或不加重不一致的情况的程度，则该区划地块就可以被细分。

区划图（Zoning maps）

"区划图"是按照第 11-14 条（地图融合）规定的要求融入本决议案规定的地图。

第二篇　居住区规则①

第 1 章　立法意图的阐述

21-00　居住区的一般目的

本决议案设立居住区的目的是为改善和保护公共健康、公共安全和公共福祉，这些目的包括但不仅限于下列具体目标：

（a）为住宅开发项目提供充足的空间。为满足城市现在的和预测的未来人口住房需求，住宅项目应具有合适的区位，并需要考虑场地选择。

（b）保护居住区免受火灾、爆炸、有毒有害物质、辐射及其他危险，以及让人反感的噪声、振动、烟及其他颗粒物、有气味物体、热、湿、强光及其他厌恶性的影响。

（c）尽可能地保护居住地区免受大交通量和所有穿越性交通的影响。

（d）通过规范周边用地的人口密度及建筑体位，提供路外停车空间，尽可能地保护居住地区免受交通拥堵；在居住地区内切实可行的地方要求提供开敞空间，以及在更高的开敞空间标准下，通过适度许可更高的密度和体位，鼓励提供额外的开敞空间，从而提高居住地区的采光和通风，为休憩及娱乐提供开放场所，并打破连续建筑体位的单调性，进而在拥挤的都会区提供更宜人的城市居住环境。

（e）通过控制房屋及其他构筑物的间距及高度，尽可能地使得窗户更好地接纳阳光和空气，并保护隐私。

（f）在居住区内为服务于周边居民的且在居住环境内活动效率更高的教育、宗教、娱乐、健康以及其他相似设施提供适当的空间，并且保证这些设施不会产生厌恶性影响。

（g）为建筑设计提供创作的自由，从而鼓励更具吸引力和更具经济性的建筑形式的开发项目。

（h）为了促进最适宜的土地用途，依据充分考虑规划的建筑开发导向，促进居住开发项目的稳定性，保护分区特征及分区对特定用途的特别适用性，维护土地和建筑的价值，并维持城市的税收。

21-10　特定居住区的目的

21-11
R1 及 R2 单户独栋居住区

这类分区的目的是为低密度单户独栋住宅提供适当的开放特性。这类分区也包括社团设施及为这些分区居民服务或因开放的居住环境而获利的开敞性用途。

21-12
R3、R4、R5、R6、R7、R8、R9 及 R10 一般居住区

这类分区的目的是提供所有住宅类型，从而许

---
① 本篇楷体字参照第 12-10 节的定义。

可广泛的居住类型，且每个分区都有适宜的密度、开敞空间及建筑间距的标准。各个地区根据理想的未来居住密度模式来制定，重点考虑交通设施及各类社团设施的可达性，以及现状发展的特性。这类分区也包括社团设施及为这些分区居民服务或因开放的居住环境而获利的开敞性用途。

第 2 章　用途规则

22-00 一般目标

为依法实施本决议案的目标及规定，房屋及其他构筑物及土地的用途被分类及合并为用途组。每个用途组的起首有简短的阐述，描述并说明该用途组的基本特征。如第 22-11 至 22-14 条所述，用途组 1、2、3 及 4，包括其中分别列明的用途，在居住区中都是被许可的。

下表列出在居住区中许可的用途组。

当一个用途组中具体列出一项用途，而该用途又被涵盖和解释为一个更包容的用途列表中，无论是否在同一个用途组，应当由更具体的列表控制。

为了方便本决议案的使用，在第 22-11 至 22-14 条所列用途组中的各类用途，在本决议案末端以字母顺序编成索引。当用途组的文本与索引文本的意思或含义不一致时，应当以用途组的文本为准。

居住区中许可的用途组

分区		用途组			
		居住		社团设施	
		1	2	3	4
单户独栋居住区	R1 R2	■		■	■
一般居住区	R3-R10	■	■	■	■

	分　区
	R1　R2　R3　R4　R5　R6　R7　R8　R9　R10

22-10 法规许可的用途

22-11
用途组 1

用途组 1 包含单户独栋居住开发项目。　　R1　R2　R3　R4　R5　R6　R7　R8　R9　R10

A. 居住用途

单户独栋住宅

B. 辅助用途

第二篇 居住区规则

	分 区									
	R1	R2	R3	R4	R5	R6	R7	R8	R9	R10

22-12

用途组 2

用途组 2 包含所有其他类型的居住开发项目。

    A. 居住用途   R3 R4 R5 R6 R7 R8 R9 R10

包括公寓式酒店在内的所有类型的住宅，除了在 R3-1 区中应仅限于单户或两户双拼住宅、独立或半独立的居住用途。

    B. 辅助用途

22-13

用途组 3

用途组 3 包含下列社团设施：   R1 R2 R3 R4 R5 R6 R7 R8 R9 R10

（1）在居住地区满足教育需求或为居民提供其他基本服务的设施；或

（2）在居住环境中可以更高效地开展活动的设施，这些设施不受到来自周边工业或一般服务用途所产生的厌恶性的影响的；及

（3）在居住区内不产生显著的、厌恶性影响的设施。

    A. 社团设施

- *学院或大学，包括专业学校，但不包括商业学院或贸易学校
- *学院或大学宿舍或兄弟会或妇女联谊会住房
- 图书馆、博物馆或非商业性艺术画廊
- 修道院、女修道院或见习修道院
- 有睡眠住宿的慈善或非营利机构，包

---

* 在用途组 3 中，标有星号的用途基于正当权利是不许可在 R1 或 R2 区中的。

	分 区
22-13（续）	R1　R2　R3　R4　R5　R6　R7　R8　R9　R10
括护理院或疗养院，其中用于中心办公用途的楼板面积不应超过 25%	R1　R2　R3　R4　R5　R6　R7　R8　R9　R10

- *专属的护理院或疗养院
- 学校

B. 辅助用途

22-14

用途组 4

用途组 4 主要包含下列社团设施：

（1）在居住地区为居民提供娱乐、宗教、健康及其他基本服务的设施；或

（2）在居住环境中可以更高效地开展活动的设施，这些设施不会受到来自周边中等工业和重工业用途所产生的厌恶性的影响的；及

（3）在居住区内不会产生显著的厌恶性影响的设施。

与居住环境相容的开敞性土地用途也可以包含其中。

A. 社团设施

- 教堂、教长住所或教区办公室
- *俱乐部，下列情况除外：

（a）主要活动是营业性俱乐部；

（b）非营业性质的户外游泳池俱乐部；或

（c）含距离地块线不足 500 英尺的户外游泳池的其他任意非商业俱乐部。

	R1　R2　R3　R4　R5　R6　R7　R8　R9　R10

---

* 在用途组 3 或 4 中，标有星号的用途基于正当权利是不许可在 R1 或 R2 区中的。

	分　区									
	R1	R2	R3	R4	R5	R6	R7	R8	R9	R10
22-14（续）	R1	R2	R3	R4	R5	R6	R7	R8	R9	R10

- 社区中心或住区中心
- 健康中心
- 医药办公室或团体医药中心，包括牙医或骨疗，仅限于布置在第一层天花板以下的空间。但在多户住宅中，如符合下列条件，该用途可以位于第二层：

（a）提供独立的通往室外的出入口；

或

（b）该用途在 1948 年 1 月 1 日已经存在。

- 非营业性质的娱乐中心
- 非营利的或志愿医院及相关设施，动物医院除外
- 没有睡眠住宿的慈善或非营利机构，包括护理院或疗养院，其中用于中心办公用途的楼板面积不应超过 25%
- *专属医院及相关设施，动物医院除外
- 神学院
- *福利中心

B. 开敞性用途

- 农业用途，包括温室、苗圃或商品蔬菜园，但不能产生令人反感的气味和尘埃，而且不得销售不在同一区划地块中生产的产品
- *墓地

---

* 在用途组 4 中，标有星号的用途基于正当权利是不许可在 R1 或 R2 区中的。

	分　区									
22-14（续）	R1	R2	R3	R4	R5	R6	R7	R8	R9	R10
	R1	R2	R3	R4	R5	R6	R7	R8	R9	R10

- 高尔夫球场
- *户外网球场或溜冰场，但所有照明不应指向周边的居住区划地块
- 公共场地或操场或私人公园
- 铁道路权线

C. 辅助用途

22-20 特别许可的用途

停车要求类别

22-21

由标准及上诉理事会批准的

在右侧所列分区中，以下用途需由标准及上诉理事会根据第七篇第3章批复特别许可才能被许可。		R1	R2	R3	R4	R5	R6	R7	R8	R9	R10
营地，夜晚留宿或日间户外的俱乐部，下列情况除外： （a）主要活动是营业性俱乐部； （b）非营业性质的户外游泳池俱乐部；或 （c）含距离地块线不足500英尺的户外游泳池的其他任意非商业俱乐部。	H	R1	R2	R3	R4	R5	R6	R7	R8	R9	R10
		R1	R2								
学院或大学，包括专业学校，但不包括商业学院或贸易学校		R1	R2								
学院或大学宿舍，或兄弟会或妇女联谊会住房		R1	R2								

---

* 在用途组 4 中，标有星号的用途基于正当权利是不允许在 R1 或 R2 区中的。

第二篇 居住区规则

22-21（续）		停车要求类别	分 区									
			R1	R2	R3	R4	R5	R6	R7	R8	R9	R10
	户外网球场或溜冰场，但所有照明不应指向周边的居住区划地块		R1	R2								
公共设备或公共服务设施	公共变电站或燃气站，仅限于场地不超过 10 000 平方英尺的情况； 公共变电站，仅限于场地不小于 10 000 平方英尺且不大于 40 000 平方英尺的情况； 公共交通设施或铁路变电站，仅限于场地不小于 10 000 平方英尺且不大于 40 000 平方英尺的情况； 电话交换机或其他通信设备构筑物； 河流桥渡上用于接通电力、燃气或蒸汽管道的终端设备； 水或污水泵站		R1	R2	R3	R4	R5	R6	R7	R8	R9	R10
	无线电或电视塔，非辅助性的		R1	R2	R3	R4	R5	R6	R7	R8	R9	R10
	马术学院或马厩	C	R1	R2	R3	R4	R5	R6	R7	R8	R9	R10
	采砂坑、采石坑或采土坑		R1	R2	R3	R4	R5	R6	R7	R8	R9	R10
	福利中心		R1	R2								

22-22

由城市规划委员会批准的

在右侧所列分区中，以下用途需由城市规划委员会根据第七篇第 4 章批复特别许可才能被许可。

R1	R2	R3	R4	R5	R6	R7	R8	R9	R10

	停车要求类别	分区									
		R1	R2	R3	R4	R5	R6	R7	R8	R9	R10
22-22（续）		R1	R2	R3	R4	R5	R6	R7	R8	R9	R10
消防局	C	R1	R2	R3	R4	R5	R6	R7	R8	R9	R10
含距离地块线不足500英尺的户外游泳池的非商业俱乐部		R1	R2	R3	R4	R5	R6	R7	R8	R9	R10
非商业性质的户外游泳池俱乐部		R1	R2	R3	R4	R5	R6	R7	R8	R9	R10
警察局	C	R1	R2	R3	R4	R5	R6	R7	R8	R9	R10
公共交通设施、铁路或变电站，仅限于场地不小于40 000平方英尺且不大于10英亩的情况		R1	R2	R3	R4	R5	R6	R7	R8	R9	R10
铁路客运站		R1	R2	R3	R4	R5	R6	R7	R8	R9	R10

22-30 标牌规则

22-31
定义（重复第12-10条）
标牌

"标牌"是文字（包括字母、词语或数字）、形象化展示（包括图示或装饰）、符号（包括装置、符号或商标）、旗帜（包括横幅或三角旗），或任何其他具备相似特征的内容，且符合下列各项：

（a）标牌是构筑物或构筑物的任何一部分，或者是黏附于、绘制于或以其他任何形式展示于房屋或其他构筑物上的；及

（b）是用于宣告、吸引注意力或广告的；及

（c）是从房屋外部可见的。仅当位于窗户内而有照明的情况下，房屋内的文字、展示或有相似特征的其他内容应属于标牌。

下列各项不适用于本决议案的规定：

（a）正式成立的政府机构的标志，包括交通标志或相似的监管装置、法律通告或在铁路道口的警示；

（b）政治的、城市的、慈善的、教育的或宗教机构的旗帜或象征；

（c）上述机构的活动、运动或事件的临时通报标志；

（d）纪念标志或碑牌；

（e）在施工场地放置的、面积不超过25平方英尺的显示建筑师、工程师或承建商的标志；

（f）法律或政府法令、规则或条例要求保留的，在任何区划地块上总表面面积不超过10平方英尺的标志；

（g）显示方向或为公众便利的小型标志，包括指示厕所、货运入口等，在任何区划地块上总表面面积不超过5平方英尺。

双面标牌的两侧面的最宽处的距离不多于28

英尺、最窄处的距离不多于 18 英尺，而且显示相同的文字或其他展示内容，表面面积应仅包括一面。在计算总表面面积时，多面标牌的多个侧面应视为不同的标牌。

标牌，商业

"商业标牌"是把注意力吸引到同一区划地块内实施、出售或提供专业、商业、商品、服务或娱乐的地方的辅助性的标牌。

	分 区									
	R1	R2	R3	R4	R5	R6	R7	R8	R9	R10

22-32

许可的辅助标牌

在右侧所列分区中，根据本条规定许可不发光的辅助商业标牌，并服从第 22-33 条（附加规则）的规定。

R1	R2	R3	R4	R5	R6	R7	R8	R9	R10

22-321

标示牌或识别性标牌

（a）对于所有的住宅，在每个居住单元或出租单元可以设置一个不超过 1 平方英尺的标示牌，只能显示占有人的名字或地址或一项许可用途。

（b）对于多户住宅，包括公寓式酒店或许可的非居住房屋或其他构筑物，可以设置一个不超过 12 平方英尺的识别性标牌，只显示许可用途的名字、房屋的名字或地址或其管理员的名字。对于社团设施用途，可以设置一块不超过 16 平方英尺的公告板。在雨篷或顶篷上的任意标牌，其标牌上字母高度不应超过 12 英寸。

22-322

"出售"或"出租"标牌

"出售"或"出租"标牌，面积不许可超过 12 平方英尺。如果立在空地上，该标牌距离街道边线不应在 15 英尺以内，距离任意地块线也不应在 6 英尺以内。

	分 区									
	R1	R2	R3	R4	R5	R6	R7	R8	R9	R10

22-32（续）

	R1	R2	R3	R4	R5	R6	R7	R8	R9	R10

22-323

停车区域标牌

　　指示路外停车区域的每个出入口（开敞的或封闭的）可以设置一个不超过 2 平方英尺的标牌。这类标牌不应高于路沿石标高以上 7 英尺。

22-33

附加规则

　　在右侧所列分区中，根据第 22-32 条（许可的辅助标牌）许可的任意标牌都应当符合本条的规则。

R1	R2	R3	R4	R5	R6	R7	R8	R9	R10

22-331

突出标牌

　　任意标牌不应突出街道边线外 12 英寸。

22-332

标牌高度

　　任意标牌不应超过地面层的天花板，或超过路沿石标高以上 20 英尺，以较低点为准。

22-333

标牌数量

　　每个用途、房屋或居住单元不应超过一个标牌，每个专业办公室不应超过两个标牌，在第 22-32 条（许可的辅助标牌）另有规定的除外。在转角地块或穿越地块，每一条街道许可一个标牌（专业办公室为两个）。

第3章 居住区中住宅的体位规则

23-00 适用性与一般目的

23-01
本章适用性

除社团设施房屋或部分用于社团设施用途的房屋之外，本章的体位规则适用于居住区中任意区划地块上或区划地块的任意部分上的房屋或构筑物，包括所有新开发项目、扩建工程，以及特别指明的延伸工程或变更工程。本章所指"任意房屋"应当排除社团设施房屋或部分用于社团设施用途的房屋，它们的体位规则将在第二篇第4章中列出。另外，本章或其中特定小节的体位规则也适用于本决议案中对其进行交叉引用的其他规定。

现状的房屋或其他构筑物，如不能符合一个或多个体位规则，则是不合规房屋或其他构筑物，应服从第五篇第4章的规则。

适用于大型居住开发项目或大规模的社团设施开发项目中的居住用途的特殊规则将在第七篇第8章列出。

23-02
居住区体位规则的总体目标

采用下列体位规则的目的是为了保护居住地区免受拥挤的影响，以及鼓励开发令人满意的和稳定的居住社区。为了实现这些目的，对建筑密度和物质性体位关系建立了直接控制。为了引入阳光和空气而敞开居住地区，以及鼓励更高的开敞空间标准，在提供更多的开敞空间的情况下，适度提高建筑的密度及价值是许可的。

23-10 开敞空间及楼板面积规则

23-11
定义（重复第12-10节）

敞廊

"敞廊"是向街道或广场开敞的连续空间，该空间在不少于12英尺的高度内是开敞的和无障碍的，并保持全天候的公众可达，至少是下列其中一种情况：

（a）紧邻地块前边线或广场边界，进深不少于10英尺或不大于30英尺（从地块前边线或紧邻的广场边界垂直测量），并且其长度沿该地块前边线或广场边界的全长延伸，或至少延伸50英尺，二者取最小距离；或

（b）在转角地块上，由两条交叉街道边线围合，面积不小于500平方英尺，且最小边长不少于10英尺。

敞廊中任意一点的高度不得高于紧邻的街道或广场的最高点。为了计算奖励楼板面积，敞廊中房屋柱子占据的面积应计入敞廊的楼板面积。

容积率

"容积率"是一个区划地块上的楼板面积的总和除以该区划地块的地块面积。（例如，在10 000平方英尺的区划地块上有一栋楼板面积为20 000平方英尺的房屋，其容积率为2.0。）

平均层数

房屋的"平均层数"等于房屋的楼板面积总和除以地块覆盖范围。如果同一个区划地块上有两个或以上的房屋，它们的平均层数则是它们的楼板面积总和除以地块覆盖范围的总和。因此，如果房屋没有退让地直立起来，那么平均层数就等于房屋的

层数。在计算平均层数时，大于等于 0.5 的应视作 1，小于 0.5 的应舍去。

地块覆盖范围

当从地块上方垂直俯视时，被房屋或房屋的任何部分覆盖的区划地块部分称为"地块覆盖范围"。但是，出于计算平均层数的目的，被屋顶覆盖的可作为开敞空间的部分，或不计算楼板面积的平台、阳台、通廊、门廊或它们的任意部分，都不应包含在地块覆盖范围中。

地块面积

"地块面积"是区划地块的面积。规定如下：如果区划地块包括本决议案生效后所封闭的街道的任何部分，应有不超过该封闭街道的一半的面积计入地块面积。并且，进一步规定如下：在商业区或工业区中，如果该封闭街道的总面积超过区划地块总面积的 20%，则该街道总面积中超出此 20% 的部分可作为许可的商业或工业用途计入地块面积。

开敞空间

"开敞空间"是区划地块的一部分，包含庭或院，且符合下列条件：

（a）从其最低标高至天空之间是开敞和没有障碍物的，下文另有规定的除外；及

（b）占用该区划地块的一个居住单元或出租单元的所有人都可以进入和使用；及

（c）不是含有居住单元或出租单元的房屋部分的屋顶。

开敞空间可以包含屋顶覆盖的区域，其屋顶覆盖区的总面积需少于区划地块中无屋顶覆盖面积的 10%，且屋顶覆盖区域最多有一面封闭的，或封闭的长度不能超过覆盖区域周长的 10%，两者中取较大值。

与住宅相连的车库屋顶，或住宅中车库部分的屋顶，或混合房屋中不用于居住的部分的屋顶，或社团设施房屋的屋顶，或用于社团设施用途的房屋部分的屋顶，如果这些屋顶满足本定义中下列情况的要求，可以视为开敞空间：

（a）在路沿石标高以上不超过 23 英尺，但此规定不适用于房屋中非居住部分的屋顶；及

（b）屋顶的高度在面向屋顶开敞的、法律要求的窗户的窗台高度以下至少 2.5 英尺；及

（c）可以通过房屋的走廊直接进入，或通过房屋、院、庭或街道的斜坡（坡度少于 10%）直接进入，下列情况除外，即 R8 或 R9 区中此类屋顶区域不需要占有人进入，因此不适用于此要求；及

（d）没有一个边长少于 25 英尺；但在 R8 或 R9 区中，当此类屋顶区域紧邻街道边线或后院时，它的最小进深可以为 9 英尺，以及沿该街道边线或后院的最小长度至少可以等于进深的两倍或区划地块的全宽度，或 50 英尺，三者取最小距离。

开敞空间率

区划地块的"开敞空间率"是区划地块上开敞空间的面积，这个指标表示区划地块上的开敞空间的面积与区划地块的楼板面积的百分比。即：每 100 平方英尺的楼板面积对应 1 平方英尺的开敞空间，则为 1 点。（例如，对于一栋房屋，要求开敞空间率为 20，房屋的楼板面积为 20 000 平方英尺，则该房屋所在的区划地块上需要提供 4000 平方英尺的开敞空间；或者，如果地块面积中有 6000 平方英尺的开敞空间，则区划地块上房屋可以有 30 000 平方英尺的楼板面积。）

广场

"广场"是公众在任何时候都能进入的开敞区域，且仅符合下列其中一项：

（a）沿地块前边线的连续开敞区域，且进深

不少于 10 英尺（垂直于地块前边线测量），面积不少于 750 平方英尺，开敞区域的完整进深应沿此地块前边线的全长或至少 50 英尺延伸，两者取较大值；或

（b）在穿越地块上从街道到街道的连续开敞区域，且垂直于最接近的地块侧边线测量时宽度不少于 40 英尺；或

（c）在转角地块上，面积不少于 500 平方英尺的开敞区域，它的两边以两条相交的街道边线为界，且最小边长为 10 英尺；或

（d）面积不少于 8000 平方英尺的开敞区域，最小边长尺寸为 80 英尺，而且一边是以地块前边线为界，或者是通过敞廊或不少于 40 英尺宽的开敞区域与街道相连。

除了上述（d）所描述的开敞区域，其他开敞区域部分如果除了一边开口以外其余边界都以房屋的墙或以房屋的墙及一条地块侧边线为界，那么该部分不应视为广场的部分，除非这些部分的开口宽度至少为 50 英尺。

广场的任意一点不应高于最近的相邻街道的路沿石标高以上 5 英尺，且从最低点到天空之间应没有障碍物，但在第 23-44、24-33、33-23 或 43-23 条（后院或等效后院中许可的障碍物）中许可的障碍物也应视为在广场中允许的障碍物。

住宅，或居住的

"住宅"是包含居住单元或出租单元的房屋或房屋的部分，包括单户住宅或两户双拼住宅、多户住宅、寄宿或出租房屋或公寓式酒店。但住宅不包括：

（a）诸如短时酒店、汽车旅馆或驿站，或拖曳式房车营地等短时性居所；或

（b）宿舍、兄弟会或妇女联谊会的房屋、修道院或女修道院；或

（c）护士住所、疗养院、护理院，或在社团设施房屋中或在用于社团设施用途的房屋部分中的居住与睡眠场所；或

（d）混合房屋中非居住用途的部分，居住的辅助用途除外。

"居住的"即属于住宅的。

区划地块

"区划地块"是以下任何一项：

（a）在本决议案生效日时已登记的现状地块或任何随后实施的修正案生效日时已登记的现状地块；

（b）一块土地，位于单个街区内，这块地或是没有分割，或是由两个或以上紧邻的登记地块组成，在本决议案生效日或随后实施的任意修正案的生效日时在同一所有权名下；或

（c）一块土地，位于单个街区内，在填报建筑许可时（如果不要求建筑许可，则是在申请占有证书时）由业主或开发商指定为属单一所有权的一个整体进行使用、开发或建设。

因此，区划地块可能符合或不符合在纽约市官方税收地图上或在任何有登记细分的地图或契约上显示的地块。

本定义所称区划地块的所有权应包括一份不少于五十年期的租约，并可选择更新该租约，使其总期限不少于七十五年。

区划地块可细分为两个或更多的区划地块，但是细分所形成的区划地块及其上方的房屋应服从本决议案中所有适用的规定。如果该区划地块被不合规的房屋占用，该地块在细分时，只要该细分不使房屋产生新的不一致的情况，或不加重不一致的情况的程度，则该区划地块就可以被细分。

第3章 居住区中住宅的体位规则

	分 区									
	R1	R2	R3	R4	R5	R6	R7	R8	R9	R10

23-12

开敞空间中许可的障碍物

在右侧所列分区中，位于区划地块所规定的开敞空间中的下列情况不应视为障碍物；除非该开敞空间同时也是法规所规定的院或等效后院，或该开敞空间需要满足庭的最小面积或尺寸要求；院、等效后院或庭含有任意障碍物都可能不授予许可：

（a）机动车道、私人道路、开敞的辅助性的路外停车空间，或开敞的辅助性的路外装卸泊位等不属于障碍物，但是所有这些空间的总面积不能超过区划地块所规定的开敞空间总面积的50%；

（b）开敞的露台、走火通道、植物盆或空调设备等不属于障碍物，但此类物品伸入或跨越开敞空间的尺寸不能超过6英尺；

（c）走廊不属于障碍物；

（d）开敞的阳台不属于障碍物，但是需服从第23-13条（阳台）的规定；

（e）屋檐、排水沟或落水管等不属于障碍物，但是这类部件伸入到该开敞空间的距离不应超过16英寸或该开敞空间宽度的20%，两者取较小距离；

（f）封闭的辅助性的路外停车空间不属于障碍物，但是每个居住单元不超过一个车位，当辅助于单户独栋或两户双拼住宅时，要求该用途的房屋的总面积不超过区划地块规定的开敞空间总面积的20%。

R1	R2	R3	R4	R5	R6	R7	R8	R9

	分 区								
	R1	R2	R3	R4	R5	R6	R7	R8	R9	R10

23-13

阳台

在右侧所列分区中，阳台应具有下列特征：

			R3	R4	R5	R6	R7	R8	R9	R10

（a）除了阳台护墙高度不超过 3 英尺 8 英寸的，或扶手高度不超过 4 英尺 6 英寸且开敞率不少于 50%的情况之外，阳台的其他部分是非封闭的；及

（b）阳台应位于或高于房屋第四层的楼板；及

（c）阳台的总长度不超过其所在楼层房屋墙体投影长度的 30%。

位于下列条款指明的开敞区域中的阳台可以穿越任意天空曝光面，或者伸入或跨越法规要求开敞区域的距离不超过 6 英尺：

（a）第 12-10 节（定义）定义的开敞空间；

（b）第 12-10 节（定义）定义的广场；

（c）第 12-10 节（定义）定义的后院；

（d）第 23-63 条（前边墙的最大高度及所规定的前边退缩）所规定的基本退缩距离或天空曝光面；

（e）第 23-64 条（替代前边退缩）所规定的替代前边退缩或天空曝光面；

（f）第 23-65 条（塔规则）所规定的不被塔占用的开敞区域；

（g）第 23-66 条（规定的侧边和后边退缩）所规定的侧边和后边退缩；

（h）第 23-71 条（单一区划地块上建筑最小间距）所规定的房屋间距。

第 3 章 居住区中住宅的体位规则

	分 区
	R1　R2　R3　R4　R5　R6　R7　R8　R9　R10

基本规则

23-14

R1 至 R9 区最低开敞空间率及最大容积率

在右侧所列分区中，在第 23-19 条（被分区边界线划分的区划地块的特别规定）中另有规定的除外，区划地块上的任意房屋，规定的最低开敞空间率不应小于本条的要求，最高容积率不应大于本条的要求。在计算容积率或开敞空间率的时候，任意地块面积或开敞空间面积应且仅能计算一次。

任意房屋，除了要服从本条规定外，应服从第 23-22 条（每个居住单元或每个房间规定的地块面积）及本章中其他所有适用的体位规则。

R1　R2　R3　R4　R5　R6　R7　R8　R9

23-141

R1、R2、R3 或 R4 区

在右侧所列分区中，区划地块上任意房屋规定的最低开敞空间率及最高容积率应当符合下表的规定：

R1　R2　R3　R4

规定的最低开敞空间率	最高容积率			
150.0	0.50	R1	R2	R3
80.0	0.75			R4

23-142

R5、R6、R7、R8 或 R9 区

在右侧所列分区中，区划地块上，下表①所列的平均层数的房屋规定的最低开敞空间

R5　R6　R7　R8　R9

---

① 为了便于使用本决议案，显示不同平均层数房屋的开敞空间率及容积率的各类可能组合的说明表格将出现在本章最后。本章最后还配有说明性表格显示不同开敞空间率及平均层数的房屋的地块覆盖率。

23-142（续）

率及最高容积率应当符合下表的规定：

	分 区									
	R1	R2	R3	R4	R5	R6	R7	R8	R9	R10
					R5	R6	R7	R8	R9	

R5 至 R9 区中规定的最低开敞空间率及最高容积率

房屋平均层数	在 R5 区中		在 R6 区中		在 R7 区中		在 R8 区中		在 R9 区中	
	规定的最低开敞空间率	最高容积率	规定的最低开敞空间率	最高容积率	规定的最低开敞空间率	最高容积率	规定的最低开敞空间率	最高容积率	规定的最低开敞空间率	最高容积率
1	47.0	0.68	27.5	0.78	15.5	0.87	5.9	0.94	1.0	0.99
2	50.0	1.00	28.0	1.28	16.0	1.52	6.2	1.78	1.4	1.95
3	53.0	1.16	28.5	1.62	16.5	2.01	6.5	2.51	1.8	2.85
4	56.0	1.23	29.0	1.85	17.0	2.38	6.8	3.14	2.2	3.68
5	59.0	1.26	29.5	2.02	17.5	2.67	7.1	3.69	2.6	4.42
6	62.0	1.27	30.0	2.14	18.0	2.88	7.4	4.15	3.0	5.08
7	65.0	1.26	30.5	2.23	18.5	3.05	7.7	4.55	3.4	5.65
8	68.0	1.24	31.0	2.30	19.0	3.17	8.0	4.88	3.8	6.13
9	71.0	1.22	31.5	2.35	19.5	3.27	8.3	5.15	4.2	6.54
10	74.0	1.19	32.0	2.38	20.0	3.33	8.6	5.38	4.6	6.85
11	77.0	1.16	32.5	2.40	20.5	3.38	8.9	5.56	5.0	7.09
12	80.0	1.13	33.0	2.42	21.0	3.41	9.2	5.71	5.4	7.30
13	83.0	1.10	33.5	2.43	21.5	3.42	9.5	5.81	5.8	7.41
14	86.0	1.07	34.0	2.43	22.0	3.44	9.8	5.92	6.2	7.52
15	89.0	1.04	34.5	2.43	22.5	3.42	10.1	5.95	6.6	7.52
16	92.0	1.02	35.0	2.42	23.0	3.41	10.4	5.99	7.0	7.52
17	95.0	0.99	35.5	2.42	23.5	3.40	10.7	6.02	7.4	7.52
18	98.0	0.97	36.0	2.40	24.0	3.38	11.0	6.02	7.8	7.46
19	101.0	0.94	36.5	2.39	24.5	3.36	11.3	6.02	8.2	7.41
20	104.0	0.92	37.0	2.38	25.0	3.33	11.6	6.02	8.6	7.35
21	107.0	0.89	37.5	2.36	25.5	3.30	11.9	5.99	9.0	7.25

23-143

在 R5、R6、R7、R8 或 R9 区中的高层建筑

在右侧所列分区中，平均层数大于 21 的房屋规定的最低开敞空间率应符合下表要求：

R5　R6　R7　R8　R9

第 3 章　居住区中住宅的体位规则

23-143（续）

高层建筑的开敞空间率

平均层数为 21 时规定的最低开敞空间率	平均层数每增加 1 点，规定的开敞空间率需增加	分区
		R1　R2　R3　R4　R5　R6　R7　R8　R9　R10
		R5　R6　R7　R8　R9
107.0	3.0	R5
37.5	0.5	R6
25.5	0.5	R7
11.9	0.3	R8
9.0	0.4	R9

对于此类房屋，最高容积率应当能使其获得平均层数所对应的规定的最低开敞空间率①。

23-15

R10 区的最高容积率

在右侧所列分区中，区划地块上任意房屋的容积率不应超过 10.0，下列条款另有规定的除外：

第 23-16 条（提供广场的楼板面积奖励）；

第 23-17 条（提供连接广场的开敞区域的楼板面积奖励）；

第 23-18 条（提供敞廊的楼板面积奖励）；

第 23-19 条（被分区边界线划分的区划地块的特别规定）。

不管本决议案任意其他规定如何，最高容积率不应超过 12.0。

任意房屋，除了服从本条规定以外，应

R10

---

① 当平均层数和开敞空间率已知的情况下，可获得的容积率可以根据下列方程计算：

$$\frac{1}{容积率} = \frac{开敞空间率}{100} + \frac{1}{平均层数}$$

	分 区									
		R1	R2	R3	R4	R5	R6	R7	R8	R9	R10
23-15（续） 当服从第23-22条（每个居住单元或每个房间规定的地块面积）及本章中其他所有适用的体位规则。											R10

补充规则

23-16
提供广场的楼板面积奖励

在右侧所列分区中，在区划地块上每提供 1 平方英尺的广场或广场的一部分，根据第 23-15 条（R10 区的最高容积率），该区划地块上可以许可增加 6 平方英尺的总楼板面积。   R10

23-17
提供连接广场的开敞区域的楼板面积奖励

在右侧所列分区中，根据第 23-15 条（R10 区的最高容积率），区划地块上每提供 1 平方英尺的开敞区域，且这个区域从其最低点到天空之间没有障碍物，最小边长为 40 英尺，用于连接两个广场或一个广场和一条街道，那么该区划地块就可以许可增加 6 平方英尺的总楼板面积。   R10

该开敞区域中许可的障碍物应与第 23-44 条（规定的院或等效后院中许可的障碍物）所列的内容一致。

23-18
提供敞廊的楼板面积奖励

在右侧所列分区中，根据第 23-15 条（R10 区的最高容积率）规定，区划地块上每提供 1   R10

第 3 章　居住区中住宅的体位规则

	分　区									
	R1	R2	R3	R4	R5	R6	R7	R8	R9	R10
23-18（续）平方英尺的敞廊，该区划地块可以许可增加 3 平方英尺的总楼板面积。										R10

特殊情况下适用的规则

23-19

被分区边界线划分的区划地块的特别规定

在右侧所列分区中，当出现区划地块被两个不同的最低开敞空间率和最高容积率规定的分区边界线划分的情况，则应适用于第七篇第 7 章所列的规定。	R1	R2	R3	R4	R5	R6	R7	R8	R9	R10

23-20 密度规则：每个居住单元或每个房间规定的地块面积

23-21

定义（重复第 12-10 节）

居住单元

"居住单元"是由住宅或房屋的居住部分中的一个或多个房间构成的，为一人或多人一起居住并且维持普通家庭而组织、设计、使用或计划的，且具有符合法规的煮食空间和卫生设施供占有人使用。

为了确定地块面积而计算居住单元的房间数量时，出租单元不应被计算为居住单元的部分。

每个居住单元的地块面积

"每个居住单元的地块面积"是位于区划地块上的每个居住单元要求的地块面积。

每个房间的地块面积

"每个房间的地块面积"是位于区划地块上的每个房间的要求的地块面积。

房间

出于与要求的地块面积一致的目的，居住单元中的"房间"数量按下列方法计算：

（a）应计算在《多户住宅法》第 4 条中定义的"起居室"的数量，下列各项除外：

（1）厨房或其他煮食空间（没有尺寸限制）不应算作"起居室"。

（2）没有用墙或门与其他"起居室"或煮食空间分隔的用餐凹室、小餐室或其他用餐空间（没有尺寸限制），不应算作"起居室"。

（3）在含三个或以上卧室的居住单元中的餐厅不应算作"起居室"。以下情况除外：当根据第 54-31 条（一般规定）的规定来判定不合规的情况的程度时，这类餐厅可以被计入房间数量。

（b）在计算要求的地块面积时，根据下表计算房间数量：

47

在上述（a）中的"起居室"的数量	相当于房间的数量
1	2.5
2	3.5
3	4.5
4	5.5
5	6.5
6	7.5
每增加1间	1

在出租单元中的房间数量应算为2。

出租单元

在住宅或房屋的居住部分中，"出租单元"是任意一种"起居室"（其内容由《多户住宅法》第4条所定义），且具有下列特征：

（a）属于"B类多户住宅"中的《多户住宅法》第4条定义的"出租房间"或"带家具的出租房间"；或

（b）用于《多户住宅法》第D-26-2.2条定义的"B类占用"；或

（c）用于《多户住宅法》第4条定义的"单户房间占用"；或

（d）被《多户住宅准则》第D-26-2.2条定义的"寄宿者""房客"或"租客"所占用的；但是，如果在一个居住单元中居住不超过两名的此类寄宿者、房客或租客，被该寄宿者、房客或租客占用的房间应算作该居住单元的一部分，而不应算作出租单元；或

（e）在住宅或房屋的居住部分中的任何其他非居住单元或非居住单元的部分中的"起居室"。

23-22
每个居住单元或每个房间规定的地块面积

在右侧所列分区中，区划地块的总地块面积不应少于本条的规定，下列条款的规定除外：

第23-23条（提供广场、连接广场的开敞区域或敞廊的密度奖励）；

第23-24条（地块面积剩余量调整）；

第23-25条（部分用于许可的非居住用途的建筑的特别规定）；

第23-26条（提供广场、连接广场的开敞区域或敞廊的地块面积奖励）；

第23-27条（现状小型区划地块的特别规定）；

	分 区								
R1	R2	R3	R4	R5	R6	R7	R8	R9	R10
R1	R2	R3	R4	R5	R6	R7	R8	R9	R10

23-22（续）

第23-28条（被分区边界线划分的区划地块的特别规定）。

在 R1 或 R2 区中，地块面积的规定以居住单元的形式表达。在其他分区中，地块面积固定以房间的形式表达。

在确定地块面积要求时，所有给定的地块面积只能计算一次。

本条适用于现状房屋增加居住单元和房间，或出租单元的所有变更，延伸工程或扩建工程，以及所有新开发项目。

	分 区									
	R1	R2	R3	R4	R5	R6	R7	R8	R9	R10
	R1	R2	R3	R4	R5	R6	R7	R8	R9	R10

23-221
R1 或 R2 区

在右侧所列分区中，每个居住单元规定的地块面积不应低于下表的规定：

每个居住单元规定的地块面积（平方英尺）	R1	R2
9500	R1-1	
5700	R1-2	
3800		R2

23-222
R3、R4 或 R10 区

在右侧所列分区中，每个房间规定的地块面积不应低于下表的规定：

每个房间规定的地块面积（平方英尺）	R3	R4	R10
375	R3		
275		R4	
30			R10

23-223

R5、R6、R7、R8 或 R9 区①

在右侧所列分区中，每个房间规定的地块面积不应低于下表的规定，而指定的区划地块的要求应符合以下列规定：

（a）对于每个分区，每个房间规定的基本地块面积在 A 列中列明。

（b）对于每个分区，开敞空间率基点在 B 列中列明。

（c）对于每个分区，在 A 列规定的基本地块面积的基础上，区划地块提供的开敞空间率每超过 B 列中列明的开敞空间率基点 1 点，相对应的可以减少的地块面积在 C 列中列明。

（d）但是，任意情况下，每个房间规定的不应低于 D 列中规定的数量。

在计算减少量时，开敞空间率或平方英尺的小数点应当保留，在确定了每个房间规定的可以减少的面积后，大于等于 0.5 的应视作一平方英尺，小于 0.5 的应舍去。

分 区									
R1	R2	R3	R4	R5	R6	R7	R8	R9	R10
				R5	R6	R7	R8	R9	

---

① 为了便于使用本决议案，显示不同平均层数房屋的开敞空间率及容积率的各类可能组合的说明表格将出现在本章最后。本章最后还配有说明性表格显示不同开敞空间率及平均层数的房屋的地块覆盖率。

第 3 章 居住区中住宅的体位规则

23-223（续）

分 区										
R1	R2	R3	R4	R5	R6	R7	R8	R9	R10
				R5	R6	R7	R8	R9	

每个房间规定的地块面积

A 基本地块面积规定（平方英尺）	B 开敞空间率基点	C 开敞空间率基点之上每增加1点，地块面积的减少量（平方英尺）	D 最小地块面积规定（平方英尺）									
215	44.0	1.75	173				R5					
110	27.0	1.75	96					R6				
85	15.0	1.20	72						R7			
60	5.6	3.00	44							R8		
45	0.6	0.70	39								R9	

23-224

低体位标准分区中出租单元的规则

在右侧所列分区中，任意居住单元仅能由一个家庭占用，而且不许可存在任意出租单元。　　　R1　R2　R3　R4　R5

补充规则

23-23

提供广场、连接广场的开敞区域或敞廊的密度奖励

在右侧所列分区中，额外提供总地块面积 1%的土地用于广场或连接广场的开敞区域，或额外提供总地块面积中2%的土地用于敞廊，对应的第 23-22 条（每个居住单元或每个房间规定的地块面积）的规定中每个房间的地块面积规定应降低 0.6%。但是，无论如何，减少量不应超过在第 23-22 条中规定的地块面积规定的 17%。　　R10

第二篇　居住区规则

	分　区
	R1　R2　R3　R4　R5　R6　R7　R8　R9　R10

23-24

地块面积剩余量调整

在右侧所列分区中，作为指标，如果没有配置居住单元或房间的地块面积小于这个规定，即：第 23-22 条（每个居住单元或每个房间规定的地块面积）规定的每个居住单元或房间规定的地块面积，在不少于此面积规定的四分之三的情况下，那么这部分剩余面积可用于满足地块面积规定。	R1　R2　R3　R4　R5　R6　R7　R8　R9　R10

特殊情况下适用的规则

23-25

部分用于许可的非居住用途的建筑的特别规定

在右侧所列分区中，如果一栋房屋的一部分是居住，一部分是许可的非居住用途（社团设施用途除外，其规定在第二篇第 4 章中列出），那么此类非居住用途的楼板面积每 100 平方英尺至少应提供下表规定的相应数量的地块面积。（该地块面积同时应当符合第 23-22 条（每个居住单元或每个房间规定的地块面积）中对居住用途的规定。）	R1　R2　R3　R4　R5　R6　R7　R8　R9　R10

每 100 平方英尺楼板面积所规定的地块面积（平方英尺）										
200	R1	R2	R3							
130				R4						
100					R5					
45						R6				
30							R7			
20								R8		
15									R9	
10										R10

第 3 章 居住区中住宅的体位规则

	分　区									
	R1	R2	R3	R4	R5	R6	R7	R8	R9	R10

23-26

提供广场、连接广场的开敞区域或敞廊的地块面积奖励

　　在右侧所列分区中，额外提供总地块面积 1%的土地用于广场或连接广场的开敞区域，或额外提供总地块面积中 2%的土地用于敞廊，对应的第 23-25 条（部分用于许可的非居住用途的建筑的特别规定）的规定中地块面积的规定应降低 0.6%。但是，无论如何，减少量不应超过在第 23-25 条中规定的地块面积规定的 17%。

										R10

23-27

现状小型区划地块的特别规定

　　在右侧所列分区中，虽然第 23-22 条（每个居住单元或每个房间规定的地块面积）有规定，但是对于单户独栋住宅，或单户住宅许可的地方，可以在一块完整区划地块上建设，且

　　（a）这块土地小于前述规定规定的地块面积；以及

　　（b）在本决议案生效之日及申请建筑许可之日前，这块土地与其他相邻土地的所有权是分离且独立的。

R1	R2	R3	R4	R5	R6	R7	R8	R9	R10

23-28

被分区边界线划分的区划地块的特别规定

　　在右侧所列分区中，如果区划地块被不同分区的边界线划分，而这些分区的每个居住单元或房间或许可的非居住用途有不同的

R1	R2	R3	R4	R5	R6	R7	R8	R9	R10

	分 区									
	R1	R2	R3	R4	R5	R6	R7	R8	R9	R10
23-28（续）	R1	R2	R3	R4	R5	R6	R7	R8	R9	R10

地块面积要求，则应适用于第七篇第 7 章所列的规定。

23-30 地块面积及地块宽度规则

23-31
定义（重复第 12-10 节）

地块面积

"地块面积"是区划地块的面积。规定如下：如果区划地块包括本决议案生效后所封闭的街道的任何部分，应有不超过该封闭街道的一半的面积计入地块面积。并且，进一步规定如下：在商业区或工业区中，如果该封闭街道的总面积超过区划地块总面积的20%，则该街道总面积中超出此20%的部分可作为许可的商业或工业用途计入地块面积。

地块宽度

"地块宽度"是区划地块的地块侧边线之间水平距离的平均值。

基本规则

23-32
住宅的最小地块面积或地块宽度

在右侧所列分区中，除了在第23-33条（现状小型地块的特别规定）中有规定的，在总地块面积或地块宽度小于下表规定的区划地块上任意住宅都是不许可的：

	分 区									
	R1	R2	R3	R4	R5	R6	R7	R8	R9	R10
	R1	R2	R3	R4	R5	R6	R7	R8	R9	R10

规定的最小地块面积或地块宽度

住宅类型	最小地块面积（平方英尺）	最小地块宽度（英尺）									
单户独栋住宅	9500	100	R1-1								
	5700	60	R1-2								
	3800	40		R2							
单户或两户独立住宅	3800	40			R3	R4	R5	R6	R7	R8	R9	R10
其他许可的类型	1700	18			R3	R4	R5	R6	R7	R8	R9	R10

第 3 章　居住区中住宅的体位规则

	分　区									
	R1	R2	R3	R4	R5	R6	R7	R8	R9	R10

特殊情况下适用的规则

23-33

现状小型地块的特别规定

在右侧所列分区中，单户独栋住宅，或单户住宅许可的地方可以在一块完整的区划地块上建设，并且

	R1	R2	R3	R4	R5	R6	R7	R8	R9	R10

（a）这块土地小于前述规定的最小地块面积或地块宽度；以及

（b）在本决议案生效之日及申请建筑许可之日前，这块土地与其他所有相连土地的所有权是分离且独立的。

23-34

被分区边界线划分的区划地块的特别规定

在右侧所列分区中，当区划地块被不同分区边界线划分时，且这两个分区的最小地块面积或地块宽度规定也不同，则应适用于第七篇第 7 章所列的规定。

	R1	R2	R3	R4	R5	R6	R7	R8	R9	R10

23-40　院规则

23-41

定义（重复第 12-10 节）

院

"院"是区划地块中开敞的且从最低点到天空之间没有障碍物的任意部分；它沿着地块线全长扩展，以及从地块线开始扩展至适用的分区条例所规定的进深或宽度。

院，前

"前院"是沿着地块前边线全长扩展的院。

在转角地块上，沿着街道边线全线扩展的任何院都应视为前院。

院线，前

"前院线"是平行于地块前边线的线，前院线与地块前边线的距离等于要求的前院进深。

院，后

"后院"是沿着地块后边线全长扩展的院。

院线，后

"后院线"是平行于地块后边线的线，与地块后边线的距离等于要求的后院进深。

等效院，后

"等效后院"是可以要求设置在穿越地块中的，替代所要求的后院的开敞区域。

院，侧

"侧院"是沿着地块侧边线从要求的前院（或如不要求前院，则从地块前边线）到要求的后院（或如不要求后院，则到地块后边线）全线扩展的院。在转角地块上，不是前院的任何院都应视为侧院。

一般规定

23-42
院高度

在所有居住区中，院或等效后院的高度不应高于路沿石标高，但是自然地形高度不需要为了满足此要求而改变。在任意规定的院或等效后院的地面层以上不应建有房屋或其他构筑物，在第23-44条（规定的院或等效后院中许可的障碍物）中另有规定的除外。

23-43
院宽度或进深的测量

在所有居住区中，院或等效后院的宽度或进深应垂直于地块线测量。

23-44
规定的院或等效后院中许可的障碍物

在所有居住区中，下列情况在规定的院或等效后院中不应视作障碍物：

（a）在任意院或等效后院中：

（1）凉亭和格架；

（2）雨篷或顶篷；

（3）烟囱，伸入规定的院或等效后院的距离不超过3英尺，且面积不超过院或等效后院的2%；

（4）屋檐、排水沟或落水管伸入到该院或等效后院的距离不超过16英寸或该院或等效后院宽度的20%，两者取较小距离；

（5）栅栏；

（6）旗杆；

（7）开敞的辅助性的路外停车空间，位于前院并符合下列情况的此类空间除外：

①辅助于单户或两户双拼住宅，独立的或联排的；或者

②面向街道对侧的区划地块没有以第25-66条（遮挡）中具体指明的方式进行遮挡。

（8）露天平台或门廊；

（9）台阶；

（10）高度不超过8英尺，且没有盖顶或不是房屋的一部分的墙。

（b）在任意后院或等效后院：

（1）辅助性的非商业温室；

（2）辅助性的路外停车空间，需满足以下要求：

①用于此目的的建筑，如果是辅助于单户或两户独立或半独立住宅，高度不应超过一层，如果位于R1区中，该房屋距离地块后边线或地块侧边线不可以在5英尺以内；

②如果辅助于其他类型的住宅，在R3、R4或R5区中，此类辅助性的房屋的高度不应超过路沿石标高以上6英尺，在R6、R7、R8、R9或R10区中，不应超过路沿石标高以上14英尺。

（3）辅助性的库棚、工具房或其他相似的用作驯养或农业仓库的房屋或其他构筑物，高度不应超过后院或等效后院平面以上10英尺；

（4）有屋顶的走廊；

（5）消防通道；

（6）休闲场地或晒场设备；

（7）开敞的阳台，符合第23-13条（阳台）的规定。

但是，等效后院中同时是规定的前院或规定的侧院的部分不可以包含任意在该前院或侧院中不许可的障碍物。

第 3 章 居住区中住宅的体位规则

	分 区									
	R1	R2	R3	R4	R5	R6	R7	R8	R9	R10

基本规则

前院

23-45
前院最低要求

在右侧所列分区中，前院应当符合下表的规定，但是在 R1-2 区中的转角地块上，前院进深可以为 15 英尺，在 R3 或 R4 区的转角地块上，前院进深可以为 10 英尺。

R1　R2　R3　R4　R5

前院（英尺）					
20	R1				
15		R2	R3	R4	
10					R5

侧院

23-46
侧院最低要求

在右侧所列分区中，在本条中列出的任意区划地块应当提供侧院，以下条款另有规定的除外：

R1　R2　R3　R4　R5　R6　R7　R8　R9　R10

第 23-48 条（现状狭窄区划地块的特别规定）；

第 23-49 条（隔墙的特别规定）；

第 23-50 节（区划地块开发项目后细分的例外）；

第 23-51 条（沿分区边界线使用的特别规定）。

23-461
单户或两户双拼住宅的侧院

在右侧所列分区中，单户独栋住宅，或许

R1　R2　R3　R4　R5　R6　R7　R8　R9　R10

23-461（续）

可的两户独立住宅，侧院应当符合下表要求：

		分 区
		R1　R2　R3　R4　R5　R6　R7　R8　R9　R10
		R1　R2　R3　R4　R5　R6　R7　R8　R9　R10

侧院最低要求

数量要求	总宽度要求（英尺）	任意侧院的最低宽度要求（英尺）	分区
2	35	15	R1-1
2	20	8	R1-2
2	13	5	R2　R3　R4　R5　R6　R7　R8　R9　R10

23-462

其他所有住宅的侧院

在右侧所列分区中，其他所有住宅的侧院应当符合下表要求：   R3　R4　R5　R6　R7　R8　R9　R10

（a）在右侧所列分区中，应当提供两个最低宽度要求为 8 英尺的侧院。但是，如果独立住宅的街墙合计宽度超过 80 英尺，应当提供两个宽度不少于街墙合计宽度 10%的侧院。高度不超过两层和地下层的住宅，侧院的宽度不需要超过 15 英尺。   R3　R4　R5

（b）在右侧所列分区中，不要求有侧院。但是，如果沿地块侧边线提供任意开敞区域，则该空间的宽度应当不少于 8 英尺。   R6　R7　R8　R9　R10

23-463

最大街墙合计宽度

在右侧所列分区中，住宅的街墙合计宽度不得超过下表要求：   R3　R4　R5

最大街墙合计宽度（英尺）	分区
125	R3
185	R4　R5

第 3 章　居住区中住宅的体位规则

	分　区									
	R1	R2	R3	R4	R5	R6	R7	R8	R9	R10

23-464

用于许可的非居住用途建筑的侧院

　　在右侧所列分区中，如果用于许可的非居住用途的房屋的街墙合计宽度少于或等于 60 英尺，应当提供两个最低宽度要求为 8 英尺的侧院。如果该房屋街墙合计宽度超过 60 英尺，应当提供两个宽度不少于街墙合计宽度 15%的侧院。   R1　R2　R3　R4　R5

后院

23-47

后院的最低要求

　　在右侧所列分区中，任意区划地块应当提供一个进深不少于 30 英尺的后院，转角地块除外，在第 23-52 条（浅进深内部地块的特别规定）、第 23-53 条（穿越地块的特别规定），或第 23-54 条（后院的其他特别规定）中另有规定的除外。   R1　R2　R3　R4　R5　R6　R7　R8　R9　R10

特殊情况下适用的规则

侧院

23-48

现状狭窄区划地块的特别规定

　　在右侧所列分区中，如果区划地块完全由一块土地构成且符合以下情况，地块的宽度相比于第 23-32 条（住宅的最小地块面积或地块宽度）中规定的宽度每少 1 英尺，则单户独栋或两户双拼独立住宅的侧院规定的总宽度可以减少 4 英寸。   R1　R2　R3　R4　R5　R6　R7　R8　R9　R10

　　（a）地块宽度小于前述规定的宽度；及

	分　区									
	R1	R2	R3	R4	R5	R6	R7	R8	R9	R10
23-48（续）	R1	R2	R3	R4	R5	R6	R7	R8	R9	R10

（b）在本决议案生效之日及申请建筑许可之日前，地块与其相邻土地的所有权是分离且独立的。

但是，任何情况下，侧院的宽度不应少于5英尺。

23-49

隔墙的特别规定

在右侧所列分区中，住宅应根据下列要求建设：　　　　　　　　　　　　R3　R4　R5

（a）合理利用在本决议案生效之日已有的或根据本决议案规定所建设的隔墙；或者

（b）在本决议案生效之日已有的或根据本决议案规定所建设隔墙的延长线的加强，以及整合相邻的独立墙体；或者

（c）共用隔墙或与之相连的区划地块住宅共建隔墙。

如果根据以上要求建设住宅，那么沿着区划地块边界线的侧院要求可被免除；未按上述要求建设隔墙，那么在地块侧边线两边应当提供一个宽度至少为8英尺的侧院。

23-50

开发之后，区划地块细分的例外

在右侧所列分区中，尽管第23-462款（所　　　　　　　　　　　　　　　R3　R4　R5
有其他住宅的侧院）有要求，当独立住宅在区划地块上建成后，该区划地块可以根据本决议案中任意其他适用的规则进行细分，建筑被划分为位于不同区划地块的多个部分。

第 3 章　居住区中住宅的体位规则

	分　区									
	R1	R2	R3	R4	R5	R6	R7	R8	R9	R10

23-50（续）

			R3	R4	R5					

这种细分后，侧院规定仅仅适用以下情况：

（a）在原初地块侧边线上有侧院要求；及

（b）区划地块细分后的地块侧边线分隔了独立房屋。

23-51

沿分区边界线适用的特别规定

在右侧所列分区中，如果相邻的 R1、R2、R3、R4 或 R5 区之间的边界线与一个区划地块的地块侧边线重合，则在右侧所列分区中沿该边界线应提供一个宽度至少为 8 英尺的侧院。

						R6	R7	R8	R9	R10

后院

23-52

浅进深内部地块的特别规定

在右侧所列分区中，如果内部地块由一个完整的地块组成：

						R6	R7	R8	R9	R10

（a）在本决议案生效之日及申请建筑许可之日前，浅进深地块与相邻土地的所有权是分离且独立的；且

（b）浅进深地块的任意一点的进深少于 70 英尺。

此类区划地块的最大进深比 70 英尺每少 1 英尺，则浅进深内部地块规定的后院进深可以减少 1 英尺。进深少于或等于 50 英尺的任何内部地块都不要求有后院。

	分区									
	R1	R2	R3	R4	R5	R6	R7	R8	R9	R10

23-53

穿越地块的特别规定

在右侧所列分区中，本条的规则应当适用于所有穿越地块，但是占据整个街区的区划地块不要求后院或等效后院。

R1	R2	R3	R4	R5	R6	R7	R8	R9	R10

23-531

例外的分区

在右侧所列分区中，不要求后院的规定不适用于任意穿越地块，第 23-543 款（对穿越地块部分的规定）中另有规定的除外。

R1	R2	R3

23-532

例外的穿越地块

在右侧所列分区中，后院的规则不适用于街道至街道之间的最大进深少于 110 英尺的任意穿越地块。

R4	R5	R6	R7	R8	R9	R10

23-533

规定的等效后院

在右侧所列分区中，在街道至街道的最大进深大于或等于 110 英尺的任意穿越地块上，至少提供一个符合下列规定的等效后院：

（a）最小进深为 60 英尺且连接相邻后院的一个开敞区域，如果没有此类后院，则在该穿越地块所面向的两个街道边线的中间线（或距离中间线五英尺以内）提供一个最小进深为 60 英尺的开敞区域；

（b）提供两个开敞区域，每个区域都紧邻街道边线，且沿街道边线全长延伸，每个区域距离街道边线的最小进深均为 30 英尺；

R4	R5	R6	R7	R8	R9	R10

	分 区									
	R1	R2	R3	R4	R5	R6	R7	R8	R9	R10

23-533（续）

	R1	R2	R3	R4	R5	R6	R7	R8	R9	R10
				R4	R5	R6	R7	R8	R9	R10

（c）紧邻每条地块侧边线提供一个沿地块侧边线全长延伸的开敞区域，开敞区域距离地块侧边线的最小进深为 30 英尺。

任意此类等效后院，从其最低点到天空之间不应有障碍物，第 23-44 条（规定的后院或等效后院中许可的障碍物）中另有规定的除外。

23-54
后院的其他特别规定

在右侧所列分区中，第 23-47 条（后院的最低要求）的后院规定应当根据本条的规定进行修改。

R1	R2	R3	R4	R5	R6	R7	R8	R9	R10

23-541
转角一百英尺以内

在右侧所列分区中，在夹角少于或等于 135°的两条街道边线的交点的 100 英尺以内不应要求有后院。

R1	R2	R3	R4	R5	R6	R7	R8	R9	R10

23-542
沿街区的短边

在右侧所列分区中，当区划地块地块前边线与整条街道或部分街道边线重合，且该街道边线距离另外两条街道的交点之间的长度少于 220 英尺，该地块前边线 100 英尺以内不应要求有后院。

R1	R2	R3	R4	R5	R6	R7	R8	R9	R10

	分区									
	R1	R2	R3	R4	R5	R6	R7	R8	R9	R10

23-543

对穿越地块部分的规定

　　在右侧所列分区中，穿越地块的一部分的地块后边线与相邻的区划地块的地块后边线重合，如果这部分地块为内部地块，则沿该地块后边线应要求有一个后院。

R1	R2	R3	R4	R5	R6	R7	R8	R9	R10

所有的院

23-55

被分区边界线划分的区划地块的特别规定

　　在右侧所列分区中，当区划地块被不同分区边界线划分时，且适用不同的院规则，则采用第七篇第7章所列的规定。

R1	R2	R3	R4	R5	R6	R7	R8	R9	R10

23-60 高度及退缩规则

23-61

定义（重复第12-10节）

基本退缩距离

　　"基本退缩距离"是按照分区条例从街道边线到区划地块面向街道正面进深方向测量的水平距离。

公共场地

　　"公共场地"是公众所有的公园、操场、海滩、林荫道，或由公园委员会管辖或控制的道路，不在其管辖或控制下的路面上的街边公园带或林荫街道除外。

天空曝光面

　　"天空曝光面"是一个虚构的倾斜平面：

　　（a）从街道边线上（或，如有提示时，从前院线上方）以分区条例规定的高度开始；及

　　（b）在区划地块上以分区条例规定的竖向距离与横向距离的比值攀升。

街道，窄

　　"窄街道"是宽度少于75英尺的任意街道。

街道，宽

　　"宽街道"是宽度大于等于75英尺的任意街道。

街墙

　　"街墙"是房屋面向街道的墙或墙的一部分。

街墙，合计宽度

　　在任意给定平面上的"街墙合计宽度"是距离街道边线50英尺以内的房屋所有街墙的最大宽度的总和。从街道上方直视，从街墙向街道边线画垂线，垂线覆盖的街道边线的长度就是街墙的宽度。

第 3 章　居住区中住宅的体位规则

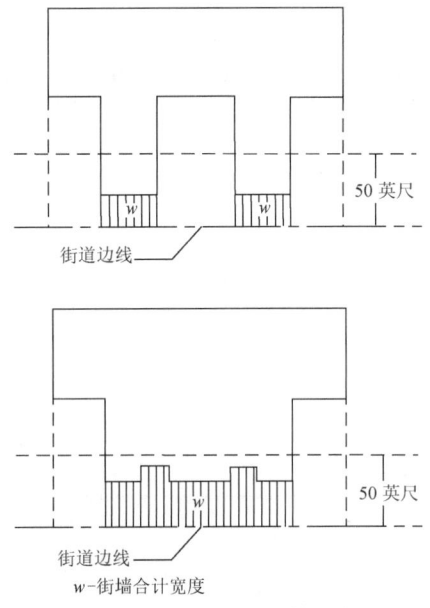

第 23-61 条街墙合计宽度图示

院线，前

"前院线"是平行于地块前边线的线，前院线与地块前边线的距离等于要求的前院进深。

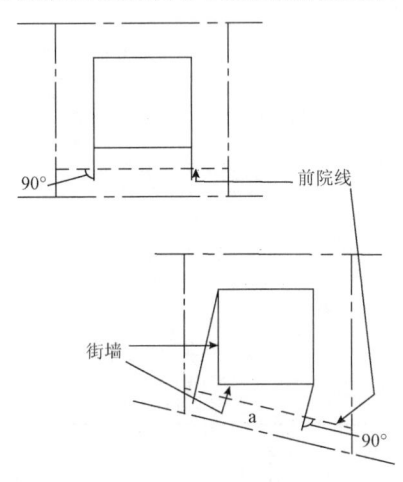

a-前院线上用于判定前院线基准线的部分

第 23-61 条前院线基准线图示

院线，前，（的）基准线

"前院线基准线"是前院线的一个部分的平均标高，该部分从上直接俯视时，可以被从街墙垂直

于街道边线所画的线段覆盖。在转角地块上，前院线基准线是多个前院线基准线的平均值。

院线，后

"后院线"是平行于地块后边线的线，与地块后边线的距离等于要求的后院进深。

一般规定

23-62

许可的障碍物

在所有居住区中，下列情况不应视作障碍物，因此这些部件可以穿过在第 23-63 条（前边墙及规定的前边退缩的最大高度）或第 23-64 条（替代前边退缩）中规定的最大高度限制或天空曝光面：

（a）烟囱或烟道，总宽度不超过房屋的任意平面的街墙合计宽度的 10%。

（b）天窗在街墙合计宽度不超过独立或半独立的单户或两户双拼住宅的街墙合计宽度的 50%。

（c）电梯机房或楼梯间、屋顶水箱或冷却塔（包括外壳）在街墙合计宽度均不超过 30 英尺。但是，此类障碍物面向每条街道界面的街墙合计宽度（英尺），乘以它们的平均高度（英尺）得出的结果（平方英尺）不应超过房屋面向该界面的街墙宽度的四倍。

（d）旗杆或天线。

（e）不高于 4 英尺的女儿墙。

（f）符合第 23-13 条（阳台规定）的开敞阳台。

（g）金属线、锁链或其他透明围栏。

在第 23-63 条、第 23-64 条或第 23-65 条（塔规则）中规定的基本退缩距离内、任意的前边开敞区域或其他规定的任意退缩距离或开敞区域中，合计总宽度不超过房屋街墙合计宽度的 20%、进深不超过 12 英寸的建筑柱子是许可的障碍物。

65

基本规则

	分 区									
	R1	R2	R3	R4	R5	R6	R7	R8	R9	R10

23-63

前边墙的最大高度及前边退缩的规定

在右侧所列分区中，前边墙的最大高度或其他房屋或其他构筑物的最大高度应当服从本条要求，第 23-62 条（许可的障碍物）、第 23-64 条（替代前边退缩）或第 23-64 条（塔规则）中另有规定的除外。

R1	R2	R3	R4	R5	R6	R7	R8	R9

23-631

有前院要求的分区的前边退缩

在所列有前院要求的分区中，前边墙或房屋或其他构筑物的其他任意部分不应伸入下表规定的天空曝光面：

R1	R2	R3	R4

前边墙的最大高度及规定的前边退缩

前院线上方的高度（英尺）	天空曝光面			
	区划地块上的斜面（竖向距离与横向距离的比值）			
	窄街道		宽街道	
	竖向距离	横向距离	竖向距离	横向距离
25	1 : 1		1 : 1		R1　R2　R3　R4
35	1 : 1		1 : 1		R5

	分 区									
	R1	R2	R3	R4	R5	R6	R7	R8	R9	R10
	R1	R2	R3	R4	R5					

23-631（续）

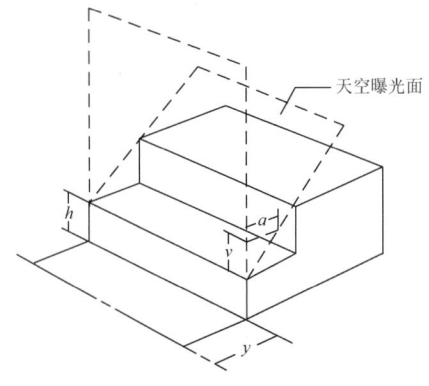

y—要求的前院的进深
h—天空曝光面在前院线高度以上的高度
v—竖向距离
a—横向距离

第 23-631 款天空曝光面示意图

23-632
不要求有前院的分区的前边退缩

在所列不要求有前院的分区中，如果前边墙或房屋或其他构筑物的其他部分处在街道边线上，或处在下表规定的基本退缩距离内，该前边墙或房屋或其他构筑物的其他部分不应超过下表规定的最大高度（从路沿石标高以上计）。在此标明的最大高度以上，及基本退缩距离以外，房屋或其他构筑物不应伸入下表规定的天空曝光面：

R6	R7	R8	R9	R10

第二篇 居住区规则

23-632（续）

前边墙的最大高度及规定的前边退缩

基本退缩距离（英尺）		基本退缩距离内的前边墙或其他房屋部分的最大高度	街道边线上的高度（英尺）	天空曝光面				分 区									
				区划地块上的坡度（竖向距离与横向距离的比值）				R1	R2	R3	R4	R5	R6	R7	R8	R9	R10
				窄街道		宽街道							R6	R7	R8	R9	R10
窄街道	宽街道			竖向距离	横向距离	竖向距离	横向距离										
20	15	60 英尺或六层，取较小值	60	2.7	1	5.6	1						R6	R7			
20	15	85 英尺或九层，取较小值	85	2.7	1	5.6	1								R8	R9	R10

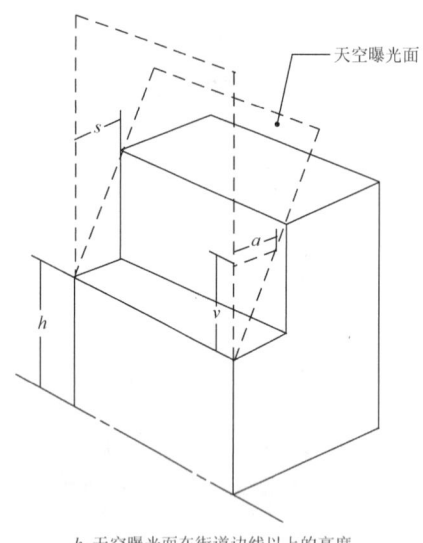

h-天空曝光面在街道边线以上的高度
s-基本退缩距离
v-竖向距离
a-横向距离

第 23-632 款天空曝光面示意图

	分 区									
	R1	R2	R3	R4	R5	R6	R7	R8	R9	R10

23-64

替代前边退缩

在右侧所列分区中，如果沿地块前边线的全长提供了符合下表规定的最小进深的开敞区域，则不适用第 23-63 条（前边墙的最大高度及规定的前边退缩）的规定。该开敞区域的最小进深应垂直于地块前边线测量。但是，在这种情况下，任意房屋或其他构筑物不能伸入下表规定的替代的天空曝光面，且天空曝光面应从街道边线上的点开始测量，第 23-62 条（许可的障碍物）或第 23-65 条（塔规则）中另有规定的除外。

根据本条规定如果提供的开敞区域是广场，则该开敞区域可以根据第 23-16 条（提供广场的楼板面积奖励）、第 23-23 条（提供广场、连接开敞区域的广场或敞廊的密度奖励）或第 23-26 条（提供广场、连接开敞区域的广场或敞廊的地块面积奖励）的规定计入广场的奖励。

R6 R7 R8 R9 R10

要求的替代前边退缩

选择性前边开敞空间的进深（英尺）		街道边线上的高度（英尺）	替代天空曝光面							
			区划地块上的坡度（竖向距离与横向距离的比值）							
窄街道	宽街道		窄街道		宽街道					
			竖向距离	横向距离	竖向距离	横向距离				
15	10	60	3.7	1	7.6	1	R6	R7		
15	10	85	3.7	1	7.6	1			R8 R9	R10

第二篇 居住区规则

23-64（续）

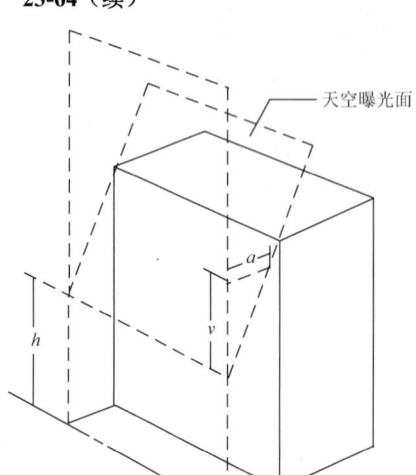

h-天空曝光面在街道边线以上的高度
s-选择性前边开敞空间的进深
v-竖向距离
a-横向距离

第 23-64 条替代天空曝光面示意图

分 区									
R1	R2	R3	R4	R5	R6	R7	R8	R9	R10
					R6	R7	R8	R9	R10

补充规则

23-65
塔规则

在右侧所列分区中，总占地面积不超过区划地块的地块面积的 40%，或在少于 20 000 平方英尺的区划地块上，所占地块面积的比例符合第 23-651 款（小型地块上的塔）的规定房屋或房屋的部分，可以伸入规定的天空曝光面。（该房屋或房屋的部分在下文简称为塔。）但是，在任意平面上，该塔应根据下列要求从街道边线退缩：

（a）在窄街道上，退缩距离至少为塔所在的平面上街墙合计宽度的三分之一，但该退缩距离不需超过 50 英尺。

R9　R10

第 3 章　居住区中住宅的体位规则

	分　区									
	R1	R2	R3	R4	R5	R6	R7	R8	R9	R10
									R9	R10

23-65（续）

　　（b）在宽街道上，退缩距离至少为塔所在的平面上街墙合计宽度的四分之一，但该退缩距离不需超过 40 英尺。

　　如果该塔所属的*房屋*在任意平面的占地不超过本条或第 23-651 款规定的*地块面积*的最大百分比，在本条（a）及（b）中规定的退缩可以各减少 5 英尺，但缩减后的退缩的进深不应少于 20 英尺。

　　许可符合第 23-13 条（阳台）规定的开敞的阳台伸入或在未被塔占据的开敞区域的上方。

　　本条规定不适用于符合下列条件的全部或部分位于居住区的任何房屋：

　　（a）距 1 英亩或更大的公共场地 100 英尺以内；或

　　（b）距 1 英亩或更大的公共场地对面的街道边线 100 英尺以内。

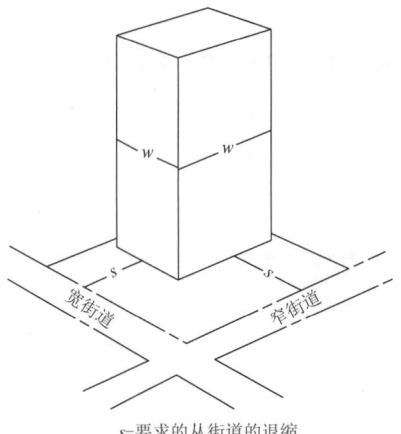

s-要求的从街道的退缩
w-街墙的总宽度

第 23-65 条塔的示意图

71

	分 区									
	R1	R2	R3	R4	R5	R6	R7	R8	R9	R10

23-651
小型地块上的塔

在右侧所列分区中，下表规定的塔可以占据区划地块的地块面积百分比：   R9   R10

小型区划地块塔的地块覆盖范围

区划地块面积 （平方英尺）	地块覆盖范围的 最大百分比（%）
10 500 或以下	50
10 501 至 11 500	49
11 501 至 12 500	48
12 501 至 13 500	47
13 501 至 14 500	46
14 501 至 15 500	45
15 501 至 16 500	44
16 501 至 17 500	43
17 501 至 18 500	42
18 501 至 19 500	41

23-66
规定的侧边退缩和后边退缩

在右侧所列分区中，应根据本条的规定提供侧边及后边的退缩。符合第23-13条（阳台）规定的开敞阳台伸入或处在本条规定的开敞区域的上方是许可的。

R1	R2	R3	R4	R5	R6	R7	R8	R9	R10

23-661
所有低体位标准分区中高层住宅规定的侧边退缩及后边退缩

在右侧所列分区中，超过30英尺或三层（两者取较小值）的住宅中，在侧院或后院任意平面以上的部分，与作为该院边界线的地

R1	R2	R3	R4	R5

第 3 章 居住区中住宅的体位规则

	分 区									
	R1	R2	R3	R4	R5	R6	R7	R8	R9	R10
23-661（续） 块侧边线或地块后边线的距离不应少于该住宅高度的二分之一（建筑高度按照院平面以上部分计）。	R1	R2	R3	R4	R5					
23-662 **所有低体位标准分区中许可的非居住用途规定的侧边退缩及后边退缩** 　　在右侧所列分区中，超过 30 英尺或三层（两者取较小值）的用于许可的非居住用途的房屋中，在侧院或后院任意平面以上的部分，与作为该院边界线的地块侧边线或地块后边线的距离不应少于该住宅的高度（院平面以上部分计）。	R1	R2	R3	R4	R5					
23-663 **其他分区中高层建筑规定的后边退缩** 　　在右侧所列分区中，院平面以上超过 125 英尺的房屋部分与后院线的距离不应少于 20 英尺。但是，这一规定不适用于第 23-65 条（塔规则）规定的作为塔的房屋的任意部分。 　　在穿越地块上，如果等效后院符合第 23-533 款（规定的等效后院）中（a）的规定，依据本款的要求应当把该等效后院视为两个相邻的后院。如果等效后院符合第 23-533 款（规定的等效后院）中（b）的规定，则不适用本款的要求。						R6	R7	R8	R9	R10

	分 区									
	R1	R2	R3	R4	R5	R6	R7	R8	R9	R10
						R6	R7	R8	R9	R10

23-663（续）

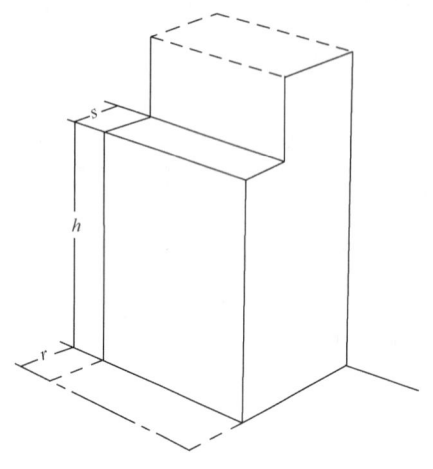

r-要求的后院的进深
s-要求的后院退缩的进深
h-后院上方墙体的高度

第23-663款后边退缩的示意图

特殊情况下适用的规则

23-67

直接比邻公共场地的区划地块的特别规定

在右侧所列分区中，在适用第 23-63 条（前边墙的最大高度及规定的前边退缩）规定时，与区划地块上比邻的、面积在 1~15 英亩的公共场地可以视为宽街道。但是，铺装超过 75% 的公共场地不适用于本条的规定。

| R1 | R2 | R3 | R4 | R5 | R6 | R7 | R8 | R9 | R10 |

23-68

被分区边界线划分的区划地块的特别规定

在右侧所列分区中，如果区划地块被分区之间的边界线划分，而且这些分区有不同的高度及退缩规则，或当其中一个分区适用于第 23-65 条（塔规则），另一个分区不适用

| R1 | R2 | R3 | R4 | R5 | R6 | R7 | R8 | R9 | R10 |

第 3 章　居住区中住宅的体位规则

	分　区									
	R1	R2	R3	R4	R5	R6	R7	R8	R9	R10
23-68（续）	R1	R2	R3	R4	R5	R6	R7	R8	R9	R10

的时候，则该区划地块应适用于第七篇第 7 章所列的规定。

23-70　单个区划地块内两个或多个房屋之间的最小距离规定

基本规则

23-71
单个区划地块内房屋之间的最小距离

在右侧所列分区中，单个区划地块上任意两个房屋之间的最小距离应符合本条规定，但是以下情况不适用：

（a）由符合第 23-533 款（规定的等效后院）规定的等效后院分隔的两个房屋；或

（b）单户独栋或两户双拼独立住宅与该住宅辅助性的停车库之间的空间。

符合第 23-13 条（阳台）规定的开敞阳台伸入或处在本条规定的开敞区域的上方是许可的。

R1	R2	R3	R4	R5	R6	R7	R8	R9	R10

23-711
房屋间标准的最小距离

在右侧所列分区中，除了在第 23-712 款（高体位分区中建筑之间的最小标准）中有规定的除外，任意两个房屋（以房屋 A 和房屋 B 表示）之间的最小距离应当依据这些房屋的长度和高度而变化。房屋间的最小距离应当为 30 英尺，或为下列方程式规定的距离，两者取较大值：

R1	R2	R3	R4	R5	R6	R7	R8	R9	R10

	分 区								
	R1	R2	R3	R4	R5	R6	R7	R8	R9	R10
	R1	R2	R3	R4	R5	R6	R7	R8	R9	R10

23-711（续）

$$S = \frac{L_A + L_B + 2(H_A + H_B)}{6}$$，其中：

S 为房屋 A 任意一层平面的墙体与房屋 B 任意一层平面的墙体之间的距离，或各自的墙体延长线之间的最小横向距离。

L_A 为房屋 A 的计算长度。

任意平面上，房屋 B 在房屋 A 的正视垂直投影的长度（参见第 23-711 款示意图）。

L_B 为房屋 B 的计算长度。

任意平面上，房屋 A 在房屋 B 的正视垂直投影的长度（参见第 23-711 款示意图）。

H_A 为房屋 A 的计算高度。

房屋 A 的高度是自然场地以上的建筑高度，包括房屋 A 的女儿墙的高度。

H_B 为房屋 B 的高度。

房屋 B 的高度是自然场地以上的建筑高度，包括房屋 B 的女儿墙的高度。

本款所称自然场地高程应指紧邻沿面向另一房屋的房屋的全部墙体或其中的部分墙体所在的地面高程的平均高度。

如果"L_A+L_B"等于 0，则上述的方程式不适用，两个房屋最小的距离应当为 30 英尺。

但是，出现下列情况，则本款规定的方程式计算得出的单一区划地块上两个房屋规定的最小距离应当减少 15%：

（a）两个指定的房屋中，一个为两层或更低，而另一个为六层或更高；及

（b）两个指定的房屋的高度相差 60 英尺或更大。

	分 区								
R1	R2	R3	R4	R5	R6	R7	R8	R9	R10
R1	R2	R3	R4	R5	R6	R7	R8	R9	R10

23-711（续）

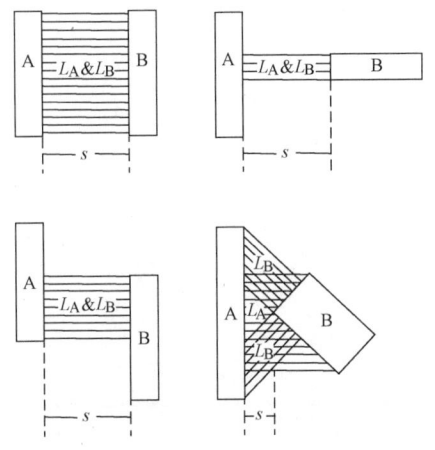

s- 建筑 A 的墙体与建筑 B 的墙体之间要求的最小距离
L_A- 定义的建筑 A 长度
L_B- 定义的建筑 B 长度

第 23-711 款示意图

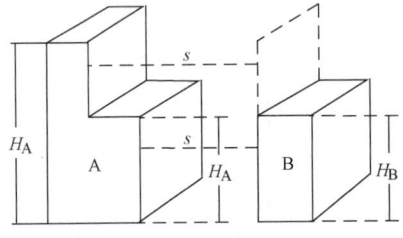

H_A- 定义的建筑 A 高度　　H_B- 定义的建筑 B 高度

第 23-711 款示意图的侧视图

23-712

高体位标准分区中房屋之间的最小距离

在右侧所列分区中，在任意地块面积不超过 100 000 平方英尺的单一区划地块上，两个房屋之间的最小距离应当为 30 英尺，或下列方程规定的距离，两者取较大值：

R8　R9　R10

	分区									
	R1	R2	R3	R4	R5	R6	R7	R8	R9	R10
								R8	R9	R10

23-712（续）

$$S = \frac{L_A + L_B + H_A + H_B}{6}$$，其中：

S、L_A、L_B、H_A 及 H_B 的含义应当与第 23-711 款（建筑之间标准的最小距离）规定相同。

如果"L_A+L_B"等于 0，则上述的方程式不适用，最小的距离应当为 30 英尺。

但是，如果两个房屋的高度都不超过九层或 85 英尺，两者取较小值，这些房屋之间规定的最小距离不需要超过 80 英尺。

补充规则

23-72
开发之后，区划地块的细分

在右侧所列分区中，区划地块上的任意部分依照第 23-71 条（单一区划地块上的建筑之间的最小距离）规定开发后，该区划地块可以被划分为更小的区划地块，但是被细分后的每个区划地块及其房屋必须符合其所在分区的体位规定，第七篇第 8 章另有规定的除外。

R1	R2	R3	R4	R5	R6	R7	R8	R9	R10

23-80 庭规则及窗与墙或窗与地块线之间的最小距离

23-81
定义（重复第 12-10 节）

庭

"庭"不是内庭就是外庭。

庭，内

"内庭"是除院或院的部分以外的任意开敞区域，从开敞区域的最低标高点到天空之间没有障碍物，并且通过下列其中一种要素划定边界：

（a）房屋的墙；或

（b）房屋的墙和一条或以上的地块线，地块前边线除外；或

（c）房屋的墙，沿着地块侧边线或地块后边线在任何开敞区域中有一处宽度小于 30 英尺的开口的除外。

庭凹口，内

"内庭凹口"是内庭的任意部分，内庭凹口不

第 3 章 居住区中住宅的体位规则

包含该内庭中内接的最大的单个水平长方形。

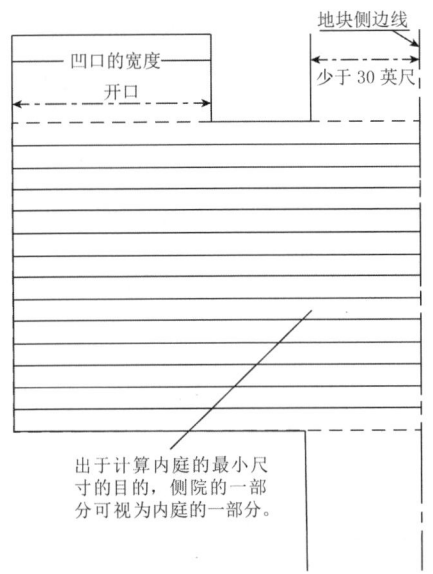

第 23-81 条内庭凹口图示

庭，外

"外庭"是除院或院的部分以外的任何开敞区域，从其最低标高点到天空之间没有障碍物，除了在以下地方有一个开口：

（a）在地块前边线；

（b）在前院；

（c）在后院；或

（d）沿着地块后边线或地块侧边线有宽度或进深不少于 30 英尺的开口的任意开敞区域，且该开敞区域沿该地块后边线或地块侧边线的全长延伸。

外庭通过以下其中一种要素划界：

（a）房屋的墙；或

（b）房屋的墙和一条或以上的地块线，地块前边线除外。

庭，外庭进深

"外庭进深"是外庭的开口与其对边墙体之间的最大水平距离，沿着垂直于外庭开口的方向测量。外庭开口应视为任何庭墙与其他墙的交角，与对侧庭墙之间可以画出的最短的虚构线。

庭，外庭宽度

"外庭宽度"是外庭的最小水平距离，不含外庭凹口，平行于该外庭开口测量。

庭凹口，外

"外庭凹口"是外庭的任意部分，当从上直接俯视时，该外庭无法用垂直于外庭开敞边的虚构线条包围。

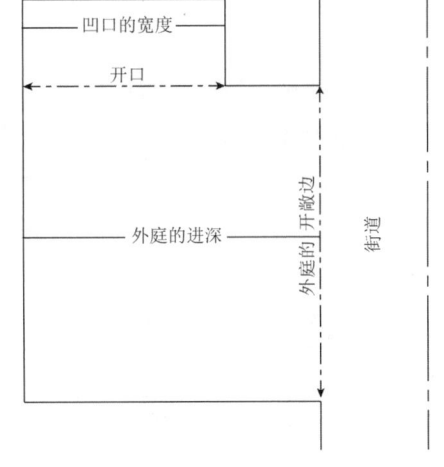

第 23-81 条外庭凹口图示

法律要求的窗户

"法律要求的窗户"是窗户或窗户的部分（包括要么作为机械通风的补充要么作为其替代物的窗户），这些窗户是被任何适用法律所要求的或满足《多户住宅法》第 4 条定义的"居室"窗户的采光与通风规定。

基本规则

	分 区									
	R1	R2	R3	R4	R5	R6	R7	R8	R9	R10

23-82
采用最小空间准则确立的建筑墙体规定

在右侧所列分区中，单个房屋的两个部分在任意平面上都不相连时，这两部分应当视作两个独立的房屋，并应适用第 23-71 条（单一区划地块上建筑之间的最小距离）的规定。在适用该规定时，两个部分的高度应当从该房屋相关部分的屋顶到自然场地的距离计算。

R1	R2	R3	R4	R5	R6	R7	R8	R9	R10

23-83
采用其他空间准则确立的建筑墙体

在右侧所列分区中，如果不适用于第 23-82 条（采用最小空间准则确立的建筑墙体规定）规定，则同一房屋的不同墙体的最小间距应当遵循下列条款的规定：

R1	R2	R3	R4	R5	R6	R7	R8	R9	R10

第 23-84 条（外庭规则）；

第 23-85 条（内庭规则）；

第 23-86 条（法律规定的窗户与墙或地块线之间的最小距离）。

但是，这些规则不适用于任何单户或两户独立住宅。

在同一房屋的两墙体之间的庭可能被切角，切角的规定是墙体被切下的长度不应超过 7 英尺。

23-84
外庭规则

在右侧所列分区中，外庭应当服从本条的规定。

R1	R2	R3	R4	R5	R6	R7	R8	R9	R10

	分 区									
	R1	R2	R3	R4	R5	R6	R7	R8	R9	R10

23-841
窄外庭

　　在右侧所列分区中，如果外庭宽度少于 30 英尺，则该外庭宽度必须至少为它进深的两倍。

R1　R2　R3　R4　R5　R6　R7　R8　R9　R10

23-842
宽外庭

　　在右侧所列分区中，如果外庭宽度大于或等于 30 英尺，则该外庭宽度必须至少等于它的进深，外庭宽度超过 60 英尺的除外。

R1　R2　R3　R4　R5　R6　R7　R8　R9　R10

23-843
外庭凹口

　　在右侧所列分区中，该外庭凹口部分的宽度应当至少为该凹口进深的两倍，外庭宽度超过 60 英尺的除外。

R1　R2　R3　R4　R5　R6　R7　R8　R9　R10

23-85
内庭规则

　　在右侧所列分区中，内庭应当服从本条的规定。

R1　R2　R3　R4　R5　R6　R7　R8　R9　R10

23-851
内庭的最小尺寸

　　在右侧所列分区中，内庭的面积不应少于 1200 平方英尺，而且该内庭的最小尺寸不应少于 30 英尺。在本款的规定中，不属于内庭的一部分的，且当从上方直接俯视时，垂直于地块线的线条可以伸入该内庭的开敞区域，应当视为该内庭的一部分。

R1　R2　R3　R4　R5　R6　R7　R8　R9　R10

第二篇　居住区规则

	分　区									
		R1	R2	R3	R4	R5	R6	R7	R8	R9	R10

23-852

内庭凹口

　　在右侧所列分区中，内庭凹口的宽度应当至少为该凹口进深的两倍。但是，如果凹口的开口宽度大于或等于 60 英尺，则该规定不适用。

R1	R2	R3	R4	R5	R6	R7	R8	R9	R10

23-86

法律规定的窗户与墙或与地块线之间的最小距离

　　在右侧所列分区中，法律规定的窗户与墙或地块线之间的最小距离应服从本条的规定，但本条规定不适用于下列建筑中的法律规定的窗户：

　　（a）低于三层的住宅；或

　　（b）三层的住宅，但其最低层为地下层，或根据定义不算楼板面积的楼层。

R1	R2	R3	R4	R5	R6	R7	R8	R9	R10

23-861

一般规定

　　在右侧所列分区中，在第 23-862 款（在 R9 或 R10 区中的小型转角地块上，法律规定的窗户与地块线之间的最小距离）或第 23-863 款（法律规定的窗户与内庭中任意墙体之间的最小距离）中另有规定的除外，法律规定的窗户与下列各项之间的最小距离应当为 30 英尺：

　　（a）任意墙体；

　　（b）地块后边线，或其竖向投影；或

　　（c）地块侧边线，或其竖向投影。

　　并且应从该窗户的窗台标高上垂直于窗

R1	R2	R3	R4	R5	R6	R7	R8	R9	R10

第 3 章　居住区中住宅的体位规则

	分　区									
	R1	R2	R3	R4	R5	R6	R7	R8	R9	R10

23-861（续）

口宽度方向进行测量；但是，法律规定的窗户可以开在满足第 23-84 条（外庭规则）规定的任意外庭上。

R1	R2	R3	R4	R5	R6	R7	R8	R9	R10

23-862

在 R9 或 R10 区中的小型转角地块上，法律规定的窗户与地块线之间的最小距离

在右侧所列分区中，在地块面积少于 10 000 平方英尺的转角地块上，边界线的一侧为地块前边线，并且最小宽度为 20 英尺的院可以开法律规定的窗户，但是第 23-44 条（规定的院和等效后院中许可的障碍物）规定不适用于该院。

R9	R10

23-863

法律规定的窗户与内庭中任意墙体之间的最小距离

在右侧所列分区中，内庭中法律规定的窗户的窗口与该窗户对侧的且位于同一区划地块的任意墙体的最小水平距离不应少于 30 英尺，而且该墙与该窗户之间的距离不能少于该墙在该窗户窗台以上建筑高度的一半。该最小距离不需要超过 60 英尺。

该最小距离应在该窗户和该墙在水平面上的投影之间，从法律规定的窗户的窗台标高上垂直于窗口宽度方向进行测量。

R1	R2	R3	R4	R5	R6	R7	R8	R9	R10

指定平均层数的建筑的开敞空间率及容积率的说明表格[①]

R5 区

开敞空间率	平均层数对应的容积率													
	1	2	3	4	5	6	7	8	9	10	11	12	13	14
47.0	0.68	—	—	—	—	—	—	—	—	—	—	—	—	—
50.0	0.67	1.00	—	—	—	—	—	—	—	—	—	—	—	—
53.0	0.65	0.97	1.16	—	—	—	—	—	—	—	—	—	—	—
56.0	0.64	0.94	1.12	1.23	—	—	—	—	—	—	—	—	—	—
59.0	0.63	0.92	1.08	1.19	1.26	—	—	—	—	—	—	—	—	—
62.0	0.62	0.89	1.05	1.15	1.22	1.27	—	—	—	—	—	—	—	—
65.0	0.61	0.87	1.02	1.11	1.18	1.22	1.26	—	—	—	—	—	—	—
68.0	0.60	0.85	0.99	1.08	1.14	1.18	1.22	1.24	—	—	—	—	—	—
71.0	0.58	0.83	0.96	1.04	1.10	1.14	1.17	1.20	1.22	—	—	—	—	—
74.0	0.57	0.81	0.93	1.01	1.06	1.10	1.13	1.16	1.18	1.19	—	—	—	—
77.0	0.56	0.79	0.91	0.98	1.03	1.07	1.10	1.12	1.14	1.15	1.16	—	—	—
80.0	0.56	0.77	0.88	0.95	1.00	1.03	1.06	1.08	1.10	1.11	1.12	1.18	—	—
83.0	0.55	0.75	0.86	0.93	0.97	1.00	1.03	1.05	1.06	1.08	1.09	1.10	1.10	—
86.0	0.54	0.74	0.84	0.90	0.94	0.97	1.00	1.02	1.03	1.04	1.05	1.06	1.07	1.07

[①] 该表不是本决议案文本中的一部分，但可用于协助所列分区中的规则的应用。指定开敞空间率及平均层数的建筑的容积率如该表所示。反过来，指定容积率及平均层数的建筑的开敞空间率如该表所示。该表所表示的所有组合符合第 23-142 款的规定。容积率已经四舍五入至最接近的百分位。

指定平均层数的建筑的开敞空间率及容积率的说明表格（续）

R6区

开敞空间率	平均层数对应的容积率																		
	3	4	5	6	7	8	9	10	11	12	13	14	15	16	17	18	19	20	21
28.5	1.62	—	—	—	—	—	—	—	—	—	—	—	—	—	—	—	—	—	—
29.0	1.61	1.85	—	—	—	—	—	—	—	—	—	—	—	—	—	—	—	—	—
29.5	1.59	1.83	2.02	—	—	—	—	—	—	—	—	—	—	—	—	—	—	—	—
30.0	1.58	1.82	2.00	2.14	—	—	—	—	—	—	—	—	—	—	—	—	—	—	—
30.5	1.57	1.80	1.98	2.12	2.23	—	—	—	—	—	—	—	—	—	—	—	—	—	—
31.0	1.56	1.79	1.96	2.10	2.21	2.30	—	—	—	—	—	—	—	—	—	—	—	—	—
31.5	1.54	1.77	1.94	2.07	2.18	2.27	2.35	—	—	—	—	—	—	—	—	—	—	—	—
32.0	1.53	1.75	1.92	2.05	2.16	2.25	2.32	2.38	—	—	—	—	—	—	—	—	—	—	—
32.5	1.52	1.74	1.90	2.03	2.14	2.22	2.29	2.35	2.40	—	—	—	—	—	—	—	—	—	—
33.0	1.51	1.72	1.89	2.01	2.11	2.20	2.27	2.33	2.38	2.42	—	—	—	—	—	—	—	—	—
33.5	1.50	1.71	1.87	1.99	2.09	2.17	2.24	2.30	2.35	2.39	2.43	—	—	—	—	—	—	—	—
34.0	1.49	1.69	1.85	1.97	2.07	2.15	2.22	2.27	2.32	2.36	2.40	2.43	—	—	—	—	—	—	—
34.5	1.47	1.68	1.83	1.95	2.05	2.13	2.19	2.25	2.29	2.34	2.37	2.40	2.43	—	—	—	—	—	—
35.0	1.46	1.67	1.82	1.93	2.03	2.11	2.17	2.22	2.27	2.31	2.34	2.38	2.40	2.42	—	—	—	—	—
35.5	1.45	1.65	1.80	1.92	2.01	2.08	2.15	2.20	2.24	2.28	2.31	2.35	2.37	2.39	2.42	—	—	—	—
36.0	1.44	1.64	1.79	1.90	1.99	2.06	2.12	2.17	2.22	2.26	2.29	2.32	2.34	2.36	2.39	2.40	—	—	—
36.5	1.43	1.63	1.77	1.88	1.97	2.04	2.10	2.15	2.19	2.23	2.26	2.29	2.31	2.34	2.36	2.38	2.39	—	—
37.0	1.42	1.61	1.75	1.86	1.95	2.02	2.08	2.13	2.17	2.21	2.24	2.27	2.29	2.31	2.33	2.35	2.36	2.38	—
37.5	1.41	1.60	1.74	1.85	1.93	2.00	2.06	2.11	2.15	2.18	2.21	2.24	2.26	2.28	2.30	2.32	2.34	2.35	2.36

指定平均层数的建筑的开敞空间率及容积率的说明表格（续）

R7区

开敞空间率	平均层数对应的容积率																		
	3	4	5	6	7	8	9	10	11	12	13	14	15	16	17	18	19	20	21
16.5	2.01	—	—	—	—	—	—	—	—	—	—	—	—	—	—	—	—	—	—
17.0	1.99	2.38	—	—	—	—	—	—	—	—	—	—	—	—	—	—	—	—	—
17.5	1.97	2.35	2.67	—	—	—	—	—	—	—	—	—	—	—	—	—	—	—	—
18.0	1.95	2.33	2.63	2.88	—	—	—	—	—	—	—	—	—	—	—	—	—	—	—
18.5	1.93	2.30	2.60	2.84	3.05	—	—	—	—	—	—	—	—	—	—	—	—	—	—
19.0	1.91	2.27	2.56	2.80	3.00	3.17	—	—	—	—	—	—	—	—	—	—	—	—	—
20.5	1.89	2.25	2.53	2.76	2.96	3.13	3.27	—	—	—	—	—	—	—	—	—	—	—	—
20.0	1.88	2.22	2.50	2.72	2.92	3.08	3.22	3.33	—	—	—	—	—	—	—	—	—	—	—
20.5	1.86	2.20	2.47	2.69	2.87	3.03	3.16	3.28	3.38	—	—	—	—	—	—	—	—	—	—
21.0	1.84	2.17	2.44	2.65	2.83	2.99	3.12	3.23	3.32	3.41	—	—	—	—	—	—	—	—	—
21.5	1.82	2.15	2.41	2.62	2.79	2.94	3.07	3.17	3.27	3.36	3.42	—	—	—	—	—	—	—	—
22.0	1.81	2.13	2.38	2.58	2.75	2.90	3.02	3.13	3.22	3.30	3.37	3.44	—	—	—	—	—	—	—
22.5	1.79	2.11	2.35	2.55	2.72	2.86	2.98	3.08	3.16	3.25	3.31	3.38	3.42	—	—	—	—	—	—
23.0	1.78	2.08	2.33	2.52	2.68	2.82	2.93	3.03	3.12	3.19	3.26	3.32	3.37	3.41	—	—	—	—	—
23.5	1.76	2.06	2.30	2.49	2.65	2.78	2.89	2.99	3.07	3.14	3.21	3.27	3.31	3.36	3.40	—	—	—	—
24.0	1.75	2.04	2.27	2.46	2.61	2.74	2.85	2.94	3.02	3.10	3.15	3.22	3.26	3.30	3.34	3.38	—	—	—
24.5	1.73	2.02	2.25	2.43	2.58	2.70	2.81	2.90	2.98	3.05	3.11	3.16	3.21	3.25	3.29	3.32	3.36	—	—
25.0	1.72	2.00	2.22	2.40	2.54	2.67	2.77	2.86	2.93	3.00	3.06	3.12	3.15	3.19	3.24	3.27	3.30	3.33	—
25.5	1.70	1.98	2.20	2.37	2.51	2.63	2.73	2.82	2.89	2.96	3.01	3.07	3.11	3.14	3.18	3.22	3.25	3.28	3.30

指定平均层数的建筑的开敞空间及容积率的说明表格（续）

R8

开敞空间率	平均层数对应的容积率															
	6	7	8	9	10	11	12	13	14	15	16	17	18	19	20	21
7.4	4.15	—	—	—	—	—	—	—	—	—	—	—	—	—	—	—
7.7	4.10	4.55	—	—	—	—	—	—	—	—	—	—	—	—	—	—
8.0	4.05	4.48	4.88	—	—	—	—	—	—	—	—	—	—	—	—	—
8.8	4.00	4.42	4.81	5.15	—	—	—	—	—	—	—	—	—	—	—	—
8.6	3.95	4.37	4.74	5.08	5.38	—	—	—	—	—	—	—	—	—	—	—
8.9	3.91	4.31	4.67	5.00	5.29	5.56	—	—	—	—	—	—	—	—	—	—
9.2	3.86	4.26	4.61	4.93	5.21	5.46	5.71	—	—	—	—	—	—	—	—	—
9.5	3.82	4.20	4.55	4.85	5.13	5.38	5.62	5.81	—	—	—	—	—	—	—	—
9.8	3.77	4.15	4.48	4.78	5.05	5.29	5.52	5.71	5.92	—	—	—	—	—	—	—
10.1	3.73	4.10	4.42	4.72	4.98	5.21	5.43	5.62	5.81	5.95	—	—	—	—	—	—
10.4	3.69	4.05	4.37	4.65	4.90	5.13	5.35	5.52	5.71	5.85	5.99	—	—	—	—	—
10.7	3.65	4.00	4.31	4.59	4.83	5.05	5.26	5.43	5.62	5.75	5.88	6.02	—	—	—	—
11.0	3.61	3.95	4.26	4.52	4.76	4.98	5.18	5.35	5.52	5.65	5.78	5.92	6.02	—	—	—
11.3	3.57	3.91	4.20	4.46	4.69	4.90	5.10	5.26	5.43	5.56	5.68	5.81	5.92	6.02	—	—
11.6	3.53	3.86	4.15	4.41	4.63	4.83	5.03	5.18	5.35	5.46	5.59	5.71	5.81	5.92	6.02	—
11.9	3.50	3.82	4.10	4.35	4.57	4.76	4.95	5.10	5.26	5.38	5.49	5.62	5.71	5.81	5.92	5.99

指定平均层数的建筑的开敞空间率及容积率的说明表格（续）

R9

开敞空间率	平均层数对应的容积率															
	6	7	8	9	10	11	12	13	14	15	16	17	18	19	20	21
3.0	5.08	—	—	—	—	—	—	—	—	—	—	—	—	—	—	—
3.4	4.98	5.65	—	—	—	—	—	—	—	—	—	—	—	—	—	—
3.8	4.88	5.52	6.13	—	—	—	—	—	—	—	—	—	—	—	—	—
4.2	4.78	5.41	5.99	6.54	—	—	—	—	—	—	—	—	—	—	—	—
4.6	4.69	5.29	5.85	6.37	6.85	—	—	—	—	—	—	—	—	—	—	—
5.0	4.61	5.18	5.71	6.21	6.67	7.09	—	—	—	—	—	—	—	—	—	—
5.4	4.52	5.08	5.59	6.06	6.49	6.90	7.30	—	—	—	—	—	—	—	—	—
5.8	4.44	4.98	5.46	5.92	6.33	6.71	7.09	7.41	—	—	—	—	—	—	—	—
6.2	4.37	4.88	5.35	5.78	6.17	6.54	6.90	7.19	7.52	—	—	—	—	—	—	—
6.6	4.29	4.78	5.24	5.65	6.02	6.37	6.71	6.99	7.30	7.52	—	—	—	—	—	—
7.0	4.22	4.69	5.13	5.52	5.88	6.21	6.54	6.80	7.09	7.30	7.52	—	—	—	—	—
7.4	4.15	4.61	5.03	5.41	5.75	6.06	6.37	6.62	6.90	7.09	7.30	7.52	—	—	—	—
7.8	4.08	4.52	4.93	5.29	5.62	5.92	6.21	6.15	6.71	6.90	7.09	7.30	7.46	—	—	—
8.2	4.02	4.44	4.83	5.18	5.49	5.78	6.06	6.29	6.54	6.71	6.90	7.09	7.25	7.41	—	—
8.6	3.95	4.37	4.74	5.08	5.38	5.65	5.92	6.13	6.37	6.54	6.71	6.90	7.04	7.19	7.35	—
9.0	3.89	4.29	4.65	4.98	5.26	5.52	5.78	5.99	6.21	6.37	6.54	6.71	6.85	6.99	7.14	7.25

特定的开敞空间率中每个房间要求的地块面积及对应的每英亩允许的房间数的说明表格[1]

R5			R6			R7			R8			R9		
开敞空间率	每个房间要求的地块面积（平方英尺）	每英亩的房间数	开敞空间率	每个房间要求的地块面积（平方英尺）	每英亩的房间数	开敞空间率	每个房间要求的地块面积（平方英尺）	每英亩的房间数	开敞空间率	每个房间要求的地块面积（平方英尺）	每英亩的房间数	开敞空间率	每个房间要求的地块面积（平方英尺）	每英亩的房间数
47.0	210	207	28.5	107	407	16.5	83	525	7.4	55	792	3.0	43	1013
50.0	205	212	29.0	107	407	17.0	83	525	7.7	54	807	3.4	43	1013
53.0	199	219	29.5	106	411	17.5	82	531	8.0	53	822	3.8	43	1013
56.0	194	224	30.0	105	415	18.0	81	538	8.3	52	838	4.2	42	1037
59.0	189	230	30.5	104	419	18.5	81	538	8.6	51	854	4.6	42	1037
62.0	183	238	31.0	103	423	19.0	80	544	8.9	50	871	5.0	42	1037
65.0	178	244	31.5	102	427	19.5	80	544	9.2	49	889	5.4	42	1037
68.0	173	252	32.0	101	431	20.0	79	551	9.5	48	908	5.8	41	1062
71.0	173	252	32.5	100	435	20.5	78	558	9.8	47	927	6.2	41	1062
74.0	173	252	33.0	99	440	21.0	78	558	10.1	47	927	6.6	41	1062
77.0	173	252	33.5	99	440	21.5	77	565	10.4	46	947	7.0	40	1089
80.0	173	252	34.0	98	444	22.0	77	565	10.7	45	968	7.4	40	1089
83.0	173	252	34.5	97	449	22.5	76	573	11.0	44	990	7.8	40	1089
86.0	173	252	35.0	96	454	23.0	75	581	11.3	44	990	8.2	—	—
—	—	—	35.5	96	454	23.5	75	581	11.6	44	990	8.6	39	1117
—	—	—	36.0	96	454	24.0	75	588	11.9	44	990	9.0	39	1117
—	—	—	36.5	96	454	24.5	74	588	—	—	—	—	—	—
—	—	—	37.0	96	454	25.0	73	596	—	—	—	—	—	—
—	—	—	37.5	96	454	25.5	72	605	—	—	—	—	—	—

[1] 该表不是本决议案文本中的一部分，但可用于协助所列分区中的规则的应用。每个房间要求的地块面积及每英亩允许的房间数已经四舍五入至最接近的整数。指定平均层数的建筑在特定的开敞空间率下对应的地块覆盖率说明表格。

指定平均层数的建筑在特定的开敞空间率下对应的地块覆盖率说明表格[①]

R5区

开敞空间率	平均层数对应的地块覆盖率													
	1	2	3	4	5	6	7	8	9	10	11	12	13	14
47.0	68	—	—	—	—	—	—	—	—	—	—	—	—	—
50.0	67	50	—	—	—	—	—	—	—	—	—	—	—	—
53.0	65	48	38	—	—	—	—	—	—	—	—	—	—	—
56.0	64	47	37	31	—	—	—	—	—	—	—	—	—	—
59.0	63	46	36	30	25	—	—	—	—	—	—	—	—	—
62.0	62	44	35	29	24	21	—	—	—	—	—	—	—	—
65.0	61	43	34	28	24	20	18	—	—	—	—	—	—	—
68.0	60	42	33	27	23	20	17	15	—	—	—	—	—	—
71.0	58	41	32	26	22	19	17	15	14	—	—	—	—	—
74.0	57	40	31	25	21	18	16	14	13	12	—	—	—	—
77.0	56	39	30	24	21	18	16	14	13	11	10	—	—	—
80.0	56	38	29	24	20	17	15	13	12	11	10	9	—	—
83.0	55	37	29	23	19	17	15	13	12	11	10	9	8	—
86.0	54	37	28	22	19	16	14	13	11	10	9	9	8	8

① 该表不是本决议案文本中的一部分，但可用于协助所列分区中的规则的应用。百分比已经四舍五入至最接近的整数。

指定平均层数的建筑在特定的开敞空间率下对应的地块覆盖率说明表格（续）

R6区

开敞空间率	平均层数对应的地块覆盖率																		
	3	4	5	6	7	8	9	10	11	12	13	14	15	16	17	18	19	20	21
28.5	54	—	—	—	—	—	—	—	—	—	—	—	—	—	—	—	—	—	—
29.0	54	46	—	—	—	—	—	—	—	—	—	—	—	—	—	—	—	—	—
29.5	53	46	40	—	—	—	—	—	—	—	—	—	—	—	—	—	—	—	—
30.0	53	45	40	36	—	—	—	—	—	—	—	—	—	—	—	—	—	—	—
30.5	52	45	40	35	32	—	—	—	—	—	—	—	—	—	—	—	—	—	—
31.0	52	45	39	35	31	29	—	—	—	—	—	—	—	—	—	—	—	—	—
31.5	51	44	39	35	31	28	26	—	—	—	—	—	—	—	—	—	—	—	—
32.0	51	44	38	34	31	28	26	24	—	—	—	—	—	—	—	—	—	—	—
32.5	51	43	38	34	30	28	25	23	22	—	—	—	—	—	—	—	—	—	—
33.0	50	43	38	33	30	27	25	23	22	20	—	—	—	—	—	—	—	—	—
33.5	50	43	37	33	30	27	25	23	21	20	19	—	—	—	—	—	—	—	—
34.0	50	42	37	33	30	27	25	23	21	20	18	17	—	—	—	—	—	—	—
34.5	49	42	37	32	29	27	24	22	21	19	18	17	16	—	—	—	—	—	—
35.0	49	42	36	32	29	26	24	22	21	19	18	17	16	15	—	—	—	—	—
35.5	48	41	36	32	29	26	24	22	20	19	18	17	16	15	14	—	—	—	—
36.0	48	41	36	32	28	26	23	22	20	19	17	17	16	15	14	13	—	—	—
36.5	48	41	35	31	28	25	23	21	20	18	17	16	15	14	14	13	12	—	—
37.0	47	30	35	31	28	25	23	21	20	18	17	16	15	14	14	13	12	12	—
37.5	47	40	35	31	27	25	23	21	19	18	17	16	15	14	13	13	12	12	11

指定平均层数的建筑在特定的开敞空间率下对应的地块覆盖率说明表格（续）

R7区

开敞空间率	平均层数对应的地块覆盖率																		
	3	4	5	6	7	8	9	10	11	12	13	14	15	16	17	18	19	20	21
16.5	67	—	—	—	—	—	—	—	—	—	—	—	—	—	—	—	—	—	—
17.0	66	60	—	—	—	—	—	—	—	—	—	—	—	—	—	—	—	—	—
17.5	66	59	53	—	—	—	—	—	—	—	—	—	—	—	—	—	—	—	—
18.0	65	58	53	48	—	—	—	—	—	—	—	—	—	—	—	—	—	—	—
18.5	64	57	52	47	44	—	—	—	—	—	—	—	—	—	—	—	—	—	—
19.0	64	57	51	47	43	40	—	—	—	—	—	—	—	—	—	—	—	—	—
19.5	63	56	50	46	42	39	36	—	—	—	—	—	—	—	—	—	—	—	—
20.0	63	55	50	45	42	38	36	33	—	—	—	—	—	—	—	—	—	—	—
20.5	62	55	49	45	41	38	35	33	31	—	—	—	—	—	—	—	—	—	—
21.0	61	54	49	44	40	37	35	32	30	—	—	—	—	—	—	—	—	—	—
21.5	61	54	48	44	40	37	34	32	30	28	—	—	—	—	—	—	—	—	—
22.0	60	53	47	43	39	36	34	31	29	28	26	—	—	—	—	—	—	—	—
22.5	60	53	47	43	39	36	33	31	29	27	26	25	—	—	—	—	—	—	—
23.0	59	52	47	42	38	35	33	30	28	27	25	24	23	—	—	—	—	—	—
23.5	59	51	46	41	38	35	32	30	28	27	25	24	23	21	20	—	—	—	—
24.0	58	51	45	41	37	34	32	29	27	26	24	23	22	21	20	19	—	—	—
24.5	58	50	45	40	37	34	31	29	27	26	24	23	22	21	19	18	18	—	—
25.0	57	50	44	40	36	33	31	28	27	25	23	22	21	20	19	18	17	17	—
25.5	57	49	44	39	36	33	30	28	26	25	23	22	21	20	19	18	17	16	16

指定平均层数的建筑在特定的开敞空间率下对应的地块覆盖率说明表格（续）

R8

开敞空间率	平均层数对应的地块覆盖率															
	6	7	8	9	10	11	12	13	14	15	16	17	18	19	20	21
7.4	69	—	—	—	—	—	—	—	—	—	—	—	—	—	—	—
7.7	68	65	—	—	—	—	—	—	—	—	—	—	—	—	—	—
8.0	67	64	61	—	—	—	—	—	—	—	—	—	—	—	—	—
8.8	67	63	60	57	—	—	—	—	—	—	—	—	—	—	—	—
8.6	66	62	59	56	54	—	—	—	—	—	—	—	—	—	—	—
8.9	65	61	58	55	53	51	—	—	—	—	—	—	—	—	—	—
9.2	64	61	58	55	52	50	48	—	—	—	—	—	—	—	—	—
9.5	64	60	57	54	51	49	47	45	—	—	—	—	—	—	—	—
9.8	63	59	56	53	50	48	46	44	42	—	—	—	—	—	—	—
10.1	62	59	55	52	50	47	45	43	41	40	—	—	—	—	—	—
10.4	61	58	55	52	49	47	45	42	41	39	37	—	—	—	—	—
10.7	61	57	54	51	48	46	44	42	40	38	37	35	—	—	—	—
11.0	60	56	53	50	47	45	43	41	39	38	36	35	33	—	—	—
11.3	59	56	52	49	47	44	42	40	39	37	35	34	33	32	—	—
11.6	59	55	52	49	46	44	42	40	38	36	35	34	32	31	30	—
11.9	58	54	51	48	46	43	41	39	38	36	34	33	32	31	30	28

指定平均层数的建筑在特定的开敞空间率下对应的地块覆盖率说明表格（续）

R9

开敞空间率	平均层数对应的地块覆盖率															
	6	7	8	9	10	11	12	13	14	15	16	17	18	19	20	21
3.0	85	—	—	—	—	—	—	—	—	—	—	—	—	—	—	—
3.4	83	81	—	—	—	—	—	—	—	—	—	—	—	—	—	—
3.8	81	79	77	—	—	—	—	—	—	—	—	—	—	—	—	—
4.2	80	77	75	73	—	—	—	—	—	—	—	—	—	—	—	—
4.6	78	76	73	71	68	—	—	—	—	—	—	—	—	—	—	—
5.0	77	74	71	69	67	64	—	—	—	—	—	—	—	—	—	—
5.4	75	73	70	67	65	63	61	—	—	—	—	—	—	—	—	—
5.8	74	71	68	66	63	61	59	57	—	—	—	—	—	—	—	—
6.2	73	70	67	64	62	59	57	55	54	—	—	—	—	—	—	—
6.6	71	68	65	63	60	58	56	54	52	50	—	—	—	—	—	—
7.0	70	67	64	61	59	56	54	52	51	49	47	—	—	—	—	—
7.4	69	66	63	60	57	55	53	51	49	47	46	44	—	—	—	—
7.8	68	65	62	59	56	54	52	50	48	46	44	43	41	—	—	—
8.2	67	63	60	57	55	52	50	48	47	45	43	42	40	39	—	—
8.6	66	62	59	56	54	51	49	47	46	44	42	41	39	38	37	—
9.0	65	61	58	55	53	50	48	46	45	42	41	39	38	37	36	35

居住区中体位规则总览（住宅）

分区	最大容积率[1]	要求的最小开敞空间率[3]	最小地块面积[4]（平方英尺）		对应的每英亩的居住单元或房间数[4]		最小地块尺寸					前院	后院[5]	院要求					
							单户或两户独立住宅			其他住宅类型		进深（英尺）	进深（英尺）	侧院			其他住宅类型 院或提供的开敞空间的最小宽度（英尺）		
			每个居住单元	每个房间	居住单元	房间	面积（平方英尺）	宽度（英尺）	面积（平方英尺）	宽度（英尺）				单户或两户独立住宅					
														要求的数量	最小宽度（英尺）		要求的数量	结合	单个
															结合	单个			
R1-1	0.50	150.0	9500	—	4	—	9500[8]	100[8]	—	—	20	30	2[8]	35[8]	15[8]	—	—	—
R1-2	0.50	150.0	5700	—	7	—	5700[8]	60[8]	—	—	20[8]	30	2[8]	20[8]	8[8]	—	—	—
R2	0.50	150.0	3800	—	11	—	3800[8]	40[8]	—	—	15	30	2[8]	13[8]	5[8]	—	—	—
R3	0.50	150.0	—	375	—	116	3800	40	1700	18	15[8]	30	2	13	5	2	16	8
R4	0.75	80.0	—	275	—	158	3800	40	1700	18	15[8]	30	2	13	5	2	16	8
R5	1.00 至 1.25	50.0 至 62.0	—	205 至 173	—	212 至 252	3800	40	1700	18	10	30	2	13	5	2	16	8
R6	2.00 至 2.40	29.5 至 33.0	—	106 至 96	—	411 至 454	3800	40	1700	18	无	30	2	13	5	无	16	8
R7	2.80 至 3.40	18.0 至 21.0	—	81 至 72	—	538 至 605	3800	40	1700	18	无	30	2	13	5	无	16	8
R8	4.80 至 6.00	8.0 至 10.4	—	53 至 44	—	822 至 990	3800	40	1700	18	无	30	2	13	5	无	16	8
R9	6.50 至 7.50	4.2 至 6.2	—	42 至 39	—	1037 至 1117	3800	40	1700	18	无	30	2	13	5	无	16	8
R10	10.00[2]	无	—	30[6]	—	1425[6]	3800	40	1700	18	无	30	2	13	5	无	16	8

居住区中体位规则总览（住宅）（续）

分区	高度及退缩要求 标准规则 基本退缩距离（英尺） 窄街道	高度及退缩要求 标准规则 基本退缩距离（英尺） 宽街道	退缩距离内前边墙体或建筑最大高度（英尺）	退缩距离内前边墙体或建筑最大高度（层）	标准规则 天空曝光面 街道边线或前院线上方高度（英尺）	标准规则 天空曝光面 区划地块上坡度（竖向距离与横向距离的比值）窄街道	标准规则 天空曝光面 区划地块上坡度（竖向距离与横向距离的比值）宽街道	替代规则 选择性前边开敞空间进深（英尺）窄街道	替代规则 选择性前边开敞空间进深（英尺）宽街道	替代规则 天空曝光面 街道边线或前院线上方高度（英尺）	替代规则 天空曝光面 区划地块上坡度（竖向距离与横向距离的比值）窄街道	替代规则 天空曝光面 区划地块上坡度（竖向距离与横向距离的比值）宽街道	同一区划地块上任意两个建筑间最小间距（英尺）	庭的最小尺寸 外庭最小宽度 如宽少于30英尺	庭的最小尺寸 外庭最小宽度 如宽超过30英尺	庭的最小尺寸 内庭最小面积及最小尺寸 面积（平方英尺）	庭的最小尺寸 内庭最小面积及最小尺寸 尺寸（英尺）	窗与墙体或地块边线的最小间距 窗与任何墙体或边侧地块线的间距（英尺）	窗与墙体或地块边线的最小间距 窗与内庭或庭墙的间距（英尺）
R1	无	无	街道层	街道层	25⑥	1:1	1:1	—	—	—	—	—	30 或公式⑧	2倍进深	1倍进深	1200	30	30⑪	1/2 墙高
R2	无	无	街道层	街道层	25⑥	1:1	1:1	—	—	—	—	—	30 或公式⑧	2倍进深	1倍进深	1200	30	30⑪	1/2 墙高
R3	无	无	街道层	街道层	25⑥	1:1	1:1	—	—	—	—	—	30 或公式⑧	2倍进深	1倍进深	1200	30	30⑪	1/2 墙高
R4	无	无	街道层	街道层	25⑥	1:1	1:1	—	—	—	—	—	30 或公式⑧	2倍进深	1倍进深	1200	30	30⑪	1/2 墙高
R5	无	无	街道层	街道层	35	1:1	1:1	—	—	—	—	—	30 或公式⑧	2倍进深	1倍进深	1200	30	30⑪	1/2 墙高
R6	15	20	60	6	60	2.7:1	5.6:1	15	10	60⑦	3.7:1	7.6:1	30 或公式⑧	2倍进深	1倍进深	1200	30	30⑪	1/2 墙高
R7	15	20	60	6	60⑦	2.7:1	5.6:1	15	10	60⑦	3.7:1	7.6:1	30 或公式⑧	2倍进深	1倍进深	1200	30	30⑪	1/2 墙高
R8	15	20	85	9	85⑦	2.7:1	5.6:1	15	10	85⑦	3.7:1	7.6:1	30 或公式⑧	2倍进深	1倍进深	1200	30	30⑪	1/2 墙高
R9	15	20	85	9	85⑦	2.7:1	5.6:1	15	10	85⑦	3.7:1	7.6:1	30 或公式⑧	2倍进深	1倍进深	1200	30	30⑪	1/2 墙高
R10	15	20	85	9	85⑦	2.7:1	5.6:1	15	10	85⑦	3.7:1	7.6:1	30 或公式⑧	2倍进深	1倍进深	1200	30	30⑪或20⑫	1/2 墙高

注：
① 当一个容积率范围时，分区中最低的房屋用较低值，较高值是分区中最高的房屋可以达到的最大值（数字已经四舍五入）。
② 显示的容积率不包含广场，连接广场的较高容积率是所显示原数值的20%。
③ 当显示一个开敞空间范围时，较低值是所要求的较低容积率的最低要求，奖励值最多可达到所显示的20%。
④ 当显示一个房间数要求的范围时，较低值是所显示的最低开敞空间的奖励，第一个数字是所要求的最低开敞空间的密度，第二个数字是分区允许的最大密度。
⑤ 当显示的每个房间数的要求及每英亩的每房间数要求的地块面积允许减少17%，以及每英亩允许的房间数量最多增加20%。
⑥ 在前院线上方。
⑦ 在街道边线上方。
⑧ 仅用于单户单栋独栋住宅。
⑨ $S = \dfrac{L_A + L_B + 2(H_A + H_B)}{6}$
⑩ $S = \dfrac{L_A + L_B + H_A + H_B}{6}$，该公式适用于R8、R9、R10区中不超过100 000平方英尺的所有区划地块。
⑪ 一层或两层住宅除外。
⑫ 小型转角地块的特别规定（第23-862款）。
⑬ 转角地块不要求后院。
⑭ 在转角地块上，前院的进深可以较少：R1-2区为15英尺，R3或R4区为10英尺。

第4章　居住区中社团设施房屋的体位规则

24-00 适用性、一般目的及定义

24-01
本章的适用性

本章的体位规则适用于任何居住区中任何区划地块上许可的任何社团设施房屋或用于社团设施房屋的任何部分。本章所称"任何房屋"不包含住宅，以及在第二篇第3章中列出的住宅体位规则。另外，本章或其中特定小节的体位规则也适用于本决议案中对其进行交叉引用的其他规定。

现状的房屋或其他构筑物，如果与一条及以上适用的体位规则不一致，则是不合规的房屋或其他构筑物，应服从第五篇第4章的规则。

大规模的社团设施开发项目或在大型居住开发项目中的社团设施用途适用的特殊规则，在第七篇第8章列出。

24-02
社团设施体位规则的一般目的

采用下列体位规则的目的是为了保护居住地区免受拥挤的影响，以及鼓励开发令人满意的和稳定的居住社区。为了实现这些目的，对建筑密度和物质性体位关系建立了直接控制。为了引入阳光和空气而敞开居住地区，以及鼓励更高的开敞空间标准，在提供更多的开敞空间的情况下，适度提高建筑的密度及价值是许可的。

24-03
定义（重复第12-10节）

社团设施

"社团设施"是指仅用于社团设施用途的房屋。

社团设施用途

"社团设施用途"是指在用途组3或4所列的任何用途。

地块覆盖范围

当从地块上方垂直俯视时，被房屋或房屋的任何部分覆盖的区划地块部分称为"地块覆盖范围"。但是，出于计算平均层数的目的，被屋顶覆盖的可作为开敞空间的部分，或不计算楼板面积的平台、阳台、通廊、门廊或它们的任意部分，都不应包含在地块覆盖范围中。

住宅，或居住的

"住宅"是包含居住单元或出租单元的房屋或房屋的部分，包括单户住宅或两户双拼住宅、多户住宅、寄宿或出租房屋或公寓式酒店。但住宅不包括：

（a）诸如短时酒店、汽车旅馆或驿站，或拖曳式房车营地等短时性居所；或

（b）宿舍、兄弟会或妇女联谊会的房屋、修道院或女修道院；或

（c）护士住所、疗养院、护理院，或在社团设施房屋中或在用于社团设施用途的房屋部分中的居住与睡眠场所；或

（d）混合房屋中非居住用途的部分，居住的辅助用途除外。

"居住的"即属于住宅的。

区划地块

"区划地块"是以下任何一项：

（a）在本决议案生效日时已登记的现状地块，或任何随后实施的修正案生效日时已登记的现状地块；

（b）一块土地，位于单个街区内，这块地或是没有分割，或是由两个或以上紧邻的登记地块组成，在本决议案生效日或随后实施的任意修正案的生效日时在同一所有权名下；或

（c）一块土地，位于单个街区内，在填报建筑许可时（如果不要求建筑许可，则是在申请占有证书时）由业主或开发商指定为属单一所有权的一个整体进行使用、开发或建设。

因此，区划地块可能符合或不符合在纽约市官方税收地图上或在任何有登记细分的地图或契约上显示的地块。

本定义所称区划地块的所有权应包括一份不少于五十年期的租约，并可选择更新该租约，使其总期限不少于七十五年。

区划地块可细分为两个或更多的区划地块，但是细分所形成的区划地块及其上方的房屋应服从本决议案中所有适用的规定。如果该区划地块被不合规的房屋占用，该地块在细分时，只要该细分不使房屋产生新的不一致的情况，或不加重不一致的情况的程度，则该区划地块就可以被细分。

24-10 楼板面积及地块覆盖范围规则

24-11

最大容积率及地块覆盖率

在右侧所列分区中，任何区划地块上任何社团设施房屋或部分用于社团设施用途房屋的任意部分，最大容积率及最大地块覆盖范围不应超过本条最后的表所列的容积率及地块覆盖范围，下列条款中另有规定的除外：

第 24-13 条（加深前院和加宽侧院的楼板面积奖励）；

第 24-14 条（提供广场的楼板面积奖励）；

第 24-15 条（提供连接广场的开敞空间的楼板面积奖励）；

第 24-16 条（提供敞廊的楼板面积奖励）；

第 24-18 条（被分区边界线划分的区划地块的特别规定）。

在计算容积率时，任何给定的地块面积应当仅计算一次。

不管本决议案任何其他规定如何，R9 或 R10 区中最高容积率不应超过 12.00。

分 区									
R1	R2	R3	R4	R5	R6	R7	R8	R9	R10
R1	R2	R3	R4	R5	R6	R7	R8	R9	R10

24-11（续）

最大容积率及最大地块覆盖范围

分 区									
R1	R2	R3	R4	R5	R6	R7	R8	R9	R10

容积率	地块覆盖范围（地块面积百分比）		分区
	转角地块	内部地块或穿越地块	
1.00	60	55	R1
1.00	60	55	R2
1.00	60	55	R3
2.00	60	55	R4
2.00	60	55	R5
4.80	70	65	R6
4.80	70	65	R7-1
6.50	70	65	R7-2
6.50	75	65	R8
10.00	75	65	R9
10.00	75	65	R10

24-12

高度和地块覆盖范围的应用

在右侧所列分区中，当房屋的任何部分位于路沿石标高上方但不超过 14 英尺处时，根据第 24-11 条（最大容积率及地块覆盖率）计算地块覆盖率时可以免除。依据第 24-33 条（规定的院或等效后院中许可的障碍物）的规定地块覆盖范围不包括法规许可的障碍物。

R3　R4　R5　R6　R7　R8　R9　R10

第4章　居住区中社团设施房屋的体位规则

	分　区									
	R1	R2	R3	R4	R5	R6	R7	R8	R9	R10

24-13

加深前院和加宽侧院的楼板面积奖励

在右侧所列分区中，如果提供了符合下列规定的院，第 24-11 条（最大容积率及地块覆盖率）规定的最大容积率可以增加至本条最后的表格所示的容积率：

（a）在内部地块上，提供一个进深不少于 30 英尺的前院，以及一个沿任意地块侧边线宽度不少于 15 英尺的侧院；

（b）在转角地块上，提供两个进深均不少于 30 英尺的前院；

（c）在穿越地块上，沿每条地块前边线提供一个进深不少于 30 英尺的前院；但是，如果该穿越地块根据第 24-382 款（规定的等效后院）中（b）的规定要求有等效后院，则应至少额外提供一个宽度不少于 30 英尺的侧院。

本条规定的等效后院如果同时也是前院或侧院，则其中任何部分不应包含依据第 24-33 条（规定的院或等效后院中许可的障碍物）规定在前院或侧院中不许可的任何障碍物。

以上表格右侧所列分区为：R3　R4　R5

许可的最大容积率	
1.60	R3
2.40	R4
2.40	R5

24-14

提供广场的楼板面积奖励

在右侧所列分区中，区划地块上每提供一平方英尺的广场，根据第 24-11 条（最大容积　　　　　　　　　　　　　　R9　R10

101

	分 区									
	R1	R2	R3	R4	R5	R6	R7	R8	R9	R10

24-14（续）

率及地块覆盖率）该区划地块上可以许可增加 6 平方英尺的总楼板面积。

	R9	R10

24-15

提供连接广场的开敞区域的楼板面积奖励

在右侧所列分区中，根据第 24-11 条（最大容积率及地块覆盖率）规定，区划地块上每提供 1 平方英尺的开敞区域，这个区域从其最低点到天空之间没有障碍物的，最小边长为 40 英尺且连接两个广场或一个广场和一条街道，那么该区划地块上可以许可增加的 6 平方英尺的总楼板面积。

在该开敞区域中许可的障碍物应当与第 24-33 条（规定的院或等效后院中许可的障碍物）规定一样。

	R9	R10

24-16

提供敞廊的楼板面积奖励

在右侧所列分区中，根据第 24-11 条（最大容积率及地块覆盖率）规定，区划地块上每提供 1 平方英尺的敞廊，该区划地块上可以许可的增加 3 平方英尺的总楼板面积。

	R9	R10

24-17

居住与社团设施混合用途房屋的特别规定

在右侧所列分区中，如果房屋的一部分用于社团设施用途，另一部分用于居住或其他许可的非居住用途，则其容积率及开敞空间率规则应当符合本条的要求。

R1	R2	R3	R4	R5	R6	R7	R8	R9	R10

第4章 居住区中社团设施房屋的体位规则

	分　区									
	R1	R2	R3	R4	R5	R6	R7	R8	R9	R10

24-171

最大容积率

　　在右侧所列分区中，部分用于社团设施用途，部分用于居住或其他许可的非居住用途的房屋的最大容积率，应当符合第 24-11 条（最大容积率及地块覆盖率）中的规定或第 24-13 条到第 24-16 条中适用的奖励规定。

R1　R2　R3　R4　R5　R6　R7　R8　R9　R10

24-172

居住部分的容积率

　　在右侧所列分区中，房屋的居住部分的最大容积率，或用于非居住用途而不是社团设施用途的部分的最大容积率，应当符合第二篇第 3 章中住宅许可的最大容积率的适用规定。

R1　R2　R3　R4　R5　R6　R7　R8　R9　R10

24-173

居住部分的开敞空间率

　　在右侧所列分区中，房屋的居住部分应当符合第二篇第3章规定的最小开敞空间率。为了本款的需要：

　　（a）在确定开敞空间率时楼板面积仅计算房屋中居住部分的楼板面积；

　　（b）在计算混合建筑中住宅部分的地块覆盖率时，住宅部分的地块覆盖范围应该是从上方直接俯视时住宅部分任意平面所覆盖的区划地块的部分；及

　　（c）如果许可的最大居住容积率少于该房屋许可的总容积率，适用的平均层数就是混合建筑居住部分的平均层数。

R1　R2　R3　R4　R5　R6　R7　R8　R9

103

第二篇 居住区规则

	分 区								
	R1	R2	R3	R4	R5	R6	R7	R8	R9	R10

24-174

居住部分开敞空间的位置

在右侧所列分区中，第二篇第 3 章规定的房屋居住部分的开敞空间可以位于路沿石标高 23 英尺以上的任意位置。在房屋的地面层或社团设施部分的屋顶上可以提供开敞空间，但在该房屋的居住部分内，任何开敞空间的位置不能高于面向开敞空间的并距其 30 英尺以内的法律规定的窗户窗台高度以下 2.5 英尺处。

R1　R2　R3　R4　R5　R6　R7　R8　R9

24-175

阳台

在右侧所列分区中，本款所列的规定应当适用于部分用于居住用途，及部分用于社团设施用途的房屋的居住部分，或房屋中用于起居或睡眠的任何部分。

R3　R4　R5　R6　R7　R8　R9　R10

阳台应符合下列特征：

（a）除了阳台护墙高度不超过 3 英尺 8 英寸的，或扶手高度不超过 4 英尺 6 英寸且开敞率不少于 50%的情况之外，阳台的其他部分是非封闭的；及

（b）阳台应位于或高于房屋第四层的楼板；及

（c）阳台的总长度不超过其所在楼层房屋墙体投影长度的 30%。

位于下列条款规定的开敞区域的阳台可以穿越任意天空曝光面，或者伸入或跨越法规要求开敞区域的距离不超过 6 英尺：

（a）第 12-10 节（定义）所定义的开敞空间；

第4章 居住区中社团设施房屋的体位规则

24-175（续）

（b）第12-10节（定义）所定义的广场；

（c）第12-10节（定义）所定义的后院；

（d）第24-52条（前边墙的最大高度和规定的前边退缩）所规定的基本退缩距离或天空曝光面；

（e）第24-53条（替代前边退缩）所规定的替代前边退缩或天空曝光面；

（f）第24-54条（塔规则）所规定的不被塔占用的开敞区域；

（g）第24-55条（侧边和后边退缩规定）所规定的侧边和后边退缩。

分 区									
R1	R2	R3	R4	R5	R6	R7	R8	R9	R10
		R3	R4	R5	R6	R7	R8	R9	R10

24-18

被分区边界线划分的区划地块的特别规定

在右侧所列分区中，当区划地块被分区之间的边界线划分，且两个分区有不同的最高容积率、最低开敞空间率和最大地块覆盖率规定，则该区划地块应适用于第七篇第7章所列的规定。

R1	R2	R3	R4	R5	R6	R7	R8	R9	R10

24-20 部分用于居住用途的建筑的地块面积要求

24-21

规定要求的地块面积

在右侧所列分区中，如果房屋一部分用于居住，另一部分用于社团设施用途，每100平方英尺用于社团设施用途的楼板面积，至少应提供下表规定的对应数量的地块面积。该地块面积应当是第23-22条（每个居住单

R1	R2	R3	R4	R5	R6	R7	R8	R9	R10

24-21（续）

元或每个房间规定的地块面积）规定中居住用途规定的地块面积基础上附加的。

在满足地块面积规定的情况下，任何给定的地块面积都只应计算一次。

每100平方英尺用于社团设施用途的楼板面积所规定的地块面积（平方英尺）	分　区									
	R1	R2	R3	R4	R5	R6	R7	R8	R9	R10
100	R1	R2	R3							
50				R4	R5					
20						R6	R7-1			
15							R7-2	R8		
10									R9	R10

24-22
提供广场、连接广场的开敞区域或敞廊的地块面积奖励

在右侧所列分区中，在总地块面积中每提供1%的土地用于广场或连接广场的开敞区域，或每提供2%的土地做敞廊，那么，对照的第 24-21 条中规定的地块面积要求应减少0.6%。但是，任何情况下，减少量不应超过在第24-21条中规定的地块面积规定的17%。

　　　　　　　　　　　　　　　　　R9　R10

24-23
被分区边界线划分的区划地块的特别规定

在所列分区中，当区划地块被分区边界线划分，且两个地块各有不同的地块面积规定，那么，该区划地块应适用于第七篇第7章所列的规定。

R1　R2　R3　R4　R5　R6　R7　R8　R9　R10

24-30 院规则

一般目标

24-31

院的地面标高

在所有居住区中，院或等效后院的地面高程不应高于路沿石标高，为了与该规定一致而改变自然地形的除外。在任何规定的院或等效后院的地面标高以上不应建筑房屋或其他构筑物，在第24-33条（规定的院或等效后院中许可的障碍物）中另有规定的除外。

24-32

院宽度和进深的测量

在所有居住区中，院或等效后院的宽度或进深应垂直于地块线测量。

24-33

规定的院或等效后院中许可的障碍物

在所有居住区中，在规定的院或等效后院中下列部件不应视作障碍物：

（a）在任何院或等效后院中的：

（1）凉亭和格架；

（2）雨篷或顶篷；

（3）伸入规定的院或等效后院的距离不超过3英尺的烟囱，且面积不超过院或等效后院的2%；

（4）屋檐、排水沟或落水管，这些设施伸入到该院或等效后院的距离不超过16英寸或该院或等效后院宽度的20%，两者取较小距离；

（5）栅栏；

（6）旗杆；

（7）开敞的辅助性的路外停车空间；

（8）露天平台或门廊；

（9）台阶；

（10）高度不超过8英尺，且没有盖顶或不是房屋的一部分的墙。

（b）在任何院或等效后院：

（1）辅助性的非商业温室；

（2）辅助性的库棚、工具房，或其他相似的用作驯养或农业仓库的房屋或其他构筑物，高度不超过后院或等效后院地面标高以上10英尺；

（3）用于社团设施用途的房屋或房屋的任何部分，除了包含用于起居或睡眠目的房间的房屋部分（医院中用于照顾或治疗病人的房间），不应作为许可的障碍物，而且该房屋高度不应超过一层，且任何情况下不应高于路沿石标高以上23英尺。但是，该房屋在R1或R2区中不应视作许可的障碍物；

（4）有屋顶的走廊；

（5）消防通道；

（6）辅助社团设施房屋或部分用于社团设施用途的房屋的路外停车空间，但用于此用途的辅助性的房屋高度不应超过路沿石标高以上14英尺。但是，该辅助性的房屋在R1或R2区中不应视作许可的障碍物；

（7）休闲场地或晒场设备；

（8）符合第24-175款（阳台）的规定的开敞阳台。

但是，等效后院中还同时被规定为前院或规定为侧院的部分不能包含在该前院或侧院中不许可的任何障碍物。

第二篇　居住区规则

基本规则

前院

24-34
前院最低要求

	分　区
	R1　R2　R3　R4　R5　R6　R7　R8　R9　R10

在右侧所列分区中，前院应当符合下表的规定，但是在 R1-2 区中的转角地块上，前院的进深可以为 15 英尺。

R1　R2　R3　R4　R5

前院（英尺）	
20	R1
15	R2　R3　R4
10	R5

侧院

24-35
侧院最低要求

在右侧所列分区中，如果用于社团设施用途的房屋的街墙合计宽度少于或等于 80 英尺，应当提供两个最低宽度要求为 8 英尺的侧院。如果该房屋的街墙合计宽度超过 80 英尺，应当提供两个宽度不少于街墙合计宽度的 10%的侧院。

R1　R2　R3　R4　R5

24-351
沿分区边界线使用的特别规定

在右侧所列分区中，如果相邻的 R1、R2、R3、R4 或 R5 区之间的边界线与一个区划地块的地块侧边线重合，则在右侧所列分区中沿该边界线应当提供一个宽度至少为 8 英尺的侧院。

R6　R7　R8　R9　R10

第 4 章　居住区中社团设施房屋的体位规则

	分　区									
	R1	R2	R3	R4	R5	R6	R7	R8	R9	R10

后院

24-36

后院的最低要求

在右侧所列分区中，任何区划地块都应当提供一个进深不少于 30 英尺的后院，转角地块除外，在第 24-37 条（浅进深内部地块的特别规定）、第 24-38 条（穿越地块的特别规定），或第 24-39 条（后院的其他特别规定）中另有规定的除外。	R1	R2	R3	R4	R5	R6	R7	R8	R9	R10

24-37

浅进深内部地块的特别规定

在右侧所列分区中，如果内部地块由一个完整的地块组成：	R6	R7	R8	R9	R10

（a）在本决议案生效之日及申请建筑许可之日前，浅进深地块与相邻土地的所有权是分离且独立的；且

（b）任何一点的进深均少于 70 英尺。

此类区划地块的最大进深比 70 英尺每少 1 英尺，则浅进深内部地块规定的后院进深可以减少 1 英尺。进深少于或等于 50 英尺的任何内部地块都不要求有后院。

24-38

穿越地块的特别规定

在右侧所列分区中，本条的规则应当适用于所有穿越地块，但是占据整个街区的区划地块不要求有后院或等效后院。	R1	R2	R3	R4	R5	R6	R7	R8	R9	R10

	分区								
	R1	R2	R3	R4	R5	R6	R7	R8	R9	R10

24-381

例外的穿越地块

在右侧所列分区中，后院的规则不适用于街道到街道之间的最大进深少于 110 英尺的任何穿越地块。

R1	R2	R3	R4	R5	R6	R7	R8	R9	R10

24-382

规定的等效后院

在右侧所列分区中，在街道至街道的最大进深大于或等于 110 英尺的任何穿越地块上，至少提供一个符合下列规定的等效后院：

（a）最小进深为 60 英尺且连接相邻后院的一个开敞区域，如果没有此类后院，则在该穿越地块所面向的两个街道边线的中间线（或距离中间线 5 英尺以内）提供一个最小进深为60英尺的开敞区域；

（b）提供两个开敞区域，每个区域都紧邻街道边线，且沿街道边线全长延伸，每个区域距离街道边线的最小进深均为 30 英尺；

（c）紧邻每条地块侧边线提供一个沿地块侧边线全长延伸的开敞区域，开敞区域距离地块侧边线的最小进深为 30 英尺。

任意此类等效后院，从其最低点到天空之间不应有障碍物，第 23-44 条（规定的后院或等效后院中许可的障碍物）中另有规定的除外。

R1	R2	R3	R4	R5	R6	R7	R8	R9	R10

24-39

后院的其他特别规定

在右侧所列分区中，第 24-36 条（后院的

R1	R2	R3	R4	R5	R6	R7	R8	R9	R10

第 4 章 居住区中社团设施房屋的体位规则

	分 区									
	R1	R2	R3	R4	R5	R6	R7	R8	R9	R10

24-39（续）

最低要求）规定的后院要求应当根据本条的规定进行修订。

	R1	R2	R3	R4	R5	R6	R7	R8	R9	R10

24-391

距离转角一百英尺以内

在右侧所列分区中，在夹角少于或等于135°的两条街道边线的交点的100英尺以内不应要求有后院。

R1	R2	R3	R4	R5	R6	R7	R8	R9	R10

24-392

沿街区的短边

在右侧所列分区中，当区划地块地块前边线与整条或部分街道边线重合，且该街道边线距离另外两条街道的交点之间的长度少于 220 英尺，该地块前边线 100 英尺以内不应要求有后院。

R1	R2	R3	R4	R5	R6	R7	R8	R9	R10

24-393

对穿越地块部分的规定

在右侧所列分区中，穿越地块的一部分的地块后边线与相邻的区划地块的地块后边线重合，如果这部分地块为内部地块，则沿该地块后边线应要求有一个后院。

R1	R2	R3	R4	R5	R6	R7	R8	R9	R10

所有院

24-40

被分区边界线划分的区划地块的特别规定

在右侧所列分区中，当区划地块被分区边界线划分，且两个分区各有不同的院规则，则应适用于第七篇第7章所列的规定。

R1	R2	R3	R4	R5	R6	R7	R8	R9	R10

24-50 高度及退缩规则

24-51
许可的障碍物

在所有居住区中，下列情况不应视作障碍物，因此这些部件可以穿透在第24-52条（前边墙体及规定的前边退缩的最大高度）或第24-53条（替代前边退缩）规定的最大高度限制或天空曝光面：

（a）烟囱或烟道，总宽度不超过房屋任何平面的街墙合计宽度的10%；

（b）电梯机房或屋顶梯间、屋顶水箱或冷却塔（包括外壳）的街墙合计宽度均不超过30英尺。但是，此类障碍物面向每条街道界面的街墙合计宽度（英尺）与它们的平均高度（英尺）的乘积（平方英尺）不应超过房屋面向该界面的街墙宽度的四倍；

（c）旗杆或天线；

（d）装饰的教堂塔，穿透该最大高度限制或天空曝光面的部分没有楼板面积；

（e）不高于4英尺的女儿墙；

（f）尖塔或钟塔；

（g）符合第24-175款（阳台）的规定的开敞阳台；

（h）金属线、锁链或其他透明围栏。

在第24-52条（前边墙的最大高度及规定的前边退缩）、第24-53条（替代前边退缩）或第24-54条（塔规则）中规定的基本退缩距离、任意的前边开敞区域或任何其他规定的退缩距离或开敞区域中，总宽度不超过房屋街墙合计宽度的20%、进深不超过12英寸的建筑柱子是许可的障碍物。

	分 区									
	R1	R2	R3	R4	R5	R6	R7	R8	R9	R10

基本规则

24-52
前边墙的最大高度及规定的前边退缩

在右侧所列分区中，前边墙体的最大高度或其他房屋或其他构筑物的最大高度应当服从本条要求，第24-51条（许可的障碍物）、第24-53条（替代前边退缩）或第24-54条（塔规则）中另有规定的除外。

R1　R2　R3　R4　R5　R6　R7　R8　R9　R10

24-521
在要求前院的分区的前边退缩

在所列要求有前院的分区中，前边墙体或房屋或其他构筑物的其他任何部分不应伸入下表规定的天空曝光面：

R1　R2　R3　R4　R5

第4章 居住区中社团设施房屋的体位规则

24-521（续）

前边墙的最大高度及规定的前边退缩

前院线上方的高度（英尺）	天空曝光面 区划地块上的斜面（竖向距离与横向距离的比值）				分区									
	窄街道		宽街道		R1	R2	R3	R4	R5	R6	R7	R8	R9	R10
	竖向距离	横向距离	竖向距离	横向距离	R1	R2	R3	R4	R5					
25	1：1		1：1		R1	R2	R3							
35	1：1		1：1					R4	R5					

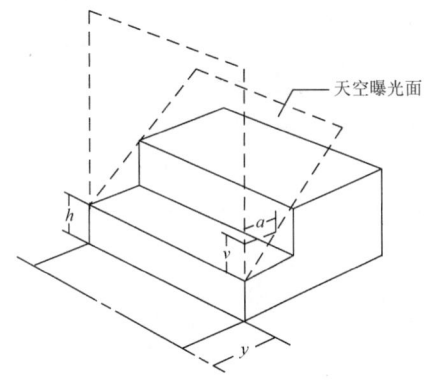

y—要求的前院的进深
h—天空曝光面在前院线高度以上的高度
v—竖向距离
a—横向距离

第24-521款天空曝光面示意图

24-522

不要求前院的分区的前边退缩

在所列不要求有前院的分区中，如果前边墙或房屋或其他构筑物的其他部分在街道边线上，或在下表规定的基本退缩距离内，该前边墙体或房屋或其他构筑物的其他部分不应超过下表规定的路沿石标高以上的最大高度。在此标明的最大高度以上，及基本退

R6　R7　R8　R9　R10

第二篇 居住区规则

24-522（续）

缩距离以外，房屋或其他构筑物不应伸入下表规定的天空曝光面：

分 区									
R1	R2	R3	R4	R5	R6	R7	R8	R9	R10
					R6	R7	R8	R9	R10

前边墙体的最大高度及规定的前边退缩

基本退缩距离（英尺）		基本退缩距离内的前边墙体或其他房屋部分的最大高度	天空曝光面								
			街道边线上的高度（英尺）	区划地块上的坡度（竖向距离与横向距离的比值）							
				窄街道		宽街道					
窄街道	宽街道			竖向距离	横向距离	竖向距离	横向距离				
20	15	60英尺或六层，取较小值	60	2.7	1	5.6	1	R6	R7		
20	15	85英尺或九层，取较小值	85	2.7	1	5.6	1			R8 R9	R10

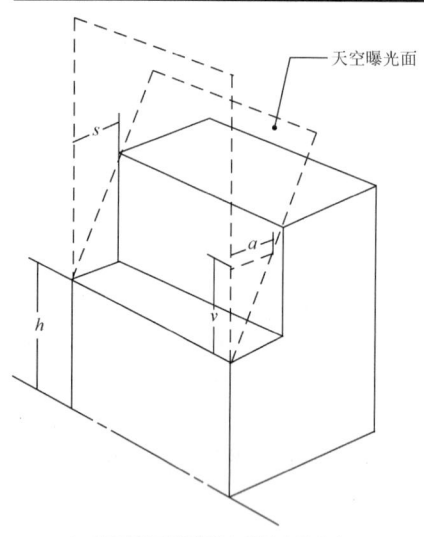

h—天空曝光面在街道红线以上的高度
s—基本退缩距离
v—竖向距离
a—横向距离

第 24-522 款天空曝光面示意图

第4章 居住区中社团设施房屋的体位规则

	分区									
	R1	R2	R3	R4	R5	R6	R7	R8	R9	R10

24-53

替代前边退缩

| | | | | | | R6 | R7 | R8 | R9 | R10 |

在右侧所列分区中，如果沿地块前边线的全长提供了符合下表规定的最小进深的开敞区域，则不适用第24-52条（前边墙体的最大高度及规定的前边退缩）的规定。该开敞区域的最小进深应垂直于地块前边线测量。但是，在这种情况下，任何房屋或其他构筑物不能伸入下表规定的替代的天空曝光面，且天空曝光面应从街道边线上的点开始测量，第24-51条（许可的障碍物）或第24-54条（塔规则）中另有规定的除外。

根据本条规定如果提供的开敞区域是广场，则该开敞区域可以根据第24-14条（提供广场的楼板面积奖励）、第24-22条（提供广场、连接开敞区域的广场或敞廊的地块面积奖励）的规定计入广场的奖励。

替代规定的前边退缩

选择性前边开敞区域进深（英尺）		街道边线上的高度（英尺）	替代天空曝光面							
			区划地块上的坡度（竖向距离与横向距离的比值）							
			窄街道		宽街道					
窄街道	宽街道		竖向距离	横向距离	竖向距离	横向距离				
15	10	60	3.7	1	7.6	1	R6	R7		
15	10	85	3.7	1	7.6	1			R8 R9 R10	

第二篇 居住区规则

	分 区								
	R1	R2	R3	R4	R5	R6	R7	R8	R9	R10
						R6	R7	R8	R9	R10

24-53（续）

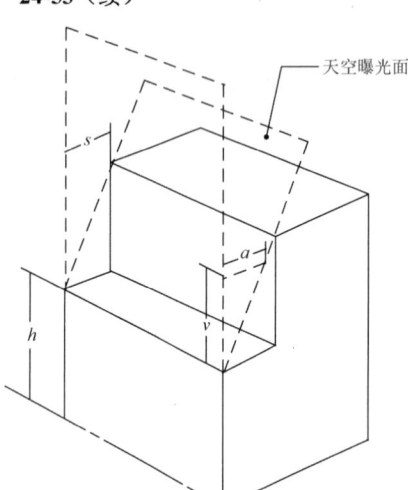

h-天空曝光面在街道红线以上的高度
s-基本退缩距离
v-竖向距离
a-横向距离

第 24-53 条天空曝光面示意图

补充规则

24-54

塔规则

在右侧所列分区中，总占地面积不超过区划地块的地块面积的 40%，或在少于 20 000 平方英尺的区划地块上，所占地块面积的比例符合第 24-541 款（小型地块上的塔）的规定房屋或房屋的部分，可以伸入既定的天空曝光面。（该房屋或房屋的部分在下文简称为塔。）但是，在任何平面上，该塔应根据下列要求从街道边线退缩：

| R7-2 | R8 | R9 | R10 |

（a）在窄街道上，退缩距离至少为塔所在平面上街墙合计宽度的三分之一，但该退缩距离不需超过 50 英尺。

第4章 居住区中社团设施房屋的体位规则

分 区									
R1	R2	R3	R4	R5	R6	R7	R8	R9	R10
						R7-2	R8	R9	R10

24-54（续）

（b）在宽街道上，退缩距离至少为塔所在平面上街墙合计宽度的四分之一，但该退缩距离不需超过 40 英尺。

如果该塔所属的房屋在任何平面的占地不超过本条或第 24-541 款规定的地块面积的最大百分比，在本条（a）及（b）中规定的退缩可以各减少 5 英尺，但缩减后的退缩的进深不应少于 20 英尺。

符合第 24-175 条（阳台）规定的开敞阳台伸入或在未被塔占据的开敞区域的上方是许可的。

本条规定不适用于符合下列条件的全部或部分位于居住区的任何房屋：

（a）距 1 英亩或更大的公共场地 100 英尺以内；或

（b）距 1 英亩或更大的公共场地对面的街道边线 100 英尺以内。

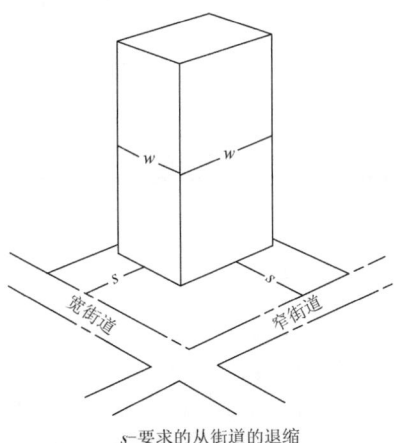

s－要求的从街道的退缩
w－街墙的总宽度

第 24-54 条塔的示意图

24-541

小型地块上的塔

在右侧所列分区中，下表规定塔可以占据的区划地块的地块面积的百分比：

分 区									
R1	R2	R3	R4	R5	R6	R7	R8	R9	R10
						R7-2	R8	R9	R10

小型区划地块塔的地块覆盖范围

区划地块面积（平方英尺）	地块覆盖范围的最大百分比（%）
10 500 或以下	50
10 501~11 500	49
11 501~12 500	48
12 501~13 500	47
13 501~14 500	46
14 501~15 500	45
15 501~16 500	44
16 501~17 500	43
17 501~18 500	42
18 501~19 999	41

24-55

规定的侧边退缩及后边退缩

在右侧所列分区中，应根据本条的规定提供侧边及后边的退缩。符合第 23-13 条（阳台）规定的开敞阳台伸入或处在本条规定的开敞区域的上方是许可的。

R1	R2	R3	R4	R5	R6	R7	R8	R9	R10

24-551

所有低体位分区中高层建筑规定的侧边退缩

在右侧所列分区中，超过 30 英尺或三层（两者取较小值）的房屋中，在侧院或后院任意平面以上的部分，与作为该院边界线的地块侧边线或地块后边线的距离不应少于该房屋高度的二分之一（建筑高度按照院平面以上部分计）。

R1	R2	R3	R4	R5

第 4 章　居住区中社团设施房屋的体位规则

	分　区									
	R1	R2	R3	R4	R5	R6	R7	R8	R9	R10

24-552

高层建筑规定的后边退缩

　　在右侧所列分区中，院地面标高以上超过 125 英尺的房屋部分与后院线的距离不应少于 20 英尺。但是，这一规定不适用于第 23-65 条（塔规则）规定的作为塔的房屋的任意部分。

　　在穿越地块上，如果等效后院符合第 24-382 款（规定的等效后院）中（a）的规定，依据本款的要求应当把该等效后院视为两个相邻的后院。如果等效后院符合第 24-382 款（规定的等效后院）中（c）的规定，则不适用本款的要求。

	R1	R2	R3	R4	R5	R6	R7	R8	R9	R10

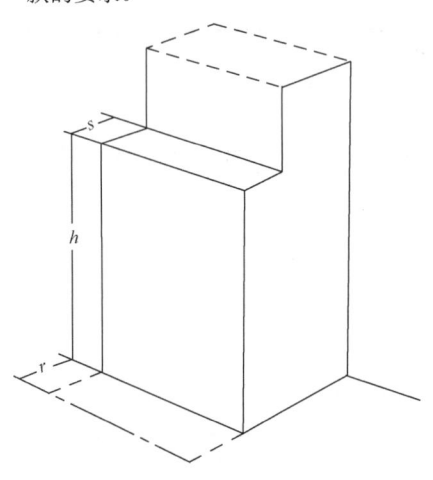

r—要求的后院的进深
s—要求的后院退缩的进深
h—后院上方墙体的高度

第 24-552 款后边退缩的示意图

特殊情况下适用的规则

24-56

直接比邻公共场地的区划地块的特别规定

　　在右侧所列分区中，在适用第 24-52 条

	R1	R2	R3	R4	R5	R6	R7	R8	R9	R10

	分 区									
	R1	R2	R3	R4	R5	R6	R7	R8	R9	R10

24-56（续）

（前边墙的最大高度及规定的前边退缩）规定时，与区划地块上比邻的、面积在1~15英亩的公共场地可以视为宽街道。但是，铺装超过75%的公共场地不适用于本条的规定。

24-57

高度及退缩规则的修订

	R1	R2	R3	R4	R5	R6	R7	R8	R9	R10

在右侧所列分区中，对在特定情况下的特定社团设施用途，标准及上诉理事会可以根据第73-64条（社团设施用途的修订）规定对第24-51条到第24-55条中关于高度及退缩的规则进行修订。

24-58

被分区边界线划分的区划地块的特别规定

	R1	R2	R3	R4	R5	R6	R7	R8	R9	R10

在右侧所列分区中，如果区划地块被分区之间的边界线划分，而且这些分区有不同的高度及退缩规则，或当其中一个分区适用于第24-54条（塔规则），另一个分区不适用的时候,则该区划地块应适用于第七篇第7章所列的规定。

24-60 庭规则及窗与墙或窗与地块线之间的最小距离

24-61

一般规定及适用性

	R1	R2	R3	R4	R5	R6	R7	R8	R9	R10

在右侧所列分区中，第24-62条到第24-66条关于庭规则及窗与墙或窗与地块线之间的最小距离的规定应仅仅适用于社团设施房屋或包含有规定的窗户的起居睡眠空间、用

第 4 章　居住区中社团设施房屋的体位规则

	分　区									
	R1	R2	R3	R4	R5	R6	R7	R8	R9	R10

24-61（续）

| R1 | R2 | R3 | R4 | R5 | R6 | R7 | R8 | R9 | R10 |

于社团设施用途的房屋部分。本条规定的窗户应当视为符合下列情况的窗户或窗户的一部分：

（a）窗户是用于起居或睡眠目的的任何房间中，且能开启，而非用于医院中照顾或治疗病人的房间；及

（b）窗户能够为该房间提供满足法律或法规要求的充足的光线或空气。

第 24-62 条到第 24-66 条的规定仅仅适用于在规定的窗户的最低层窗台高度以上的房屋部分。

24-62

庭的最小尺寸

在右侧所列分区中，同一房屋的不同墙体的最小间距应当遵循下列条款的规定：

| R1 | R2 | R3 | R4 | R5 | R6 | R7 | R8 | R9 | R10 |

第 24-63 条（外庭规则）；

第 24-64 条（内庭规则）；

第 24-65 条（法律规定的窗户与墙或地块线之间的最小距离）。

在同一房屋的墙体之间的庭的一角可能会被隔断，但是被隔断部分的墙的长度不应超过 7 英尺。

24-63

外庭规则

在右侧所列分区中，外庭应当服从本条的规定。

| R1 | R2 | R3 | R4 | R5 | R6 | R7 | R8 | R9 | R10 |

121

24-631
窄外庭

在右侧所列分区中,如果外庭宽度少于 20 英尺,则该外庭的宽度必须至少为它进深的两倍。

	分 区								
R1	R2	R3	R4	R5	R6	R7	R8	R9	R10
R1	R2	R3	R4	R5	R6	R7	R8	R9	R10

24-632
宽外庭

在右侧所列分区中,如果外庭宽度大于或等于 20 英尺,则该外庭的宽度必须至少等于它的进深,外庭宽度超过 40 英尺的除外。

R1	R2	R3	R4	R5	R6	R7	R8	R9	R10

24-633
外庭凹口

在右侧所列分区中,该外庭凹口的宽度应当至少为该凹口的进深的两倍,外庭宽度超过 40 英尺的除外。

R1	R2	R3	R4	R5	R6	R7	R8	R9	R10

24-64
内庭规则

在右侧所列分区中,内庭应当服从本条的规定。

R1	R2	R3	R4	R5	R6	R7	R8	R9	R10

24-641
内庭的最小尺寸

在右侧所列分区中,内庭的面积不应少于 600 平方英尺,而且该内庭的最小尺寸不应少于 20 英尺。在本款的规定中,不属于内庭的一部分的,且当从上方直接俯视时,垂直于地块线的线条可以伸入该内庭的开敞区域,应当视为该内庭的一部分。

R1	R2	R3	R4	R5	R6	R7	R8	R9	R10

	分 区									
	R1	R2	R3	R4	R5	R6	R7	R8	R9	R10

24-642

内庭凹口

在右侧所列分区中，内庭凹口的宽度：   R1   R2   R3   R4   R5   R6   R7   R8   R9   R10

（a）如果少于 20 英尺，应当至少为凹口进深的两倍。

（b）如果超过 20 英尺但少于 40 英尺，应当至少等于凹口的进深。

（c）无论凹口的进深多大，不需要超过 40 英尺。

24-65

法律规定的窗户与墙或地块线之间的最小距离

在右侧所列分区中，法律规定的窗户与墙或地块线之间的最小距离应根据本条的规定，但本条规定不适用于三层或更低的房屋。   R1   R2   R3   R4   R5   R6   R7   R8   R9   R10

24-651

一般规定

在右侧所列分区中，除非在第 24-652 款（法律规定的窗户与特定墙体之间的最小距离）另有规定，法律规定的窗户与下列各项之间的最小距离应当为 20 英尺，且应从该窗户的窗台水平面上垂直于窗口的总宽度进行测量：   R1   R2   R3   R4   R5   R6   R7   R8   R9   R10

（a）任何墙体；

（b）地块后边线，或其竖向投影；或

（c）地块侧边线，或其竖向投影。

但是，法律规定的窗户可以开在满足第 24-63 条（外庭规则）规定的任何外庭上。

	分 区									
	R1	R2	R3	R4	R5	R6	R7	R8	R9	R10

24-652

法律规定的窗户与特定墙体之间的最小距离

在右侧所列分区中，内庭上法律规定的窗户与该窗户对面的且位于同一区划地块的任何墙体的最小水平距离，或者法律规定的窗户与其对面的且位于同一区划地块的任何其他房屋的任何墙体之间的最小水平距离不应少于 20 英尺，而且该墙与该窗户之间的距离不能少于该墙在该窗户的窗台以上总高度的三分之一。该最小距离不需要超过 40 英尺。

该最小距离为该窗户与墙在该水平面上的投影之间，从法律规定的窗户的窗台水平面上垂直于窗口宽度方向进行测量。

本款中，在任意平面上，当单个房屋的两个部分不相连时，这两部分应当视作两个独立的房屋，并应当符合本款的规定。

R1　R2　R3　R4　R5　R6　R7　R8　R9　R10

24-66

庭规则或距离修订的要求

在右侧所列分区中，对于具体情况下特定的社团设施用途，标准及上诉理事会可以根据第 73-64 条（对社团设施用途的修订）的规定对第 24-61 条到第 24-65 条所列的关于庭规则及窗户与墙或窗户与地块线之间的最小距离的规则进行修订。

R1　R2　R3　R4　R5　R6　R7　R8　R9　R10

24-67

部分用于居住用途的建筑的特别规定

在右侧所列分区中，当房屋一部分用于社团设施用途，一部分用于居住用途时，该房

R1　R2　R3　R4　R5　R6　R7　R8　R9　R10

第 4 章　居住区中社团设施房屋的体位规则

	分　区									
	R1	R2	R3	R4	R5	R6	R7	R8	R9	R10
24-67（续） 屋用于居住用途的任何部分应适用于本条的规定。	R1	R2	R3	R4	R5	R6	R7	R8	R9	R10
24-671 **庭** 　　在右侧所列分区中，在任何平面上用于居住用途的房屋的庭中所开设的法律规定的窗户应当符合第 23-84 条（外庭规则）或第 23-85 条（内庭规则）的要求。	R1	R2	R3	R4	R5	R6	R7	R8	R9	R10
24-672 **法律规定的窗户对面的墙** 在右侧所列分区中，用于居住用途的房屋部分的法律规定的窗户应当符合第 23-86 条（法律规定的窗户与墙或地块线之间的最小距离）规定。第 23-863 款（法律规定的窗户与内庭中任何墙体之间的最小距离）规定也应当适用于同一区划地块中任何其他房屋的墙体对面的法律规定的窗户。 　　本款中，在任何平面上，当单个房屋的两个部分不相连时，这两部分应当视作两个独立的房屋，并应当符合第 23-863 款的要求。	R1	R2	R3	R4	R5	R6	R7	R8	R9	R10

第 5 章 辅助性的路外停车与装卸区规则

25-00 路外停车规则的一般目标及定义

25-01
一般目标

为了提供居民所需的辅助性的路外停车空间，减少因路边停车而可能造成的交通拥堵，保护社区的居住特征，在城市中提供更高标准的居住开发项目，促进和保护公共健康、公共安全及公共福祉，依法采纳下列辅助性路外停车设施及许可规定。

25-02
定义（重复第 12-10 节）

集合停车设施

"集合停车设施"是用于停放机动车的一栋房屋或其他构筑物或一块场地，其容量应多于一个车位，且从公共街道可以抵达所有车位；如果是辅助于居住用途的，应指定服务于一个以上的居住单元。

集合停车设施应包括，但不仅限于下列各项：

（a）开敞的停车区域；

（b）主要用途不是停车的房屋内或屋顶上的停车空间；

（c）主要用于停车的房屋或房屋组，包括一组独立的停车库。

25-10 许可的辅助性的路外停车空间

25-11
一般要求

在右侧所列分区中，可以根据下列条款的要求为住宅、许可的社团设施用途、大型居住开发项目中许可的作为辅助用途的商业用途，或特定许可的用途提供开敞的或围蔽的辅助性的路外停车空间：

分 区									
R1	R2	R3	R4	R5	R6	R7	R8	R9	R10
R1	R2	R3	R4	R5	R6	R7	R8	R9	R10

第 25-12 条（辅助集合停车设施的最大规模）；

第 25-15 条（单户独栋住宅的车位上限）；

第 25-16 条（非单户独栋住宅的车位上限）；

第 25-18 条（许可的社团设施或商业用途的车位上限）。

第 5 章　辅助性的路外停车与装卸区规则

	分　区									
	R1	R2	R3	R4	R5	R6	R7	R8	R9	R10

25-12

辅助性集合停车设施的最大规模

　　在右侧所列分区中，辅助于住宅的集合停车设施不应超过 200 个路外停车位，辅助于许可的社团设施或商业用途等此类设施不应超过 150 个路外停车位，在第 25-13 条（辅助性集合停车设施的最大规模的修订）中另有规定的除外。

R1　R2　R3　R4　R5　R6　R7　R8　R9　R10

25-13

辅助集合停车设施的最大规模的修订

　　在右侧所列分区中，如果建设委员会判定以下条件，那么集合停车设施可以在第 25-12 条（辅助集合停车设施的最大规模）许可的最大数量的基础上额外增加的车位不超过 50%：

　　（a）该设施的出入口所在的位置机动车交通吸引量较小，及车辆穿行以居住界面为主的街道；及

　　（b）停车设施有分离的机动车出入口，且两个出入口距离不少于 25 英尺；及

　　（c）停车设施是位于宽度不少于 60 英尺的街道上许可的社团设施或商业用途的辅助功能；及

　　（d）停车设施是在入口处有容纳至少 10 辆机动车的、充足储存空间的、许可的商业用途的辅助用途。

　　为了最大限度减少对周边环境特征的不利影响，建设委员会应建立适当的关于该设施设计的附加规则，如泛光灯防护罩的要求。

R1　R2　R3　R4　R5　R6　R7　R8　R9　R10

	分 区									
		R1	R2	R3	R4	R5	R6	R7	R8	R9	R10

25-14

辅助集合停车设施最大规模的例外情况

25-141

医院

	R1	R2	R3	R4	R5	R6	R7	R8	R9	R10

在右侧所列分区中，标准及上诉理事会可以根据第 73-48 条（辅助集合停车设施最大规模的例外）规定可以许可辅助于医院，并超过 225 个停车位的集合停车设施。

25-142

大型居住开发项目中辅助性的商业用途

	R1	R2	R3	R4	R5	R6	R7	R8	R9	R10

在右侧所列分区中，城市规划委员会可以根据第 74-53 条（大型居住开发项目中的辅助商业用途辅助集合停车设施）规定可以许可辅助于大型居住开发项目中的商业用途的，且超过 225 个停车位的集合停车设施。

25-15

单户独栋住宅的车位上限

	R1	R2	R3	R4	R5	R6	R7	R8	R9	R10

在右侧所列分区中，为单户独栋住宅提供的路外停车位不应超过三个，在地块面积大于或等于 10 000 平方英尺的区划地块上的除外。本条中的机动车道不应视为路外停车空间。

25-16

非单户独栋住宅的车位上限

	R3	R4	R5	R6	R7	R8	R9	R10

在右侧所列分区中，本条的规定应当适用于住宅中所有非单户独栋住宅的居住单元或出租单元，第 25-17 条（非单户独栋住宅的车位上限的修订）中另有规定的除外。

	分 区									
	R1	R2	R3	R4	R5	R6	R7	R8	R9	R10
25-161 **R3、R4 或 R5 区** 　　在右侧所列分区中，每个居住单元应提供不超过两个路外停车位，且每个出租单元应提供不超过一个路外停车位。			R3	R4	R5					
25-162 **R6 或 R7 区** 　　在右侧所列分区中，在用于住宅的区划地块上，每 300 平方英尺的地块面积不应提供超过一个路外停车位。						R6	R7			
25-163 **R8、R9 或 R10 区** 　　在右侧所列分区中，在用于住宅的区划地块上，每 225 平方英尺的地块面积不应提供超过一个路外停车位。								R8	R9	R10
25-17 **非单户独栋住宅的车位上限的修订** 　　在右侧所列分区中，如果建设委员会判定以下条件，可以许可比第 25-16 条（非单户独栋住宅的车位上限）规定中更多的路外停车位： 　　（a）为了预防过量的路边停车，在辅助性的空间的开发项目中，居民需要这些额外的车位；及 　　（b）这些车位的设计方式可最大程度减少以居住界面为主的街道的交通量。 　　为了最大限度地减少对周边环境特征的			R3	R4	R5	R6	R7	R8	R9	R10

	分 区									
	R1	R2	R3	R4	R5	R6	R7	R8	R9	R10

25-17（续）

不利影响，建设委员会应建立适当的关于停车设施设计的附加规则。

	R3	R4	R5	R6	R7	R8	R9	R10

25-18

许可的社团设施或商业用途的车位上限

  在右侧所列分区中，在用于许可的社团设施或商业用途的区划地块上，每 400 平方英尺的地块面积应提供不超过一个路外停车位，在第 25-19 条（许可的社团设施或商业用途的车位上限的修订）中另有规定的除外。

R1	R2	R3	R4	R5	R6	R7	R8	R9	R10

25-19

许可的社团设施或商业用途的车位上限的修订

  在右侧所列分区中，如果建设委员会判定以下条件，可以许可比第 25-18 条（许可的社团设施或商业用途的车位上限）规定中更多的路外停车位：

  （a）这些辅助性的空间的占有者、访客、顾客或职员需要这些额外的车位，及

  （b）这些车位的设计策略可最大程度减少以居住界面为主的街道的交通量。

  为了最大限度地减少对周边环境特征的不利影响，建设委员会应建立适当的关于该设施设计的附加规则。

R1	R2	R3	R4	R5	R6	R7	R8	R9	R10

25-20 住宅规定的辅助性路外停车空间

25-21

一般要求

  在右侧所列分区中，应当根据下列条款

R1	R2	R3	R4	R5	R6	R7	R8	R9	R10

分 区									
R1	R2	R3	R4	R5	R6	R7	R8	R9	R10
R1	R2	R3	R4	R5	R6	R7	R8	R9	R10

25-21（续）

的要求，为在本决议案生效之日后建设的所有新住宅提供开敞的或围蔽的辅助性路外停车空间，作为该住宅用途的前提条件：

第 25-22 条（提供独立停车设施的规定）；

第 25-23 条（提供集合停车设施的规定）；

第 25-24 条（小型区划地块规定的修订）；

第 25-25 条（公共房屋规定的修订）；

第 25-28 条（被分区边界线划分的区划地块的特别规定）。

在本决议案生效之日后，所有在房屋内增加居住单元或出租单元数量的扩建工程，该扩建工程而产生的额外的居住单元或出租单元都应当适用相同的要求。

在这部分中，三个出租单元应等同于一个居住单元。

这部分规定的辅助性的路外停车位超过第 25-16 条（非单户独栋住宅的车位上限）许可的数量上限时，建设委员会应当减少规定的车位数量至许可的数量上限。

25-211

应用于变更的要求

在右侧所列分区中，第 25-21 条（一般要求）的要求应适用于在地块面积大于或等于 5000 平方英尺的区划地块上因变更而产生的额外的居住单元或出租单元，第 25-262 款（变更）及第 73-46 条（变更规定的免除）另有规定的除外。

R1	R2	R3	R4	R5	R6	R7-1

	分　区
	R1　R2　R3　R4　R5　R6　R7　R8　R9　R10

25-22

提供独立停车设施的规定

在右侧所列分区中，当不提供集合停车设施时，应当为每个居住单元提供一个开敞的或围蔽的辅助性的路外停车位。

R1　R2　R3　R4　R5　R6　R7-1

25-23

提供集合停车设施的规定

在右侧所列分区中，当为处于单一所有权或单一所有权控制下的新住宅开发提供集合停车设施时，至少应当根据下表所列的居住单元总数的百分比提供辅助性的路外停车位。根据第25-41条（车位的目的，及出租给非住户），对于房屋或开发项目中的住户这些车位应保持可用的状态。

R1　R2　R3　R4　R5　R6　R7　R8　R9　R10

提供集合停车设施的停车位要求 居住单元总数的百分比（%）	
100	R1　R2　R3　R4
85	R5
70	R6
60	R7-1
50	R7-2
40	R8　R9　R10

25-24

小型区划地块规定的修订

在右侧所列分区中，对于小型区划地块，第25-23条（提供集合停车设施的规定）中的要求应当根据本条要求进行修订。

R6　R7　R8　R9　R10

第5章 辅助性的路外停车与装卸区规则

	分 区									
	R1	R2	R3	R4	R5	R6	R7	R8	R9	R10

25-241

降低规定

在右侧所列分区中,对于 10 000 或 15 000 平方英尺或更小的区划地块,规定的辅助性的路外停车位的数量应当符合下表要求:

小型区划地块降低的要求

地块面积 (平方英尺)	停车位要求按居住单元 总数的百分比(%)									
≤10 000	50						R6			
	30							R7-1		
10 001~15 000	30							R7-2		
	20								R8	R9	R10

右侧栏目(对应 25-241 条文):R6 R7 R8 R9 R10

25-242

高体位分区中小型区划地块规定的免除

在右侧所列分区中,对于 10 000 平方英尺或更小的区划地块,第 25-23 条(提供集合停车设施的规定)的要求应当免除。

R7-2　R8　R9　R10

25-25

公共房屋规定的修订

在右侧所列分区中,由纽约城市住房局所有的并接收现金补贴的所有低租金公共住房开发项目内的新住宅,其初始至少应当根据下表所列的居住单元总数的百分比提供辅助性的路外停车位。

R1　R2　R3　R4　R5　R6　R7　R8　R9　R10

除了满足下表的规定之外,还应当预留充足的面积,当需要的时候,所处的位置可以满足第 25-23 条(提供集合停车设施的规定)或第 25-24 条(小型区划地块规定的修订)的规定提供完整数量的辅助性的路外停车位,

133

25-25（续）

并服从第 25-64 条（把规定的开敞空间用作停车的限制）的限制。

	分 区									
	R1	R2	R3	R4	R5	R6	R7	R8	R9	R10
公共房屋开发项目最初规定的停车位居住单元总数的百分比（%）	R1	R2	R3	R4	R5	R6	R7	R8	R9	R10
50	R1	R2	R3	R4						
42.5					R5					
35						R6				
30							R7-1			
15							R7-2			
12								R8	R9	R10

25-26
少量车位规定的免除

在右侧所列分区中，如果第 25-21 条（一般规定）规定的辅助性的路外停车位的数量不多于本条规定的最大数量，则其要求应被免除。

R6 R7 R8 R9 R10

25-261
新开发项目或扩建工程

在右侧所列分区中，对新开发项目或扩建工程，下表规定了辅助性的路外停车位可以被免除的最大数量：

R6 R7 R8 R9 R10

最大的车位免除数量（个）						
5	R6	R7-1				
15		R7-2	R8	R9	R10	

25-262
变更

在右侧所列分区中，对于房屋的变更或

R6 R7-1

第 5 章 辅助性的路外停车与装卸区规则

	分 区									
	R1	R2	R3	R4	R5	R6	R7	R8	R9	R10

25-262（续）

						R6	R7-1			

房屋部分的变更所增加的额外居住单元或出租单元，规定的辅助性的路外停车位最多可免除 20 个，但标准及上诉理事会可以根据第 73-46 条（变更规定的免除）规定免除更多的车位。

25-27

当出入口被禁止情况下所有区划地块要求的免除

在右侧所列分区中，当建设委员会认定任何房屋或区划地块无法为规定要求的车位安排符合第 25-63 条（进出街道的位置）规定的连通街道出入口时，这些房屋或区划地块不应适用第 25-21 条（一般规定）的规定。建设委员会可以向交通部提及此问题并获取报告，并可根据该报告作出决定。

R1	R2	R3	R4	R5	R6	R7	R8	R9	R10

25-28

被分区边界线划分的区划地块的特别规定

在右侧所列分区中，当区划地块被有不同的辅助性的路外停车位规定的分区之间的边界线划分时，则应适用于第七篇第 7 章的规定。

R1	R2	R3	R4	R5	R6	R7	R8	R9	R10

25-30 许可的非居住用途所要求的辅助性的路外停车空间

25-31

一般要求

在右侧所列分区中，在本决议案生效之日后，应当根据本条最后的表格所列的要求

R1	R2	R3	R4	R5	R6	R7	R8	R9	R10

	分 区								
	R1	R2	R3	R4	R5	R6	R7	R8	R9 R10
	R1	R2	R3	R4	R5	R6	R7	R8	R9 R10

25-31（续）

为所有表列用途的新开发项目提供开敞的或围蔽的辅助性的路外停车空间，这是该开发项目用途的前提条件：

表格所列的数量为半个或更多时，则要求该部分或单位提供一个停车位。

本条中，单一所有权或控制下的一组被开发的用途所在的一片土地应当被视为单个区划地块。

对于以具体的额定容量作为计量单位的用途，建设委员会应当决定该用途可以容纳的人数作为额定容量。

在本决议案生效之日后，如果扩建工程净增加了楼板面积或其他本条表格具体列出的适用的计量单位，净增加的楼板面积或其他具体的计量单位应当适用相同的要求。

符合下列情况的应免除本条的要求：

（a）当作为本条规定应用的结果，规定的车位数量少于第25-33条（少于最少数量的车位规定的免除）所列明的数量时。

（b）当建设委员会根据第25-34条（进出将被限制的所有区划地块的要求免除）认定无法为车位安排符合第25-63条（进出街道的位置）规定的连通街道的出入口时。

当本条规定的辅助性的路外停车位超过第25-18条（许可的社团设施或商业用途的车位上限）许可的最大数量时，建设委员会应当减少规定的数量至许可的最大数量。

第5章 辅助性的路外停车与装卸区规则

25-31（续） 非居住用途规定的路外停车位

用途类型	特定计量单位规定的停车位	分区									
		R1	R2	R3	R4	R5	R6	R7	R8	R9	R10
		R1	R2	R3	R4	R5	R6	R7	R8	R9	R10
社团设施用途											
医院及相关设施[①]	1车位/5张床	R1	R2	R3	R4	R5					
	1车位/8张床						R6	R7-1			
	1车位/10张床							R7-2	R8	R9	R10
诊所或集合医疗中心	楼板面积（平方英尺）										
	不要求							R7-2	R8	R9	R10
	1车位/500	R1	R2	R3	R4	R5					
	1车位/800						R6	R7-1			
教堂	不要求							R7-2	R8	R9	R10
	1车位/10个固定座位	R1	R2	R3							
	1车位/15个固定座位				R4	R5					
	1车位/20个固定座位						R6	R7-1			

[①] 此表格要求不包括救护车停车面积。

25-31（续）

用途类型	特定计量单位规定的停车位	分区									
		R1	R2	R3	R4	R5	R6	R7	R8	R9	R10
		R1	R2	R3	R4	R5	R6	R7	R8	R9	R10
社团设施用途											
俱乐部、社区中心或社会中心，不设睡眠场所的慈善或非营利机构，高尔夫球场会所，健康中心，非商业性的娱乐中心，或福利中心	额定容量										
	不要求							R7-2	R8	R9	R10
	1 车位/10 人	R1	R2	R3	R4	R5					
	1 车位/20 人						R6	R7-1			
图书馆、博物馆或非商业性的艺术画廊①	楼板面积（平方英尺）										
	不要求							R7-2	R8	R9	R10
	1 车位/1000	R1	R2	R3	R4	R5					
	1 车位/2000						R6	R7-1			
设有睡眠场所的慈善或非营利机构，所有类型的护理院或疗养院	不要求							R7-2	R8	R9	R10
	1 车位/10 张床	R1	R2	R3	R4	R5					
	1 车位/20 张床						R6	R7-1			
学院或大学宿舍或兄弟会或妇女联谊会住房	不要求							R7-2	R8	R9	R10
	1 车位/6 张床	R1	R2	R3	R4	R5					
	1 车位/12 张床						R6	R7-1			

① 此表格要求仅适用非储存的楼板面积。

第 5 章 辅助性的路外停车与装卸区规则

25-31（续）

用途类型	特定计量单位规定的停车位	分　区									
		R1	R2	R3	R4	R5	R6	R7	R8	R9	R10
		R1	R2	R3	R4	R5	R6	R7	R8	R9	R10

社团设施用途

用途类型	特定计量单位规定的停车位	R1	R2	R3	R4	R5	R6	R7	R8	R9	R10
学院、大学或神学院	（a）课室、实验室、学生中心或办公室 楼板面积（平方英尺）										
	不要求							R7-2	R8	R9	R10
	1 车位/1000	R1	R2	R3	R4	R5					
	1 车位/2000						R6	R7-1			
	（b）剧院、礼堂、体育馆或运动场 额定容量										
	不要求							R7-2	R8	R9	R10
	1 车位/8 人	R1	R2	R3	R4	R5					
	1 车位/16 人						R6	R7-1			
农业用途，包括温室、苗圃或商品蔬菜园	用于销售的地块面积（平方英尺）										
	不要求							R7-2	R8	R9	R10
	1 车位/1000	R1	R2	R3	R4	R5					
	1 车位/2500						R6	R7-1			
室外溜冰场	地块面积（平方英尺）										
	不要求							R7-2	R8	R9	R10
	1 车位/800	R1	R2	R3	R4	R5					
	1 车位/2000						R6	R7-1			
室外网球场	场地数量										
	不要求							R7-2	R8	R9	R10
	1 车位/2 个	R1	R2	R3	R4	R5					
	1 车位/5 个						R6	R7-1			

第二篇　居住区规则

25-31（续）

用途类型	特定计量单位规定的停车位	分　区									
		R1	R2	R3	R4	R5	R6	R7	R8	R9	R10
		R1	R2	R3	R4	R5	R6	R7	R8	R9	R10

大型居住开发项目中辅助性的商业用途

用途类型	特定计量单位规定的停车位	R1	R2	R3	R4	R5	R6	R7	R8	R9	R10
每个楼板面积为 2000 平方英尺或以上的食品商店——用途组 6A 中停车要求分类 A 中的用途	楼板面积（平方英尺）										
	不要求							R7-2	R8	R9	R10
	1 车位/100	R1	R2	R3							
	1 车位/200				R4	R5					
	1 车位/300						R6	R7-1			
一般零售业用途——楼板面积少于 2000 平方英尺的食品商店或用途组 6A 中停车要求分类 B 中的用途	楼板面积（平方英尺）										
	不要求							R7-2	R8	R9	R10
	1 车位/150	R1	R2	R3							
	1 车位/300				R4	R5					
	1 车位/400						R6	R7-1			
夜宿或日间的营地，至少有 10 000 平方英尺的地块面积或 10 名职员	1 车位/2000 平方英尺地块面积或 1 车位/3 名职员，取较小值	R1	R2	R3	R4	R5	R6	R7	R8	R9	R10
消防局或警察局	楼板面积（平方英尺）										
	不要求							R7-2	R8	R9	R10
	1 车位/500	R1	R2	R3	R4	R5					
	1 车位/800						R6	R7-1			

第 5 章 辅助性的路外停车与装卸区规则

		分 区									
25-31（续）		R1	R2	R3	R4	R5	R6	R7	R8	R9	R10
		R1	R2	R3	R4	R5	R6	R7	R8	R9	R10
用途类型	特定计量单位规定的停车位										
特别许可的用途											
骑术学校或马厩	楼板面积（平方英尺）										
	不要求							R7-2	R8	R9	R10
	1 车位/500	R1	R2	R3	R4	R5					
	1 车位/800						R6	R7-1			

25-32

单个区划地块含有不同停车规定的用途的特别规定

在右侧所列分区中，当任何房屋或区划地块含有两个或以上根据下列条款有不同停车规定的用途时，每类用途的停车要求应适用于该用途的使用范围：

第 25-21 条（一般规定）；

第 25-31 条（一般规定）。

| R1 | R2 | R3 | R4 | R5 | R6 | R7 | R8 | R9 | R10 |

25-33

少于最少数量的车位规定的免除

在右侧所列分区中，除了第 25-331 款（免除规定适用的例外）所列的用途，如果区划地块上所有这些用途规定的辅助性的路外停车位总量少于下表中所列的车位数，则第 25-31 条（一般规定）或第 25-32 条（单个区划地块含有不同停车规定的用途的特别规定）的停车要求不适用于许可的非居住用途。

| R1 | R2 | R3 | R4 | R5 | R6 | R7 | R8 | R9 | R10 |

第二篇 居住区规则

25-33（续）		分 区								
		R1	R2	R3	R4	R5	R6	R7	R8	R9	R10
	车位数（个）	R1	R2	R3	R4	R5	R6	R7	R8	R9	R10
	10	R1	R2	R3	R4	R5					
	25						R6	R7-1			
	40							R7-2	R8	R9	R10

25-331
免除规定适用的例外

在右侧所列分区中，第25-33条（少于最少数量的车位规定的免除）免除规定不适用于下列用途类型：

（a）农业用途，包括温室、苗圃或商品蔬菜园；

（b）室外网球场；

（c）夜宿或日间的营地。

| | R1 | R2 | R3 | R4 | R5 | R6 | R7 | R8 | R9 | R10 |

25-34
当出入口被禁止的情况下所有区划地块规定的免除

在右侧所列分区中，当建设委员会认定任何房屋或区划地块无法为规定的车位安排符合第25-63条（进出街道的位置）规定的连通街道的出入口时，这些房屋或区划地块不应适用第25-31条（一般规定）或第25-32条（单个区划地块含有不同停车规定的用途的特别规定）的要求。建设委员会可以向交通部提及此问题并获取报告，并可根据该报告作出决定。

| | R1 | R2 | R3 | R4 | R5 | R6 | R7 | R8 | R9 | R10 |

	分 区									
	R1	R2	R3	R4	R5	R6	R7	R8	R9	R10

25-35

被分区边界线划分的区划地块的特别规定

在右侧所列分区中,当区划地块被不同的辅助性的路外停车位规定的分区之间的边界线划分时,则应适用于第七篇第7章的规定。	R1	R2	R3	R4	R5	R6	R7	R8	R9	R10

25-40 辅助性的路外停车位运营的限制

25-41

空间的目的,出租给非居民

在右侧所列分区中,所有许可的或规定的、开敞的或围蔽的辅助于住户的路外停车位应当符合本条规定。	R1	R2	R3	R4	R5	R6	R7	R8	R9	R10

25-411

R1 或 R2 区

在右侧所列分区中,这些车位应被指定为本区居民私家车使用,并不包括私家车的长期存放用途。	R1	R2	

25-412

所有其他居住区

在右侧所列分区中,这些车位应被指定为本区居民私家车使用,并且许可经营私家车的长期存放。	R3	R4	R5	R6	R7	R8	R9	R10

但是,这些车位可以出租给不是该住宅的占用人,用以存放这些人所使用的私家车,租期应不少于一周且不多于一个月。这些车位的运营应符合建设委员会颁布的规定,且不对邻里的居住特性产生不良影响。在业主

	分 区									
	R1	R2	R3	R4	R5	R6	R7	R8	R9	R10

25-412（续）

收到书面要求的三十日以内，应当确保这些车位可供其辅助的住宅占用人使用。

	R3	R4	R5	R6	R7	R8	R9	R10

25-42

许可的非居住用途的辅助车位的使用

在右侧所列分区中，所有许可的非居住用途中的，被许可的或规定的、开敞的或围蔽的辅助性的路外停车位应仅被该用途的占有人、房客、顾客或职员使用，且不应被出租。

R1	R2	R3	R4	R5	R6	R7	R8	R9	R10

25-43

汽车维修及发动机燃料销售的限制

在右侧所列分区中，机动车维修，或发动机燃油、发动机润滑油或汽车配件的销售是不许可的，在本条规定的特定分区除外。

R1	R2	R3	R4	R5	R6	R7	R8	R9	R10

25-431

在特定分区中有限制条件地许可维修或发动机燃料销售

在右侧所列分区中，在完全围蔽的、独立于住宅的且包含不少于 150 个辅助性的路外停车位的车库内，许可的少量的机动车维修（不包括车身作业），且可以不超过三个燃油泵。但是，发动机燃油不应销售给不使用停车位的人。

		R3	R4	R5	R6	R7	R8	R9	R10

25-50 辅助性的路外停车位位置的限制

25-51

一般规定

在右侧所列分区中，所有住宅、许可的社

R1	R2	R3	R4	R5	R6	R7	R8	R9	R10

	分 区								
R1	R2	R3	R4	R5	R6	R7	R8	R9	R10
R1	R2	R3	R4	R5	R6	R7	R8	R9	R10

25-51（续）

团设施用途、大型居住开发项目中许可的商业用途或有特定许可的用途中的，被许可的或规定的、开敞的或围蔽的辅助性的路外停车位应与其辅助性的房屋或用途的位于同一个区划地块上，在下列条款中另有规定的除外：

第 25-52 条（住宅的基地外车位）；

第 25-53 条（许可的非居住用途的基地外车位）；

第 25-54 条（共享设施）；

第 25-55 条（规定的车位在基地外时的附加规则）；

第 73-45 条（基地外停车规定的修订）。

25-52

住宅的基地外车位

在右侧所列分区中，所有住宅中许可的或规定的辅助性的路外停车位，可以在有辅助性的车位的住宅所在的区划地块以外的区划地块上提供，但是所有这些车位需满足以下条件：

（a）不在居住区里，或者位于非 R1 或 R2 区的共享设施中，作为辅助性的房屋与其在同一区划地块上，而且符合第 25-54 条（共享设施）中的规定；且

（b）与区划地块的最大距离不大于本条的规定。

		R3	R4	R5	R6	R7	R8	R9	R10

25-521

与区划地块的最大距离

在右侧所列分区中，所有这些辅助性的车位与其所在的住宅所在的区划地块上最邻近的边界线之间的距离不应超过下表的规定：

与区划地块的最大距离	分区									
	R1	R2	R3	R4	R5	R6	R7	R8	R9	R10
			R3	R4	R5	R6	R7	R8	R9	R10
（a）600 英尺			R3	R4	R5	R6	R7-1			
（b）1000 英尺							R7-2	R8	R9	R10

25-53

许可的非居住用途的基地外车位

在右侧所列分区中，所有许可的非居住用途中许可的或规定的辅助性的路外停车位可以在该用途所在的区划地块以外的区划地块上提供，但应在同一个分区中，或相邻的非 R1、R2、R3、R4 或 R5 区上。而且在这种情况下，在居住区中的这些车位与该用途所在区划地块的最邻近的边界线之间的距离不应超过 200 英尺，在商业区或工业区中的这些车位与该区划地块的最邻近的边界线之间的距离不应超过 600 英尺，此外建设委员会应判定以下情况：

（a）无法在该用途所在的区划地块上安排这些车位；且

（b）这些车位的位置可以最大程度地减少以居住界面为主的街道的交通量。

这些停车位应符合所有建设委员会设立的关于最大限度减少对周边环境特征的不利影响的附加规则。

（表中右侧对应列：R5 R6 R7 R8 R9 R10）

第 5 章　辅助性的路外停车与装卸区规则

分　区									
R1	R2	R3	R4	R5	R6	R7	R8	R9	R10

25-54

共享设施

在右侧所列分区中，在共同服务于两个或以上房屋或区划地块的设施中可以提供所有规定的辅助性的路外停车位，只要符合下列条件：

R1	R2	R3	R4	R5	R6	R7	R8	R9	R10

（a）在该共享设施中的车位数量，不应少于下列条款中规定的该房屋或区划地块的居住单元、楼板面积、地块面积、额定容量或其他计量单位的总和对应的车位数：

第 25-21 条（一般规定）；

第 25-31 条（一般规定）；

第 25-32 条（单个区划地块含有不同停车规定的用途的特别规定）。

（b）所有这些车位位于第 25-52 条（住宅的基地外车位）、第 25-53 条（许可的非居住用途的基地外车位）或第 73-45 条（基地外停车规定的修订）许可的分区中；且

（c）该共享设施的设计和平面布置应充分满足建设委员会设立的最大限度地减少对周边环境特征的不利影响的附加规则。

25-55

在基地外提供规定的车位的附加规则

在右侧所列分区中，当根据第 25-52 条（住宅的基地外车位）、第 25-53 条（许可的非居住用途的基地外车位）或第 25-54 条（共享设施）的规定在基地外提供规定的辅助性的路外停车位时，应当适用于下列附加规则：

R1	R2	R3	R4	R5	R6	R7	R8	R9	R10

（a）这些辅助性的车位应当与其用途属

第二篇 居住区规则

	分 区								
	R1	R2	R3	R4	R5	R6	R7	R8	R9	R10

25-55（续）

同一所有权，且应当服从提交给登记机构的地契限制，约束所有人及其继承者和受让人在该用途的整个生命周期内保持要求数量的车位的可用性。

（b）这些车位应符合其所在分区的所有适用规则。

25-60 许可的或规定的辅助性的路外停车位的附加规则

25-61
一般规定

在右侧所列分区中，所有许可的或规定的辅助性的路外停车位应当符合下列条款的规定：

| R1 | R2 | R3 | R4 | R5 | R6 | R7 | R8 | R9 | R10 |

第 25-62 条（车位的尺寸）；

第 25-63 条（进出街道的位置）；

第 25-64 条（把要求的开敞空间用于停车的限制）；

第 25-65 条（路面）；

第 25-66 条（屏障）。

适用于大型居住开发项目或大规模的社团设施开发项目的特别规则在第七篇第 8 章中列出。

25-62
车位的尺寸

在右侧所列分区中，对于所有开敞的或围蔽的辅助性的路外停车位，每 300 平方英尺无障碍的固定或活动区域应视作一个停车

| R1 | R2 | R3 | R4 | R5 | R6 | R7 | R8 | R9 | R10 |

	分 区									
	R1	R2	R3	R4	R5	R6	R7	R8	R9	R10
25-62（续）	R1	R2	R3	R4	R5	R6	R7	R8	R9	R10

位。如果区域面积少于 300 平方英尺，在任何情况下不少于 200 平方英尺，也可以视作一个停车位。但是，停车区域的平面应允许机动车便捷地进出和移动，根据建设委员会制定的要求进行布置和设计，或者开发商或建筑许可或占用执照的申请者可以证明这些车位能完全满足停车需求。

在任何情况下，当开发商提供的这些车位能证明确实满足服务需求的，减少每个停车位规定的面积是许可的；在占用执照中应当列明，这些车位的所有人或运营者付费雇佣的服务员在这些车位的使用期间随时可以处理机动车的停放及移动。

任何情况下，任何停车位的长度不应少于 18 英尺，宽度不应少于 8 英尺 6 英寸。

25-63

进出街道的位置

	R1	R2	R3	R4	R5	R6	R7	R8	R9	R10

所有所列分区中，所有许可的或规定的、大于或等于 10 个车位的辅助性的集合停车设施的入口及出口，距离任何两条街道边线交点应当不少于 50 英尺。但是，如果建设委员会认定进出口的位置不会危害交通安全以及造成交通拥堵，则出入口的位置可以位于距离该交点 50 英尺以内。建设委员会可以向交通部提及此问题并获取报告，并可根据该报告作出决定。

当建设委员会认定无法为车位安排符合本条规定的连通街道的出入口时，应适用第

	分 区									
	R1	R2	R3	R4	R5	R6	R7	R8	R9	R10

25-63（续）

25-27 条（当出入口被禁止情况下所有区划地块要求的免除）或第 25-34 条（当出入口被禁止的情况下所有区划地块规定的免除）的免除规定。

	R1	R2	R3	R4	R5	R6	R7	R8	R9	R10

25-64

将规定的开敞空间用于停车的限制

在右侧所列分区中，根据第 23-12 条（开敞空间中许可的障碍物）的规定，区划地块上规定的开敞空间面积 50%以内可以用于机动车道、私人街道、开敞的辅助性的路外停车位或开敞的辅助性的路外装卸泊位。

R1	R2	R3	R4	R5	R6	R7	R8	R9	R10

25-65

路面

在右侧所列分区中，所有开敞的路外停车位的路面应当用厚度至少为 4 英寸的沥青或硅酸盐水泥混凝土，或其他表面无尘的硬质材料。

R1	R2	R3	R4	R5	R6	R7	R8	R9	R10

25-66

屏障

在右侧所列分区中，在自然地形或屋顶上的所有开敞的、不少于 10 个车位的路外停车区域或独立车库群，与其所有相邻的区划地块，包括街道对面的区划地块之间应当设立屏障，屏障应是下列其中一种形式：

R1	R2	R3	R4	R5	R6	R7	R8	R9	R10

（a）一条宽度至少为 4 英尺的绿化带，密集地种植灌木或树木，植物高度至少为 4 英尺高，而且预期可以在三年内形成 6 英尺高

	分 区									
	R1	R2	R3	R4	R5	R6	R7	R8	R9	R10
25-66（续）	R1	R2	R3	R4	R5	R6	R7	R8	R9	R10

的、全年密集的屏障；或

（b）一堵高度至少为 6 英尺、采用防火材料的墙或屏障或统一涂漆的栅栏，但不超过已修整的地面以上（或如果是在屋顶上的，则高于屋顶高度）8 英尺。只要其表面开敞的部分不超过 50%，该墙、屏障或栅栏可以是不透明的或打孔的。

另外，该屏障：

（a）应当在所有时间维持好的状态；

（b）可以开放一般的入口或出口；及

（c）不应有标牌挂在或黏附在上方，第 22-323 款（停车区域标牌）中许可的除外。

25-70 路外装卸规则的一般目的

为了提供公共街道以外的装载或卸载活动所需的空间，从而限制用于此类活动的街道，缓解城市居住区域的交通拥堵情况，以此促进和保护公共健康、公共安全及公共福祉，依法采纳下列关于许可规则和辅助性的路外装卸泊位规定。

	分 区									
	R1	R2	R3	R4	R5	R6	R7	R8	R9	R10
25-71 许可的辅助性的路外装卸泊位 在右侧所列分区中，根据建设委员会制定的规则和规定，和第 25-75 条（进出街道的位置）、第 25-76 条（路面）及第 25-77 条（屏障）规定，可以为住宅、许可的社团设施用途、大型居住开发项目中作为辅助用途的许可的商业用途或有特别许可的用途提供开敞的或围蔽的辅助性的路外装卸泊位。	R1	R2	R3	R4	R5	R6	R7	R8	R9	R10

25-72
规定的辅助性路外装卸泊位

在右侧所列分区中，本决议案生效之日后，应当根据本条表格所列的要求为表列用途的新开发项目提供开敞的或围蔽的辅助性的路外装卸泊位，这是开发项目用途的前提条件。

在本决议案生效之日后，如果任何房屋或其他构筑物的用途被扩建，表格所列的要求应当适用于该房屋扩建部分的楼板面积。

	分 区								
	R1	R2	R3	R4	R5	R6	R7	R8	R9	R10
	R1	R2	R3	R4	R5	R6	R7	R8	R9	R10

新建设或扩建工程规定的路外装卸泊位

用途类型	楼板面积（平方英尺）	规定的泊位（个）									
医院及相关设施①	首10 000	无	R1	R2	R3	R4	R5	R6	R7	R8	R9	R10
	接下来的290 000	1										
	每增加300 000或其中一部分	1										
大型居住开发项目中的商业用途	首8000	无	R1	R2	R3	R4	R5	R6				
	接下来的17 000	1										
	接下来的15 000	1										
	接下来的20 000	1										
	接下来的40 000	1										
	每增加150 000或其中一部分	1										

---

① 此要求不包括救护车停放面积。

第5章 辅助性的路外停车与装卸区规则

25-72（续）

用途类型	楼板面积（平方英尺）	规定的泊位（个）	分区
			R1　R2　R3　R4　R5　R6　R7　R8　R9　R10
			R1　R2　R3　R4　R5　R6　R7　R8　R9　R10
大型居住开发项目中的商业用途	首 25 000	无	R7　R8　R9　R10
	接下来的 15 000	1	
	接下来的 60 000	1	
	每增加 150 000 或其中一部分	1	

25-73

被分区边界线划分的区划地块的特别规定

在右侧所列分区中，当区划地块被有不同的辅助性的路外停车位规定的分区之间的边界线划分时，则应适用于第七篇第 7 章的规定。

R1　R2　R3　R4　R5　R6　R7　R8　R9　R10

25-74

规定的辅助路外装卸泊位的尺寸

在右侧所列分区中，所有规定的开敞的或围蔽的路外装卸泊位应当符合下表列出的最小尺寸规则。路外泊位的尺寸不包含该路外泊位的机动车道、入口或出口。

R1　R2　R3　R4　R5　R6　R7　R8　R9　R10

规定的辅助路外装卸泊位的最小尺寸

	长度（英尺）	宽度（英尺）	竖向净空（英尺）
医院及相关设施	33	12	12
大型居住开发项目中的商业用途	33	12	14

153

	分 区
	R1　R2　R3　R4　R5　R6　R7　R8　R9　R10

25-75

进出街道的位置

	R1　R2　R3　R4　R5　R6　R7　R8　R9　R10

在右侧所列分区中，距离任何两条街道边线交点少于 50 英尺处的位置不应有许可的或规定的辅助性的路外装卸泊位及其出口或入口。但是，如果建设委员会认定该位置不会危害交通安全以及造成交通拥堵，则进出口可以位于距离该交点 50 英尺以内。

任何被建设委员会认定无法安排符合本条规定的路外装卸泊位的建筑不适用第25-72条（规定的辅助路外装卸泊位）中的辅助性的路外装卸泊位要求。

建设委员会可以向交通部提及此问题并获取报告，并可根据该报告作出决定。

25-76

路面

	R1　R2　R3　R4　R5　R6　R7　R8　R9　R10

在右侧所列分区中，所有许可的或规定的开敞的路外装卸泊位的路面，应当用厚度至少为 6 英寸的沥青或硅酸盐水泥混凝土，或其他表面无尘的硬质材料。

25-77

屏障

	R1　R2　R3　R4　R5　R6　R7　R8　R9　R10

在右侧所列分区中，所有许可的或规定的开敞的路外装卸泊位，与其所有相邻的区划地块，包括街道对面的区划地块之间应当设立屏障，屏障应是下列其中一种形式：

（a）一条宽度至少为 4 英尺的绿化带，密集地种植灌木或树木，植物高度至少为 4 英尺高，而且预期可以在三年内形成 6 英尺高

	分 区									
	R1	R2	R3	R4	R5	R6	R7	R8	R9	R10
25-77（续）	R1	R2	R3	R4	R5	R6	R7	R8	R9	R10

的、全年密集的屏障；或

（b）一堵高度至少为6英尺、采用防火材料的墙或屏障或统一涂漆的栅栏，但不超过已修整的地面以上（或如果是在屋顶上的，则高于屋顶高度）8英尺。只要其表面开敞的部分不超过 50%，该墙、屏障或栅栏可以是不透明的或打孔的。

另外，该屏障：

（a）应当在所有时间维持好的状态；

（b）可以开放一般的入口或出口；及

（c）不应有标牌挂在或黏附在上方，第 22-32 条（许可的辅助标牌）中许可的除外。

第三篇　商业区规则①

第1章　立法意图的阐述

31-00　商业区的一般目的

本决议案设立商业区的目的是为改善和保护公共健康、公共安全和公共福祉，这些目的包括但不仅限于下列具体目标：

（a）为本地性的零售商业区开发项目提供充足的空间。为满足邻近住宅区的居民经常性的购物需求，这些项目应适当靠近居住区域，并需要考虑场地选择。

（b）提供适当的空间，尤其是沿街道界面的充足进深，以适应现代的、本地性的零售开发项目需求，包括大量使用机动车的购物者可到达区域的路外停车需求，并鼓励本地性的零售商业区开发项目聚集成连续零售商业界面的发展趋势，以实现消费者与商人的互利互惠。

（c）保护本地性的零售商业区开发项目及邻近的住宅区，使之免受火灾、爆炸、有毒有害物质、辐射及其他危险，以及令人厌恶的噪声、振动、烟及其他颗粒物、有气味物体、热、湿、强光及其他厌恶性的影响。

（d）保护本地性的零售商业区开发项目及邻近的住宅区，使之免受交通拥堵，尤其是现状以居住建筑为主的地段，但也包括底层用于本地性的零售商业区商业用途的地段。通过规范本地性的零售商业区项目开发的强度和限制产生大交通量的建筑类型，以及提供路外停车及装卸设施来实现这个保护目标。

（e）提供充足且适当的空间，尤其是沿街道界面的充足进深，在中央商务区、主要或次要商业中心内提供满足城市预期的、未来经济所需的现代商厦空间，包括在大量使用机动车的购物者到达的区域的路外停车需求，并鼓励本地性的零售商业区开发项目聚集成连续零售商业界面的发展趋势，以实现消费者与商人的互利互惠。

（f）尽可能地、恰当地保护在中央商务区、主要或次要商业中心内的每一个商业开发项目，使之免受火灾、爆炸、有毒有害物质、辐射及其他危险，以及令人厌恶的噪声、振动、烟及其他颗粒物、有气味物体、热、湿、强光及其他厌恶性的影响。

（g）尽可能地、恰当地保护在中央商务区、主要或次要商业中心内的每一个商业开发项目，使之免于交通拥堵。这是通过规范周边用地的建筑体位关系，限制产生大交通量的建筑类型，以及提供路外停车及装卸设施的方式来实现。

（h）在适当的地点为所有商业类型和混合的服务活动提供充足的空间，并适当地考虑场地选择的需求。

（i）在恰当的标准下，按照规则鼓励更具吸引力和经济的建筑形式的开发项目。为建筑设计提供

---
① 本篇楷体字参照第12-10节的定义。

自由度。

(j)为了促进最适宜的土地用途和依据充分考虑规划的建筑开发导向，促进商业开发项目的稳定性，加强城市的经济基础，保护分区特征及分区对特定用途的特别适用性，维护土地和建筑的价值和维持城市的税收。

31-10 特定商业区的目的

31-11
C1 本地性零售商业区

这类分区的目的是提供本地性购物，包括广泛的零售商店和为个人服务的设施，这些设施满足经常性的需求。因此这些设施要求分布在方便所有居住区域的地点，而且它们较少受到周边居民的反对，所以这类分区分布广泛。分区规则的目的是鼓励连续的零售商业界面和限制可能打断这种连续性的本地性服务和工业企业，从而促进便利购物和零售开发项目的稳定性。

31-12
C2 本地性服务区

这类分区的目的是提供广泛的和必要的本地性服务，但不包括经常性的本地性购物。由于这类企业的消费者到访频率较低，它们可能打断基本零售商业界面的连续性，因此妨碍了便利购物的开发项目。被许可的服务项目对邻近的居住区域产生较少的厌恶性影响。

31-13
C3 滨水休闲区

这类分区的目的是通过许可滨水区域租赁、服务和存放船只等开发项目来满足日益增长的娱乐、游船和钓鱼等休闲活动，这些项目通常靠近居住区。

31-14
C4 一般商业区

这类分区由城市的主要和次要购物中心组成，在整个区域中，这些设施能够满足家庭非经常性的购物需求和商务企业的基本服务，其中包括产生较大交通量的大型商店。分区规则的目的是鼓励连续的零售商业界面和限制可能打断这种连续性的本地性服务设施和工业企业，从而促进便利购物和零售商业开发项目的稳定性。

31-15
C5 受限的中央商业区

这类分区的目的是在中央商务区提供写字楼、多样性的大型零售商店及相关活动，这些活动占据主要零售界面，并且是服务于整个都会区域的。分区规则许可可少数高价值的、定制性的工业场所，这些设施一般是辅助主要零售活动，并且依赖在整个区域居住的个人之间的联系。分区规则的目的是为了商业零售界面的连续性。

31-16
C6 一般中央商业区

这类分区的目的是在中央商务分区中提供多样性的零售商店、办公室、娱乐、服务、定制化的制造及相关用途，但不包含产生大量货车交通的非零售用途的设施。

31-17
C7 商业性的娱乐区

这类分区的目的是许可大型的、开放的商业性娱乐公园，且仅分布在少数区域。

31-18
C8 普通服务区

这类分区的目的是提供必要的服务，普通服务的范围较本地性服务范围更广阔。由于这类服务企业通常包含厌恶性的影响,譬如繁忙的服务运营所带来的噪声及大量货车交通,所以它们与居住和零售用途不兼容。这类分区排除了新的居住开发项目。

第 2 章　用途规则

32-00　一般规定

为依法实施本决议案的目标及规定，房屋或其他构筑物及土地的用途被分类及合并为用途组。每个用途组的起始有简短的阐述，描述并说明该用途组的基本特征。如第 32-11 至 32-25 条所述，用途组 1、2、3、4、5、6、7、8、9、10、11、12、13、14、15 及 16，包括其中分别列明的用途，在商业区中都是被许可的。

在 C8 区中，用途组 11A 或 16 所列的任何用途中包含的产品、货物或材料的生产、加工、清洁、服务、测试或维修，应当符合第 42-20 至 42-28 条规定的 M1 区的释放标准，与释放标准相关。

下表列出在商业区中的许可用途组。

当一个用途组中具体列出一项用途，且该用途又被解释涵盖在一个更包容的用途列表中，无论是否在同一个用途组，应当由更具体的列表控制。

在第 32-14 至 32-25 条中，标题为停车要求分类一列中，列在用途后方的字母 A、B、B1、C、D、E、F、G 或 H，表示根据商业用途分类决定第 36-21 条（一般规定）中要求的辅助性的路外停车位。

在第 32-11 至 32-25 条所列的各类用途组中的用途，也在本决议案最后以字母顺序编成索引。当用途组的文本与索引文本的意思或含义不一致时，应当以用途组的文本为准。

商业区中许可的用途组

分区		居住		社团设施		零售与商业							休闲				一般服务
		1	2	3	4	5	6	7	8	9	10	11	12	13	14	15	16
本地性的零售商业	C1	■	■	■	■	■	■										
本地性服务	C2	■	■	■	■	■	■			■							
滨水休闲	C3	■	■				■							■			
一般商业	C4	■	■	■	■	■	■	■	■	■	■		■	■	■		
受限的中央商业	C5	■	■	■	■	■	■		■	■	■						
一般中央商业	C6	■	■	■	■	■	■	■	■	■	■		■				
商业娱乐	C7					■							■		■		
一般服务	C8			■	■	■	■	■	■	■	■	■	■		■		■

32-10 法规许可的用途

	停车要求分类	分区						
		C1	C2	C3	C4	C5	C6	C7	C8

32-11
用途组 1 和 2

同第 22-11 条及第 22-12 条规定的用途组 1 和 2。		C1	C2	C3	C4	C5	C6	C7	

32-12
用途组 3

同第 22-13 条规定的用途组 3。		C1	C2	C3	C4	C5	C6	C7	

32-13
用途组 4

同第 22-14 条规定的用途组 4。		C1	C2	C3	C4	C5	C6	C7	C8

32-14
用途组 5

用途组 5 主要包含用作临时占用的酒店。	H	C1	C2		C4	C5	C6	C7	C8

A. 短时住宿
- 短时酒店

B. 辅助用途

32-15
用途组 6

用途组 6 主要包含符合以下条件的零售商店及个人服务企业：		C1	C2		C4	C5	C6	C7	C8

（1）满足广泛的本地性消费者需求；及

（2）服务区域小，因此在全市分

停车要求分类	分区							
	C1	C2	C3	C4	C5	C6	C7	C8
	C1	C2		C4	C5	C6	C7	C8

32-15（续）

布广泛。

服务区域小的公共服务机构也包含在内。零售及服务企业列在两个次分组中，两组都许可在 C1 区中。

在下列 A 中列出的用途也许可在大型居住开发项目中，以满足开发项目中的居民日常便利购物的需求。

A. 便利零售或服务企业

- 面包店，每店用于生产的楼板面积应当限制在 750 平方英尺内   B

- 理发店   B

- 美容院   B

- 药店   B

- *干洗或服装熨烫企业或直接与最终消费者交易的接收站，每店楼板面积限制在 2000 平方英尺内，但只能使用闪点不低于 138.2 华氏度（约 59℃）的溶剂，且所有机器的烘干容量总和不应超过 60 磅（约 27.2 千克）   B

- 餐饮，包括提供户外餐桌服务或附带音乐娱乐，音乐娱乐形式要么是机器设备，要么是不超过三人演奏钢琴、风琴、手风琴、吉他或任何弦乐   B

---

* 在 C5 区中，用途组 6 中标有*号的用途不应置于房屋的首层，除非该用途距离其所在房屋的街墙至少 50 英尺，如第 32-423 款（首层位置的限制）中的规定。

第三篇 商业区规则

	停车要求分类	分 区							
		C1	C2	C3	C4	C5	C6	C7	C8
32-15（续）		C1	C2		C4	C5	C6	C7	C8

- 食品店，包括超级市场、日用品商店、肉市场或熟食店　　A 或 B①
- 五金店　　B
- *手洗或自助自动的洗衣店　　B
- 有包装的酒精饮品店　　B
- 邮局　　B
- *鞋或帽维修店　　B
- 文具店　　B
- 裁缝或制衣店，定制的　　B
- 杂货店，每店楼板面积限制在 10 000 平方英尺内　　B

B. 办公室

- 办公室，商务的、专业的或政府的　　B1

C. 零售或服务企业

- 古董店　　B
- 艺术画廊，商业的　　B
- 艺术家供料店　　B
- 机动车耗材店，不设安装或维修服务　　B
- 银行，包括免下车银行　　B
- 自行车销售　　B
- 书店　　B
- 糖果或雪糕店　　B

---

① 每店楼板面积大于或等于 2000 平方英尺的食品店，停车要求分类为 A。每店楼板面积少于 2000 平方英尺的食品店，停车要求分类为 B。见第 36-21 条（一般规定）。

* 在 C5 区中，用途组 6 中标有*号的用途不应置于房屋的首层，除非该用途距其所在房屋的街墙至少 50 英尺，如第 32-423 款（首层位置的限制）中的规定。

	停车要求分类	分区							
		C1	C2	C3	C4	C5	C6	C7	C8
32-15（续）		C1	C2		C4	C5	C6	C7	C8

- 地毯、毛毯、油毡或其他地板覆盖物商店，每店楼板面积限制在 10 000 平方英尺内　B1
- 雪茄或烟草店　B
- 衣服或衣服配饰店，每店楼板面积限制在 10 000 平方英尺内　B
- 干货或织物店，每店楼板面积限制在 10 000 平方英尺内　B
- 电解工作室　B
- 钓鱼装备或设备，租赁或销售　B1
- 花店　B
- *食品冷藏间　B
- 家具店，每店楼板面积限制在 10 000 平方英尺内　B1
- 毛皮裁缝店，定制的　B
- 礼品店　B
- 室内装饰企业，但每店用于加工、服务或维修的楼板面积限制在 750 平方英尺内　B
- 珠宝或艺术金属手艺店　B
- 皮具店或箱包店　B
- *借贷办公室　B1
- *锁匠店　B
- 医疗或整形手术器械店　B
- *会议礼堂　D

---

* 在 C5 区中，用途组 6 中标有*号的用途不应置于房屋的首层，除非该用途距离其所在房屋的街墙至少 50 英尺，如第 32-423 款（首层位置的限制）中的规定。

	停车要求分类	分区							
		C1	C2	C3	C4	C5	C6	C7	C8
32-15（续）		C1	C2		C4	C5	C6	C7	C8
• 女帽店	B								
• 音乐店	B								
• 报摊，开敞的或围蔽的	B								
• 眼镜或验光师企业	B								
• 油漆店	B								
• 宠物店	B								
• *照片冲印店	B								
• 摄影设备或耗材店	B								
• 摄影工作室	B								
• 图画装裱店	B								
• 音像带商店	B								
• 种子或花园耗材店	B								
• 缝纫机店，仅销售家用机器	B								
• 鞋店	B								
• 体育运动店	B								
• 邮票或硬币店	B								
• 电视、收音机、留声机或家用设备店，每店楼板面积限制在 10 000 平方英尺内	B								
• 玩具店	B								
• 旅游信息处	B								
• 打字店	B								
• 墙纸店	B								
D. 公共服务机构									
• 法院	C								

* 在 C5 区中，用途组 6 中标有*号的用途不应置于房屋的首层，除非该用途距其所在房屋的街墙至少 50 英尺，如第 32-423 款（首层位置的限制）中的规定。

32-15（续）

	停车要求分类	分区							
		C1	C2	C3	C4	C5	C6	C7	C8
		C1	C2		C4	C5	C6	C7	C8

- *变电站或燃气站，开敞的或围蔽的，限制每个地块面积少于 10 000 平方英尺
- 消防局或警察局　　　　　C
- *燃油或燃气计量或管理的公用设备站点
- 电话交换机或其他通信设备构筑物
- *河流桥渡上用于接通电力、燃气或蒸汽管道的终端设备
- *水或污水泵站

E. 俱乐部
- 没有活动或设备限制的非商业性俱乐部　　　　D

F. 辅助用途

32-16

用途组 7

用途组 7 主要包含符合以下条件的家居维护或修理服务：　　　　　　　　C2　　　　　　　　C6　C7　C8

（1）满足附近区域居民经常性需求；及

（2）服务区域较小，因此在城市中广泛分布；及

（3）因为它们打断了零售商业界面的连续性，所以与主要的零售区不兼容。

---

* 在 C5 区中，用途组 6 中标有*号的用途不应置于房屋的首层，除非该用途距离其所在房屋的街墙至少 50 英尺，如第 32-423 款（首层位置的限制）中的规定。

	停车要求分类	分区							
		C1	C2	C3	C4	C5	C6	C7	C8
32-16（续）			C2				C6	C7	C8

A. 临时住宿

- 汽车旅馆或驿站，或水上旅馆　　H
- 拖曳式房车营地，但区划地块的总地块面积不少于每辆拖曳式房车 2000 平方英尺，应当提供 30 英尺的后院和 20 英尺的前院和侧院，且每个拖曳式房车之间的最小距离应当为 16 英尺

B. 零售或服务企业

- 自行车租赁或维修店　　B1
- 电、玻璃、供暖、油漆、壁纸、水管、屋顶或通风的承建商企业，每个企业楼板面积限制在 2500 平方英尺以内　　B1
- 灭虫者　　B1
- 殡葬机构　　H
- 纪念碑销售企业，附带处理订单，但不包括墓碑的打造　　C
- 搬运或存储办公室，仅存放零售销售的物品，且每个企业楼板面积限制在 1500 平方英尺以内　　B1
- 茶点摊贩，免下车　　H
- 制帆企业　　C
- 标牌绘制店，每店楼板面积限制在 2500 平方英尺以内　　B1
- 标本剥制师店　　B1

	停车要求分类	分区						
		C1	C2	C3	C4	C5	C6	C7	C8

32-16（续）

			C2				C6	C7	C8

- 百叶帘、遮光帘或遮阳篷店，定制，每店楼板面积限制在 2500 平方英尺以内   B1

C. 批发企业

- 批发企业，每店的辅助性的储存面积不超过 1500 平方英尺   B1

D. 机动车服务企业

- 机动车玻璃及镜子店   B1
- 机动车座椅套或活动车顶企业，销售或安装   B1
- 轮胎销售企业，包括安装服务   B1

E. 辅助用途

32-17

用途组 8

用途组 8 主要包含符合以下条件的娱乐或服务企业：

（1）适合在本地性服务区的服务于周边居住区域的；或

（2）依赖于广泛的服务半径，适合布置在次级或主要商业中心。

因为到访这类企业的顾客一般有特殊目标且与零售购物不相关，它们不适合在地方购物区域或在受限的中央商业区域。

			C2		C4		C6	C7	C8

A. 娱乐

第 2 章　用途规则

167

	停车要求分类	分 区							
		C1	C2	C3	C4	C5	C6	C7	C8
			C2		C4		C6	C7	C8

32-17（续）

- *台球室或桌球室 — D
- *保龄球道，每个企业不超过16道 — D
- 剧院 — D

B. 零售或服务企业

- *机动车驾驶学校 — B
- *典当铺 — B1
- 电视、收音机、留声机或家用设备维修店 — B
- *直接与消费者交易的室内装饰店 — B1

C. 机动车服务企业

- 机动车租赁企业
- 公共停车库或公共停车场，容量少于150个车位，符合第36-53条（进出街道的位置）、第36-55条（路面）、第36-56条（屏障）及第32-43条（学校、公共场地或操场附近的公共停车库、公共停车场或机动车服务站）中关于辅助性的路外停车位的要求

D. 辅助用途

32-18

用途组 9

| 用途组 9 主要包含符合以下条件 | C2 | | C4 | C5 | C6 | C7 | C8 |

---

* 在 C4 区中，用途组 8 中标有*号的用途不应置于房屋的首层，除非该用途距其所在房屋的街墙至少 50 英尺，如第 32-423 款（首层位置的限制）中的规定。

第 2 章　用途规则

停车要求分类	分区						
	C1	C2	C3	C4	C5	C6	C7	C8
		C2		C4	C5	C6	C7	C8

32-18（续）

的商业和其他服务：

（1）服务于大的区域，因此适合在次级、主要或中央商业购物区；及

（2）由于这些通常位于主要或次级中心区的边缘，因此也适合在本地性服务区。

A. 零售或服务企业

- 机动车、摩托车、拖曳式房车或船的陈列室，不设维修服务　　C
- *晒图或影印店铺　　B1
- *商业学校或学院　　B1
- *饮食店　　B1
- *服装或戏服租赁店　　B
- *体育运动或健康企业，包括健身房、健身沙龙、按摩或蒸汽浴　　B
- *用于研究或测试的医疗或牙医的实验室，不涉及任何暴露于火焰的危险或令人厌恶的噪声、振动、烟雾或其他颗粒物、有气味物质、热、湿、强光或其他令人厌恶的效果　　B1
- *乐器维修店　　B1
- 水管、采暖或通风设备陈列室，不包含维修服务　　B1

---

* 在 C4 或 C5 区中，用途组 9 中标有*号的用途不应置于房屋的首层，除非该用途距离其所在房屋的街墙至少 50 英尺，如第 32-423 款（首层位置的限制）中的规定。

169

第三篇 商业区规则

	停车要求分类	分区						
		C1	C2	C3	C4	C5	C6	C7	C8
			C2		C4	C5	C6	C7	C8

32-18（续）

- *打印店，限制每店用于生产的楼板面积不超过 2500 平方英尺　　B1

- *公共竞拍房　　D

- *音乐、舞蹈或戏剧工作室　　B

- *贸易或其他成人学校，不涉及任何暴露于火焰的危险或令人厌恶的噪声、振动、烟雾或其他颗粒物、有气味物质、热、湿、强光或其他令人厌恶的效果　　B1

- *打字机或其他小型办公机器维修店　　B1

- *雨伞维修店　　B

- *婚礼教堂或宴会厅　　D

B. 批发企业

- 照片冲印或打印店，限制每店用于生产的楼板面积不超过 2500 平方英尺　　B1

C. 辅助用途

32-19

用途组 10

用途组 10 主要包含符合以下条件的大型零售企业（如百货商店）：　　C4　C5　C6　C7　C8

（1）服务于广大的区域，从社区到整个都市区域，因此适合在次级、主

---

* 在 C4 或 C5 区中，用途组 9 中标有*号的用途不应置于房屋的首层，除非该用途距离其所在房屋的街墙至少 50 英尺，如第 32-423 款（首层位置的限制）中的规定。

	停车要求分类	分区							
		C1	C2	C3	C4	C5	C6	C7	C8
					C4	C5	C6	C7	C8

32-19（续）

要或中央商业购物区；以及

（2）因产生大量的行人、机动车或货车交通而不适合设置在本地性购物区或本地性服务区。

A. 零售或服务企业

- 地毯、小块地毯、油地毯或其他地面覆盖物商店，每店的楼板面积不限　B1
- 服装或服装配饰商店，每店的楼板面积不限　B
- 百货商店　B
- 干货或织物店，每店的楼板面积不限　B
- 饮食店，不限制娱乐或跳舞，但仅限于在酒店内　D
- 家具店，每店的楼板面积不限　B1
- 办公或商业机器店，销售或租赁　B1
- 广播或电视工作室　D
- 电视、收音机、留声机或家用设备店，每店的楼板面积不限　B
- 杂货店，每店的楼板面积不限　B

B. 批发企业

- 批发办公室或陈列室，配置的储藏室仅限于存放样品　B1

C. 辅助用途

第三篇 商业区规则

	停车要求分类	分区						
		C1	C2	C3	C4	C5	C6	C7	C8

32-20

用途组 11

用途组 11 包含符合以下条件的几类实质为定制性的生产活动: C5   C6   C8

（1）得益于中央区位，并适合在中央商务区；且

（2）通常不产生任何显著的让人厌恶的影响；且

（3）单位体量的产品比值高，因此货车交通保持最低值。

A. 制造企业

- *手工编织的艺术针织品或织锦   F
- *手工装帧或书籍加工   F
- *定制的陶瓷产品   F
- *服装，为零售而定制或修改的   F
- *定制的头发产品   F
- *用贵重金属制作的首饰   F
- *医疗、牙医、绘图仪器、光学产品或类似的精密仪器   F
- *乐器，钢琴与风琴除外   F
- *定制的整形手术或医疗设备   F
- *定制打印，限制每店用于生产的楼板面积不超过 2500 平方英尺，但该楼板面积限制不适用于 C6 区   F

---

* 在 C5 区中，用途组 11 中标有*号的用途不应置于房屋的首层，除非该用途距离其所在房屋的街墙至少 50 英尺，如第 32-423 款（首层位置的限制）中的规定。

	停车要求分类	分区						
		C1	C2	C3	C4	C5	C6	C7	C8
						C5	C6		C8

32-20（续）

- *手表制作   F

B. 批发或类似企业

- *船用物品店   F
- *批发企业，限制每店用于储存的楼板面积不超过 2500 平方英尺   B1

C. 辅助用途

32-21

用途组 12

用途组 12 主要包含符合以下条件的较大娱乐设施：

（1）服务于广大的区域，产生大量行人、机动车或货车交通；且

（2）因此仅适合于次级、主要或中央商业区域。

这类用途也包含特定公共服务机构。

| | | C4 | C6 | C7 | C8 |

A. 娱乐

- 表演场地或音乐厅，限制容量不超过 2500 座   D
- *保龄球道或乒乓球馆，每店的保龄球道数量不受限制   D
- 饮食店，不限制娱乐或跳舞   D
- *公共舞厅   D
- 室内溜冰场   D

---

* 在 C5 区的用途 11 中标有*号的用途或在 C4 区的用途组 12 中标有*号的用途，不应置于房屋的首层，除非该用途距离其所在房屋的街墙至少 50 英尺，如第 32-423 款（首层位置的限制）中的规定。

第三篇 商业区规则

	停车要求分类	分区						
		C1	C2	C3	C4	C5	C6	C7	C8
					C4		C6	C7	C8

32-21（续）

- 体育场,限制容量不超过 2500 座　D
- 贸易展览会,额定容量不超过 2500 人,由建设委员会决定　D

B. 公共服务机构

- 监狱　H

C. 辅助用途

32-22

用途组 13

用途组 13 包含符合以下其中一个条件的开敞或低覆盖率的用途,大部分为开敞式娱乐设施：　　　　　　　　　C7　C8

（1）产生噪声及交通,尤其在夜晚,因此不适合在本地性零售或本地性服务区域；或

（2）吸引有特殊目的但非零售购物的顾客,因此不适合在地方的、次级的、主要的或中央购物区。

A. 开敞的或围蔽的娱乐场所

- 营地,夜晚留宿的或户外白天的　H
- 儿童娱乐公园,但区划地块的总面积不应超过 10 000 平方英尺,且娱乐吸引点不应距离居住区边界 20 英尺以内　E
- 临时的马戏团、嘉年华或集市　E
- 商业海滩或游泳池　E
- 高尔夫球练习场　E

	停车要求分类	分区						
		C1	C2	C3	C4	C5	C6	C7	C8
								C7	C8

32-22（续）

- 小型高尔夫球场　　E

B. 汽车服务机构

- 机动车服务站，开敞的或围蔽的，但加润滑油、小型修理或清洗仅许可在完全围蔽的房屋内

- 船只汽油销售，开敞的或围蔽的，对位置没有限制　　C

C. 辅助用途

32-23

用途组 14

用途组 14 包含游船及相关活动要求的特殊服务和设施。　　　　　C2　C3　　　　　　C7　C8

A. 零售或服务用途

- 船只汽油销售，开敞的或围蔽的,限位于船只码头泊位 10 英尺以内　　C

- 船只租赁，开敞的或围蔽的　　H

- 船只存放、维修或油漆，包含辅助性的船只、船只部件或配件的销售，仅限长度少于 100 英尺的船只，且如果该用途或其中的一部分在居住区边界 100 英尺以外，则可以置于完全围蔽的房屋以外　　C

- 长度少于 100 英尺的游船的码头　　H

- 钓鱼用具或设施，租赁或销售　　B1

	停车要求分类	分区							
		C1	C2	C3	C4	C5	C6	C7	C8
			C2	C3				C7	C8

32-23（续）

- 制帆机构   C

B. 俱乐部

- 活动或设施不受限制的非商业俱乐部   D

C. 公共服务机构

- 消防局   C

D. 辅助用途

32-24

用途组 15

用途组 15 包含符合以下条件的大型开敞商业娱乐设施：   C7

（1）产生较大噪声或交通；及

（2）仅适合在部分用于开敞娱乐公园的区域。

A. 娱乐

- 儿童娱乐公园，每个场地的楼板面积不受限制   E
- 摩天轮、过山车、极限运动、跳伞、旋转木马或类似的开敞娱乐场吸引点   E
- 畸形秀、蜡像馆、碰碰车或类似的开敞的或围蔽的娱乐场吸引点   E
- 技巧或机会性游戏的开敞摊贩，包括射击场   E
- 游乐场   E

32-25
用途组 16

用途组 16 包含符合以下条件的汽车及其他必需的半工业用途：

（1）全市有广泛的需求；且

（2）涉及让人厌恶的噪声、振动、烟、尘或其他颗粒物、有气味物体、热、湿、强光，或其他令人厌恶的影响，使该类用途不能与居住用途和其他类型的商业开发项目相容。

	停车要求分类	分区							
		C1	C2	C3	C4	C5	C6	C7	C8
									C8

A. 零售或服务企业

	停车要求分类
动物医院或养狗场	B1
动物羁留所或火葬场	C
汽车、摩托车、拖曳式房车或船只的销售（开敞的或围蔽的）	C
铁匠店	C
建筑材料销售，开敞的或围蔽的，限制每店的地块面积不超过 5000 平方英尺	B1
木匠、定制木作或定制家具制造店	B1
人的火葬场	C
电、玻璃、采暖、油漆、墙纸、水管、屋顶或通风承建商企业，开敞的或围蔽的，限制每店用于开敞存放的地块面积不超过 5000 平方英尺	B1

	停车要求分类	分区							
		C1	C2	C3	C4	C5	C6	C7	C8
									C8

32-25（续）

- 燃料、冰、燃油、煤或木销售，开敞的或围蔽的，限制每店的地块面积不超过 5000 平方英尺   B1
- 家用或办公设备或机器维修店，如冰箱、洗衣机、火炉、冷藏器或空调组   B1
- 机器租赁或销售企业   B1
- 镜子镀银或玻璃切割店   B1
- 仅为在同一区划地块零售的家禽或兔子宰杀企业   B1
- 骑术学校，开敞的或围蔽的   C
- 标牌绘制店，每店的楼板面积不限   B1
- 定制的镀银店   B1
- 锡焊或熔接店   B1
- 马厩   C
- 工具、硬模或图案制造企业，或类似的小型机器店   B1
- 成人的贸易学校   B1

B. 汽车服务机构

- 洗车店，区划地块包含蓄水池的空间不少于每条清洗车道 10 辆汽车
- 汽车、货车或摩托车维修，车身维修除外   C

C. 汽车存放机构

	停车要求分类	分 区							
		C1	C2	C3	C4	C5	C6	C7	C8
									C8

32-25（续）

- 商业或公共功能车辆存放，开敞的或围蔽的，包括辅助性的发动机燃料泵 G
- 机动车长期存放
- 公共交通场地，开敞的或围蔽的，包括辅助性的发动机燃料泵 G

D. 重型服务、批发或存放机构

- 地毯清洁企业
- 干洗或清洁和染色企业，每店的操作类型、所用溶液、楼板面积或容量不限 F
- 洗衣店，操作类型不限 F
- 家庭日用纺织品、毛巾或棉麻织物供应店 F
- 搬运或存放办公室，每间的存放或楼板面积不限 G
- 包装或装箱企业 G
- 照片冲印或打印，每店楼板面积不限 C
- 货运场或汽车货运站，限制每个地块面积不超过 20 000 平方英尺 G
- 仓库 G
- 批发企业，对辅助性的仓储没有限制 C

E. 辅助用途

32-30 特别许可的用途

32-31
由标准及上诉理事会许可的

在右侧所列分区中，下列用途由标准及上诉理事会根据第七篇第 3 章的规定作出许可。

	停车要求分类	分区						
		C1	C2	C3	C4	C5	C6	C7	C8
		C1	C2	C3	C4	C5	C6	C7	C8
机动车服务站，开敞的或围蔽的，每个基地不少于 7500 平方英尺，但加润滑油、小型修理或清洗仅许可在完全围蔽的房屋内			C2		C4		C6		
水上旅馆	H			C3					
营地，夜晚留宿的或户外白天的	H	C1	C2	C3					
儿童娱乐公园，每个基地不少于 10 000 平方英尺且不多于 75 000 平方英尺	E								C8
商业海滩	E			C3					
商业游泳池	E			C3					
餐饮，包括提供户外就餐服务或附带音乐娱乐的，音乐娱乐形式要么是机器设备，要么是不超过三人演奏钢琴、风琴、手风琴、吉他或任何弦乐	B			C3					
变电站，限制在不少于 10 000 平方英尺且不大于 40 000 平方英尺的基地上		C1	C2	C3	C4	C5	C6	C7	C8
殡葬机构	H	C1			C4				
报纸发行机构							C6		

	停车要求分类	分区							
		C1	C2	C3	C4	C5	C6	C7	C8
32-31（续）		C1	C2	C3	C4	C5	C6	C7	C8
公共交通或铁路变电站，两种情况各限制在不大于 40 000 平方英尺的基地上		C1	C2	C3	C4	C5	C6	C7	C8
无线电或电视塔，非辅助性的		C1	C2	C3	C4	C5	C6	C7	C8
骑术学校或马厩	C		C2				C6	C7	
沙、砾石或黏土井		C1	C2	C3	C4	C5	C6	C7	
学校，不提供住宿或睡眠场所									C8
剧院，限制最大容量不超过500人	D	C1							
32-32 **由城市规划委员会许可的** 在右侧所列分区中，下列用途由城市规划委员会根据第七篇第 4 章的规定作出许可。		C1	C2	C3	C4	C5	C6	C7	C8
表演场地、音乐厅或体育馆，容量超过 2500 个座位	D				C4		C6	C7	C8
公交站	少于 10 个泊位		C1	C2		C4		C6	C7	C8
	大于或等于 10 个泊位				C4		C6		
儿童娱乐公园，每个基地不少于 75 000 平方英尺且不大于 10 英亩	E								C8
汽车电影院，最大容量为 500 辆汽车								C7	C8
直升机场							C6		C8

32-32（续）		停车要求分类	分区							
			C1	C2	C3	C4	C5	C6	C7	C8
			C1	C2	C3	C4	C5	C6	C7	C8
公共停车场或公共停车库	容量不超过 100 个车位		C1							
	容量大于或等于 150 个车位			C2		C4		C6	C7	C8
	任何容量						C5			
	公共交通或铁路变电站，两种情况各限制在不少于 40 000 平方英尺且不大于 10 英亩的基地上		C1	C2	C3	C4	C5	C6	C7	C8
	赛道									C8
	铁路客运站		C1	C2	C3	C4	C5	C6	C7	C8
	贸易展览会，额定容量超过2500人	D				C4		C6	C7	C8
	货运场或汽车货运站，每个基地超过 20 000 平方英尺	G								C8

32-40 补充用途规则

32-41

围蔽在房屋内部

在右侧所列分区中，除了辅助性的路外停车位或装卸泊位，以及这些分区的具体规定中许可的用途组以外，新开发项目、扩建或延伸或者用途变化所产生的所有许可的用途，都应符合本条关于围蔽在房屋内的规定。关于现状用途的扩建工程或延伸工程，这些规定应当适用于该用途扩建或延伸的部分。	C1	C2	C3	C4	C5	C6		C8

第 2 章 用途规则

	分 区						
	C1	C2	C3	C4	C5	C6	C7	C8

32-411

C1、C5、C6-5 或 C6-7 区

在右侧所列分区中，所有此类用途应置于完全围蔽的房屋内。

| C1 | | | | C5 | C6-5
C6-7 | | |

32-412

其他商业区

在右侧所列分区中，所有此类用途应置于完全围蔽的房屋内，或置于除了为服务建筑外部的顾客而开放的店面或商店橱窗外完全围蔽的房屋内。

| | C2 | C3 | C4 | | C6-1
C6-2
C6-3
C6-4
C6-6 | | C8 |

32-42

房屋内用途的位置规定

32-421

非居住用途占用的楼层限制

在右侧所列分区中，在任何房屋或房屋部分的上部的一层或多层由用途组 1 或 2 所列的居住用途或由用途组 3 或 4 所列的社团设施用途占用的，用途组 6、7、8、9 或 14 所列的非居住用途不能位于首层天花以上。在任何其他房屋或房屋的部分，用途组 6A、6B、6C、6F、7、8、9 或 14 所列的非居住用途不可占用超过两层；且在此规定中，由此非居住用途占用的地下层应算作一层。

| C1 | C2 | C3 | | | | | |

32-422

非居住用途占用的楼层位置

在右侧所列分区中，在任何由用途组 1 或 2 所列的居住用途占用的房屋或房屋的部分中，用途组 5、6、7、8、9、10、11、12、13、

| | | | C4 | C5 | C6 | C7 | |

183

第三篇 商业区规则

	分 区							
	C1	C2	C3	C4	C5	C6	C7	C8

32-422（续）

14、15 或 16 所列的非居住用途仅能位于此居住用途全部或部分占用的最低一层下的一层，如果该部分低于首层的天花，则该限制不适用。

	C4	C5	C6	C7

32-423

地面层位置的限制

在右侧所列分区中，下列表格中列出的用途组中的用途及用途组中标有星号的用途的位置应当仅仅根据下列规定：

（a）在地面层以上或以下一层，或

（b）在地面层，但距离房屋的任何街墙不超过 50 英尺，且没有橱窗面向街道。

	C4	C5

限制适用的用途组		
8、9 或 12	C4	
6、9 或 11		C5

32-43

学校、公共场地或操场附近的公共停车库、公共停车场或机动车服务站

在右侧所列分区中，新的公共停车库、公共停车场或机动车服务站的机动车出入口不应位于与以下出入口相关的限制进出区域内，为儿童进出学校或学校操场所设计的辅助性的出入口，或大于或等于 0.5 英亩的公共场地或公共操场的出入口。

C1	C2	C3	C4	C5	C6	C7	C8

第 2 章 用途规则

	分 区						
C1	C2	C3	C4	C5	C6	C7	C8

32-50 沿分区边界线适用的特别规定

32-51
商业入口、橱窗或标牌的限制

在右侧所列分区中，主要商业入口、橱窗或标牌的位置应符合本条的规定。

C1	C2	C3	C4	C5	C6	C7	C8

本条中，在本决议案生效日或随后实施的任意修正案的生效日时在单一所有权或控制下的已登记的现状地块或多个紧邻的登记地块，不管后续任何的细分，都应当视作单一的区划地块。

尽管第 12-10 节（定义）中对转角地块的定义有 100 英尺的限制，但本条中所称的转角地块应当包含整个地块。其他所有区划地块应当视作只有一个沿街面的区划地块。

本条的规定不适用于：

（a）许可的免下车的用途或汽车服务机构的，或者许可的或要求的路外辅助性的停车位或装卸泊位的机动车出入口；

（b）服务入口，或其他宽度少于 3 英尺 6 英寸的入口；

（c）除橱窗以外的窗户；或

（d）气窗、防火梯或其他法律要求的附属物。

32-511
对于只有一个沿街面的区划地块

在右侧所列分区中，对于只有一个沿街面的区划地块，主要商业入口、橱窗或标牌不应位于距离同侧街道的居住区 20 英尺以内的街道界面。

C1	C2	C3	C4	C5	C6	C7	C8

第三篇　商业区规则

	分　区						
	C1	C2	C3	C4	C5	C6	C7	C8

32-511（续）

C1	C2	C3	C4	C5	C6	C7	C8

但是，当该区划地块在商业区内的街道界面部分长度少于 30 英尺时，最小距离应当减至 10 英尺。对于界面宽超过 30 英尺的区划地块，根据 73-50 节（沿分区边界线适用的特别规定）的规定，最小距离减至 10 英尺的申请应当提交至标准及上诉理事会。

32-512

对于转角地块

在右侧所列分区中，主要商业入口、橱窗或标牌不应位于距离同侧街道的居住区 75 英尺以内的街道界面。

C1	C2	C3	C4	C5	C6	C7	C8

但是，符合以下条件之一的，主要商业入口、橱窗或标牌可以位于距离同侧街道的居住区 75 英尺以内，但不少于 20 英尺的街道界面：

（a）如果包含该界面的整个街区沿街面总长度少于 220 英尺；或

（b）如果该界面紧邻居住区中的一个转角地块的界面；或

（c）如果该界面与居住区的界面之间相隔一个或多个只有一个沿街面的区划地块。

32-52

由分区边界线划分的整体开发项目的例外情况

在右侧所列分区中，如果建设委员会认为商业入口、橱窗或标牌所在的区划地块符合以下其中一个条件，那么主要商业入口、橱窗或标牌可以位于商业区内的任何界面：

C1	C2	C3	C4	C5	C6	C7	C8

	分 区						
	C1	C2	C3	C4	C5	C6	C7	C8
	C1	C2	C3	C4	C5	C6	C7	C8

32-52（续）

（a）被商业区与居住区之间的边界划分；或

（b）在提交登记机构约束所有权人及其继承人和受让人的契据约束中有证据显示，现时与居住区中的相邻物业属于同一所有权，且现在居住区中不存在房屋，或未来将要建设的房屋与商业区的距离在 75 英尺以内。

32-60 标牌规则

32-61
定义（重复第 12-10 节）

标牌

"标牌"是文字（包括字母、词语或数字）、形象化展示（包括图示或装饰）、符号（包括装置、符号或商标）、旗帜（包括横幅或三角旗），或任何其他具备相似特征的内容，且符合下列各项：

（a）标牌是构筑物或构筑物的任何一部分，或者是黏附于、绘制于或以其他任何形式展示于房屋或其他构筑物上的；及

（b）是用于宣告、吸引注意力或广告的；及

（c）是从房屋外部可见的。仅当位于窗户内而有照明的情况下，房屋内的文字、展示或有相似特征的其他内容应属于标牌。

下列各项不适用于本决议案的规定：

（a）正式成立的政府机构的标志，包括交通标志或相似的监管装置、法律通告或在铁路道口的警示；

（b）政治的、城市的、慈善的、教育的或宗教机构的旗帜或象征；

（c）上述机构的活动、运动或事件的临时通报标志；

（d）纪念标志或碑牌；

（e）在施工场地放置的、面积不超过 25 平方英尺的显示建筑师、工程师或承建商的标志；

（f）法律或政府法令、规则或条例要求保留的，在任何区划地块上总表面面积不超过 10 平方英尺的标志；

（g）显示方向或为公众便利的小型标志，包括指示厕所、货运入口等，在任何区划地块上总表面面积不超过 5 平方英尺。

双面标牌的两侧面的最宽处的距离不多于 28 英尺、最窄处的距离不多于 18 英尺，而且显示相同的文字或其他展示内容，表面面积应仅包括一面。在计算总表面面积时，多面标牌的多个侧面应视为不同的标牌。

标牌，广告

"广告标牌"是把注意力吸引到在同一区划地块以外的地方实施、出售或提供商业、专业、商品、服务或娱乐内容的标牌。

标牌，商业

"商业标牌"是把注意力吸引到同一区划地块内实施、出售或提供专业、商业、商品、服务或娱乐的地方的辅助性的标牌。

标牌，闪光

"闪光标牌"是任意一种发光标牌，无论是固定的、循环或旋转，这些标牌是展示灯光变化或颜色效果的。规定如下：循环或旋转标牌在没有灯光变化和色彩效果变化（因其旋转或循环产生的除外）的情况不属于闪光标牌，仅当它们展示突然或显著的灯光或颜色效果变化时才应被视为闪光标牌。

显示时间、温度、天气或其他相似信息的发光标牌，如果符合下列要求，不应被视为闪光标牌：

(a) 该标牌的总表面面积不大于 16 平方英尺；

(b) 任何字母或数字的竖向高度不大于 24 英寸；及

(c) 除变化频率不大于每分钟一次的信息显示的周期变化外，颜色或光强是恒定的。

标牌，发光

"发光标牌"是为放出任何人造光线或反射人造光源的光线而设计的标牌。

有非直接照明的标牌

"有非直接照明的标牌"是任意发光非闪光标牌，其光源完全来源于外部人工光源，且从人工光源发出的光线没有直接射入住宅或街道。

表面面积（标牌的）

标牌的"表面面积"应是总面积，包括单一连续的边界围合的文字、展示、符号，或有相似特征的任何内容的整个区域，同时包含构成展示的整体部分的或用于使该标牌区别于其所在背景的材料或颜色。任何情况下，用于支撑该标牌的支架或直柱不应算入标牌的表面面积。

32-62
许可的辅助性的商业标牌

在右侧所列分区中，根据下列规定许可辅助性的商业标牌：

第 32-64 条（表面面积和发光规定）；

第 32-65 条（标牌的许可伸出距离或高度）；

第 32-67 条（沿分区边界线适用的特别规定）；

第 32-68 条（许可在住宅上的标牌）。

分 区							
C1	C2	C3	C4	C5	C6	C7	C8
C1	C2	C3	C4	C5	C6	C7	C8

第 2 章 用途规则

	分 区						
C1	C2	C3	C4	C5	C6	C7	C8

32-63

许可的广告标牌

在右侧所列分区中，根据下列规定许可广告标牌：

第 32-64 条（表面面积和发光规定）；

第 32-65 条（标牌的许可伸出距离或高度）；

第 32-66 条（广告标牌的附加规则）；

第 32-67 条（沿分区边界线适用的特别规定）；

第 32-68 条（许可在住宅上的标牌）。

					C6-5 C6-7	C7	C8

32-64

表面面积和发光规定

在右侧所列分区中，所有许可的标牌应当符合本条列出的关于表面面积和发光的限制，但下列标牌应当免除该表面面积的限制：

在任何区划地块上，位于房屋内窗户内的，总表面面积不超过 8 平方英尺的发光非闪光商业标牌，且任何窗户内不得超过三块此类标牌。

为了确定有超过一个机构占用的区划地块上许可的标牌的表面面积，当一栋房屋或房屋的部分在地面层包含一个或多个机构时，该区划地块上这些部分可以视作独立的区划地块。

C1	C2	C3	C4	C5	C6	C7	C8

32-641

标牌的总表面面积

在右侧所列分区中，所有许可的标牌

C1	C2	C3	C4	C5	C6	C7	C8

第三篇　商业区规则

	分　区						
	C1	C2	C3	C4	C5	C6	C7	C8

32-641（续）

	C1	C2	C3	C4	C5	C6	C7	C8

总表面面积，包含非发光或发光标牌，不应超过第 32-642 款（非发光标牌）规定的限制。

32-642

非发光标牌

在右侧所列分区中，非发光标牌的总表面面积不超过下表列出的规定：

最大表面面积（平方英尺）	C1	C2	C3	C4	C5	C6	C7	C8
50			C3					
区划地块的沿街面的长度（英尺）×3，但任何情况下，在内部地块或穿越地块上的不得超过 150，或者在转角地块的每个沿街面上不得超过 150	C1	C2						
区划地块的沿街面的长度（英尺）×3，但任何情况下，在内部地块或穿越地块上的不得超过 200，或者在转角地块的每个沿街面上不得超过 200					C5-1 C5-2 C5-3			
区划地块的沿街面的长度（英尺）×5，但任何情况下，在内部地块或穿越地块上的不得超过 500，或者在转角地块的每个沿街面上不得超过 500				C4	C5-4	C6-1 C6-2 C6-3 C6-4		
区划地块的沿街面的长度（英尺）×5，但任何情况下，每个标牌不得超过 500								C8
对尺寸没有限制						C6-5 C6-7	C7	

第 2 章 用途规则

	分 区						
C1	C2	C3	C4	C5	C6	C7	C8

32-643

非闪光的发光标牌

  在右侧所列分区中，许可非闪光的发光标牌的总表面面积（平方英尺）不超过区划地块的沿街面的长度（英尺）×3，但任何情况下，在内部地块或穿越地块上的总表面面积不得超过 50 平方英尺，或者在转角地块的每个沿街面上不得超过 50 平方英尺。

                       C1 C2

32-644

在 C4、C5-4、C6 或 C7 区的发光或闪光标牌

  在右侧所列分区中，许可发光或闪光标牌的总表面面积不超过下表所列的规定：

                       C4 C5-4 C6 C7

最大表面面积（平方英尺）				
区划地块的沿街面的长度（英尺）×5，但任何情况下，在内部地块或穿越地块上的不得超过 500，或者在转角地块的每个沿街面上不得超过 500	C4	C5-4	C6-1 C6-2 C6-3 C6-4 C6-6	
对尺寸没有限制			C6-5 C6-7	C7

32-645

在 C8 区的发光或闪光标牌

  在右侧所列分区中，许可发光或闪光标牌或者有间接照明的广告标牌，但所有这类标牌的总表面面积（平方英尺）不应超过区划地块的沿街面的长度（英尺）×5，且每个标牌的表面面积不应超过 500 平方英尺。   C8

	分　区							
	C1	C2	C3	C4	C5	C6	C7	C8

32-65

许可的标牌伸出距离或高度

在右侧所列分区中，所有许可的标牌都应符合本条的适用规定。	C1	C2	C3	C4	C5	C6	C7	C8

32-651

在 C6-5、C6-7 或 C7 区中许可的伸出距离

在右侧所列分区中，对于许可的标牌，伸出距离不应超过街道边线 8 英尺。						C6-5 C6-7	C7	

32-652

在其他所有商业区中许可的伸出距离

在右侧所列分区中，对于许可的双面或多面标牌，伸出距离不应超过街道边线 18 英尺，对于许可的其他所有标牌，伸出距离不应超过街道边线 12 英尺。	C1	C2	C3	C4	C5	C6-1 C6-2 C6-3 C6-4 C6-6		C8

32-653

商业标牌伸出距离的附加规定

在右侧所列分区中，下列辅助性的商业标牌也被许可：	C1	C2	C3	C4	C5	C6	C7	C8

（a）《行政准则》第 C26-219.0 节许可的在雨篷或顶篷上的非发光标牌，表面面积不超过 12 平方英尺，且字母高度不超过 12 英寸，但该标牌应限制为识别所在房屋或该房屋所包含机构的名字和地址。

（b）《行政准则》第 C26-219.0 节许可的在帐幕上的标牌，该标牌不应超出帐幕的范围，但不需支撑的个体字母可以伸出该帐幕上方 24 英寸。

第 2 章　用途规则

	分　区							
	C1	C2	C3	C4	C5	C6	C7	C8

32-654

在 C8 区中的标牌高度

在右侧所列分区中，许可的标牌不应高于路沿石标高上方 40 英尺，但非发光标牌或有间接照明的标牌最多可以超过路沿石标高 58 英尺。 　　　　　　　　　　　　　　　　　　　　　　　　　　　　　　　　C8

32-655

在其他所有商业区中的标牌高度

在右侧所列分区中，许可的标牌超过路沿石标高的距离不应超过下表的规定：　C1　C2　C3　C4　C5　C6　C7

最大高度（英尺）							
20	C1	C2	C3		C5-1 C5-2 C5-3		
40				C4	C5-4	C6-1 C6-2 C6-3 C6-4 C6-6	
对高度没有限制						C6-5 C6-7	C7

32-656

在屋顶上方的标牌高度

在右侧所列分区中，墙上的标牌不应超过任何房屋或其他构筑物的女儿墙上方 5 英尺或屋顶。　C1　C2　C3　C4　C5　C6-1
C6-2
C6-3
C6-4
C6-6

32-657

屋顶标牌

在右侧所列分区中，任何房屋屋顶不许可标牌。　C1　C2　C3　C4　C5　C6-1
C6-2
C6-3
C6-4
C6-6

第三篇 商业区规则

			分	区			
C1	C2	C3	C4	C5	C6	C7	C8

32-66

广告标牌的附加规则

在右侧所列分区中,在干线公路或 0.5 英亩或更大的公共场地的 200 英尺范围内,且在该干线公路或公共场地的可视范围内,不许可设置广告标牌,现有的广告标牌也不应改变结构、迁移或重建。本条所称的干线公路应包含在《干线公路及主要街道总体规划》中显示的"主要通道""林荫大道"或"收费道口"以及由城市规划委员会指定的本条适用的干线公路。但是,在该干线公路或公共场地的 200 英尺以外的广告标牌,距离该限制范围的最小线性距离应当等于该标牌的表面面积。

					C6-5 C6-7	C7	C8

32-67

沿分区边界线适用的特别规定

在右侧所列分区中,在紧邻的居住区边界所在的任何街道的街道边线的 100 英尺以内,或者紧邻 0.5 英亩或更大的公共场地的街道边线的 100 英尺以内,以少于 165°的角度面向该居住区或公共场地边界的所有标牌应当限制为辅助性的商业标牌,且应符合所有第 32-61 条至 32-68 条中所列的 C1 区适用的标牌规定。

	C2	C3	C4	C5	C6	C7	C8

32-68

住宅上许可的标牌

在右侧所列分区中,用途组 1 或 2 所列的任何用途应符合第 22-31 条至第 22-33 条

C1	C2	C3	C4	C5	C6	C7	

	分 区						
	C1	C2	C3	C4	C5	C6	C7	C8

32-68（续）

| C1 | C2 | C3 | C4 | C5 | C6 | C7 |

中所列的居住区的标牌规则。在居住或混合房屋中，居住标牌规则应适用于用作居住目的的房屋或房屋的部分。

第3章 商业区中商业或社团设施房屋的体位规则

33-00 适用性、定义及一般规定

33-01
本章适用性

本章的体位规则适用于在任何商业区中任何区划地块上或区划地块的任何部分的商厦、社团设施房屋或部分用于商业用途及部分用于社团设施用途的房屋,包括所有新开发项目或扩建工程。本章所指"任何房屋"应当排除住宅或混合房屋,它们的体位规则将在第三篇第4章及第三篇第5章中分别列出。另外,本章或其中特定小节的体位规则也适用于本决议案中对其进行交叉引用的其他规定。

现状房屋或其他构筑物,如不能符合一个或多个适用的体位规则,则是不合规的房屋或其他构筑物,应服从第五篇第4章的规则。

适用于大型居住开发项目、在大型居住开发项目中的社团设施用途或大规模的社团设施开发项目的特殊规则,在第七篇第8章中列出。

33-02
定义(重复第12-10节)

商厦

"商厦"是指仅用于商业用途的房屋。

社团设施

"社团设施"是指仅用于社团设施用途的房屋。

33-10 楼板面积规则

33-11
定义(重复第12-10节)

敞廊

"敞廊"是向街道或广场开敞的连续空间,该空间在不少于12英尺的高度内是开敞的和无障碍的,并保持全天候的公众可达,至少是下列其中一种情况:

(a)紧邻地块前边线或广场边界,进深不少于10英尺或不大于30英尺(从地块前边线或紧邻的广场边界垂直测量),并且其长度沿该地块前边线或广场边界的全长延伸,或至少延伸50英尺,二者取最小距离;或

(b)在转角地块上,由两条交叉街道边线围合,面积不小于500平方英尺,且最小边长不少于10英尺。

敞廊中任意一点的高度不得高于紧邻的街道或广场的最高点。为了计算奖励楼板面积,敞廊中房屋柱子占据的面积应计入敞廊的楼板面积。

容积率

"容积率"是一个区划地块上的楼板面积的总和除以该区划地块的地块面积。(例如,在10 000平方英尺的区划地块上有一栋楼板面积为20 000平方英尺的房屋,其容积率为2.0。)

广场

"广场"是公众在任何时候都能进入的开敞区域,且仅符合下列其中一项:

(a)沿地块前边线的连续开敞区域,且进深不少于10英尺(垂直于地块前边线测量),面积不少于750平方英尺,开敞区域的完整进深应沿此地块前边线的全长或至少50英尺延伸,两者取较大值;或

(b)在穿越地块上从街道到街道的连续开敞区域,且垂直于最接近的地块侧边线测量时宽度不少于40英尺;或

(c)在转角地块上,面积不少于500平方英

尺的开敞区域,它的两边以两条相交的街道边线为界,且最小边长为 10 英尺;或

(d)面积不少于 8000 平方英尺的开敞区域,最小边长尺寸为 80 英尺,而且一边是以地块前边线为界,或者是通过敞廊或不少于 40 英尺宽的开敞区域与街道相连。

除了上述(d)所描述的开敞区域,其他开敞区域部分如果除了一边开口以外其余边界都以房屋的墙或以房屋的墙及一条地块侧边线为界,那么该部分不应视为广场的部分,除非这些部分的开口宽度至少为 50 英尺。

广场的任意一点不应高于最近的相邻街道的路沿石标高以上 5 英尺,且从最低点到天空之间应没有障碍物,但在第 23-44、24-33、33-23 或 43-23 条(后院或等效后院中许可的障碍物)中许可的障碍物也应视为在广场中允许的障碍物。

区划地块

"区划地块"是以下任何一项:

(a)在本决议案生效日时已登记的现状地块,或任何随后实施的修正案生效日时已登记的现状地块;

(b)一块土地,位于单个街区内,这块地或是没有分割,或是由两个或以上紧邻的登记地块组成,在本决议案生效日或随后实施的任意修正案的生效日时在同一所有权名下;或

(c)一块土地,位于单个街区内,在填报建筑许可时(如果不要求建筑许可,则是在申请占有证书时)由业主或开发商指定为属单一所有权的一个整体进行使用、开发或建设。

因此,区划地块可能符合或不符合在纽约市官方税收地图上或在任何有登记细分的地图或契约上显示的地块。

本定义所称区划地块的所有权应包括一份不少于五十年期的租约,并可选择更新该租约,使其总期限不少于七十五年。

区划地块可细分为两个或更多的区划地块,但是细分所形成的区划地块及其上方的房屋应服从本决议案中所有适用的规定。如果该区划地块被不合规的房屋占用,该地块在细分时,只要该细分不使房屋产生新的不一致的情况,或不加重不一致的情况的程度,则该区划地块就可以被细分。

	分 区							
	C1	C2	C3	C4	C5	C6	C7	C8

基本规则

33-12

最大容积率

在右侧所列分区中,在任何区划地块上的任何房屋,最大容积率不应超过本条规定的容积率,在下列另有规定的除外:

第 33-13 条(提供广场的楼板面积奖励);

	C1	C2	C3	C4	C5	C6	C7	C8

第三篇 商业区规则

33-12（续）

	分 区						
	C1	C2	C3	C4	C5	C6	C7	C8
	C1	C2	C3	C4	C5	C6	C7	C8

第 33-14 条（提供连接广场的开敞区域的楼板面积奖励）；

第 33-15 条（提供敞廊的楼板面积奖励）；

第 33-16 条（提供前院的楼板面积奖励）；

第 33-17 条（被分区边界线划分的区划地块的特别规定）。

在确定容积率时，任何给定的地块面积仅算一次。

不管本决议案任何其他规定如何，最大容积率不应超过该值以上 20%。

33-121

由居住区体位规则管理的分区上的体位规则

在右侧所列分区中，商业或社团设施房屋的最大容积率是由居住区规则来决定，这类设施在区划图上标示在居住区的商业区中，它们的最大容积率不应超过下表的规定：

C1-1	C2-1
C1-2	C2-2
C1-3	C2-3
C1-4	C2-4
C1-5	C2-5

最大容积率

分区	商厦	社团设施房屋	同时用于商业与社团设施用途的房屋
R1	1.00	1.00	1.00
R2	1.00	1.00	1.00
R3	1.00	1.00	1.00
R4	1.00	2.00	2.00
R5	1.00	2.00	2.00
R6	2.00	4.80	4.80
R7-1	2.00	4.80	4.80

第 3 章　商业区中商业或社团设施房屋的体位规则

	分 区						
	C1	C2	C3	C4	C5	C6	C7	C8

33-121（续）

分区	商厦	社团设施房屋	同时用于商业与社团设施用途的房屋
R7-2	2.00	6.50	6.50
R8	2.00	6.50	6.50
R9	2.00	10.00	10.00
R10	2.00	10.00	10.00

在同时用于商业用途和社团设施用途的房屋中，用于商业用途的总楼板面积不应超过商厦许可的值。

33-122

在其他所有商业区中的商厦

在右侧所列分区中，商厦的最大容积率不超过下表所列的容积率：

C1-6　C2-6　C3　C4　C5　C6　C7　C8
C1-7　C2-7
C1-8　C2-8
C1-9

最大容积率							
0.5			C3				
1.00				C4-1				C8-1
2.00	C1-6　C2-6 C1-7　C2-7 C1-8　C2-8 C1-9						C7	C8-2 C8-3
3.40				C4-2 C4-3 C4-4 C4-5 C4-6				
4.00					C5-1			
5.00								C8-4

第三篇 商业区规则

33-122（续）

最大容积率	分 区							
	C1	C2	C3	C4	C5	C6	C7	C8
6.00						C6-1 C6-2 C6-3		
10.00				C4-7	C5-2 C5-4	C6-4 C6-5		
15.00					C5-3	C6-6 C6-7		

33-123

在其他所有商业区中的社团设施房屋或同时用于社团设施和商业用途的房屋

在右侧所列分区中，社团设施房屋或同时用于社团设施和商业用途的房屋的最大容积率不超过下表所列的容积率：

	C1	C2	C3	C4	C5	C6	C7	C8
	C1-6 C1-7 C1-8 C1-9	C2-6 C2-7 C2-8	C3	C4	C5	C6	C7	C8

最大容积率	C1	C2	C3	C4	C5	C6	C7	C8
1.00			C3					
2.00				C4-1			C7	
2.40								C8-1
4.80				C4-2 C4-3				C8-2
6.50	C1-6 C1-7	C2-6		C4-4 C4-5		C6-1 C6-2		C8-3 C8-4
10.00	C1-8 C1-9	C2-7 C2-8		C4-6 C4-7	C5-1 C5-2 C5-4	C6-3 C6-4 C6-5		
15.00					C5-3	C6-6 C6-7		

在同时用于商业用途和社团设施用途的房屋中，用于商业用途的总楼板面积不应超过第33-122款中许可给商厦的值。

第 3 章　商业区中商业或社团设施房屋的体位规则

	分　区						
C1	C2	C3	C4	C5	C6	C7	C8

补充规则

33-13
提供广场的楼板面积奖励

33-131
在特定商业区中的商厦

在右侧所列分区中，在区划地块上每提供 1 平方英尺的广场或广场的一部分，根据第 33-12 条（最大容积率）的规定，在该区划地块上商厦许可的总楼板面积可以增加的面积如下表所示：

楼板面积奖励

每平方英尺的广场所许可的额外楼板面积（平方英尺）	C1	C2	C3	C4	C5	C6	C7	C8
				C4-7	C5-2 C5-3 C5-4	C6		
10					C5-3	C6-6 C6-7		
6				C4-7	C5-2 C5-4	C6-4 C6-5		
4						C6-1 C6-2 C6-3		

33-132
在 C1 或 C2 区中由周边 R9 或 R10 区管理体位的社团设施房屋

在右侧所列分区中，当在区划图上标示在 R9 或 R10 区中时，每提供 1 平方英尺的广场或广场的一部分，根据第 33-12 条（最大容积率），可以使在该区划地块上的社团设施房屋或同时用于商业和社团设施用途的房屋许可的总楼板面积增加 6 平方英尺。

C1	C2	C3	C4	C5	C6	C7	C8
C1-1 C1-2 C1-3 C1-4 C1-5	C2-1 C2-2 C2-3 C2-4 C2-5						

33-133
在其他指定的商业区中的社团设施房屋

在右侧所列分区中,在区划地块上每提供 1 平方英尺的广场或广场的一部分,根据第 33-12 条(最大容积率),在该区划地块上的社团设施房屋或同时用于商业和社团设施用途的房屋许可的总楼板面积可以增加的面积如下表所示:

	分区						
C1	C2	C3	C4	C5	C6	C7	C8
C1-8 C1-9	C2-7 C2-8		C4-6 C4-7	C5	C6		

楼板面积奖励

每平方英尺的广场所许可的额外楼板面积(平方英尺)	C1	C2	C3	C4	C5	C6	C7	C8
10					C5-3	C6-6 C6-7		
6	C1-8 C1-9	C2-7 C2-8		C4-6 C4-7	C5-1 C5-2 C5-4	C6-3 C6-4 C6-5		
4						C6-1 C6-2		

33-14
提供连接广场的开敞空间的楼板面积奖励

33-141
在特定商业区中的商厦

在右侧所列分区中,如果提供连接广场的开敞区域,这个区域从其最低点到天空之间没有障碍物,且最小尺寸为 40 英尺,并连接两个广场或一个广场和一条街道,每平方英尺这样的开敞区域可以视作第 33-131 款(特定商业区中的商厦)中的广场,根据第 33-12 条(最大容积率),该区划地块上的商厦许可的总楼板面积可以增加相应的奖励。

在该开敞空间中许可的障碍物应等同于

C1	C2	C3	C4	C5	C6	C7	C8
			C4-7	C5-2 C5-3 C5-4	C6		

第3章 商业区中商业或社团设施房屋的体位规则

	分 区						
C1	C2	C3	C4	C5	C6	C7	C8

33-141（续）

第33-23条（规定的院或等效后院中许可的障碍物）所列的内容。

			C4-7	C5-2 C5-3 C5-4	C6		

33-142

在 C1 或 C2 区中由周边 R9 或 R10 区管理体位的社团设施房屋

在右侧所列分区中，当在区划图上标示在 R9 或 R10 区中时，第 33-141 款（在特定商业区中的商厦）的规定应适用于社团设施房屋或同时用于商业和社团设施用途的房屋。

C1-1	C2-1
C1-2	C2-2
C1-3	C2-3
C1-4	C2-4
C1-5	C2-5

33-143

在其他指定的商业区中的社团设施房屋

在右侧所列分区中，第 33-141 款（在特定商业区中的商厦）的规定应适用于社团设施房屋或同时用于商业和社团设施用途的房屋。

C1-8	C2-7		C4-6	C5	C6		
C1-9	C2-8		C4-7				

33-15
提供敞廊的楼板面积奖励

33-151

在特定商业区中的商厦

在右侧所列分区中，在区划地块上每提供 1 平方英尺的敞廊，根据第 33-12 条（最大容积率），在该区划地块上的商厦许可的总楼板面积可以增加的面积如下表所示：

			C4-7	C5-2 C5-3 C5-4	C6		

33-151（续）

楼板面积奖励

每平方英尺敞廊许可的额外楼板面积（平方英尺）	C1	C2	C3	C4	C5	C6	C7	C8
				C4-7	C5-2 C5-3 C5-4	C6		
3				C4-7	C5-2 C5-3 C5-4	C6-4 C6-5 C6-6 C6-7		
2						C6-1 C6-2 C6-3		

33-152

在 C1 或 C2 区中由周边 R9 或 R10 区管理体位的社团设施房屋

在右侧所列分区中，当在区划图上标示在 R9 或 R10 区中时，每提供 1 平方英尺敞廊，根据第 33-12 条（最大容积率），在该区划地块上的社团设施房屋或同时用于商业和社团设施用途的房屋许可的总楼板面积可以增加 3 平方英尺。

C1-1	C2-1
C1-2	C2-2
C1-3	C2-3
C1-4	C2-4
C1-5	C2-5

33-153

在其他指定的商业区中的社团设施房屋

在右侧所列分区中，在区划地块上每提供 1 平方英尺敞廊，根据第 33-12 条（最大容积率），在该区划地块上的社团设施房屋或同时用于商业和社团设施用途的房屋许可的总楼板面积可以增加的楼板面积如下表所示：

C1-8 C1-9	C2-7 C2-8	C4-6 C4-7	C5	C6

第3章 商业区中商业或社团设施房屋的体位规则

33-153（续）

	分 区							
	C1	C2	C3	C4	C5	C6	C7	C8
	C1-8 C1-9	C2-7 C2-8		C4-6 C4-7	C5	C6		

楼板面积奖励

每平方英尺的敞廊所许可的额外楼板面积（平方英尺）

	C1	C2	C3	C4	C5	C6	C7	C8
3	C1-8 C1-9	C2-7 C2-8		C4-6 C4-7	C5	C6-3 C6-4 C6-5 C6-6 C6-7		
2						C6-1 C6-2		

33-16
提供前院的楼板面积奖励

33-161
在分区中由居住区体位规则管理的体位

在右侧所列分区中，当在区划图上标示为 R1、R2、R3、R4 或 R5 区中的任何区划地块上提供的院符合本条的规定，根据第 33-12 条（最大容积率），社团设施房屋或部分用于商业用途和部分用于社团设施用途的房屋许可的最大容积率可以增加至如本条末表格所示的容积率，条件如下：

C1-1　C2-1
C1-2　C2-2
C1-3　C2-3
C1-4　C2-4
C1-5　C2-5

（a）在内部地块上，提供一个进深不少于 30 英尺的前院。

（b）在转角地块上，提供两个进深各不少于 20 英尺的前院。

（c）在穿越地块上，沿着每条地块前边线提供一个进深不少于 30 英尺的前院。

最大容积率	
当在区划图上标示在 R1、R2 或 R3 区中	1.60
当在区划图上标示在 R4、R5 区中	2.40

第三篇　商业区规则

	分　区							
	C1	C2	C3	C4	C5	C6	C7	C8
33-162 其他特定的商业区 在右侧所列分区中，第33-161款的规定也应适用于下表：			C3	C4-1			C7	

最大容积率							
1.60			C3					
2.40				C4-1			C7	

适用于特别情况的规则

33-17

由分区边界线划分的区划地块的特别规定

	C1	C2	C3	C4	C5	C6	C7	C8
在右侧所列分区中，当两个有不同最大容积率的分区的边界划分了一个区划地块时，该区划地块应适用于第七篇第7章。	C1	C2	C3	C4	C5	C6	C7	C8

33-20 院规则

33-21

定义（重复第12-10款）

院

"院"是区划地块中开敞的且从最低点到天空之间没有障碍物的任意部分；它沿着地块线全长扩展，以及从地块线开始扩展至适用的分区条例所规定的进深或宽度。

院，前

"前院"是沿着地块前边线全长扩展的院。

在转角地块上，沿着街道边线全线扩展的任何院都应视为前院。

院，后

"后院"是沿着地块后边线全长扩展的院。

等效院，后

"等效后院"是可以要求设置在穿越地块中的，替代所要求的后院的开敞区域。

院，侧

"侧院"是沿着地块侧边线从要求的前院（或如不要求前院，则从地块前边线）到要求的后院（或如不要求后院，则到地块后边线）全线扩展的院。在转角地块上，不是前院的任何院都应视为侧院。

一般规定

32-22

院的标高

在所有商业区中，院或等效后院的标高不应高于路沿石标高。但是，本条的规定不能被解释为，为了符合该规定而要求改变自然地形高度。

在任何规定的院或等效后院的地面以上不应建设房屋或其他构筑物，第33-23条（规定的院或等效后院中许可的障碍物）中另有规定的除外。

33-23
规定的院或等效后院中许可的障碍物

在所有商业区中，下列情况在规定的院或等效后院中不应视作障碍物：

（a）在任何院或等效后院中：

（1）凉亭和格架；

（2）雨篷或顶篷；

（3）烟囱，伸入规定的院或等效后院不超过3英尺，且不超过院或等效后院面积的2%；

（4）屋檐、排水沟或落水管伸入到该院或等效后院不超过16英寸或该院或等效后院的宽度的20%，两者取较小距离；

（5）栅栏；

（6）旗杆；

（7）开敞的辅助性的路外停车位；

（8）开敞平台或门廊；

（9）台阶；

（10）高度不超过8英尺，且没有盖顶或不是房屋的一部分的墙。

（b）在任何后院或等效后院：

（1）辅助性的路外停车位，但位于要求的后院或等效后院中用于此目的的辅助性的房屋的高度不超过路沿石标高以上23英尺；

（2）用于非居住的任何许可的用途的任何房屋或房屋的部分，但是包含用于起居或睡眠目的的房间（医院内用于照顾或治疗病人的房间除外）的任何房屋的部分不应为许可的障碍物，且该房屋高度除地下层外不应超过一层，在任何情况下也不应超过路沿石标高以上23英尺；

（3）有屋顶的走廊；

（4）消防通道；

（5）休闲场地或晒场设备；

（6）不围蔽的阳台，符合第24-175款（阳台）的规定。

但是，等效后院中同时是要求的前院或要求的侧院的部分不可以包含任何在该前院或侧院中不许可的障碍物。

33-24
院宽度或进深的测量

在所有商业区中，院或等效后院的宽度或进深应当垂直于地块线测量。

基本规则

33-25
侧院的最低要求

在右侧所列分区中，不要求有侧院。但是，如果沿地块侧边线提供了一处开敞区域，那么侧院的宽度应至少为8英尺宽。

分 区							
C1	C2	C3	C4	C5	C6	C7	C8
C1	C2	C3	C4	C5	C6	C7	C8

第三篇 商业区规则

	分区							
	C1	C2	C3	C4	C5	C6	C7	C8

33-26

后院的最低要求

在右侧所列分区中，任何区划地块上应提供一个进深不少于 20 英尺的后院，转角地块及在第 33-27 条（浅进深内部地块的特别规定）、第 33-28 条（穿越地块的特别规定）或第 33-30 节（后院的其他特别规定）中另有规定的除外。

C1	C2	C3	C4	C5	C6	C7	C8

适用于特别情况的规则

33-27

浅进深内部地块的特别规定

在右侧所列分区中，完全由一块土地构成的符合以下情况的内部地块：

（a）在本决议案生效日及申请建筑许可日前，与所有其他相连的土地的所有权是分离且独立的；且

（b）任何一点的进深少于 70 英尺，

在此类区划地块的最大进深比 70 英尺每少 2 英尺，该内部地块上的要求的后院进深可以减少 1 英尺。进深少于或等于 50 英尺的任何内部地块不要求有后院。

C1	C2	C3	C4	C5	C6	C7	C8

33-28

穿越地块的特别规定

在右侧所列分区中，本条的规定应适用于穿越地块，但是在一个区划地块占用整个街区的情况下，不要求有后院或等效后院。

C1	C2	C3	C4	C5	C6	C7	C8

第 3 章　商业区中商业或社团设施房屋的体位规则

	分 区						
C1	C2	C3	C4	C5	C6	C7	C8

33-281

例外的分区

　　在右侧所列分区中，任何穿越地块不适用后院规则，在第 33-303 款（对穿越地块部分的规定）另有规定的除外。

			C4-2 C4-3 C4-4 C4-5 C4-6 C4-7	C5	C6		C8-4

33-282

例外的穿越地块

　　在右侧所列分区中，街道与街道之间的最大进深少于110英尺的穿越地块不适用后院规则。

C1	C2	C3	C4-1			C7	C8-1 C8-2 C8-3

33-283

要求的等效后院

　　在右侧所列分区中，在街道与街道之间的最大进深大于或等于110英尺的穿越地块上，至少提供一个符合下列要求的等效后院：

C1	C2	C3	C4-1			C7	C8-1 C8-2 C8-3

　　（a）提供了最小进深为 40 英尺的开敞区域，这个区域接壤临近的后院；如果没有这样的后院，就在两个街道边线的中间线（或距离中间线 5 英尺以内）与地块前边线之间提供一个最小进深为40英尺的开敞区域；

　　（b）两个开敞区域，每个紧邻街道边线且沿街道边线全长延伸，每个从该街道边线测量的最小进深为 20 英尺；或

　　（c）提供紧邻且沿每条地块侧边线全长延伸的开敞区域，开敞区域距离地块侧边线的最小进深为 20 英尺。

　　任意此类等效后院，从其最低点到天空之间不应有障碍物，第 33-23 条（规定的后院

第三篇 商业区规则

	分 区						
	C1	C2	C3	C4	C5	C6	C7	C8

33-283（续）

或等效后院中许可的障碍物）中另有规定的除外。

C1	C2	C3	C4-1		C7	C8-1
						C8-2
						C8-3

33-29
沿分区边界线适用的特别规定

33-291
与 R1、R2、R3、R4 或 R5 区中的地块侧边线重合的分区边界线的规定的院

在右侧所列分区中，当商业区的边界与 R1、R2、R3、R4 或 R5 区中的区划地块的地块侧边线重合时，应在商业区内沿该重合部分提供不高于路沿石标高的、最小宽度或进深符合下表的一个开敞区域。该开敞区域不应用于辅助性的路外装卸泊位或任何类型的储存或加工。

规定的院的宽度或进深（英尺）								
8	C1	C2	C3	C4	C5	C6	C7	
15								C8

第 33-291 款示意图

第 3 章 商业区中商业或社团设施房屋的体位规则

分区							
C1	C2	C3	C4	C5	C6	C7	C8

33-292

与两个相邻区划地块的地块后边线重合的分区边界线的规定的院

在右侧所列分区中,当商业区中的区划地块的地块后边线与相邻的居住区中的区划地块的地块后边线重合时,应在商业区内沿该重合边线部分提供最大高度符合下表的一个开敞区域。该开敞区域不能用于任何类型的储存或加工。

C1	C2	C3	C4	C5	C6	C7	C8

规定的院的进深

院的最大高度	进深（英尺）							
路沿石标高以上 23 英尺	30	C1	C2	C3	C4	C5	C6	C7	
路沿石标高	30								C8

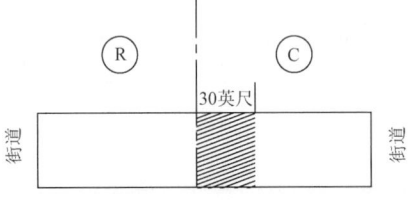

第 33-292 款示意图

33-293

与商业区中的区划地块的地块侧边线重合的分区边界线的规定的院

在右侧所列分区中,当商业区中的区划地块的地块侧边线与相邻的居住区中的区划地块的地块后边线重合时,应在商业区内沿该重合边线部分提供不高于路沿石标高的、最小宽度符合下表的一个开敞区域。该开敞区域不能用于辅助性的路外装卸泊位或任何类型的储存或加工。

C1	C2	C3	C4	C5	C6	C7	C8

211

	分 区							
33-293（续）	C1	C2	C3	C4	C5	C6	C7	C8
	C1	C2	C3	C4	C5	C6	C7	C8
规定的院的宽度（英尺）								
8	C1	C2	C3	C4	C5	C6	C7	
15								C8

第 33-293 款示意图

33-30

后院的其他特别规定

在右侧所列分区中，第 33-26 条（后院的最低要求）中的后院要求应根据本条内容修改。　C1　C2　C3　C4　C5　C6　C7　C8

33-301

距离转角 100 英尺以内

在右侧所列分区中，在夹角少于或等于 135°的两条街道边线的交点 100 英尺以内不应要求有后院。　C1　C2　C3　C4　C5　C6　C7　C8

33-302

沿街区的短边

在右侧所列分区中，当区划地块地块前边线与整条或部分街道边线重合，且该街道边线与另外两条街道的交点之间的长度少于　C1　C2　C3　C4　C5　C6　C7　C8

第3章 商业区中商业或社团设施房屋的体位规则

	分 区						
	C1	C2	C3	C4	C5	C6	C7	C8

33-302（续）

220 英尺，地块前边线 100 英尺以内不应要求有后院。

	C1	C2	C3	C4	C5	C6	C7	C8

33-303
对穿越地块部分的规定

在右侧所列分区中，穿越地块中的部分地块后边线与相邻的区划地块的地块后边线重合，沿该地块后边线应当要求一个后院，且该后院应符合相同位置的内部地块要求。

	C1	C2	C3	C4	C5	C6	C7	C8

所有院

33-31
被分区边界线划分的区划地块的特别规定

在右侧所列分区中，当一个区划地块被两分区的边界线划分时，且两个分区有不同院规则，该区划地块应适用于第七篇第7章。

	C1	C2	C3	C4	C5	C6	C7	C8

33-40 高度及退缩规则

33-41
定义（重复第12-10节）

基本退缩距离

"基本退缩距离"是按照分区条例从街道边线到区划地块面向街道正面进深方向测量的水平距离。

公共场地

"公共场地"是公众所有的公园、操场、海滩、林荫道，或由公园委员会管辖或控制的道路，不在其管辖或控制下的路面上的街边公园带或林荫街道除外。

天空曝光面

"天空曝光面"是一个虚构的倾斜平面：

（a）从街道边线上（或，如有提示时，从前院线上方）以分区条例规定的高度开始；及

（b）在区划地块上以分区条例规定的竖向距离与横向距离的比值攀升。

街道，窄

"窄街道"是宽度少于75英尺的任意街道。

街道，宽

"宽街道"是宽度大于等于75英尺的任意街道。

街墙，合计宽度

在任意给定平面上的"街墙合计宽度"是距离

街道边线50英尺以内的房屋所有街墙的最大宽度的总和。从街道上方直视，从街墙向街道边线画垂线，垂线覆盖的街道边线的长度就是街墙的宽度。

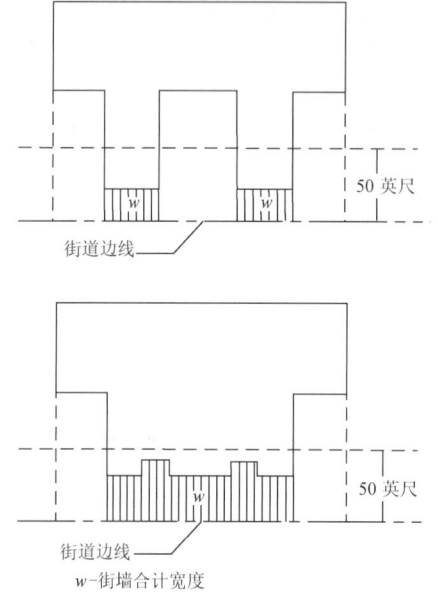

第33-41条街墙合计宽度图示

一般规定

33-42

许可的障碍物

在所有商业区中，下列情况不应视作障碍物，因此可以穿过在第33-43条（前边墙及要求的前边退缩的最大高度）或第33-44条（替代前边退缩）

规定的最大高度限制或天空曝光面：

（a）烟囱或烟道，在任何基准线下，总宽度不超过房屋的街墙合计宽度的10%；

（b）电梯或楼梯顶墙、屋顶水箱或冷却塔（包括外壳），每个的街墙合计宽度不超过30英尺。但是，此类障碍物面向每条街道界面的街墙合计宽度（英尺），乘以它们的平均高度（英尺）得出的结果（平方英尺），不应超过房屋面向该界面的街墙宽度的四倍；

（c）旗杆或天线；

（d）装饰的教堂塔，穿过该最大高度限制或天空曝光面的部分没有楼板面积；

（e）不高于4英尺的女儿墙；

（f）尖塔或钟塔；

（g）金属线、锁链或其他透明围栏；

（h）不围蔽的阳台，符合第24-175款（阳台）的规定。

在第33-43条、第33-44条或第33-45条（塔规则）中规定的基本退缩距离、选择性的前边开敞区域或任何其他要求的退缩距离或开敞区域中，总宽度不超过房屋街墙合计宽度的20%、进深不超过12英寸的建筑柱子是许可的障碍物。

基本规定

33-43

前边墙的最大高度及要求的前边退缩

在右侧所列分区中，如果前边墙或房屋或其他构筑物的其他部分位于街道边线上，或在本条规定的基本退缩距离中，该前边墙

	分 区						
	C1	C2	C3	C4	C5	C6	C7	C8
	C1	C2	C3	C4	C5	C6	C7	C8

第3章 商业区中商业或社团设施房屋的体位规则

	分区						
	C1	C2	C3	C4	C5	C6	C7	C8
	C1	C2	C3	C4	C5	C6	C7	C8

33-43（续）

或房屋或其他构筑物的其他部分不应超过本条规定的最大高度（路沿石标高以上）。高于此特定的最大高度及在基本退缩距离以外，房屋或其他构筑物不应穿透本条规定的天空曝光面。第33-42条（许可的障碍物）、第33-44条（替代前边退缩）或第33-45条（塔规则）中另有规定的除外。

33-431

在 C1 或 C2 区中由居住区体位规则管理的体位

在右侧所列分区中，在区划图上标示在居住区的商业区中，房屋或其他构筑物的前边墙最大高度及要求的前边退缩是由居住区规则决定的，应符合下表的规定，本条中另有规定的除外。

C1-1	C2-1
C1-2	C2-2
C1-3	C2-3
C1-4	C2-4
C1-5	C2-5

前边墙的最大高度及要求的前边退缩

基本退缩距离（英尺）		基本退缩距离内的前边墙或其他房屋部分的最大高度	天空曝光面				
			街道边线上的高度（英尺）	区划地块上的坡度（竖向距离与横向距离的比值）			
				窄街道		宽街道	
窄街道	宽街道			竖向距离	横向距离	竖向距离	横向距离
当在区划图上标示在 R1、R2、R3、R4 或 R5 区中						C1-1	C2-1
						C1-2	C2-2
						C1-3	C2-3
						C1-4	C2-4
20	15	30英尺或两层，取较小值	30	1:1		1:1	
						C1-5	C2-5

33-431（续）

		分 区							
		C1	C2	C3	C4	C5	C6	C7	C8

基本退缩距离（英尺）		基本退缩距离内的前边墙或其他房屋部分的最大高度	天空曝光面					分区	
				街道边线上的高度（英尺）	区划地块上的坡度（竖向距离与横向距离的比值）					
					窄街道		宽街道			
窄街道	宽街道			竖向距离	横向距离	竖向距离	横向距离	C1	C2
当在区划图上标示在R6或R7区中									
20	15	60英尺或四层，取较小值	60	2.7:1		5.6:1		C1-1 C1-2 C1-3 C1-4 C1-5	C2-1 C2-2 C2-3 C2-4 C2-5
当在区划图上标示在R8、R9或R10区中									
20	15	85英尺或六层，取较小值	85	2.7:1		5.6:1		C1-1 C1-2 C1-3 C1-4 C1-5	C2-1 C2-2 C2-3 C2-4 C2-5

但是，根据第32-42条（房屋内用途的位置规定）的规定，用途组6A、6B、6C、6F、7、8、9或14所列的非居住用途占用商厦或该房屋的部分不可超过30英尺或两层，两者取较小值。

对于社团设施房屋或同时用于社团设施用途及商业用途的房屋，当区划图标示在R4或R5区中时，前边墙的最大高度应为35英尺或三层，两者取较小值，且在街道边线以上的高度应为35英尺，当区划图标示在R7-2区中时，前边墙的最大高度应为60英尺或六层，两者取较小值。

第3章 商业或社团设施房屋的体位规则

33-432
其他商业区

在右侧所列分区中，房屋或其他构筑物的前边墙最大高度及要求的前边退缩应符合下表的规定，本条中另有规定的除外：

分区							
C1	C2	C3	C4	C5	C6	C7	C8
C1-6 C1-7 C1-8 C1-9	C2-6 C2-6 C2-7 C2-8	C3	C4	C5	C6	C7	C8

前边墙的最大高度及要求的前边退缩

基本退缩距离（英尺）		基本退缩距离内的前边墙或其他房屋部分的最大高度	天空曝光面									
			街道边线上的高度（英尺）	区划地块上的坡度（竖向距离与横向距离的比值）								
				窄街道		宽街道						
窄街道	宽街道			竖向距离	横向距离	竖向距离	横向距离					
20	15	30英尺或两层，取较小值	30	1:1		1:1		C3	C4-1			C8-1
20	15	60英尺或四层，取较小值	60	2.7:1		5.6:1		C1-6　C2-6	C4-2 C4-3 C4-4 C4-5			C7	C8-2 C8-3
20	15	85英尺或六层，取较小值	85	2.7:1		5.6:1		C1-7　C2-6 C1-8　C2-7 C1-9　C2-8	C4-6 C4-7	C5	C6		C8-4

但是，根据第32-42条（房屋内用途的位置规定）的规定，在C1、C2或C3区中，用途组6A、6B、6C、6F、7、8、9或14所列的非居住用途占用商厦或该房屋的部分不可超过30英尺或两层，两者取较小值。

在C4-1或C8-1区中，对于社团设施房屋或同时用于社团设施用途及商业用途的房

第三篇 商业区规则

33-432（续）

	分 区						
C1	C2	C3	C4	C5	C6	C7	C8
C1-6	C2-6	C3	C4	C5	C6	C7	C8
C1-7	C2-6						
C1-8	C2-7						
C1-9	C2-8						

屋，前边墙的最大高度应为35英尺或三层，两者取较小值，且在街道边线以上的高度应为35英尺。

在C1-6、C2-6、C4-4或C4-5区中，对于社团设施房屋或同时用于社团设施用途及商业用途的房屋，前边墙的最大高度应为60英尺或六层，两者取较小值。

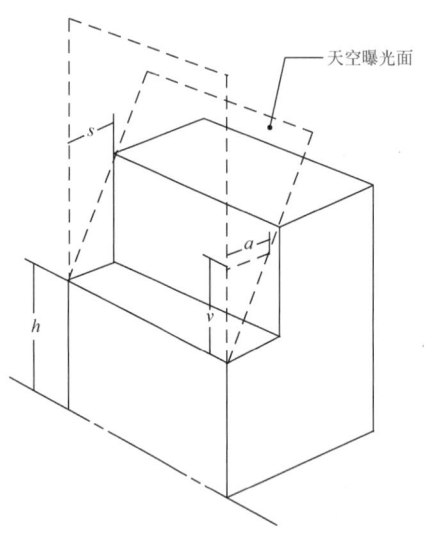

h-天空曝光面在街道边线以上的高度
s-基本退缩距离
v-竖向距离
a-横向距离

第33-432款天空曝光面示意图

33-44

替代前边退缩

在右侧所列分区中，如果沿地块前边线的全长提供了最小进深符合本条规定的开敞区域，不适用第33-43条（前边墙的最大高度及要求的前边退缩）的规定。该开敞区域的最小进深应垂直于地块前边线测量。但是，在

C1	C2	C3	C4	C5	C6	C7	C8

第 3 章　商业区中商业或社团设施房屋的体位规则

分 区							
C1	C2	C3	C4	C5	C6	C7	C8
C1	C2	C3	C4	C5	C6	C7	C8

33-44（续）

这种情况下，任何房屋或其他构筑物不能伸入本条规定的替代的天空曝光面，且天空曝光面应从街道边线上的点开始测量，第 33-42 条（许可的障碍物）或第 33-45 条（塔规则）另有规定的除外。

如果根据本条规定提供的开敞区域是广场，该开敞区域可以根据第 33-13 条（提供广场的楼板面积奖励）的规定计入广场的奖励。

33-441

在 C1 或 C2 区中由居住区体位规则管理的体位

在右侧所列分区中，在区划图上标示在居住区的商业区中，房屋或其他构筑物的替代前边退缩是由居住区决定的，应符合下表的规定，本款中另有规定的除外：

C1-1	C2-1
C1-2	C2-2
C1-3	C2-3
C1-4	C2-4
C1-5	C2-5

替代要求的前边退缩

选择性前边开敞区域进深（英尺）		替代的天空曝光面				
		街道边线上的高度（英尺）	区划地块上的坡度（竖向距离与横向距离的比值）			
			窄街道		宽街道	
窄街道	宽街道		竖向距离	横向距离	竖向距离	横向距离
当在区划图上标示在 R1、R2、R3、R4 或 R5 区中						
15	10	30	1.4:1		1.4:1	

C1-1	C2-1
C1-2	C2-2
C1-3	C2-3
C1-4	C2-4
C1-5	C2-5

第三篇 商业区规则

33-441（续）

			分 区						
			C1	C2	C3	C4	C5	C6	C7	C8

选择性前边开敞区域进深（英尺）		替代的天空曝光面											
		街道边线上的高度（英尺）	区划地块上的坡度（竖向距离与横向距离的比值）										
			窄街道		宽街道								
窄街道	宽街道		竖向距离	横向距离	竖向距离	横向距离							
当在区划图上标示在 R6 或 R7 区中					C1-1 C1-2 C1-3 C1-4 C1-5	C2-1 C2-2 C2-3 C2-4 C2-5						
15	10	60	3.7:1		7.6:1								
当在区划图上标示在 R8、R9 或 R10 区中					C1-1 C1-2 C1-3 C1-4 C1-5	C2-1 C2-2 C2-3 C2-4 C2-5						
15	10	85	3.7:1		7.6:1								

但是，根据第 32-42 条（房屋内用途的位置规定）的规定，用途组 6A、6B、6C、6F、7、8、9 或 14 所列的非居住用途占用商厦或该房屋的部分不可超过 30 英尺或两层，两者取较小值。

对于社团设施房屋或同时用于社团设施用途及商业用途的房屋，当区划图标示在 R4 或 R5 区中时，在街道边线以上的高度应为 35 英尺。

33-442

其他商业区

在右侧所列分区中，替代前边退缩规则适用的房屋或其他构筑物应符合下表的规定：

C1-6 C1-7 C1-8 C1-9	C2-6 C2-6 C2-7 C2-8	C3	C4	C5	C6	C7	C8

第3章 商业区中商业或社团设施房屋的体位规则

33-442（续）						分 区							
						C1	C2	C3	C4	C5	C6	C7	C8
替代要求的前边退缩						C1-6 C1-7 C1-8 C1-9	C2-6 C2-6 C2-7 C2-8	C3	C4	C5	C6	C7	C8

选择性前边开敞空间的进深（英尺）		街道边线上的高度（英尺）	天空曝光面				分区						
			区划地块上的坡度（竖向距离与横向距离的比值）										
			窄街道		宽街道								
窄街道	宽街道		竖向距离	横向距离	竖向距离	横向距离							
15	10	30	1.4:1		1.4:1				C3	C4-1			C8-1
15	10	60	3.7:1		7.6:1		C1-6	C2-6		C4-2 C4-3 C4-4 C4-5		C7	C8-2 C8-3
15	10	85	3.7:1		7.6:1		C1-7 C1-8 C1-9	C2-7 C2-8		C4-6 C4-7	C5	C6	C8-4

但是，根据第32-42条（房屋内用途的位置规定）的规定，用途组6A、6B、6C、6F、7、8、9或14所列的非居住用途占用商厦或该房屋的部分不可超过30英尺或两层，两者取较小值。

在C4-1或C8-1区中，对于社团设施房屋或同时用于社团设施用途及商业用途的房屋，在街道边线以上的最大高度应为35英尺或三层，两者取较小值。

第三篇 商业区规则

分区							
C1	C2	C3	C4	C5	C6	C7	C8
C1-6	C2-6	C3	C4	C5	C6	C7	C8
C1-7	C2-6						
C1-8	C2-7						
C1-9	C2-8						

33-442（续）

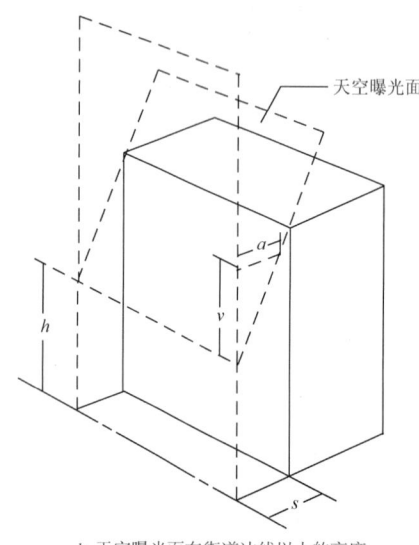

h-天空曝光面在街道边线以上的高度
s-选择性前边开敞空间的进深
v-竖向距离
a-横向距离

第33-442款替代的天空曝光面示意图

补充规则

33-45
塔规则

33-451
在特定商业区中的商厦

在右侧所列分区中，任何房屋或房屋组或房屋的部分总占地面积不超过区划地块的地块面积的40%，或在少于20 000平方英尺的区划地块上，所占地块面积的比例符合第33-454款（小型地块上的塔）的规定，可以穿过规定的天空曝光面（该房屋或房屋的部分在下文简称为塔）。但是，在任意平面上，该塔应根据下列要求从街道边线退缩，在第33-455款（由两条或多条街道围合的地块上

C4-7	C5-2	C6
	C5-3	
	C5-4	

第 3 章　商业区中商业或社团设施房屋的体位规则

分　区							
C1	C2	C3	C4	C5	C6	C7	C8
			C4-7	C5-2 C5-3 C5-4	C6		

33-451（续）

的塔的替代规定）或第 33-456 款（由两条或多条街道围合的地块上的替代退缩规定）中另有规定的除外：

（a）在窄街道上，退缩距离至少为塔所在的平面上街墙合计宽度的三分之一，但该退缩距离不需超过 50 英尺。

（b）在宽街道上，退缩距离至少为塔所在平面上街墙合计宽度的四分之一，但该退缩距离不需超过 40 英尺。

如果该塔所属的房屋在任意平面的占地不超过本款或第 33-454 款规定的地块面积的最大百分比，在本款（a）及（b）中要求的退缩可以各减少 5 英尺，但是，缩减后的进深不应少于 20 英尺。

符合第 24-175 款（阳台）规定的开敞阳台伸入或处在塔未占据的开敞空间是许可的。

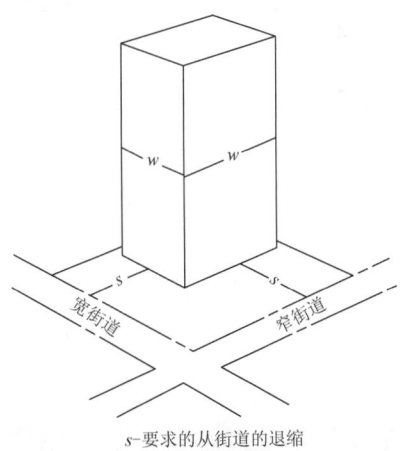

s-要求的从街道的退缩
w-街墙的总宽度

第 33-451 款塔的示意图

	分 区						
	C1	C2	C3	C4	C5	C6	C7	C8

33-452

在区划图上标示在 R7-2、R8、R9 或 R10 区中的 C1 或 C2 区中的社团设施房屋

在右侧所列分区中，在区划图上标示在 R7-2、R8、R9 或 R10 区中，第 33-451 款（在特定商业区中）的规定应适用于任何社团设施房屋或同时用于社团设施和商业用途的房屋。

	C1	C2	C3	C4	C5	C6	C7	C8
	C1-1	C2-1						
	C1-2	C2-2						
	C1-3	C2-3						
	C1-4	C2-4						
	C1-5	C2-5						

33-453

在特定商业区中的社团设施房屋

在右侧所列分区中，第 33-451 款（在特定商业区中）的规定应适用于任何社团设施房屋或同时用于社团设施和商业用途的房屋。

C1	C2	C3	C4	C5	C6	C7	C8
C1-6	C2-6		C4-4	C5-1			C8-3
C1-7	C2-7		C4-5				C8-4
C1-8	C2-8		C4-6				
C1-9							

33-454

小型地块上的塔

在右侧所列分区中，第 33-451 款、第 33-452 款或第 33-453 款许可的塔可以占用的区划地块的地块面积比例如下表所示：

C1	C2	C3	C4	C5	C6	C7	C8
C1	C2		C4-4	C5	C6		C8-3
			C4-5				C8-4
			C4-6				
			C4-7				

小型区划地块塔的地块覆盖范围

区划地块面积（平方英尺）	地块覆盖范围的最大百分比（%）
10 500 或以下	50
10 501~11 500	49
11 501~12 500	48
12 501~13 500	47
13 501~14 500	46

第3章 商业区中商业或社团设施房屋的体位规则

33-454（续）

区划地块面积 （平方英尺）	地块覆盖范围的最 大百分比（%）
14 501~15 500	45
15 501~16 500	44
16 501~17 500	43
17 501~18 500	42
18 501~19 999	41

分 区						
C1	C2	C3	C4	C5	C6	C7	C8
C1	C2		C4-4 C4-5 C4-6 C4-7	C5	C6		C8-3 C8-4
				C5-3	C6-6 C6-7		

33-455

由两条或多条街道围合的地块，这种地块上塔的替代规则

在右侧所列分区中，如果一个区划地块由至少两条街道边线围合，塔可以占用的区划地块的地块面积的百分比如本款的规定，但是在该区划地块上的任何房屋及房屋的部分，包括该塔，应根据本款的规定从街道边线退缩。

（a）该房屋容积率比第 33-12 条（最大容积率）、第 33-13 条（提供广场的楼板面积奖励）、第 33-14 条（提供连接广场的开敞区域的楼板面积奖励）或第 33-15 条（提供敞廊的楼板面积奖励）许可的容积率每少 0.1，则该塔可以占用的地块面积的最大百分比应在 40% 的基础上多 0.5%。依据本款规定建造的塔，或被该塔占用的区划地块上的房屋或房屋组的最大地块覆盖范围应为该区划地块的地块面积的 55%。

分 区							
C1	C2	C3	C4	C5	C6	C7	C8
				C5-3	C6-6 C6-7		

33-455（续）

（b）在所有高度上，包括地面层，该房屋从街道边线的退缩应符合下列要求：

（1）在窄街道，退缩距离至少等于塔的街墙合计宽度乘以一个分数，该分数的分子为 1，该房屋容积率比第 33-12 条、第 33-13 条、第 33-14 条或第 33-15 条许可的容积率每少 0.1，则该分数的分母在 3.0 的基础上加 0.0667，但该分数不应少于五分之一，退缩距离也不需要超过 45 英尺。

（2）在宽街道，退缩距离至少等于塔的街墙合计宽度乘以一个分数，该分数的分子为 1，该房屋容积率比第 33-12 条、第 33-13 条、第 33-14 条或第 33-15 条许可的容积率每少 0.1，则该分数的分母在 4.0 的基础上加 0.1，但该分数不应少于七分之一，退缩距离也不需要超过 35 英尺。

（c）如果一个区划地块占据了整个街区，在围合区划地块的宽街道上的退缩距离比本条（b）中要求的退缩距离每增加 6 英尺，则在围合区划地块的窄街道上的本条（b）中规定的最大退缩距离 45 英尺可以减少 1 英尺，但是窄街道上因此减少后的退缩距离不应少于 35 英尺或塔的街墙合计宽度的十分之一，两者取较大值。

（d）宽街道上根据（c）提供的额外退缩距离可以全部都在一条宽街道上，或者分成任意比例置于任何两条围合区划地块的宽街道上。

（e）不管本条任何其他规定，根据本款

第3章 商业区中商业或社团设施房屋的体位规则

	分 区						
C1	C2	C3	C4	C5	C6	C7	C8

33-455（续）

				C5-3	C6-6		
					C6-7		

的规定修建的房屋或房屋的部分从窄街道的街道边线的退缩距离不应少于25英尺，或从宽街道的街道边线的退缩距离不应少于15英尺。

33-456

由两条或多条街道围合的地块上的替代退缩规则

在右侧所列分区中，如果一个区划地块由至少两条街道边线围合，占用地块面积的百分比不超过第33-451款（在特定商业区中的商厦）或第33-454款（小型地块上的塔）的规定的塔可以从街道边线按如下规定退缩：

				C5-3	C6-6		
					C6-7		

（a）在窄街道，退缩距离至少等于塔的街墙合计宽度乘以一个分数，该分数的分子为1，该房屋容积率比第33-12条、第33-13条、第33-14条或第33-15条许可的容积率每少0.1，则该分数的分母在3.0的基础上加0.0333，但该分数不应少于五分之一，退缩距离也不需要超过45英尺。

（b）在宽街道，退缩距离至少等于塔的街墙合计宽度乘以一个分数，该分数的分子为一，该房屋容积率比第33-12条、第33-13条、第33-14条或第33-15条许可的容积率每少0.1，则该分数的分母在4.0的基础上加0.05，但该分数不应少于七分之一，退缩距离也不需要超过35英尺。

33-456（续）

	分 区						
C1	C2	C3	C4	C5	C6	C7	C8
				C5-3	C6-6 C6-7		

（c）不管本条任何其他规定，根据本款的规定修建的房屋或房屋的部分从窄街道的街道边线的退缩距离不应少于 25 英尺，或从宽街道的街道边线的退缩距离不应少于 15 英尺。

适用于特别情况的规则

33-46
与公共场地直接相邻的区划地块的特别规定

在右侧所列分区中，在适用第 33-43 条（前边墙的最大高度及要求的前边退缩）的规定时，面积在 1~15 英亩的公共场地对于与之相邻的区划地块上的任何房屋或其他构筑物应视作宽街道。但是，本条的规定不适用于超过 75%为铺装的公共场地。

C1	C2	C3	C4	C5	C6	C7	C8

33-47
高度及退缩规则的修订

在右侧所列分区中，对在特定情况下的特定社团设施用途，标准及上诉理事会可以根据第 73-64 条（社团设施用途的修订）修改第 33-41 条到第 33-45 条中关于高度及退缩规则。

C1	C2	C3	C4	C5	C6	C7	C8

33-48
被分区边界线划分的区划地块的特别规定

在右侧所列分区中，如果区划地块被分区边界线划分，而且这些分区有不同的高度及退缩规则，或当其中一个分区适用于第

C1	C2	C3	C4	C5	C6	C7	C8

第 3 章 商业区中商业或社团设施房屋的体位规则

	分　区						
	C1 C2 C3 C4 C5 C6 C7 C8						
33-48（续）	C1 C2 C3 C4 C5 C6 C7 C8						

33-45 条（塔规则），而另一个分区不适用的时候，则应适用于第七篇第 7 章的规定。

33-50 庭规则及窗与墙或地块线之间的最小距离

基本规定

33-51

社团设施房屋的庭的最小尺寸

在右侧所列分区中，包含社团设施用途的所有房屋应当遵循下列规定：　　C1　C2　C3　C4　C5　C6　C7　C8

第 24-61 条（一般规定及适用性）；

第 24-62 条（庭的最小尺寸）；

第 24-63 条（外庭规则）；

第 24-64 条（内庭规则）；

第 24-65 条（法律规定的窗户与墙或地块线之间的最小距离）；

第 24-66 条（庭规则或距离要求的修订）；

第 24-67 条（部分用于居住用途的建筑的特别规定）。

商业区中体位规则总览

分区	最大容积率①			开敞空间率的最低要求		最小地块尺寸					院规则④			高度及退缩要求						替代规则			
						独户或两户独立住宅		其他住宅类型			后院最小进深	侧院		标准规则									
	商覆	社团设施房屋	住宅②	社团设施	住宅⑧	地块面积（平方英尺）	地块宽度（英尺）	面积（平方英尺）	宽度（英尺）	住宅或其他建筑的居房部分（英尺）	商业社或设施房屋（英尺）	如果提供开敞区域，最小宽度（英尺）	基本退缩距离（英尺）		退缩距离内前边墙体或建筑的最大高度			天空曝光面		选择性前边开敞区域的进深（英尺）		天空曝光面	
													窄街道	宽街道	（英尺）	（层）	街道上方高度（英尺）	区划地块的坡度向距离与横向距离的比值		窄街道	宽街道	街道上方高度（英尺）	区划地块上的坡度（竖向距离与横向距离的比值）
																		窄街道	宽街道			窄街道	宽街道
C1或C2，当区划图标示在如下区域																							
R1	1.00	1.00⑧	0.50	150.0		3800	40	1700	18	30	20	8	20	15	30	2	30	1:1	1:1	15	10	30	1.4:1	1.4:1
R2																								
R3																								
R4	1.00	2.00⑧	0.75	80.0		3800	40	1700	18	30	20	8	20	15	30	2	30	1:1	1:1	15	10	30	1.4:1	1.4:1
R5	1.00	2.00⑧	1.00-1.25	50.0-62.0		3800	40	1700	18	30	20	8	20	15	30⑤	2⑧	30⑤	1:1	1:1	15	10	30⑤	1.4:1	1.4:1
R6	2.00	4.80	2.00-2.40	29.5-33.0		3800	40	1700	18	30	20	8	20	15	30⑤	2⑥	30⑤	2.7:1	5.6:1	15	10	60	3.7:1	7.6:1
R7-1	2.00	4.80	2.80-3.40	18.0-21.0		3800	40	1700	18	30	20	8	20	15	60	4	60	2.7:1	5.6:1	15	10	60	3.7:1	7.6:1
R7-2	2.00	6.50	2.80-3.40	18.0-21.0		3800	40	1700	18	30	20	8	20	15	60	4⑦	60	2.7:1	5.6:1	15	10	60	3.7:1	7.6:1
R8	2.00	6.50	4.80-6.00	8.0-10.4		3800	40	1700	18	30	20	8	20	15	85	6	85	2.7:1	5.6:1	15	10	85	3.7:1	7.6:1
R9	2.00	10.00	6.50-7.50	4.2-6.2		3800	40	1700	18	30	20	8	20	15	85	6	85	2.7:1	5.6:1	15	10	85	3.7:1	7.6:1
R10	2.00	10.00	10.00	—		3800	40	1700	18	30	20	8	20	15	85	6	85	2.7:1	5.6:1	15	10	85	3.7:1	7.6:1

商业区中体位规则总览（续）

分区	最大容积率[1]			开敞空间率的最低要求		最小地块尺寸				院规则[4]		高度及退缩要求								
						独户或两户独立住宅		其他住宅类型		后院最小进深	侧院	基本退缩距离（英尺）		标准规则				替代规则		
	商厦	社团设施房屋	住宅[2]	住宅[8]		地块面积（平方英尺）	地块宽度（英尺）	面积（平方英尺）	宽度（英尺）	住宅或其他建筑的居住部分（英尺）	商业或社团设施房屋（英尺）	如果提供开敞区域，最小宽度（英尺）		退缩距离内前边墙体或建筑的最大高度		天空曝光面		选择性前边开敞区域的进深（英尺）		天空曝光面	
													窄街道	宽街道	（英尺）	（层）	街道上方高度（英尺）	区划地块上的坡度（竖向距离与横向距离的比值）		窄街道	宽街道	街道上方高度（英尺）	区划地块上的坡度（竖向距离与横向距离的比值）		
																		窄街道	宽街道				窄街道	宽街道
---	---	---	---	---	---	---	---	---	---	---	---	---	---	---	---	---	---	---	---	---	---	---	---	---
C1-6	2.00	6.50	2.80–3.40	18.0–21.0	3800	40	1700	18	30	20	8	20	15	60	4[7]	60	2.7:1	5.6:1	15	10	60	3.7:1	7.6:1
C1-7	2.00	6.50	4.80–6.00	8.0–10.4	3800	40	1700	18	30	20	8	20	15	85	6	85	2.7:1	5.6:1	15	10	85	3.7:1	7.6:1
C1-8	2.00	10.00	6.50–7.50	4.2–6.2	3800	40	1700	18	30	20	8	20	15	85	6	85	2.7:1	5.6:1	15	10	85	3.7:1	7.6:1
C1-9	2.00	10.00	10.00	—	3800	40	1700	18	30	20	8	20	15	85	6	85	2.7:1	5.6:1	15	10	85	3.7:1	7.6:1
C2-6	2.00	6.50	2.80–3.40	18.0–21.0	3800	40	1700	18	30	20	8	20	15	60	4[7]	60	2.7:1	5.6:1	15	10	60	3.7:1	7.6:1
C2-7	2.00	10.00	6.50–7.50	4.2–6.2	3800	40	1700	18	30	20	8	20	15	85	6	85	2.7:1	5.6:1	15	10	85	3.7:1	7.6:1
C2-8	2.00	10.00	10.00	—	3800	40	1700	18	30	20	8	20	15	85	6	85	2.7:1	5.6:1	15	10	85	3.7:1	7.6:1
C3	0.50	1.00	0.50	150.0	3800	40	1700	18	30	20	8	20	15	30	2	30	1:1	1:1	15	10	30	1.4:1	1.4:1
C4-1	1.00	2.00	1.00–1.25	50.0–62.0	3800	40	1700	18	30	20	8	20	15	30	2	30	1:1	1:1	15	10	30	1.4:1	1.4:1
C4-2	3.40	4.80	2.00–2.40	29.5–33.0	3800	40	1700	18	30	20	8	20	15	60	4	60	2.7:1	5.6:1	15	10	60	3.7:1	7.6:1
C4-3	3.40	4.80	2.00–2.40	29.5–33.0	3800	40	1700	18	30	20	8	20	15	60	4	60	2.7:1	5.6:1	15	10	60	3.7:1	7.6:1
C4-4	3.40	6.50	2.80–3.40	18.0–21.0	3800	40	1700	18	30	20	8	20	15	60	4[7]	60	2.7:1	5.6:1	15	10	60	3.7:1	7.6:1
C4-5	3.40	6.50	2.80–3.40	18.0–21.0	3800	40	1700	18	30	20	8	20	15	60	4[7]	60	2.7:1	5.6:1	15	10	60	3.7:1	7.6:1
C4-6	3.40	10.00	10.00	—	3800	40	1700	18	30	20	8	20	15	85	6	85	2.7:1	5.6:1	15	10	85	3.7:1	7.6:1
C4-7	10.00	10.00	10.00	—	3800	40	1700	18	30	20	8	20	15	85	6	85	2.7:1	5.6:1	15	10	85	3.7:1	7.6:1

商业区中体位规则总览（续）

分区	最大容积率①				开敞空间率的最低要求		最小地块尺寸					院规则①		标准规则		高度及退缩要求					替代规则		
							独户或两户独立住宅		其他住宅类型		后院最小进深	侧院	基本退缩距离（英尺）		退缩距离内前边墙体或建筑的最大高度	天空曝光面			选择性前边敞区域的进深（英尺）		天空曝光面		
	商厦	社区设施房屋	住宅②	住宅③		地块面积（平方英尺）	地块宽度（英尺）	面积（平方英尺）	宽度（英尺）	住宅或其他建筑的居住部分（英尺）	商业或社区设施房屋的部分（英尺）	如果提供开敞区域，最小宽度（英尺）	窄街道	宽街道	街道上方高度（英尺）	区划地块上的坡度（竖向距离与横向距离的比值）		窄街道	宽街道	街道上方高度（英尺）	区划地块上的坡度（竖向距离与横向距离的比值）	
																窄街道	宽街道				窄街道	宽街道
C5-1	4.00	10.00	10.00	—	3800	40	1700	18	30	20	8	20	15	85	6	85	2.7:1	5.6:1	15	10	85	3.7:1	7.6:1
C5-2	10.00	10.00	10.00	—	3800	40	1700	18	30	20	8	20	15	85	6	85	2.7:1	5.6:1	15	10	85	3.7:1	7.6:1
C5-3	15.00	15.00	10.00	—	3800	40	1700	18	30	20	8	20	15	85	6	85	2.7:1	5.6:1	15	10	85	3.7:1	7.6:1
C5-4	10.00	10.00	10.00	—	3800	40	1700	18	30	20	8	20	15	85	6	85	2.7:1	5.6:1	15	10	85	3.7:1	7.6:1
C6-1	6.00	6.50	2.80–3.40	18.0–21.0	3800	40	1700	18	30	20	8	20	15	85	6	85	2.7:1	5.6:1	15	10	85	3.7:1	7.6:1
C6-2	6.00	6.50	4.80–6.00	8.0–10.4	3800	40	1700	18	30	20	8	20	15	85	6	85	2.7:1	5.6:1	15	10	85	3.7:1	7.6:1
C6-3	6.00	10.00	6.50–7.50	4.2–6.2	3800	40	1700	18	30	20	8	20	15	85	6	85	2.7:1	5.6:1	15	10	85	3.7:1	7.6:1
C6-4	10.00	10.00	10.00	—	3800	40	1700	18	30	20	8	20	15	85	6	85	2.7:1	5.6:1	15	10	85	3.7:1	7.6:1
C6-5	10.00	10.00	10.00	—	3800	40	1700	18	30	20	8	20	15	85	6	85	2.7:1	5.6:1	15	10	85	3.7:1	7.6:1
C6-6	15.00	15.00	15.00	—	3800	40	1700	18	30	20	8	20	15	85	6	85	2.7:1	5.6:1	15	10	85	3.7:1	7.6:1
C6-7	15.00	15.00	15.00	—	3800	40	1700	18	30	20	8	20	15	85	6	85	2.7:1	5.6:1	15	10	85	3.7:1	7.6:1
C7	2.00	2.00	1.00–1.25	50.0–62.0	3800	40	1700	18	30	20	8	20	15	85	6	85	2.7:1	5.6:1	15	10	85	3.7:1	7.6:1
C8-1	1.00	2.40	—	—	—	—	—	—	—	20	8	20	15	60	4	60	2.7:1	5.6:1	15	10	60	3.7:1	7.6:1
C8-2	2.00	4.80	—	—	—	—	—	—	—	20	8	20	15	30	2	30	1:1	1:1	15	10	30	1.4:1	1.4:1
C8-3	2.00	6.50	—	—	—	—	—	—	—	20	8	20	15	60	4	60	2.7:1	5.6:1	15	10	60	3.7:1	7.6:1
C8-4	5.00	6.50	—	—	—	—	—	—	—	20	8	20	15	60	4	60	2.7:1	5.6:1	15	10	60	3.7:1	7.6:1

注：
① 显示的容积率不包含广场、连接广场的开敞区域或敞廊的奖励。
② 当显示一个容积率范围时，分区中最低的房屋用较低值，较高值是分区中较高的房屋可以达到的最大值（数字已经四舍五入）。
③ 当显示一个开敞空间奖范围时，较低值是所显示的较低容积率要求的最小值，较高值是所显示的较高容积率要求的最低要求。
④ 商业区中不要求前院或侧院。转角地块不要求有后院。
⑤ 对于社团设施房屋，35英尺。
⑥ 对于社团设施房屋，3层。
⑦ 对于社团设施房屋，6层。
⑧ 显示的容积率不包含宽院的奖励。

第4章 商业区中住宅的体位规则

34-00 适用性及定义

34-01
本章的适用性

本章的体位规则适用于商业区中任何区划地块或部分区划地块上许可的任何住宅。另外，本章或其中特定小节的体位规则也适用于本决议案中对其进行交叉引用的其他规定。

现状的房屋或其他构筑物，如不能符合一个或多个适用的体位规则，则是不合规房屋或其他构筑物，应服从第五篇第4章的规则。

34-02
定义（重复第12-10节）
住宅，或居住的

"住宅"是包含居住单元或出租单元的房屋或房屋的部分，包括单户住宅或两户双拼住宅、多户住宅、寄宿或出租房屋或公寓式酒店。但住宅不包括：

（a）诸如短时酒店、汽车旅馆或驿站，或拖曳式房车营地等短时性居所；或

（b）宿舍、兄弟会或妇女联谊会的房屋、修道院或女修道院；或

（c）护士住所、疗养院、护理院，或在社团设施房屋中或在用于社团设施用途的房屋部分中的居住与睡眠场所；或

（d）混合房屋中非居住用途的部分，居住的辅助用途除外。

"居住的"即属于住宅的。

34-10 居住区体位规则的适用性

34-11
一般规定

在右侧所列分区中，根据本节的规定，第二篇第3章所列的住宅的体位规则应适用于所有住宅，第34-21条至第34-23条中关于适用居住区控制的例外情况的修改规定除外。

分区							
C1	C2	C3	C4	C5	C6	C7	C8
C1	C2	C3	C4	C5	C6	C7	

34-111
由周边居住区管理体位的 C1 或 C2 区中的居住体位规则

在右侧所列分区中，在区划图上标示在居住区中的此类商业区，适用居住区的体位规则，但是当此类分区在区划图上标示在 R1 或 R2 区中时，适用 R3-2 区的体位规则。

C1-1	C2-1
C1-2	C2-2
C1-3	C2-3
C1-4	C2-4
C1-5	C2-5

第 4 章 商业区中住宅的体位规则

34-112

其他 C1 或 C2 区或在 C3、C4、C5、C6 或 C7 区中的居住体位规则

在右侧所列分区中，体位规则是如下表所列的居住区的体位规则：

	分 区						
适用的居住区	C1	C2	C3	C4	C5	C6	C7
	C1-6 C1-7 C1-8 C1-9	C2-6 C2-7 C2-8	C3	C4	C5	C6	C7
R3-2			C3				C7
R5				C4-1			
R6				C4-2 C4-3			
R7	C1-6	C2-6		C4-4 C4-5		C6-1	
R8	C1-7					C6-2	
R9	C1-8	C2-7				C6-3	
R10	C1-9	C2-8		C4-6 C4-7	C5	C6-4 C6-5 C6-6 C6-7	

34-20 适用居住区控制的例外情况

34-21

一般规定

在右侧所列分区中，第 34-11 条（一般规定）所列的适用于住宅的体位规则根据第 34-22 条（院规则的修订）及第 34-23 条（高度及退缩规则的修订）而修改。这些修改的目的是使第二篇第 3 章所列的规则适用于商业区。

C1	C2	C3	C4	C5	C6	C7

第三篇 商业区规则

	分 区						
C1	C2	C3	C4	C5	C6	C7	C8

34-22

院规则的修订

34-221

前院要求的修订

在右侧所列分区中，任何住宅不应要求有前院，在第 34-223 款（沿分区边界线适用的特别规定）中另有规定的除外。

C1	C2	C3	C4	C5	C6	C7	

34-222

侧院要求的修订

在右侧所列分区中，任何住宅不应要求有侧院，在第 34-223 款（沿分区边界线适用的特别规定）中另有规定的除外。但是，如果沿着地块侧边线提供任何开敞区域，则该开敞区域的宽度应不少于 8 英尺。

C1	C2	C3	C4	C5	C6	C7	

34-223

沿分区边界线适用的特别规定

（a）在右侧所列分区中，如果商业区的边界与 R1、R2、R3、R4 或 R5 区中的区划地块的地块侧边线以及该商业区中的任何相邻区划地块的地块侧边线重合，在商业区中的该区划地块上的任何住宅要求有一个前院。该前院的进深应等同于在相邻的居住区中前院所要求的进深。

C1	C2	C3	C4	C5	C6	C7	

（b）在右侧所列分区中，如果商业区的边界与 R1、R2、R3、R4 或 R5 区中的区划地块的地块侧边线重合，在商业区中的区划地块的住宅要求沿该边界的重合部分提供

C1	C2	C3	C4	C5	C6	C7	

第 4 章　商业区中住宅的体位规则

	分　区							
	C1	C2	C3	C4	C5	C6	C7	C8
34-223（续） 一个不高于路沿石标高且至少宽 8 英尺的开敞区域。	C1	C2	C3	C4	C5	C6	C7	
34-23 **高度及退缩规则的修订** 　　在右侧所列分区中，第 23-61 条至第 23-68 条所列的，又适用于第 34-11 条（一般规定）的分区的，关于高度及退缩的规则，根据本条内容修改。 　　除了第 34-223（a）款（沿分区边界线适用的特别规定）的情况以外，商业区中的任何住宅不要求有前院。因此，在商业区中适用高度及退缩规则时，天空曝光面（在居住区中从前院线的点开始测量）可以从街道边线上的点开始测量。当适用第 34-223（a）款的规定时，天空曝光面从前院线上的点开始测量。	C1	C2	C3	C4	C5	C6	C7	

第 5 章　商业区中混合房屋的体位规则

35-00 适用性及定义

35-01
本章的适用性

本章的体位规则适用于商业区中任何区划地块上许可的任何混合房屋。另外，本章或其中特定小节的体位规则同时适用于本决议案中通过交叉引用而合并的规定。

现状的房屋或其他构筑物，如不能符合一个或多个适用的体位规则，则是不合规的房屋或其他构筑物，应服从第五篇第 4 章的规则。

35-02
定义（重复第 12-10 节）

房屋，混合

"混合房屋"是商业区中部分是居住用途和部分是商业设施或商业用途的房屋。

35-10 一般规定

除了在本章另有规定的情况以外，混合房屋中用于居住的部分应符合第二篇第 3 章的体位规则，混合房屋中用于商业或社团设施用途的部分应符合第三篇第 3 章的规定。

适用于混合房屋的特别规定是第 35-21 条至第 35-23 条中关于混合房屋适用居住区体位规则的内容；第 35-21 条至第 35-35 条中关于混合房屋适用楼板面积及开敞空间规则的内容；第 35-41 条至第 35-42 条中关于地块面积要求对混合房屋的适用性的内容；第 35-51 条至第 35-54 条中关于混合房屋院规则的修改的内容；第 35-61 条至第 35-62 条中关于混合房屋高度及退缩规则的修改的内容。

35-20 混合房屋适用居住区体位规则

35-21
一般规定

	分　区						
C1	C2	C3	C4	C5	C6	C7	C8

在右侧所列分区中，根据本章剩余小节的规定及修订，第二篇第 3 章所列的住宅的体位规则应适用于混合房屋中的所有居住部分。这些修订的目的是使第二篇第 3 章所列的规则适用于商业区和混合房屋。

| C1 | C2 | C3 | C4 | C5 | C6 | C7 | |

第 5 章 商业区中混合房屋的体位规则

	分 区							
	C1	C2	C3	C4	C5	C6	C7	C8

35-22

由周边居住区管理体位的 C1 或 C2 区中的居住体位规则

在右侧所列分区中，当在区划图上标示在居住区中的此类商业区，体位规则适用居住区的混合房屋的居住部分，但是当此类分区在区划图上标示在 R1 或 R2 区中时，适用 R3-2 区的体位规则。

C1-1	C2-1
C1-2	C2-2
C1-3	C2-3
C1-4	C2-4
C1-5	C2-5

35-23

其他 C1 或 C2 区或在 C3、C4、C5、C6 或 C7 区中的居住体位规则

在右侧所列分区中，混合房屋中的居住部分的体位规则是如下表所列的居住区的体位规则：

C1-6	C2-6	C3	C4	C5	C6	C7
C1-7	C2-7					
C1-8	C2-8					
C1-9						

适用的居住区					
R3-2			C3		
R5			C4-1		C7
R6			C4-2		
			C4-3		
R7	C1-6	C2-6	C4-4		C6-1
			C4-5		
R8	C1-7				C6-2
R9	C1-8	C2-7			C6-3
R10	C1-9	C2-8	C4-6	C5	C6-4
			C4-7		C6-5
					C6-6
					C6-7

第三篇　商业区规则

	分　区						
	C1	C2	C3	C4	C5	C6	C7	C8

35-30 混合房屋适用楼板面积及开敞空间规则

35-31
混合房屋中不同部分的最大容积率

35-311
商业部分

在右侧所列分区中，混合房屋中的商业部分的最大容积率应适用于第三篇第 3 章许可的商厦最大容积率的规定。 | C1 | C2 | C3 | C4 | C5 | C6 | C7

35-312
社团设施部分

在右侧所列分区中，混合房屋中的社团设施部分的最大容积率应适用于第三篇第 3 章许可的社团设施房屋最大容积率的规定。 | C1 | C2 | C3 | C4 | C5 | C6 | C7

35-313
居住部分

在右侧所列分区中，混合房屋中的居住部分的最大容积率应适用于第 35-21 条至第 35-23 条关于混合房屋适用居住区体位规则的中许可的住宅最大容积率的规定。 | C1 | C2 | C3 | C4 | C5 | C6 | C7

35-32
混合房屋的最大楼板面积

在右侧所列分区中，混合房屋中的最大容积率应当是第 35-311 款许可的该房屋的商业部分的最大楼板面积，或者第 35-312 款许可的该房屋的社团设施部分的最大楼板面积，或者第 35-313 款许可的该房屋的居住部分的最大楼板面积，三者取最大值。 | C1 | C2 | C3 | C4 | C5 | C6 | C7

第 5 章　商业区中混合房屋的体位规则

	分 区						
C1	C2	C3	C4	C5	C6	C7	C8

35-33

混合房屋中居住部分的开敞空间率

在右侧所列分区中，混合房屋的居住部分的最小开敞空间率应符合第 35-21 条至第 35-23 条中关于混合房屋适用居住区体位规则的要求。

在本条中：

（a）在确定开敞空间率时计算的楼板面积应当仅为混合房屋中居住部分的楼板面积；

（b）地块覆盖范围应为房屋任意高度上的居住部分从上方直接往下看时覆盖的区划地块的部分；及

（c）当许可的最大居住容积率少于该房屋许可的总容积率，则适用的平均层数应当为混合房屋中居住部分的平均层数。

C1	C2	C3	C4	C5	C6	C7

35-34

混合房屋的开敞空间的位置

在右侧所列分区中，第 35-33 条（混合房屋中居住部分的开敞空间率）中要求的混合房屋居住部分的开敞空间可以在路沿石标高以上 23 英尺处。该开敞空间可以在地面层或在该混合房屋非居住部分的屋顶上，但是任何开敞空间的地面不可高于该混合房屋中居住部分中任何面向该开敞空间并距离该开敞空间 30 英尺以内的法律要求的窗户的窗台高度以下 2.5 英尺。

C1	C2	C3	C4	C5	C6	C7

第三篇　商业区规则

	分　区						
	C1	C2	C3	C4	C5	C6	C7	C8

35-35

与混合房屋有关的，提供广场的和连接广场的开敞空间的或敞廊的楼板面积奖励

在右侧所列分区中，对于混合房屋的任何居住、商业或社团设施部分的适用分区规则许可的广场、连接广场的开敞区域或敞廊的楼板面积奖励，应适用于混合房屋，但在确定奖励时，任何广场、连接广场的开敞区域或敞廊的给定面积应当仅计算一次。

C1-1[①]	C2-1[①]		C4-6	C5	C6
C1-2[①]	C2-2[①]		C4-7		
C1-3[①]	C2-3[①]				
C1-4[①]	C2-4[①]				
C1-5[①]	C2-5[①]				
C1-8	C2-7				
C1-9	C2-8				

35-40　混合房屋适用地块面积要求

35-41

混合房屋中非居住部分的地块面积要求

在右侧所列分区中，在第 35-21 条至第 35-23 条关于混合房屋适用居住区体位规则中要求的混合房屋居住部分的地块面积的基础上，用于商业或社团设施用途的每 100 平方英尺楼板面积，应当提供不少于本条要求的地块面积，在第 35-42 条（混合房屋的密度或地块面积奖励）中另有规定的除外。在满足地块面积要求时，任何给定的地块面积应当仅计算一次。

C1	C2	C3	C4	C5	C6	C7

35-411

在区划图上的居住区标示为 C1 或 C2 区

在右侧所列分区中，当此类分区在区划图上标示在居住区中时，混合房屋的商业或社团设施用途每100平方英尺楼板面积的地块面积最低要求由居住区决定，且不应少于

C1-1	C2-1
C1-2	C2-2
C1-3	C2-3
C1-4	C2-4
C1-5	C2-5

[①] 当区划图标示在 R9 或 R10 区中时。

第 5 章 商业区中混合房屋的体位规则

35-411（续）

下表的规定：

商业或社团设施用途每 100 平方英尺楼板面积要求的地块面积

分区							
C1	C2	C3	C4	C5	C6	C7	C8
C1-1	C2-1						
C1-2	C2-2						
C1-3	C2-3						
C1-4	C2-4						
C1-5	C2-5						

C1 或 C2 区在区划图中标示在下列分区	要求的地块面积（平方英尺）	
	商业用途	社团设施用途
R1、R2、R3	100	100
R4	100	65
R5	100	50
R6	50	20
R7-1	30	20
R7-2	30	15
R8	20	15
R9	15	10
R10	10	10

35-412

其他 C1 或 C2 区，或 C3、C4、C5、C6 或 C7 区

在右侧所列分区中，混合房屋中的商业或社团设施部分每 100 平方英尺楼板面积所要求的地块面积最低应不少于下表要求：

商业或社团设施用途每 100 平方英尺的地块面积要求

商业用途（平方英尺）	社团设施用途（平方英尺）	C1	C2	C3	C4	C5	C6	C7
		C1-6	C2-6	C3	C4	C5	C6	C7
		C1-7	C2-7					
		C1-8	C2-8					
		C1-9						
200	100			C3				
100	50				C4-1			
50	50							C7
30	20				C4-2 C4-3			
30	15	C1-6	C2-6		C4-4 C4-5			

35-412（续）

商业用途 （平方英尺）	社团设施用途 （平方英尺）	C1	C2	C3	C4	C5	C6	C7	C8
				分 区					
20	15	C1-7							
17	15						C6-1 C6-2		
15	10	C1-8	C2-7				C6-3		
10	10	C1-9	C2-8		C4-6 C4-7	C5-1 C5-2 C5-4	C6-4 C6-5		
6.5	6.5					C5-3	C6-6 C6-7		

35-42

混合房屋的密度或地块面积奖励

在右侧所列分区中，第 23-23 条（提供广场、连接广场的开敞空间或敞廊的密度奖励）应根据房屋中用于居住用途的程度适用于第 23-22 条（每个居住单元或房间要求的地块面积）的地块面积要求，且第 23-26 条或第 24-22 条（提供广场、连接广场的开敞空间或敞廊的地块面积奖励）应根据房屋中用于商业或社团设施用途的程度适用于第 35-41 条（混合房屋中非居住部分的地块面积要求）的地块面积要求。

C1-1[①]	C2-1[①]		C4-6	C5	C6	
C1-2[①]	C2-2[①]		C4-7			
C1-3[①]	C2-3[①]					
C1-4[①]	C2-4[①]					
C1-5[①]	C2-5[①]					
C1-8	C2-7					
C1-9	C2-8					

35-50 混合房屋院规则的修订

35-51

前院要求的修订

在右侧所列分区中，混合房屋不要求有前院，除非当该混合房屋的居住用途位于该

| C1 | C2 | C3 | C4 | C5 | C6 | C7 |

[①] 当区划图标示在 R9 或 R10 区中时。

	分 区							
	C1	C2	C3	C4	C5	C6	C7	C8
35-51（续） 房屋的第一层，则应适用于第 34-223（a）款（沿分区边界线适用的特别规定）。	C1	C2	C3	C4	C5	C6	C7	
35-52 **侧院要求的修订** 　　在右侧所列分区中，混合房屋不要求有侧院，在第 35-54 条（沿分区边界线适用的特别规定）中另有规定的除外。但是，如果沿着地块侧边线提供任何开敞区域，则该开敞区域的宽度应不少于 8 英尺。	C1	C2	C3	C4	C5	C6	C7	
35-53 **后院要求的修订** 　　在右侧所列分区中，混合房屋中的居住部分要求有后院，后院可以在任何不高于用于居住用途的最低楼层的地板标高处提供。	C1	C2	C3	C4	C5	C6	C7	
35-54 **沿分区边界线适用的特别规定** 　　在右侧所列分区中，当商业区的边界与 R1、R2、R3、R4 或 R5 区中的区划地块的地块侧边线重合时，应在商业区内沿该重合部分提供不高于路沿石标高的、最小宽度为 8 英尺的一个开敞区域。	C1	C2	C3	C4	C5	C6	C7	

35-60 混合房屋的高度及退缩规则的修订

	分　区							
	C1	C2	C3	C4	C5	C6	C7	C8

35-61
高度及退缩规则

在右侧所列分区中，商业区中混合房屋的任何部分不要求有前院，在第 35-51 条（前院要求的修订）中另有规定的除外。因此，在适用高度及退缩规则时，天空曝光面（在居住区中从前院线的点开始测量）可以从街道边线上的点开始测量。

C1	C2	C3	C4	C5	C6	C7

当第 34-223（a）款的规定适用时，根据第 35-51 条的规定，天空曝光面从前院线上的点开始测量。

35-62
基本退缩距离中前边墙的最大高度

在右侧所列分区中，混合房屋在基本退缩距离中的前边墙的最大高度应当是适用分区中的居住、商业或社团设施房屋许可的前边墙最大高度，并取最大值。但是，在本条中，用于商业用途的第一层应视作两层居住用途。

C1	C2	C3	C4	C5	C6	C7

第6章 辅助性的路外停车与装卸区规则

36-00 辅助性的路外停车规则的一般目标及定义

36-01
一般目标

采用下列关于许可的及要求的辅助性的路外停车位的目的是为高密度中心区域外围的正在发展的商业中心提供所需的路外停车位,从而减少因街道用于停放机动车而造成的交通拥堵,防止大量的交通流和停车进入商业中心周边的居住街道,为城市提供更高标准的商业开发项目,以此促进和保护公共健康、安全及公共福祉。

36-02
定义(重复第12-10节)

集合停车设施

"集合停车设施"是用于停放机动车的一栋房屋或其他构筑物或一块场地,其容量应多于一个车位,且从公共街道可以抵达所有车位;如果是辅助于居住用途的,应指定服务于一个以上的居住单元。

集合停车设施应包括,但不仅限于下列各项:

(a) 开敞的停车区域;

(b) 主要用途不是停车的房屋内或屋顶上的停车空间;

(c) 主要用于停车的房屋或房屋组,包括一组独立的停车库。

36-10 许可的辅助性路外停车位

	分 区						
	C1	C2	C3	C4	C5	C6	C7	C8

36-11
一般规定

在右侧所列分区中,可以根据第36-12条(辅助性的集合停车设施的最大规模)的要求为所有许可的用途提供开敞的或围蔽的辅助性的路外停车位。

| C1 | C2 | C3 | C4 | C5 | C6 | C7 | C8 |

36-12
辅助性的集合停车设施的最大规模

在右侧所列分区中,辅助性的集合停车设施不应超过150个路外停车位,在第36-13条(辅助性的集合停车设施的最大规模的修订)中另有规定的除外。

| C1 | C2 | C3 | C4 | C5 | C6 | C7 | C8 |

第三篇 商业区规则

	分 区						
	C1	C2	C3	C4	C5	C6	C7	C8

36-13

辅助性的集合停车设施最大规模的修订

在右侧所列分区中，如果建设委员判定符合以下条件，那么集合停车设施可以额外包含不超过第 36-12 条（辅助性的集合停车设施的最大规模）许可的最大数量的 50%：   C1   C2   C3   C4   C5   C6   C7   C8

（a）该设施有分离的机动车入口及出口，两者距离不少于 25 英尺；及

（b）如果该设施位于宽度不少于 60 英尺的街道上，并且是辅助于商业用途或社团设施用途；及

（c）如果该设施辅助于商业用途，在入口有足够的空间能够容纳至少 10 辆机动车。

建设委员应当设立适当的关于该设施设计的附加规则，最大限度减少对周边环境特性的不利影响，例如泛光灯防护罩的要求。

36-14

辅助性的集合停车设施最大规模的例外情况

在右侧所列分区中，标准及上诉理事会可以根据第 73-48 条（辅助性的集合停车设施最大规模的例外）的规定可以许可超过 225 个停车位的辅助性的集合停车设施。   C1   C2   C3   C4   C5   C6   C7   C8

36-20 许可的商业或社团设施用途的辅助性的路外停车位

36-21

一般规定

在右侧所列分区中，应当根据本条表格   C1   C2   C3   C4   C5   C6   C7   C8

	分 区						
	C1	C2	C3	C4	C5	C6	C7	C8
	C1	C2	C3	C4	C5	C6	C7	C8

36-21（续）

所列的要求为在本决议案生效日后建设的所有表列的商业或社团设施用途的新开发项目提供开敞的或围蔽的辅助性的路外停车位。除此以外，本章其他所有适用的要求应作为该开发项目用途的先决条件。

表格所列的数量为半个或更多时，则要求提供一个停车位。

本条中，在单一所有权或控制下的一组被开发的用途所在的一片土地应当被视为单个区划地块。

对于以具体的额定容量作为计量单位的用途，建设委员应当决定该用途可以容纳的人数，使之作为额定容量。

在本决议案生效日后，如果扩建工程净增加了楼板面积或其他本条表格具体列出的适用的计量单位，净增加的楼板面积或其他具体的测量单位应当适用相同的要求。

符合下列情况的应当免除本条的要求：

（a）当适用该要求时所要求的车位数量少于第 36-23 条（少于最少数量的车位要求的免除）所指明的规定时。

（b）当建设委员根据第 36-24 条（出入口被禁止的区划地块的要求免除）认定无法为车位安排符合第 36-53 条（进出街道的位置）规定的连通街道的出入口时。

36-21（续）

商业或社团设施用途要求的辅助性的路外停车位

		分 区						
		C1	C2	C3	C4	C5	C6	C7	C8
		C1	C2	C3	C4	C5	C6	C7	C8
用途类型	指定计量单位要求的停车位								

商业用途

用途类型	指定计量单位要求的停车位							
每个楼板面积为2000平方英尺或以上的食品商店——用途组 6A 中的停车要求分类 A 中的用途	楼板面积（平方英尺） 不要求	C1-5 C1-6 C1-7 C1-8 C1-9	C2-5 C2-6 C2-7 C2-8		C4-5 C4-6 C4-7	C5	C6		C8-4
	1 车位/100	C1-1	C2-1		C4-1				
	1 车位/200	C1-2	C2-2		C4-2				C8-1
	1 车位/300	C1-3	C2-3		C4-3			C7	C8-2
	1 车位/1000	C1-4	C2-4		C4-4				C8-3
一般零售业用途——楼板面积少于 2000 平方英尺的食品商店；用途组 6、8、9 或 10 中停车要求分类 B 中的用途，或有特别许可的；或用途组 6、7、8、9、10、11、14 或 16 中的停车要求分类 B1 中的用途	楼板面积（平方英尺） 不要求	C1-5 C1-6 C1-7 C1-8 C1-9	C2-5 C2-6 C2-7 C2-8		C4-5 C4-6 C4-7	C5	C6		C8-4
	1 车位/150①	C1-1	C2-1	C3	C4-1				
	1 车位/300①	C1-2	C2-2		C4-2				C8-1
	1 车位/400①	C1-3	C2-3		C4-3			C7	C8-2
	1 车位/1000	C1-4	C2-4		C4-4				C8-3

---

① 标准及上诉管理委员会可以根据第 73-44 条（减少停车要求分类 B1 中的用途的停车空间）的规定许可减少停车要求分类 B1 中所列用途的停车要求。

第 6 章　辅助性的路外停车与装卸区规则

36-21（续）

用途类型	指定计量单位要求的停车位	分区							
		C1	C2	C3	C4	C5	C6	C7	C8
商业用途									
低交通量的用途——用途组 6、7、9、13、14 或 16 中停车要求分类 C 中的用途，或有特别许可的	楼板面积（平方英尺）								
	不要求	C1-5 C1-6 C1-7 C1-8 C1-9	C2-5 C2-6 C2-7 C2-8		C4-5 C4-6 C4-7	C5	C6		C8-4
	1 车位/400	C1-1	C2-1	C3	C4-1				
	1 车位/600	C1-2	C2-2		C4-2				C8-1
	1 车位/800	C1-3	C2-3		C4-3			C7	C8-2
	1 车位/1000	C1-4	C2-4		C4-4				C8-3
集合场地——用途组 6、8、9、10、12 或 14 中停车要求分类 D 中的用途，或有特别许可的	额定容量								
	不要求	C1-5 C1-6 C1-7 C1-8 C1-9	C2-5 C2-6 C2-7 C2-8		C4-5 C4-6 C4-7	C5	C6		C8-4
	1 车位/4 人	C1-1	C2-1	C3	C4-1				
	1 车位/8 人	C1-2	C2-2		C4-2				C8-1
	1 车位/12 人	C1-3	C2-3		C4-3			C7	C8-2
	1 车位/25 人	C1-4	C2-4		C4-4				C8-3
露天商业娱乐——用途组 13 或 15 中停车要求分类 E 中的用途，或有特别许可的	楼板面积（平方英尺）①								
	不要求								C8-3 C8-4
	1 车位/500			C3					C8-1
	1 车位/2000							C7	C8-2

① 在高尔夫球练习场中，表格的要求仅适用于有球座的练习道的部分。

36-21（续）

用途类型		指定计量单位要求的停车位	分 区							
			C1	C2	C3	C4	C5	C6	C7	C8
			C1	C2	C3	C4	C5	C6	C7	C8
商业用途										
半工业用途的轻工业——用途组 11 或 16 中的停车要求分类 F 中的用途，且最少有 7500 平方英尺的楼板面积或 15 位职员		不要求					C5	C6		C8-4
		1 车位/1000 平方英尺楼板面积，或 1 车位/3 位职员，取较大值								C8-1 C8-2 C8-3
储存或混杂的用途——用途组 16 中的停车要求分类 G 中的用途，或有特别许可的，且最少有 10 000 平方英尺的楼板面积或 15 位职员		不要求								C8-4
		1 车位/2000 平方英尺楼板面积①，或 1 车位/3 位职员，取较小值								C8-1 C8-2 C8-3
其他商业用途——用途组 5、7、12、13 或 14 中的停车要求分类 H 中的用途，或有特别许可的	水上旅馆	1 车位/2 个客房或套间		C2	C3			C6	C7	C8
	露营地，夜间留宿的或日间的，最少有 10 000 平方英尺地块面积或 10 位职员	1 车位/2000 平方英尺地块面积，或 1 车位/3 位职员，取较小值	C1	C2	C3				C7	C8

① 对于主要是露天的混杂用途的储存，在计算该要求时，用于该用途的地块面积应视作楼板面积。

第6章 辅助性的路外停车与装卸区规则

36-21（续）

用途类型		指定计量单位要求的停车位	分 区							
			C1	C2	C3	C4	C5	C6	C7	C8
商业用途										
其他商业用途——用途组5、7、12、13或14中的停车要求分类H中的用途，或有特别许可的	酒店	客房或套间								
		不要求	C1-5 C1-6 C1-7 C1-8 C1-9	C2-5 C2-6 C2-7 C2-8		C4-5 C4-6 C4-7	C5	C6		C8-4
		1车位/4	C1-1	C2-1		C4-1				
		1车位/8	C1-2	C2-2		C4-2				C8-1
		1车位/12	C1-3 C1-4	C2-3 C2-4		C4-3 C4-4			C7	C8-2 C8-3
	对用于会议厅、礼堂、餐饮店、婚礼礼堂或宴会厅，或无线电或电视工作室的楼板面积	额定容量								
		不要求	C1-5 C1-6 C1-7 C1-8 C1-9	C2-5 C2-6 C2-7 C2-8		C4-5 C4-6 C4-7	C5	C6		C8-4
		1车位/4人	C1-1	C2-1		C4-1				
		1车位/8人	C1-2	C2-2		C4-2				C8-1
		1车位/12人	C1-3 C1-4	C2-3 C2-4		C4-3 C4-4			C7	C8-2 C8-3
		1车位/25人								
	汽车旅馆或驿站	1车位/1个客房或套间		C2				C6	C7	C8
	监狱	不要求				C4-4 C4-5 C4-6 C4-7		C6		C8-3 C8-4
		1车位/10张床				C4-1 C4-2				C8-1
		1车位/20张床				C4-3			C7	C8-2

第三篇 商业区规则

36-21（续）

			分区							
			C1	C2	C3	C4	C5	C6	C7	C8
用途类型		指定计量单位要求的停车位	C1	C2	C3	C4	C5	C6	C7	C8
商业用途										
其他商业用途——用途组5、7、12、13或14中的停车要求分类H中的用途，或有特别许可的	点心铺，免下车的	楼板面积（平方英尺）								
		1 车位/50				C2-1 C2-2 C2-3			C7	C8-1 C8-2
		1 车位/100				C2-4 C2-5 C2-6 C2-7 C2-8		C6		C8-3 C8-4
	殡葬机构	楼板面积（平方英尺）								
		不要求	C1-5 C1-6 C1-7 C1-8 C1-9	C2-5 C2-6 C2-7 C2-8		C4-5 C4-6 C4-7	C5	C6		C8-4
		1 车位/200	C1-1	C2-1		C4-1				
		1 车位/400	C1-2	C2-2		C4-2				C8-1
		1 车位/600	C1-3 C1-4	C2-3 C2-4		C4-3 C4-4			C7	C8-2 C8-3
	船坞或船只租赁机构	1 车位/2 个船泊位		C2	C3				C7	C8
社团设施用途										
医院及相关设施①		1 车位/5 张床	C1-1 C1-2	C2-1 C2-2	C3	C4-1 C4-2				C8-1
		1 车位/8 张床	C1-3 C1-4	C2-3 C2-4		C4-3 C4-4			C7	C8-2 C8-3
		1 车位/10 张床	C1-5 C1-6 C1-7 C1-8 C1-9	C2-5 C2-6 C2-7 C2-8		C4-5 C4-6 C4-7	C5	C6		C8-4

① 该要求是除救护车停车区域外的额外要求。

第6章 辅助性的路外停车与装卸区规则

36-21（续）

用途类型	指定计量单位要求的停车位	分 区						
		C1	C2	C3	C4	C5	C6	C7	C8
		C1	C2	C3	C4	C5	C6	C7	C8

社团设施用途

用途类型	指定计量单位要求的停车位	C1	C2	C3	C4	C5	C6	C7	C8
教堂	不要求	C1-4 C1-5 C1-6 C1-7 C1-8 C1-9	C2-4 C2-5 C2-6 C2-7 C2-8		C4-4 C4-5 C4-6 C4-7	C5	C6		C8-3 C8-4
	1 车位/10 个固定座位	C1-1	C2-1	C3	C4-1				
	1 车位/15 个固定座位	C1-2	C2-2		C4-2				C8-1
	1 车位/20 个固定座位	C1-3	C2-3		C4-3			C7	C8-2
俱乐部、社区中心或社会中心，不设睡眠场所的慈善或非营利机构，高尔夫球场会所，健康中心，非商业性的娱乐中心，或福利中心	额定容量 不要求	C1-4 C1-5 C1-6 C1-7 C1-8 C1-9	C2-4 C2-5 C2-6 C2-7 C2-8		C4-4 C4-5 C4-6 C4-7	C5	C6		C8-3 C8-4
	1 车位/10 人	C1-1 C1-2	C2-1 C2-2	C3	C4-1 C4-2				C8-1
	1 车位/20 人	C1-3	C2-3		C4-3			C7	C8-2
图书馆、博物馆或非商业性的艺术画廊①	楼板面积（平方英尺） 不要求	C1-4 C1-5 C1-6 C1-7 C1-8 C1-9	C2-4 C2-5 C2-6 C2-7 C2-8		C4-4 C4-5 C4-6 C4-7	C5	C6		
	1 车位/1000	C1-1 C1-2	C2-1 C2-2	C3	C4-1 C4-2				
	1 车位/2000	C1-3	C2-3		C4-3			C7	

① 表格所列的要求仅用于非储存的楼板面积。

36-21（续）

用途类型		指定计量单位要求的停车位	分区							
			C1	C2	C3	C4	C5	C6	C7	C8

社团设施用途

用途类型		指定计量单位要求的停车位	C1	C2	C3	C4	C5	C6	C7	C8
设有睡眠场所的慈善或非营利机构，所有类型的护理院或疗养院		不要求	C1-4 C1-5 C1-6 C1-7 C1-8 C1-9	C2-4 C2-5 C2-6 C2-7 C2-8		C4-4 C4-5 C4-6 C4-7	C5	C6		
		1车位/10张床	C1-1 C1-2	C2-1 C2-2	C3	C4-1 C4-2				
		1车位/20张床	C1-3	C2-3		C4-3			C7	
学院宿舍，或兄弟会会所，或女生联谊会会所		不要求	C1-4 C1-5 C1-6 C1-7 C1-8 C1-9	C2-4 C2-5 C2-6 C2-7 C2-8		C4-4 C4-5 C4-6 C4-7	C5	C6		
		1车位/6张床	C1-1 C1-2	C2-1 C2-2	C3	C4-1 C4-2				
		1车位/12张床	C1-3	C2-3		C4-3			C7	
学院、大学或神学院	用于课室、实验室、学生中心或办公室的楼板面积	不要求	C1-4 C1-5 C1-6 C1-7 C1-8 C1-9	C2-4 C2-5 C2-6 C2-7 C2-8		C4-4 C4-5 C4-6 C4-7	C5	C6		C8-3 C8-4
		1车位/1000	C1-1 C1-2	C2-1 C2-2	C3	C4-1 C4-2				C8-1
		1车位/2000	C1-3	C2-3		C4-3			C7	C8-2
	用于剧院、礼堂、体育馆或运动场的楼板面积	额定容量 不要求	C1-4 C1-5 C1-6 C1-7 C1-8 C1-9	C2-4 C2-5 C2-6 C2-7 C2-8		C4-4 C4-5 C4-6 C4-7	C5	C6		C8-3 C8-4
		1车位/8人	C1-1 C1-2	C2-1 C2-2	C3	C4-1 C4-2				C8-1
		1车位/16人	C1-3	C2-3		C4-3			C7	C8-2

第 6 章 辅助性的路外停车与装卸区规则

36-21（续）		分 区						
		C1	C2	C3	C4	C5	C6	C7	C8
用途类型	指定计量单位要求的停车位	C1	C2	C3	C4	C5	C6	C7	C8
社团设施用途									
农业用途，包括温室、苗圃或商品蔬菜园	用于销售的地块面积（平方英尺）								
	不要求	C1-4 C1-5 C1-6 C1-7 C1-8 C1-9	C2-4 C2-5 C2-6 C2-7 C2-8		C4-4 C4-5 C4-6 C4-7	C5	C6		C8-3 C8-4
	1 车位/1000	C1-1 C1-2	C2-1 C2-2	C3	C4-1 C4-2				C8-1
	1 车位/2500	C1-3	C2-3		C4-3			C7	C8-2
室外溜冰场	地块面积（平方英尺）								
	不要求	C1-4 C1-5 C1-6 C1-7 C1-8 C1-9	C2-4 C2-5 C2-6 C2-7 C2-8		C4-4 C4-5 C4-6 C4-7	C5	C6		C8-3 C8-4
	1 车位/800	C1-1 C1-2	C2-1 C2-2	C3	C4-1 C4-2				C8-1
	1 车位/2000	C1-2	C2-2		C4-3			C7	C8-2
室外网球场	场地数量								
	不要求	C1-4 C1-5 C1-6 C1-7 C1-8 C1-9	C2-4 C2-5 C2-6 C2-7 C2-8		C4-4 C4-5 C4-6 C4-7	C5	C6		C8-3 C8-4
	1 车位/2 个	C1-1 C1-2	C2-1 C2-2	C3	C4-1 C4-2				C8-1
	1 车位/5 个	C1-2	C2-2		C4-3			C7	C8-2

257

第三篇　商业区规则

	分区						
	C1	C2	C3	C4	C5	C6	C7	C8

36-22

单个区划地块中有遵循不同停车要求的用途的特别规定

在右侧所列分区中，当任何房屋或区划地块包含两个或更多的遵循下列不同停车要求的用途，每类用途的停车要求应根据该用途的程度而定：

第 36-21 条（一般规定）；

第 36-31 条（一般规定）。

但是，当教堂或停车要求分类 D 的用途（集合场地）与其他任何用途位于同一个房屋或区划地块上时，则标准及上诉理事会可以根据第 73-43 条（减少教堂或集合场地的停车空间）的要求减少它们要求的停车位数量。

C1	C2	C3	C4	C5	C6	C7	C8

36-23

少于最少数量的车位要求的免除

在右侧所列分区中，辅助性的路外停车位的要求应根据本条的规定被免除。

C1	C2	C3	C4	C5	C6	C7	C8

36-231

高、中或低停车要求的分区

在右侧所列分区中，如果区划地块上分类 A、B、B1、C、D、E 或 H 中商业用途的停车要求，或许可的社团设施用途所要求的辅助性的路外停车位的总数量少于下表所列，第 36-21 条（一般规定）或第 36-22 条（单个区划地块中有遵循不同停车要求的用途的特别规定）不适用于这些用途，在第

C1-1	C2-1	C3	C4-1			C7	C8-1
C1-2	C2-2		C4-2				C8-2
C1-3	C2-3		C4-3				

第 6 章　辅助性的路外停车与装卸区规则

36-231（续）

36-233 款（适用于免除规定的例外情况）中另有规定的除外。

	分　区						
	C1	C2	C3	C4	C5	C6	C7	C8
	C1-1	C2-1	C3	C4-1			C7	C8-1
	C1-2	C2-2		C4-2				C8-2
	C1-3	C2-3		C4-3				

车位数量（个）								
10	C1-1	C2-1	C3	C4-1				
15	C1-2	C2-2		C4-2				C8-1
25	C1-3	C2-3		C4-3			C7	C8-2

36-232

停车要求非常低的分区

在右侧所列分区中，除了在第 36-233 款（适用于免除规定的例外情况）中列举的用途外，第 36-21 条（一般规定）或第 36-22 条（单个区划地块中有遵循不同停车要求的用途的特别规定）不适用于：

C1-4	C2-4		C4-4	C5	C6		C8-3
C1-5	C2-5		C4-5				C8-4
C1-6	C2-6		C4-6				
C1-7	C2-7		C4-7				
C1-8	C2-8						
C1-9							

（a）停车要求分类 A 或 B 中的商业用途，如果区划地块上所有这些用途要求的辅助性的路外停车位的总数量少于 40；或

（b）停车要求分类 B1、C、D、E 或 H 中的商业用途，或许可的社团设施用途，如果区划地块上每一类的用途或每一个社团设施用途要求的辅助性的路外停车位的数量少于 40。

36-233

适用于免除规定的例外情况

在右侧所列分区中，第 36-23 条（少于最少数量的车位要求的免除）不适用于下列用途类型：

| C1 | C2 | C3 | C4 | C5 | C6 | C7 | C8 |

第三篇 商业区规则

	分 区						
	C1	C2	C3	C4	C5	C6	C7	C8

36-233（续）

C1　C2　C3　C4　C5　C6　C7　C8

（a）在用途组 11 或 16 中的停车要求分类 F 的工业或半工业用途；

（b）在用途组 16 中的停车要求分类 G 中的储存或繁杂用途，或有特别许可的；

（c）用途组 7 或 13 中的停车要求分类 H 的其他商业用途，或有特别许可的，如下：

- 水上旅馆
- 露营地，夜间留宿或日间的
- 汽车旅馆或驿站
- 点心铺，免下车的

（d）下列社团设施用途：

- 农业用途，包括温室、苗圃或商品蔬菜园
- 室外网球场。

36-24

出入口被禁止的区划地块的要求免除

在右侧所列分区中，当建设委员认定任何房屋或区划地块无法为要求的车位安排符合第 36-53 条（进出街道的位置）规定的连通街道的出入口时，这些房屋或区划地块不应适用第 36-21 条（一般规定）或第 36-22 条（单个区划地块中有遵循不同停车要求的用途的特别规定）的规定。建设委员可以向交通部提及此问题并获取报告，并可根据该报告作出决定。

C1　C2　C3　C4　C5　C6　C7　C8

第 6 章 辅助性的路外停车与装卸区规则

36-25

被分区边界线划分的区划地块的特别规定

在右侧所列分区中,如果区划地块被分区边界线划分,而且这些分区有不同的辅助性的路外停车位要求,则应适用于第七篇第 7 章的规定。

	分 区						
C1	C2	C3	C4	C5	C6	C7	C8
C1	C2	C3	C4	C5	C6	C7	C8

36-30 商业区中许可的住宅所要求的辅助性的路外停车位

36-31
一般规定

在右侧所列分区中,应当根据下列条款或本章其他适用的要求为在本决议案生效日后建设的所有新住宅提供开敞的或围蔽的辅助性的路外停车位,并作为该住宅用途的先决条件:

C1	C2	C3	C4	C5	C6	C7

第 36-32 条(提供独立停车设施的要求);

第 36-33 条(提供集合停车设施的要求);

第 36-34 条(小型区划地块要求的修订);

第 36-35 条(公共房屋要求的修订);

第 36-37 条(受不同停车要求管制的单个区划地块的特殊要求);

第 36-39 条(被分区边界线划分的区划地块的特别规定)。

在本决议案生效日后,所有房屋内增加居住单元或出租单元数量的扩建工程,该扩建工程所产生的额外的居住单元或出租单

	分 区							
	C1	C2	C3	C4	C5	C6	C7	C8

36-31（续）

元应当适用相同的规定。

在这些小节中，三个出租单元应视作等同于一个居住单元。

	C1	C2	C3	C4	C5	C6	C7

36-311

适用于 C1 或 C2 区中变更的要求

在右侧所列分区中，当这些分区在区划图上标示在 R1、R2、R3、R4、R5、R6 或 R7-1 区中时，第 36-31 条（一般规定）的要求应适用于在地块面积为 5000 平方英尺或以上的区划地块上因变更而产生的额外居住单元或出租单元，在第 36-363 款（由周边居住区体位规则管理的 C1 或 C2 区中的变更）及第 73-46 条（变更要求的免除）中另有规定的除外。

C1	C2

36-312

适用于 C3、C4 或 C7 区中的变更的要求

在右侧所列分区中，第 36-31 条（一般规定）的要求应适用于在地块面积为 5000 平方英尺或以上的区划地块上因变更而产生的额外居住单元或出租单元，在第 36-364 款（C4 区中的变更）及第 73-46 条（变更要求的免除）中另有规定的除外。

C3	C4-1 C4-2 C4-3	C7

36-32

提供独立停车设施的要求

在右侧所列分区中，当不提供集合停车设施时，辅助性的路外停车位的要求应符合本条规定。

C1-1	C2-1	C3	C4-1		C7
C1-2	C2-2		C4-2		
C1-3	C2-3		C4-3		
C1-4	C2-4				
C1-5	C2-5				

第6章 辅助性的路外停车与装卸区规则

	分 区						
C1	C2	C3	C4	C5	C6	C7	C8

36-321

由周边居住区体位规则管理的 C1 或 C2 区

在右侧所列分区中,当这些分区在区划图上标示在 R1、R2、R3、R4、R5、R6 或 R7-1 区中且不提供集合停车设施时,应当为每个居住单元提供一个开敞的或围蔽的辅助性的路外停车位。

C1-1	C2-1
C1-2	C2-2
C1-3	C2-3
C1-4	C2-4
C1-5	C2-5

36-322

C3、C4 或 C7 区

在右侧所列分区中,当不提供集合停车设施时,辅助性的路外停车位的要求应符合本款规定。应当为每个居住单元提供一个开敞的或围蔽的辅助性的路外停车位。

		C3	C4-1			C7	
			C4-2				
			C4-3				

36-33

提供集合停车设施的要求

在右侧所列分区中,当处于单一所有权或控制下的新居住开发项目提供集合停车设施时,要求的辅助性的路外停车位应符合本条的规定。

| C1 | C2 | C3 | C4 | C5 | C6 | C7 | |

36-331

由周边居住区体位规则管理的 C1 或 C2 区

在右侧所列分区中,当这些商业区在区划图中标示在下列居住时,要求的辅助性的路外停车位数量由居住区决定,应符合下表:

C1-1	C2-1
C1-2	C2-2
C1-3	C2-3
C1-4	C2-4
C1-5	C2-5

第三篇 商业区规则

36-331（续）

提供集合停车设施的停车位要求

分区							
C1	C2	C3	C4	C5	C6	C7	C8
C1-1	C2-1						
C1-2	C2-2						
C1-3	C2-3						
C1-4	C2-4						
C1-5	C2-5						

区划图标示的 C1 或 C2 区所在的居住区	居住单元总数的百分比（%）
R1、R2、R3 或 R4	100
R5	85
R6	70
R7-1	60
R7-2	50
R8、R9 或 R10	40

36-332

其他 C1 或 C2 区，或 C3、C4、C5、C6 或 C7 区

在右侧所列分区中，要求的路外辅助性的停车位数量如下表所示：

C1-6	C2-6	C3	C4	C5	C6	C7
C1-7	C2-7					
C1-8	C2-8					
C1-9						

提供集合停车设施的停车位要求

居住单元总数的百分比（%）						
100		C3				
85			C4-1			C7
70			C4-2			
			C4-3			
50	C1-6	C2-6	C4-4		C6-1	
			C4-5			
40	C1-7	C2-7	C4-6	C5	C6-2	
	C1-8	C2-8	C4-7		C6-3	
	C1-9				C6-4	
					C6-5	
					C6-6	
					C6-7	

第 6 章 辅助性的路外停车与装卸区规则

	分 区							
	C1	C2	C3	C4	C5	C6	C7	C8
36-34 小型区划地块要求的修订 在右侧所列分区中，对于所有小型区划地块，第 36-33 条（提供集合停车设施的要求）应根据本条要求修改。	C1	C2		C4-5 C4-3 C4-4 C4-5 C4-6 C4-7	C5	C6		

36-341

由周边居住区体位规则管理的 C1 或 C2 区中降低的要求

在右侧所列分区中，当这些商业区在区划图中标示在下列居住区并由居住区决定要求的辅助性的路外停车位数量时，10 000 平方英尺或以下的，或者 15 000 平方英尺或以下的区划地块所要求的辅助性的路外停车位应符合下表：

C1-1	C2-1	
C1-2	C2-2	
C1-3	C2-3	
C1-4	C2-4	
C1-5	C2-5	

小型区划地块降低的要求

地块面积 （平方英尺）	区划图标示的 C1 或 C2 区所在的居住区	要求的停车位（居住单元总数的百分比，%）
10 000 或以下	R6	50
	R7-1	30
10 00～15 000	R7-2	30
	R8、R9 或 R10	20

36-342

其他 C1 或 C2 区，或 C3、C4、C5 或 C6 区

在右侧所列分区中，10 000 平方英尺或以下的，或者 15 000 平方英尺或以下的区划地块所要求的辅助性的路外停车位应符合下表：

C1-6	C2-6	C4-2	C5	C6
C1-7	C2-7	C4-3		
C1-8	C2-8	C4-4		
C1-9		C4-5		
		C4-6		
		C4-7		

36-342（续）

小型区划地块降低的要求

		分 区						
		C1	C2	C3	C4	C5	C6	C7	C8
地块面积 （平方英尺）	要求的停车位 （居住单元总数 的百分比，%）							
10 000 或以下	50				C4-2 C4-3			
10 001~15 000	30	C1-6	C2-6		C4-4 C4-5		C6-1	
	20	C1-7 C1-8 C1-9	C2-7 C2-8		C4-6 C4-7	C5	C6-2 C6-3 C6-4 C6-5 C6-6 C6-7	

36-343
由周边居住区体位规则管理的 C1 或 C2 区中要求的免除

在右侧所列分区中，当区划图标示在 R7-2、R8、R9 或 R10 区中时，应免除第 36-33 条（提供集合停车设施的要求）对 10 000 平方英尺或以下的区划地块的要求。

C1-4　C2-4
C1-5　C2-5

36-344
其他 C1 或 C2 区中，或在 C4、C5 或 C6 区中要求的免除

在右侧所列分区中，应免除第 36-33 条（提供集合停车设施的要求）对 10 000 平方英尺或以下的区划地块的要求。

C1-6　C2-6　　　C4-4　C5　C6
C1-7　C2-7　　　C4-5
C1-8　C2-8　　　C4-6
C1-9　　　　　　C4-7

36-35
公共房屋要求的修订

在右侧所列分区中，由纽约城市住房局所有的并接收现金补贴的所有低租金公共住

C1　C2　C3　C4　C5　C6　C7

第 6 章 辅助性的路外停车与装卸区规则

分 区							
C1	C2	C3	C4	C5	C6	C7	C8
C1	C2	C3	C4	C5	C6	C7	

36-35（续）

房开发项目内的新住宅，在起初至少应当根据本条所列的居住单元总数的百分比提供辅助性的路外停车位。

除了起初提供的车位以外，还应当预留充足的面积，当需要的时候，所处的位置可以满足第 36-33 条（提供集合停车设施的要求）或第 36-34 条（小型区划地块要求的修订）要求提供的完整数量的辅助性的路外停车位，并受第 36-54 条（把要求的开敞空间用作停车的限制）的限制。

36-351

由周边居住区体位规则管理的 C1 或 C2 区

在右侧所列分区中，当这些商业区在区划图中标示在下列居住区时，起初应提供的辅助性的路外停车位占总居住单元的百分比由居住区决定，应符合下表：

C1-1	C2-1
C1-2	C2-2
C1-3	C2-3
C1-4	C2-4
C1-5	C2-5

公共房屋开发项目最初要求的停车位

区划图标示的 C1 或 C2 区所在的居住区	总居住单元的百分比（%）
R1、R2、R3 或 R4	50
R5	42.5
R6	35
R7-1	30
R7-2	15
R8、R9 或 R10	12

	分 区							
	C1	C2	C3	C4	C5	C6	C7	C8

36-352

其他 C1 或 C2 区，或 C3、C4、C5、C6 或 C7 区

在右侧所列分区中，起初应提供的辅助性的路外停车位占总居住单元的百分比由居住区规则决定，应符合下表：

公共房屋开发项目起初要求的停车位

居住单元总数的百分比（%）	C1	C2	C3	C4	C5	C6	C7
50			C3				
42.5				C4-1			C7
35				C4-2 C4-3			
15	C1-6	C2-6		C4-4 C4-5		C6-1	
12	C1-7 C1-8 C1-9	C2-7 C2-8		C4-6 C4-7	C5	C6-2 C6-3 C6-4 C6-5 C6-6 C6-7	

36-36

少量车位要求的免除

在右侧所列分区中，第 36-31 条（一般规定）的要求应遵循本条的免除规定。

C1	C2	C4	C5	C6	C7
C1	C2	C4-2 C4-3 C4-4 C4-5 C4-6 C4-7	C5	C6	C7

36-361

由周边居住区体位规则管理的 C1 或 C2 区中的新开发项目或扩建工程

在右侧所列分区中，当这些商业区在区划图中标示在 R6、R7、R8、R9 或 R10 区时，第 36-31 条（一般规定）对新开发项目或扩建工程要求的辅助性的路外停车位数

C1	C2
C1-1	C2-1
C1-2	C2-2
C1-3	C2-3
C1-4	C2-4
C1-5	C2-5

	分区							
	C1	C2	C3	C4	C5	C6	C7	C8
36-361（续） 量如不大于下表所列的最大数量，则应被免除。最大数量是由在区划图上标示的商业区所在的居住区决定的。	C1-1 C1-2 C1-3 C1-4 C1-5	C2-1 C2-2 C2-3 C2-4 C2-5						

被免除的车位最大数量

区划图标示的 C1 或 C2 区所在的居住区	被免除的车位最大数量（个）
R6 或 R7-1	5
R7-2、R8、R9 或 R10	15

36-362

其他 C1 或 C2 区中，或在 C3、C4、C5 或 C6 区中的新开发项目或扩建工程

	C1	C2	C3	C4	C5	C6	C7	C8
在右侧所列分区中，对于所有新开发项目或扩建工程，第 36-31 条（一般规定）要求的辅助性的路外停车位数量如不大于下表所列的最大数量则应被免除：	C1-6 C1-7 C1-8 C1-9	C2-6 C2-7 C2-8		C4-2 C4-3 C4-4 C4-5 C4-6 C4-7	C5	C6		

最大被免除的车位数量（个）	C1	C2	C3	C4	C5	C6	C7	C8
5				C4-2 C4-3				
15	C1-6 C1-7 C1-8 C1-9	C2-6 C2-6 C2-7 C2-8		C4-4 C4-5 C4-6 C4-7	C5	C6		

36-363

由周边居住区体位规则管理的 C1 或 C2 区中的变更

	C1	C2	C3	C4	C5	C6	C7	C8
在右侧所列分区中[①]，当这些商业区在区划图中标示在 R6 或 R7-1 区时，第 36-311 款（适用于 C1 或 C2 区中的变更的要求）要	C1-1 C1-2 C1-3 C1-4 C1-5	C2-1 C2-2 C2-3 C2-4 C2-5						

① 当 C1 或 C2 区在区划图上标示在 R7-2、R8、R9 或 R10 区中时，由变更产生的额外的居住单元不要求有辅助性的路外停车。见第 36-311 款（应用于 C1 或 C2 区中的变更的要求）。

第三篇　商业区规则

	分 区						
C1	C2	C3	C4	C5	C6	C7	C8
C1-1	C2-1						
C1-2	C2-2						
C1-3	C2-3						
C1-4	C2-4						
C1-5	C2-5						

36-363（续）

求的辅助性的路外停车位数量为20或更少，则应被免除，根据第73-46条（变更要求的免除），标准及上诉理事会可以免除更多数量的车位要求。

36-364

在 C4 区中的变更

　　在右侧所列分区中①，当这些商业区在区划图中标示在 R6 或 R7-1 区时，第 36-312 款（适用于 C3、C4 或 C7 区中的变更的要求）要求的辅助性的路外停车位数量为 20 或更少，则应被免除，根据第 73-46 条（变更要求的免除）标准及上诉理事会可以免除更多数量的车位要求。

C4-2
C4-3

36-37

单个区划地块中有遵循不同停车要求的用途的特别规定

　　在右侧所列分区中，当任何房屋或区划地块包含两个或更多的遵循下列条款的不同停车要求的用途，每类用途的停车要求应根据该用途的程度而定：

　　第 36-21 条（一般规定）；

　　第 36-31 条（一般规定）；

　　但是，当教堂或停车要求分类 D 的用途（集合场地）与其他任何用途位于同一个房屋或区划地块上时，则标准及上诉理事会可

C1	C2	C3	C4	C5	C6	C7

---

① 在第 36-312 款（应用于 C3、C4 或 C7 区中的变更的要求）中没有列出的分区中，由变更产生的额外的居住单元不要求有辅助性的路外停车。

第 6 章 辅助性的路外停车与装卸区规则

	分　区							
	C1	C2	C3	C4	C5	C6	C7	C8
36-37（续） 以根据第 73-43 条（减少教堂或集合场地的停车空间）的要求减少它们要求的停车位数量。	C1	C2	C3	C4	C5	C6	C7	
36-38 出入口被禁止的所有区划地块要求的免除 　　在右侧所列分区中，当建设委员认定任何房屋或区划地块无法为要求的车位安排符合第 36-53 条（进出街道的位置）规定的连通街道的出入口时，这些房屋或区划地块不应适用第 36-31 条（一般规定）的规定。建设委员可以向交通部提及此问题并获取报告，并可根据该报告作出决定。	C1	C2	C3	C4	C5	C6	C7	
36-39 被分区边界线划分的区划地块的特别规定 　　在右侧所列分区中，如果区划地块被分区边界线划分，而且这些分区有不同的辅助性的路外停车位要求，则应适用于第七篇第 7 章的规定。	C1	C2	C3	C4	C5	C6	C7	

36-40 辅助性的路外停车位位置和使用限制

36-41 一般规定 　　在右侧所列分区中，所有许可的或要求的，开敞的或围蔽的，辅助于住宅、或商业或社团设施用途的路外停车位应当位于其辅助性的房屋或用途所在的同一个区划地	C1	C2	C3	C4	C5	C6	C7	C8

	分　区						
C1	C2	C3	C4	C5	C6	C7	C8
C1	C2	C3	C4	C5	C6	C7	C8

36-41（续）

块上，在下列条款中另有规定的除外：

第36-42条（住宅基地外的车位）；

第36-43条（商业或社团设施用途的基地外车位）；

第36-44条（共享设施）；

第36-45条（要求的车位在基地外时的附加规则）；

第73-45条（基地外停车规定的修订）

36-42

住宅基地外的车位

在右侧所列分区中，所有许可的或要求的，辅助于住宅的路外停车位可以在其辅助性的住宅的区划地块以外的区划地块上提供，但是所有这些车位需满足以下条件：

C1	C2	C3	C4	C5	C6	C7

（a）不在居住区，或者位于不属于R1或R2区中的共享设施中，并与其辅助性的房屋在同一区划地块上，同时符合第36-44条（共享设施）的规定；且

（b）与区划地块的最大距离不大于本条的规定。

36-421

与区划地块的最大距离

在右侧所列分区中，所有这些车位与其辅助性的住宅所在的区划地块上最接近的边界之间的距离不应超过下表的规定：

C1	C2	C3	C4	C5	C6	C7

第6章 辅助性的路外停车与装卸区规则

36-421（续）	分 区							
	C1	C2	C3	C4	C5	C6	C7	C8
	C1	C2	C3	C4	C5	C6	C7	
与区划地块的最大距离（英尺）								
（a）600	C1-1 C1-2 C1-3	C2-1 C2-2 C2-3	C3	C4-1 C4-2 C4-3			C7	
（b）1000	C1-4 C1-5 C1-6 C1-7 C1-8 C1-9	C2-4 C2-5 C2-6 C2-7 C2-8		C4-4 C4-5 C4-6 C4-7	C5	C6		

36-43

商业或社团设施用途的基地外车位

在右侧所列分区中，所有许可的或要求的、辅助于商业或社区用途的路外停车位可以在该用途的区划地块以外的区划地块上提供，但应在同一个分区中，或在一个相邻的商业区或工业区中。但是，所有要求的车位距离该用途所在的区划地块的最接近的边界不应超过600英尺。

C1　C2　C3　C4　C5　C6　C7　C8

36-44

共享设施

在右侧所列分区中，所有要求的辅助性的路外停车位可以在共同服务于两个或多个房屋或区划地块的设施中提供，只要符合下列条件：

（a）该共享设施的车位数量不应少于该房屋或区划地块的居住单元、楼板面积、地块面积、额定容量或其他计量单位对应下列条款所要求的车位的总数：

第36-21条（一般规定）；

C1　C2　C3　C4　C5　C6　C7　C8

第三篇 商业区规则

	分 区						
C1	C2	C3	C4	C5	C6	C7	C8

36-44（续）

C1	C2	C3	C4	C5	C6	C7	C8

第36-22条（单个区划地块含有不同停车要求的用途的特别规定）；

第36-31条（一般规定）。

（b）所有这些车位位于第36-42条（住宅基地外的车位）、第36-43条（商业或社团设施用途的基地外车位）或第73-45条（基地外停车规定的修订）许可的分区中；且

（c）该共享设施的设计和平面布置应充分满足建设委员设立的最大限度。

36-45

要求的车位位于基地外时的附加规则

在右侧所列分区中，当要求的辅助性的路外停车位根据第36-42条（住宅基地外的车位）、第36-43条（商业或社团设施用途的基地外车位）或第36-44条（共享设施）的规定在基地外提供时，应当适用于下列的附加规则：

C1	C2	C3	C4	C5	C6	C7	C8

（a）这些车位应当与其辅助性的用途归同一所有权，且应当服从提交给登记机构的地契限制，约束所有权人及其继承者和受让人在该用途的整个生命周期维持要求数量的车位的可用性。

（b）这些车位应符合其所在分区的所有适用规则。

36-46

辅助性的路外停车位的使用限制

在右侧所列分区中，所有许可的或要求

C1	C2	C3	C4	C5	C6	C7	C8

第 6 章　辅助性的路外停车与装卸区规则

	分　区						
	C1	C2	C3	C4	C5	C6	C7	C8
	C1	C2	C3	C4	C5	C6	C7	C8

36-46（续）

的、开敞的或围蔽的辅助性的路外停车位应当主要用于其辅助用途的业主、占用人、职员、顾客、住户或访客。

　　住宅的任何辅助性的路外停车位，如该住宅的占用人不需要，可以出租给非该住宅占用人的他人，用以存放这些人所使用的私人载客机动车。在业主收到书面要求的三十日以内，应当确保这些车位可供其辅助的住宅占用人使用。另外，对非住户出租这些车位应服从本条设定的适用于特定分区的限制。

36-461

C1 或 C5 区中住宅的辅助性的车位租赁限制

　　在右侧所列分区中，住宅的辅助性的路外停车位可以租给非该住宅占用人的他人，租期应不少于一周或不多于一个月，但是，标准及上诉理事会可以根据第 73-47 条（辅助性的路外停车位出租给非住户）的规定许可更短的租期。

C1				C5			

36-462

C3 区中住宅的辅助性的车位租赁限制

　　在右侧所列分区中，住宅的辅助性的路外停车位可以租给非该住宅占用人的他人，租期应不少于一周或不多于一个月的时间。

		C3					

第三篇 商业区规则

	分 区							
	C1	C2	C3	C4	C5	C6	C7	C8
36-47 **汽车维修及发动机燃料销售的限制** 　　在右侧所列分区中，机动车维修，或发动机燃油、发动机润滑油或汽车配件的销售等与辅助性的路外停车位的使用相关用途是不许可的。但是，在独立于住宅的完全围蔽的车库内，许可小规模汽车维修（不包括车身工作），且可以提供不超过三个发动机燃料泵。但是，发动机燃料不能销售给不使用车位的人。	C1	C2	C3	C4	C5	C6	C7	C8

36-50 许可的或要求的辅助性的路外停车位的附加规则

36-51
一般规定

在右侧所列分区中，所有许可的或要求的辅助性的路外停车位应当符合下列规定：	C1	C2	C3	C4	C5	C6	C7	C8

　　第 36-52 条（车位的尺寸）；

　　第 36-53 条（进出街道的位置）；

　　第 36-54 条（把要求的居住的开敞空间用作停车的限制）；

　　第 36-55 条（路面）；

　　第 36-56 条（屏障）。

　　适用于大规模的社团设施开发项目或大型居住开发项目的特别规则在第七篇第 7 章中列出。

36-52
车位的尺寸

在右侧所列分区中，对于所有开敞的或	C1	C2	C3	C4	C5	C6	C7	C8

分 区							
C1	C2	C3	C4	C5	C6	C7	C8
C1	C2	C3	C4	C5	C6	C7	C8

36-52（续）

围蔽的辅助性的路外停车位，每 300 平方英尺无障碍的固定的或活动的区域应视作一个停车位。如果区域面积少于 300 平方英尺，在任何情况下不少于 200 平方英尺，也可以视作一个停车位；但是，停车区域的平面应允许机动车便捷的进出和移动，根据建设委员会制定的要求进行布置和设计，或者开发商或建筑许可或占用执照的申请者可以证明这些车位能完全满足停车需求。

在任何情况下，当开发商提供的这些车位能证明确实满足服务需求的，减少每个停车位规定的面积是许可的，在占用执照中应当列明这些车位的所有人或运营者付费雇佣的服务员，应在这些车位的使用期间随时可以处理机动车的停放及移动。

任何情况下，任何停车位的长度不应少于 18 英尺，宽度不应少于 8 英尺 6 英寸。

36-53

进出街道的位置

在右侧所列分区中，所有许可的或要求的辅助性的集合停车设施及所有许可的大于或等于 10 个车位的公共停车场或公共停车库的入口及出口，应当距离任何两条街道边线交点不少于 50 英尺。但是，如果建设委员认定出入口的位置不会对交通安全造成危险也不容易制造交通拥堵，出入口可以位于距离该交点 50 英尺以内。建设委员可以向交通部提及此问题并获取报告，并可根据

| C1 | C2 | C3 | C4 | C5 | C6 | C7 | C8 |

第三篇 商业区规则

	分 区							
	C1	C2	C3	C4	C5	C6	C7	C8

36-53（续）

该报告作出决定。

  当建设委员认定无法为车位安排符合本条规定的连通街道的出入口时，应适用第36-24条或第36-38条（出入口被禁止的所有区划地块的要求免除）的免除规定。

C1	C2	C3	C4	C5	C6	C7	C8

36-54
把要求的居住的开敞空间用作停车的限制

  在右侧所列分区中，除了当 C1 或 C2 在区划图上标示在 R10 区时，根据第 34-11 条或第 35-21 条（一般规定）的规定，区划地块开发中包含住宅在内的房屋所要求的开敞空间不可有超过 50%用地用于机动车道、私人街道、露天的辅助性的路外停车位或露天的辅助性的路外装卸泊位。

C1	C2	C3	C4	C5	C6	C7
C1-1	C2-1	C3	C4-1		C6-1	C7
C1-2	C2-2		C4-2		C6-2	
C1-3	C2-3		C4-3		C6-3	
C1-4	C2-4		C4-4			
C1-5	C2-5		C4-5			
C1-6	C2-6					
C1-7	C2-7					
C1-8						

36-55
路面

  在右侧所列分区中，所有露天的辅助性的路外停车位的路面应当用沥青或硅酸盐水泥混凝土，或其他硬质表面的无尘材料，厚度至少为 4 英寸。

C1	C2	C3	C4	C5	C6	C7	C8

36-56
屏障

  在右侧所列分区中，位于紧邻居住区边界的区划地块上的露天的不少于 10 个车位的辅助性路外的所有停车区域，要么是在自然场地上，要么是在屋顶上，都应设置屏障阻隔与居住区相邻的区划地块，包括街道对

C1	C2	C3	C4	C5	C6	C7	C8

第6章 辅助性的路外停车与装卸区规则

	分 区						
	C1	C2	C3	C4	C5	C6	C7	C8

36-56（续）

面的此类区划地块，屏障应是下列其中一种形式：

（a）一条宽至少为 4 英尺的绿化带，密集地种植灌木或树木，植物高度至少为 4 英尺高，而且预期可以在三年内形成 6 英尺高的全年密集的屏障；或

（b）一堵墙或障碍或统一涂漆的栅栏，采用防火材料，高度至少为 6 英尺，但不超过完成后的场地标高以上（或如果是在屋顶上的，则高于屋顶高度）8 英尺。该墙、障碍或栅栏可以是不透明的或打孔的，只要其表面开孔率部分不超过 50%。

| C1 | C2 | C3 | C4 | C5 | C6 | C7 | C8 |

另外，该屏障：

（a）应当在所有时间维持好的状态；

（b）可以开放一般的入口或出口；及

（c）不应有标牌挂在或黏附在上方，在第 32-62 条（许可的辅助性的商业标牌）或第 32-63 条（许可的广告标牌）中许可的除外。

36-60 路外装卸规则的一般目标

采用下列关于许可的及要求的辅助性的路外装卸泊位规则的目的是为了提供公共街道以外的装载或卸载活动所需的空间，从而限制街道用于此类活动，缓解城市商业区域的交通拥堵，以此促进和保护公共健康、安全及公共福祉。

	分 区						
	C1	C2	C3	C4	C5	C6	C7	C8

36-61

许可的辅助性的路外装卸泊位

在右侧所列分区中，可以根据建设委员

| C1 | C2 | C3 | C4 | C5 | C6 | C7 | C8 |

第三篇 商业区规则

	分 区						
C1	C2	C3	C4	C5	C6	C7	C8
C1	C2	C3	C4	C5	C6	C7	C8

36-61（续）

制定的规则和条例，并符合第36-682款（进出街道的位置）、第36-683款（居住区附近泊位的位置限制）、第36-684款（路面）及第36-685款（屏障）的规定，为所有许可的用途提供开敞的或围蔽的辅助性的路外装卸泊位。

36-62
要求的辅助性的路外装卸泊位

C1	C2	C3	C4	C5	C6	C7	C8

在右侧所列分区中，应当根据本条表格所列的要求及建设委员制定的规则和条例，为在本决议案生效日后建设的所有表列用途的新开发项目提供开敞的或围蔽的辅助性的路外装卸泊位，作为该开发项目用途的先决条件，在第36-63条（单个区划地块中有遵循不同装卸要求的用途的特别规定）或第36-64条（批发、工业或存储用途与其他用途的结合）中另有规定的除外。

本条中，在单一所有权或控制下的一组被开发的用途所在的一片土地应当被视为单个区划地块。

当表格中任何特定的用途位于开敞地块时，表格中对楼板面积的要求应适用于该用途的地块面积。

在本决议案生效日以后，如果任何房屋或其他构筑物或区划地块的用途变更或扩建，下表所列的要求应适用于该房屋变更或扩建部分的楼板面积或用于该用途的地块面积。

第6章 辅助性的路外停车与装卸区规则

36-62（续）

新建设、扩建或变更用途要求的路外装卸泊位

用途类型	楼板面积（平方英尺）	要求的泊位（个）	分区							
			C1	C2	C3	C4	C5	C6	C7	C8
			C1	C2	C3	C4	C5	C6	C7	C8
医院及相关设施①或监狱	首 10 000	无	C1	C2	C3	C4	C5	C6	C7	C8
	接下来的 290 000	1								
	每增加 300 000 或其中一部分	1								
殡葬机构	首 10 000	1	C1	C2		C4		C6	C7	C8
	接下来的 20 000	1								
	任何额外的数量	1								
酒店、办公室或法院	首 25 000	无	区划图标在R1 R2 R3 R4 R5 R6中的C1	区划图标在R1 R2 R3 R4 R5 R6中的C2	C3	C4-1 C4-2 C4-3			C7	C8-1 C8-2
	接下来的 75 000	1								
	接下来的 200 000	1								
	每增加 300 000 或其中一部分	1								

① 要求不包含用于救护车停放的区域。

第三篇·商业区规则

36-62（续）

用途类型	楼板面积（平方英尺）	要求的泊位（个）	分区							
			C1	C2	C3	C4	C5	C6	C7	C8
			C1	C2	C3	C4	C5	C6	C7	C8
酒店、办公室或法院	首 10 000	无	C1-6 C1-7 C1-8 C1-9 以及区划图标在 R1 R2 R3 R4 R5 R6 中的 C1	C2-6 C2-7 C2-8 以及区划图标在 R1 R2 R3 R4 R5 R6 中的 C2		C4-4 C4-5 C4-6 C4-7	C5	C6		C8-3 C8-4
	接下来的 20 000	1								
	每增加 300 000 或其中一部分	1								
商业用途：在用途组 6A、6C、7B、8B、9A、9B、10A、14A 或 16A 中的所有零售或服务用途；在用途组 8A 或 12A 中的所有娱乐用途；在用途组 7D、13B 或 16B 中的所有汽车服务用途；	首 8000	无	区划图标在 R1 R2 R3 R4 R5 R6 中的 C1	区划图标在 R1 R2 R3 R4 R5 R6 中的 C2	C3	C4-1 C4-2 C4-3			C7	C8-1 C8-2
	接下来的 17 000	1								
	接下来的 15 000	1								
	接下来的 20 000	1								
	接下来的 40 000	1								
	每增加 150 000 或其中一部分	1								

36-62（续）

用途类型	楼板面积（平方英尺）	要求的泊位（个）	分区						
			C1	C2	C3	C4	C5	C6	C7	C8
			C1	C2	C3	C4	C5	C6	C7	C8
商业用途：在用途组 6A、6C、7B、8B、9A、9B、10A、14A 或 16A 中的所有零售或服务用途；在用途组 8A 或 12A 中的所有娱乐用途；在用途组 7D、13B 或 16B 中的所有汽车服务用途；	首 25 000	无	C1-6 C1-7 C1-8 C1-9 以及区划图标在 R1 R2 R3 R4 R5 R6 中的 C1	C2-6 C2-7 C2-8 以及区划图标在 R1 R2 R3 R4 R5 R6 中的 C2		C4-4 C4-5 C4-6 C4-7	C5	C6		
	接下来的 15 000	1								
	接下来的 60 000	1								
	每增加 150 000 或其中一部分	1								
服务、批发、工业或储存用途：在用途组 7C、10B、11B 或 16D 中的所有服务、批发或储存用途；在用途组 11A 中的所有工业用途	首 8000	无		区划图标在 R1 R2 R3 R4 R5 R6 中的 C2		C4-1 C4-2 C4-3			C7	C8-1 C8-2
	接下来的 17 000	1								
	接下来的 15 000	1								
	接下来的 20 000	1								
	接下来的 20 000	1								
	每增加 80 000 或其中一部分	1								

				分 区				
			C1	C2	C3	C4	C5	C6	C7	C8
36-62（续）			C1	C2	C3	C4	C5	C6	C7	C8

用途类型	楼板面积（平方英尺）	要求的泊位（个）								
服务、批发、工业或储存用途：在用途组 7C、10B、11B 或 16D 中的所有服务、批发或储存用途；在用途组 11A 中的所有工业用途	首 15 000	无		C2-6 C2-7 C2-8 以及区划图标在 R1 R2 R3 R4 R5 R6 中的 C2		C4-4 C4-5 C4-6 C4-7	C5	C6		C8-3 C8-4
	接下来的 25 000	1								
	接下来的 40 000	1								
	每增加 80 000 或其中一部分	1								

36-63
单个区划地块中有遵循不同装卸要求的用途的特别规定

在右侧所列分区中，当任何房屋或区划地块包含两个或更多的遵循第 36-62 条（要求的辅助性的路外装卸泊位）的不同要求的用途时，如果符合以下条件，应当提供路外装卸泊位，泊位的数量应该以所有要求配有泊位的用途的总楼板面积计算，并采用要求泊位数量最多的用途的标准。

（a）每个独立的用途的楼板面积少于要求配有泊位的最小楼板面积，且

（b）要求配有泊位的所有用途的总楼板面积大于任何单个用途要求配有泊位的最小楼板面积。

C1	C2	C3	C4	C5	C6	C7	C8

第6章 辅助性的路外停车与装卸区规则

	分 区							
	C1	C2	C3	C4	C5	C6	C7	C8

36-64

批发、工业或存储用途与其他用途的结合

在右侧所列分区中，除了在第 36-63 条（单个区划地块中有遵循不同装卸要求的用途的特别规定）中有规定的以外，如果任何房屋或区划地块部分用于批发、工业或存储用途或这些用途的组合，且部分用于第 36-62 条（要求的辅助性的路外装卸泊位）表格列出的任何其他用途，房屋中至少有 50% 的楼板面积应符合批发、工业和存储用途的要求，剩下的应符合其他适用的要求。

| C1 | C2 | C3 | C4 | C5 | C6 | C7 | C8 |

36-65

出入口被禁止的所有区划地块的要求免除

在右侧所列分区中，当建设委员认定任何房屋或区划地块无法为要求的泊位安排符合第 36-682 款（进出街道的位置）规定的连通街道的出入口时，这些房屋或区划地块不应适用下列规定：

第 36-62 条（要求的辅助性的路外装卸泊位）；

第 36-63 条（单个区划地块中有遵循不同装卸要求的用途的特别规定）；

第 36-64 条（批发、工业或存储用途与其他用途的结合）。

建设委员可以向交通部提及此问题并获取报告，并可根据该报告作出决定。

| C1 | C2 | C3 | C4 | C5 | C6 | C7 | C8 |

	分 区						
	C1	C2	C3	C4	C5	C6	C7	C8

36-66

被分区边界线划分的区划地块的特别规定

在右侧所列分区中，如果区划地块被分区边界线划分，而且这些分区有不同的辅助性的路外装卸泊位要求，则应适用于第七篇第 7 章的规定。

| C1 | C2 | C3 | C4 | C5 | C6 | C7 | C8 |

36-67

服务于两个或以上的房屋的共享装卸泊位

在右侧所列分区中，所有要求的装卸泊位可以在共同服务于在同一街区中的两个或多个房屋或区划地块的设施中提供，只要符合下列条件：

| C1 | C2 | C3 | C4 | C5 | C6 | C7 | C8 |

（a）在该共享设施的泊位数量，不应少于这些房屋或区划地块的总楼板面积根据第 36-62 条（要求的辅助性的路外装卸泊位）、第 36-63 条（单个区划地块中有遵循不同装卸要求的用途的特别规定）和第 36-64 条（批发、工业或存储用途与其他用途的结合）的要求；且

（b）应提供从该共享设施通向所有这些房屋或区划地块的直接出入口；且

（c）该共享设施的设计和平面布置应充分满足建设委员在附加规则中确立的标准。

36-68

许可的或要求的泊位的额外规定

在右侧所列分区中，所有许可的或要求的辅助性的路外装卸泊位应遵循的要求。

| C1 | C2 | C3 | C4 | C5 | C6 | C7 | C8 |

第 6 章　辅助性的路外停车与装卸区规则

	分　区						
	C1	C2	C3	C4	C5	C6	C7	C8

36-681

要求的泊位的尺寸

　　在右侧所列分区中，所有开敞的或围蔽的要求的辅助性的路外装卸泊位应当符合下表列出的最小尺寸。路外泊位的尺寸不应包含机动车道或该路外泊位的入口或出口。

　　C1　C2　C3　C4　C5　C6　C7　C8

要求的辅助性的路外装卸泊位的最小尺寸

	长度（英尺）	宽度（英尺）	竖向净空（英尺）
医院及相关设施或监狱	33	12	12
殡葬机构	25	10	8
酒店、办公室、法院	33	12	12
商业用途①	33	12	14
批发、工业或存储用途　楼板面积少于 10 000 平方英尺	33	12	14
批发、工业或存储用途　楼板面积大于或等于 10 000 平方英尺	50	12	14

36-682

进出街道的位置

　　在右侧所列分区中，距离任何两条街道边线交点少于 50 英尺处不应有许可的或要求的辅助性的路外装卸泊位及其出口或入口。如果建设委员认定更接近的位置不会对交通安全造成危险也不容易制造交通拥堵，那么，更接近该交叉点的位置可以被许可。建设委员可以向交通部提及此问题并获取报告，并可根据该报告作出决定。

　　C1　C2　C3　C4　C5　C6　C7　C8

　　当建设委员认定无法安排符合本条规定的要求的泊位时，应适用第 36-65 条（出入口被禁止的所有区划地块的要求免除）的规定。

---

① 如第 36-62 条（要求的辅助性的路外装卸泊位）的表格所列。

第三篇　商业区规则

	分　区						
	C1	C2	C3	C4	C5	C6	C7	C8

36-683

居住区附近泊位的位置限制

在右侧所列分区中，当辅助性的路外装卸泊位距离居住区边界 60 英尺以内，该泊位应围蔽在房屋内，且街道到泊位的入口或出口与分区边界线的距离都不应少于 30 英尺。

| C1 | C2 | C3 | C4 | C5 | C6 | C7 | C8 |

36-684

路面

在右侧所列分区中，所有许可的或要求的开敞的路外装卸泊位的路面应当用沥青或硅酸盐水泥混凝土，或其他表面无尘的硬质材料，厚度至少为 6 英寸。

| C1 | C2 | C3 | C4 | C5 | C6 | C7 | C8 |

36-685

屏障

在右侧所列分区中，所有位于紧邻居住区的边界的区划地块上的、开敞的、许可的或要求的辅助性的路外停车区域，应设置屏障阻隔所有在居住区的相邻区划地块，包括街道对面的此类区划地块，屏障应是下列其中一种形式：

| C1 | C2 | C3 | C4 | C5 | C6 | C7 | C8 |

（a）一条宽至少为 4 英尺的绿化带，密集地种植灌木或树木，栽种植物的高度至少为 4 英尺高，而且预期可以在三年内形成 6 英尺高的全年密集的屏障；或

（b）一堵墙或障碍或统一涂漆的栅栏，采用防火材料，高度至少为 6 英尺，但不超过完成后场地标高以上 8 英尺。该墙、障碍

	分 区						
	C1	C2	C3	C4	C5	C6	C7	C8
36-685（续）	C1	C2	C3	C4	C5	C6	C7	C8

或栅栏可以是不透明的或打孔的，只要其表面开放的部分不超过 50%。

另外，该屏障：

（a）应当在所有时间维持好的状态；

（b）可以开设一般的入口或出口；及

（c）不应有标牌挂在或黏附在上方，在第 32-62 条（许可的辅助性的商业标牌）或第 32-63 条（许可的广告标牌）中许可的除外。

第四篇　工业区规则①

第1章　立法意图的阐述

41-00　工业区的一般目的

本决议案设立工业区的目的是为改善和保护公共健康、公共安全及公共福祉，这些目地包括但不仅限于下列具体目标：

（a）为所有类型的工业及相关活动提供充足的空间，以满足城市预期的未来经济需求，并需要考虑场地选择。

（b）尽可能为工业及相关活动提供可用空间，通过隔离住宅区和工业活动以及禁止工业空间用于新的居住开发项目，从而保护住宅区。

（c）鼓励没有火灾、爆炸、有毒和有害物质、辐射和其他危险的，没有令人厌恶的噪声、振动、烟、尘、热、潮湿、强光和其他令人厌恶的影响的工业开发项目，允许此类开发项目位于本决议案的限定区域，这些区域严格限制排放，不考虑工业产品和涉及的工序。

（d）将有火灾、爆炸、有毒和有害物质、辐射和其他危险的，或产生令人厌恶的噪声、振动、烟、尘、热、潮湿、强光和其他令人厌恶的影响的工业活动限制在适合它们的区域中，从而保护附近的居住和商业区域，以及保护在厌恶性影响低的工业企业和其他活动中的劳动者。

（e）尽可能地恰当地保护每一个区域内的工业及相关开发项目，通过规范周边用地的建筑体位关系，以及提供路外停车及装卸设施，使工业及相关开发项目免受交通拥堵。

（f）为了促进最适宜的土地用途和依据充分考虑规划的建筑开发导向，促进工业及相关开发项目的稳定性，巩固城市的经济基础，保护分区特征及分区对特定用途的特别适用性，维护土地和建筑的价值和维持城市的税收。

41-10　特定工业区的目的

41-11
M1 轻工业区（高释放标准）

这类分区的目的是容纳能够符合高水平释放标准的广泛的工业及相关用途。这类工业完全围蔽在房屋中，为居住（或商业）区和其他包含更多厌恶性影响的工业用途之间提供缓冲。新的居住开发项目被排除在这些分区以外，保护住宅区免受不良环境的影响，又确保为工业发展预留充足的空间。

41-12
M2 中等工业区（中等释放标准）

这类分区的目的是容纳能够符合中等释放标准的工业及相关活动。这类活动一般不要求围蔽，位于居住区边界的区域除外。这类分区不允许新的住宅或社团设施。

---

① 本篇楷体字参照第 12-10 节的定义，释放标准的技术术语参照本篇相应小节中的定义。

41-13

M3 重工业区（低释放标准）

这类分区的目的是容纳本质上是重工业的用途，这类用途包含更多厌恶性的影响和危害，因此，预期这类用途符合其他大多数工业开发项目类型适用的释放标准是不合理的。这类分区不允许新的住宅或社团设施。

第 2 章　用途规则

42-00　一般规定

为依法实施本决议案的目标及规定，房屋或其他构筑物及土地的用途被分类及合并至用途组。各个用途组的开头有简要的阐述，描述和说明该用途组的基本特征。如第 42-11 条至第 42-15 条所示，用途组 4、5、6、7、8、9、10、11、12、13、14、15、16、17 或 18，包括其中分别列明的各个用途，在工业区中都是被许可的。

用途组 11A、16、17 或 18 所列的用途也必须符合第 42-21 条至第 42-28 条规定的释放标准。如果用途组与释放标准之间有任何矛盾，应以后者为准。

如果用途组 18 所列的用途符合 M1 或 M2 区（以及 M3 区）中所有适用的释放标准，则用途组 18 所列的用途允许在 M1 或 M2 区（以及 M3 区）。

不同工业区中许可的用途组见下表。

当一个用途组中具体列出一项用途，且该用途又被解释涵盖在一个更包容的用途列表中，无论是否在同一个用途组，应当由更具体的列表控制。

在第 32-14 至 32-25 条，标题为停车要求分类一列中，列在用途后方的字母 A、B、B1、C、D、E、F、G 或 H，表示根据商业用途分类来决定第 44-21 条（一般规定）中法规要求的辅助性的路外停车位。

为方便决议案的使用者，在第 42-11 至 42-15 条所列的各类用途组中的用途，也在本决议案最后以字母顺序编成索引。当用途组的文本与索引文本的意思或含义不一致时，应当以用途组的文本为准。

工业区中许可的用途组

分区		用途组														
		社团设施	零售与商业							休闲				一般服务	工业	
		3	4	5	6	7	8	9	10	11	12	13	14	15	16	17	18
轻工业	M1			■	■	■	■	■	■	■	■	■	■		■	■	■
中等工业	M2			■	■	■	■	■	■	■					■	■	■
重工业	M3			■	■	■	■	■	■	■						■	■

	分 区		
	M1	M2	M3

42-10 法规许可的用途

42-11
用途组 4

用途组 4，如第 22-14 条所规定的。	M1		

42-12
用途组 5、6、7、8、9、10、11、12、13、14 及 16

用途组 5、6、7、8、9、10、11、12、13、14 及 16，如第 32-14 条至第 32-23 条及第 32-25 条所规定的。	M1	M2	M3

42-13
用途组 15

用途组 15，如第 32-24 条所规定的。		M2	M3

42-14
用途组 17

用途组 17 主要包含符合下列条件的工业用途：	M1	M2	M3

（1）能够通过控制厌恶性影响而符合高释放标准；且

（2）通过这样的措施可以限制这类工业活动对附近的居住区的影响；且

（3）这类工业活动一般会产生大交通量，包括行人和货运。

A. 服务或批发企业

- 开敞的或围蔽的建筑材料或承建人的场地，包括建筑材料的销售、储藏或加工，单个场地的地块面积不限，但是单个木材场的地块面积应限制在 20 000 平方英尺
- 批发功能的农产品或肉市场

B. 工业企业

- 黏合剂制造，不包括基本要素的生产
- 广告展示牌制作
- 飞机制造，包括部件

	分 区		
	M1	M2	M3
	M1	M2	M3

42-14（续）

- 纺织品或其他材料制作的衣服或其他纺织产品，包括帽身或其他类似产品
- 汽车、货车或拖曳式房车的车身维修
- 汽车、货车或拖曳式房车制造，包括部件或引擎的重新组装
- 不含酒精的饮品生产
- 开敞的或围蔽的船厂，包括建造或维修，长度少于 200 英尺，但只有当船厂位于居住区边界 200 英尺以外时，或设有高度至少为 8 英尺的墙或围栏的有效屏障且在居住区边界 30 英尺以内没有船体建造时，该用途或其中的部分可以在完全围蔽的房屋之外部进行
- 所有饮品的装瓶
- 刷子或扫帚的生产
- 相机或其他摄像仪器制造，胶片除外
- 地毯制造
- 帆布或帆布产品制造
- 陶瓷产品制造，包括陶器、小型瓷砖或其他类似产品
- 化学品生产，混合或包装
- 软木产品生产
- 化妆品生产
- 轧棉、填充棉花或剥绒
- 电气设备制造，包括照明器材、熨斗、风扇、烤面包机、电气玩具或类似设备
- 电气设备装配，包括家用无线电或电视接收器、家用电影设备或其他类似产品，但不包括电机
- 电气用品制造，包括电线或电缆组件、开关、灯、绝缘材料、干电池或类似用品
- 食物产品加工，不包括肉类屠宰或包装鱼的制作和准备
- 毛皮商品加工，不包括制革或染色
- 用已制成的玻璃制造玻璃产品

	分区		
	M1	M2	M3

42-14（续）

- 毛发、毛毡或羽毛产品加工，不包括清洗、加工或染色
- 袜类加工
- 干冰生产，干的或自然的
- 墨水或色带生产
- 黄麻、大麻、剑麻或油麻丝产品生产
- 研究、试验或测试实验室
- 皮革制品生产，包括鞋、机器带或类似产品
- 皮箱生产
- 商业机器制造，包括打字机、会计机器、计算器、算牌设备或类似产品
- 各类机器制造，包括洗衣机、枪支、冰箱、空调、商业电影设备或类似产品
- 机器工具制造，包括金属车床、金属冲压、金属冲压机器、木工机器或类似产品
- 床垫制造，包括重建或翻新
- 金属表面精整、电镀、磨削、打磨、抛光、清洗、防锈、热加工或类似加工
- 技术冲压或挤压，包括定制首饰、扣针和缝纫针、刀片、瓶盖、纽扣、厨房器具或类似产品
- 电影产品生产
- 摩托车制造，包括部件
- 音乐乐器制造，包括钢琴或风琴
- 新颖产品制造
- 光学设备、钟及类似的精密仪器制造
- 整形或医疗设备制造，包括人造肢体、钳子、支撑物、担架或类似设备
- 纸制品加工，包括信封、文具、袋子、箱子、集装箱、散货、管、墙纸印刷或类似产品
- 香水或香水肥皂制造，仅为化合物
- 制药产品生产

	分 区	
	M1　M2　M3	
	M1　M2　M3	

42-14（续）

- 塑料产品加工，包括餐具、留声机唱片、纽扣或类似产品
- 打印或印刷，单个的楼板面积不限
- 橡胶产品生产，如洗涤用品、手套、鞋类、浴帽、喷雾器或类似产品，不包括自然或合成橡胶的生产
- 舞台建造
- 软再生毛
- 银器制作，电镀或纯银
- 肥皂或洗涤剂加工，仅为包装
- 体育或运动水杯生产，包括球、篮、球杆、手套、球棒、球拍、棍或类似产品
- 雕塑、人体模型、雕像，或者宗教或教堂的艺术品制作，不包括铸造
- 钢制品加工，各种制作或组装，包括钢柜、门、围栏、金属家具或类似产品
- 纺织品生产，纺织、编织、加工、染色、印压、针织产品、纱、线或绳
- 烟草生产包括加工，或烟草产品
- 工具或五金器具制造，包括螺栓、螺帽、螺丝、门拉手、钻、手工工具或刀具、铰、家庭五金、锁、有色金属铸件、水管装置或类似产品
- 玩具生产
- 制伞
- 大量的室内装饰品生产，不包括直接与消费者交易的室内装饰品店
- 儿童车制造，包括自行车、滑板车、手推车、婴儿推车或类似的车
- 百叶窗、遮光帘或雨篷制造，单个生产单位的楼板面积不限
- 蜡制品生产
- 木制品加工，包括家具、箱子、板条箱、篮、铅笔、制桶或类似产品

C. 各种用途

- 农业生产用途，包括温室、苗圃或商品蔬菜园
- 开敞的或围蔽的公共交通、铁路或变电站用途，尺寸不限

	分 区		
	M1	M2	M3

42-14（续）

	M1	M2	M3

- 铁路用途，包括路权线、货运站、站场或附属物，或铁路运营使用的或法规要求的设施或服务，但不包括客运站
- 货运场或汽车货运站用途，每个的地块面积不限
- 滨水航运用途

D. 辅助用途

42-15

用途组 18

用途组 18 主要包括符合以下条件的工业用途：   M3

（1）这类工业活动要么涉及相当大的火灾危险，要么涉及其他爆炸用途或其他对公共健康或安全的危害用途，要么需要巨大费用才能达到排放方面的高释放标准；且

（2）这类工业活动一般会产生大交通量，包括行人和货运。

A. 工业企业

- 沥青或沥青产品生产
- 酒精饮品生产，或啤酒厂
- 砖、瓦或黏土生产
- 水泥生产
- 木炭、灯黑或燃料砖生产
- 化学品生产，包括乙炔、苯胺燃料、氨、碳化物、苛性钠、纤维素、氯、炭黑或骨炭、清洗或抛光制剂、木馏油、杀灭剂、氢或氧、工业酒精、苛性钾、塑料材料或合成树脂、人造丝厂，或氢氧化合物、硫酸或派生物
- 煤、焦炭或焦油产品生产
- 刨花或包装材料生产
- 肥料生产
- 黑色或有色金属铸造厂
- 明胶、胶水或糨糊生产
- 玻璃或大型玻璃制品生产，包括结构或平板玻璃或类似产品

	分 区		
	M1	M2	M3
			M3

42-15（续）

- 谷物生产，研磨或加工
- 石墨或石墨制品加工
- 石膏生产
- 毛发、毛毡或羽毛加工，清洗、加工或染色
- 摄影胶片生产
- 焚化或减少垃圾，内脏或动物尸体处理
- 杀虫剂、杀菌剂、消毒剂或相关的工业或家用化学复合物生产
- 皮革或毛皮鞣制、加工、修整或染色
- 油毡或油布
- 重型机械制造，包括电气、建筑、采矿或农业的，包括维修
- 火柴生产
- 食物产品加工，包括肉的屠宰或包装鱼的制作和准备
- 金属或金属矿石，还原、精炼、熔炼或合金化
- 各种合金或金属箔生产，包括焊料、锡、黄铜、青铜、锡、铅或金箔，或类似的产品
- 金属或金属制品加工处理，包括上釉、烤漆、喷漆、镀锌，或类似的加工
- 重型金属铸件或铸造制品生产，包括装饰性铁制品或类似产品
- 纪念碑工厂，加工不限
- 油漆、清漆或松节油生产
- 石油或石油产品精炼
- 生塑料生产
- 瓷器产品生产，包括浴室或厨房设施，或类似产品
- 放射性废弃物处理服务，包括放射性废弃物的处理或储存
- 铁路设施，包括铁路车厢或机车
- 自然的或合成的橡胶生产，包括轮胎、管或类似产品
- 污水处理厂
- 长度大于等于200英尺的船或艇的建造或维修场地

第 2 章 用途规则

分 区		
M1	M2	M3
		M3

42-15（续）
- 肥皂或洗涤剂生产，包括炼脂
- 钢材结构产品制造，包括钢条、钢梁、钢轨、钢索或类似产品
- 溶剂提取
- 原料厂或者动物或家禽屠宰厂
- 石头加工或石头产品，包括研磨、石棉、石头筛选、石头切割、石头作业、砂或石灰产品，或类似的加工或产品
- 糖的精炼
- 纺织品的漂白
- 木头或骨头蒸馏
- 木头或木材加工，包括锯木厂或刨削厂、细刨、胶合板，或饰面、木头保护处理，或类似的产品或加工
- 木质纸浆或纤维的还原或加工，包括纸厂运营
- 羊毛洗涤或络纱

B. 开敞的或围蔽的储存或混合用途
- 煤或燃气储存厂
- 垃圾场、垃圾海上转运场矿渣堆
- 电力或蒸汽发电厂
- 不被其他条例禁止的爆炸物储存
- 燃气制造厂
- 谷物储存厂
- 废旧物品或回收场，包括汽车废弃物或类似企业
- 木材场，每个地块面积不限
- 肥料、泥煤或表土储存
- 石油或石油产品，储存或处理
- 冷藏库
- 废金属、纸张或碎布储存

C. 辅助用途

42-20 释放标准

在所有工业区中，在本决议案生效日后，设立或变更为用途组 11A、16、17 或 18 所列的用途，以及用途组 11A、16、17 或 18 所列的用途的每个房屋或其他构筑物或土地的开发与建设，应当服从噪声、振动、烟或其他微粒物、有气味物体、有毒或有害物体、放射性危害、火及爆炸危险、湿、热或强光的管理，且适用于该用途、房屋或其他构筑物或土地所在分区的每一项释放标准。

任何现状的用途或房屋或其他构筑物如果在本决议案生效日后延伸、扩建或重建，该用途或房屋或其他构筑物的此类延伸、扩建或重建的部分应当适用该部分所在分区的每一项释放标准。

如果用途组与释放标准之间有任何矛盾，应以后者为准。如果用途组 18 所列的用途服从 M1 或 M2 区（以及 M3 区）中所有适用的释放标准，用途组 18 所列的用途允许在 M1 或 M2 区（以及 M3 区）中。

如果释放标准与空气污染控制理事会采用的规则和条例有任何矛盾，应适用于更严格的规定。

42-21
规范噪声的释放标准

42-211
定义

本款所使用的术语定义如下：

分贝

"分贝"是测量声音强度（声压级）的单位。

声级计

"声级计"是由美国标准委员会用标准校验的仪器，用于测量声音强度，以分贝为测量单位。

倍频带

"倍频带"是八个频带中的一个，覆盖声音测量中常规的频率范围。该倍频带用于定义声音的音高组成。

倍频带分析器

"倍频带分析器"是与声级计一起使用以测量八个倍频带的声音的一种仪器。

撞击噪声分析仪

"撞击噪声分析仪"是与声级计一起使用以测量短程声音的强度峰值的一种仪器。

42-212
测量方法

为了测量声音的强度或频率，应当采用声级计、倍频带分析器和撞击噪声分析仪。

应使用声级计的"C"网络和"慢"表头响应。不能被声级计精确测量的短程声音，如锻锤、冲床和金属剪发出的声音，应使用通用无线电公司或与其相当的公司制造的撞击噪声分析仪测量，来确定撞击的峰值。对于用此方式测量的声音，可在第 42-213 款（许可的最大分贝水平）规定的声压级基础上增加 6 分贝。

42-213
许可的最大分贝水平

在所有工业区中，开敞的或围蔽的空间中的任何活动产生的声压级在地块线上的任意一点或以外的地方，不应超过下表所列分区中指定倍频带对应许可的最大分贝水平。

在执行该规则时，在确定许可的最大分贝水平中，不应包含汽车或其他交通设施运作产生的声音。

第 2 章 用途规则

许可的最大声压级

单位：分贝

倍频带（赫兹）	分区		
	M1	M2	M3
20~75	79	79	80
75~150	74	75	75
150~300	66	68	50
300~600	59	62	64
600~1200	53	56	58
1200~2400	47	51	53
2400~4800	41	47	49
4800 以上	39	44	46

42-214

沿分区边界线适用的特别规定

当工业区与居住区相邻时，在分区边界线上或居住区内的任意点，所有倍频带中许可的最大分贝水平应在第 42-213 款（许可的最大分贝水平）规定的最大水平基础上降低 6 分贝。

42-22

规范振动的释放标准

42-221

定义

本款所使用的术语定义如下：

稳态振动

"稳态振动"是陆地传递的连续振动。频率高于每分钟 100 次的不连续脉冲应当视为稳态振动。

冲击振动

"冲击振动"是以不连续脉冲或每分钟少于 100 次脉冲发生的陆地传递的振动。

频率

"频率"是振动中每秒发生的振动。

三分量测量系统

"三分量测量系统"是在三个互相垂直的方向记录任何振动强度的仪器。

42-222

测量方法

为了测量振动，应采用由建设委员批准的三分量测量系统。

42-223

稳态振动许可的最大位移

在所有工业区中，在地块线上的任意一点或以外的地方，任何活动导致或产生的稳态振动位移不应超过下表所列分区中指定频率对应的稳态振动许可的最大位移。

稳态振动许可的最大位移

单位：英寸

频率（赫兹）	分区		
	M1	M2	M3
10 及以下	0.0008	0.0020	0.0039
10~20	0.0005	0.0010	0.0022
20~30	0.0003	0.0006	0.0011
30~40	0.0002	0.0004	0.0007
40~50	0.0001	0.0003	0.0005
50~60	0.0001	0.0002	0.0004
60 及以上	0.0001	0.0001	0.0004

42-224

冲击振动许可的最大位移

在所有工业区中，在地块线上的任意一点或以外的地方，任何活动导致或产生的冲击振动不应超过下表所列分区中指定频率对应的冲击振动许可的最大位移。

冲击振动许可的最大位移

单位：英寸

频率（赫兹）	分区		
	M1	M2	M3
10 及以下	0.0016	0.0040	0.0078
10~20	0.0010	0.0020	0.0044
20~30	0.0006	0.0012	0.0022
30~40	0.0004	0.0008	0.0014
40~50	0.0002	0.0006	0.0010
50~60	0.0002	0.0004	0.0008
60 及以上	0.0002	0.0002	0.0008

42-225

沿分区边界线适用的特别规定

当 M2 或 M3 区与居住区相邻时，在分区边界线测量的稳态振动和冲击振动位移不应超过 M1 区在第 42-223 款（稳态振动许可的最大位移）或第 42-224 款（冲击振动许可的最大位移）的表格中列出的频率对应的最大值。

42-23

规范烟、尘和其他颗粒物的释放标准

42-231

定义

本款所使用的术语定义如下：

颗粒物

"颗粒物"是可以由空气或气体传播的细微分散的任何液体或固体物质。

尘

"尘"是可以由空气或气体传播的固体颗粒物。

过程重量

"过程重量"是尘释放到大气中的任何过程所用的所有载量的总重量。这些物质应包括固体燃料，但不包括液体或气体燃料或助燃空气。

间接加热的燃烧

"间接加热的燃烧"是燃料在设备中燃烧，如蒸汽锅炉、水或气体加热器、蒸馏器或酿造锅，燃烧产品与被加热的材料不接触。

标准烟图号

"标准烟图号"是空气污染控制局的标准烟图的号码，最接近显示烟的遮蔽光能力分级的标准烟图的网格。

烟

"烟"是从任何来源向户外排放的任何可视的排放物，无污染的水蒸气除外。

烟单位

"烟单位"是测量排放的烟的量，是标准烟图号中烟的浓度乘以排放的时间分钟数所得的值。例如，标准烟图号 1 排放一分钟等于一个烟单位。

42-232

烟许可排放的最大量

在所有工业区中，在正常操作中，烟排放的浓度不应超过标准烟图号 2，而且在 M1 区中每个烟囱每小时烟量最多不应超过 10 个烟单位，在 M2 区中每个烟囱每小时烟量最多不应超过 20 个烟单位，在 M3 区中每个烟囱每小时烟量最多不应超过 30 个烟单位。测量方法，以及不超过标准烟图号 2 的烟排放的附加限制，应当符合空气污染控制理事会采用的规则和条例。在特殊操作中许可的最大浓度和烟量，如生火、压火、清炉、吹灰或洗炉，应当符合空气污染控制理事会采用的规则和条例。

42-233

尘许可排放的最大量

（a）与间接加热的燃烧相关的

在所有工业区中，从任何来源排放到大气中的、与间接加热的燃烧相关的尘的排放量，不应超过在此规定的每小时每百万英国热力单位热产生的尘的最大磅数。

（1）在 M1 区中

在 M1 区中，最小规模的工厂在每小时产生 1 千万或更少的英国热力单位热的条件下，尘许可排放的最大量应为 0.50 磅，最大规模的工厂在每小时产生 1 百亿或更多的英国热力单位热的条件下，尘许可的最大排放量应为 0.15 磅。所有中间值应根据对数图纸上绘制的直线决定。

（2）在 M2 或 M3 区中

在 M2 或 M3 区中，这些最小规模的工厂的尘许可的最大排放量在 M2 区中应为 0.60，在 M3 区中应为 0.70，这些最大规模的工厂的尘许可的最大排放量在 M2 区中应为 0.16，在 M3 区中应为 0.18。所有中间值应根据对数图纸上绘制的直线决定。

（b）与过程相关的

在所有工业区中，排放到大气的过程的尘或与间接加热的燃烧或焚化无关的其他颗粒物，在 100 磅过程重量下的排放量每小时不应超过 0.50 磅，或者在 100 000 磅过程重量下的排放量每小时不应超过 50 磅。所有中间值应根据对数图纸上绘制的直线决定。

（c）在 M1 或 M2 区中尘或其他颗粒物排放量的总限制

在 M1 或 M2 区中，来自所有源头的，包括间接加热的燃烧、过程尘或焚化燃烧的尘或其他颗粒物的总量，在 M1 区中，从单个烟囱或通风孔排放不应超过每小时 33 磅，在 M2 区中不应超过每小时 250 磅。

（d）焚化排放的尘的测量方法

在所有工业区中，测量方法和允许与焚化燃烧相关的尘排放量不应超过空气污染控制理事会采用的规则与规范设定的最大限额。

（e）预防风吹空气污染

在所有工业区中，所有区划地块边界线以内开发的储藏区域、院、服务道路或其他未处理的开放区域应当用恰当的景观或路面做改善，或通过上油或使用空气污染控制理事会采纳的规则与规范指定的任何其他方法进行处理，由此最大限度地减少从这些来源释放的尘或通过风传播的其他类型的空气污染。

42-234

对烟和其他颗粒物的一般控制

除了规范烟和其他颗粒物的释放标准以外，应当对这些物质的排放方式和数量加以控制，使其不损害或危害公共健康、公共安全、公共舒适或公共福祉的其他方面，或对公共财产造成损害。

42-24

规范有气味物体的释放标准

42-241

M1 或 M2 区

在 M1 或 M2 区中，有气味物体的排放应当符合空气污染控制理事会设定的限制。除了这些限制以外，禁止在沿地块线的任意一点能被轻易发觉的地方，或在地块线以外令公众厌恶的或产生公共危害的地方排放有气味物体。

42-242

M3 区

在 M3 区中，禁止在地块线以外令公众厌恶的或产生公共危害的地方排放有气味物体。

42-25

规范有毒或有害物体的释放标准

42-251

定义

本款所使用的术语定义如下：

有毒或有害物体

"有毒或有害物体"是含有通过化学方法产生下列属性的任何固体、液体或气体物质,包括但不仅限于气体、水汽、尘、烟雾和雾:

（a）本身是有害的,可能危害生命或损害健康的物体；或

（b）可以导致人的损伤或财产的损害的物体。

42-252
有毒或有害物体的规则

在所有工业区中,向大气排放有毒或有害物体应当符合空气污染控制理事会设立的限制。除了这些限制以外,应当对这些物质的排放加以控制,使其不会聚集在地块线上或以外的地方,而损害或危害公共健康、公共安全、公共舒适或公共福祉的其他方面,或对公共财产造成损害。

42-26
规范辐射危害的释放标准

42-261
定义

本款所使用的术语定义如下:

防火容器

"防火容器"应包括钢或混凝土容器,且不应包括铅或其他低熔点金属或合金,除非铅或低熔点金属或合金完全被钢包裹。

42-262
未密封放射性材料许可的最大数量

在 M1 区中,当未密封放射性材料的数量超过 1955 年 12 月 16 日生效的,由纽约州劳工部标准及上诉理事会在 1955 年 10 月 10 日采纳的《关于辐射防护的第 38 号工业法规规则》第 38-2 节的表格第一列规定数量的 100 万倍时,这些未密封放射性材料不应被生产、使用或储存（除非这些材料被储存在地面层或以下的防火容器内）。

在 M2 区中,当未密封放射性材料的数量超过上述表格第一列规定数量的 1 千万倍时,这些未密封放射性材料不应被生产、使用或储存（除非这些材料被储存在地面层或以下的防火容器内）。在 M3 区中,这些数量限制不适用此规则。

42-263
可裂变材料许可的最大数量

在 M1 或 M2 区中,在区划地块的任意一点、场所或工作区域,不应聚集等同于或超过在此规定的可裂变材料的数量。

材料	数量（克）
铀 233	200
钚 239	200
铀 235	350

并且,在 M1 或 M2 区中禁止任何提供放射性废弃物处理服务的机构从其他工业用途收集或储存放射性材料。

42-264
管理和上诉

根据卫生理事会颁布的规则和条例,卫生部裂变材料危害有专属的管辖权。企业可以向卫生理事会提出上诉,请求许可超过第 42-262 款（未密封放射性材料许可的最大数量）或第 42-263 款（可裂变材料许可的最大数量）规定数量的放射性材料,或请求许可可裂变材料的制造、使用或储存。如果卫生理事会确定,即使在意外的情况下,在地块线上或以外的地方的辐射危害是较远的且极小的,则理事会可以许可该额外数量。

42-27
规范火灾和爆炸危险的释放标准

42-271
定义

本款所使用的术语定义如下:

缓慢燃烧

"缓慢燃烧"材料是指暴露在1200华氏度（约648.89°C）的温度下5分钟内不会燃烧或不支持燃烧的材料，因此也不构成活性燃料。

温和燃烧

"温和燃烧"材料是指材料本身燃烧温和，可能含有少量的较高等级的可燃性。

自主燃烧

"自主燃烧"材料是指构成活性燃料的材料。

剧烈燃烧

"剧烈燃烧"材料是指凭借低燃点、高燃烧率及大量放热剧烈地燃烧的材料。

易燃或易爆

"易燃或易爆"材料是指在普通天气温度下，产生易燃或易爆蒸汽或气体的材料。包括开杯闪点低于100华氏度（约37.78°C）的液体。

开杯闪点

"开杯闪点"是指液体样本在泰格开口杯仪中与火焰接触时产生足够的蒸汽闪火但不燃烧的温度。

原装密封容器

"原装密封容器"是指容量不超过55加仑的容器。

42-272

分级

在本款中，根据火灾及爆炸的危险把材料分为四个分级或等级。根据本款指定的开杯闪点而设置液体的等级，标准及上诉理事会应当根据本款确定固体的等级。

（a）Ⅰ级，包含缓慢燃烧至中等燃烧的材料。这应包含开杯闪点等于或高于182华氏度（约83.33°C）的所有液体。

（b）Ⅱ级，包含自主燃烧至剧烈燃烧的材料。这应包含开杯闪点从100华氏度至182华氏度的所有液体。

（c）Ⅲ级，包含在普通天气温度下产生易燃或易爆蒸汽或气体的材料。这应包含开杯闪点低于100华氏度的所有液体。

（d）Ⅳ级，包含分解爆炸的材料，包含但不仅限于基础的起爆药，如叠氮化铅、收敛酸铅、雷酸盐和并四苯；所有高爆物品，如TNT、RDX、HMX、PETN和苦味酸；推进物和其中的成分，如硝化纤维、黑火药、氢化硼、联氨和它的衍生物；烟火和烟花，如镁粉、氯酸钾和硝酸钾；爆破炸药，如炸药和硝化甘油；不稳定有机化合物，如乙炔化物、四唑和臭氧化物；以及强力氧化剂，如液氧、高氯酸、高氯酸盐、氯酸盐、亚氯酸盐或浓度超过35%的过氧化氢。

42-273

Ⅰ级材料或产品适用的规则

在所有工业区中，Ⅰ级材料或产品可以在制造过程或其他生产过程中储存、制造或使用。

42-274

Ⅱ级材料或产品适用的规则

Ⅱ级材料或产品只有符合下列规定的情况，才可以在制造过程或其他生产过程中储存、制造或使用。

（a）在M1区中

在M1区中，Ⅱ级材料或产品的储存、制造或使用应当受到下列条件限制：

（1）这种材料或产品的储存、制造或使用应当，且只能在由不可燃外墙完全围蔽的房屋或其他构筑物内；

（2）这些房屋或其他构筑物要么应从任意地块线退让至少40英尺，要么由自动灭火系统全面

保护，且所有用于储存箱的这些结构也应当由自动灭火系统全面保护，且自动灭火系统符合《管理准则》要求；而且

（3）II 级材料或产品的储存应当限制在 100 000 加仑。

(b) 在 M2 区中

在 M2 区中，II 级材料或产品的制造或使用可以不受限制。II 级材料或产品的储存限制在 200 000 加仑，但是地下的储存箱或在原装密封容器储存的完成产品不适用这一限制。

沿分区边界线适用的特别规定：

在 M2 区中，距离居住区、商业区或 M1 区的分区边界线 100 英尺以内的范围，II 级材料或产品应当且仅根据第 42-274 款（a）关于 M1 区的规定储存、制造或使用。

(c) 在 M3 区中

在 M3 区中，II 级材料或产品的制造或使用可以不受限制。

沿分区边界线适用的特别规定：

在 M3 区中，距离居住区、商业区或 M1 区的分区边界线 100 英尺以内的范围，II 级材料或产品应当且仅根据第 42-274 款（a）关于 M1 区的规定储存、制造或使用。

42-275
III 级材料或产品适用的规则

在所有分区中，III 级材料或产品可以在制造过程或其他生产中储存、制造或使用，需要符合下列规定的情况。

（a）在 M1 区中

在 M1 区中，任何情况下不可以制造 III 级材料或产品，III 级材料或产品的储存或使用应受到下列条件限制：

（1）这种储存、制造或使用应当仅在由不可燃外墙完全围蔽的房屋或其他构筑物内；且

（2）这些房屋或其他构筑物要么应从任意地块线退让至少 40 英尺，要么由自动灭火系统全面保护，且所有用于储存箱的这些结构也应当由自动灭火系统全面保护，且自动灭火系统符合《管理准则》要求；而且

（3）最终生产的产品应符合等级 I 级；且

（4）III 级材料或产品的储存应限制在 50 000 加仑。

(b) 在 M2 区中

在 M2 区中，任何情况下不可以制造 III 级材料或产品，III 级材料或产品的储存或使用应受到下列条件限制：

（1）最终生产的产品应符合等级 II 级；且

（2）III 级材料或产品的储存应限制在 100 000 加仑，但是地下的储存箱或在原装密封容器储存的完成产品不适用这一限制。

（3）在 M2 区中，距离居住区、商业区或 M1 区的分区边界线 100 英尺以内的范围，III 级材料或产品应当且仅根据第 42-274 款（a）关于 M1 区的规定储存、制造或使用。

(c) 在 M3 区中

在 M3 区中，III 级材料或产品的制造或使用可以不受限制。

沿分区边界线适用的特别规定：

在 M3 区中，距离居住区、商业区或 M1 区的分区边界线 400 英尺以内的范围，应适用于第 42-274 款（a）关于 M1 区的规定。在 M3 区中或距离 M2 区的分区边界线 300 英尺以内的范围，可以储存不超过 200 000 加仑的 III 级材料或产品，但是地下的储存箱或在原装密封容器储存的完成产品不

适用这一限制。

42-276
适用于 IV 级材料或产品的规则

在任何工业区中，不可以生产或储存 IV 级材料或产品，仅当标准及上诉理事会根据第七篇第 3 章审批特别许可时，可以在制造过程或其他生产中使用 IV 级材料。

42-28
规范潮湿、热或强光的释放标准

42-281
M1 区适用的规则

在 M1 区中，产生过量蒸汽或雾气形式的潮湿的，或产生强热或强光的任何活动，应当在任意地块线上及以外的地方以无法察觉的方式进行。

42-282
M2 区适用的规则

在 M2 区中，产生过量蒸汽或雾气形式的潮湿的，或产生强热或强光的任何活动，应当被围蔽，且在任意地块线上及以外的地方以无法察觉的方式进行。

42-283
M3 区适用的规则

在毗邻任何其他分区的 M3 区中，产生过量蒸汽或雾气形式的潮湿的，或产生强热或强光的任何活动，应当在分区边界线上或以外的地方以无法察觉的方式进行。

42-30 特别许可的用途

42-31
由标准及上诉理事会审批的

在右侧所列分区中，下列用途需由标准及上诉理事会根据第七篇第 3 章的标准审批特别许可才能被允许。

	停车分类要求	分区		
		M1	M2	M3
在右侧所列分区中，下列用途需由标准及上诉理事会根据第七篇第 3 章的标准审批特别许可才能被允许。		M1	M2	M3
儿童娱乐公园，每个基地面积不少于 10 000 平方英尺但不大于 75 000 平方英尺	E	M1		
非辅助性的无线电或电视塔		M1	M2	M3
砂、砾石或黏土井		M1	M2	M3
学校，但没有住宿或睡眠场所		M1		

42-32
由城市规划委员会审批的

在右侧所列分区中，下列用途需由城市规划委员会根据第七篇第 4 章的标准审批特别许可才能被允许。　　M1　M2　M3

42-32（续）	停车分类要求	分 区		
		M1	M2	M3
机场		M1	M2	M3
表演场地、礼堂、体育馆，容量超过2500个座位	D	M1	M2	M3
公共汽车站　少于10个泊位		M1	M2	M3
公共汽车站　等于或多于10个泊位		M1	M2	M3
儿童娱乐公园，每个基地面积不少于75 000平方英尺但不大于10英亩	E	M1		
容量为150个或更多车位的公共停车场或公共停车库		M1	M2	M3
汽车剧院，最大容量为500辆汽车		M1	M2	M3
直升机场		M1	M2	M3
赛道		M1	M2	M3
铁路客运站		M1	M2	M3
交易展览会，额定容量超过2500人	D	M1	M2	M3

42-40 补充用途规则及沿分区边界线适用的特别规定

42-41

围蔽商业或工业活动

在右侧所列分区中，对于所有商业或工业活动，新开发项目、扩建工程、延伸工程或用途的改变，材料或产品的储存用途除外，应当符合本条关于围蔽的规定，在分区中另有具体规定的用途组除外，辅助性的路外停车或装卸除外。对于现状用途的扩建工程或延伸工程，该用途的扩建工程或延伸工程部分应适用此规定。　　M1　M2　M3

42-411

M1 区

在右侧所列分区中，所有商业或工业活动应当在完全围蔽的房屋中，商业用途位于完全围蔽的房屋中，但不包括为服务房屋外的顾客而开放的店面或商店橱窗。　　M1

第 2 章 用途规则

停车分类要求	分 区		
	M1	M2	M3

42-412

M2 或 M3 区

在右侧所列分区中,位于居住区边界 300 英尺以内的所有商业或工业活动应当在完全围蔽的房屋中,商业用途位于完全围蔽的房屋中,但不包括为服务房屋外的顾客而开放的店面或商店橱窗。 | | M2 | M3 |

42-42

储存设施的围蔽或屏障

在右侧所列分区中,对于所有材料或产品的储存设施用途,新开发项目、扩建工程、延伸工程或用途的改变,应当符合本条的规定 | M1 | M2 | M3 |

对于现状用途的扩建工程或延伸工程,该用途的扩建工程或延伸工程部分应适用此规定。

42-421

M1 区

在右侧所列分区中,位于居住区边界 200 英尺以内的所有材料或产品的储存设施应当位于完全围蔽的房屋中。 | M1 | | |

42-422

M2 或 M3 区

在右侧所列分区中,位于居住区边界 200 英尺以内的所有材料或产品的储存设施应当位于完全围蔽的房屋中,只有当其设有至少 8 英尺高的坚固的墙或围栏(包括坚固的入口和出口大门)的有效屏障时,才应当允许材料或产品的露天储存。 | | M2 | M3 |

42-43

学校、公共场地或操场附近的公共停车库、公共停车场或汽车服务站

在右侧所列分区中,新的公共停车库、公共停车场或汽车服务站的汽车出入口不应位于相关的出入口限制进出区域,包括为儿童设立的学校或其操场的辅助性的出入口,或者等于或大于 0.5 英亩的公共场地或公共操场的出入口限制进出区域。 | M1 | M2 | M3 |

第四篇 工业区规则

	分 区		
	M1	M2	M3

42-44

商业入口、橱窗或标牌的限制

在右侧所列分区中，主要商业入口、橱窗或标牌的位置应符合本条的规定。本条中，在本决议案生效日或随后实施的任意修正案的生效日时，在同一所有权名下或控制下的已登记的现状地块或多个紧邻的登记地块，不管后续任何的细分，都应当视作单一的区划地块。| M1 | M2 | M3 |

在本条中，转角地块应当包含整个区划地块，不受第12-10节（定义）中对转角地块定义的100英尺限制。其他所有区划地块应被视为有单一界面的区划地块。

以下情况不适用于本条的规定：

（a）许可的免下车用途或汽车服务机构的汽车出入口，许可的或法规要求的辅助性的路外停车位或装卸泊位的汽车出入口；

（b）服务入口，或宽度少于3英尺6英寸的其他入口；

（c）橱窗以外的窗；或

（d）气窗、防火梯或其他法律要求的附属物。

42-441

单一界面的区划地块

在右侧所列分区中，对于单一界面的区划地块，主要商业入口、橱窗或标牌不应位于距离同侧街道的居住区沿街面20英尺以内的街道界面。| M1 | M2 | M3 |

但是，当该区划地块在工业区内的沿街面部分长度少于30英尺时，主要商业入口、橱窗或标牌与同侧街道的居住区沿街面的最小距离应当减至10英尺。

对于界面宽超过30英尺的区划地块，根据73-50节（沿分区边界线适用的特别规定）的规定，最小距离减至10英尺的申请可以提交至标准及上诉理事会。

42-442

转角地块

在右侧所列分区中，主要商业入口、橱窗或标牌不应位于距离同侧街道的居住区沿街面75英尺以内的街道界面。| M1 | M2 | M3 |

停车分类要求	分区		
	M1	M2	M3

42-442（续）

	M1	M2	M3

但是，符合以下条件之一的，主要商业入口、橱窗或标牌可以位于距离同侧街道的居住区沿街面 75 英尺以内，但不少于 20 英尺的街道界面：

（a）如果包含该界面的整个街区沿街面总长度少于 220 英尺；或

（b）如果该界面紧邻居住区中的一个转角地块的界面；或

（c）如果该界面与居住区的界面之间相隔一个或多个单一界面的区划地块。

42-45
被分区边界线划分的整体开发项目的例外情况

在右侧所列分区中，如果建设委员认为商业入口、橱窗或标牌所在的区划地块符合以下其中一个条件，那么主要商业入口、橱窗或标牌可以位于工业区内的任何界面：

	M1	M2	M3

（a）区划地块被工业区与居住区之间的边界线划分；或

（b）在登记机构提交的记录所有权人及其继承人和受让人的契据约束中有证据显示，该区划地块目前与居住区中的相邻物业属于同一所有权，且现在居住区中不存在房屋，或未来将要建设的房屋与工业区的距离在 75 英尺以内。

42-50 标牌规则

42-51
定义（重复第 12-10 节）
标牌

"标牌"是文字（包括字母、词语或数字）、形象化展示（包括图示或装饰）、符号（包括装置、符号或商标）、旗帜（包括横幅或三角旗），或任何其他具备相似特征的内容，且符合下列各项：

（a）标牌是构筑物或构筑物的任何一部分，或者是黏附于、绘制于或以其他任何形式展示于房屋或其他构筑物上的；及

（b）是用于宣告、吸引注意力或广告的；及

（c）是从房屋外部可见的。仅当位于窗户内而有照明的情况下，房屋内的文字、展示或有相似特征的其他内容应属于标牌。

下列各项不适用于本决议案的规定：

（a）正式成立的政府机构的标志，包括交通标志或相似的监管装置、法律通告或在铁路道口的警示；

（b）政治的、城市的、慈善的、教育的或宗教机构的旗帜或象征；

（c）上述机构的活动、运动或事件的临时通报标志；

（d）纪念标志或碑牌；

（e）在施工场地放置的、面积不超过 25 平方英尺的显示建筑师、工程师或承建商的标志；

（f）法律或政府法令、规则或条例要求保留的，在任何区划地块上总表面面积不超过 10 平方英尺的标志；

（g）显示方向或为公众便利的小型标志，包括指示厕所、货运入口等，在任何区划地块上总表面面积不超过 5 平方英尺。

双面标牌的两侧面的最宽处的距离不多于 28 英尺，最窄处的距离不多于 18 英尺，而且显示相同的文字或其他展示内容，表面面积应仅包括一面。在计算总表面面积时，多面标牌的多个侧面应视为不同的标牌。

标牌，广告

"广告标牌"是把注意力吸引到在同一区划地块以外的地方实施、出售或提供商业、专业、商品、服务或娱乐内容的标牌。

标牌，发光

"发光标牌"是为放出任何人造光线或反射人造光源的光线而设计的标牌。

有非直接照明的标牌

"有非直接照明的标牌"是任意发光非闪光标牌，其光源完全来源于外部人工光源，且从人工光源发出的光线没有直接射入住宅或街道。

表面面积（标牌的）

标牌的"表面面积"应是总面积，包括单一连续的边界围合的文字、展示、符号，或有相似特征的任何内容的整个区域，同时包含构成展示的整体部分的或用于使该标牌区别于其所在背景的材料或颜色。任何情况下，用于支撑该标牌的支架或直柱不应算入标牌的表面面积。

	分　区		
	M1	M2	M3
42-52 许可的辅助性的商业标牌或广告标牌 　　在右侧所列分区中，允许没有尺寸、照明限制的辅助性的商业标牌或广告标牌，除非第 42-54 条（沿分区边界线适用的特别规定）中另有规定，并受制于第 42-53 条（广告标牌的附加规则）。	M1	M2	M3
42-53 广告标牌的附加规则 　　在右侧所列分区中，在干线公路附近、0.5 英亩或更大的公共场地的 200 英尺范围内，且在该干线公路或公共场地的可视范围内，不允许设置广告标牌，现有的广告标牌也不应改变结构、迁移或重建。本条所称的干线公路应包含在《干线公路及主要街道总体规划》中显示的"主要通道""林荫大道"或"收费道口"以及由城市规划委员会制定的适用本条的干线公路。但是，在该干线公	M1	M2	M3

	分 区		
	M1	M2	M3
42-53（续）	M1	M2	M3

路附近或公共场地的 200 英尺以外的广告标牌，距离该限制范围的最小线性距离应当等于该标牌的表面面积。

42-54
沿分区边界线适用的特别规定

42-541
位于街道的分区边界线沿线的限制

在右侧所列分区中，在紧邻的居住区边界所在的任何街道的街道边线的 100 英尺以内，或者紧邻 0.5 英亩或更大的公共场地的街道边线的 100 英尺以内，以少于 165°的角度面向该居住区或公共场地边界的所有标牌应当限制为辅助性的商业标牌，且应符合所有第 32-61 条至 32-68 条中所列的 C1 区适用的标牌规定。	M1	M2	M3

42-542
路沿石标高以上的高度限制

在右侧所列分区中，在居住区、C1 或 C2 区的边界 500 英尺以内，面积超过 25 平方英尺的发光标牌不应延伸至路沿石标高以上超过 50 英尺处，除非它的表面所有发光部分以至少 90°的角度面向边界线。	M1	M2	M3

但是，延伸至路沿石标高以上等于或少于 58 英尺处的任何有非直接照明的标牌不适用本款的规定。

第3章 体位规则

43-00 适用性及一般规定

43-01
本章的适用性

本章的体位规则适用于在任何工业区中任何区划地块上或区划地块的任何部分上的任何房屋或其他构筑物，包括所有新开发项目或扩建工程。另外，本章或其中特定小节的体位规则也适用于本决议案中对其进行交叉引用的其他规定。

现状的房屋或其他构筑物，如不能遵循一个或多个适用的体位规则，则是不合规的房屋或其他构筑物，应服从第五篇第4章的规则。

适用于大型社团设施开发项目的特殊规则，在第七篇第8章中列出。

43-10 楼板面积的规则

定义

43-11
定义（重复第 12-10 节）

敞廊

"敞廊"是向街道或广场开敞的连续空间，该空间在不少于 12 英尺的高度内是开敞的和无障碍的，并保持全天候的公众可达，至少是下列其中一种情况：

（a）紧邻地块前边线或广场边界，进深不少于 10 英尺或不大于 30 英尺（从地块前边线或紧邻的广场边界垂直测量），并且其长度沿该地块前边线或广场边界的全长延伸，或至少延伸 50 英尺，二者取最小距离；或

（b）在转角地块上，由两条交叉街道边线围合，面积不小于 500 平方英尺，且最小边长不少于 10 英尺。

敞廊中任意一点的高度不得高于紧邻的街道或广场的最高点。为了计算奖励楼板面积，敞廊中房屋柱子占据的面积应计入敞廊的楼板面积。

容积率

"容积率"是一个区划地块上的楼板面积的总和除以该区划地块的地块面积。（例如，在 10 000 平方英尺的区划地块上有一栋楼板面积为 20 000 平方英尺的房屋，其容积率为 2.0。）

广场

"广场"是公众在任何时候都能进入的开敞区域，且仅符合下列其中一项：

（a）沿地块前边线的连续开敞区域，且进深不少于 10 英尺（垂直于地块前边线测量），面积不少于 750 平方英尺，开敞区域的完整进深应沿此地块前边线的全长或至少 50 英尺延伸，两者取较大值；或

（b）在穿越地块上从街道到街道的连续开敞区域，且垂直于最接近的地块侧边线测量时宽度不少于 40 英尺；或

（c）在转角地块上，面积不少于 500 平方英尺的开敞区域，它的两边以两条相交的街道边线为界，且最小边长为 10 英尺；或

（d）面积不少于 8000 平方英尺的开敞区域，最小边长尺寸为 80 英尺，而且一边是以地块前边线为界，或者是通过敞廊或不少于 40 英尺宽的开敞区域与街道相连。

除了上述（d）所描述的开敞区域，其他开敞区域部分如果除了一边开口以外其余边界都以房屋的墙或以房屋的墙及一条地块侧边线为界，那么该部分不应视为广场的部分，除非这些部分的开口宽

度至少为 50 英尺。

广场的任意一点不应高于最近的相邻街道的路沿石标高以上 5 英尺，且从最低点到天空之间应没有障碍物，但在第 23-44、24-33、33-23 或 43-23 条（后院或等效后院中许可的障碍物）中许可的障碍物也应视为在广场中允许的障碍物。

区划地块

"区划地块"是以下任何一项：

（a）在本决议案生效日时已登记的现状地块，或任何随后实施的修正案生效日时已登记的现状地块；

（b）一块土地，位于单个街区内，这块地或是没有分割，或是由两个或以上紧邻的登记地块组成，在本决议案生效日或随后实施的任意修正案的生效日时在同一所有权名下；或

（c）一块土地，位于单个街区内，在填报建筑许可时（如果不要求建筑许可，则是在申请占有证书时）由业主或开发商指定为属单一所有权的一个整体进行使用、开发或建设。

因此，区划地块可能符合或不符合在纽约市官方税收地图上或在任何有登记细分的地图或契约上显示的地块。

本定义所称区划地块的所有权应包括一份不少于五十年期的租约，并可选择更新该租约，使其总期限不少于七十五年。

区划地块可细分为两个或更多的区划地块，但是细分所形成的区划地块及其上方的房屋应服从本决议案中所有适用的规定。如果该区划地块被不合规的房屋占用，该地块在细分时，只要该细分不使房屋产生新的不一致的情况，或不加重不一致的情况的程度，则该区划地块就可以被细分。

基本规则

43-12

最大容积率

在右侧所列分区中，在任何区划地块上的任何房屋，最大容积率不应超过下表规定的容积率，在下列另有规定的除外：

第 43-121 款（社团设施房屋的最大容积率）；

第 43-13 条（提供广场的楼板面积奖励）；

第 43-14 条（提供连接广场的开敞区域的楼板面积奖励）；

第 43-15 条（提供敞廊的楼板面积奖励）；

第 43-16 条（被分区边界线划分的区划地块的特别规定）。

在确定容积率时，任何给定的地块面积仅算一次。

不管本决议案任何其他规定如何，最大容积率不应超过该值的 20%。

分区		
M1	M2	M3
M1	M2	M3

第四篇 工业区规则

43-12（续）

	分　区		
	M1	M2	M3
	M1	M2	M3
许可的最大容积率			
1.00	M1-1		
2.00	M1-2 M1-4	M2-1 M2-3	M3
5.00	M1-3 M1-5	M2-2 M2-4	
10.00	M1-6		

在部分用于社团设施用途和部分用于工业或商业用途的房屋中，用于工业或商业用途的总楼板面积不应超过前面表格允许的数量或第43-13条、第43-14条或第43-15条的奖励规定。

43-121

社团设施房屋的最大容积率

在右侧所列分区中，对于任意社团设施房屋或者部分用于社团设施用途和部分用于工业或商业用途的房屋，最大容积率不应超过下表规定的容积率：　　M1

许可的最大容积率	
2.40	M1-1
4.80	M1-2
6.50	M1-3 M1-4 M1-5
10.00	M1-6

补充规则

43-13

提供广场的楼板面积奖励

在右侧所列分区中，在区划地块上每提供1平方英尺广场或广场的一部分，该区划地块根据第43-12条（最大容积率）许可的总楼板面积可以增加6平方英尺。　　M1-6

第3章 体位规则

分 区		
M1	M2	M3

43-14
提供连接广场的开敞区域的楼板面积奖励

在右侧所列分区中，如果提供的开敞区域连接两个广场或一个广场和一条街道，且这个区域从其最低点到天空之间没有障碍物，最小尺寸为 40 英尺，那么，每平方英尺这样的开敞区域可以视作适用于第 43-13 条（提供广场的楼板面积奖励）规定奖励的广场的一部分，根据第 43-12 条（最大容积率）许可的总楼板面积可以增加相应的奖励。 　　M1-6

在该开敞区域中许可的障碍物应等同于第 43-23 条（法规要求的院或等效后院中许可的障碍物）所列的内容。

43-15
提供敞廊的楼板面积奖励

在右侧所列分区中，在区划地块上每提供 1 平方英尺敞廊，该区划地块根据第 43-12 条（最大容积率）许可的总楼板面积可以增加 3 平方英尺。 　　M1-6

特别情况的适用规则

43-16
由分区边界线划分的区划地块的特别规定

在右侧所列分区中，当两个有不同最大容积率的分区之间的边界划分了一个区划地块时，该区划地块应适用于第七篇第 7 章。 　　M1　M2　M3

43-20 院规则

43-21
定义（重复第 12-10 节）

院

"院"是区划地块中开敞的且从最低点到天空之间没有障碍物的任意部分；它沿着地块线全长扩展，以及从地块线开始扩展至适用的分区条例所规定的进深或宽度。

院，前

"前院"是沿着地块前边线全长扩展的院。

在转角地块上，沿着街道边线全线扩展的任何院都应视为前院。

院，后

"后院"是沿着地块后边线全长扩展的院。

等效院，后

"等效后院"是可以要求设置在穿越地块中的，替代所要求的后院的开敞区域。

院，侧

"侧院"是沿着地块侧边线从要求的前院（或如不要求前院，则从地块前边线）到要求的后院（或如不要求后院，则到地块后边线）全线扩展的院。

在转角地块上，不是前院的任何院都应视为侧院。

一般规定

43-22

院的标高

在所有工业区中，院或等效后院的标高不应高于路沿石标高。但是，本条的规定不能被解释为为了符合该规定而要求改变自然地形高度。

在任何法规要求的院或等效后院的地面以上不应建设房屋或其他构筑物，第43-23条（法规要求的院或等效后院中许可的障碍物）中另有规定的除外。

43-23

法规要求的院或等效后院中许可的障碍物

在所有工业区中，在法规要求的院或等效后院中下列情况不应视作障碍物。

（a）在院或等效后院中：

（1）凉亭和格架；

（2）雨篷或顶篷；

（3）烟囱，伸入法规要求的院或等效后院不超过3英尺，且不超过院或等效后院面积的2%；

（4）屋檐、排水沟或落水管伸入到该院或等效后院不超过16英寸或该院或等效后院的宽度的20%，两者取较小距离；

（5）栅栏；

（6）旗杆；

（7）露天的辅助性的路外停车空间；

（8）露天平台或门廊；

（9）台阶；

（10）高度不超过8英尺，且没有盖顶或不属于房屋的一部分的墙。

（b）在后院或等效后院：

（1）辅助性的路外停车空间，但位于法规要求的后院或等效后院中用于停车的辅助性的房屋的高度不超过路沿石标高以上23英尺；

（2）有屋顶的走廊；

（3）防火梯；

（4）用于任何许可用途的任何房屋或房屋的部分，除了包含用于居住或睡眠目的的房间的任何建筑（除了医院用来照看病人的房间）不应为许可的障碍物，且该建筑高度除地下层外不应超过一层，在任何情况下也不应超过路沿石标高以上23英尺。

但是，等效后院中同时是法规要求的前院或法规要求的侧院的部分，不可以包含任何在该前院或侧院中不许可的障碍物。

43-24

院的宽度或进深的测量

在所有工业区中，院或等效后院的宽度或进深应当垂直于地块线测量。

基本规则

43-25

侧院的最低要求

分 区		
M1	M2	M3

在右侧所列分区中，不要求有侧院。但是，如果沿地块侧边线提供了一处开敞区域，那么，侧院应至少为8英尺宽。

M1	M2	M3

	分 区	
M1	M2	M3

43-26

后院的最低要求

在右侧所列分区中，任何一个区划地块都应提供一个进深不少于 20 英尺的后院，转角地块及第 43-27 条（浅进深内部地块的特别规定）、第 43-28 条（穿越地块的特别规定）或第 43-31 条（后院的其他特别规定）另有规定的除外。 | M1 | M2 | M3

特别情况的适用规则

43-27

浅进深内部地块的特别规定

在右侧所列分区中，如果内部地块完全由一块土地构成且符合以下情况： | M1 | M2 | M3

（a）在本决议案生效日及申请建筑许可日前，与所有其他相连的土地的所有权是分离且独立的；且

（b）任何一点的进深少于 70 英尺。

在此类区划地块的最大进深比 70 英尺每少 2 英尺，该内部地块上的法规要求的后院进深可以减少 1 英尺。进深少于或等于 50 英尺的任何内部地块不要求有后院。

43-28

穿越地块的特别规定

在右侧所列分区中，街道与街道之间的最大进深少于 110 英尺的穿越地块不适用后院规则。但是，在街道与街道之间的最大地块进深大于或等于 110 英尺的穿越地块上，至少提供一个符合下列法规要求的等效后院，除非区划地块占满了整个街块，则不需要提供一个后院或等效后院： | M1 | M2 | M3

（a）最小进深为 40 英尺且连接相邻后院的一个开敞区域，如果没有此类后院，则在该穿越地块所面向的两条街道边线之间的中间线（或在中间线 5 英尺以内）提供一个最小进深为 40 英尺的开敞区域；或

（b）两个开敞区域，每个紧邻街道边线且沿街道边线全长延伸，每个从该街道边线测量的最小进深为 20 英尺；或

（c）紧邻每条地块侧边线提供一个沿地块侧边线全长延伸的开敞区域，开敞区域距离地块侧边线的最小进深为 20 英尺。

	分　区		
	M1	M2	M3

43-28（续）	M1	M2	M3
任何此类等效后院，从其最低点到天空不应有障碍物，第 43-23 条（法规要求的后院或等效后院中许可的障碍物）中另有规定的除外。			

43-29			
沿铁路路权线适用的特别规定			
在右侧所列分区中，沿着与路权线边界重合的地块后边线的部分，不应要求有后院。	M1	M2	M3

43-30			
沿分区边界线适用的特别规定			
43-301			
沿与 R1、R2、R3、R4 或 R5 区中的地块侧边线重合的分区边界线的法规要求的院			
在右侧所列分区中，当工业区的边界与 R1、R2、R3、R4 或 R5 区中的区划地块的地块侧边线重合时，应在工业区内沿该重合部分提供不高于路沿石标高的且最小宽度为 15 英尺的一个开敞区域。该开敞区域不应用于辅助性的路外停车、路外装卸泊位或任何类型的储存或加工。	M1	M2	M3

43-302			
沿与两个相邻区划地块的地块后边线重合的分区边界线的法规要求的院			
在右侧所列分区中，当工业区中的区划地块的地块后边线与相邻的居住区中的区划地块的地块后边线重合时，应在工业区内沿该重合部分提供不高于路沿石标高的且最小进深为 30 英尺的一个开敞区域。该开敞区域不应用于任何类型的储存或加工。	M1	M2	M3

43-303			
沿与工业区中的区划地块的地块侧边线重合的分区边界线的法规要求的院			
在右侧所列分区中，当工业区中的区划地块的地块侧边线与相邻的居住区中的区划地块的地块后边线重合时，应在工业区内沿该重合部分提供不高于路	M1	M2	M3

第3章 体位规则

	分区		
	M1	M2	M3
	M1	M2	M3

43-303（续）

沿石标高的且最小宽度为 15 英尺的一个开敞区域。该开敞区域不应用于辅助性的路外装卸或任何类型的储存或加工。

43-304

沿街道中分区边界线的法规要求的前院

在右侧所列分区中，如果相邻居住区的边界位于街道的中线，应沿着工业区内的区划地块与分区边界线所在的街道部分之间的边界的任何地块前边线提供不高于路沿石标高的且最小进深为 20 英尺的一个开敞区域。

M1-1	M2	M3
M1-2		
M1-3		
M1-4		

43-31

后院的其他特别规定

在右侧所列分区中，第 43-26 条（后院的最低要求）中的后院要求应根据本条内容修改。

M1　M2　M3

43-311

距离转角 100 英尺以内

在右侧所列分区中，在夹角少于或等于135°的两条街道边线的交点100英尺以内不应要求有后院。

M1　M2　M3

43-312

沿街区的短边

在右侧所列分区中，当区划地块地块前边线与整条或部分街道边线重合，且该街道边线与另外两条街道的交点之间的长度少于 220 英尺，该地块前边线 100 英尺以内不应要求有后院。

M1　M2　M3

43-313

对穿越地块部分的规定

在右侧所列分区中，穿越地块中的一个部分的地块后边线与相邻的区划地块的地块后边线重合，沿该地块后边线应当要求一个后院，且该后院应符合假定它位于内部地块的要求。

M1　M2　M3

第四篇 工业区规则

	分 区		
	M1	M2	M3

所有院

43-32
被分区边界线划分的区划地块的特别规定

在右侧所列分区中，当两个有不同院规则的分区之间的边界划分了一个区划地块时，该区划地块应适用于第七篇第7章。

	M1	M2	M3

43-40 高度及退让规则

43-41
定义（重复第 12-10 节）

基本退缩距离

"基本退缩距离"是按照分区条例从街道边线到区划地块面向街道正面进深方向测量的水平距离。

公共场地

"公共场地"是公众所有的公园、操场、海滩、林荫道，或由公园委员会管辖或控制的道路，不在其管辖或控制下的路面上的街边公园带或林荫街道除外。

天空曝光面

"天空曝光面"是一个虚构的倾斜平面：

（a）从街道边线上（或，如有提示时，从前院线上方）以分区条例规定的高度开始；及

（b）在区划地块上以分区条例规定的竖向距离与横向距离的比值攀升。

街道，窄

"窄街道"是宽度少于 75 英尺的任意街道。

街道，宽

"宽街道"是宽度大于等于 75 英尺的任意街道。

街墙，合计宽度

在任意给定平面上的"街墙合计宽度"是距离街道边线 50 英尺以内的房屋所有街墙的最大宽度的总和。从街道上方直视，从街墙向街道边线画垂线，垂线覆盖的街道边线的长度就是街墙的宽度。

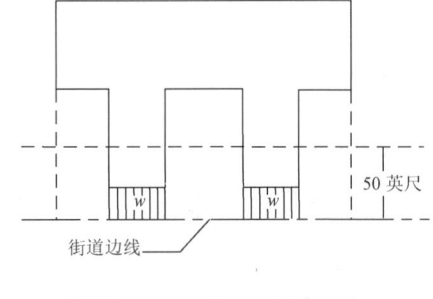

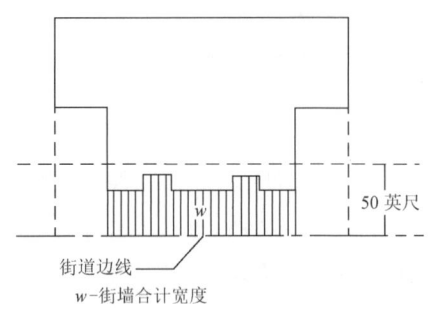

第 43-41 条街墙合计宽度图示

一般规定

43-42
许可的障碍物

在所有工业区中，下列情况不应视作障碍物，因此可以穿过在第 43-43 条（前边墙体及法规要求

的前边退让的最大高度）或第 43-44 条（替代前边退让）规定的最大高度限制或天空曝光面：

（a）烟囱或烟道，总宽度不超过任意给定一层的建筑的街墙的总宽度的 10%；

（b）电梯或楼梯顶墙、屋顶水箱或冷却塔（包括外壳），每个的街墙合计宽度不超过 30 英尺。但是，此类障碍物面向每条街道界面的街墙合计宽度（英尺），乘以他们的平均高度（英尺）得出的结果（平方英尺），不应超过建筑面向该界面的街墙宽度的四倍；

（c）旗杆或天线；

（d）装饰的教堂塔，穿过该最大高度限制或天空曝光面的部分不计楼板面积；

（e）尖塔或钟塔；

（f）不高于 4 英尺的女儿墙；

（g）电线、锁链或其他透明围栏。

在第 43-43 条、第 43-44 条或第 43-45 条（塔规则）中规定的基本退缩距离、选择性的前边开敞区域或任何其他法规要求的退缩距离或开敞区域中，总宽度不超过建筑街墙合计宽度的 20%、进深不超过 12 英寸的建筑柱子是许可的障碍物。

基本规则

43-43
前边墙的最大高度及法规要求的前边退让

	分　区		
	M1	M2	M3

在右侧所列分区中，如果前边墙体或房屋或其他构筑物的其他部分位于街道边线上，或在本条规定的基本退让距离中，该前边墙体或房屋或其他构筑物的其他部分不应超过下表规定的路沿石标高以上的最大高度，本条中另有规定的除外。高于此特定的最大高度及在初级退让距离以外，房屋或其他构筑物不应穿过下表规定的天空曝光面。

M1	M2	M3

除第 43-42 条（许可的障碍物）、第 43-44 条（替代前边退让）或第 43-45 条（塔规则）中另有规定的，应当适用本条的规则。在 M1-1 区中，对于社团设施房屋，前边墙体的最大高度应为 35 英尺或三层，两者取较小值，且高于街道边线的高度应为 35 英尺，在 M1-4 区中，对于社团设施房屋，前边墙体的最大高度应为 60 英尺或六层，两者取较小值。

43-43（续）

前边墙体的最大高度及法规要求的前边退让

分 区		
M1	M2	M3
M1	M2	M3

基本退让距离（英尺）		基本退让距离内的前边墙体或其他房屋部分的最大高度	街道边线上的高度（英尺）	天空曝光面				分区		
窄街道	宽街道			区划地块上的坡度（竖向距离与横向距离的比值）						
				窄街道		宽街道				
				竖向距离	横向距离	竖向距离	横向距离			
20	15	30英尺或两层，两者取较小值	30	1:1		1:1		M1-1		
20	15	60英尺或四层，两者取较小值	60	2.7:1		5.6:1		M1-2 M1-4	M2-1 M2-3	M3
20	15	85英尺或六层，两者取较小值	85	2.7:1		5.6:1		M1-3 M1-5 M1-6	M2-2 M2-4	

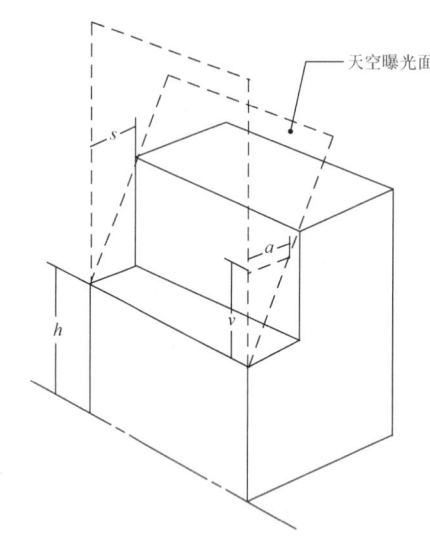

h-天空曝光面在街道边线以上的高度
s-基本退缩距离
v-竖向距离
a-横向距离

第43-43条天空曝光面示意图

43-44

替代前边退让

在右侧所列分区中，如果沿地块前边线的全长提供了符合本条规定的开敞区域的最小进深，不适用第43-43条（前边墙体的最大高度及法规要求的前边

M1　M2　M3

第 3 章 体位规则

43-44（续）

退让）的规定。该开敞区域的最小进深应垂直于地块前边线测量。但是，在这种情况下，任何房屋或其他构筑物不能伸入下表规定的替代的天空曝光面。天空曝光面应从街道边线上的点开始测量。

如果根据本条规定提供的开敞区域是广场，该开敞区域可以根据第 43-13 条（提供广场的楼板面积奖励）的规定计入广场的奖励。

在 M1-1 区中，对于社团设施房屋，街道边线上的高度应为 35 英尺。

替代法规要求的前边退让

选择性前边开敞空间的进深（英尺）		街道边线上的高度（英尺）	替代的天空曝光面				分区		
			区划地块上的坡度（竖向距离与横向距离的比值）						
			窄街道		宽街道				
窄街道	宽街道		竖向距	横向距	竖向距	横向距离			
15	10	30	1.4:1		1.4:1		M1-1		
15	10	60	3.7:1		7.6:1		M1-2 M1-4	M2-1 M2-3	M3
15	10	85	3.7:1		7.6:1		M1-3 M1-5 M1-6	M2-2 M2-4	

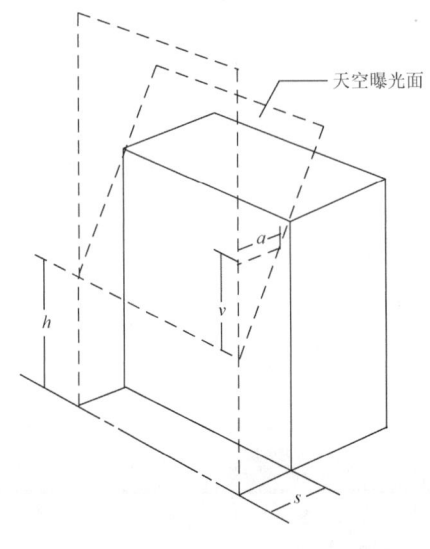

h-天空曝光面在街道边线以上的高度
s-选择性前边开敞空间的进深
v-竖向距离
a-横向距离

第 43-44 条替代的天空曝光面示意图

325

第四篇 工业区规则

	分	区	
	M1	M2	M3

补充规则

43-45

塔规则

在右侧所列分区中，任何房屋或房屋组或部分总占地面积不超过区划地块的地块面积的40%，或在小于20 000平方英尺的区划地块上，所占地块面积的比例符合第43-451款（小型地块上的塔）的规定，可以伸入既定的天空曝光面（该房屋或房屋组的部分在下文简称为塔）。但是，在任意给定的一层上，该塔应根据下列要求从街道边线退让：

M1-3
M1-4
M1-5
M1-6

（a）在窄街道上，退让距离至少为塔所在的平面上街墙合计宽度的三分之一，但该退让距离不需超过50英尺。

（b）在宽街道上，退让距离至少为塔所在的平面上街墙合计宽度的四分之一，但该退让距离不需超过40英尺。

如果该塔所属的房屋在任何平面的占地不超过本条或第43-451款规定的地块面积的最大百分比，在本条（a）及（b）中法规要求的退让可以各减少5英尺，但是，缩减后的退让的进深不应少于20英尺。

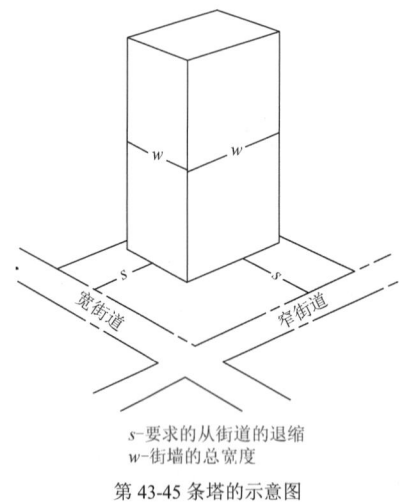

s-要求的从街道的退缩
w-街墙的总宽度

第43-45条塔的示意图

	分 区		
	M1	M2	M3

43-451

小型地块上的塔

在右侧所列分区中，一个塔可以占用的区划地块的地块面积的百分比如下表所示：

M1-3
M1-4
M1-5
M1-6

小型地块上的塔的地块覆盖范围

区划地块（平方英尺）	地块覆盖范围的最大百分比（%）
10 500 或以下	50
10 501~11 500	49
11 501~12 500	48
12 501~13 500	47
13 501~14 500	46
14 501~15 500	45
15 501~16 500	44
16 501~17 500	43
17 501~18 500	42
18 501~19 999	41

特别情况适用的规则

43-46

与公共场地直接相邻的区划地块的特别规定

在右侧所列分区中，在适用第 43-43 条（前边墙体的最大高度及法规要求的前边退让）的规定时，面积在 1~15 英亩的公共场地对于与之相邻的区划地块上的任何房屋或其他构筑物应视作宽街道。但是，本条的规定不适用于铺装超过 75%的公共场地。

M1　M2　M3

43-47

高度及退让规则的修改

在右侧所列分区中，对在特定情况下的特定社团设施用途，标准及上诉理事会可以根据第 73-64 条（社团设施用途的修改）修改第 43-41 条到第 43-45 条中关于高度及退让的规则。

M1

	分　区		
	M1	M2	M3

43-48

被分区边界线划分的区划地块的特别规定

  在右侧所列分区中，如果区划地块被分区边界线划分，而且这些分区有不同的高度及退让规则，或当其中一个分区适用于第 43-45 条（塔规则），而另一个分区不适用的时候，则应适用于第七篇第 7 章的规定。 | M1 | M2 | M3 |

43-50 庭规则及窗与墙或窗与地块线之间的最小距离

基本规则

43-51

社团设施房屋的庭的最小尺寸

  在右侧所列分区中，包含社团设施用途的所有房屋应当遵循下列规定： | M1

  第 24-61 条（一般规定及适用性）；

  第 24-62 条（庭的最小尺寸）；

  第 24-63 条（外庭规则）；

  第 24-64 条（内庭规则）；

  第 24-65 条（法律规定的窗户与墙或地块线之间的最小距离）；

  第 24-66 条（庭规则或距离要求的修改）。

工业区中体位规则总览

分区	最大容积率		院规则①			基本退缩距离（英尺）		标准规则						替代规则			
			侧院	后院				退缩距离内前边墙体或建筑最大高度		街道上方高度（英尺）	天空曝光面		选择性前边开敞区域的进深（英尺）		街道上方高度（英尺）	天空曝光面	
	商业或工业房屋	社园设施房屋	如果提供开敞区域最小宽度（英尺）	最小进深（英尺）	窄街道	宽街道		(英尺)	(层)		区划地块上的坡度（竖向距离与横向距离的比值）		窄街道	宽街道		区划地块上的坡度（竖向距离与横向距离的比值）	
											窄街道	宽街道				窄街道	宽街道
M1-1	1.00	2.40	8	20	20	15		30③	2③	30③	1:1	1:1	15	10	30③	1.4:1	14:1
M1-2	2.00	4.80	8	20	20	15		60	4	60	2.7:1	5.6:1	15	10	60	3.7:1	7.6:1
M1-3	5.00	6.50	8	20	20	15		85	6	85	2.7:1	5.6:1	15	10	85	3.7:1	7.6:1
M1-4	2.00	6.50	8	20	20	15		60	4④	60	2.7:1	5.6:1	15	10	60	3.7:1	7.6:1
M1-5	5.00	6.50	8	20	20	15		85	6	85	2.7:1	5.6:1	15	10	85	3.7:1	7.6:1
M1-6	10.00②	10.00②	8	20	20	15		85	6	85	2.7:1	5.6:1	15	10	85	3.7:1	7.6:1
M2-1	2.00	—	8	20	20	15		60	4	60	2.7:1	5.6:1	15	10	60	3.7:1	7.6:1
M2-2	5.00	—	8	20	20	15		85	6	85	2.7:1	5.6:1	15	10	85	3.7:1	7.6:1
M2-3	2.00	—	8	20	20	15		60	4	60	2.7:1	5.6:1	15	10	60	3.7:1	7.6:1
M2-4	5.00	—	8	20	20	15		85	6	85	2.7:1	5.6:1	15	10	85	3.7:1	7.6:1
M3-1	2.00	—	8	20	20	15		60	4	60	2.7:1	5.6:1	15	10	60	3.7:1	7.6:1
M3-2	2.00	—	8	20	20	15		60	4	60	2.7:1	5.6:1	15	10	60	3.7:1	7.6:1

注：
① 工业区不要求前院或侧院。转角地块不要求后院。
② 显示的容积率不包含广场、连接广场的开敞区域奖励。
③ 对于社园设施房屋，35英尺或三层。
④ 对于社园设施房屋，六层。

第4章 辅助性的路外停车与装卸区规则

44-00 辅助性的路外停车规则的一般目标及定义

44-01
一般目标

采纳下列关于许可的及法规要求的辅助性的路外停车空间规则的目的是,为日益增长的在高密度中心区域外围地区且开车去工作的人们提供路外停车空间,从而缓解工业区中的交通拥堵,防止汽车全天停靠在工业区域附近的居住和商业区域,为城市中的工业企业提供更好的及更有效的进出交通,以此促进和保护公共健康、安全及公共福祉。

44-02
定义(重复第12-10节)

集合停车设施

"集合停车设施"是用于停放机动车的一栋房屋或其他构筑物或一块场地,其容量应多于一个车位,且从公共街道可以抵达所有车位;如果是辅助于居住用途的,应指定服务于一个以上的居住单元。

集合停车设施应包括,但不仅限于下列各项:

(a) 开敞的停车区域;

(b) 主要用途不是停车的房屋内或屋顶上的停车空间;

(c) 主要用于停车的房屋或房屋组,包括一组独立的停车库。

44-10 许可的辅助性路外停车空间

	分区		
	M1	M2	M3
44-11 一般规定 在右侧所列分区中,可以根据第44-12条(辅助性的集合停车设施的最大规模)的要求为所有许可的用途提供开敞的或围蔽的辅助性的路外停车空间。	M1	M2	M3
44-12 辅助性的集合停车设施的最大规模 在右侧所列分区中,辅助性的集合停车设施不应超过150个路外停车位,在第44-13条(辅助性的集合停车设施的最大规模的修改)中另有规定的除外。	M1	M2	M3
44-13 辅助性集合停车设施的最大规模的修改 在右侧所列分区中,如果建设委员裁定符合以下条件,那么集合停车设施可以额外增加不超过第44-12条(辅助性的集合停车设施的最大规模)许可的	M1	M2	M3

	分区		
	M1	M2	M3
44-13（续）	M1	M2	M3

最大数量的 50%：

（a）该设施有分离的机动车入口及出口，两者距离不少于 25 英尺；及

（b）如果该设施辅助于位于宽度不少于 60 英尺的街道上的商业用途或社团设施用途；及

（c）如果该设施辅助于商业用途,在入口有足够的停放空间容纳至少10辆机动车。

建设委员应当设立适当的关于该停车设施设计的附加规则，最大限度减少对周边环境特性的不利影响，例如泛光灯防护罩的要求。

44-14

辅助性集合停车设施最大规模的例外情况

在右侧所列分区中，标准及上诉理事会根据第 73-48 条（辅助性的集合停车设施最大规模的例外情况）的规定可以许可辅助性集合停车设施超过 225 个停车位。	M1	M2	M3

44-20 工业、商业或社团设施用途要求的辅助性路外停车空间

44-21

一般规定

在右侧所列分区中，应当根据本条表格所列的要求为在本决议案生效日后建设的新开发项目提供开敞的或围蔽的辅助性的路外停车空间，新开发项目为所有表格中所列的工业、商业或社团设施用途。除此以外，本章其他所有适用的要求应作为该开发项目用途的先决条件。	M1	M2	M3

表格所列的数量为半个或更多时，则要求提供一个停车位。

本条中，在单一所有权或控制下的一组被开发的用途所在的一片土地应当被视为单一区划地块。

对于以具体的额定容量作为计量单位的用途，建设委员应当决定该用途可以容纳的人数作为额定容量。

在本决议案生效日后，如果扩建工程净增加了楼板面积或其他本条表格具体列出的适用的计量单位，净增加的楼板面积或其他具体的计量单位应当适用

44-21（续）

相同的要求。

符合下列情况的应当免除本条的要求：

（a）当适用该要求时所要求的车位数量少于第 44-23 条（少于最少数量的车位要求的免除）所指明的规定时。

（b）当建设委员根据第 44-24 条（出入口被禁止的所有区划地块的要求免除）认定无法为车位安排符合第 44-43 条（进出街道的位置）规定的连通街道的出入口时。

工业、商业或社团设施用途要求的辅助性的路外停车空间

用途类型	指定计量单位要求的停车位	分 区		
		M1	M2	M3
工业或商业用途				
工业或半工业用途——用途组 17B、17D、18A 或 18C 或用途组 11 或 16 中停车要求分类 F 的用途，且最少有 7500 平方英尺的楼板面积或 15 位职员	不要求	M1-4 M1-5 M1-6	M2-3 M2-4	M3-2
	1 车位/1000 平方英尺楼板面积①，或 1 车位/3 位职员，两者取较大值	M1-1 M1-2 M1-3	M2-1 M2-2	M3-1
储存或混杂用途——在下列分类中的用途： （a）用途组 16 中停车要求分类 G；或 （b）用途组 17A、17D、18B 或 18C；或 （c）用途组 17，农业用途除外，这些除外的农业用途包括温室、苗圃或商品蔬菜园。 最少有 10 000 平方英尺的楼板面积或 15 位职员	不要求	M1-4 M1-5 M1-6	M2-3 M2-4	M3-2
	1 车位/2000 平方英尺楼板面积②，或 1 车位/3 位职员，两者取较小值	M1-1 M1-2 M1-3	M2-1 M2-2	M3-1

① 对于主要是露天的混杂用途的储存，在计算该要求时，用于该用途面积应视作楼板面积。
② 对于主要是露天的混杂用途的储存，在计算该停车要求时，用于该用途的面积应视作楼板面积。

第4章 辅助性的路外停车与装卸区规则

44-21（续）

用途类型	指定计量单位要求的停车位	分区		
		M1	M2	M3
		M1	M2	M3
工业或商业用途				
每店楼板面积少于2000平方英尺的食品店——用途组6中停车要求分类A的用途	楼板面积（平方英尺）			
	不要求	M1-4 M1-5 M1-6	M2-3 M2-4	M3-2
	1车位/200	M1-1 M1-2 M1-3	M2-1 M2-2	M3-1
一般零售或服务用途——楼板面积少于2000平方英尺的食品店；用途组6、8、9或10中停车要求分类B中的用途，或有特别许可的；或用途组6、7、8、9、10、11、14或16中的停车要求分类B1中的用途	楼板面积（平方英尺）			
	不要求	M1-4 M1-5 M1-6	M2-3 M2-4	M3-2
	1车位/300①	M1-1 M1-2 M1-3	M2-1 M2-2	M3-1
低交通量的用途——用途组6、7、9、13、14或16中停车要求分类C中的用途	楼板面积（平方英尺）			
	不要求	M1-4 M1-5 M1-6	M2-3 M2-4	M3-2
	1车位/600	M1-1 M1-2 M1-3	M2-1 M2-2	M3-1
集合场地——用途组6、8、9、10或12中停车要求分类D中的用途，或有特别许可的	额定容量			
	不要求	M1-4 M1-5 M1-6	M2-3 M2-4	M3-2
	1车位/8人	M1-1 M1-2 M1-3	M2-1 M2-2	M3-1
露天商业娱乐——用途组13或15中停车要求分类E中的用途，或有特别许可的	楼板面积（平方英尺）②			
	不要求	M1-4 M1-5 M1-6	M2-3 M2-4	M3-2
	1车位/500	M1-1 M1-2 M1-3	M2-1 M2-2	M3-1

① 标准及上诉管理委员会可以根据第73-44条（减少停车要求分类B1中的用途的停车空间）的规定允许减少停车要求分类B1中的用途的停车要求。

② 在高尔夫球练习场中，表格的要求仅适用于有球座的练习道的部分。

第四篇 工业区规则

44-21（续）

			分 区		
			M1	M2	M3
			M1	M2	M3
用途类型		指定计量单位要求的停车位			
工业或商业用途					
其他商业用途——用途组 5、7、12、13 或 14 中的停车要求分类 H 中的用途，或有特别许可的	水上旅馆	1 车位/2 个客房或套间	M1	M2	M3
	夜间留宿的或日间的露营地，最少有 10 000 平方英尺地块面积或 10 位职员	1 车位/2000 平方英尺楼板面积，或 1 车位/3 位职员，两者取较小值	M1	M2	M3
	酒店	客房或套间			
		对用于住宿睡眠的楼板面积			
		不要求	M1-4 M1-5 M1-6	M2-3 M2-4	M3-2
		1 车位/8	M1-1 M1-2 M1-3	M2-1 M2-2	M3-1
		额定容量			
		对用于会议厅、礼堂、餐饮店、婚礼礼堂或宴会厅、或无线电或电视工作室的楼板面积			
		不要求	M1-4 M1-5 M1-6	M2-3 M2-4	M3-2
		1 车位/8 人	M1-1 M1-2 M1-3	M2-1 M2-2	M3-1
	汽车旅馆或驿站	1 车位/1 个客房或套间	M1	M2	M3
	监狱	不要求	M1-4 M1-5 M1-6	M2-3 M2-4	M3-2
		1 车位/10 床	M1-1 M1-2 M1-3	M2-1 M2-2	M3-1
	点心铺（免下车的）	楼板面积（平方英尺）			
		1 车位/50	M1-1 M1-2 M1-3	M2-1 M2-2	M3-1
		1 车位/100	M1-4 M1-5 M1-6	M2-3 M2-4	M3-2

44-21（续）

			分　区		
			M1	M2	M3
			M1	M2	M3
用途类型		指定计量单位要求的停车位			
工业或商业用途					
其他商业用途（续）	殡葬机构	楼板面积（平方英尺）			
		不要求	M1-4 M1-5 M1-6	M2-3 M2-4	M3-2
		1 车位/400	M1-1 M1-2 M1-3	M2-1 M2-2	M3-1
	船坞或船只租赁机构	1 车位/2 个船泊位	M1	M2	M3
社团设施用途					
医院及相关设施①		1 车位/5 床	M1-1 M1-2 M1-3		
		1 车位/10 床	M1-4 M1-5 M1-6		
教堂		不要求	M1-4 M1-5 M1-6		
		1 车位/15 个固定座位	M1-1 M1-2 M1-3		
俱乐部、社区中心或社会中心，不设睡眠场所的慈善或非营利机构，高尔夫球场会所，健康中心，非商业性的娱乐中心，或福利中心		额定容量			
		不要求	M1-4 M1-5 M1-6		
		1 车位/10 人床	M1-1 M1-2 M1-3		

① 该要求是除救护车停车区域外的额外要求。

	分　区		
44-21（续）	M1	M2	M3
	M1	M2	M3

用途类型	指定计量单位要求的停车位			
社团设施用途				
神学院	用于课室、实验室、学生中心或办公室的楼板面积	楼板面积（平方英尺）			
		不要求	M1-4 M1-5 M1-6		
		1车位/1000	M1-1 M1-2 M1-3		
	用于剧院、礼堂、体育馆或运动场的楼板面积	额定容量			
		不要求	M1-4 M1-5 M1-6		
		1车位/8人	M1-1 M1-2 M1-3		
农业用途，包括温室、苗圃或商品蔬菜园		用于销售的地块面积（平方英尺）			
		不要求	M1-4 M1-5 M1-6	M2-3 M2-4	M3-2
		1车位/1000	M1-1 M1-2 M1-3	M2-1 M2-2	M3-1
室外溜冰场		地块面积（平方英尺）			
		不要求	M1-4 M1-5 M1-6		
		1车位/800	M1-1 M1-2 M1-3		
室外网球场		场地数量			
		不要求	M1-4 M1-5 M1-6		
		1车位/2个	M1-1 M1-2 M1-3		

第4章 辅助性的路外停车与装卸区规则

	分 区		
	M1	M2	M3

44-22

有遵循不同停车要求用途的单一区划地块特别规定

在右侧所列分区中，当任何房屋或区划地块包含两个或更多的在第44-21条（一般规定）中列出的不同停车要求的用途，每类用途的停车要求应根据该用途的程度而定。

	M1	M2	M3

但是，当教堂或停车要求分类D的用途（集合场地）与其他任何用途位于同一个房屋或区划地块上时，则标准及上诉理事会根据第73-43条（减少教堂或集合场地的停车空间）的要求可以减少它们要求的停车位数量。

44-23

少于最少数量的车位要求的免除

在右侧所列分区中，受制于第44-231款（适用于免除规定例外情况）的规定，如果区划地块上所有这些用途要求的辅助性的路外停车位的总数少于下表所列的车位数，则第44-21条（一般规定）或第44-22条（单一区划地块中有遵循不同停车要求的用途的特别规定）不适用于停车分类要求A、B1、C、D、E或H的商业用途，或许可的社团设施用途。

	M1	M2	M3

车位数（个）			
15	M1-1 M1-2 M1-3	M2-1 M2-2	M3-1
40	M1-4 M1-5 M1-6	M2-3 M2-4	M3-2

44-231

适用于免除规定例外情况

在右侧所列分区中，第44-23条的免除规定不适用于下列用途类型：

	M1	M2	M3

（a）在用途组17B、17D、18A或18C中的，或在用途组11或16中停车要求分类F的工业或半工业用途；

（b）在用途组17A、17C、17D、18B或18C中的，或在用途组16中的停车要求分类G中的储存或繁杂用途；

（c）用途组7或13中停车要求分类H的下列商业用途：

	分 区		
	M1	M2	M3
44-231（续）	M1	M2	M3

- 水上旅馆
- 露营地（夜间留宿或日间的）
- 汽车旅馆或驿站
- 点心铺（免下车的）

44-24
出入口被禁止的所有区划地块的要求免除

在右侧所列分区中，当建设委员认定任何房屋或区划地块无法安排符合第 44-43 条（进出街道的位置）规定的连通街道的出入口时，这些房屋或区划地块不应适用第 44-21 条（一般规定）或第 44-22 条（单一区划地块含有不同停车要求的用途的特别规定）的规定。建设委员可以向交通部提及此问题并获取报告，并可根据该报告作出决定。 | M1 | M2 | M3

44-25
被分区边界线划分的区划地块的特别规定

在右侧所列分区中，如果区划地块被分区边界线划分，而且这些分区有不同的辅助性的路外停车位要求，则应适用于第七篇第 7 章的规定。 | M1 | M2 | M3

44-30 辅助性的路外停车位位置和使用限制

44-31
一般规定

在右侧所列分区中，所有许可的或要求的，开敞的或围蔽的，辅助于任何许可的用途的路外停车位应当位于其辅助的房屋或用途的同一个区划地块上，在下列另有规定的除外： | M1 | M2 | M3

第 44-32 条（所有许可的用途的基地外车位）；

第 44-33 条（共享设施）；

第 44-34 条（法规要求的车位在基地外时的附加规则）；

第 73-45 条（基地外停车规定的修改）

	分 区		
	M1	M2	M3

44-32

所有许可的用途的基地外车位

在右侧所列分区中，所有许可的或法规要求的，辅助于任何许可的用途的路外停车位可以在其辅助性的用途的区划地块以外的区划地块上提供，但车位所在的区划地块应在该用途所在的分区中，或在相邻的 C8 或工业区中。所有法规要求的车位距离该用途所在的区划地块的最接近边界不应超过 600 英尺。 | M1 | M2 | M3 |

44-33

共享设施

在右侧所列分区中，所有法规要求的辅助性的路外停车位可以在共同服务于两个或多个房屋或区划地块的设施中提供，只要符合下列条件： | M1 | M2 | M3 |

（a）在该共享设施的车位数量，不应少于该房屋或区划地块的居住单元、楼板面积、地块面积、额定容量或其他计量单位的总和对应下列所要求的车位的总数：

第 44-21 条（一般规定）；

第 44-22 条（单一区划地块含有不同停车要求的用途的特别规定）。

（b）所有这些车位符合第 44-32 条（所有许可的用途的基地外车位）的规定；且

（c）该共享设施的设计和平面布置应充分满足建设委员设立的最大限度减少对周边环境特性的不利影响的附加规则。

44-34

法规要求的车位位于基地外时的附加规则

在右侧所列分区中，当法规要求的辅助性的路外停车位根据第 44-32 条（所有许可的用途的基地外车位）或第 44-33 条（共享设施）的规定在基地外提供时，应当适用于下列的附加规则： | M1 | M2 | M3 |

（a）这些车位应当与其所辅助的用途属同一所有权，且应当服从提交给档案办公室的地契限制，约束所有人及其继承者和受让人在该用途的整个生命周期维持要求数量的车位的可用性。

（b）这些车位应符合其所在分区的所有适用规则。

第四篇 工业区规则

	分 区		
	M1	M2	M3

44-35

辅助性的路外停车位的使用限制

　　在右侧所列分区中，所有许可的或法规要求的，开敞的或围蔽的辅助性的路外停车位应当主要用于其辅助性的用途的业主、占有人、职员、顾客、住户或访客。 | M1 | M2 | M3 |

44-36

汽车维修及发动机燃料销售的限制

　　在右侧所列分区中，机动车维修，或发动机燃油、发动机润滑油或汽车配件的销售不允许与辅助性的路外停车位的运营相关。 | M1 | M2 | M3 |

　　但是，在完全围蔽的车库内，允许小规模汽车维修（不包括车身工作），且可以提供不超过三个发动机燃料泵。但是，发动机燃料不能销售给不使用车位的人。

44-40 许可的或法规要求的辅助性路外停车位的附加规则

44-41

一般规定

　　在右侧所列分区中，所有许可的或法规要求的辅助性的路外停车位应当符合下列规定： | M1 | M2 | M3 |

　　第 44-42 条（车位的尺寸）；

　　第 44-43 条（进出街道的位置）；

　　第 44-44 条（路面）；

　　第 44-45 条（屏障）。

　　适用于大规模的社区设施开发的特别规则在第七篇第 8 章中列出。

44-42

车位的尺寸

　　在右侧所列分区中，对于所有开敞的或围蔽的辅助性的路外停车位，每 300 平方英尺无障碍的固定的或移动的区域应作为 1 个停车位。但是，如果区域面积少于 300 平方英尺，且任何情况下不少于 200 平方英尺，可以作为 1 个停车 | M1 | M2 | M3 |

第 4 章　辅助性的路外停车与装卸区规则

分　区		
M1	M2	M3

44-42（续）

M1	M2	M3

位，但停车区域的平面布置和设计应恰当，以满足根据建设委员制定的规则，允许便捷的进出和移动，或者开发商或建筑许可或占用执照的申请者可以证明这些车位能完全满足要求。

在任何情况下，当以开发商对这些车位能完全满足要求做出的证明为基础允许减少每个停车位要求的面积时，在占用执照中应当列明由这些车位的所有人或运营者付费雇佣的服务员应在这些车位的使用期间随时可以处理机动车的停放及移动。

任何情况下，任何停车隔间的长度不应少于 18 英尺，宽度不应少于 8 英尺 6 英寸。

44-43

进出街道的位置

在右侧所列分区中，所有许可的或法规要求的辅助性集合停车设施及所有许可的大于或等于 10 个车位的公共停车场或公共停车库的入口及出口，应当距离任何两条街道边线交点不少于 50 英尺。但是，如果建设委员认定进出口的位置不会对交通安全造成危险也不容易制造交通拥堵，进出口可以位于距离该交点 50 英尺以内。建设委员可以向交通部提及此问题并获取报告，并可根据该报告作出决定。

M1	M2	M3

当建设委员认定无法为车位安排符合本条规定的连通街道的出入口时，应适用第 44-24 条（进出将被限制的所有区划地块的要求免除）的免除规定。

44-44

路面

在右侧所列分区中，所有露天的辅助性路外停车位或许可的公共停车场的路面应当用沥青或硅酸盐水泥混凝土或其他表面无尘的硬质材料，厚度至少为 4 英寸。

M1	M2	M3

	分 区		
	M1	M2	M3

44-45

屏障

在右侧所列分区中，所有位于紧邻居住区边界的区划地块上的、露天的、不少于10个车位的辅助性的路外停车区域，要么是在自然地形上，要么是在屋顶上，都应设置屏障阻隔居住区的相邻区划地块，包括街道对侧的此类区划地块，屏障应该是下列其中一种形式：

（a）一条宽至少为4英尺的绿化带，密集地种植灌木或树木，种植的植物高度至少为4英尺高，而且预期可以在三年内形成6英尺高的全年密集的屏障；或

（b）一堵墙或障碍或统一涂漆的栅栏，采用防火材料，高度至少为6英尺，但不超过完成的地形以上（或如果是在屋顶上的，则高于屋顶高度）8英尺。该墙、障碍或栅栏可以是不透明的或打孔的，只要其表面开放的部分不超过50%。

	M1	M2	M3

另外，该屏障：

（a）应当在所有时间维持良好状态；

（b）可以开放一般的出入口；及

（c）不应有标牌挂在或黏附在上方，在第42-52条（许可的辅助性的商业标牌或广告标牌）中许可的除外。

44-50 路外装卸规则的一般规定

采用下列关于许可的及法规要求的辅助性的路外装卸泊位规则的目的是为了提供公共街道以外的装载或卸载活动所需的空间，从而限制街道用于此类活动，缓解城市工业区域的交通拥堵，以此促进和保护公共健康、安全及公共福祉。

	分 区		
	M1	M2	M3

44-51

许可的辅助性的路外装卸泊位

在右侧所列分区中，可以根据建设委员制定的规则和条例，并符合第44-582款（进出街道的位置）、第44-583款（居住区附近泊位的位置限制）、第44-584

	M1	M2	M3

44-51（续）

	分 区		
	M1	M2	M3
	M1	M2	M3

款（路面）及第 44-585 款（屏障）的规定，为所有许可的用途提供开敞的或围蔽的辅助性的路外装卸泊位。

44-52
法规要求的辅助性路外装卸泊位

在右侧所列分区中，应当根据本条表格所列的要求及建设委员制定的规则和条例，为在本决议案生效日后建设表格中所列的社团设施、商业或工业用途的所有新开发项目提供开敞的或围蔽的辅助性的路外装卸泊位，作为该开发项目用途的先决条件，在第 44-53 条（单一区划地块中有遵循不同装卸要求的用途的特别规定）或第 44-54 条（批发、工业或存储用途与其他用途的结合）中另有规定的除外。   M1　M2　M3

本条中，在单一所有权或控制下的一组被开发的用途所在的一片土地应当被视为单一区划地块。

当表格中特定的任何用途位于露天地块时，表格中对楼板面积的要求应适用于该用途的地块面积。

在本决议案生效日以后，如果任何房屋或其他构筑物或区划地块的用途变更或扩建，下表所列的要求应适用于该房屋变更或扩建部分的楼板面积或用于该用途的地块面积。

新建设、扩建工程或变更用途要求的路外装卸泊位

用途类型	楼板面积（平方英尺）	要求的泊位（个）			
医院及相关设施①或监狱	首 10 000	1	M1	M2	M3
	接下来的 290 000	无			
	每增加 300 000 或其中一部分	1			
殡葬机构	首 10 000	1	M1	M2	M3
	接下来的 20 000	1			
	任何额外的数量	1			

---

① 要求不包含用于救护车停放的区域。

44-52（续）

			分区		
			M1	M2	M3
			M1	M2	M3
用途类型	楼板面积（平方英尺）	要求的泊位（个）			
酒店、办公室或法院	首 25 000	无	M1-1 M1-2 M1-4	M2-1 M2-3	M3-1 M3-2
	接下来的 75 000	1			
	接下来的 200 000	1			
	每增加 300 000 或其中一部分	1	M1-1 M1-2 M1-4	M2-1 M2-3	M3-1 M3-2
	首 100 000	无	M1-3 M1-5 M1-6	M2-2 M2-4	
	接下来的 200 000	1			
	每增加 300 000 或其中一部分	1			
商业用途： 在用途组 6A、6C、7B、8B、9A、9B、10A、14A 或 16A 中的所有零售或服务用途； 在用途组 8A 或 12A 中的所有娱乐用途； 在用途组 7D、13B 或 16B 中的所有汽车服务用途	首 8000	无	M1-1 M1-2 M1-4	M2-1 M2-3	M3-1 M3-2
	接下来的 17 000	1			
	接下来的 15 000	1			
	接下来的 20 000	1			
	接下来的 40 000	1			
	每增加 150 000 或其中一部分	1			
	首 25 000	无	M1-3 M1-5 M1-6	M2-2 M2-4	
	接下来的 15 000	1			
	接下来的 60 000	1			
	每增加 150 000 或其中一部分	1			

第4章 辅助性的路外停车与装卸区规则

44-52（续）

用途类型	楼板面积（平方英尺）	要求的泊位（个）	分 区		
			M1	M2	M3
			M1	M2	M3
服务、批发、工业或储存用途：在用途组 7C、10B、11B、16D、17A 或 18B 中的所有服务、批发或储存用途；	首 8000	无	M1-1 M1-2 M1-4	M2-1 M2-3	M3-1 M3-2
	接下来的 17 000	1			
	接下来的 15 000	1			
	接下来的 20 000	1			
	每增加 80 000 或其中一部分	1			
在用途组 11A、17B 或 18A 中的所有工业用途	首 15 000	无	M1-3 M1-5 M1-6	M2-2 M2-4	
	接下来的 25 000	1			
	接下来的 40 000	1			
	每增加 80 000 或其中一部分	1			

44-53
遵循不同装卸要求用途的单一区划地块的特别规定

在右侧所列分区中，当任何房屋或区划地块包含两个或更多的用途是遵循第 44-52 条（法规要求的辅助性的路外装卸泊位）的不同法规要求时，且如果它们符合下列条件时，所提供的路外装卸泊位数量应该以所有要求配有泊位的用途的总楼板面积计算，并取要求泊位数量最多的用途的标准。　　M1　M2　M3

（a）每个独立的用途的楼板面积少于要求配有泊位的最小楼板面积；且

（b）要求配有泊位的所有用途的总楼板面积大于任何单个用途要求配有泊位的最小楼板面积。

44-54
批发、工业或存储用途与其他用途的结合

在右侧所列分区中，除了在第 44-53 条（单一区划地块中有遵循不同装卸要求的用途的特别规定）中有规定的以外，如果任何房屋或区划地块部分用于批发、工业或存储用途或这些用途的组合，且部分用于第 44-52 条（法规要求的辅助性的路外装卸泊位）表格列出的任何其他用途，房屋中至少有 50% 的楼板面积应符合批发、工业和存储用途的要求，剩下的应符合其他适用的要求。　　M1　M2　M3

	分区		
	M1	M2	M3

44-55

出入口被禁止的区划地块停车泊位要求的免除

在右侧所列分区中，当建设委员认定任何房屋或区划地块无法为法规要求的泊位安排符合第 44-582 款（进出街道的位置）规定的连通街道的出入口时，这些房屋或区划地块不应适用下列规定：| M1 | M2 | M3 |

第 44-52 条（法规要求的辅助性的路外装卸泊位）；

第 44-53 条（遵循不同装卸要求用途的单一区划地块的特别规定）；

第 44-54 条（批发、工业或存储用途与其他用途的结合）。

建设委员可以向交通部提及此问题并获取报告，并可根据该报告作出决定。

44-56

被分区边界线划分的区划地块的特别规定

在右侧所列分区中，如果区划地块被分区边界线划分，而且这些分区有不同的辅助性的路外装卸泊位要求，则应适用于第七篇第 7 章的规定。| M1 | M2 | M3 |

44-57

服务于两个或两个以上建筑的共享装卸泊位

在右侧所列分区中，所有法规要求的装卸泊位可以在共同服务于在同一街区中的两个或多个房屋或区划地块的设施中提供，只要符合下列条件：| M1 | M2 | M3 |

（a）在该共享设施的泊位数量，不应少于这些房屋或区划地块的总楼板面积根据第 44-52 条（法规要求的辅助性的路外装卸泊位）、第 44-53 条（单一区划地块中有遵循不同装卸要求的用途的特别规定）和第 44-54 条（批发、工业或存储用途与其他用途的结合）的要求；且

（b）应提供从该共享设施通向所有这些房屋或区划地块的直接出入口；且

（c）该共享设施的设计和平面布置应充分满足建设委员设立的最大限度减少对周边环境特性的不利影响的附加规则。

44-58

许可的或法规要求泊位的附加规定

在右侧所列分区中，所有许可的或法规要求的辅助性路外装卸泊位应遵循的要求。| M1 | M2 | M3 |

第 4 章　辅助性的路外停车与装卸区规则

	分　区		
	M1	M2	M3

44-581
法规要求的泊位的尺寸

在右侧所列分区中，所有法规要求的开敞的或围蔽的路外装卸泊位应当符合下表列出的最小尺寸规则。路外泊位的尺寸不应包含机动车道或该路外泊位的出入口。

M1　M2　M3

法规要求的辅助性的路外装卸泊位的最小尺寸

		长度（英尺）	宽度（英尺）	竖向净空（英尺）
	医院及相关设施或监狱	33	12	12
	殡葬机构	25	10	8
	酒店、办公室、法院	33	12	12
	商业用途①	33	12	14
批发、工业或存储用途	楼板面积少于 10 000 平方英尺	33	12	14
	楼板面积大于或等于 10 000 平方英尺	50	12	14

44-582
进出街道的位置

在右侧所列分区中，距离任何两条街道边线交点少于 50 英尺处不应有许可的或法规要求的辅助性路外装卸泊位及其出口或入口。但是，更接近该交叉点的位置可以被许可，如果建设委员认定该位置不会对交通安全造成危险也不容易制造交通拥堵。建设委员可以向交通部提及此问题并获取报告，并可根据该报告作出决定。

M1　M2　M3

当建设委员认定无法安排符合本款规定的要求的泊位时，应适用第 44-55 条（进出将被限制的所有区划地块的要求免除）的规定。

44-583
居住区附近泊位的位置限制

在右侧所列分区中，当辅助性的路外装卸泊位距离居住区边线 60 英尺以内，该泊位应围蔽在房屋内，且街道到泊位的出入口与分区边界线的距离都不应少于 30 英尺。

M1　M2　M3

---

① 如第 44-52 条（要求的附属路外装卸泊位）的表格所列。

	分 区		
	M1	M2	M3

44-584

路面

在右侧所列分区中,所有许可的或法规要求的露天的路外装卸泊位的路面应当用沥青或硅酸盐水泥混凝土或其他硬质表面的无尘材料,厚度至少为 6 英寸。 | M1 | M2 | M3

44-585

屏障

在右侧所列分区中,所有位于紧邻居住区边线的区划地块上的、露天的、许可的或法规要求的辅助性的路外停车区域,应设置屏障阻挡所有在居住区的相邻区划地块,包括街道对侧的此类区划地块,屏障应是下列其中一种形式: | M1 | M2 | M3

(a) 一条宽至少为 4 英尺的绿化带,密集地种植灌木或树木,种植的植物高度至少为 4 英尺高,而且预期可以在三年内形成 6 英尺高的全年密集的屏障;或

(b) 一堵墙或障碍或统一涂漆的栅栏,采用防火材料,高度至少为 6 英尺,但不超过完成的地形以上 8 英尺。该墙、障碍或栅栏可以是不透明的或打孔的,只要其表面开放的部分不超过 50%。

另外,该屏障:

(a) 应当在所有时间维持良好状态;

(b) 可以开放一般的出入口;及

(c) 不应有标牌挂在或黏附在上方,在第 42-52 条(许可的辅助性的商业标牌或广告标牌)中许可的除外。

第五篇　不一致的用途及不合规的房屋①

第 1 章　立法意图的阐述

51-00 不一致用途及不合规房屋的管理规则的目的

在本决议案中设置的区划分区（如第二篇、第三篇、第四篇及区划图所列的分区规则）的目的是指导城市土地的未来使用，鼓励相容和相关的用途恰当地组合在一起发展，鼓励令人满意的居住、商业和工业区域，从而促进和保护公共健康、公共安全和公共福祉。

为了实现这些目的，这些区域作为历史发展的结果而产生不利影响的不一致的用途就必须受到某些限制。这些不相容的、不一致的用途产生的令人不满的现状不利于实现上述目标，因此，采用本章所列的不一致的用途的管理规则是为了逐步改善现状。尽管一般情况下允许延续这些不一致的用途，但制定这些规则是为了限制对这些用途的进一步投资，以免这些用途在不恰当的位置上成为永久性的机构。

对于一些损害居住区特征的、令人厌恶的不一致的用途，必须对这些用途设置一个合理的法定使用期限，当所有人被允许延续其不一致的用途的时候，能够逐步制定未来计划，由此最大限度地减少任何损失，并同时向公众保证这些与区划不一致的情况其所在的分区终将因更接近统一的特征而受益。

对于不符合本决议案的体位规则的房屋，采用本章所列的不合规房屋的管理规则，是为了允许这些房屋的适当使用，但避免加强额外的不合规的情况，或加强现状的不合规的程度。

因此，制定这些规则是为了保护分区的特征，这是本决议案中对特定用途有独特适用性的规定，从而促进和保护公共健康、公共安全和公共福祉。

---

① 本篇楷体字参照第 12-10 节的定义。

第 2 章 不一致的用途

52-00 定义及一般规定

52-01
定义（重复第 12-10 节）

变更，伴随的，或伴随性变更

"伴随性变更"是

（a）房屋或其他构筑物非结构部分的变化或替换，包含但不仅限于下列例子：

（1）在不一致的住宅中变更室内隔墙以提高宜居性，但不能由此增加居住单元；

（2）住宅外部的微小增加，诸如开敞走廊；

（3）在所有其他类型的房屋或其他构筑物的室内变更非承重隔墙；

（4）公用管道、风道或布线管道的替换，或容量的微小改变。或

（b）房屋或其他构筑物的结构部分的改变或替换，仅限于以下情形，或与其类似的特征和情形：

（1）在外墙开窗或门；

（2）房屋立面的替换；

（3）为适应许可的特别机械或设备单元而加强楼板的负荷，但是，加强部分的面积不超过总楼板面积的 10%。

"伴随的变更"也作"伴随性变更"。

指定居住用途

"指定居住用途"的房屋位于居住区，并且初始设计为居住用途，且至少 25%的楼板面积为居住用途。

扩建工程，或扩建

"扩建工程"是在现有房屋增加楼板面积，或其他任何构筑物尺寸的扩大，或在房屋用地上增加现状用途。

"扩建"就是创造一项"扩建工程"。

延伸工程，或延伸

"延伸工程"是在现有房屋内增加现状用途的楼板面积。

"延伸"就是创造一项"延伸工程"。

微改造土地

"微改造土地"是一块具有下列特征的土地：

（a）不涉及任何房屋或其他构筑物；或

（b）依据第 52-32 条、52-52 条或 52-72 条（微改造土地）的规定，微改造所涉及的房屋或其他构筑物位于地下或主要在地面层的，总体评估价值不能超过 2000 美元，在该用途变化、损坏或摧毁，或者终止所适用的日期，有效的税收稽征清册决定这一评估价值。

不一致的，或不一致的情况

"不一致的"用途是房屋或其他构筑物或者土地的合法用途，这些用途要么是在本决议案生效日后不符合适用的分区用途规范中任意一条或多条，要么是因随后的修正案而变得不符合这些规范。

不一致的用途应当是不符合许可的用途组或释放标准两者之一所适用的分区规则而产生的结果。

"不一致的情况"是不一致的用途与适用的用途规则中其中任意一条不一致。

但是，不应仅仅由于下列任何原因而把现状的用途视为不一致的或认为存在不一致的情况：

（a）现有的辅助性的路外停车或装卸泊位比要求的少；或

（b）存在不一致的辅助性的标牌；或

（c）要么存在违反第 32-41 到 32-43 条关于（补充用途规）的情况，要么存在违反第 32-51 到

32-52 条关于沿分区边界的特别实施规定的情况，要么存在违反第 42-41 到 42-45 条关于补充用途规范和沿分区边界的特别实施规定的情况。

52-10 不一致的用途的延续

52-11
一般规定

不一致的用途可以延续，在本章中另有规定的除外。

52-20 维修或变更

52-21
维修及伴随性变更

对于大部分被不一致的用途占用的房屋或其他构筑物，或与不一致的用途的许可变化或延伸工程相关的房屋或其他构筑物，在这些房屋或其他构筑物内实施结构和非结构的维修或者伴随性变更是许可的。

52-22
结构变更

大部分为不一致的用途的房屋或其他构筑物不能进行结构变更，除非变更符合下列情况：

（a）为了服从法律的要求；或

（b）为了容纳一致用途；或

（c）为了服从适用分区规则的释放标准；或

（d）结构变更是根据第 52-41 条至 52-43 条关于扩建工程或延伸工程的规定许可的扩建工程。

或者，除了第 52-81 条至 52-83 条关于适用于不一致标牌的规则所指明的情况。

52-30 不一致的用途的变更

52-31
一般规定

为了实现本章的目的，用途的变更是指在同一个组或任何其他用途组中所列的一种用途变更为另一个用途；但是，所有权或占有情况的变更本身不构成用途的变更。

不一致的用途可以变更为任何一致用途。

只有在符合本章规定情况下，可以从一种不一致的用途变更为另一种不一致的用途。

本章任何用途的变更许可应符合辅助性的路外装卸泊位及辅助性的标牌所适用的分区规则，但在居住区中，这种变更应服从适用于 C1 区的辅助性的路外装卸泊位及辅助性标牌的规则。

52-32
微改造土地

在所有居住和商业区中，有微改造的不一致的用途只能变更为一致用途。

52-33
居住区中的工业或工业相关用途

52-331
指定居住用途的房屋

在所有居住区中，位于指定居住用途的房屋中在用途组 11A、16、17 或 18 中所列的不一致的用途只能变更为居住区中许可的用途。

52-332
在居住区中的其他房屋或构筑物

在所有居住区中，不受制于第 52-32 条（微改造土地）或第 52-331 款（指定居住用途的房屋）的规定，用途组 11A、16、17 或 18 中所列的不一致用途可以变更为一致用途或者下列用途：

（a）在用途组 6、7、8、9、10、11B 或 14 中

所列的任何用途，在此情况下，任何后续的用途变更应服从第52-34条（居住区中的商业用途）的规定；或

（b）根据下表的规定变更：

从 用途组	到 用途组
11A	11A
16	11A 或 16
17 或 18	11A、16、17 或 18

但是该变更的用途应当与 M1 区中适用的释放标准所确立的规则一致，且该变更的用途，或辅助于任何变更的用途的材料或产品储存，如不处在完全围蔽的房屋中，则应有高度至少为 8 英尺的结实围墙或围栏（包括结实的入口或出口大门）作为屏障。当完全围蔽的房屋内的用途变更为另一个用途时，与该变更的用途相关的活动，包括材料或产品的储存都不应设置在该房屋之外。

在任何情况下，本条（b）许可的变更或用途不应超过第 52-74 条（居住区中令人厌恶的用途）规定适用的法定建筑寿命。

52-34
居住区中的商业用途

在所有居住区中，用途组 6、7、8、9、10、11B、12、13、14 或 15 中所列的不一致的用途在初始或任何后续的变更中只能变更为一致用途或用途组 6 所列的用途。对于任何这类变更，不适用第 32-15 条（用途组 6）对楼板面积的限制。

52-35
商业区中的工业或工业相关用途

在所有商业区中，不受制于第 52-32 条（微改造土地）的规定，用途组 11A、16、17 或 18 中所列的不一致用途可以变更为一致用途或下列用途：

（a）在用途组 6、7、8、9、10、11B 或 14 中

所列的任何用途，在此情况下，任何后续的用途变更应服从第52-36条（商业区中的不一致商业用途）的规定；或

（b）根据下表的规定变更：

从 用途组	到 用途组
11A	11A
16	11A 或 16
17 或 18	11A、16、17 或 18

但是该用途变更应当服从 M1 区中适用的释放标准所确立的规则，且任何该变更的用途，或辅助于变更用途的材料或产品储存，应当处于完全围蔽的房屋中。当完全围蔽的房屋内的用途变更为另一个用途，与该变更的用途相关的活动，包括材料或产品的储存都不应设置在该房屋之外。

52-36
商业区中的不一致商业用途

在 C1、C2、C4、C6、C7 或 C8 区中，用途组 7、8、9、10、11B、12、13、14 或 15 中所列的不一致的用途在初始或任何后续的变更中只能变更为一致用途或用途组 7、8 或 9 中所列的任何用途。在 C3 区中，此类任何不一致的用途在初始或任何后续的变更中只能变更为一致用途或用途组 6 所列的用途。

52-40 扩建或延伸

52-41
一般规定

只有符合本章的规定，不一致的用途才可以在该不一致的用途所在分区内扩建或延伸，但符合释放标准或因提供要求的辅助性的路外停车位或路外装卸泊位而设计的扩建工程或延伸工程不受本

条例规定的限制。

52-42
C6、C8 或工业区

除了在微改造土地上的用途以外，在 C6 或 C8 区中，用途组 17 或 18 所列的不一致的用途，以及在 C8 或工业区中，在释放标准方面不符合适用的分区规则的用途组 11A、16、17 或 18 中所列的用途可以扩建，需要符合下列要求：

（a）该扩建部分占用的面积不超过该不一致的用途变为不一致时占用或使用的房屋的楼板面积的 25%，或结构尺寸的 25%；但是，在任何情况下，任何此类扩建不应增加不一致房屋或其他构筑物的不一致的情况，或增加不一致的程度；且

（b）该扩建部分在释放标准及辅助性的路外停车位和装卸泊位方面符合所适用的分区规则。

在指定的分区中，根据第 52-35 条（商业区中的工业或工业相关用途）的规定，该用途可以延伸到作为许可变更用途的任何楼板面积中，该楼板面积的延伸应在释放标准及辅助性的路外停车位和装卸泊位方面符合适用的分区规则。

52-43
C1 或 C4 区

除了微改造土地的用途，在 C1 区中，用途组 7、8 或 9 所列的不一致的用途，以及在 C4 区中，用途组 7 所列的不一致的用途可以扩建，需要符合下列要求：

（a）该扩建部分占用的面积不超过该不一致的用途变为不一致时占用或使用的房屋的楼板面积的 25%，或结构尺寸的 25%；但是，在任何情况下，任何此类扩建工程不应增加不合规房屋或其他构筑物的不合规情况，或增加不合规程度；且

（b）该扩建部分在释放标准及辅助性的路外停车位和装卸泊位方面符合所适用的分区规则。

在指定的分区中，根据第 52-36 条（商业区中的不一致商业用途），该用途可以延伸到的规定许可作为变更的用途的任何楼板面积中，该延伸工程的楼板面积应在释放标准及辅助性路外停车位和装卸泊位方面符合所适用的分区规则。在 C1 区中，指定居住用途的房屋中不能进行延伸。

52-50 损坏或拆除

52-51
一般规定

除了在第 52-81 条至第 52-83 条中关于不一致标牌适用的规则，如果不一致的房屋或其他构筑物被损坏或损毁，应适用第 52-52 条至第 52-55 条。

52-52
微改造土地

在所有分区中，如果在微改造土地上的不一致的房屋或其他构筑物或其他改造被任何方式损坏或损毁，损毁程度达到该房屋或其他构筑物或其他改造评估价值的 25%或更多（由损坏或损毁之日有效的税收稽征清册决定），该不一致的用途应当终止，且从此以后，该片土地应仅用于一致用途。

52-53
所有分区中的房屋或其他构筑物

52-531
许可的重建或延续使用

在所有分区中，除了受制于第 52-54 条（居住区中指定居住用途的房屋）的房屋之外，如果大部分用于不一致的用途的任何房屋被任何方式损坏或损毁，损毁程度达到其总楼板面积的 50%或更多，该房屋可以进行下列活动之一：

（a）维修或伴随性变更，现有的不一致的用途可以延续；或

(b) 重建，且只能用于一致用途；但是，在任何情况下，任何此类重建不应增加不合规的房屋的不合规情况或增加不合规的程度。但是当损坏或损毁程度较大，也适用于第54-41条和第54-42条关于不一致房屋的损坏或拆除的规定，后面提到的小节应管理重建房屋的许可的体位。

大部分为不一致用途的结构被损坏或损毁在适用本款规定时，判断损坏和损毁程度时，应由对该结构尺寸适用的计量方式取代楼板面积指标。

52-532
使用替代准则

当申请者提出楼板面积不是对损坏或损毁程度评估所适用的计量标准，且选择用重建成本替代楼板面积时，可以向理事会提交申请以确定该损坏或损毁程度。如果理事会认定重建该房屋的损坏部分或损毁部分恢复到它原本状况的成本超过重建整个房屋的成本的50%（恢复到该房屋损坏或损毁前的状况），应适用第52-531款（许可的重建或延续使用）的规定。在决定重建成本时，土地的成本应被排除。

52-54
居住区中指定居住用途的房屋

在所有居住区中，如果指定居住用途的房屋中被不一致用途占用的楼板面积被任何方式损坏或损毁，其程度达到该楼板面积的25%或更多，仅在符合第52-53条（所有分区中的房屋或其他构筑物）的规定时，该房屋可以延续用途或重建，除非应适用本条所指的25%而替代第52-53条所指的50%。

52-55
较少的损坏或拆除

大部分为不一致用途的房屋或其他构筑物被损坏或损毁，其程度少于第52-51条至第52-54条关于损坏或拆除的规定，房屋或其他构筑物可以修复，该房屋或其他构筑物或土地上的不一致用途可以延续，但是如果该损坏或损毁之前存在任何不合规的情况，该修复不应增加不合规的情况或增加不合规的程度。

52-60 中止

52-61
一般规定

对于两年的连续期限，如果微改造土地上的不一致用途被中止，或任何房屋或其他构筑物中几乎所有不一致用途的有效运行被中止，从此以后该土地或房屋或其他构筑物应仅仅用于一致用途。继续有效运行的计划不应影响前述规定。

当该用途有效运行的中止是由战争、罢工或其他劳工困难、政府项目材料供应限制，或者政府机构或公用事业公司正当授权的改善项目的施工而直接导致的，本节的规定不适用。

52-70 到期后特定的不一致用途的终止

52-71
一般规定

在指定分区中，指定的不一致标牌、微改造土地上的指定的不一致的用途，或指定的令人厌恶的不一致的用途可以在本章规定的合理有效期内延续；但是，超过此期限以后，该不一致用途应根据本章规定终止。

52-72
微改造土地

在所有居住区中，微改造土地上的在用途组11A、16、17或18中所列的不一致的用途可以从本决议案生效日或此后用途变为不一致的情况之日起延续三年，但在超过此期限以后，该不一致的用途应终止，而且此后该土地应当仅用于一致用途。

52-73
不一致的标牌

52-731
广告标牌

在所有居住区中，不一致的广告标牌可以从本决议案生效日或此后变为不一致标牌之日起延续八年，但是，超过此规定期限以后，该不一致的用途应终止。

52-732
雨篷或顶篷上的标牌

在所有居住或商业区中，雨篷或顶篷上的不一致的标牌可以从本决议案生效日或此后变为不一致标牌之日起延续一年，但是，超过此规定期限以后，该不一致的用途应终止。

52-74
居住区中令人厌恶的用途

在所有居住区中，除微改造土地上的用途，用途组18所列的下列令人厌恶的任何用途：

- 煤场
- 垃圾场、垃圾海洋转运站或矿渣堆
- 废弃物或回收品，包括废旧汽车或类似的设施
- 木材场
- 肥料、泥煤或表土堆场
- 废弃金属、纸张或布料场

上述用途符合以下条件的：

（a）涉及不在完全围蔽的房屋内的活动；且

（b）涉及总估算价值少于20 000美元的房屋或其他构筑物或其他改造的用途，该价值不包含土地（由终止之日有效的税收稽征清册决定）。

这些用途可以从本决议案生效日或此后变为不一致用途之日起延续十年，但超过此期限以后，该不一致用途应终止，并且，从此以后该土地或房屋或其他构筑物应仅用于一致用途。

52-80 适用于不一致标牌的规则

52-81
一般规定

不一致标牌应当受制于本章关于不一致的用途的所有规定，由第52-82条（不一致商业标牌）及第52-83条（不一致广告标牌）修订的除外。

标牌上显示的内容的变更不应被视作用途的变更。

52-82
不一致的商业标牌

任何不一致的辅助性商业标牌，闪光标牌除外，在结构上可以变更、重建或在同一地点和位置替换，但该标牌结构变更、重建或替换不产生下列情况：

（a）产生新的不一致的情况或加强该标牌的不一致的程度；或

（b）增加该标牌的表面面积；或

（c）增加该标牌的发光程度。

但是，辅助于不一致用途的不一致的标牌的任何结构变更、重建或替换应当受制于第52-31条（一般规定）的规定。

基于本条规定许可的不一致的辅助商业标牌的此类结构变更、重建或替换的程度，下列小节的规定需要修改：

第52-22条（结构变更）；

第52-51条至第52-55条关于损坏或损毁的规定。

52-83

不一致的广告标牌

在所有工业区中，或在 C1、C2、C4、C5-4、C6、C7 或 C8 区中，除在第 32-66 条或第 42-53 条（广告标牌的附加规则）中另有规定的情况，除闪光标牌外的任何不一致的广告标牌，在结构上可以变更、重建或在同一地点和位置替换，但该结构变更、重建或替换不产生下列情况：

（a）产生新的不一致情况或加强该标牌的不一致的程度；或

（b）增加该标牌的表面面积；或

（c）增加该标牌的发光程度。

基于本节规定许可的不一致广告标牌的此类结构变更、重建或替换的程度，下列小节的规定需要修改：

第 52-22 条（结构变更）；

第 52-51 条至第 52-55 条关于损坏或损毁的规定。

第 3 章 违反补充用途规则的一致用途

53-00 一般规定

本章的规定应适用于所有违反下列规定之一的一致用途,即:关于补充用途规则的第 32-41 条至第 32-43 条,或关于沿分区边界线适用的特别规定的第 32-51 条及第 32-52 条,或关于补充用途规则和沿分区边界线适用的特别规定的第 42-41 条至第 42-45 条。

53-10 延续

违反补充用途规则或沿分区边界线适用的特别规定的所有此类一致用途可以延续,受制于本章中的其他规定。

53-20 用途的变更

在所有分区中,违反补充用途规则或沿分区边界线适用的特别规定的任何一致用途可以变更为另一种用途,且变更的用途不需要符合这些分区规则,在此有规定的除外,但是该变更的用途不应产生这类违规的新情况或增加之前存在的违规数量。

任何该变更的用途及所有辅助性的材料和产品储存应符合第 32-41 条(围蔽在房屋内部)或第 42-41 条(商业或工业活动的围蔽)或第 42-42 条(储藏的围蔽或屏障)的要求。

53-30 扩建工程或延伸工程

在所有分区中,违反补充用途规则或沿分区边界线适用的特别规定的任何一致用途可以扩建或延伸,但是扩建或延伸的楼板面积不应产生这类违规的新情况或增加之前存在的违规数量。

第4章 不合规的房屋

54-00 一般规定

54-01
定义（重复第 12-10 节）

不合规的，或不合规的情况

"不合规的"房屋或其他构筑物是合法的任意房屋或其他构筑物，这些房屋或其他构筑物要么是在本决议案生效日后不符合适用的分区体位规范中的任意一条或多条，要么是因随后的修正案而变得不符合这些规范。

"不合规的情况"是不合规的房屋或其他构筑物没有符合适用的体位规范的任意一项。

54-10 用途的延续

54-11
一般规定

不合规的房屋或其他构筑物的用途可以延续，在本章中另有规定的除外。

54-20 维修或变更

54-21
一般规定

不合规的房屋或其他构筑物可以进行维修、伴随性变更或结构变更，除非该变更是在应受制于第 54-31 条（一般规定）的扩建工程的过程中进行的。

54-30 扩建或转变

54-31
一般规定

不合规的房屋或其他构筑物可以扩建或转变，但是任何扩建工程或转变不能对房屋或其他构筑物以及它的任何部分产生新的不合规的情况或增加不合规的程度。

54-311
每个居住单元或每个房间要求的地块面积不合规的房屋

如果一个建筑不符合每个居住单元或每个房间要求的地块面积的适用分区规则（因为区划地块的地块面积小于对该区划地块上居住单元或房间的数量的要求），该房屋可以转变（且，在混合房屋中，居住用途可以延伸），但是要求的地块面积的不足不能因此而增加。（例如，一个 3500 平方英尺的区划地块上有一个不合规的房屋，转变之前要求地块面积为 5500 平方英尺，因此缺少 2000 平方英尺，则该房屋可以转变为居住单元或房间的任何组合，其要求的地块面积不大于 5500 平方英尺。）

在确定要求的地块面积时，在 R5、R6、R7、R8 或 R9 区中，适用要求的开敞空间率不合规的房屋，在转变之前，要求的地块面积应相当于该房屋达到适用的开敞空间率的最低要求。

54-312
规定的修改

标准及上诉理事会可以根据第 73-61 条（一般规定）与第 73-65 条（公用事业设施的扩建工程）的规定修改上述要求。

54-40 不合规房屋的损坏或拆除

54-41
许可的重建房屋

如果不合规房屋或其他构筑物被任何方式损坏或损毁,其程度达到它的总楼板面积的75%,仅当该房屋符合适用的体位规则时可以重建,但是对于独户或两户住宅,当重建不产生新的不合规的情况或不加强在现状以前对适用体位规则的不合规的程度时,该住宅可以重建。如果该损坏或损毁程度少于75%,当重建不产生新的不合规的情况或增加在现状以前对适用体位规则的不合规的程度时,不合规的房屋可以重建。

54-42
使用替代准则

当申请者提出楼板面积不是对损坏或损毁程度的合适的计量标准,且选择重建成本替代楼板面积时,可以向理事会提交申请以确定该损坏或损毁程度。该房屋可以根据第54-41条(许可的重建)进行重建,修建该房屋损坏或损毁部分的成本与重建整个房屋的成本的比例替代总楼板面积的百分比。在决定重建成本时,土地的成本应被排除。

第六篇 在主要机场周边适用的特别高度规则[①]

第1章 建筑最大高度限制

61-00 一般规定

房屋或其他构筑物的最大高度应当受制于《一般市政法》第十四篇授权本篇制定的特殊控制，从而防止在主要机场的空中航行范围中建设障碍物，进而保护在此范围内居民的生命及财产，以及在该机场进近、起飞或盘旋区内飞机乘客和机组成员的生命和财产，由此促进公共健康、公共安全和公共福祉。

本篇适用的定义在第 61-30 节中列出。

61-10 主要机场净空面以下的区域

61-11
指定的主要机场

特此指定的主要机场包括纽约国际机场、拉瓜迪亚机场及美国海军航空站（弗洛伊德·贝内特机场）。本篇所称的这些机场跑道应当为第 61-42 条（主要机场跑道）的示意图所显示的跑道。

61-12
设立净空面以下的区域；分区中的划分

特此在任何该主要飞机场周边设立净空面以下的区域。

每个净空面以下的区域应划分为两部分——机场进近区及机场盘旋区，如本条所述（并且如城市规划委员会办公室应要求提供的净空面以下的区域地图所显示的，但此地图仅供方便查询）。

61-121
机场进近区

机场进近区包含任何主要机场的净空面以下的区域中，一般位于飞机进近或从该机场跑道起飞的飞行路径下面的部分，更具体而言，位于下列机场净空面：进近面、过渡面，以及与这些进近面和过渡面重合的水平面和锥形面。

61-122
机场盘旋区

机场盘旋区包含任何主要机场的净空面以下的区域中，一般位于飞机盘旋于该机场的飞行路径下面的部分，更具体而言，位于下列机场净空面：与这些进近面和过渡面不重叠的水平面和锥形面。

61-20 高度限制

61-21
房屋或构筑物凸起高度的限制

不考虑本决议案任何其他规定，第61-22条（任何净空面以下的区域内许可的凸起物）中有规定的除外，在此后建设的任何房屋或其他构筑物的最高凸出物，或任何现状房屋或其他构筑物在此后搬迁、扩建或重建的不应伸入下列平面：

[①] 本篇楷体字参照第 12-10 节的定义，仅适用于本篇的技术术语参照第 61-30 节。

(a) 在净空面以下的区域中的机场进近区的进近面、过渡面、水平面或锥形面，取更严格的；以及

(b) 在净空面以下的区域中的机场盘旋区的水平面或锥形面。

61-22

净空面以下区域内许可的凸起物

在任何情况下，在净空面以下的区域内的任何房屋或其他构筑物的最高凸起物可以达到路沿石标高以上 30 英尺处。

61-30 定义

净空面以下的区域

"净空面以下的区域"包含机场各个机场净空面以下的所有土地和水体区域。

机场基准点

"机场基准点"是在各个主要机场边界以内，在各个主要机场的净空面以下的区域标识。适用于各个主要机场的基准点在第 61-41 条（机场基准点、设定标高及指定半径）中列出。

设定的机场高程

"设定的机场高程"是任何主要机场的可用的起飞着陆区的最高点的高程（平均海平面以上）。适用于各个主要机场的高程在第 61-41 条（机场基准点、设定标高及指定半径）中列出。

机场净空面

"机场净空面"包括水平面、锥形面、进近面和过渡面。

水平面

"水平面"是一个假想的水平的平面，形状为圆形或椭圆形，并符合下列条件：

（a）在任何主要机场的设定的机场高程以上 150 英尺处；且

（b）从机场基准点为圆心以水平半径测量，并延伸至第 61-41 条（机场基准点、设定标高及指定半径）所列的距离。

锥形面

"锥形面"是假想的倾斜平面，从水平面的外边向上向外延伸，并符合以下条件：

（a）上升坡度为，水平方向每延伸 20 英尺的距离，垂直方向上升 1 英尺（通过机场基准点的假想竖直平面处测量）；且

（b）从机场基准点为圆心以水平半径测量，并延伸至第 61-41 条（机场基准点、设定标高及指定半径）所列的距离。

进近面

"进近面"是假想的倾斜平面，以跑道中线的延长线为对称轴，形状为梯形，位于跑道两端延伸的进近面，由内部和外部两个相邻的部分组成，尺寸符合下列要求：

内部平面：

（a）平行于跑道尽端线，与跑道尽端同一高程，距跑道端部 200 英尺处为起点，进近面的长度按照跑道中心线的延长线方向水平测量；且

（b）水平延伸距离为 10 000 英尺，沿跑道中心线的延长线方向水平测量；且

（c）起始宽度为 1000 英尺，沿上文（a）中描述的线位测量，（以跑道中线的延长线为轴）对称地增加至 4000 英尺宽，到达上文（b）中描述的该内部部分的外缘；且

（d）上升坡度为，水平方向每延伸 50 英尺的距离，垂直上升 1 英尺的高度。

外部平面：

（a）从内部平面的外缘开始；且

（b）延伸距离为 15 000 英尺，沿跑道中心线的延长线水平测量；且

（c）在内部平面的外缘处宽度为 4000 英尺，（以跑道中线的延长线为轴）对称地增加至 8500 英尺宽，到达该外部平面的外缘；且

（d）上升坡度为，水平方向每延伸 40 英尺的距离，垂直上升 1 英尺的高度。

过渡面

"过渡面"是假想的倾斜平面，从距离各条跑道中心线 500 英尺为起始线，高程于跑道中心线一致，与进近面相接，并符合下列条件：

（a）上升坡度为，水平方向每延伸 7 英尺的距离，垂直上升 1 英尺的高度，与跑道中心线垂直的竖直平面上测量。

（b）延伸至与水平面或锥形面相交。

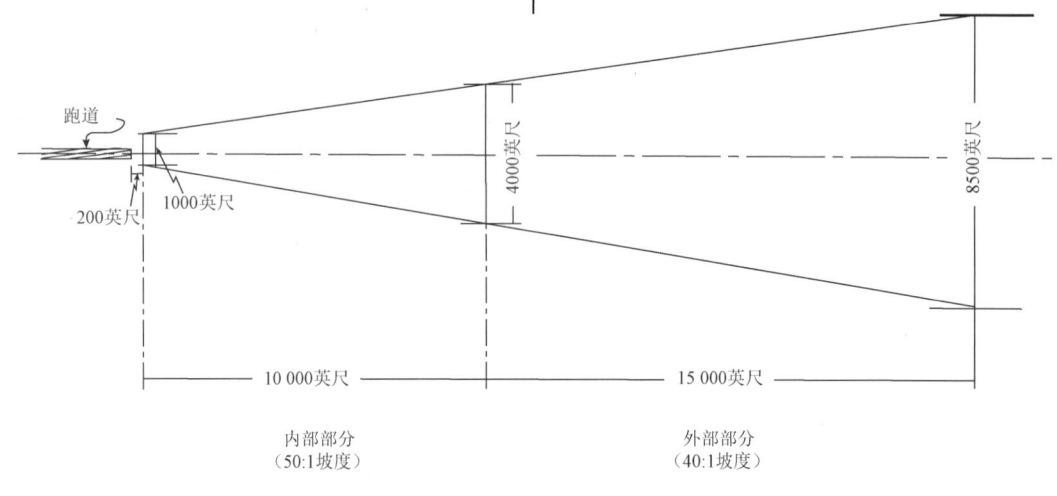

进近面的示意图

61-40 表格或示意图

61-41

机场基准点、设定高程及指定半径

各主要机场的水平面和锥形面的机场基准点、设定的机场高程及指定半径应按下表设置：

第1章 建筑最大高度限制

适用于主要机场

机场基准点			拉瓜迪亚机场	纽约国际机场	美国海军航空站（弗洛伊德·贝内特机场）
机场基准点	基本点	北纬	40°46′29.0″	40°38′19.4″	40°35′33.0″
		西经	73°52′20.0″	73°46′21.8″	73°53′27.5″
	次级点	北纬	…	40°38′57.9″	…
		西经	…	73°47′47.9″	…
设定的机场高程（平均海平面以上，英尺）			20	12	15
水平面半径（从基准点测量，英尺）			10 000	13 000	11 500
锥形面半径（从基准点测量，英尺）			15 000	20 000	18 500

61-42

主要机场的跑道

各主要机场的跑道应当为下列示意图所示的跑道：

拉瓜迪亚机场[①]

---

① 显示的坐标参考美国海岸和大地测量第十大道基准线。标高是在平均海平面上方。

第六篇 在主要机场周边适用的特别高度规则

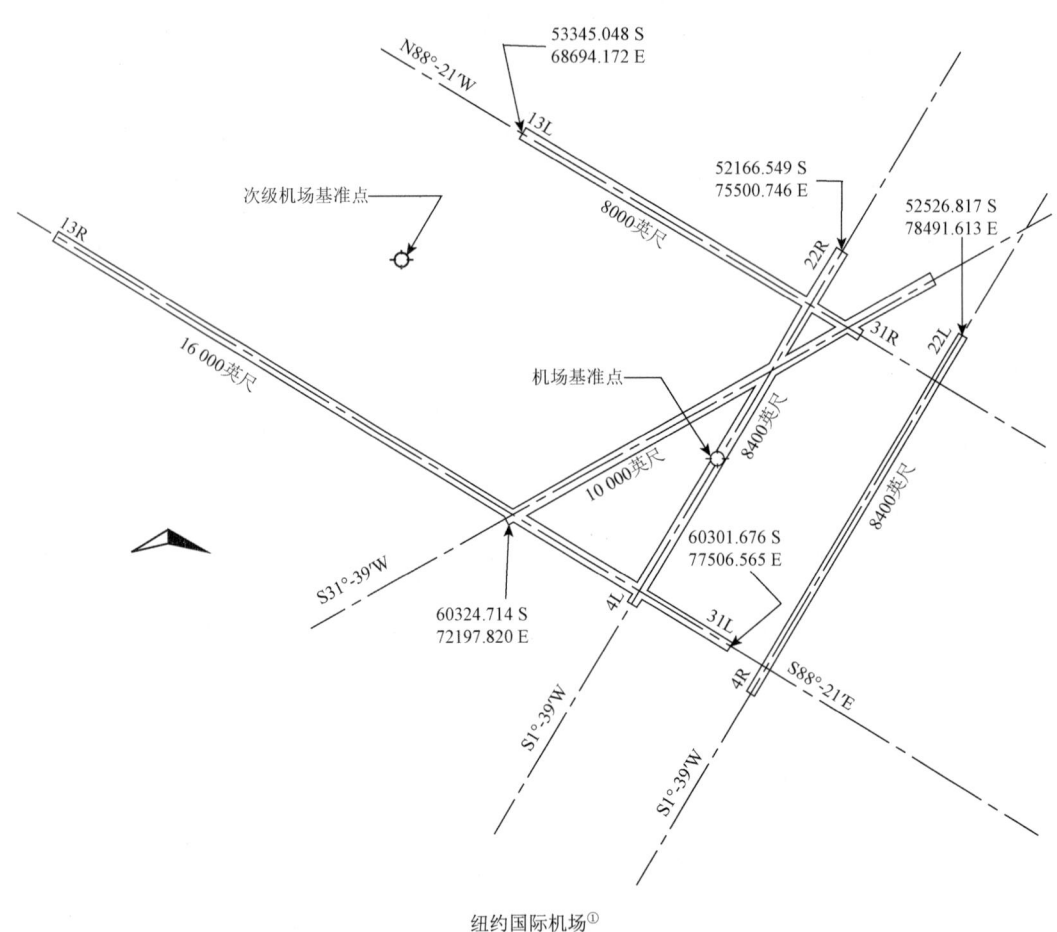

纽约国际机场[①]

[①] 显示的坐标参考美国海岸和大地测量第十大道基准线。显示的所有跑道坐标及机场基准点标高是在平均海平面以上 12 英尺。

第1章 建筑最大高度限制

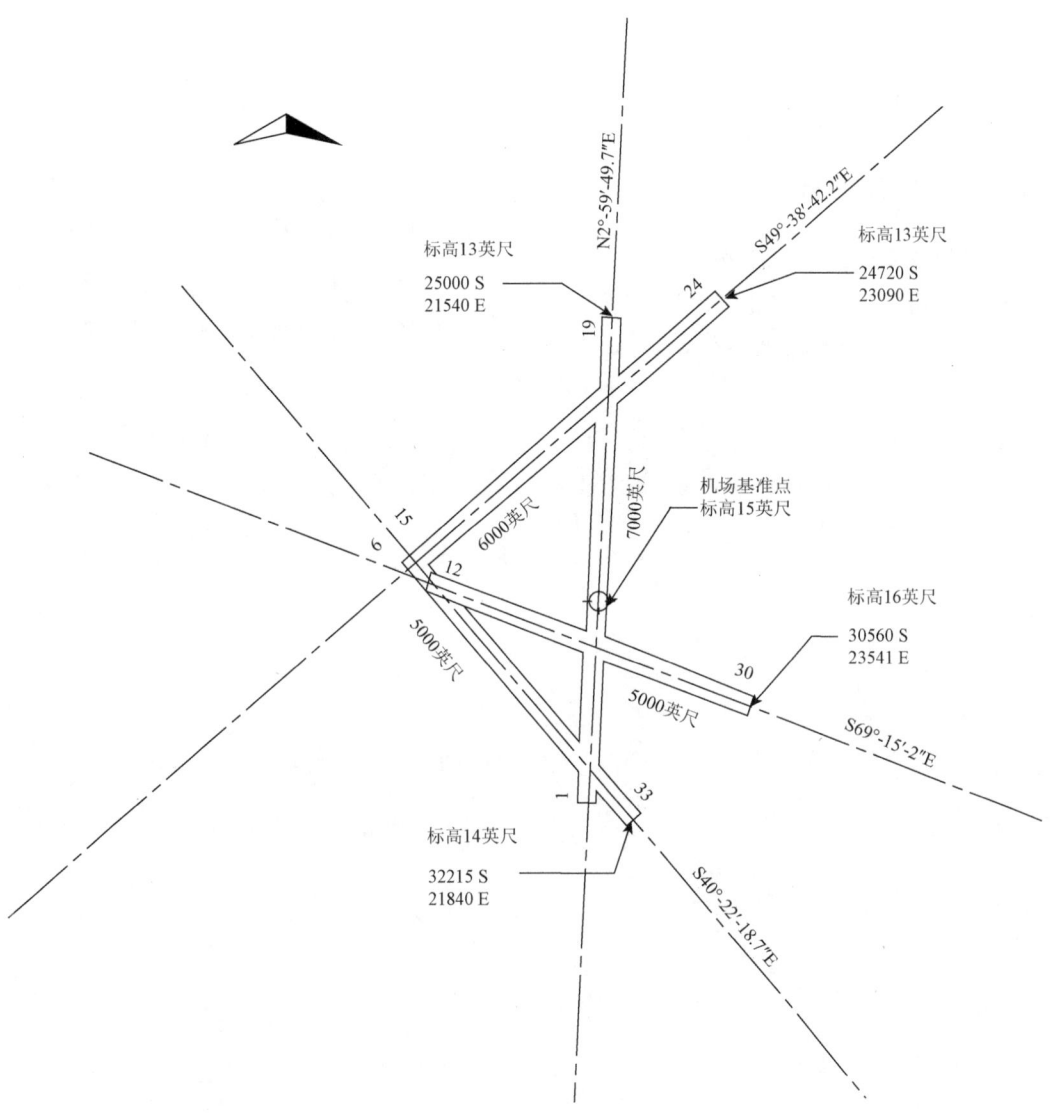

美国海军航空站（弗洛伊德·贝内特机场）[1]

---

[1] 显示的坐标参考美国海岸和大地测量第十大道基准线。标高是在平均海平面上方。

第七篇　施行①

第1章　强制执行与施行

71-00 强制执行与施行

房屋局的委员应管理和强制执行本决议案，在纽约市宪章和本决议案中另有具体规定的除外。

空气污染控制局应当根据空气污染控制理事会采用的规则和条例对本决议案中所有关于空气污染控制有专属管辖权，特别是规范释放到大气中的烟、尘和其他颗粒物、有气味的物质及有毒或有害物质的释放标准的规定的施行和强制执行。

---

① 本篇楷体字参照第12-10节的定义，释放标准相关的技术术语参照42-21条至42-28条的定义。

第 2 章　解释与变通

72-00 标准及上诉理事会的权力

72-01
一般规定

依照纽约市宪章及本决议案，在公告和听证会后，标准及上诉理事会（在此之后简称理事会）应当有如下权力：

（a）审理与裁定针对本决议案的上诉及要求审查本决议案解释的上诉；

（b）审理、裁定和确定是否在有实际困难或不必要的妨碍的特定情况下变通本决议案规定的适用；

（c）审理与裁定本决议案所列的及在第73-01条（一般规定）中更具体列举的特别许可的适用；以及

（d）采纳、修正或废除实施本决议案的配套规定可能需要的规则或条例。

72-10 要求解释的上诉

72-11
一般规定

理事会应根据本决议案的要求审理和裁定关于建设委员、房屋局的任何正式授权官员或纽约市宪章中规定的对土地用途或房屋或其他构筑物的用途有管辖权的任何机构的委员的任何规则或条例、指令、要求、裁定或决定的上诉，或依职权审查上述内容。

在这类上诉或审查中，理事会可以撤销、承认或修改整体或部分此类规则、条例、指令、要求、裁定或决定，并且可以制定此类规则、条例、指令、要求、裁定或决定，前提是这些意见已经严格地使用和解释本决议案的规定，出于此目的，理事会应有与裁定这些上诉或审查的官员同等的权力。

但是，由空气污染控制局的空气污染控制理事会作出的解释，或纽约市宪章为其建立受权采纳该机构的规则和条例委员会的任何机构对本决议案作出的解释，不应向理事会提出上诉或作出审查。

72-12
与区划图不一致的街道布局

当现状实际街道布局与区划图上显示的街道布局不一致时，在公告和听证会后，理事会应采用区划图上显示的名称，以此完成本决议案的意图与目的。

72-20 变通

72-21
要求变通的裁定

在本决议案的强制执行过程中，根据第 72-11 条（一般规定）的要求，可能会接到官员对适用或解释本决议案的上诉，而且在严格执行该规定时有实际困难和不必要的妨碍，理事会可以根据本条的要求，变通或修改规定，从而彰显法律精神、保障公共安全并实现实质正义。

当提出实际困难和不必要的妨碍作为理由时，理事会可以在具体情况下许可变通本决议案规定的使用，但是，作为此类任何变通的许可条件，理事会应在以下每一个方面作出裁定：

（a）有特殊的物质条件，包括不规则的、狭窄或浅进深的地块形状或尺寸，或特殊的地形或其他特定区划地块特殊的、固有的物质条件；由于这样特殊的物质条件，在严格服从本决议案的用途或体位规定时产生了实际困难或不必要的妨碍;而且,成为变通理由的实际困难或不必要的妨碍不是因为在区划地块所在的社区或分区中严格使用此规定时通常产生的情况。

(b) 因为这样特殊的物质条件,区划地块的开发在严格服从本决议的规定的同时不可能实现合理的回报,因此有必要许可变通使得所有人能从该区划地块中实现合理的回报。

(c) 如果许可变通,该变通将不会改变区划地块所在的社区或分区的基本特征,将不会明显损害相邻物业的恰当使用或开发,且将不会有损公共福祉。

(d) 由于实际困难或不必要的妨碍所要求的变通,但该实际困难或不必要的妨碍不是由所有人或之前的所有人制造的。当其他所有要求的裁定都落实时,服从变通限制的区划地块的购置,其本身不应构成自创的困难。

(e) 基于本决议案的意图和目的,如果许可变通,该变通是提供救济的、必要的最小变通;为此,理事会可以许可比申请所要求的更小变通。

而且,理事会应当在每一项具体的变通许可中列明每一个要求的裁定,且在每一项拒绝的变通中列明每一个不被满足的裁定。在任何此类情况中,每一个裁定应当有理事会作出裁定时考虑的实质证据或其他数据做支撑,包括理事会成员的个人知识或检查。作为理事会调查结论的其他市政机构的报告不应视为传闻证据,但理事会应考虑调查结论包含的数据是否是通过个人检查而获到确认。

72-22
条件或限制

在特定情况下理事会认为有必要的,可以规定许可变通的适当条件或限制,从而把该变通对社区其他物业的不利作用减到最小;这些条件或限制应纳入建筑许可或占用执照中。不能遵守这些条件或限制应构成违反本决议案的违法行为,而且可以构成否认或撤回建筑许可或占用执照及其他所有适用救济的基础。

72-23
变通的失效

如果在理事会许可变通之日起一年内,或者对于应当对理事会的裁定进行司法审查的程序,则为包括所有上诉的程序中最后指令的登记之日起一年内,依据该变通许可的规划进行的实质性工程没有完成,则根据本决议案的规定作出的许可变通应自动失效。

第 3 章　标准及上诉理事会批准的特别许可

73-00　特别许可用途和修改

73-01
一般规定

与本决议案的基本目的和意图一致，并根据本章的规定，在适当的情况下，理事会可以：

（a）对在特定分区中的指定用途授予特别许可（以下称为特别许可用途）；

（b）允许对本决议案的用途或体位规则的特定修改；

（c）如第 11-31 条至第 11-33 条关于在决议案或修正案生效日前授予建筑许可的规定所述，允许被撤销的建筑许可的更新；或

（d）根据第 11-41 条关于历史批准的例外、变通或许可的规定，允许理事会在本决议案生效日前授予的变通、例外或许可的更新。

但是，在每个具体情况下，在本章（或本条（c）或（d）中引用的条款）中要求的裁定应当构成该特别许可、修改或续期的前提条件。

除了满足本章所列的理事会规定的要求、条件及防护措施以外，各个此类特别许可用途还应符合及服从所有适用分区的用途、体位规则、补充的用途规则、沿分区边界线适用的规则、辅助性的标牌、辅助性的路外停车及路外装卸，及本决议案中其他所有适用的规则，在本章中另有具体规定的，或可以根据本条（b）修改的除外。对于规定的辅助性的路外停车，该用途应满足第 25-31 条、第 36-21 条或第 44-21 条（一般规定）对该用途提出的详细要求，但是如果在其中没有指定的停车要求，则该用途应满足本章的要求。

73-02
进一步的要求

作为进一步的要求，理事会的裁决或决定应当在每一个特别许可用途、修改或续期的特定许可中列明每一个要求的裁定，且在每一个拒绝的变通中列明每一个不被满足的裁定。在任何此类情况中，每一个裁定应当有理事会作出裁定时考虑的实质证据或其他数据做支撑，包括理事会成员的个人知识或个人审查。

73-10　特别许可用途

73-11
一般规定

理事会应有权在第 73-12 条至第 73-31 条所列的分区中允许上述条款所列的特别许可用途，并规定该用途适用的条件和防护措施，但是每个特定的情况应满足下列条件：

（a）理事会应当根据本章中适用条款的要求，分别为各个特别许可用途作出裁定，并确定在强加的条件和防护措施下，该用途对所在社区整体及其所在的特定场地的危害或不利影响远小于允许该特别许可用途对社区带来的益处。

（b）在所有情况下，当该建议的用途会干扰预算委员会或城市规划委员会已经批准或有待决定的任何公共改善项目时（包括住房、公路、公共建筑或设施、再开发或更新项目、排水管用地、公共交通或其他公共设施），且这些机构作出决定的日期在标准及上诉理事会举行公众听证会之前，理事会应拒绝作出特别许可。

（c）依据适用的裁定，要求理事会确定特别许可用途所在的位置与街道系统的关系是否恰当，

理事会应以《公路干道与主要街道总体规划》为基础作出该决定。当理事会需要对建议的特别许可用途要求的位置作出裁定时,如与该用途产生关系的是次级或地方街道,且该街道分类没有显示在《总体规划》中,理事会应当向城市规划委员会申请设立及报告该街道的恰当分类;但是,如果城市规划委员会不能在一个月内就该问题完成报告,则在特定的情况下,本章中适用条款对该裁定的要求应予以免除。

(d) 当本章中的任何条款有该要求时,理事会应当向指定的机构转交申请,获取关于争议问题的报告。该机构应在转交之日起一个月内完成报告,理事会应当在作出裁定或决定时对该报告给予恰当的考虑,并且有权仅仅根据该机构对于涉及议题作出的报告来分别证实恰当的裁定。如果该机构不能在一个月内完成报告,则理事会可以在没有参考的情况下作出最后决定。

(e) 如果在适用条款中指定了年限,则理事会应当指定一个年限不超过此年限的最大值。对于那些没有指定最长时限的特别许可用途,理事会应为任何这类用途确定一个恰当的时限。

(f) 对于由本章批准的任何特别许可申请的续期,理事会应当作出如同该申请最初提出时所要求的所有裁定,从而确定作为初始许可依据的情况依然存在。另外,理事会应当查明申请在此之前是否符合理事会在上一期限内指定的条件及防护措施。如果理事会发现申请人有实质性地违反上述条件及防护措施,应拒绝申请的续期。

(g) 理事会可以许可任何现状用途的扩建工程或延伸工程,如果是新用途,可以根据第 73-01 条(一般规定)及本章其他适用的规定在特定分区中作出特别许可。但是,在允许的分区中批准任何此类扩建工程或延伸工程的许可之前,理事会应作出特别许可用途适用的所有要求的裁定,以下情况除外:

(1) 对于在 R1 或 R2 区中的学院或大学,理事会可以免除在第 73-121 款(学院或大学)中所有此类要求的裁定。

(2) 对于公共事业用途,理事会可以免除在第 73-14 条(公共服务机构)或第 73-16 条(公共交通、铁路或变电站)中所有此类要求的裁定。

(3) 对于汽车服务站,理事会可以免除在第 73-211 款(C2、C4 或 C6 分区中的位置)的(c) 段关于在有限制进出区域位置的所有此类要求的裁定。

该扩建工程或延伸工程不应产生新的与适用体位规则不一致的情况或增加现有不一致程度,除非根据第 73-62 条至 73-66 条关于体位规则的修改的规定可以被许可的。

73-12
R1 或 R2 区中的社团设施用途

在 R1 或 R2 区中,依照本条的规定,理事会可以许可特定的社团设施用途。

73-121
学院或大学

理事会可以在 R1 或 R2 分区中许可学院或大学,包括专业学校,但不包括商业学院或贸易学校,并在以下两个方面作出调查结论:

(a) 该所在位置的用途对周边区域的特征或未来作为独户住宅社区的发展没有损害。

(b) 该所在位置的用途吸引交通到达及穿越地方街道的车辆最少。

理事会可以规定适当的条件和防护措施,从而尽可能减少对周边区域特征的不利影响。

73-122
学院或学校宿舍，或者兄弟会或妇女联谊会

理事会可以在 R1 或 R2 区中许可学院或学校宿舍，或者兄弟或妇女联谊会，并在以下四个方面作出调查结论：

（a）该用途不超过第 23-14 条（R1 至 R9 区最低开敞空间率及最大容积率）规定的住宅的最大容积率。

（b）在区划地块上的开敞空间的数量和分布符合适用于社区特征的标准。

（c）无论第 25-33 条（少于最少数量的车位要求的免除）做何种规定，至少为每六个床位提供一辅助性的路外停车位。

（d）该用途符合第二篇第 5 章所列的其他所有路外停车规则。

理事会可以规定适当的条件和防护措施，从而尽可能减少对周边区域特征的不利影响。

73-123
非商业性俱乐部

理事会可以许可非商业性俱乐部在 R1 或 R2 区中，室外泳池俱乐部或有距离任何地块线不足 500 英尺的游泳池的俱乐部除外，需要在以下方面作出裁定：

（a）该用途所在位置对周边区域的特征或未来作为独户住宅社区的发展没有损害。

（b）该用途所在位置吸引交通到达及穿越地方街道得车辆最少。

（c）该用途符合第 23-14 条（R1 至 R9 区最低开敞空间率及最大容积率）规定的住宅的最低开敞空间率和最大容积率。

（d）所提供的开敞空间不超过一半面积用于机动车道、私人街道、开敞的辅助性的路外停车位或活跃的户外休闲设施。

（e）在区划地块上的开敞空间的数量和分布符合适用于社区特征的标准。

理事会可以规定适当的条件和防护措施，从而尽可能减少对周边区域特征的不利影响，包括对泛光灯防护罩、屏障或景观的要求。

73-124
福利中心

理事会可以在 R1 或 R2 区中许可福利中心，并在以下两个方面作出调查结论：

（a）该用途所在位置对周边区域的特征或未来作为独户住宅社区的发展没有损害。

（b）该用途服务的人群可以便利到达。

理事会可以规定适当的条件和防护措施，从而尽可能减少对周边区域特征的不利影响。

73-13
R1 或 R2 区中的开敞性用途

理事会可以在 R1 或 R2 区中许可露天的网球场或滑冰场，理事会需要认定该用途所在位置对周边区域的特征或未来作为独户住宅社区的发展没有损害。

理事会应在以下两个方面作出调查结论：

（a）该用途及任何固定在地面辅助性的设施距离任何地块线不少于 20 英尺。

（b）所有灯光不照射到临近的居住区划地块。

理事会可以规定额外的适用条件和防护措施，包括对屏障或景观的要求，从而尽可能减少对周边区域特征的不利影响。

73-14
公共服务机构

在所有居住区中，理事会可以许可变电站或燃气储配站，限定每个站的场地不超过 10 000 平方英尺，还可许可水泵站或污水抽水站，或者电话交换机或其他通信设备结构，并在以下两个方面作出调

查结论：

（a）该用途将服务于其规划位置所在的居住区域；在它基于法定许可的分区中设置或从该分区中服务居住区域有重大困难，因此必须把该用途放置在居住区中。

（b）对于该变电站或燃气储配站或水泵站或污水抽水站，该用途的场地有一处沿街面至少为 50 英尺且地块面积至少为 4500 平方英尺。

理事会可以规定适当的条件和防护措施，从而尽可能减少对周边区域特征的不利影响，包括要求变电站应符合 M1 区的释放标准；该变电站或燃气储配站或水泵站或污水抽水站周边应有围栏、障碍或其他安全设备，或任何此类用途应做环境美化。

73-15
其他公用事业设施

在所有居住区中，理事会可以许可燃油或燃气测量或调控的公用事业站，或河流桥渡上用于接通电力、燃气或蒸汽管道的终端设备，理事会需要认定规划的位置、设计和运营方法不会对社区的隐私和宁静及其住户的安全产生不利的影响。

理事会可以规定适当的条件和防护措施，包括建设围栏、障碍或其他安全设备，或景观要求，从而尽可能减少对周边区域特征的不利影响。

73-16
公共交通、铁路或变电站

在所有居住区或商业区中，理事会可以许可变电站（包括变压器、开关或辅助机器）或公共交通或铁路变电站，限定每个站的场地不超过 40 000 平方英尺，且变电站的场地不少于 10 000 平方英尺，并在以下五个方面作出调查结论：

（a）该用途要么服务于其规划位置所在的居住社区，要么服务于紧紧相连的居住社区，且在该用途基于法定被许可的周边分区中设置有重大困难。

（b）对于公共交通或铁路变电站，该用途的场地有一处沿街面至少为 50 英尺，且地块面积至少为 4500 平方英尺。

（c）该用途的场地在居住区的位置对现状和未来发展的完整性产生的不利作用最小，或者它在商业区的位置对零售界面的连续性干扰最小。

（d）该用途的建筑和景观的处理将和谐地与其他区域融合。

（e）该用途将符合 M1 区适用的释放标准。

理事会可以规定适当的条件和防护措施，包括隔音、建设围栏、障碍或其他安全设备、屏蔽机器或景观要求，从而尽可能减少对周边区域特征的不利影响。

73-17
夜宿的露营地，或户外日间的露营地

在所有居住区及 C1、C2 或 C3 区中，理事会可以许可夜宿的或户外日间的露营地，包括商业性的或慈善性质的，期限不超过五年，理事会需要认定该用途不会导致过度的交通拥堵。

理事会应在以下四个方面作出调查结论：

（a）露营地招收的每个儿童最少有 150 平方英尺的地块面积。

（b）沿地块的后边或地块侧边线提供院，每个院的最少进深（或宽度）为 40 英尺，在其中没有任何固定在地面的露营设施。

（c）在居住区或 C3 区中，区划地块沿后边和地块侧边线设置屏障，在 C1 或 C2 区中沿任何紧邻居住区的后边或地块侧边线设置屏障，屏障为一条宽至少为 4 英尺的绿化带，密集地种植灌木或树木，种植的植物高度至少为 4 英尺高，而且预期可以在三年内形成 6 英尺高全年密集的屏障。

（d）对于户外日间的露营地，除了第 25-31 条或第 36-21 条（一般规定）对辅助性的路外停车设立的要求以外，每 6000 平方英尺地块面积提供一个 500 平方英尺的辅助性的路外停车位用于停放运送露营者的公共汽车。

理事会可以规定适当的条件和防护措施，从而尽可能减少对周边区域特征的不利影响。

73-18
骑术学校或马厩

在所有居住区及 C2、C6 或 C7 区中，理事会可以许可作为休闲服务的骑术学校或马厩，期限不超过五年，并在以下四个方面作出调查结论：

（a）该用途所在位置对周边区域的特征或未来作为独户住宅社区的发展没有损害。

（b）在同一区划地块或者该区划地块 600 英尺内提供恰当的骑马设施。

（c）该用途的位置和运营不会对附近街道造成任何严重的交通危险或冲突。

（d）在居住区中，距离任何侧边或地块后边线 40 英尺内没有马厩或骑马区域。

理事会可以规定适当的条件和防护措施，包括对卫生、屏障或景观的要求，从而尽可能减少对周边区域特征的不利影响。

73-19
学校

在 C8 或 M1 区中，理事会可以许可没有居住处的学校，辅助性的学校门卫的住处除外，并在以下五个方面作出调查结论：

（a）在规划学校服务的社区中，在它基于法定许可的分区中获取一个适当尺寸的场地是没有实际可能性的，因为此分区中适当的场地已经用于实质的改善。

（b）该学校所在位置与它基于法定许可的分区边界之间的距离不超过 400 英尺。

（c）用于儿童到达该学校或其操场的辅助性入口或出口位置不会使任何现有的汽车服务站、公共停车库或公共停车场的入口或出口置于限制进出区域。

（d）场地区域大小充足，使在同一区划地块上的院及其他开敞区域可以确保周边非居住区产生的噪声、交通流和其他不利影响有恰当的隔离。

（e）学校所在街道的交通流可以被控制，从而保护出入学校的儿童。理事会应向交通部转交申请，获取关于在街区内及规划地块紧邻地区的汽车对儿童安全产生的危害的报告。

理事会可以规定适当的条件和防护措施，从而尽可能减少对周边区域特征的不利影响。

73-20
剧院

在 C1 区中，理事会可以许可容量不超过 500 人的剧院，可以规定适当的条件和防护措施，从而尽可能减少对附近居住区域特征的不利影响。

73-21
机动车服务站

73-211
在 C2、C4 或 C6 区中的位置

在 C2、C4 或 C6 分区中任何长度大于或等于 375 英尺（不包括沿街面）的地块，理事会可以许可汽车服务站，并在以下三个方面作出调查结论：

（a）该用途的场地最小面积为 7500 平方英尺。

（b）不在公路干道或主要街道上的任何该用途的场地最大面积为 15 000 平方英尺。

（c）儿童到达该学校或其操场的辅助性入口或出口的限制进出区域内，或面积不小于 0.5 英亩的公共场地或公共操场的入口或出口的限制进出区域内，不应设置汽车的出入口。

理事会应规定下列条件：

（a）任何添加润滑油、小规模维修或清洗应位于完全围蔽的房屋内。

（b）除在围蔽的润滑油添加站内或在油泵处提供车位以外，场地设计应在区划地块内提供 5 辆等候机动车的停放空间。

（c）入口和出口的规划应当使进出汽车服务站的机动车车流在可预计的运营峰值对街道或人行道产生最小的障碍。

（d）沿着紧邻居住区的任何地块后边线及地块侧边线，区划地块应设置屏障，理事会可以规定下列方式的其中一种：

（1）一条宽至少为 4 英尺的绿化带，密集地种植灌木或树木，种植的植物高度至少为 4 英尺高，而且预期可以在三年内形成 6 英尺高的全年密集的屏障；或

（2）一堵墙或障碍或统一涂漆的栅栏，采用防火材料，高度至少为 6 英尺，但不超过竣工后的地形以上（或如果是在屋顶上的，则高于屋顶高度）8 英尺。该墙、障碍或栅栏可以是不透明的或打孔的，只要其表面开放的部分不超过 50%。

（e）辅助性的商业标牌应符合适用的分区标牌规则，但是：

（1）在 C2 区中，第 32-642 款（非发光标牌）及 32-643 款（发光非闪光标牌）的规定应修改为，在任何区划地块上许可总表面面积不超过 150 平方英尺的非发光或发光非闪光标牌。

（2）第 32-652 款（在其他所有商业区中许可的伸出距离）的规定可以根据第 73-212 款（辅助标牌的伸展）而修改。

理事会可以规定额外的适当的条件和防护措施，从而尽可能减少对周边区域特征的不利影响，并保护相邻的或在街道对侧的居住区划地块。

73-212
辅助性标牌的伸出

在 C2、C4、C6 或 C8 区中，理事会可以许可不多于一个标牌辅助于汽车服务站，伸出超过街道边线的距离不超过第 32-652 款（在其他所有商业区中许可的伸出距离）许可的距离，但任何情况下不得超过 4 英尺，并在以下两个方面作出调查结论：

（a）许可的伸出距离是为了保障交通安全而要求对交通繁忙街道上的机动车在足够提前的情况下提供该汽车服务站的识别。

（b）该标牌符合其他所有适用的分区标牌规则，且总表面面积不超过 30 平方英尺。

73-22
营业性海滩

在 C3 区中，理事会可以许可营业海滩，期限不超过五年，只要卫生部已经证明这里的水可以用于游泳且不影响安全和可接受的水污染标准，并在以下四个方面作出调查结论：

（a）该用途的位置对轮船或小船的移动和航行造成的干扰最小。

（b）区划图上标示分区的任何岸边线，用于该用途的长度不超过 20%。

（c）距离居住区边界 100 英尺以内不应设置辅助性的食物和饮料销售摊位，且所有此类摊位的总楼板面积不应超过 200 平方英尺。

（d）该用途不会产生有损分区居住特征的交通拥堵。理事会应向交通部转交申请，获取报告明确该用途是否会制造这种不利的交通拥堵而损害此居住特征。

理事会可以规定额外的适当的条件和防护措施，从而尽可能减少对周边区域特征的不利影响，或要求泛光灯防护罩或足够的屏障。

73-23
商业性游泳池

在 C3 区中，理事会可以许可商业游泳池，泳池面积不超过 5000 平方英尺，期限不超过五年，并在以下两个方面作出调查结论：

（a）该用途所在位置不损害附近居住社区的基本特征或未来的使用或发展。

（b）该泳池不在岸边线 200 英尺以内。

理事会可以规定额外的适当的条件和防护措施，包括要求泛光灯防护罩或足够的屏障，从而尽可能减少对周边区域特征的不利影响。

73-24
饮食场所

在 C3 区中，理事会可以许可饮食场所（包括提供户外餐桌服务或偶尔的音乐娱乐，音乐娱乐形式要么是机器设备，要么是不超过三人演奏钢琴、风琴、手风琴、吉他或任何弦乐），期限不超过五年，并在以下两个方面作出调查结论：

（a）该用途所在位置不损害附近居住社区的基本特征或未来的使用或发展。

（b）该用途会产生最少的到达及通过居住区域中地方街道的汽车交通。

理事会可以修改关于 C3 区中辅助性的商业标牌的规则，许可总表面面积不超过 50 平方英尺的非发光或发光非闪光标牌，但是任何发光标牌与任何居住区边界的距离不应少于 150 英尺。

理事会可以规定额外的适当的条件和防护措施，包括要求泛光灯防护罩或足够的屏障，从而尽可能减少对周边区域特征的不利影响。

73-25
水上旅馆

在 C3 区中，理事会可以许可水上旅馆，并在以下两个方面作出调查结论：

（a）该用途所在位置不损害附近居住社区的基本特征或未来的使用或发展。

（b）因该用途而许可的任何餐厅满足第 73-24 条（饮食场所）中对饮食场所特别许可的批准条件。

理事会可以修改关于 C3 区中辅助性的商业标牌的规则，在滨水区或每三个街道中的一个许可总表面面积不超过 50 平方英尺的非发光或发光非闪光标牌。

理事会可以规定适当的条件和防护措施，包括对发光标牌的位置、泛光灯防护罩或足够的屏障的要求，从而尽可能减少对周边区域特征的不利影响。

73-26
儿童娱乐公园

在 C8 或 M1 区中，理事会可以许可面积至少为 10 000 平方英尺但不大于 75 000 平方英尺的儿童娱乐公园，期限不超过五年，并在以下六个方面作出调查结论：

（a）该用途所在位置不损害周边区域的基本特征或未来的使用或发展。

（b）该用途的主要机动车出入口不在地方街道或公路干道上。

（c）该用途不在居住区 400 英尺以内。

（d）该用途的机动车入口和出口分开设置，且入口与出口之间的距离不少于 50 英尺。

（e）儿童到达该学校或其操场的辅助性入口或出口的限制进出区域内，或面积不小于 0.5 英亩的公共场地或公共操场的入口或出口的限制进出区域内，不应设计有该用途的机动车入口或出口。

（f）该用途不会产生干扰分区内或任何相邻分区的土地的适当使用的交通拥堵或其他不利影响，该用途的位置产生的到达和穿越居住区域地方街道的汽车交通最少。

理事会可以规定适当的条件和防护措施，从而尽可能减少对周边区域特征的不利影响，或者对泛光灯防护罩、足够的屏障或出入道路、机动车道的路面的要求。

73-27
殡葬机构

在 C1 或 C4 区中，理事会许可殡葬机构，并在以下三个方面作出调查结论：

（a）在该用途基于法定许可的分区中设置或从该分区中服务其潜在客户的需求有重大困难，因此需要把该用途放置在 C1 或 C4 区中。

（b）该用途的场地位置对用于零售购物的界面的连续性造成最小的干扰。在确定该用途是否会对该零售界面仅仅造成最小的干扰，理事会可以认为规划场地的一侧或另一侧 200 英尺（不包含街道用地）范围内已经被大量其他不相容的用途打断界面是有利的依据。

（c）该用途的位置吸引最少的汽车交通到达和穿越居住区域的地方街道。

理事会可以规定适当的条件和防护措施，从而尽可能减少对周边区域特征的不利影响。

73-28
报纸出版

在 C6 区中，理事会可以许可报纸出版机构，并在以下三个方面作出调查结论：

（a）该用途不会为地方街道造成过度的交通拥堵。

（b）该用途不在居住区 200 英尺以内。

（c）该用途将符合 M1 区中所有适用的释放标准。

理事会可以规定适当的条件和防护措施，从而尽可能减少对周边区域特征的不利影响。

73-29
在制造过程中炸药的使用

在所有工业区中，理事会可以许可在制造过程或其他辅助性的生产和储存中使用第 42-272 款（分级）中定义的 IV 级炸药，并在以下三个方面作出调查结论：

（a）该制造过程在完全围蔽的房屋或其他构筑物中进行，其外墙采用不燃材料。

（b）该房屋或其他构筑物完全受符合《纽约市行政准则》的所有要求的自动灭火系统保护。

（c）这样的使用和辅助于它的储存符合所有《行政准则》中额外的、适用的规定和消防部门的所有规则和条例。

理事会可以规定适当的条件和防护措施，从而尽可能减少对周边区域特征的不利影响。

73-30
无线电或电视塔

在所有分区中，理事会可以许可非辅助性的无线电或电视塔，理事会需要认定规划的位置、设计和运营方法不会对社区的隐私、宁静、光和空气产生不利的影响。

理事会可以规定适当的条件和防护措施，从而尽可能减少对周边区域特征的不利影响。

73-31
砂、砾石或黏土井

73-311
一般规定

在所有分区中，理事会可以许可在区划地块中开采砂、砾石或黏土，限制区划地块的尺寸最大为 50 英亩且距离用于这类开采的大于或等于 10 英亩的任何区划地块的最近边界不少于 1000 英尺，期限不超过十年，理事会需要认定该用途所在位置对周边区域的基本特征或未来发展没有损害，且符合下列条件：

（a）申请者提交的场地规划显示计划开采的范围和深度，并附有房屋局的证明，证明计划的操作方法和井的最终深度不会从根基处破坏附近的街道、排水管、房屋或其他构筑物或设施，或导致它们的沉降。

（b）申请者提交令理事会满意的区划地块在开采操作完成后的修复计划，并交纳保证金，数额由理事会决定，用于确保履行该项修复。

（c）区划地块的整个边缘，除了必要的货车道路外，应被围闭，包括大门上锁，从而防止儿童进入开采区域。

（d）儿童到达该学校或其操场的辅助性入口或出口的限制进出区域内，或面积不小于0.5英亩的公共场地或公共操场的入口或出口的限制进出区域内，不应设计有机动车入口或出口。

（e）每2000平方英尺地块面积或每三个职员提供一个辅助性的路外停车位，两者取较小值。

（f）M1区的释放标准应当适用于所有分区中的该操作，在M2或M3区中的除外，应由适用的释放标准管理。

73-312
运行条件

理事会应对该用途的运营方法强加下列条件：

（a）所有钻探、爆破或开采操作应限制在周一至周五，上午8:00至下午5:00之间。

（b）来自于操作区域或开采材料本身的工艺粉尘的排放减到最少，为此应当通过频繁地洒水或理事会指引的其他方法。

（c）关于非法进入的警告应当挂在围栏上，且应在边界安排一个看门人在正常工作小时之外、周末和假日监督整个区域。

（d）开采操作执行的方式应避免制造不排水的洼地和形成积水池。当地形条件使其无法符合该规定，所有因地面排水形成的水池应根据卫生局的要求进行药物喷洒，从而消灭蚊子和其他昆虫的滋生地。

理事会可以规定额外的适当的条件和防护措施，在操作终止到场地按提交计划最后修复期间保护公共健康、公共安全和公共福祉。

73-40 用途或停车规则的修改

73-41
一般规定

理事会应当有权根据第73-42条至第73-48条的规定许可本决议案的用途规则的修改，并对其施加适当的条件和防护措施。

73-42
跨越分区边界线的用途扩建

在所有分区中，理事会可以许可在房屋或其他构筑物内的一致用途扩建至该用途不被许可的分区中，在该用途不被许可的分区中最多占25英尺，但要求证明该用途在其为一致用途的分区中扩建是没有合理的可能性的。

理事会可以规定适当的条件和防护措施，从而尽可能减少对分区特征的不利影响。

73-43
减少教堂或集合场地的停车空间

在所有商业和工业区中，当教堂或停车要求分类D（集合场地）与其他用途位于同一个房屋中或同一个区划地块上，理事会可以许可减少第25-31条、第36-21条或44-21条（一般规定）中对要求的辅助性的路外停车位的数量，减少的比例可以根据理事会的裁决而定：

（a）在该教堂或集合场地保留用途的整个时期，辅助于其他用途的车位将留给到访教堂或集合场地的人使用；且

（b）根据提交的在房屋中的或区划地块上的所有用途的运营时间日程，这些辅助性的路外停车位的使用不会有矛盾，因此教堂和集合场地要求的完整指标是不必要的。当该减少的要求所基于的条件的性质发生改变时，包括用途、可用的车位或运营的时间，许可对这些车位的减少应当自动撤销。

73-44
减少停车要求分类 B1 中用途的停车位

在所列分区中，理事会可以许可把第 36-21 条或第 44-21 条（一般规定）中对用途分组 6、7、8、9、10、11、14 或 16 中停车要求分类 B1 的用途的停车要求减少至本条末尾表格指定的车位，需要理事会认定停车分类 B1 中的用途的使用是真正地基于申请者提交的证据而周密考虑的。在这种情况下，理事会应要求对该用途所在房屋授予的占用执照作声明：如果在此之后用途变更为停车分类 B 中所列的用途，则不应再授予占用执照，除非在场地或在许可的场地外范围内提供能充分满足要求的额外的辅助性的路外停车位。

73-45
路外停车规定的修改

在所有分区中，理事会可以根据本条中适用于指定分区的规定修改在场地外提供辅助性的路外停车位地点的行政规定。

在所有情况下，理事会可以规定适当的条件和防护措施，从而尽可能减少对周边区域特征的不利影响。

73-451
用于住宅

理事会可以许可辅助于住宅的场地外车位设置在 R1 或 R2 区以外的任何分区，或与区划地块的距离大于适用的分区规则指定的最大距离，并在以下四个方面作出调查结论：

（a）由于物质条件，包括不规则的、狭窄的或浅进深的地块尺寸或形状、特殊地形或其他物质条件的限制，要求的辅助性的路外停车位不能合理地设置在区划地块上；且

（b）在场地外停车许可的最大半径范围内或在非居住区的一个分区内，获取一块尺寸足够大而能容纳要求的辅助性的路外停车位的场地是非常困难的，因为这类场地已经用于实质的改善；且

减少的停车要求分类 B1 中的商业用途的要求的辅助性的路外停车位

要求的停车位 （车位/平方英尺地块面积）	分区					
1 车位/400	C1-1	C2-1	C3	C4-1		
1 车位/600	C1-2	C2-2		C4-2		C8-1	M1-1 M1-2 M1-3 M2-1 M2-2 M3-1
1 车位/800	C1-3	C2-3		C4-3	C7	C8-2	

（c）当这些车位所在的位置与区划地块的距离大于分区规则指定的最大距离，在第 25-521 款（a）或 36-421 款（a）（与区划地块的最大距离）中指定的分区的这一距离不超过 1200 英尺，在第 25-521 款（b）或 36-421 款（b）（与区划地块的最大距离）中指定的分区的这一距离不超过 1500 英尺；且

（d）当这些场地外车位设置在居住区时，它们所在的位置不损害附近居住社区的基本特征或未来的使用或发展。

73-452
用于居住区中的社团设施

理事会可以许可在 R1、R2、R3 或 R4 区中的社团设施用途的辅助性的路外停车位设置在场地外，并在任何分区中，或可以许可任何其他居住区中的社团设施用途的辅助性的路外停车位设置在场地外，并在 R1、R2、R3 或 R4 区中或任何其他居住区中，与区划地块的距离大于第 25-53 条（许可的非居住用途的场地外车位）中指定的最大距离，但是在这种情况下这些停车位距离包含该用途的区划地块的最近的边界不超过 600 英尺，并在以下四个方面作出调查结论：

（a）当这些车位设置在 R1 或 R2 区中，辅助于社团设施用途的车位是该分区中基于法定许可的；且

（b）在该用途的同一区划地块上无法安排这些车位；且

（c）这些车位的位置吸引最少的汽车交通到达和通过主要为居住界面的街道；且

（d）这些车位要么位于该用途紧邻的区划地块或街道正对面的区划地块，如果这些车位不在上述位置，则需认定：在该用途紧邻的区划地块或街道正对面的区划地块上，或在这些场地外车位基于法定许可的地点获取一块尺寸足够大而能容纳要求的辅助性的路外停车位的场地是非常困难的，因为这类场地已经用于实质的改善。

73-453
用于商业或工业区中的非居住用途

对于非居住用途，当理事会在以下方面作出裁定时，理事会可以把商业或工业区中的场地外车位在第 25-53 条（许可的非居住用途的场地外车位）、第 36-43 条（商业或社团设施用途的场地外车位）或第 44-32 条（所有许可的用途的场地外车位）中指定的许可最大半径距离从 600 英尺增加到 1200 英尺。

（a）由于物质条件，包括不规则的、狭窄的或浅进深的地块尺寸或形状、特殊地形或其他物质条件限制，要求的辅助性的路外停车位不能合理地设置在区划地块上；且

（b）在区划地块边界的 600 英尺范围内，获取一块尺寸足够大而能容纳要求的辅助性的路外停车位的场地是非常困难的，因为这类场地已经用于实质的改善。

73-46
变更要求的免除

在 R6 或 R7-1 区、区划图标示在 R6 或 R7-1 区中的 C1 或 C2 区，或 C4-2 或 C4-3 区中，当因变更而新增的额外居住单元要求的辅助性的路外停车位数量超过第 25-262 款（变更）、第 36-363 款（在由周边居住区体位规则管理的 C1 或 C2 区中的变更）或第 36-364 款（C4 区中的变更）规定的基于法定权利可以被免除的车位数量时，理事会可以免除要求车位的全部或部分，需要理事会认定在下列其中一种情况下提供这些车位是实际上没有可能性的：

（a）在同一区划地块上，因为开敞空间不充

足，且在房屋内提供要求的车位需要过高的结构改造成本；或

（b）在距离区划地块最接近的边界1200英尺以内的场地上，因为在此半径范围内的所有场地已经用于实质的改善。

73-47
辅助性的路外停车位出租给非住户

在 C1 或 C5 区中，在不超过五年的期限内，理事会可以许可辅助于住宅的路外停车位不应以少于一周的时间租给非该住宅占有人的他人，需要这些出租车位符合第36-46条（辅助性的路外停车位的使用限制）的规定，并在以下三个方面作出调查结论：

（a）出租的车位数量或其进出口的位置吸引最少的汽车交通到达和通过主要为居住界面的街道。

（b）出租给非住户的车位总数不超过100个。

（c）当出租给非住户的车位数超过20个，在汽车入口提供可以容纳10辆机动车或出租车位的20%的停放空间，两者取较小值。

理事会可以规定适当的条件和防护措施，包括对标牌的限制或对泛光灯防护罩的要求，从而尽可能减少对周边区域特征的不利影响。

73-48
辅助性的集合停车设施最大尺寸的例外情况

理事会可以根据本条的规定许可在商业或工业区中，或为居住区中的医院和相关设施提供的辅助性的集合停车设施设置超过225个车位。

73-481
用于居住区中的医院和相关设施

理事会可以许可为居住区中的医院和相关设施提供的辅助性的集合停车设施设置超过225个车位，并在以下四个方面作出调查结论：

（a）该设施的位置吸引最少的汽车交通到达和通过居住区域的地方街道。

（b）该设施在入口处有足够的停放空间容纳设施提供的车位总数的5%，但任何情况下，不要求该停放空间容纳超过20辆机动车。

（c）该设施的机动车入口和出口分开设置，且入口与出口之间的距离不少于25英尺。

（d）该设施所在街道的宽度不少于60英尺。

理事会可以规定适当的条件和防护措施，包括对泛光灯防护罩的要求，从而尽可能减少对周边区域特征的不利影响。

73-482
商业或工业区

理事会可以在商业或工业区中许可设置超过225个车位的辅助性的集合停车设施，该设施要在两条或更多的街道上有分离的入口和出口，并在以下三个方面作出调查结论：

（a）如果辅助于非居住用途，该停车设施在入口处有足够的停放空间，可容纳停车设施所提供的车位总数的5%，但任何情况下，不要求该停放空间容纳超过50辆机动车。

（b）该停车设施的机动车入口和出口分开设置，且入口与出口之间的距离不少于100英尺。

（c）该设施所在街道的宽度不少于60英尺。

理事会可以规定适当的条件和防护措施，包括对标牌的限制或对泛光灯防护罩的要求，从而尽可能减少对周边区域特征的不利影响。

73-50 沿分区边界线适用的特别规定

在适当的情况下，对于只有一个沿街面的区划地块，理事会可以许可第32-51条或第42-44条（商业入口、橱窗或标牌的限制）的规定不许可的主要

商业入口、橱窗或标牌，但在任何情况下，任何这类主要商业入口、橱窗或标牌不能许可在距离居住区边界 10 英尺以内。

而且，在适当的情况下，理事会可以免除第 33-29 条或第 43-30 条（沿分区边界线适用的特别规定）规定的后院或侧院的要求，或者第 34-223 款（沿分区边界线适用的特别规定）规定的前院的要求。

73-60 体位规则的修改

73-61
一般规定

理事会有权根据第 73-62 条至第 73-66 条许可修改本决议案的体位规则，并对其施加适当的条件和防护措施。

73-62
含有居住用途的房屋的扩建工程、延伸工程或变更

对于在本决议案生效日时已经存在的合规的或不合规的包含居住用途的房屋，理事会可以许可扩建工程、变更或（对于混合房屋）延伸工程，但这种扩建工程、变更或延伸工程不应增加新的不合规的情况或增加任何现有的不合规的程度，本条另有规定的除外。

在所有分区中及对所有对开敞空间率有要求的房屋，本条许可的开敞空间率不应少于本决议案第二篇或第三篇中适用的体位规则要求的开敞空间率的 90%，且在所有分区中，本条许可的容积率不应超过上述规则许可的容积率的 10%。

73-63
非住宅的扩建工程

对于在本决议案生效日时存在的合规的或不合规的非住宅，理事会可以许可扩建工程，但这种扩建工程不应增加新的不合规的情况或增加任何现有的不合规的程度，本条另有规定的除外。

在所有分区中本条许可的容积率不应超过本决议案第二、三或四篇的适用的体位规则许可的容积率的 10%，或 10 000 平方英尺，两者取较小值。

73-64
社团设施用途的修改

在此指定的社团设施用途占用的区划地块上，及在这些用途基于法定许可的分区中，理事会可以根据本条的规定许可这些不符合某些适用的分区体位规则的用途的开发项目或扩建工程。

这些指定的社团设施用途是：

- 教堂教区长住宅、牧师住宅或神学院
- 学院或大学，包括专业学校，但不包括商业学院或贸易学校
- 学院或学校宿舍，或者兄弟会会所或女生联谊会会所
- 图书馆、博物馆或非商业艺廊
- 修道院、女修道院或见习修道院
- 非营利的或志愿的医院和相关设施
- 不设睡眠场所的慈善或非营利机构
- 学校

73-641
新建筑或现状建筑扩建的整合

对任何这类开发项目或扩建工程，符合本条要求的裁定的，理事会可以许可修改第 24-38 条、第 33-28 条、第 43-28 条（穿越地块的特别规定）的适用规则或第 24-51 条至第 24-55 条、第 33-41 条至 33-45 条或第 43-41 条至 43-45 条关于高度和退缩的规则，或第 24-61 条至 24-65 条、第 33-51 条或第 43-51 条关于庭规则和法律要求的窗户与墙或地块线之间的最小距离的规定，需要申请人在本决议案生效日拥有该区划地块或其中的任何部分，并

从该生效日至申请之时连续占用和使用其地块上的一个或多个房屋作指定的社团设施用途。

作为许可此修改的条件，理事会应认定：

(a) 此修改是必要的，从而提供该用途满足社区的基本服务。

(b) 如果没有此修改，设计和建造的新房屋或扩建工程无法与留在场地上的现状房屋之间形成令人满意的物理关系，而不能创造出整体的开发。

(c) 此修改是许可该整体的社团设施开发的最小修改需求，因此对社区的特征和周边区划地块的使用的损害最小。

73-642
暂时性的不服从

在特定的社团设施用途被许可的任何分区中，及在特别许可申请之日被该用途占用的一个或多个房屋所在的任何区划地块上，仅仅因为该现状房屋的临时延续，无法服从一个或多个适用的分区体位规则，理事会可以许可新的开发项目或扩建工程，这需要理事会认定：在新建设可以替代现状房屋中含有的设施之前，现状房屋的继续使用是社区的基本服务。

理事会应规定该现状房屋将在新开发项目或扩建工程完成后不超过两年的规定期限内移除。

73-65
公用事业设施的扩建工程

理事会可以许可不符合适用的体位规则的、在本决议案生效日存在的、下列任何一个公用事业所在的房屋或其他构筑物的扩建工程：

- 变电站或燃气储配站
- 供水或污水抽水站
- 电话交换机或其他通信设备结构

并在以下三个方面作出调查结论：

(a) 房屋或其他构筑物服务的区域中的公用事业服务增长要求此扩建工程来容纳额外需求的设施。

(b) 在街道表面以下的线路、管道或其他分配设备与该房屋中进行的操作形成整体，在其他地点提供该额外的设施将造成设备和设施的大量重复和对公众的不便。

(c) 如果根据本决议案生效日之前最后一个有效的区划规则的规定，可以实施与批准这个扩建工程（与申请十分相似的方案）。

理事会可以规定适当的条件和防护措施，从而尽可能减少对周边区域特征的不利影响，且应要求占用执照应限制为该用途。

73-66
机场周边的高度规则

理事会可以许可房屋或其他构筑物的施工、扩建工程或重建超过第 61-21 条（建筑或构筑物的最高凸起物的限制）或第 61-22 条（任何飞行障碍区域内许可的凸起物）规定的高度限制，申请者需要提交带有高程的场地规划，显示计划的房屋或其他构筑物与最大高度限制的关系，且理事会认定计划的房屋或其他构筑物、扩建工程或重建（在机场现有布局下，或在加长机场跑道而规划的重新定位中）不会对该计划房屋的占有人的安全区域内的其他房屋或空中乘客的安全造成危害，且不会打断既定的航道。

理事会应当向联邦航空行政局转交申请，获取关于该建设是否会危害空中乘客的安全或打断既定航道的报告。

73-70 许可的失效

如果在理事会批准许可之日起一年内，或如果开始对理事会的裁定进行审查的诉讼程序，则为所有上诉的程序中最后指令的登记之日起一年内,依据该批准的许可的规划进行的实质性工程没有完成,则根据本决议案的规定批准的对指定用途或对用途或体位规则的修改的特别许可应自动失效。

依据第73-121条(学院或大学)或73-64条(社团设施用途的修改)的规定批准的特别许可,一年期限可以延长至两年。

第4章 城市规划委员会批准的特别许可

74-00 城市规划委员会的权力

74-01
一般规定

与本决议案的基本目的和意图一致,并根据本章的规定,在公告和听证会后,城市规划委员会可以在指定的分区中为本章所列位置和控制要求对重要规划因素做特殊考虑的用途批准特别许可,但是,在各个特定情况下,在本章中要求的裁定应当构成该特别许可的前提条件。

除了满足本章所列的规委会规定的要求、条件及防护措施以外,此类各个特别许可用途还应符合及服从所有适用分区的用途、体位规则、补充的用途规则、沿分区边界线适用的规则、辅助性的标牌、辅助性的路外停车及路外装卸,及本决议案中其他所有适用的规则,在本章中另有具体规定的除外。对于规定的辅助性路外停车,该用途应满足第25-31条、第36-21条或第44-21条(一般规定)对该用途详细提出的要求,但是如果在其中没有指定的停车要求,则该用途应满足本章的要求。

另外,根据第11-14条关于例外、变通或以往批准的许可的规定,经预算委员会同意,城市规划委员会也应有权许可本决议案生效日以前批准的例外或许可的续期。

74-02
进一步的要求

作为进一步的要求,城市规划委员会的裁决或决定应当在每一个对特别许可用途、修改或续期的特定许可中列明每一个要求的裁定,且在每一个拒绝的变通中列明每一个不被满足的裁定。在任何此类情况中,每一个裁定应当有规委会作出裁定时考虑的实质证据或其他数据做支撑,包括规委会成员的个人知识或个人审查。

74-10 预算委员会的行动

在城市规划委员会批准特别许可申请以后的五日内,该批准和申请的复印件应当提交至预算委员会秘书。预算委员会应在提交之日起六十日内以多数票否决该申请,否则,符合批准的场地规划以及规委会施加的任何适当的条件或防护措施的该计划用途应当从提交后第六十一日获得授权。

74-20 申请的要求

提交至城市规划委员会的申请(这份申请是关于本章指定的任何用途的特别许可)应包含一份显示场地上所有房屋或其他构筑物的位置和计划用途的场地规划,所有汽车入口和出口以及路外停车的位置,一份显示1英里半径范围内的所有公路干道、主要和次级街道以及场地的位置与符合本章要求的其他主要产生交通的用途关系示意图,以及城市规划委员会可能或要求的其他信息。

74-30 特别许可用途

74-31
一般规定

城市规划委员会应有权许可在所列分区中第74-41条至第74-67条规定的特别许可用途,并对其规定适当的条件和防护措施,在各个具体情况下需要:

(a)规委会应当分别为此类各个特别许可用途作出本章中的适用条款要求的所有裁定,并确定:在施加了条件和防护措施的情况下,该用途对所在社区整体及至其所在的特定场地的危害或不利远小于许可该特别许可用途对社区带来的益处。

规委会应当在各个情况下确定：如果该用途对社区的隐私、安宁、光和空气有任何不利影响，将通过对场地位置、设计和运营方法等施加适当条件而使影响被减到最小。

（b）在所有情况下，当该建议的用途会干扰预算委员会或城市规划委员会已经批准或有待决定的任何公共改善项目（包括住房、公路、公共建筑或设施、再开发或更新项目、排水管用地、公共交通或其他公共设施）时，且这些机构作出决定的日期在举行该特别许可用途申请的公众听证会之前，规委会应拒绝许可特别许可用途。

（c）依据适用的裁定，要求规委会确定特别许可用途所在的位置与街道系统的关系是否恰当，规委会应以《公路干道与主要街道总体规划》为基础作出该决定。当委员会需要对建议的特别许可用途的位置作出要求的裁定时，如与该用途产生关系的是次级或地方街道，该街道分类没有显示在《总体规划》中，规委会应当对这些街道进行适当的分类。

（d）在所有情况下，规委会应当向交通局转角申请，获取关于该特别许可的规划位置造成的交通拥堵预测的报告，当本章中任何条款有要求时，规委会应当向指定的机构转交申请，获取关于争议问题的报告。如果该机构应在转交之日起一个月内完成报告，规委会应当在作出裁定或决定时对该报告给予恰当的考虑，并且应当有权仅仅根据该机构对涉及议题作出的报告来证实恰当的裁定。如果该机构不能在一个月内完成报告，则规委会可以在没有参考的情况下作出最后决定。

（e）规委会可以对任何特别许可用途指定一个其认为合适的期限。

（f）在儿童到达该学校或其操场的辅助性的入口或出口的限制进出区域内，或在面积不小于 0.5 英亩的公共场地或公共操场的入口或出口的限制进出区域内，设计有机动车入口或出口的特别许可用途，规委会应当拒绝；非商业游泳池俱乐部或其他非商业俱乐部，大规模的居住开发中的商业用途的辅助性的集合停车设施，公共交通、铁路或变电站，或警察局除外。

（g）规委会可以许可任何现状用途的扩建工程或延伸工程，如果是新用途，可以根据第 74-01 条（一般规定）及本章其他适用的规定在特定分区中作出特别许可，但是，在许可的分区中批准任何此类扩建工程或延伸工程的许可之前，规委会应作出特别许可用途适用的所有要求的裁定，以下情况除外：

（1）对于公共停车库或公共停车场，委员会可以免除在第 74-52 条中所有此类要求的裁定；对于 C1 区中的公共停车库或公共停车场，委员会可以免除在第 74-51 条中所有此类要求的裁定，但该车库或车场容量不应超过 100 个车位的规定除外。

（2）对于变电站或者公共交通或铁路变电站，规委会可以免除在第 74-61 条中所有此类要求的裁定，但对场地尺寸的要求不应被免除。

该扩建工程或延伸工程不应产生新的与适用体位规则不合规的情况或增加现有不合规的程度。

74-40 娱乐设施

74-41
表演场地、礼堂、体育馆或交易展览会

在 C4、C6、C7 或 C8 区或任何工业区中，城市规划委员会可以许可容量超过 2500 个座位的表演场地、礼堂、体育馆，或额定容量超过 2500 人的交易展览会，并在以下六个方面作出调查结论：

（a）该用途的主要汽车出入口不在地方街道上，而在公路干道、主要街道或公路干道或主要街道的四分之一英里范围内的次级街道上。

（b）该用途的位置吸引最少的汽车交通到达和通过周边居住区域的地方街道。

（c）该用途不在居住区 200 英尺内。

（d）在汽车入口处有足够的停放空间，且有足够的汽车入口和出口，防止交通堵塞。

（e）该用途的机动车入口和出口分开设置，且入口与出口之间的距离不少于 100 英尺。

（f）适当地考虑近距离的公交车和快速公交设施以服务该用途。

城市规划委员会可以规定适当的条件和防护措施，从而尽可能减少对周边区域特征的不利影响，包括对标牌的限制或对表演场地或礼堂的隔音要求，对泛光灯防护罩、露天用途的屏障或所有进出道路或机动车道的路面的要求。

74-42
汽车电影院

在 C7 或 C8 区或任何工业区中，城市规划委员会可以许可最大容量限制为 500 辆机动车的汽车电影院，并在以下五个方面作出调查结论：

（a）该用途的主要汽车出入口不在地方街道或公路干道，而在主要街道或公路干道的四分之一英里范围内的次级街道上。

（b）该用途的位置吸引最少的汽车交通到达和通过周边居住区域的地方街道。

（c）该用途不在居住区 200 英尺内。

（d）在汽车入口处有足够的停放空间，且足够的汽车入口和出口，防止交通堵塞。

（e）该用途的机动车入口和出口分开设置，且入口与出口之间的距离不少于 100 英尺。

城市规划委员会可以规定适当的条件和防护措施，从而尽可能减少对周边区域特征的不利影响，包括对标牌的限制或对泛光灯防护罩或所有进出道路或机动车道的路面的要求。

74-43
赛车场

在 C8 区或任何工业区中，城市规划委员会可以许可赛车场用途，并在以下五个方面作出调查结论：

（a）该用途的主要汽车出入口不在地方街道上，而在公路干道、主要街道或公路干道或主要街道的四分之一英里范围内的次级街道上。

（b）赛车场用途的位置吸引最少的汽车交通到达和通过周边居住区域的地方街道。

（c）在汽车入口处有足够的停放空间，且有足够的汽车入口和出口，防止交通堵塞。

（d）该用途的机动车入口和出口分开设置，且入口与出口之间的距离不少于 100 英尺。

（e）选择场地时，适当地考虑近距离和充足的公交车和快速公交设施。

城市规划委员会可以规定适当的条件和防护措施，从而尽可能减少对周边区域特征的不利影响，包括对标牌的限制或对泛光灯防护罩、屏障或所有进出道路或机动车道的路面的要求。

另外，城市规划委员会应要求提供充足的辅助性的路外停车位，以防止由该用途产生的路边停车而引起的交通拥堵，且应根据本决议案中关于其他主要产生交通的用途的要求确定要求的车位。

74-44
儿童娱乐公园

在 C8 或 M1 区中，城市规划委员会可以许可

面积至少为 75 000 平方英尺但不大于 10 英亩的儿童娱乐公园,并在以下五个方面作出调查结论:

(a)该用途所在位置不损害周边区域的基本特征或未来的使用或发展。

(b)该用途的主要汽车出入口不在地方街道上,而在公路干道、主要街道或公路干道或主要街道的四分之一英里范围内的次级街道上。

(c)该用途不会产生干扰分区内或任何相邻分区的土地的适当使用的交通拥堵或其他不利影响,且该用途的位置吸引最少的汽车交通到达和通过周边居住区域的地方街道。

(d)该用途不在居住区 400 英尺以内。

(e)该用途的机动车入口和出口分开设置,且入口与出口之间的距离不少于 50 英尺。

城市规划委员会可以规定适当的条件和防护措施,从而尽可能减少对周边区域特征的不利影响,包括对标牌的限制或对泛光灯防护罩、屏障或所有进出道路或机动车道的路面的要求。

74-45

游泳池俱乐部或特定的非商业俱乐部

在所有居住区中,城市规划委员会可以许可非商业的户外游泳池俱乐部或带有距离任何地块线少于 500 英尺的户外游泳池的任何非商业俱乐部,并在以下五个方面作出调查结论:

(a)该用途所在位置不损害周边居住社区的基本特征或未来的使用或发展。

(b)该用途的位置吸引最少的汽车交通到达和通过周边居住区域的地方街道。

(c)在汽车入口处有足够的停放空间,且有足够的汽车入口和出口,防止机动车堵塞街道。

(d)在 R1、R2、R3 或 R4 区中,固定在土地上的游泳池及任何辅助性的设施距离任何地块线不少于 100 英尺。

(e)对于用于游泳池和其辅助性的设施的地块面积,每 200 平方英尺提供 1 个辅助性的路外停车位。

城市规划委员会可以规定适当的条件和防护措施,从而尽可能减少对周边区域特征的不利影响,包括对标牌的限制或对泛光灯防护罩、屏障或所有进出道路或机动车道的路面的要求。

74-50 路外停车设施

74-51

在 C1 区中的公共停车库或公共停车场

在 C1 分区中,城市规划委员会可以许可容量不超过 100 个车位的公共停车库或公共停车场,需要符合第 36-53 条(进出街道的位置)、第 36-55 条(路面)及第 36-56 条(屏障)的规则,并在以下两个方面作出调查结论:

(a)该用途的位置吸引最少的汽车交通到达和通过周边居住区域的地方街道。

(b)该用途在汽车入口有充足的停放空间可以容纳 10 辆机动车或所提供车位数的 20%,两者取较小值。

城市规划委员会可以规定适当的条件和防护措施,从而尽可能减少对周边区域特征的不利影响,包括对标牌的限制或对泛光灯防护罩的要求。

74-52

公共停车库或公共停车场

在 C5 区中,城市规划委员会可以许可公共停车库或公共停车场,且在 C2、C4、C6、C7 或 C8 区或任何工业区中,城市规划委员会可以许可带有 150 个或更多车位的公共停车库或公共停车场,并在以下五个方面作出调查结论:

（a）该用途的主要汽车出入口不在地方街道上，而在公路干道、主要街道或公路干道或主要街道的四分之一英里范围内的次级街道上，但是在C5或C6区中，该出入口可以位于地方街道上。

（b）该用途的位置吸引最少的汽车交通到达和通过周边居住区域的地方街道。

（c）该用途在汽车入口处有足够的停放空间容纳10辆车或该用途提供的车位总数的5%，两者取较大值，但任何情况下，不要求该停放空间容纳超过50辆机动车。

（d）对于带有150个或更多车位的该用途，机动车入口和出口分开设置，且入口与出口之间的距离不少于25英尺。

（e）该用途的出入口所在街道的宽度不少于60英尺。

城市规划委员会可以规定适当的条件和防护措施，从而尽可能减少对周边区域特征的不利影响，包括对标牌的限制或对泛光灯防护罩的要求。

74-53

大规模的居住开发中的商业用途的辅助性的集合停车设施

城市规划委员会可以许可超过225个车位的集合停车设施辅助于大型居住开发中的商业用途，并在以下四个方面作出调查结论：

（a）该用途的位置吸引最少的汽车交通到达和通过周边居住区域的地方街道。

（b）该用途在汽车入口处有足够的停放空间，可容纳该用途提供的车位总数的5%，但任何情况下，不要求该停放空间容纳超过50辆机动车。

（c）该用途的机动车入口和出口分开设置，且入口与出口之间的距离不少于100英尺。

（d）该设施所在街道的宽度不少于60英尺。

城市规划委员会可以规定适当的条件和防护措施，包括对泛光灯防护罩的要求，从而尽可能减少对周边区域特征的不利影响。

74-60 公共服务或交通设施

74-61

公共交通、铁路或变电站

在所有居住区和商业区中，城市规划委员会可以许可变电站（包括变压器、开关或辅助机器）或公共交通或铁路变电站，限定每个站的场地不少于40 000平方英尺或不大于10英亩，并在以下四个方面作出调查结论：

（a）在该用途基于法定许可的周边分区设置该用途有重大困难。

（b）该用途的场地在居住区的位置对现状和未来发展的完整性产生的不利影响最小。

（c）该用途的建筑和景观的处理将和谐地与其他区域融合。

（d）该用途将符合M1区适用的释放标准。

城市规划委员会可以规定适当的条件和防护措施，包括对隔音、建设围栏、障碍或其他安全设备，所有进出道路或机动车道的路面，泛光灯或其他人工照明的防护罩，或者景观或屏障的要求，从而尽可能减少对周边区域特征的不利影响。

74-62

铁路客运站

在所有分区中，城市规划委员会可以许可建设铁路客运站，并在以下三个方面作出调查结论：

（a）该用途的主要出入口不在地方街道上。

（b）该用途的位置吸引最少的汽车交通到达和通过周边居住区域的地方街道。

（c）该用途的机动车入口和出口分开设置，

且入口与出口之间的距离不少于 50 英尺。

城市规划委员会可以规定适当的条件和防护措施，包括对泛光灯防护罩或所有进出道路或机动车道的路面的要求，从而尽可能减少对周边区域特征的不利影响。

另外，城市规划委员会应要求提供充足的辅助性的路外停车位，以防止由该用途产生的路边停车而引起的交通拥堵，且应根据本决议案中关于其他主要产生交通的用途的要求确定所要求的车位。规委会应要求，在任何情况下，设有不少于20个车位供机动车临时停靠，以及 3 个公共汽车车位。

74-63
公共汽车站场

74-631
有 10 个或更多泊位的、新的公共汽车站场

在 C4、C6 或工业区中，城市规划委员会可以在不少于 20 000 平方英尺的场地上许可建设有 10 个或更多泊位的公共汽车站场，并在以下五个方面作出调查结论：

（a）该处用于公共汽车站场不会产生严重的交通拥堵，不会损害公共健康或公共福祉，且与城市的总体规划相一致。

（b）该用途的主要汽车出入口不在地方街道上，而在公路干道、主要街道或公路干道或主要街道的四分之一英里范围内的次级街道上。

（c）该用途不在居住区200英尺以内，或者它与附近的居住区域有地形区隔或物质条件做分隔。

（d）该设施的机动车入口和出口分开设置，且入口与出口之间的距离不少于 100 英尺。

（e）该用途的出入口所在街道的宽度不少于 60 英尺。

城市规划委员会可以规定适当的条件和防护措施，从而尽可能减少对周边区域特征的不利影响。

另外，城市规划委员会应要求提供充足的辅助性的路外停车位，以防止由该用途产生的路边停车而引起的交通拥堵，且应根据本决议案中关于其他主要产生交通的用途的要求确定要求的车位。规委会应要求，在任何情况下，设有不少于 20 个车位供机动车临时停靠。

74-632
少于 10 个泊位的公共汽车站场

在 C1、C2、C4、C6、C7 或 C8 区中，或在任何工业区中，城市规划委员会可以在不少于 20 000 平方英尺的场地上许可建设少于 10 个泊位的公共汽车站场，并在以下四个方面作出调查结论：

（a）该处用于公共汽车站场不会产生严重的交通拥堵，不会损害公共健康或公共福祉，且与城市的总体规划相一致。

（b）该用途的主要汽车出入口不在地方街道上。

（c）该设施的机动车入口和出口分开设置，且入口与出口之间的距离不少于 50 英尺。

（d）该用途的出入口所在街道的宽度不少于 60 英尺。

城市规划委员会可以规定适当的条件和防护措施，从而尽可能减少对周边区域特征的不利影响。

另外，城市规划委员会应要求提供充足的辅助性的路外停车位，以防止由该用途产生的路边停车而引起的交通拥堵，且应根据本决议案中关于其他主要产生交通的用途的要求确定要求的车位。规委会应要求，在任何情况下，设有不少于 10 个车位供机动车临时停靠。

74-633
现有的公共汽车站场

在本决议案生效时依法存在的所有公共汽车站场在该用途被批准的期限内许可继续使用，除非符合第 74-631 款或第 74-632 款的规定，否则不应许可在此以前的任何公共汽车站场或在此以后建设的公共汽车站场的扩建工程、延伸工程、重建或搬迁。

74-64
货运场或汽车货运站

在 C8 区中，城市规划委员会可以许可超过 20,000 平方英尺的货运场或汽车货运站，并在以下四个方面作出调查结论：

（a）该用途的主要汽车出入口不在地方街道上，而在次级或主要街道的四分之一英里范围内。

（b）该用途的机动车入口和出口分开设置，且入口与出口之间的距离不少于 100 英尺。

（c）该用途不在居住区 200 英尺以内。

（d）该用途的出入口所在街道的宽度不少于 60 英尺。

城市规划委员会可以规定适当的条件和防护措施，包括对泛光灯防护罩、屏障及所有进出道路或机动车道的路面的要求，从而尽可能减少对周边区域特征的不利影响。

74-65
机场

在所有工业区中，当申请者提交一份显示位置和所有跑道尺寸的场地规划，以及第 74-20 节（申请的要求）中其他所有要求的信息时，城市规划委员会可以许可建设、重建或扩建机场及其设施，并需要在以下方面作出裁定：

（a）机场是该土地上的适当用途，且不会过度地干扰周边土地的用途。

（b）对选择接近或紧邻大型公园或其他开敞空间或者水体的场地给予了适当的考虑。

城市规划委员会应当向联邦航空行政局转交申请，获取该机构的报告以确定该机场要么是纽约市和周边都会区的机场总体规划中必要的部分，要么不会干扰该总体规划；确定新的、重新定位的或加长的跑道会否干扰任何附近机场的飞行模式。

城市规划委员会可以规定适当的条件和防护措施，从而尽可能减少对周边区域特征的不利影响，当申请批准后，城市规划委员会可以采纳修正区划图的决议，使机场整个边缘周边进深至少四分之一英里范围内，任何紧邻的居住区应在区划图上标示为 R1、R2 或 R3 区，且任何紧邻的商业或工业区应在区划图上标示为 C1、C2、C3、C4-1、C7、C8-1、C8-2、M1-1、M1-2、M1-4、M2-1、M2-3 或 M3 区。

城市规划委员会应要求提供充足的辅助性的路外停车位，以防止由该用途产生的路边停车而引起的交通拥堵，且应根据本决议案中关于其他主要产生交通的用途的要求确定要求的车位。

74-66
直升机场

在 C6 或 C8 区中，或在工业区中，当申请者提交一份显示位置和所有跑道尺寸的场地规划，以及第 74-20 节（申请的要求）中其他所有要求的信息时，城市规划委员会可以许可建设、重建或扩建直升机场及其设施，需要在以下方面作出裁定：

（a）直升机场是该土地上的适当用途，且不会过度地干扰周边土地的用途。

（b）对选择接近或紧邻大型公园或其他开敞区域或者水体的场地给予了适当的考虑。

城市规划委员会应当向联邦航空行政局转交申请，获取该机构的报告以确定该机场要么是纽约市和周边都会区的机场总体规划中必要的部分，要么不会干扰该总体规划；确定新的、重新定位的或加长的跑道会否干扰任何附近机场的飞行模式。

城市规划委员会可以规定适当的条件和防护措施，从而尽可能减少对周边区域特征的不利影响。

城市规划委员会应要求提供充足的辅助性的路外停车位，以防止由该用途产生的路边停车而引起的交通拥堵，且应根据本决议案中关于其他主要产生交通的用途的要求确定要求的车位。

74-67
消防局或警察局

在所有居住区中，城市规划委员会可以许可消防局或警察局，需要在以下方面作出裁定：

（a）该用途将服务于其规划位置所在的居住区域；在它基于法定许可的分区中设置或从该分区中服务居住区域有重大困难，因此必须把该用途放置在居住区中。

（b）该用途最接近的区划地块边界在次级或主要街道 105 英尺以内。

（c）对于消防局，该用途的位置尽可能减少消防机械通过居住区域的地方街道进行移动。

对于消防局，当需要为消防机械提供放置的建筑时，城市规划委员会可以许可不超过一层的房屋或房屋的部分，在任何情况下，不高于路沿石标高以上 23 英尺，且道路标高延伸至要求的后院内特定距离。

城市规划委员会可以规定适当的条件和防护措施，从而尽可能减少对周边区域特征的不利影响，包括对景观的要求。

74-70 许可的失效

如果在城市规划委员会和预算委员会批准许可之日起一年内，或如果对裁定进行审查的诉讼程序开始，则为所有上诉的程序中最后指令的登记之日起一年内，依据该批准的许可的规划进行的实质性工程没有完成，则根据本决议案的规定批准的对指定用途的特别许可应自动失效。

依据第 74-41 条（表演场地、礼堂、体育馆或交易展览会）、第 74-43 条（赛车场）、第 74-62 条（铁路客运站）、第 74-65 条（机场）或 74-66 条（直升机场）的规定批准的特别许可，一年期限可以延长至两年。

第 5 章 修正

75-00 修正的程序

城市规划委员会应当采纳对本决议案的文本或合并在其中的区划图进行修正的决议,预算委员会应根据纽约市宪章的规定按照该修正行动。

第6章 分区边界线的定位

76-00 分区距离的测量

76-01
测量的方法

所有规定的距离应当以直线测量,不一定与街道边线重合,另有具体规定的除外。

76-10 区划图上的分区边界线

76-11
一般规定

区划图上的分区边界线应根据第 76-12 条（分区边界线围蔽的区域）、第 76-13 条（边界线的位置）及第 76-14 条（关于建设的附加条例）的规定来解释。

76-12
分区边界线围蔽的区域

分区边界线围合的区域应当在其指定的分区中。

76-13
边界线的位置

根据本条的规定来解释边界线的准确位置。

76-131
平行于街区短边的边界线

当边界线沿街区短边延伸,且没有显示尺寸,该边界线应当被视作位于:

(a) 在 C1-1、C4-1、C4-2 或 C4-4 区中,在分区内距离最近的街道 200 英尺。

(b) 在 C1-2、C1-3、C2-1、C2-2、C2-3、C4-3 或 C-7 区中,在分区内距离最近的街道 150 英尺。

(c) 在其他所有分区中,在分区内距离最近的街道 100 英尺。

76-132
与街区长边平行的边界线

对于平行的街道,当边界线沿街区长边延伸,且没有显示尺寸,该边界线应当被视作与街区的中线重合。

76-133
与不平行街道之间的街区的长边平行的边界线

对于不平行的街道,当边界线平行于街区的长边延伸,且没有显示尺寸,该边界线应被视作街道边线延长线相交的夹角的角平分线。

76-14
关于建设的附加条例

76-141
当边界线以与街道边线的距离显示时

当边界线以与街道边线之间的特定距离显示时,该距离应视作从最邻近的街道的街道边线进行测量的尺寸。

76-142
在街道内的边界线

当边界线位于街道内,它应被视作街道的中线。

76-143
与街道斜交的边界线

当边界线以与围合其所在街区的街道斜交的位置显示时,（除非另有定位）它应被视作每条上述围合街道 100 英尺以外的平行线的夹角的角平分线。

76-144
紧邻铁路的边界线

当显示的边界线紧邻铁路是,（除非另有定位）它应被视作与铁路路权线边界线重合。

76-145

与公园、墓地或通航水域重合的边界线

对于公园、墓地或通航水域（除非另有定位），边界线应被视作与公园或墓地的边界线或堤岸线重合，但当没有既定的堤岸线时，应遵循岸边线。

76-146

岛屿

在岸边线或堤岸线以外的非公园的任何岛屿或它的一部分，应被视作在 R3-2 区内，城市规划委员会另有规定或决定的除外。

76-147

公共场地边界线

公共场地的边界线应被视作分区边界线。

第 7 章 被分区边界线划分的区划地块的特别规定

77-00 一般规定

77-01
本章的适用性

任何一个区划地块位于两个或更多分区的情况，且两个分区适用不同的用途许可，或适用不同的体位、辅助性的路外停车和装卸货或其他规则时，应适用于本章的规定。

77-02
决议案生效或修正之前区划地块不存在的情况

当区划地块被两个或更多的分区边界线划分时，且在本决议案或任何适用的后续修正案生效日之前该区划地块不存在，那么，该区划地块的各个部分应当适用该区划地块的部分所在的分区的所有规定管理。

77-03
决议案生效或修正之前存在的区划地块

当区划地块被两个或更多的分区的边界线划分时，且在本决议案或任何适用的后续修正案生效日该区划地块已经存在，本决议案的规定可以根据本章后面的要求适用于该区划地块。该区划地块的各个部分应当适用该区划地块的部分所在分区的所有规定管理，本章中有具体要求的除外。

77-10 用途规则

77-11
用途规则适用于整个区划地块的条件

在本决议案或任何适用的后续修正案生效日已经存在的区划地块被许可不同用途的两个或更多分区的边界线划分的情况下，超过区划地块面积 50%的分区所适用的用途规则可以适用于整个区划地块；但是，区划图标示的分区边界线到占区划地块地块面积 50%以下的部分的任意地块线的最大距离不超过 25 英尺，该距离应垂直于区划图标示的分区边界线测量。

当用途规则如此适用时，可以假定分区边界线相应地迁移，则适用于被拓展分区的体位、路外停车和装卸及其他所有规则都适用于整个区划地块。

77-12
在其他所有条件下适用用途规则

当区划地块被许可不同用途的分区之间的边界划分且第 77-11 条（用途规则适用于整个区划地块的条件）的规定不适用时，各个分区的用途规则应适用于位于该分区的区划地块的部分，第 73-42 条（跨分区边界线的用途扩建工程）中另有规定的除外。

管理用途的规则在第二篇第 2 章、第三篇第 2 章，以及第四篇第 2 章中列出。

77-20 体位规则

77-21
一般规定

在本决议案或任何适用的后续修正案生效日已经存在的区划地块被有不同体位规则的两个或更多的分区之间的边界划分情况下，且第 77-11 条（用途规则适用于整个区划地块的条件）的规定不适用，体位规则可以适用本章的规定。

77-22
容积率

该区划地块上适用房屋或房屋组类型对应的该地块各个部分许可的最大容积率，应当由下文所列篇章的适用规则决定。这类容积率应乘以该容积率适用的区划地块面积与总地块面积的百分比。所得结果的总和应为适用于该区划地块的调整的最大容积率。

在适用该规定时，在适用规则中的广场、连接广场的开敞区域或敞廊的楼板面积奖励应仅仅适用于该奖励被许可的分区中的广场、连接广场的开敞区域或敞廊，或者它们的部分。

当房屋（平均层数大于21）没有指定的最大容积率，为了计算区划地块调整的最大容积率，该房屋的容积率应被视作可以达到该房屋开敞空间率的最低要求的容积率。

在符合本决议案的其他所有规则的情况下，适用调整的最大容积率产生的楼板面积可以位于区划地块上的任何位置，且区划地块在一个分区中的任何部分的容积率不应超过该分区指定的最大容积率（如果有适用的情况，由平均层数决定），或区划地块调整的最大容积率，两者取较大值。

适用于各个分区容积率规则所在篇章如下表：

分区	用途类型	篇	章
居住	居住	二	3
居住	社团设施	二	4
商业	商业	三	3
商业	社团设施	三	3
商业	居住	三	4
商业	混合（居住与商业或与社团设施）	三	5
工业	工业	四	3
工业	商业	四	3
工业	社团设施	四	3

77-23
开敞空间率

在该区划地块上的房屋或房屋组所要求的开敞空间应当根据下文所列篇章对区划地块各个部分的适用规则分别计算。在区划地块上提供的开敞空间总量不应少于依此计算要求的开敞空间的总和。

对于所在分区有开敞空间要求的区划地块的部分，各个部分规定的开敞空间等于该部分的地块面积，乘以适用类型的房屋或房屋组被许可的最大容积率，再乘以该容积率要求的最低开敞空间率，除以100。

对于所在分区没有开敞空间要求的区划地块的部分，不应要求开敞空间，但任何要求的后院，或为获取的楼板面积或地块面积奖励而提供的任意广场，应额外加上区划地块剩余部分要求的开敞空间数量。在满足这些要求时，任何开敞区域不能计算两次。

在符合本决议案的其他所有规则的情况下，要求的开敞空间可以位于区划地块上的任何位置，且区划地块在一个分区中的任何部分的开敞空间率不应少于该分区要求的开敞空间率的60%。

适用于各个分区的开敞空间率规则所在篇章如下表：

分区	用途类型	篇	章
居住	居住	二	3
居住	社团设施	二	4
商业	居住	三	4
商业	混合（居住与商业或与社团设施）	三	5

77-24

地块覆盖范围

在居住区中的该区划地块的各个部分上的社团设施房屋或部分用于社团设施用途的房屋被许可的地块覆盖范围的最大百分比应当由第二篇第4章的适用规则决定。

每个地块覆盖范围的最大百分比应当乘以该地块覆盖范围的百分比适用的区划地块的部分的地块面积。所得结果的总和应当为区划地块地块覆盖范围的最大面积。该地块覆盖范围的最大面积除以区划地块的地块面积,应当为区划地块调整的地块覆盖范围最大百分比。

符合本决议案其他所有规则的,地块覆盖范围不超过调整的地块覆盖范围的最大百分比的房屋可以位于该区划地块的任何位置或该区划地块位于居住区的部分,但是,区划地块在一个分区中的任何部分的地块覆盖范围百分比不应超过该分区指定的地块覆盖范围最大百分比,或区划地块调整的地块覆盖范围最大百分比,取较大值。

如果区划地块被两个或更多居住区边界划分,部分为转角地块,部分为内部地块或穿越地块,该转角地块及该内部地块或该穿越地块应被视作独立的区划地块,分别计算适用于该转角地块或者该内部地块或穿越地块的调整的地块覆盖范围最大百分比。

如果区划地块部分在一个或更多的居住区及部分在一个商业或工业区(其中地块覆盖范围不设许可的最大百分比),本条的要求应适用于区划地块中位于居住区的部分。

地块覆盖范围规则只适用于在第二篇第4章中列出的部分用于社团设施用途的社团设施房屋或房屋组。

77-25

地块面积要求

在该区划地块上的房屋或房屋组每个居住单元或每个房间所要求的地块面积,或商业或社团设施用途所要求的地块面积,应当根据下文所列的篇章对区划地块各个部分的适用规则分开计算。区划地块上的总地块面积不应少于依此计算要求的地块面积的总和。

在区划地块上许可的居住单元或房间总量不应超过该区划地块各个部分根据各个部分适用的分区规则许可的居住单元或房间的总和。这些居住单元或房间可以在区划地块上房屋许可的位置,但是区划地块上任何部分的居住单元或房间不应超过该部分根据使用的分区规则许可数量的150%。

在适用该规定时,在适用规则中的广场、连接广场的开敞区域或敞廊的楼板面积奖励应仅仅适用于该奖励被许可的分区中的广场、连接广场的开敞区域或敞廊,或者它们的一部分。

若一个建筑一部分用于居住用途、一部分用于社团设施或商业用途,在满足每个居住单元或每个房间对地块面积的要求及商业或社团设施用途对地块面积的要求时,任何地块面积不应计算两次。

适用于各个分区的地块面积要求所在篇章如下表:

分区	用途类型	篇	章
居住	居住	二	3
居住	社团设施	二	4
商业	居住	三	4
商业	混合(居住与商业或与社团设施)	三	5

77-26
住宅的最小地块面积和地块宽度要求

适用于更严格的最小地块面积和地块宽度规则的分区规则应适用于整个区划地块。

适用于各个分区的规则所在篇章如下表：

分区	用途类型	篇	章
居住	居住	二	3
居住	社团设施	二	4
商业	混合（居住与商业或与社团设施）	三	5

77-27
院规则

区划地块各个部分应当由它所在的分区所指定的院规则管理。

适用于各个分区的院规则所在篇章如下表：

分区	用途类型	篇	章
居住	居住	二	3
居住	社团设施	二	4
商业	商业	三	3
商业	社团设施	三	3
商业	居住	三	4
商业	混合（居住与商业或与社团设施）	三	5
工业	工业	四	3
工业	商业	四	3
工业	社团设施	四	3

77-28
高度及退缩规则

区划地块每个街道界面的高度及退缩规则应当等于下文所列篇章中适用于该街道界面的各个部分的数量要求，乘以该规定适用的部分占该街道界面的百分比。所得结果的总和应当为区划地块的控制要求。

适用于各个分区的高度及退缩规则所在篇章如下表：

分区	用途类型	篇	章
居住	居住	二	3
居住	社团设施	二	4
商业	商业	三	3
商业	社团设施	三	3
商业	居住	三	4
商业	混合（居住与商业或与社团设施）	三	5
工业	工业	四	3
工业	商业	四	3
工业	社团设施	四	3

77-29
塔规则

如果区划地块中有大于或等于 50% 的部分位于适用第 23-65 条、第 24-54 条、第 33-45 条或第 43-45 条（塔规则）的规定的分区中，且剩余部分在这些规定不适用的分区中，任何房屋或房屋的部分（下文称为塔）合计占整个区划地块的地块面积不超过 40%的，或在小型地块上不超过第 23-651 款、第 24-541 款、第 33-454 款或第 43-451 款（小型地块上的塔）规定的百分比，可以伸入任何适用的天空曝光面，但是该塔应符合以下要求：

（a）在任何高度上，该塔应从街道边线按下列要求退缩：

（1）在窄街道上，退缩距离至少为塔所在的平面上街墙合计宽度的三分之一，但该退缩距离不需超过 50 英尺。

（2）在宽街道上，退缩距离至少为塔所在的平面上街墙合计宽度的四分之一，但该退缩距离不需超过 40 英尺。

（b）符合上文所列的要求以及第 77-22 条（容积率）及第 77-23 条（开敞空间率）的指定要求，该塔可以位于该区划地块的任何位置。

适用于各个分区的塔规则所在篇章如下表：

分区	用途类型	篇	章
居住	居住	二	3
居住	社团设施	二	4
商业	商业	三	3
商业	社团设施	三	3
商业	居住	三	4
商业	混合（居住与商业或与社团设施）	三	5
工业	工业	四	3
工业	商业	四	3
工业	社团设施	四	3

77-30 路外停车及装卸规则

77-31
一般规定

当在本决议案或任何适用的后续修正案生效日已经存在的区划地块被有不同路外停车或装卸规则的分区之间的边界划分时，且第 77-11 条（用途规则适用于整个区划地块的条件）不适用，可以适用本章所列的路外停车及装卸规则。

77-32
同一个基本用途分类的分区

当该边界是两个居住区之间的，或两个商业区之间的或两个工业区之间的，应适用本条的规定。

77-321
用于住宅的路外停车管理规定

区划地块各个部分适用的辅助性路外停车的百分比要求应当乘以该要求适用的部分占区划地块总地块面积的百分比。所得结果的综合应当为该区划地块上的住宅适用的百分比要求。这些路外停车位可以在区划地块上的任何位置，不需考虑分区边界线，但这些车位应符合本决议案其他所有适用的规定。

用于住宅的路外停车管理规定所在篇章如下表：

分区	用途类型	篇	章
居住	居住	二	5
商业	居住	三	6

77-322
用于非居住用途的路外停车管理规定

对于非居住用途，区划地块中超过区划地块总面积的 50% 的部分所在分区的辅助性路外停车或装卸要求应当适用于整个区划地块。停车位或装卸泊位可以在区划地块上的任何位置，不需考虑分区边界线，但这些车位或泊位应符合本决议案其他所有适用的规定。

用于路外停车及装卸的管理规定所在篇章如下表：

分区	用途类型	篇	章
居住	非居住	二	5
商业	非居住	三	6
工业	非居住	四	4

77-33
基本用途分类不同的分区

当该边界是一个居住区与一个商业区之间的,或一个商业区与一个工业区之间的,又或一个居住区与一个工业区之间的,应适用本条的规定。

77-331
两个分区中都许可的用途

对于在两个分区中都许可的任何用途,区划地块中超过区划地块总面积的 50% 的部分所在分区的辅助性的路外停车或装卸要求应当适用于整个区划地块。停车位或装卸泊位可以在区划地块上的任何位置,不需考虑分区边界线,但这些车位或泊位应符合本决议案其他所有适用的规定。

77-332
不是两个分区中都许可的用途

对于在一个分区中许可而在另一分区中不许可的任何用途,适用的辅助性路外停车及装卸分区要求应当完全在该用途被许可的分区中得到满足,但是:

(a)居住或社团设施用途要求的停车位,或者社团设施用途要求的装卸泊位,可以设置在区划地块位于 C8 或工业区的部分;

(b)任何商业用途要求的停车位或装卸泊位可以设置在区划地块位于工业区的部分;且

(c)工业用途要求的停车位或装卸泊位可以设置在区划地块位于 C8 区的部分。

另外,要求这些车位或泊位应符合本决议案其他所有适用的规定。

第8章 适用于大型居住开发或大规模社团设施开发的特别规定

78-00 定义（重复第 12-10 节）

街区

"街区"是一块以下列各项为边界的土地：

(a) 街道；

(b) 公共场地；

(c) 在地面层或以上铁道路权线，当路权线是地上或地下的情况，是不包括与区划地块同一所有权的铁路侧线或支线；

(d) 机场边界线；

(e) 堤岸线（没有堤的情况下是岸边线）；或

(f) 纽约市辖区边界线。

大规模的社团设施开发

"大规模的社团设施开发"是在一片土地上用于社团设施用途的开发项目或扩建工程，这片土地包含单个区划地块，或者相邻的或有一条街道分隔的两个或更多区划地块，且这片土地符合下列各项：

(a) 有或将有至少3英亩的面积；及

(b) 被土地所有者指定为一片土地，全部都将作为单一所有权的一个整体使用、开发或扩建。

出于本定义的目的，所有权应包括一份不少于五十年期的租约，并可选择更新该租约，使其总期限不少于七十五年，或两个或更多所有者之间的具有约束力的协议，这些协议能够证明其占有权益或控制权，并同意将此片土地作为一个整体来开发。

依据第七篇第8章的规定，此片土地可以包括向城市规划委员会提交申请时被现有房屋占据的任何土地，但是这些房屋必须是规划开发项目或扩建工程的不可分割的部分。

大型居住开发

"大型居住开发"是在一片土地上用于居住用途的开发项目，这片土地包含单个区划地块、或相邻的或有一条街道分隔的两个或更多区划地块，且这片土地符合下列各项：

(a) 有或将有至少20英亩的面积，或在至少3英亩的土地上共有至少500个居住单元；及

(b) 被土地所有者指定为一片土地，全部都将作为单一所有权的一个整体使用或开发。

出于本定义的目的，所有权应包括一份不少于五十年期的租约，并可选择更新该租约，使其总期限不少于七十五年。

地块面积

"地块面积"是区划地块的面积。规定如下：如果区划地块包括本决议案生效后所封闭的街道的任何部分，应有不超过该封闭街道的一半的面积计入地块面积。并且，进一步规定如下：在商业区或工业区中，如果该封闭街道的总面积超过区划地块总面积的20%，则该街道总面积中超出此20%的部分可作为许可的商业或工业用途计入地块面积。

街道

"街道"是：

(a) 在《城市地图》上显示的道路；或

(b) 为普通公众使用而设计或提供的道路，它连接地图上显示的两条道路：

(1) 起到的作用通常与《城市地图》上显示的道路相关，及

(2) 全路段的宽度至少为50英尺，及

(3) 其业主用协议在房屋及用途的整个生命周期中，保证街道的开放和无障碍，从而满足本决议案的任何要求；或

(c) 以普通公众使用为目的的，为机动车或行人提供从《城市地图》上显示的道路到房屋或其

他构筑物的主要路径的任何其他开敞区域：

（1）起到的作用通常与《城市地图》上显示的道路相关，及

（2）全路段的宽度至少为50英尺，及

（3）被城市规划委员会核准为满足本决议案的任何要求的"街道"，及

（4）其业主用协议在房屋及用途的整个生命周期中，保证街道的开放和无障碍，从而满足本决议案的任何要求；或

（d）其他任意公共道路，这些道路在本决议案生效日正在执行通常与《城市地图》上显示的道路相关的功能。

仅用于机动车进入辅助性的停车或装卸设施的机动车道，或允许机动车在房屋入口上下客的机动车道，不应被视为街道。

区划地块

"区划地块"是以下任何一项：

（a）在本决议案生效日时已登记的现状地块，或任何随后实施的修正案生效日时已登记的现状地块；

（b）一块土地，位于单个街区内，这块地或是没有分割，或是由两个或以上紧邻的登记地块组成，在本决议案生效日或随后实施的任意修正案的生效日时在同一所有权名下；或

（c）一块土地，位于单个街区内，在填报建筑许可时（如果不要求建筑许可，则是在申请占有证书时）由业主或开发商指定为属单一所有权的一个整体进行使用、开发或建设。

因此，区划地块可能符合或不符合在纽约市官方税收地图上或在任何有登记细分的地图或契约上显示的地块。

本定义所称区划地块的所有权应包括一份不少于五十年期的租约，并可选择更新该租约，使其总期限不少于七十五年。

区划地块可细分为两个或更多的区划地块，但是细分所形成的区划地块及其上方的房屋应服从本决议案中所有适用的规定。如果该区划地块被不合规的房屋占用，该地块在细分时，只要该细分不使房屋产生新的不一致的情况，或不加重不一致的情况的程度，则该区划地块就可以被细分。

78-10 一般规定

78-11
本章的适用性

大型居住开发及大规模社团设施开发由本决议案的所有用途、体位、路外停车及装卸以及其他适用的管理规则，除非在本章中有具体的特别规定。这些特别规定的目的是处理仅仅因大型居住开发或大规模的社团设施开发产生的问题，且仅适用于这里所指的这些开发项目。

78-12
许可的用途

大型居住开发可以在它的范围内包含任何居住用途或其所在分区许可的社团设施用途，大规模社团设施开发在它的范围内可以包含任何社团设施用途或其所在分区许可的居住用途。

78-13
大型居住开发的辅助用途

大型居住开发可以包含用途分组6A或6F中所列的任何商业用途作为辅助用途，合计不超过开发项目的总楼板面积的2%，且单体设施的楼板面积不超过15 000平方英尺；需要城市规划委员会在审查了场地规划后认定这些商业用途符合下列条件：

（a）商业用途将主要服务于开发项目中的居

第 8 章 适用于大型居住开发或大规模社团设施开发的特别规定

民,将为这些居民提供更便利的购物;且

(b)商业用途所在位置对开发项目中的居住或休闲区域的干扰最少,避免产生交通拥堵或对开发项目外的住宅产生其他令人厌恶的影响;且

(c)商业用途符合第二篇第 3 章或第 5 章所列的所有适用于这些辅助性的商业用途的体位和路外停车及装卸规则;且

(d)商业用途符合下列条款中适用于 C1 区的商业用途的规定:

第 32-41 条(围蔽在建筑内部);

第 32-42 条(建筑内的位置);

第 32-61 条至第 32-68 条关于标牌的规定。

78-20 与大型居住开发相关的公共设施规定

下列规定适用于所有大型居住开发,作为授予建筑许可的前提条件。

78-21
规划委员会的报告

在建设委员会提出要求的一个月内,城市规划委员会应根据教育理事会和其他适当的城市部分的信息,制定关于规划开发项目对服务于其所在区域的公共学校或其他公共设施的现有容量的预测影响的报告。

78-22
如果不需要额外的公共设施

如果规委会认为规划开发项目不要求服务于社区的公共设施有任何重大的增加,则本条的要求应视作被满足。

78-23
如果需要额外的公共设施

如果规委会认为计划的大型居住开发预测在社区中产生一个或多个新的公共设施的需求,规委会可以依据其裁量权建议在该计划开发的场地中为一个或多个这类设施保留一个场地。如果规委会给出相应的建议,建筑许可的授予应保留不超过三个月的期限。在此情况下,如符合下列情况,本条的要求应视作被满足:

(a)如果在少于三个月的期限内,开发商与相关部门的城市官员同意保留该场地,或者已经启动授权购置该场地的正式程序,或者在有需要时修改资金预算使之包含该项目并以此为场地购置的前提条件;或者

(b)在任何情况下,超过上述三个月的期限。

78-30 体位规则

78-31
一般规定

当大型居住开发或大规模社团设施开发包含被街道分隔的两个或多个区划地块时,城市规划委员会在收到申请时可以批准开发项目中的所有区划地块上许可的楼板面积、地块覆盖范围、居住单元、房间或出租单元,或者要求的开敞空间在不考虑区划地块线的情况下进行分配,且可以在不考虑原本沿整个开发项目中的街道部分适用的前院或高度及退缩规则的情况下批准房屋的位置,但在每种情况下,规委会应在以下四个方面作出调查结论:

(a)这样的布局或位置将允许更好的场地规划,且同时有利于住户、占有人或开发项目的使用者以及整个城市。

(b)这样的布局或位置不会以任何方式减少本决议案中关于在单一区划地块上房屋之间要求的最少距离、法律要求的窗户或者要求的窗户与墙或地块线之间的最少距离的任何适用要求。

(c)这样的布局或位置不会过度增加任何街

区的房屋体位，对街区中或周边街区的房屋的占有人或使用者造成危害。

（d）这样的布局或位置不会因限制阳光和空气的进入或产生交通拥堵而对开发项目以外的任何其他区划地块造成不利影响。

78-40 停车规则

78-41
大规模的社团设施开发的停车规则

当大规模社团设施开发包含两个或更多的区划地块时，城市规划委员会在收到申请时可以批准许可的或规定的辅助性路外停车在不考虑区划地块线的情况下在开发项目内部选择位置，但在各种情况下，规委会应在以下两个方面作出调查结论：

（a）该路外停车位位置将允许更好的场地规划，且同时有利于住户、占有人或开发项目的使用者以及整个城市。

（b）该路外停车位位置不会增加任何单一街区的车位数量，或吸引更多的交通穿越任何一条或多条周边地方街道，从而对大规模社团设施开发以外的其他区划地块或周边区域的交通情况造成不利影响。

78-42
大型居住开发的停车规则

对于在R6、R7、R8、R9或R10区中的，或住宅由R6、R7、R8、R9或R10区的体位规则管理的商业区中的大型居住开发，城市规划委员会在收到申请时可以免除辅助于该大型居住开发中的任何社团设施用途的、主要用于其居民的路外停车位的要求。

78-50 大型居住开发的细分

78-51
一般规定

一个大型居住开发可以细分为两个或更多的区划地块，但是所有形成的区划地块及在其上方的所有房屋需服从本决议案所有适用规则。

78-52
城市更新项目的特别规定

被城市规划委员会和预算委员会制定为城市更新项目的，且开发计划已被批准的大型居住开发，可以细分为两个或更多的区划地块，即使该细分的结果使一个或多个现有的或计划的房屋不能服从本决议案中一个或多个适用的体位规则，但是需要符合下列情况：

（a）在进行该细分时，被该城市更新项目占用的土地由城市拥有；且

（b）城市规划委员会批准的，具体指明任何形成的区划地块上许可的不合规的类型和程度的契约限制，适用于每个由该细分产生的区划地块；

（c）对于该细分不产生不合规的区划地块，该契约限制规定，只要在该细分产生的任何区划地块上存在任何不合规的情况，在该区划地块上不增加额外的体位；且

（d）该契约限制包含附加的规定，保证由该细分产生的任何区划地块上的所有房屋的居民、占有人或使用者可以到达和使用规定数量的开敞空间和路外停车或装卸设施。

区 划 图①

1. 分区边界线图示

（1）居住、商业或工业区边界线：————————

（2）每张区划图底部有不同图案显示 C1-1 至 C1-5 区（本地性零售）及 C2-1 至 C2-5 区（本地性服务）。

2. 分区符号、名称、容积率及开敞空间率

分区			最大容积率②	适用情况下的最小开敞空间率③
居住区④	单户独栋	R1	0.50	150.0
		R2	0.50	150.0
	一般居住	R3	0.50	150.0
		R4	0.75	80.0
		R5	1.00~1.25	50.0~62.0
		R6	2.00~2.40	29.5~33.0
		R7	2.80~3.40	18.0~21.0
		R8	4.80~6.00	8.0~10.4
		R9	6.50~7.50	4.2~6.2
		R10	10.00	—
工业区	轻工业（高释放标准）	M1-1	1.00	—
		M1-2	2.00	—
		M1-3	5.00	—
		M1-4	2.00	—
		M1-5	5.00	—
		M1-6	10.00	—
	中等工业（中等释放标准）	M2-1	2.00	—
		M2-2	5.00	—
		M2-3	2.00	—
		M2-4	5.00	—

① 本篇楷体字参照第 12-10 节的定义。

② 当显示一个容积率范围时，较低值是分区中最低的房屋代表的数值，较高值是分区中较高的房屋可以达到的最大值（数字已经四舍五入）。

③ 当显示一个开敞空间率范围时，较低值是所显示的较低容积率要求的最小值，较高值是所显示的较高容积率的最低要求。

④ 显示的容积率是指住宅的容积率。

续表

分区			最大容积率	适用情况下的最小开敞空间率
工业区	重工业（低释放标准）	M3-1	2.00	—
		M3-2	2.00	—
商业区①	本地性零售	C1-1	当区划图标示在R1、R2、R3、R4、R5区时，最大容积率为1.00；当区划图标示在R6、R7、R8、R9、R10区时，最大容积率为2.00	—
		C1-2		—
		C1-3		—
		C1-4		—
		C1-5		—
	本地性服务	C2-1		—
		C2-2		—
		C2-3		—
		C2-4		—
		C2-5		—
	本地性零售	C1-6	2.00	—
		C1-7	2.00	—
		C1-8	2.00	—
		C1-9	2.00	—
	本地性服务	C2-6	2.00	—
		C2-7	2.00	—
		C2-8	2.00	—
	滨水休闲	C3	0.50	—
	一般商业	C4-1	1.00	—
		C4-2	3.40	—
		C4-3	3.40	—
		C4-4	3.40	—
		C4-5	3.40	—
		C4-6	3.40	—
		C4-7	10.00	—
	限制中央商业	C5-1	4.00	—
		C5-2	10.00	—
		C5-3	15.00	—
		C5-4	10.00	—
	一般中央商业	C6-1	6.00	—
		C6-2	6.00	—
		C6-3	6.00	—
		C6-4	10.00	—
		C6-5	10.00	—
		C6-6	15.00	—
		C6-7	15.00	—
	商业娱乐	C7	2.00	—
	一般服务	C8-1	1.00	—
		C8-2	2.00	—
		C8-3	2.00	—
		C8-4	5.00	—

① 显示的容积率是指商厦的容积率。

纽约市索引地图

城市规划委员会
1961年12月15日

比例尺（英里）

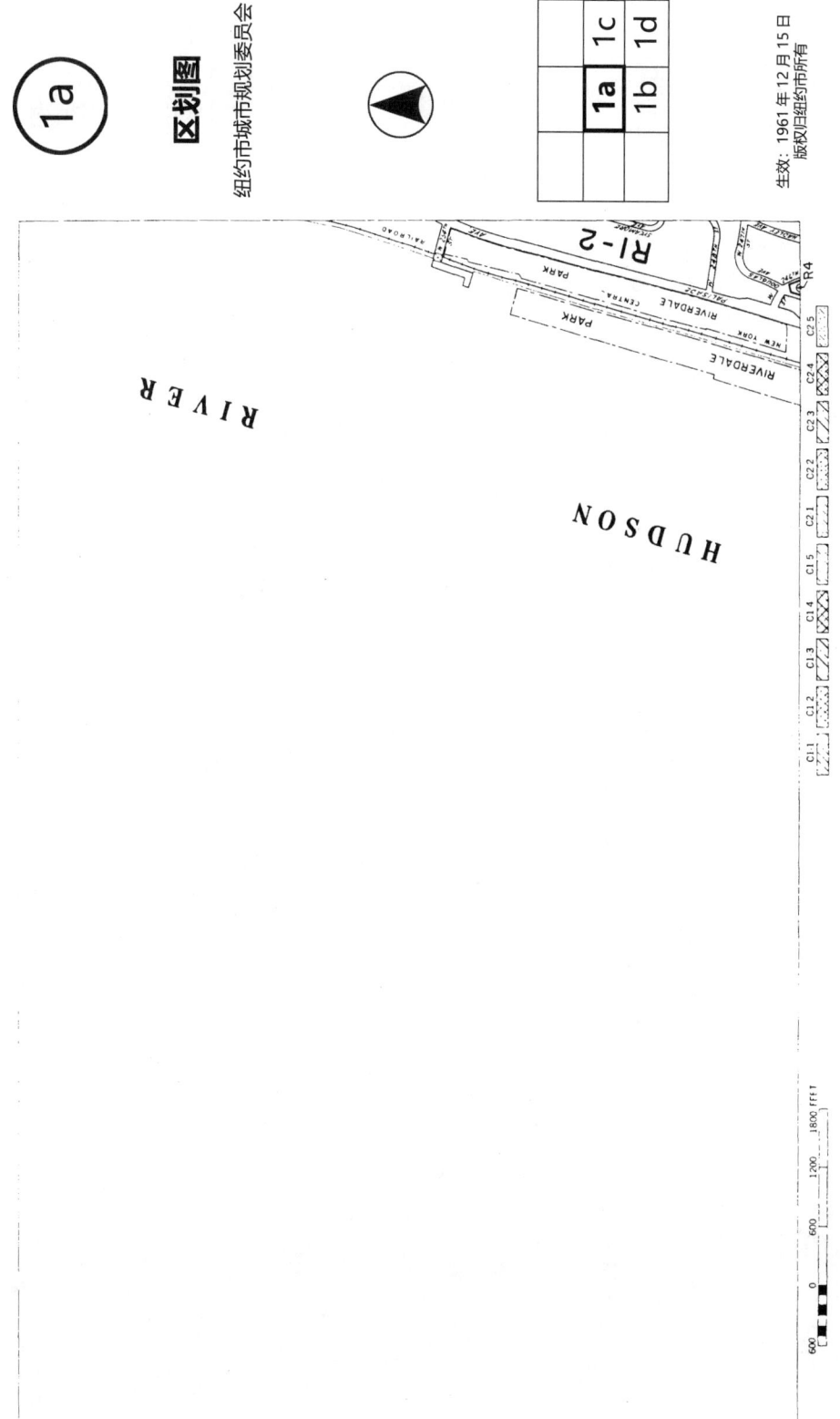

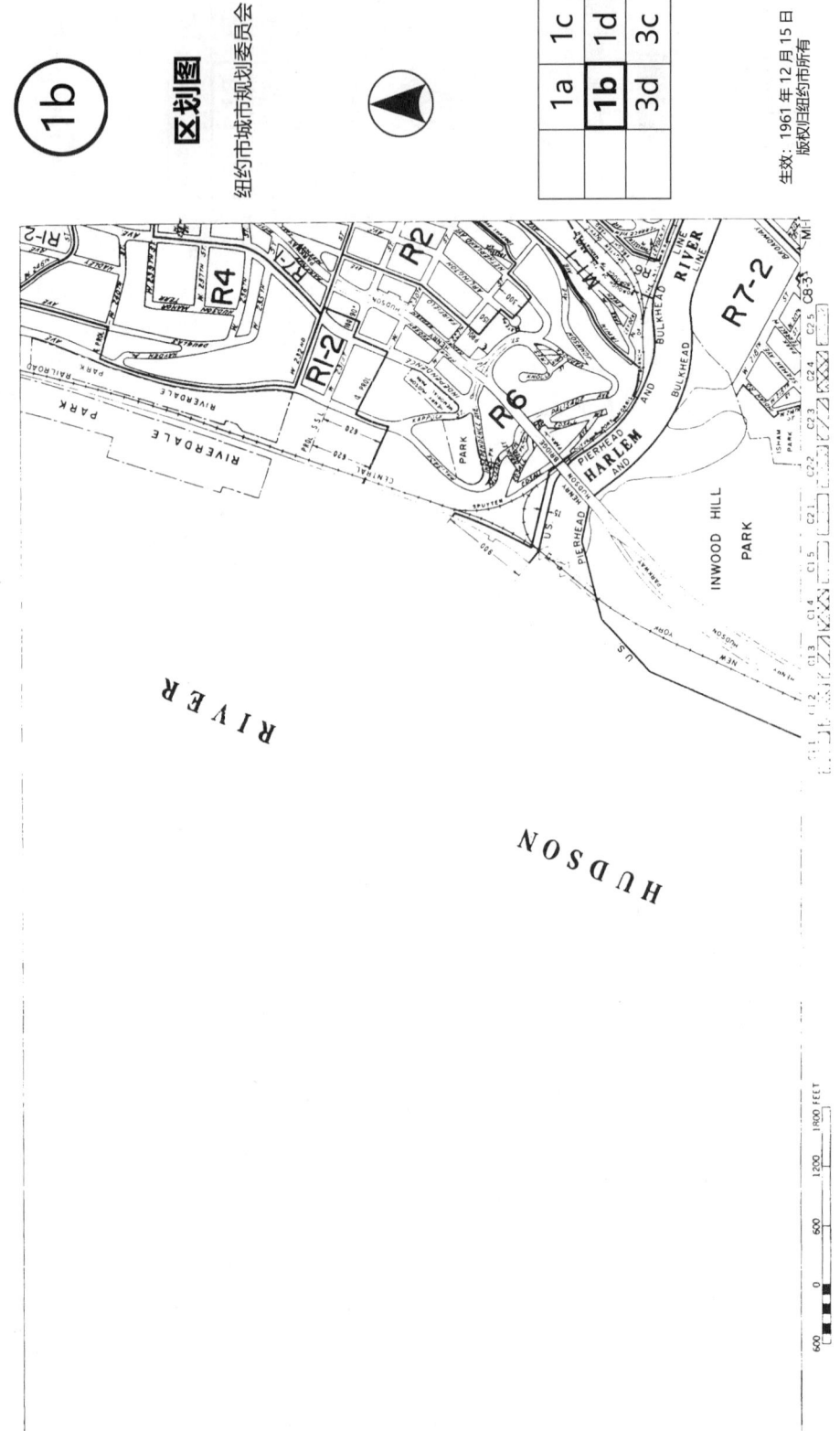

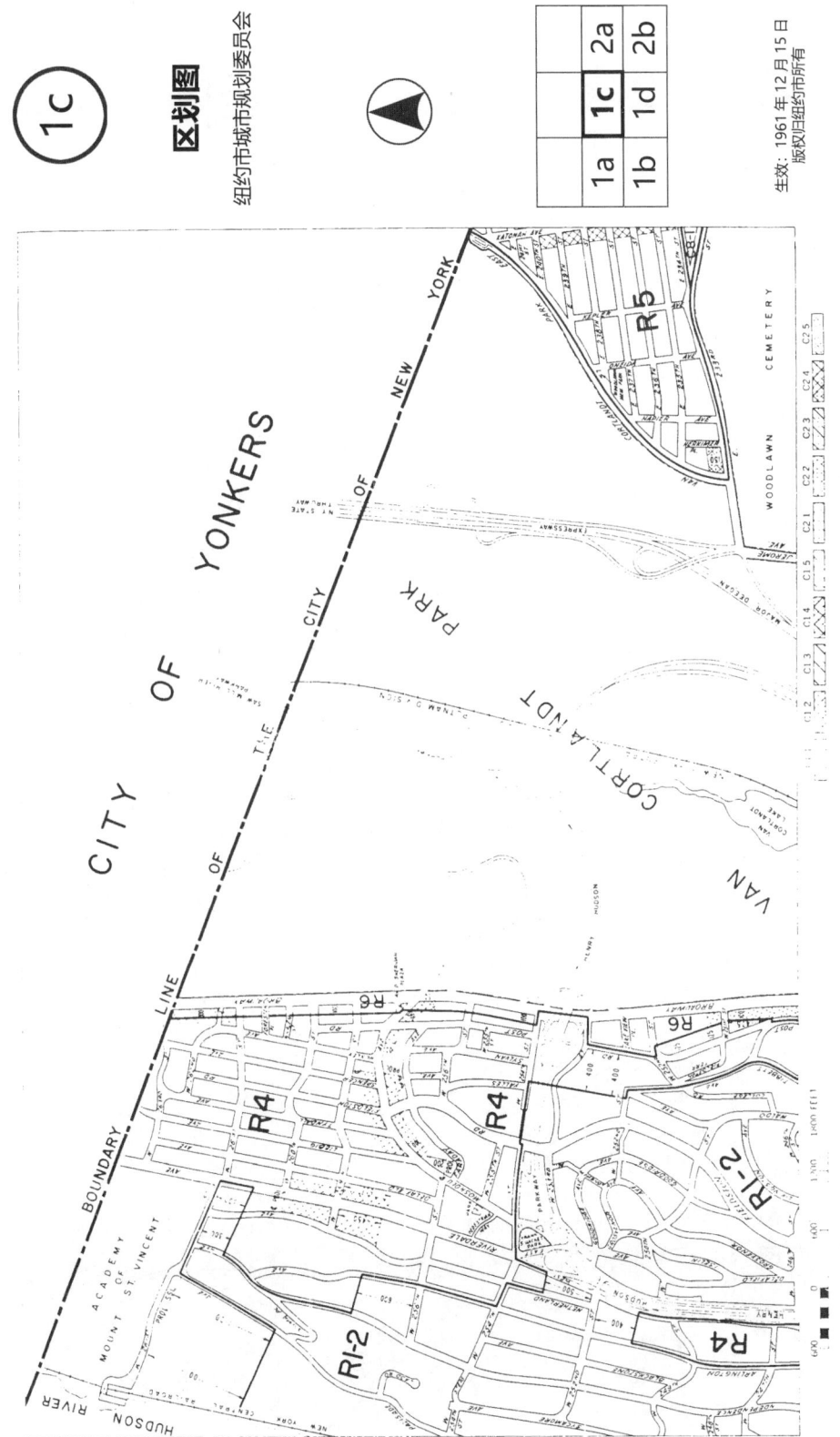

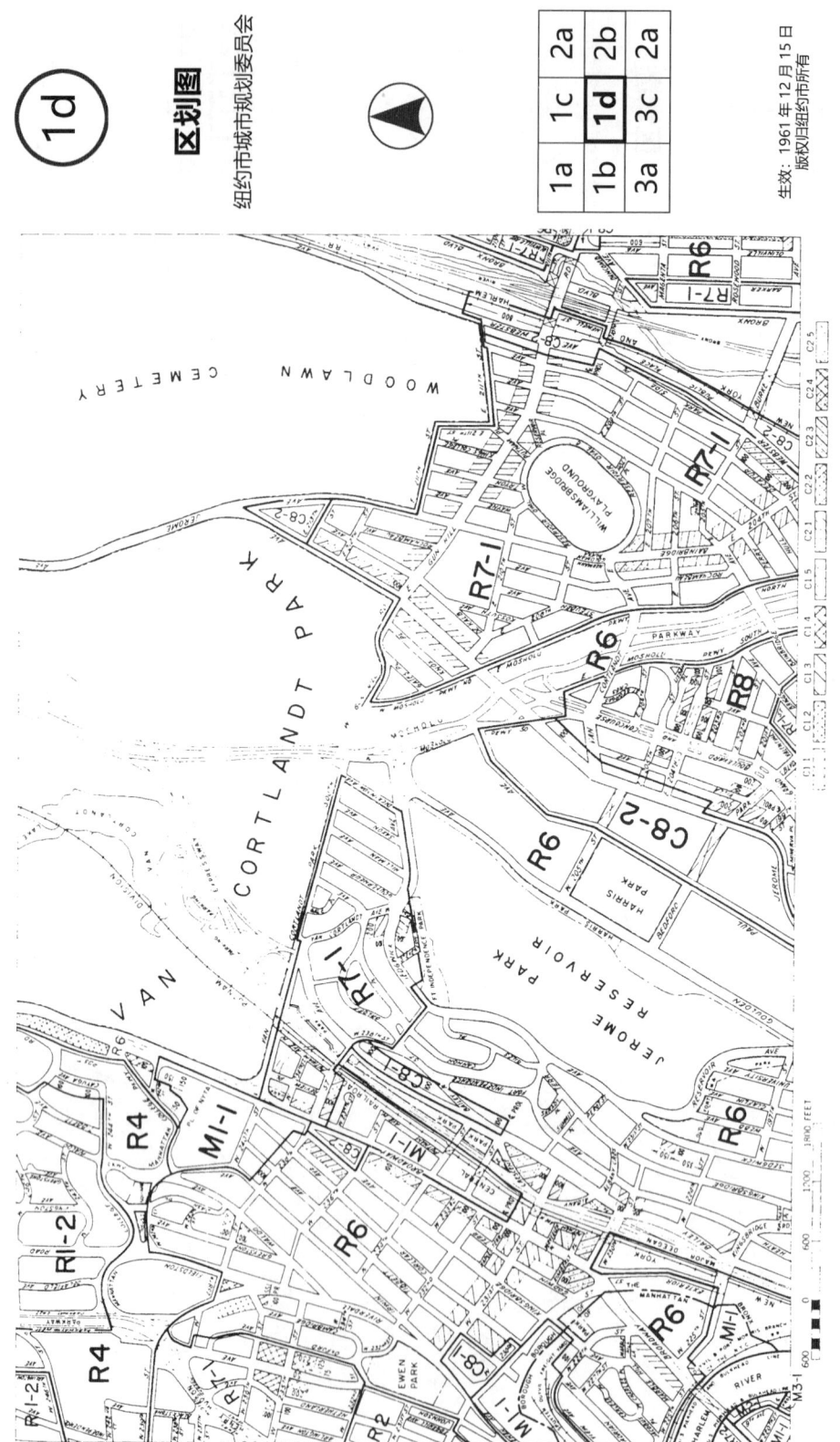

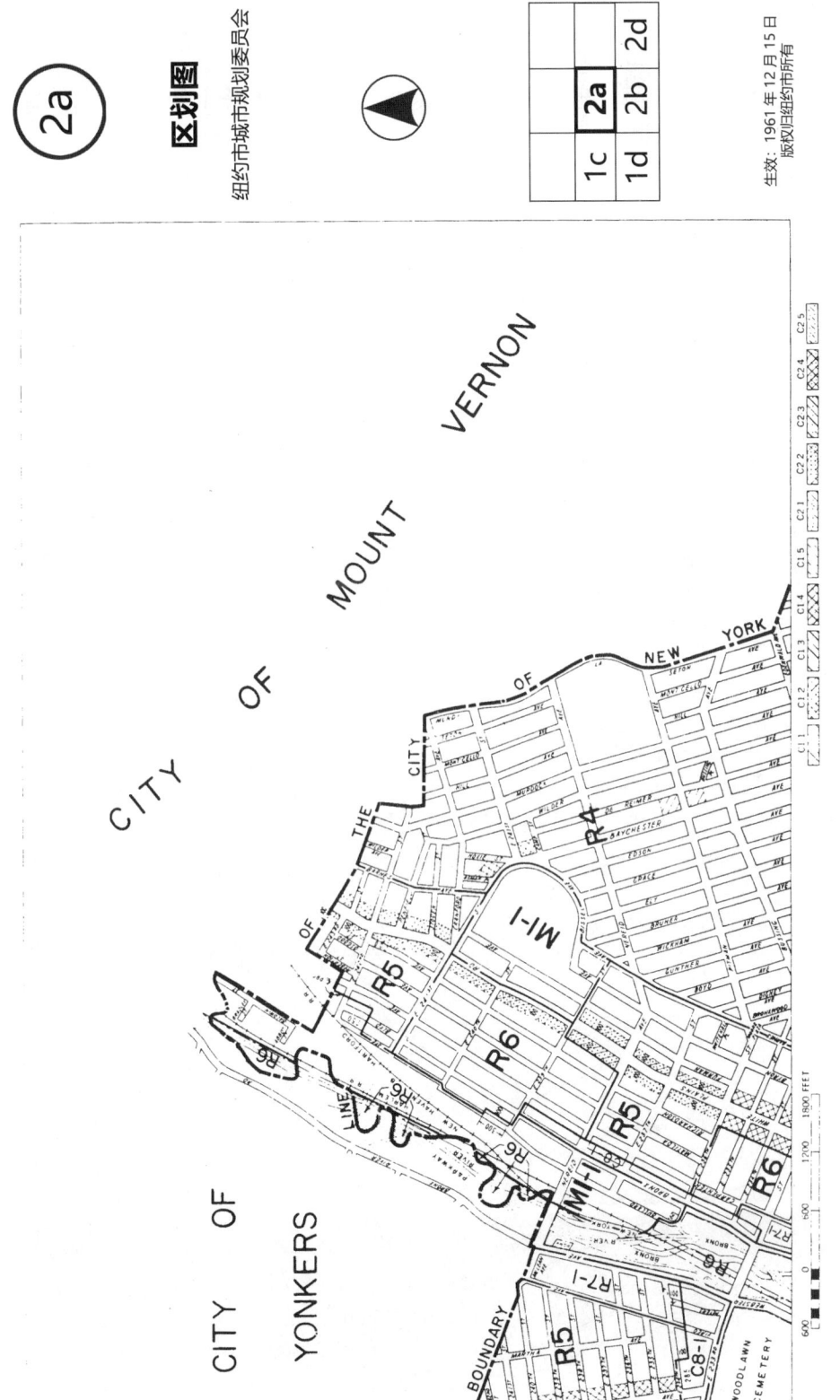

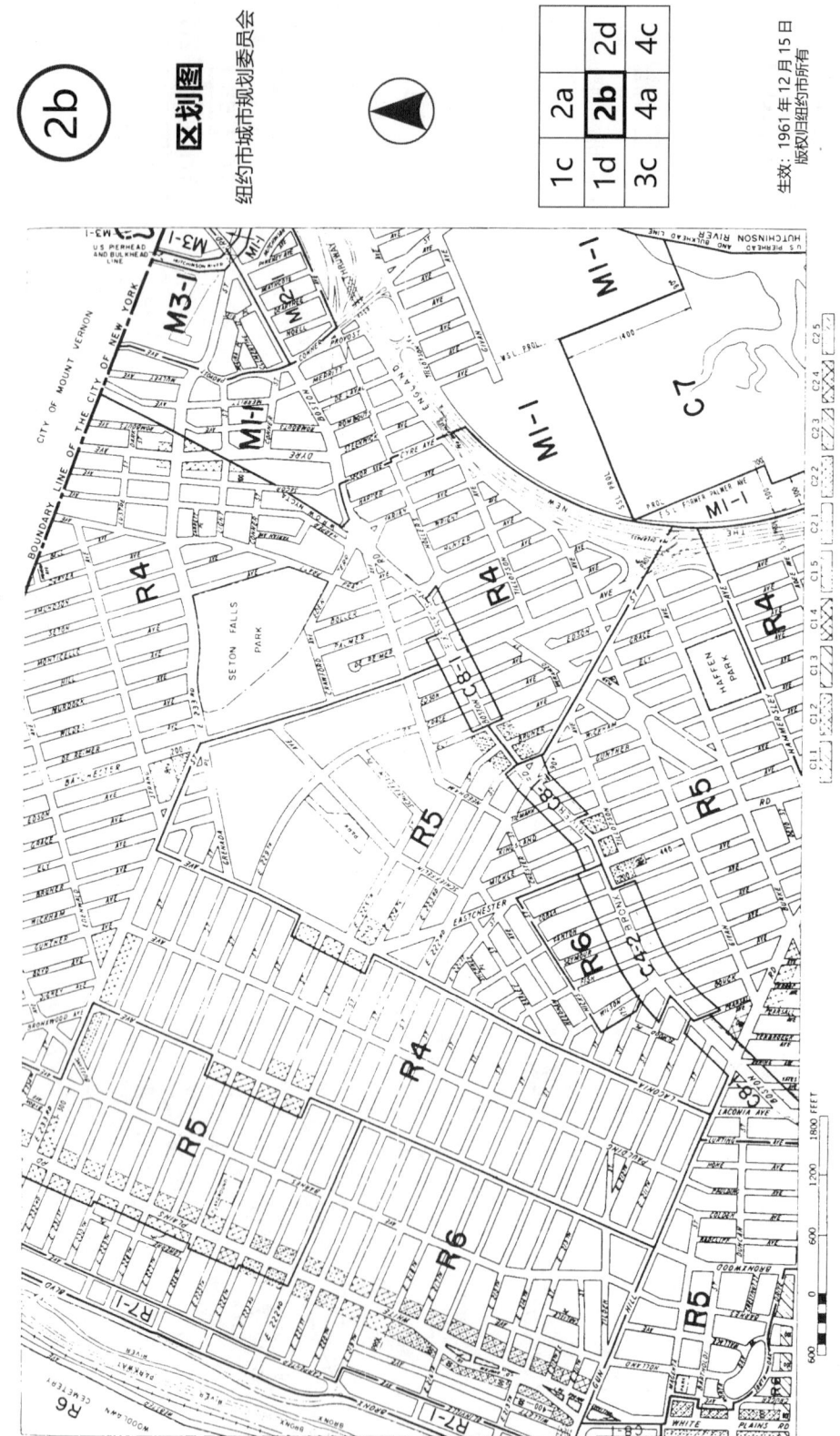

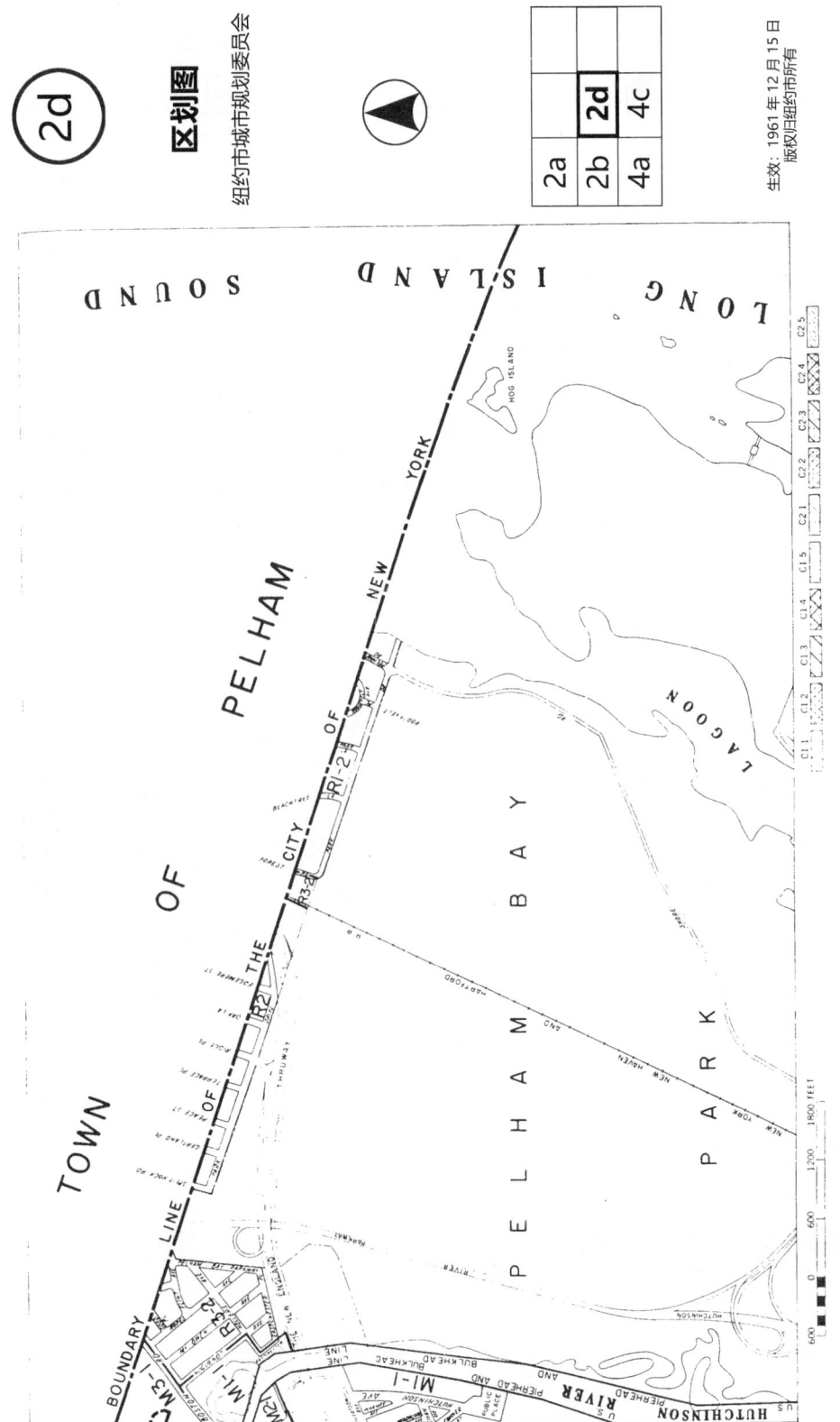

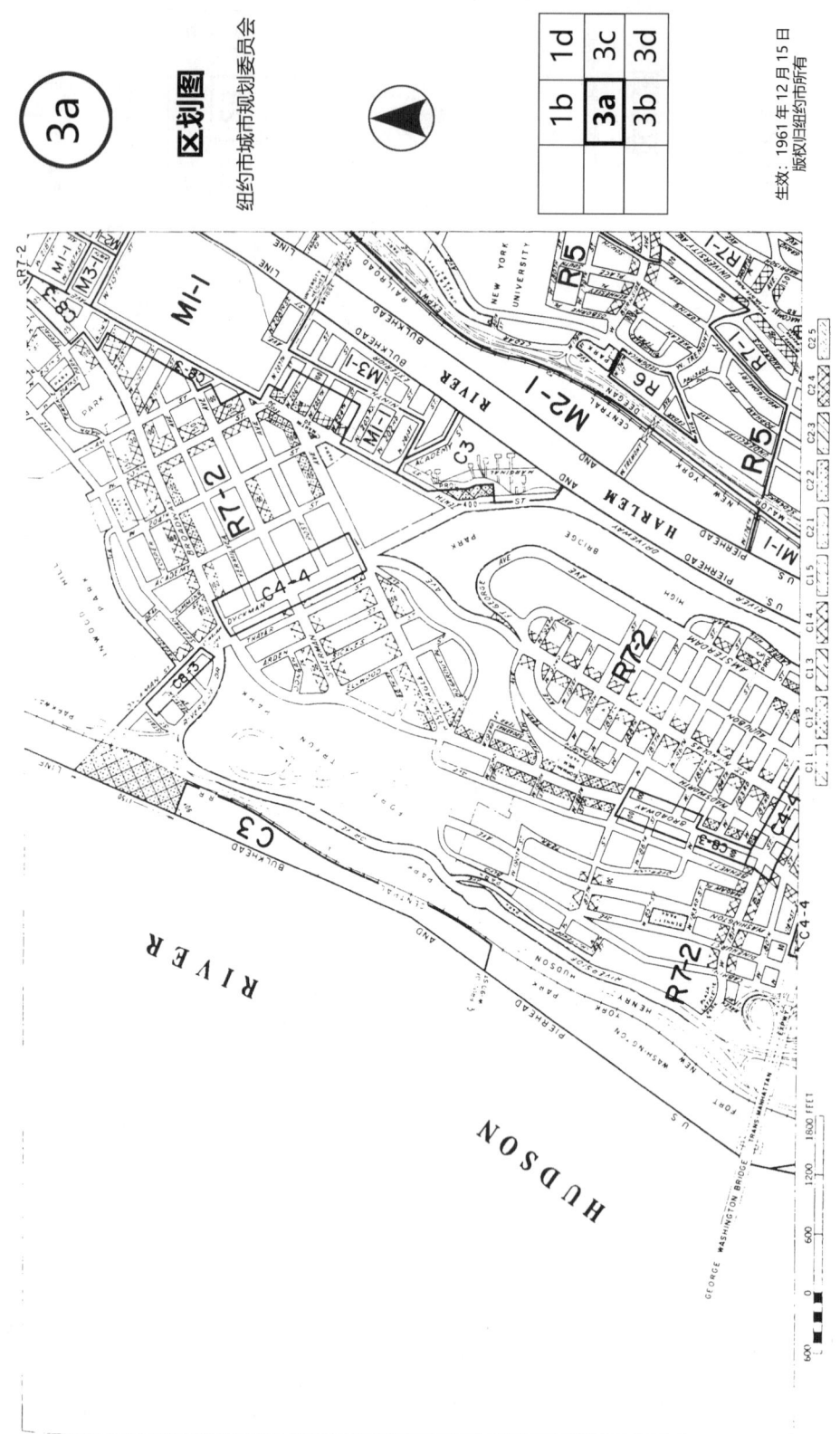

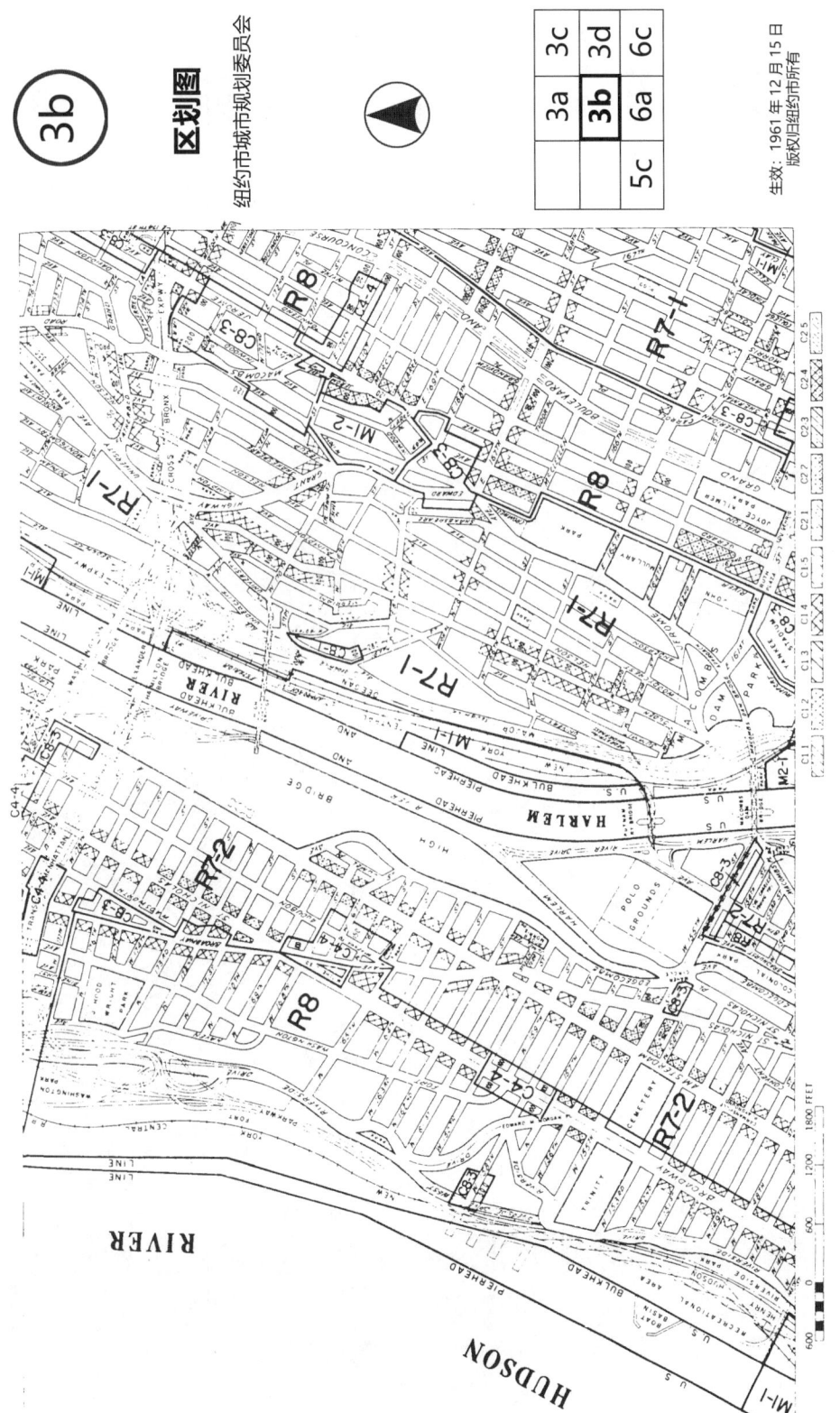

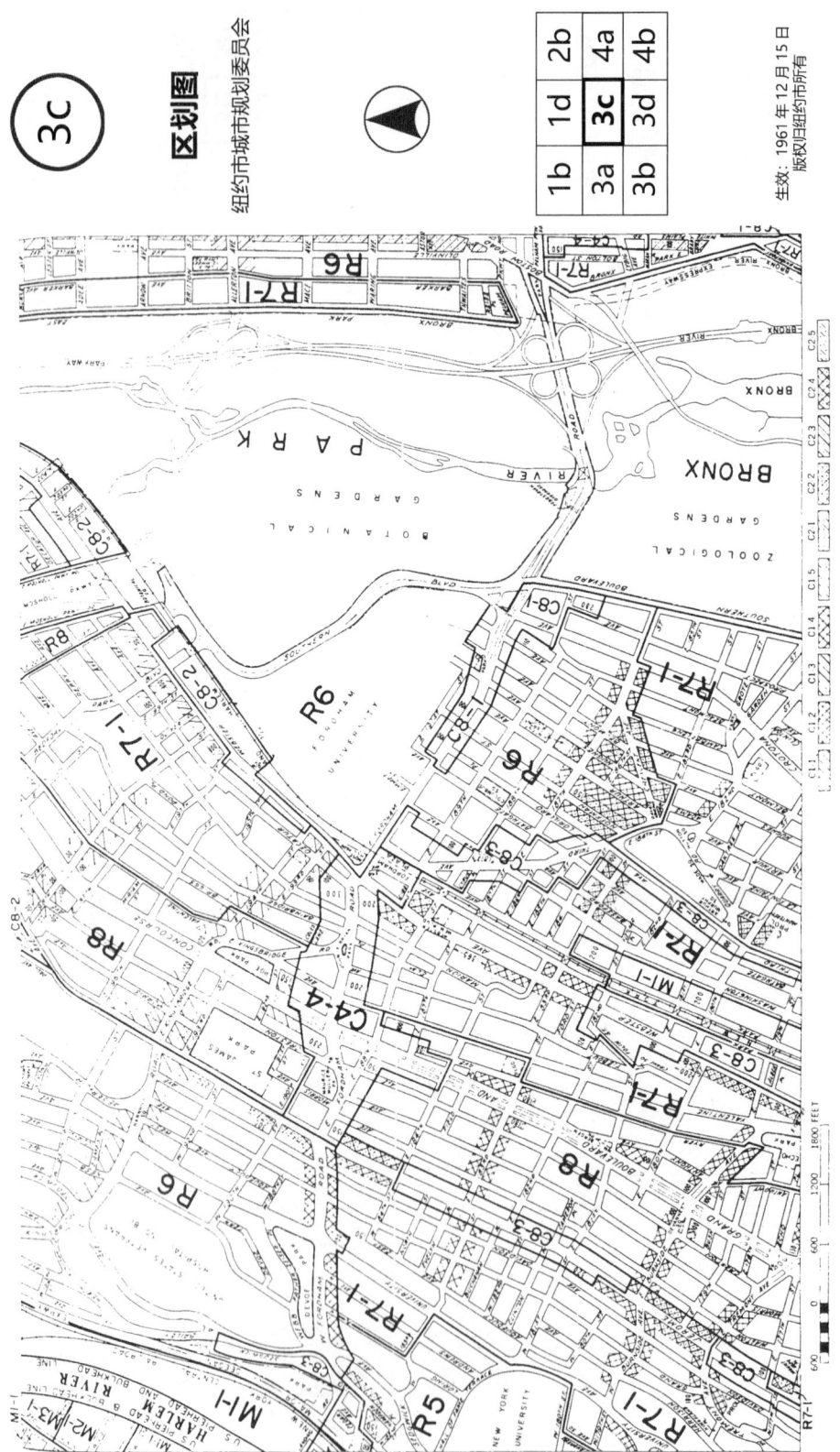

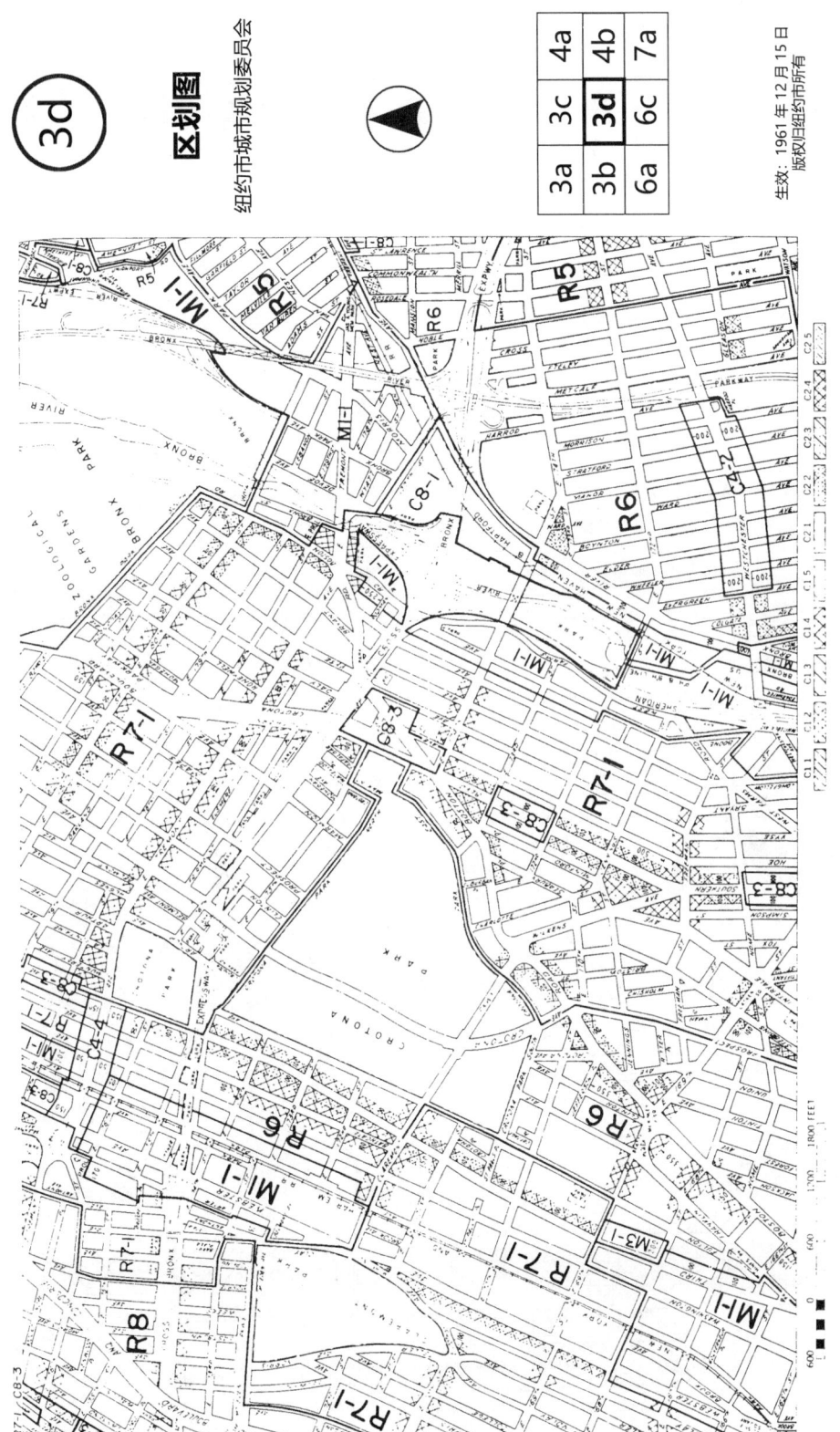

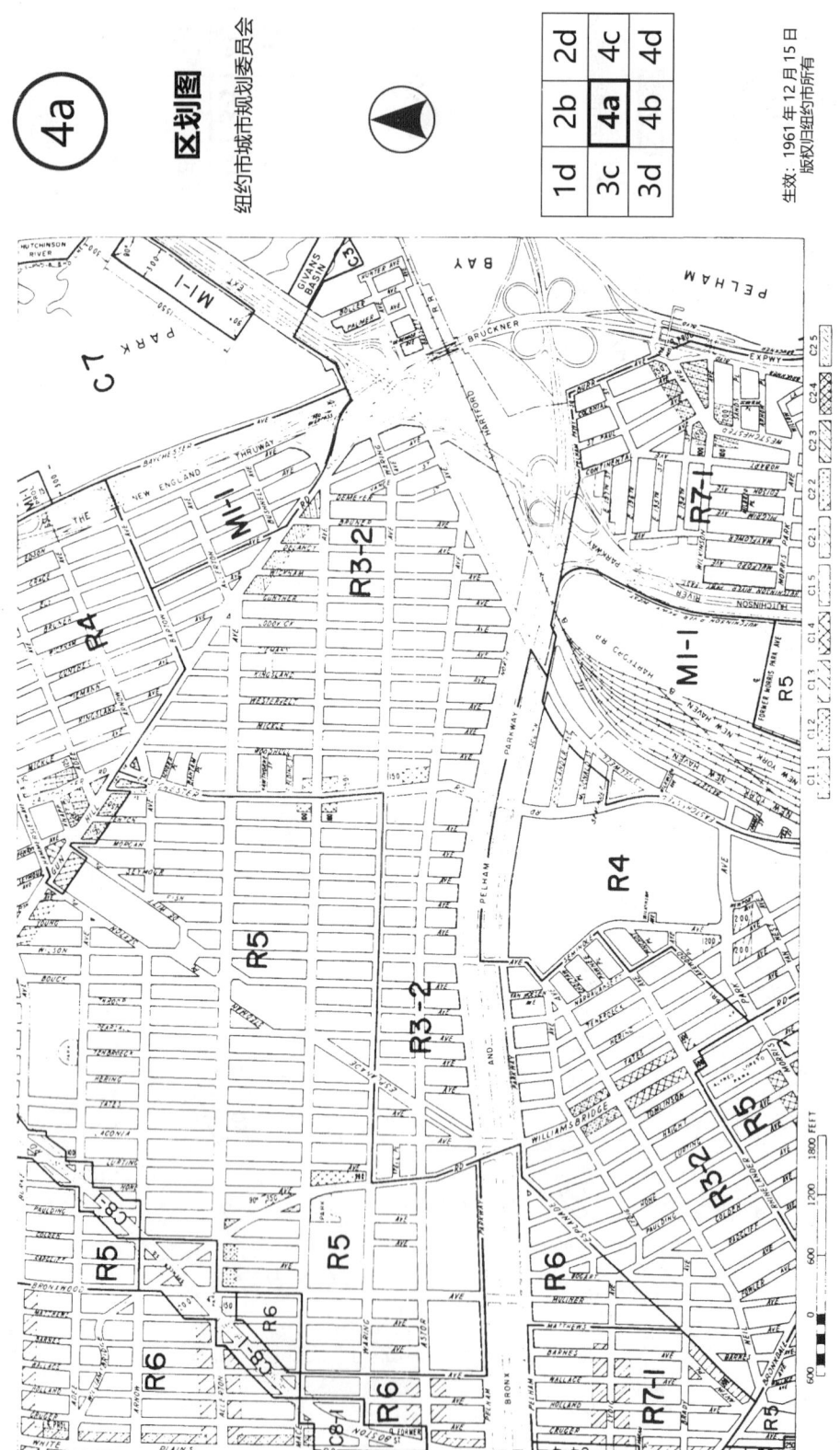

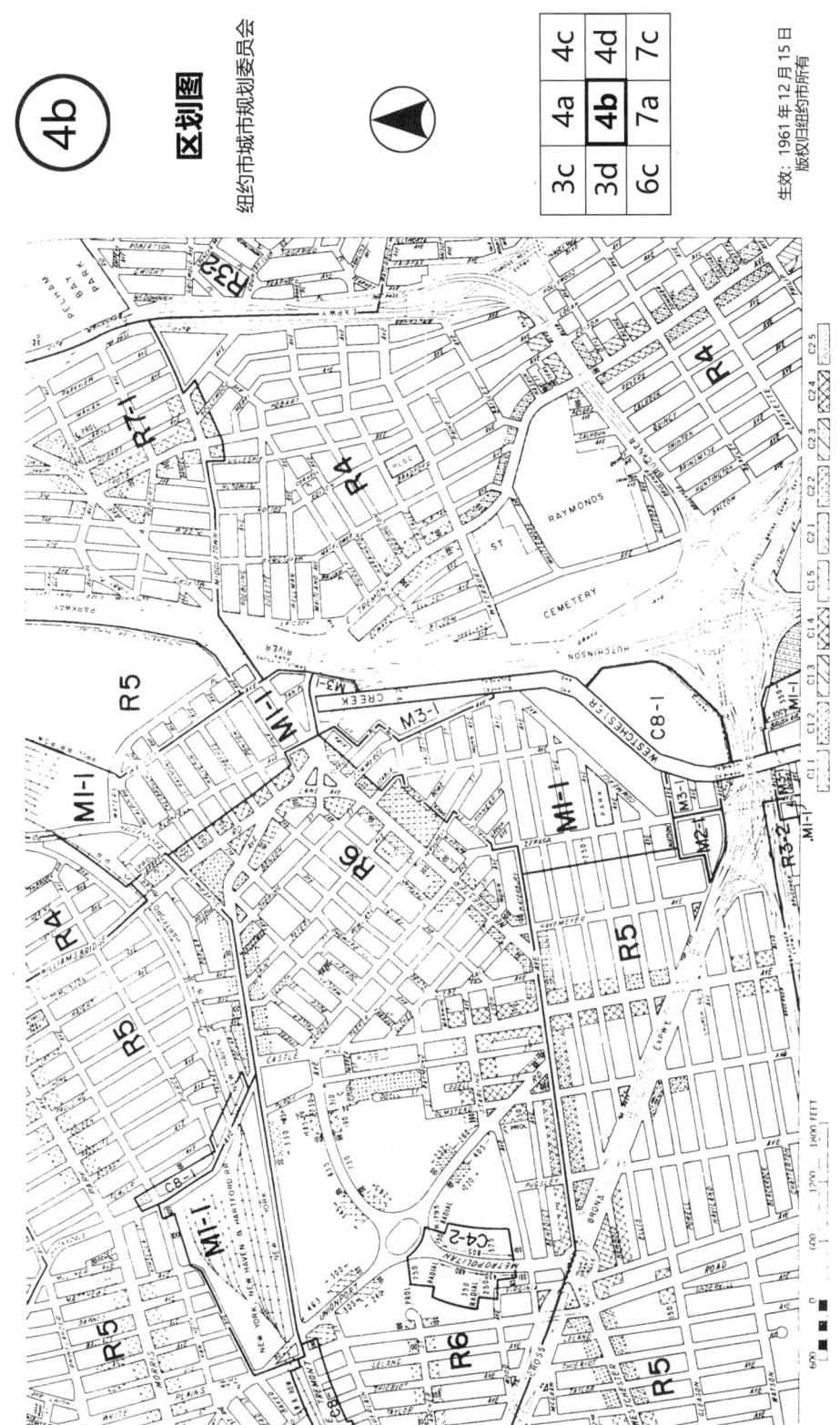

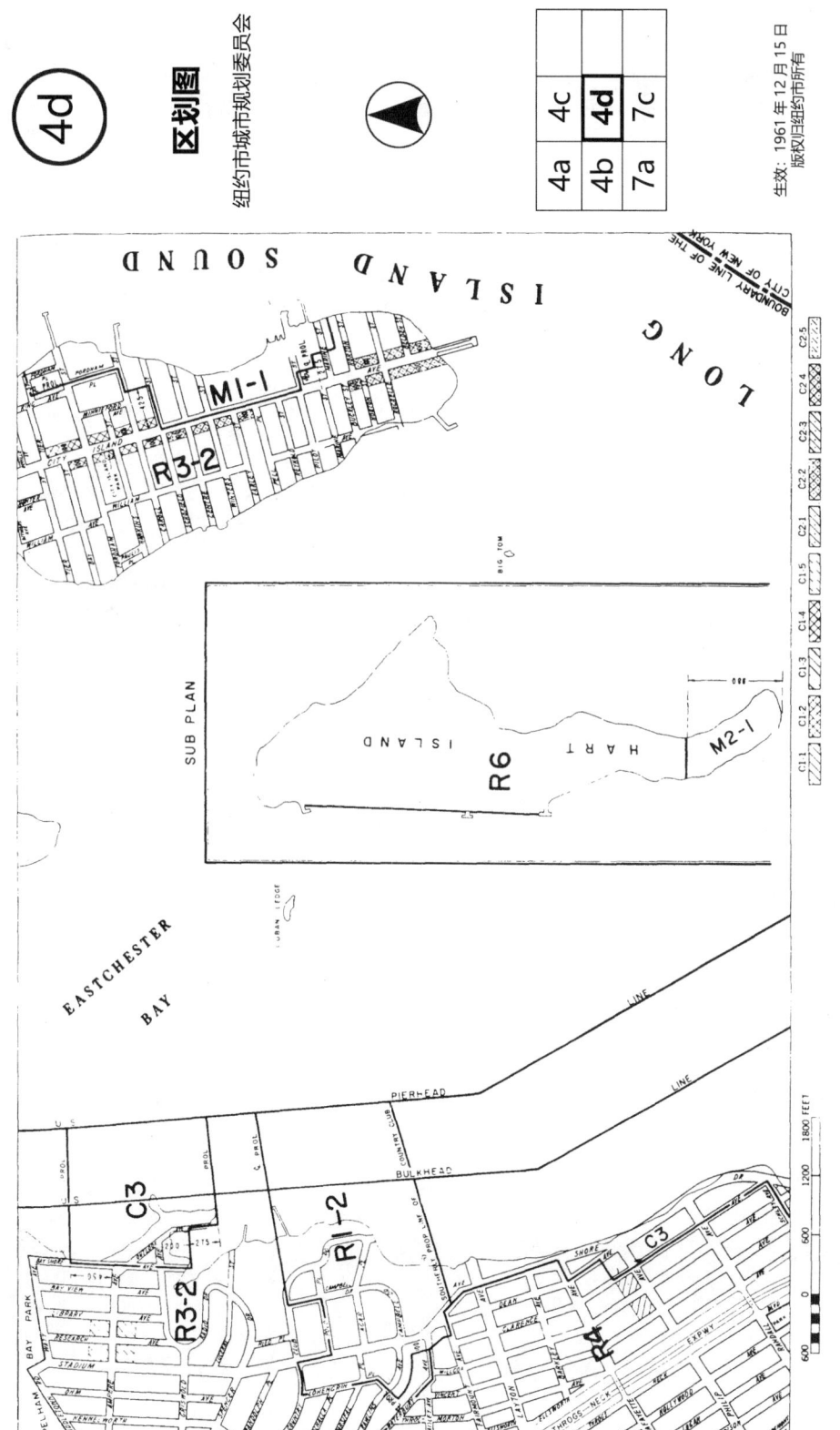

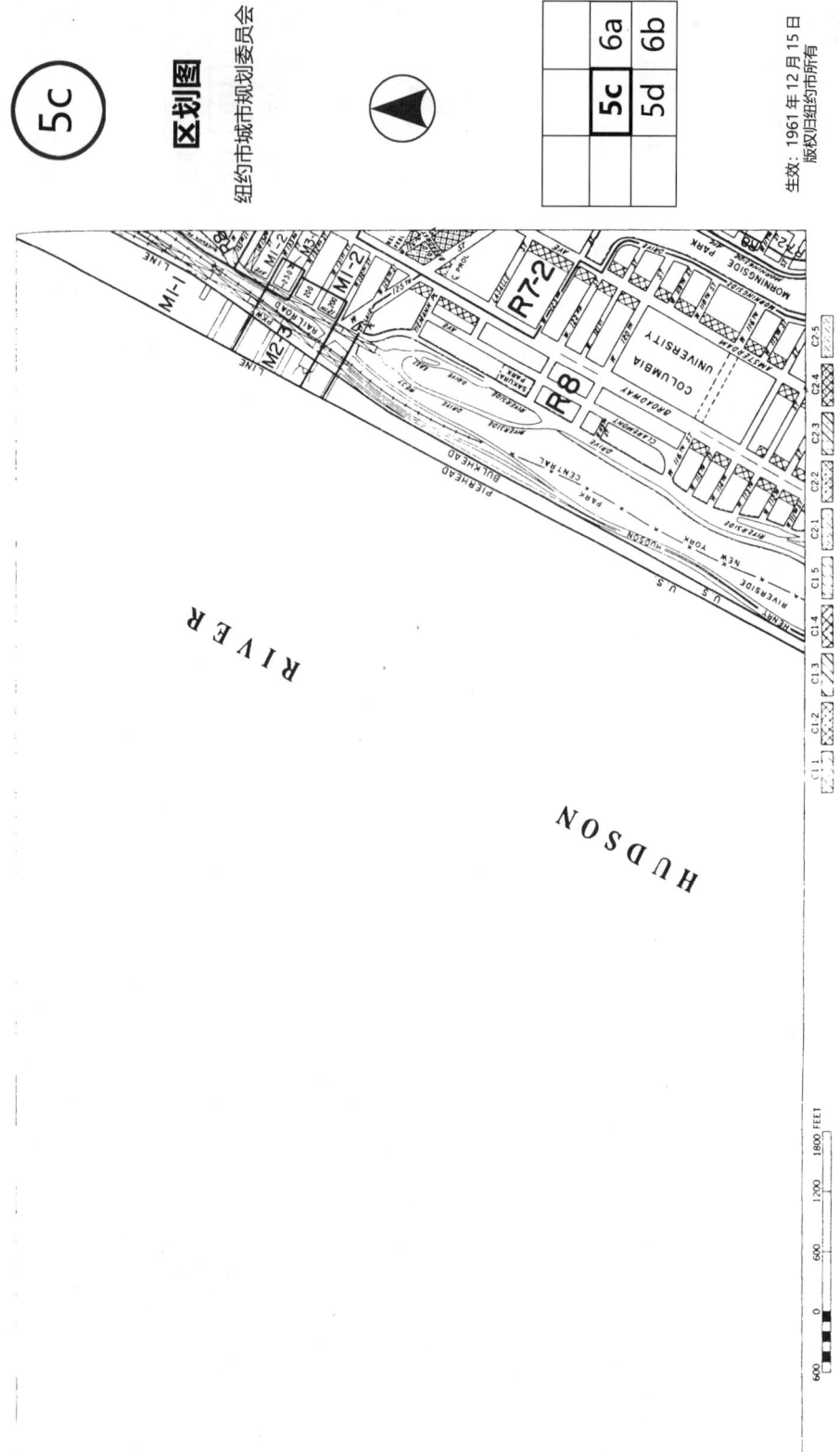

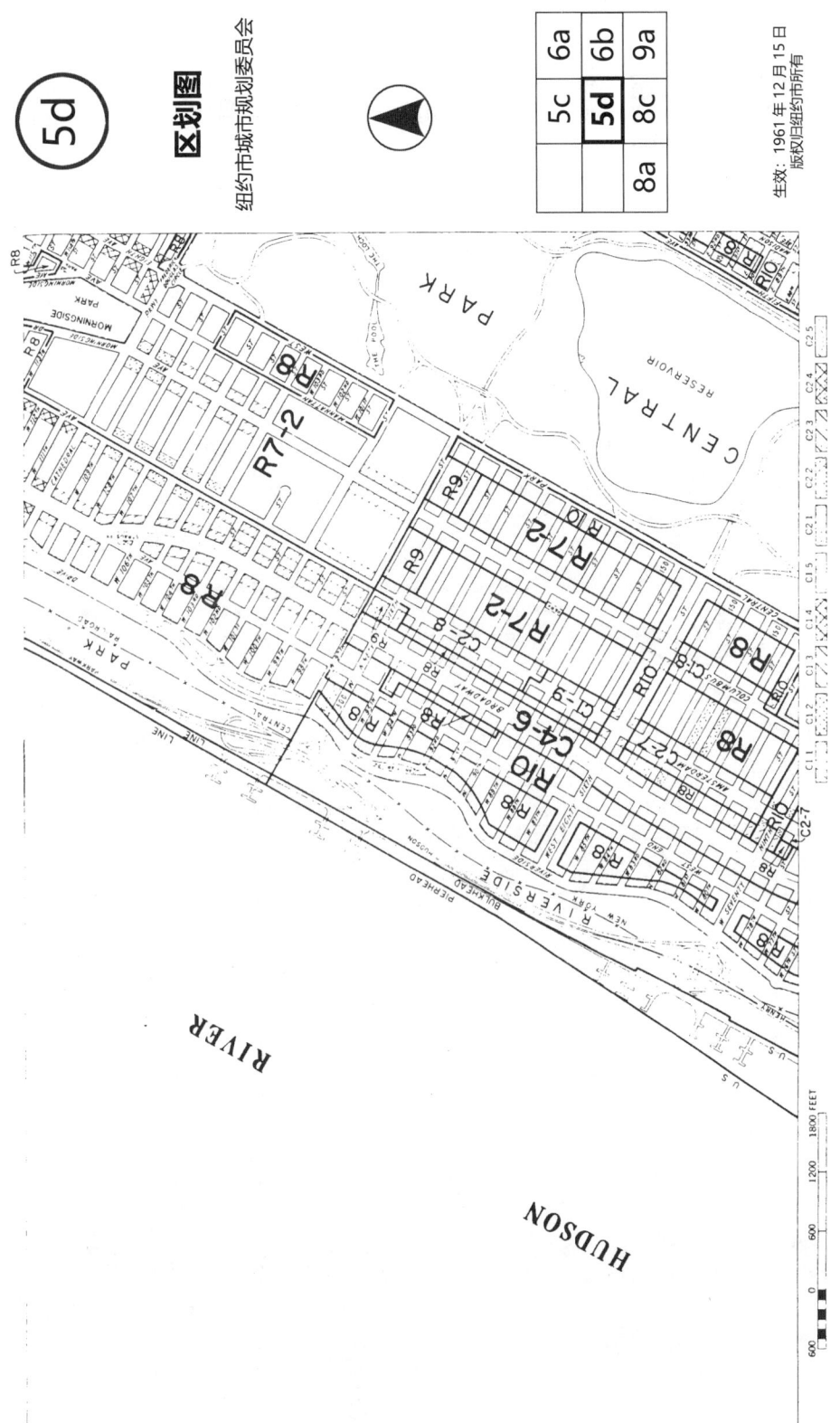

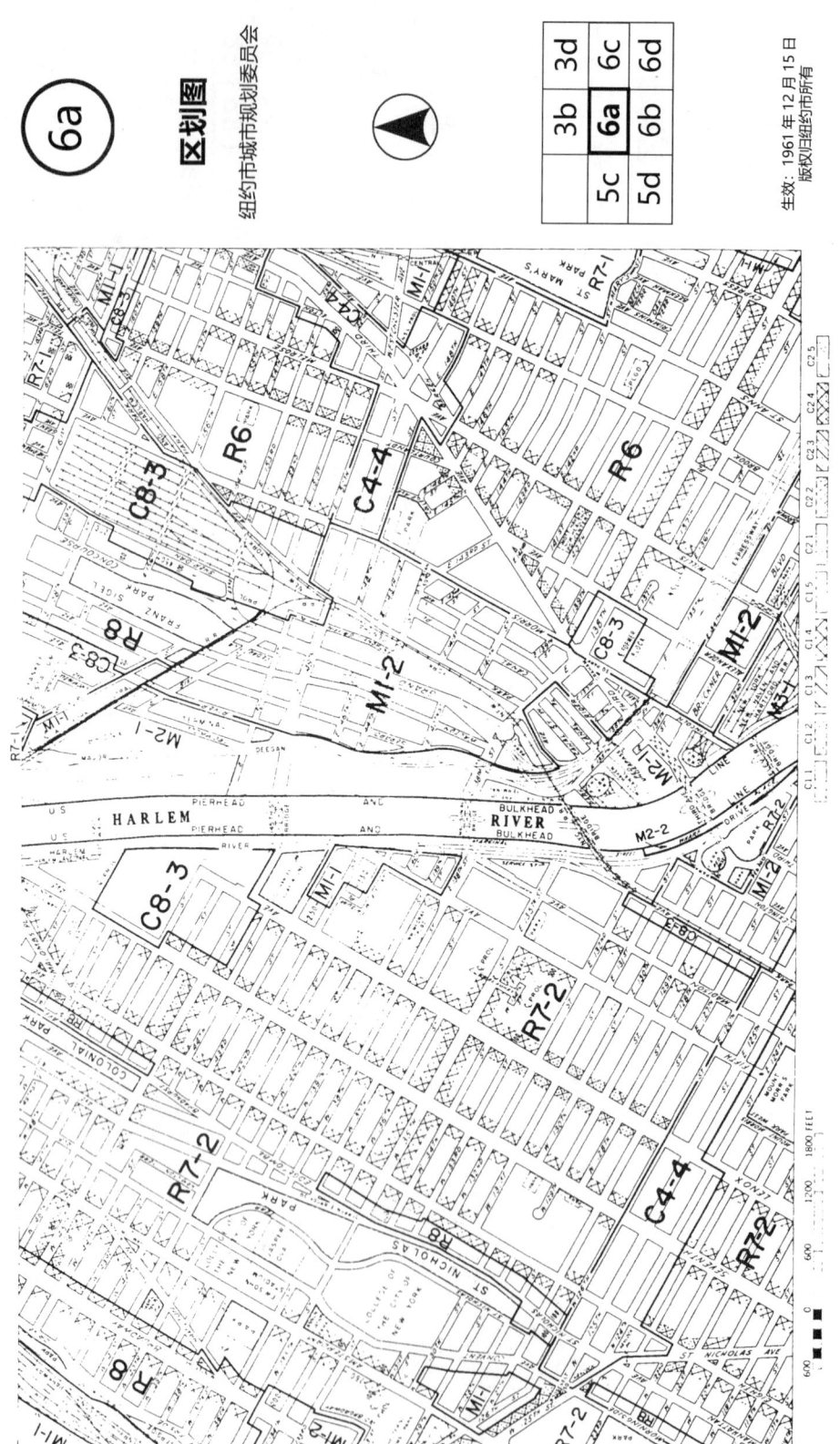

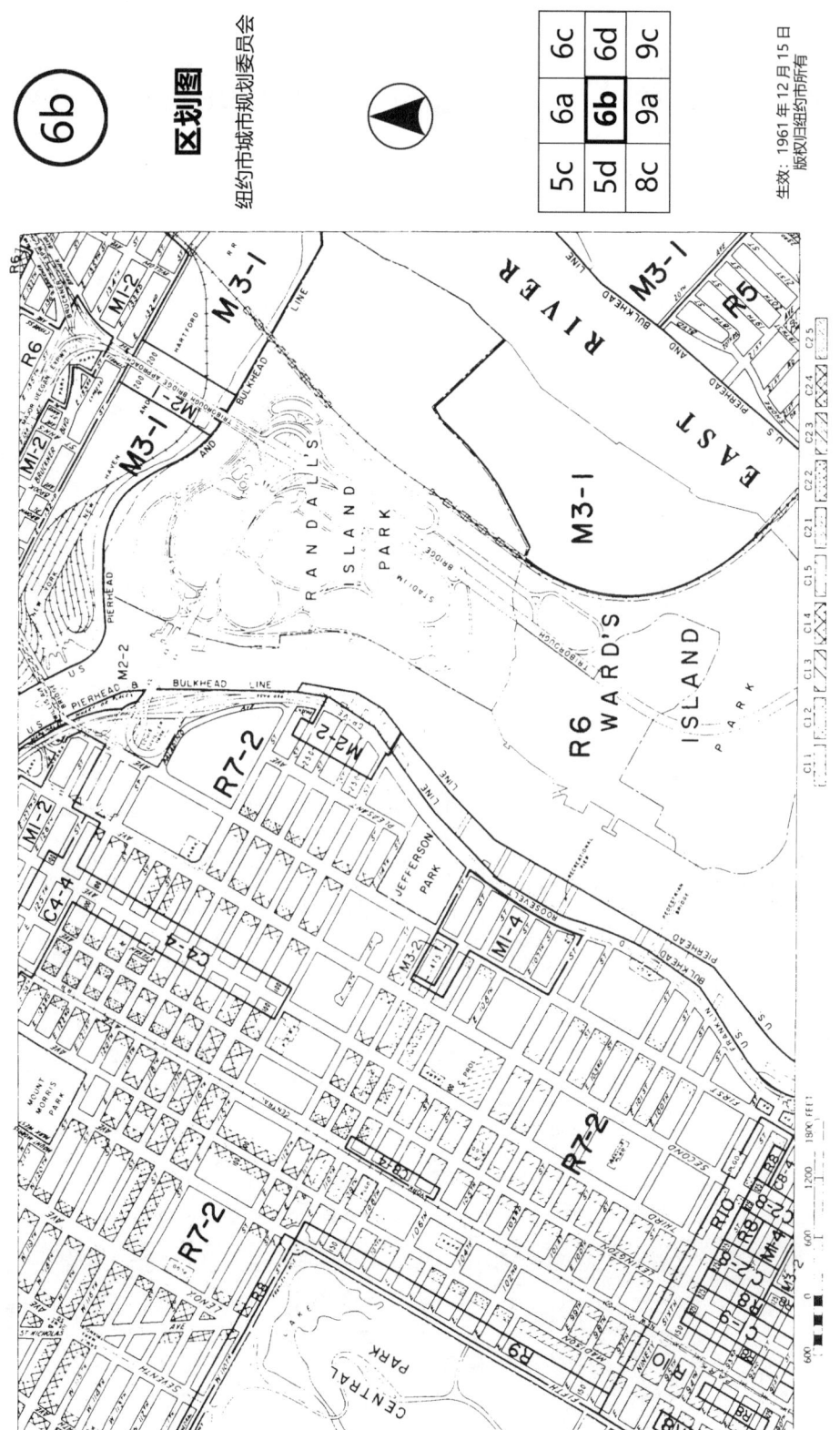

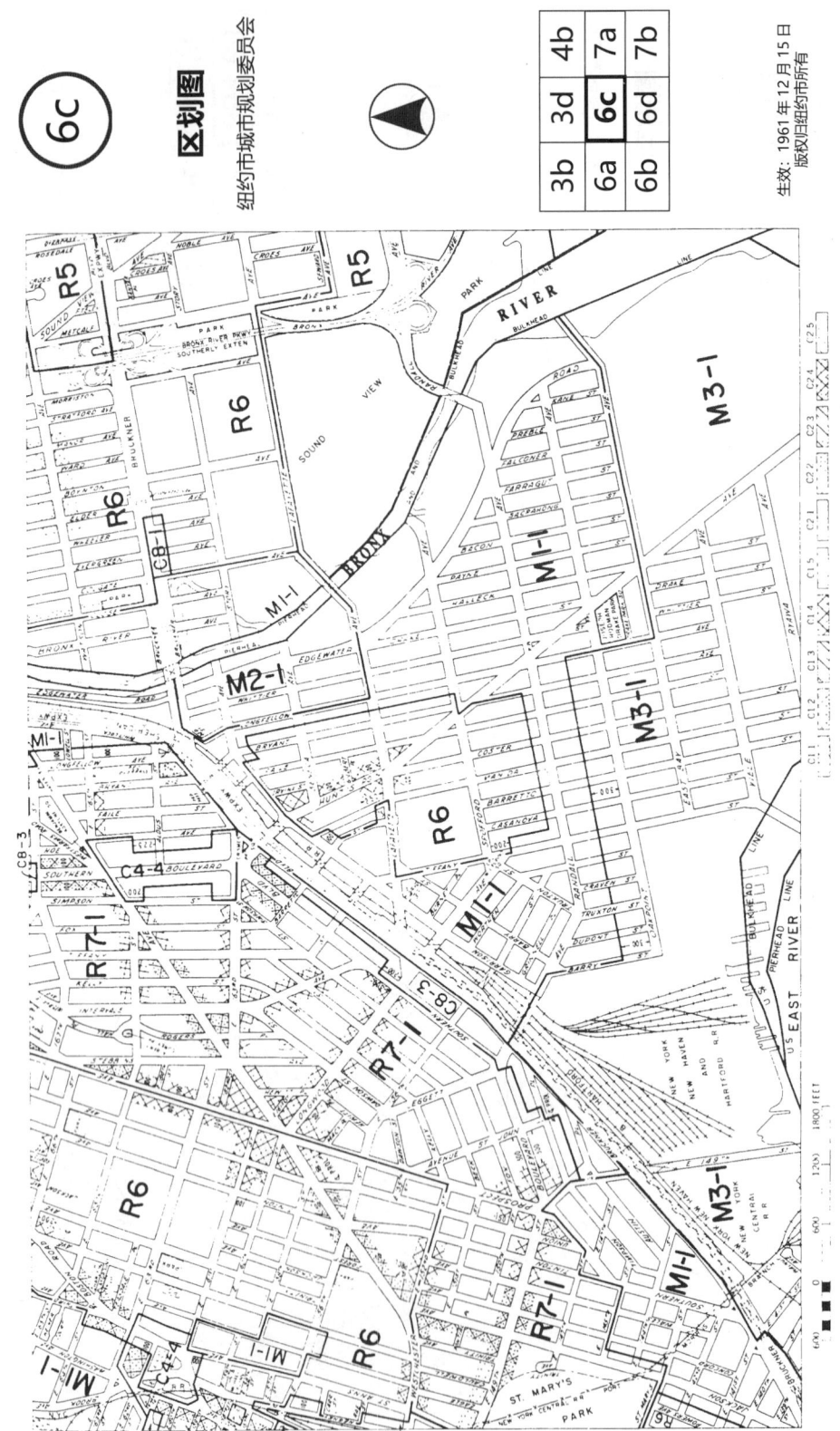

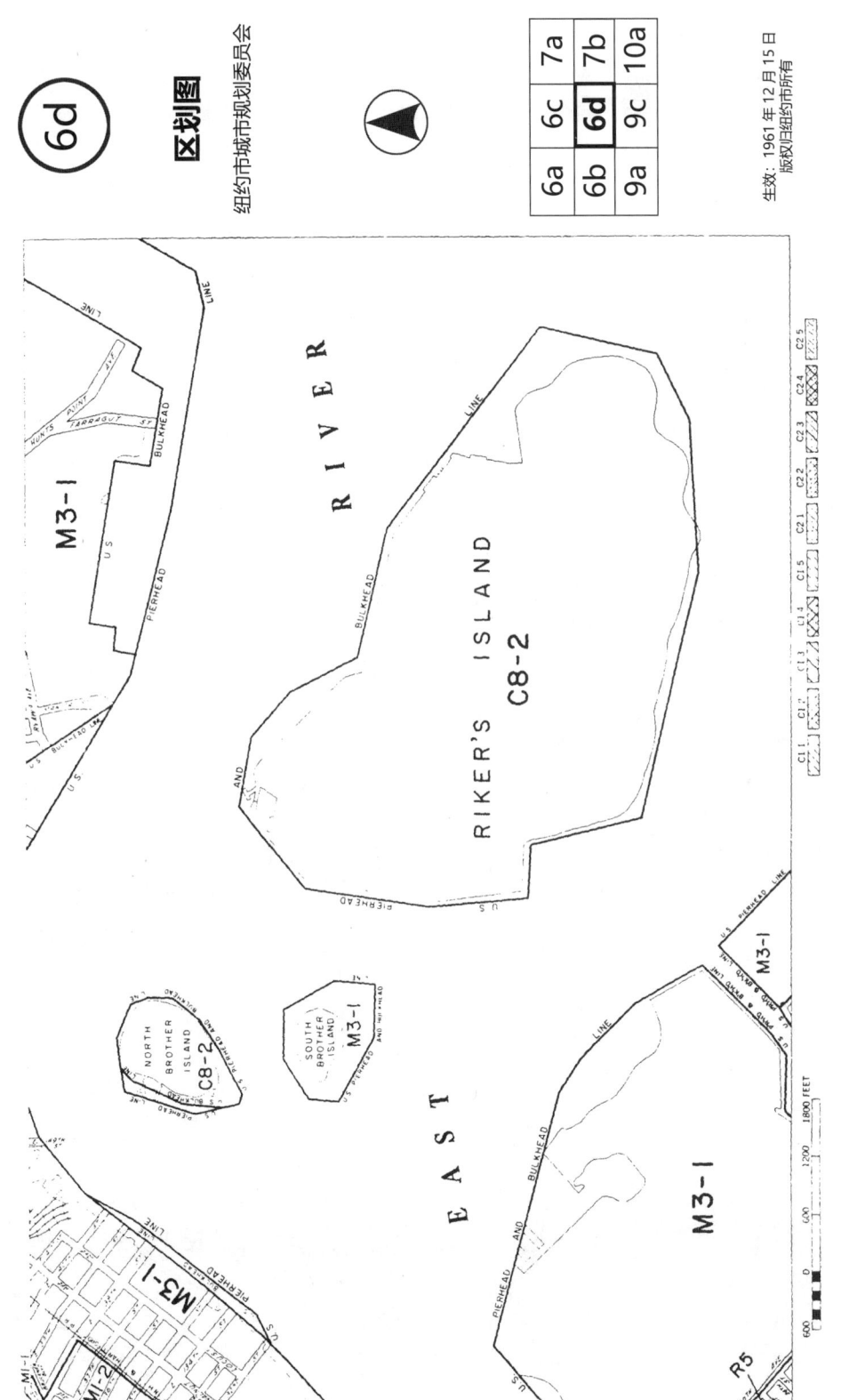

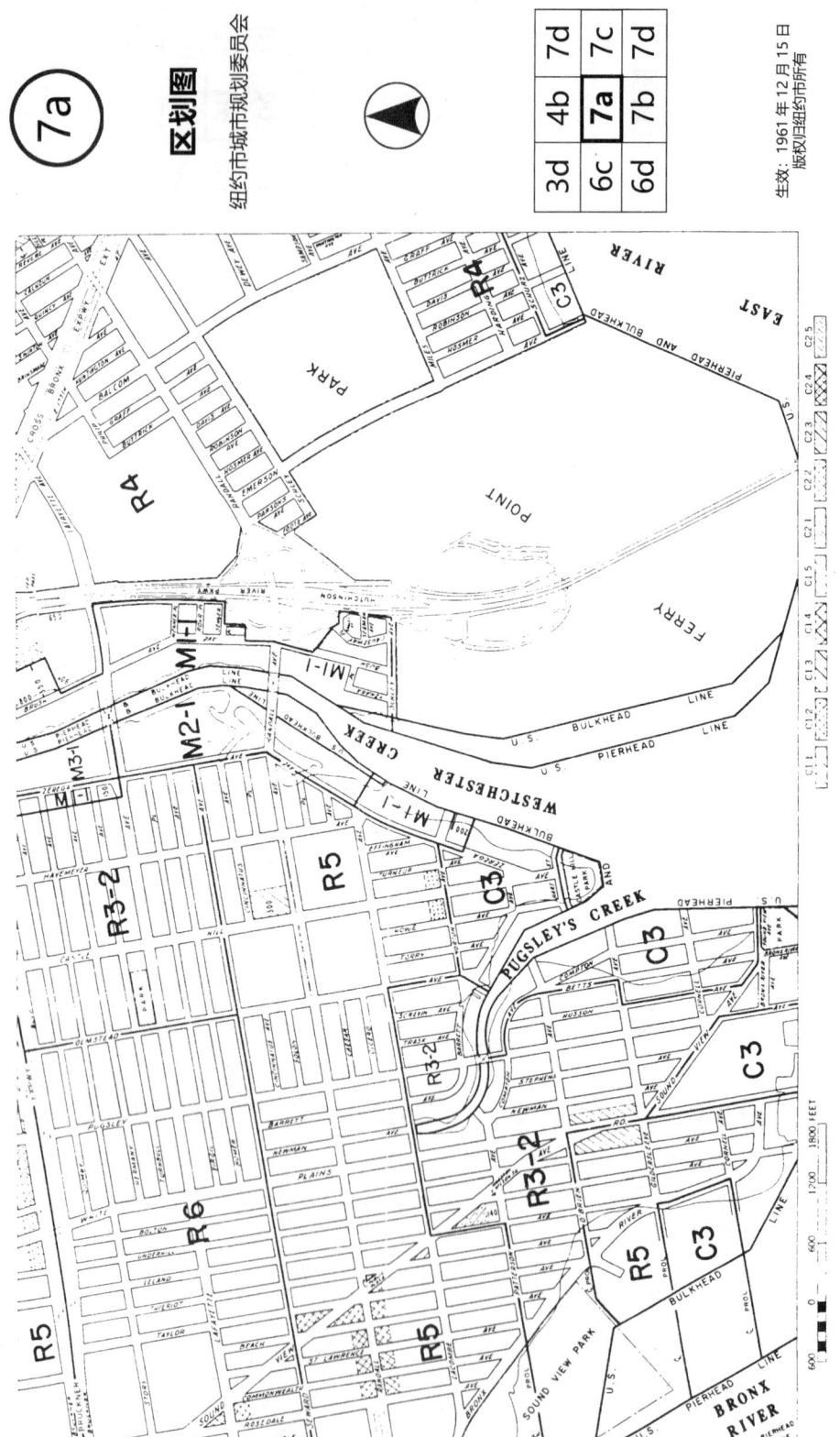

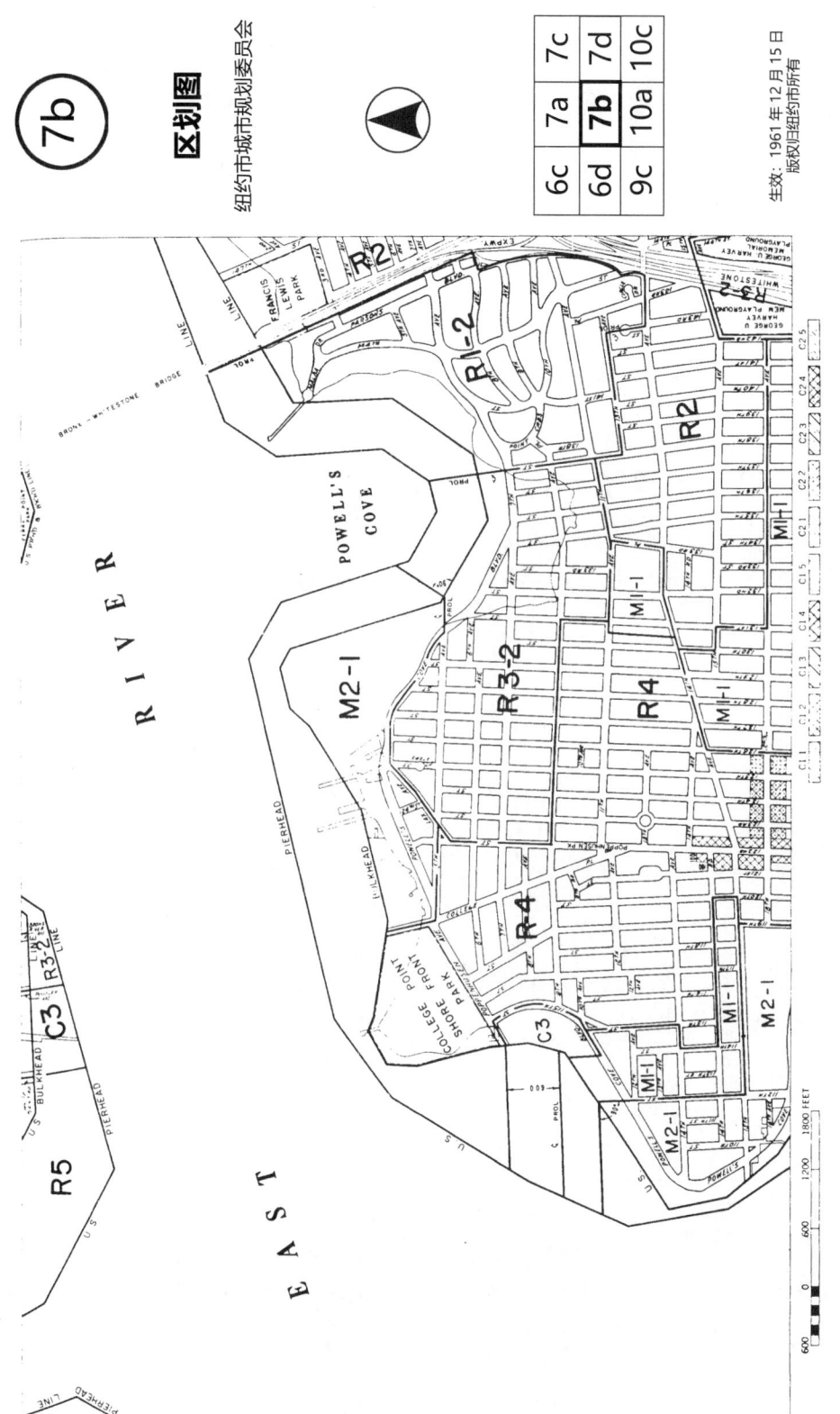

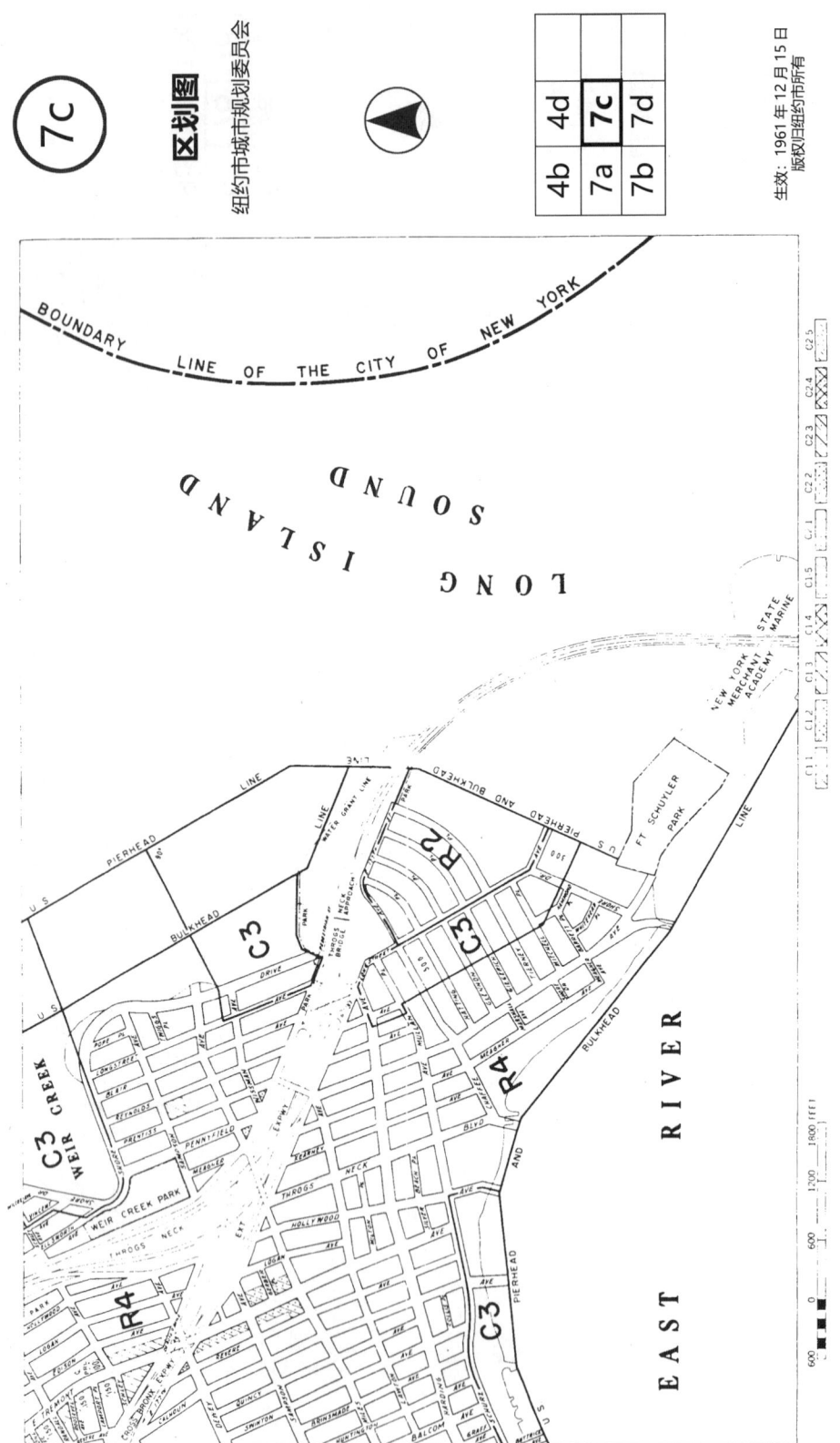

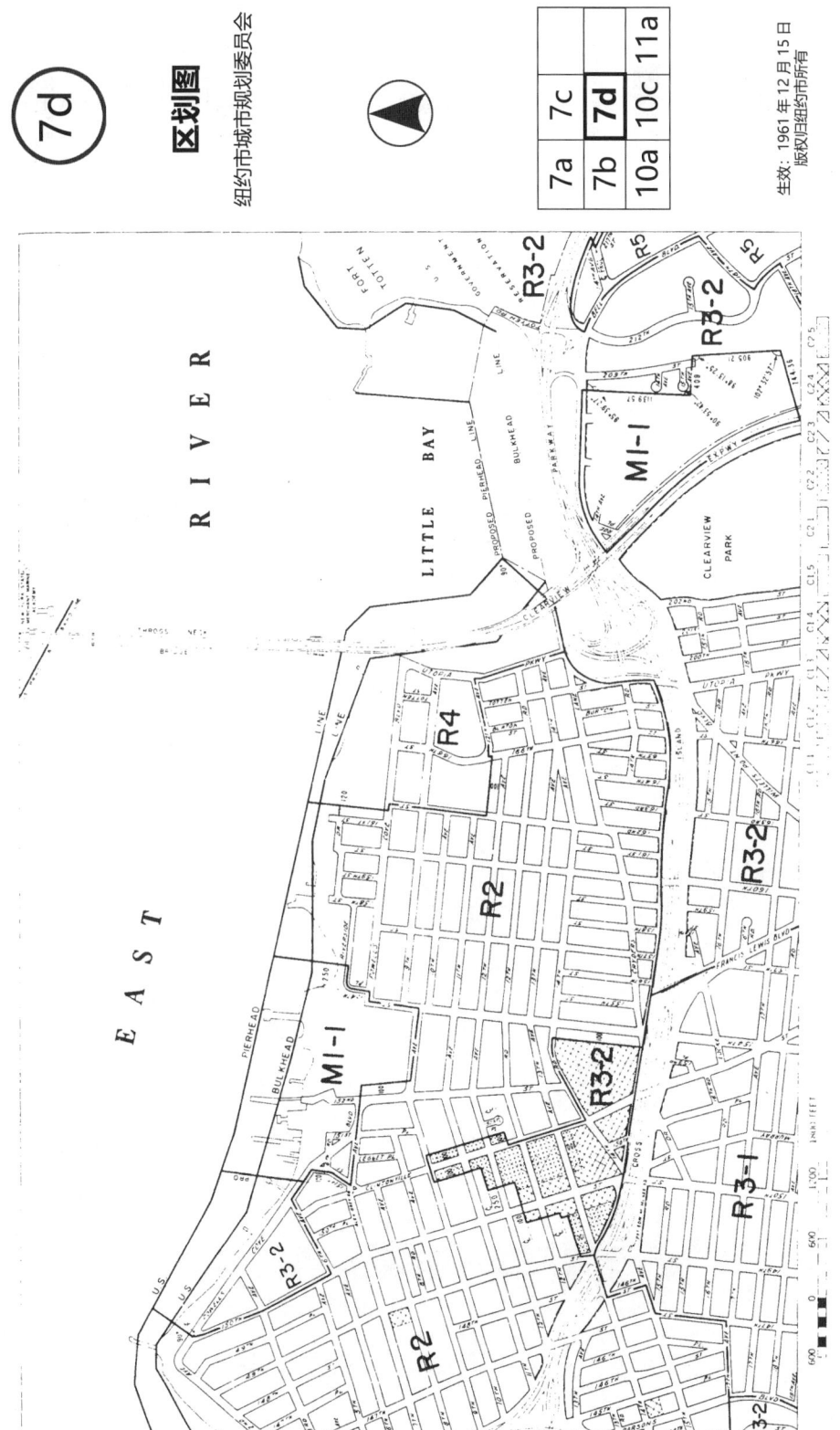

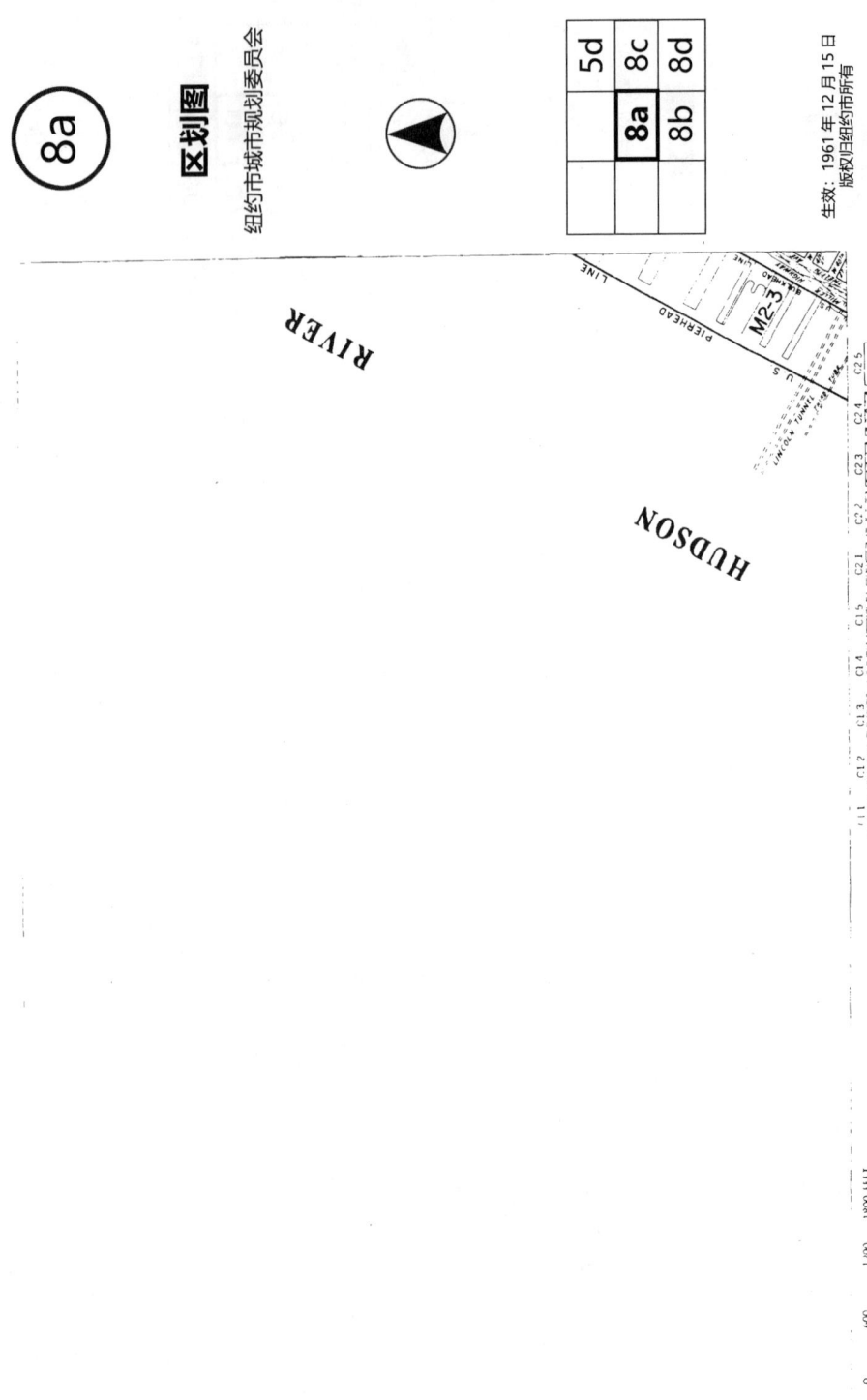

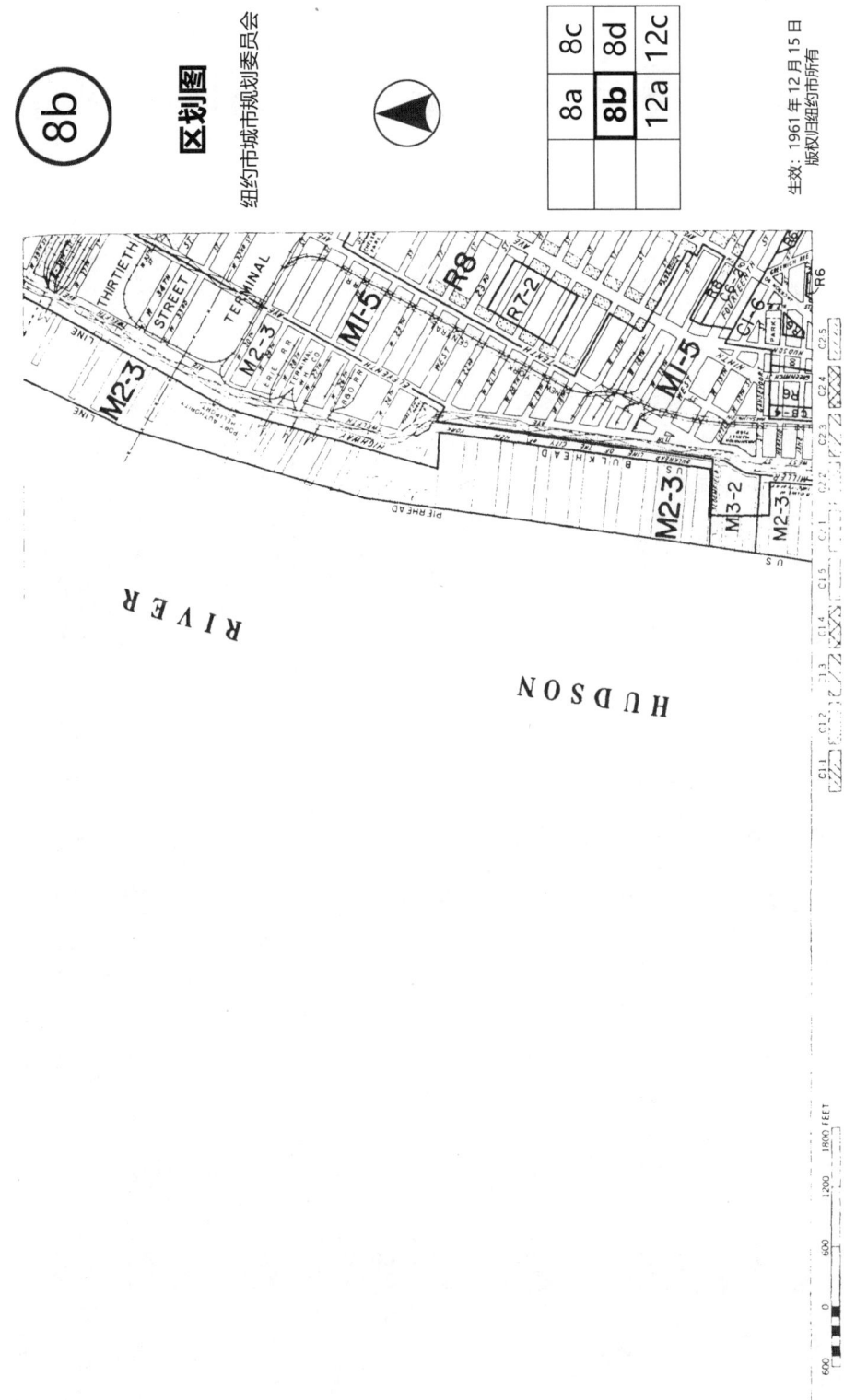

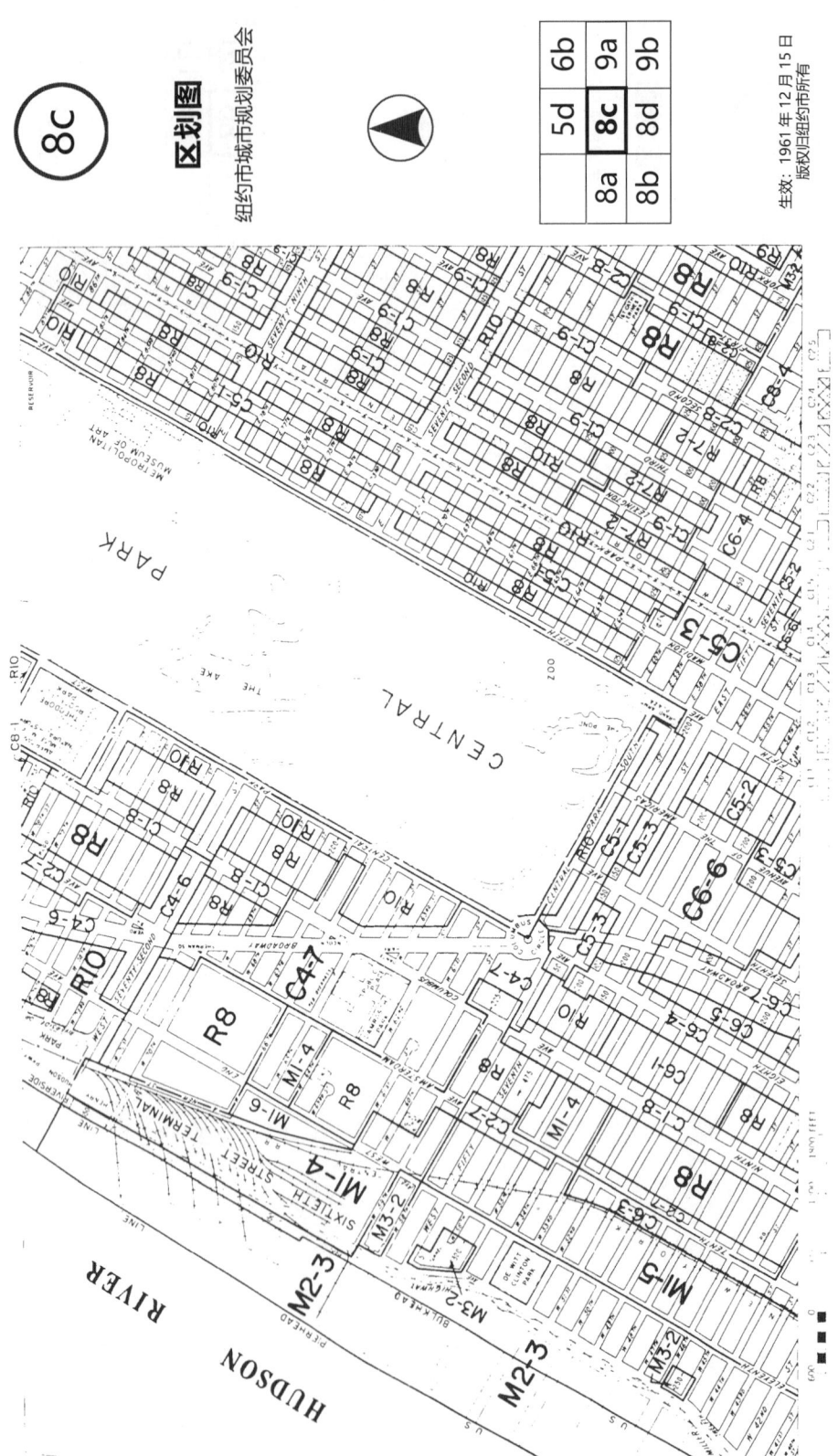

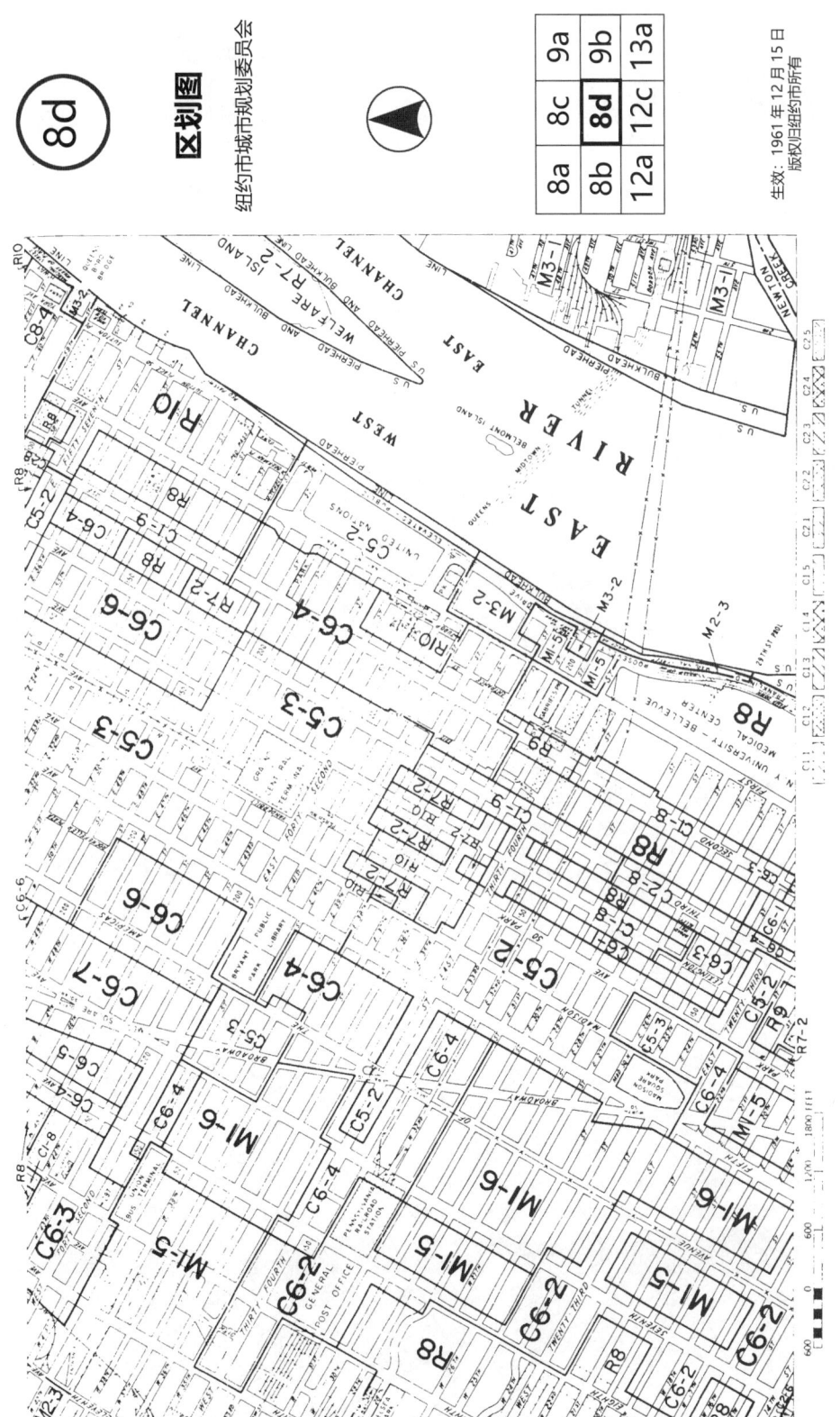

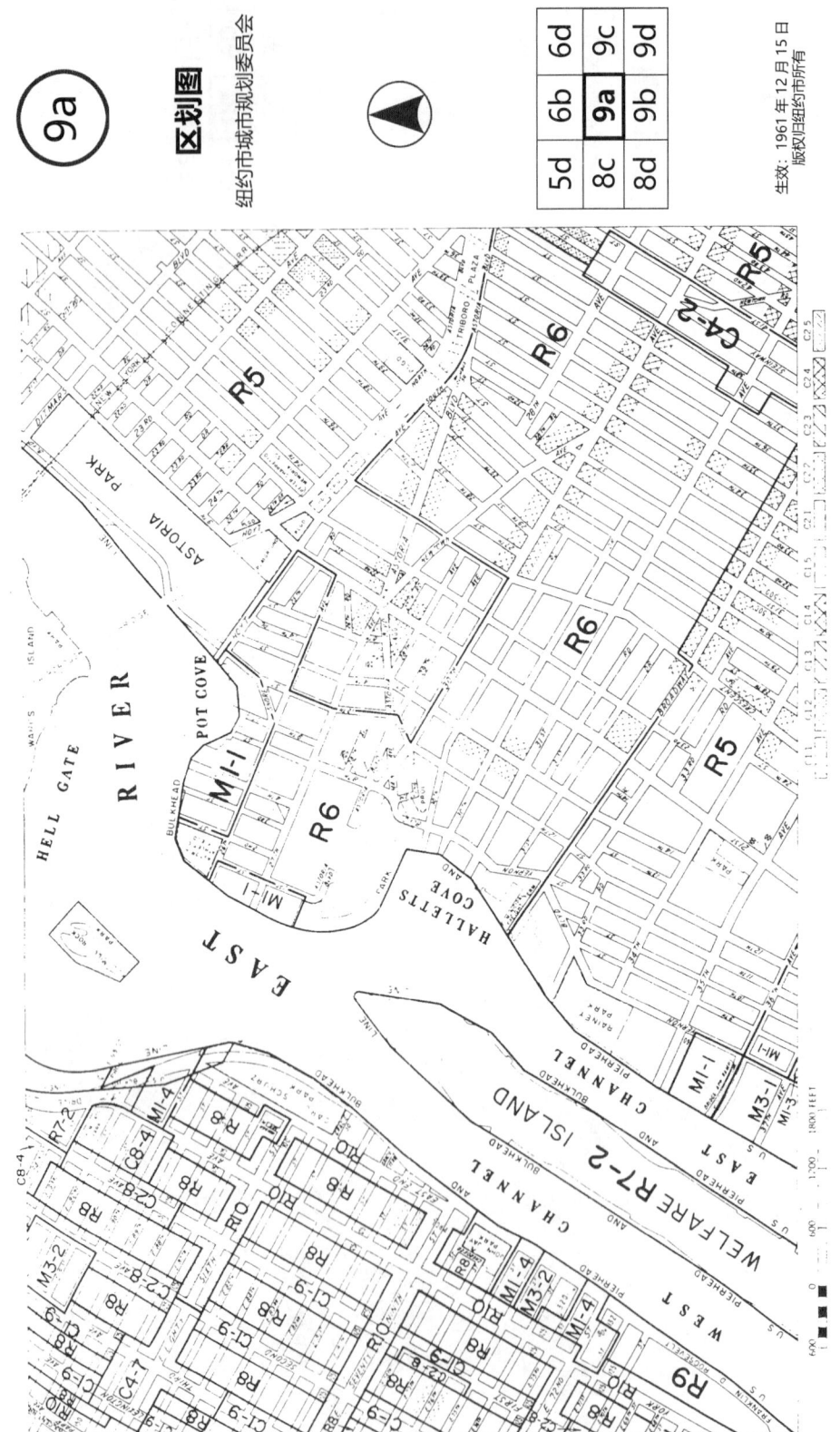

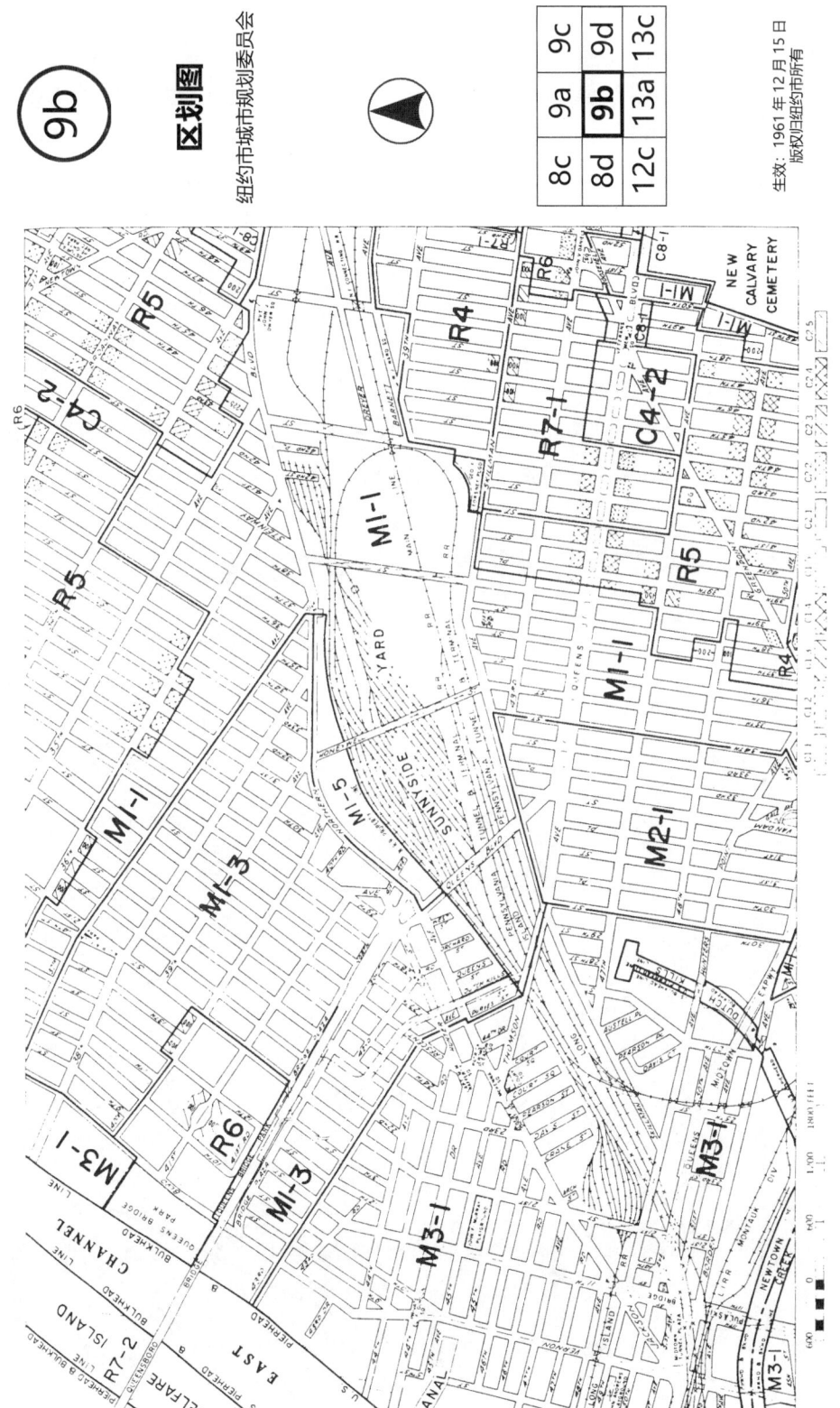

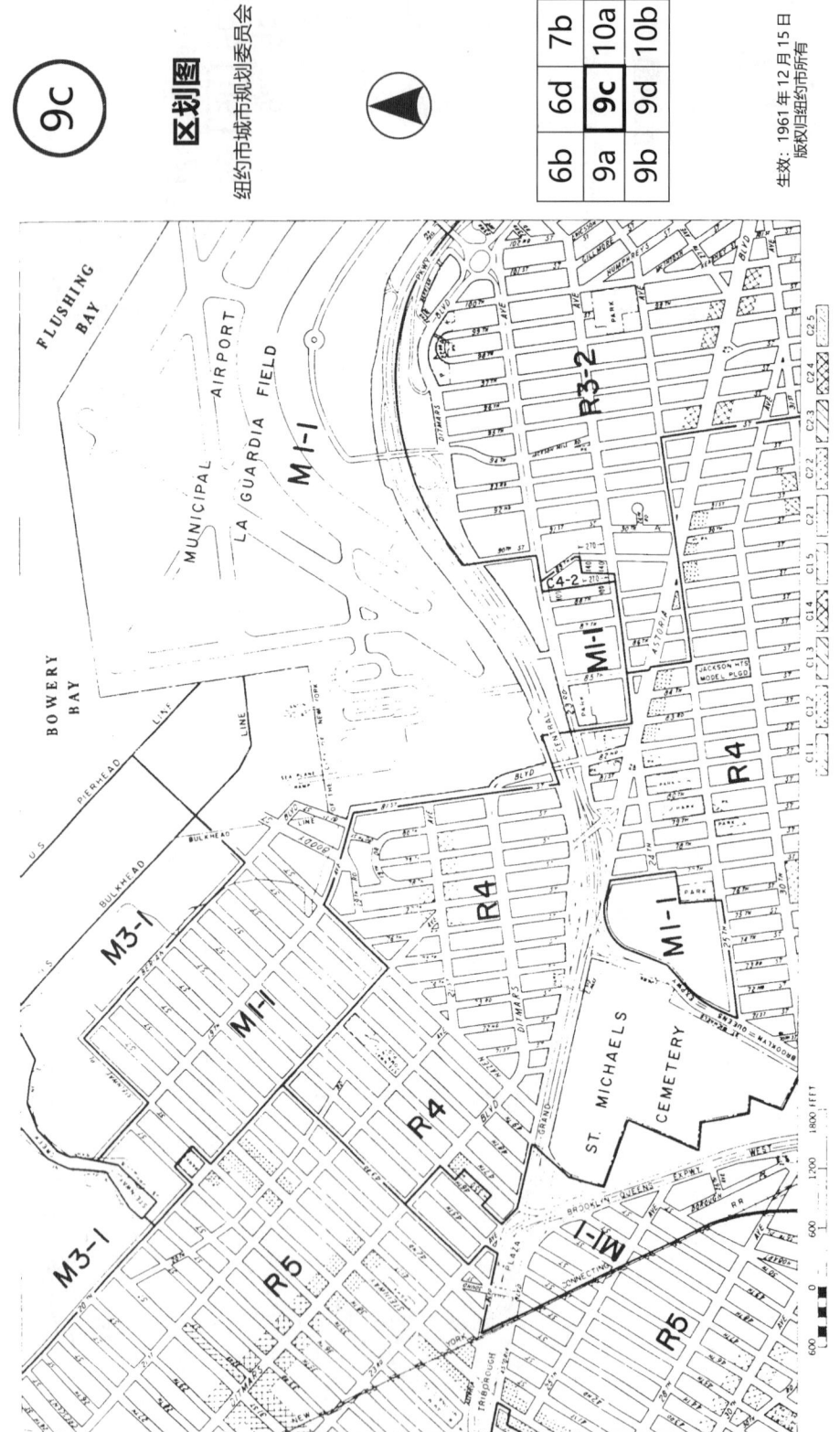

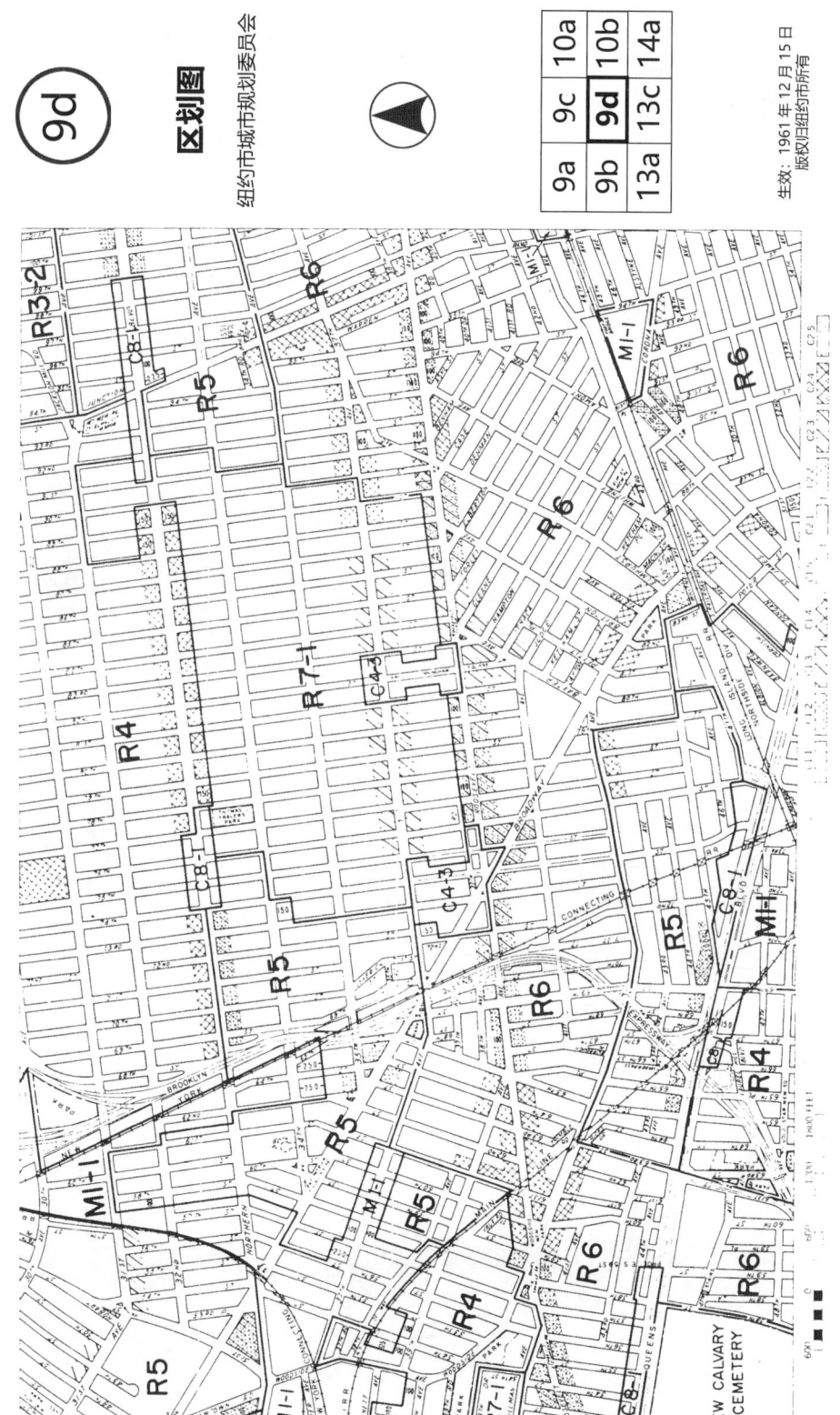

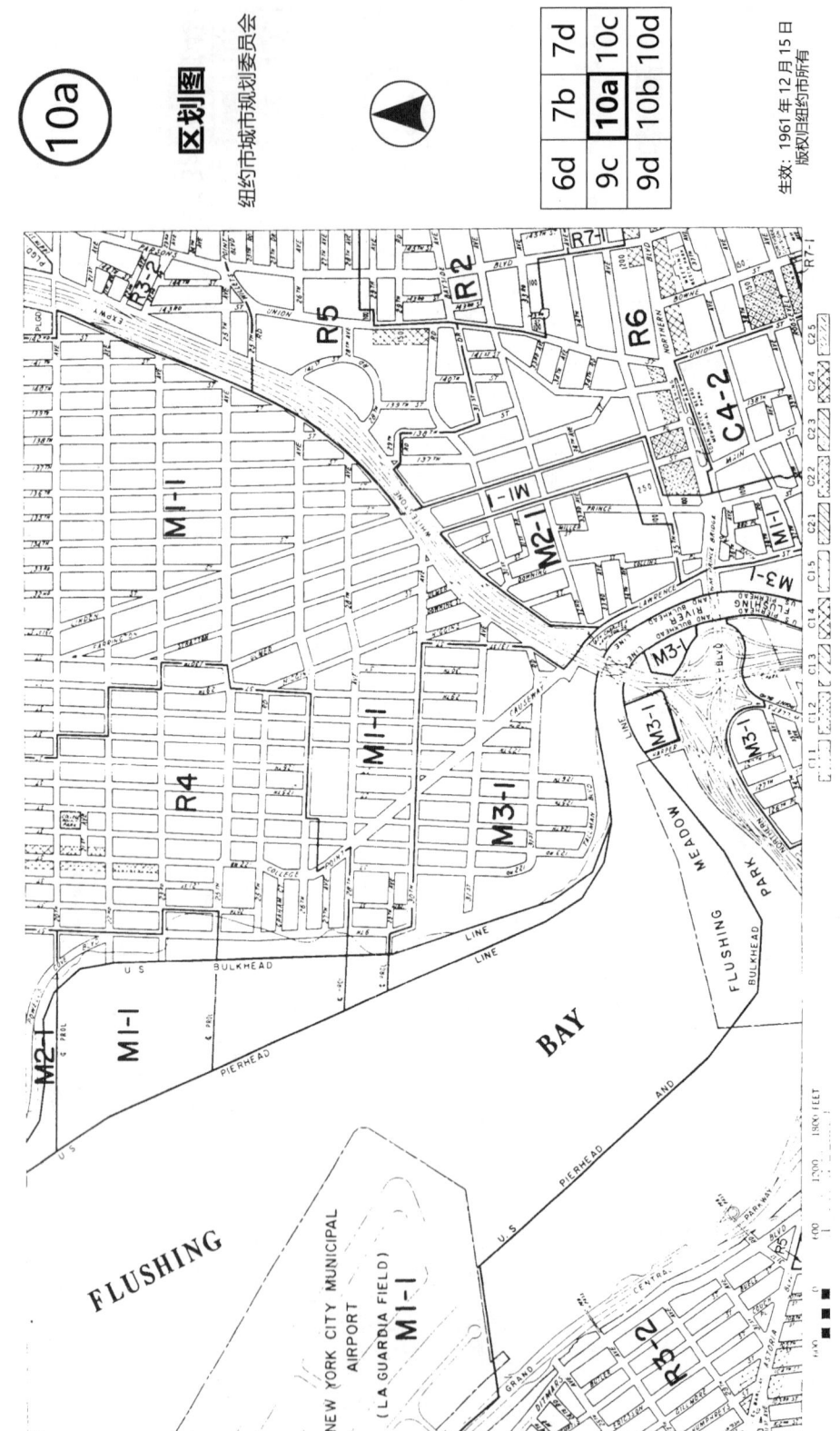

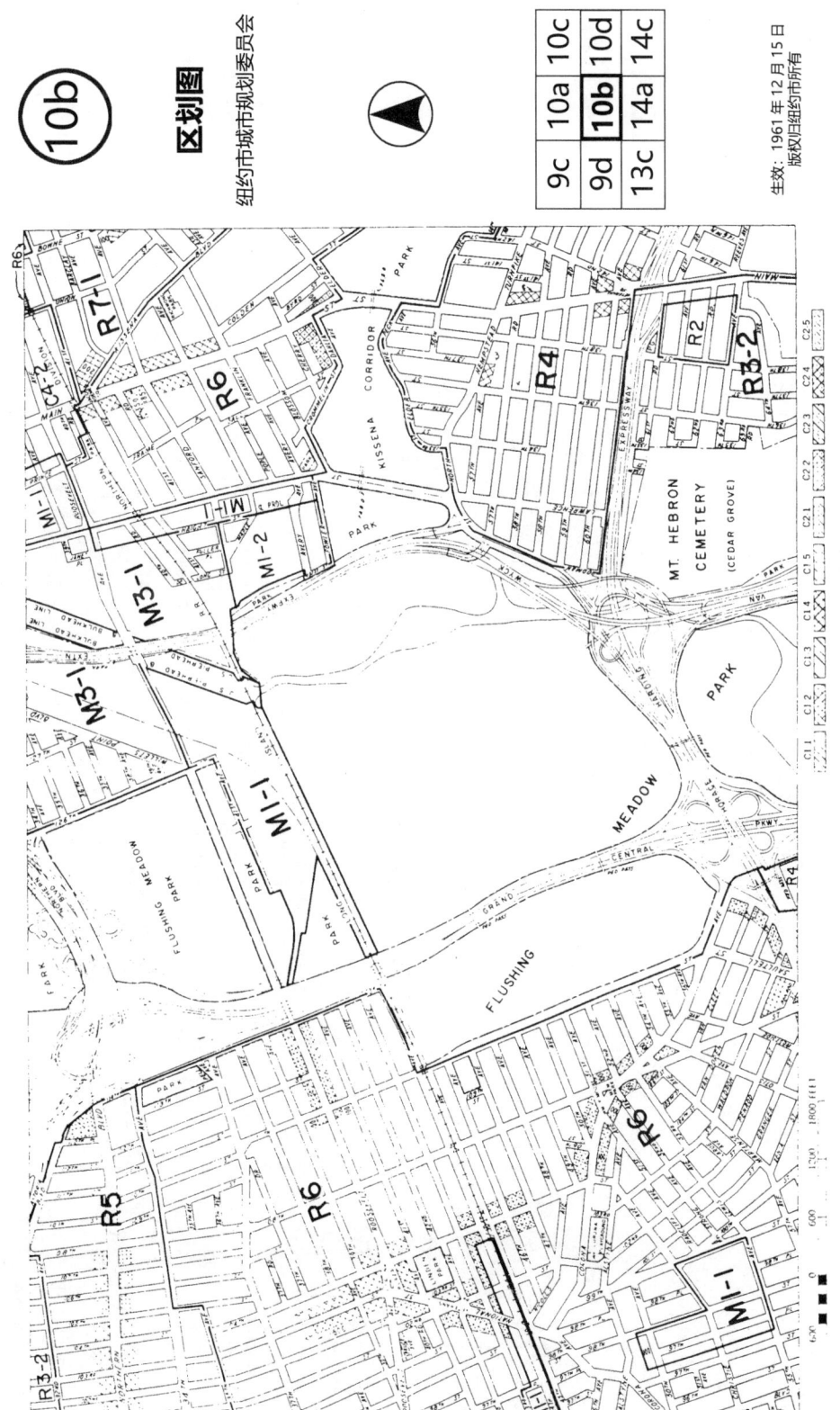

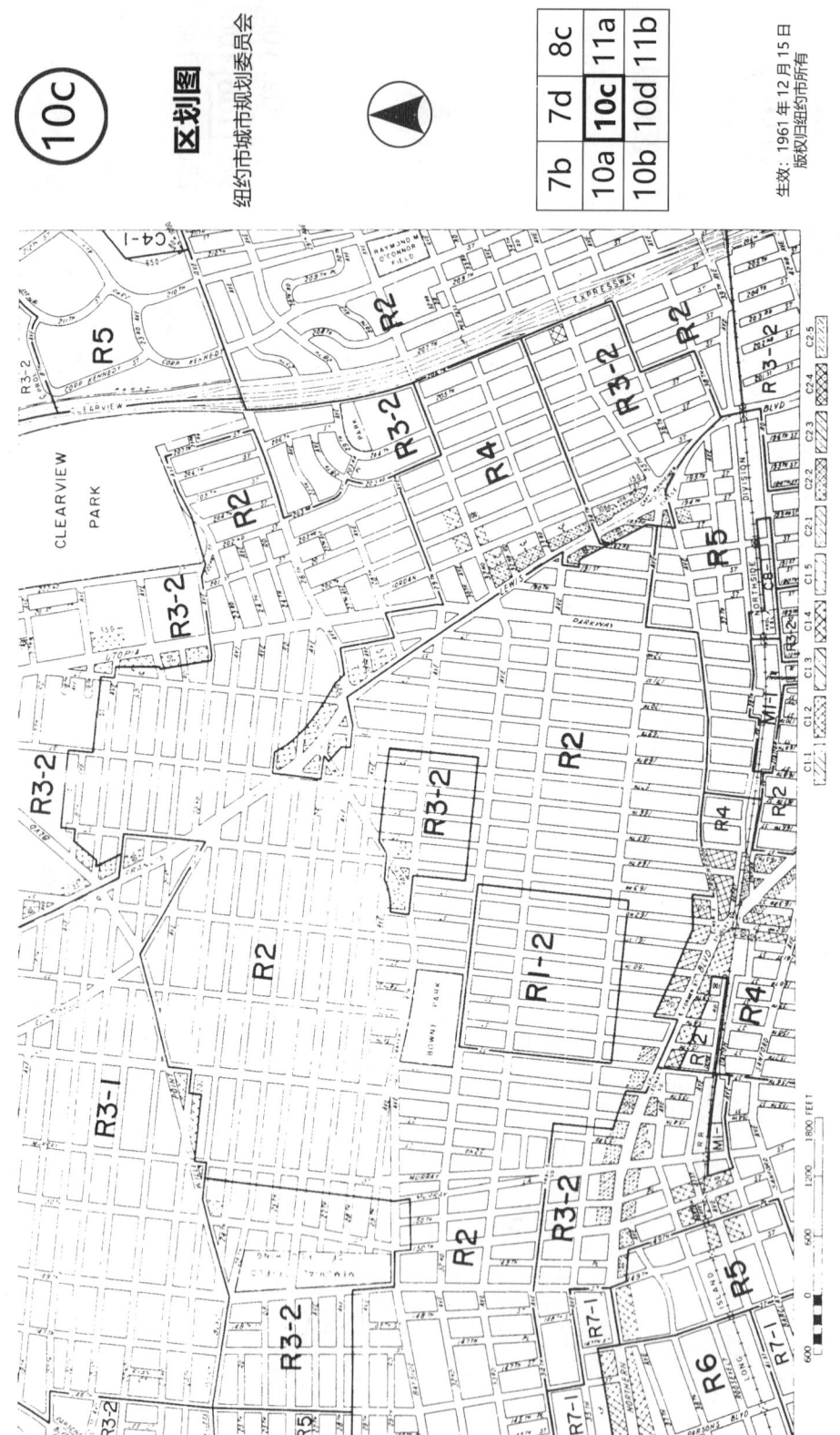

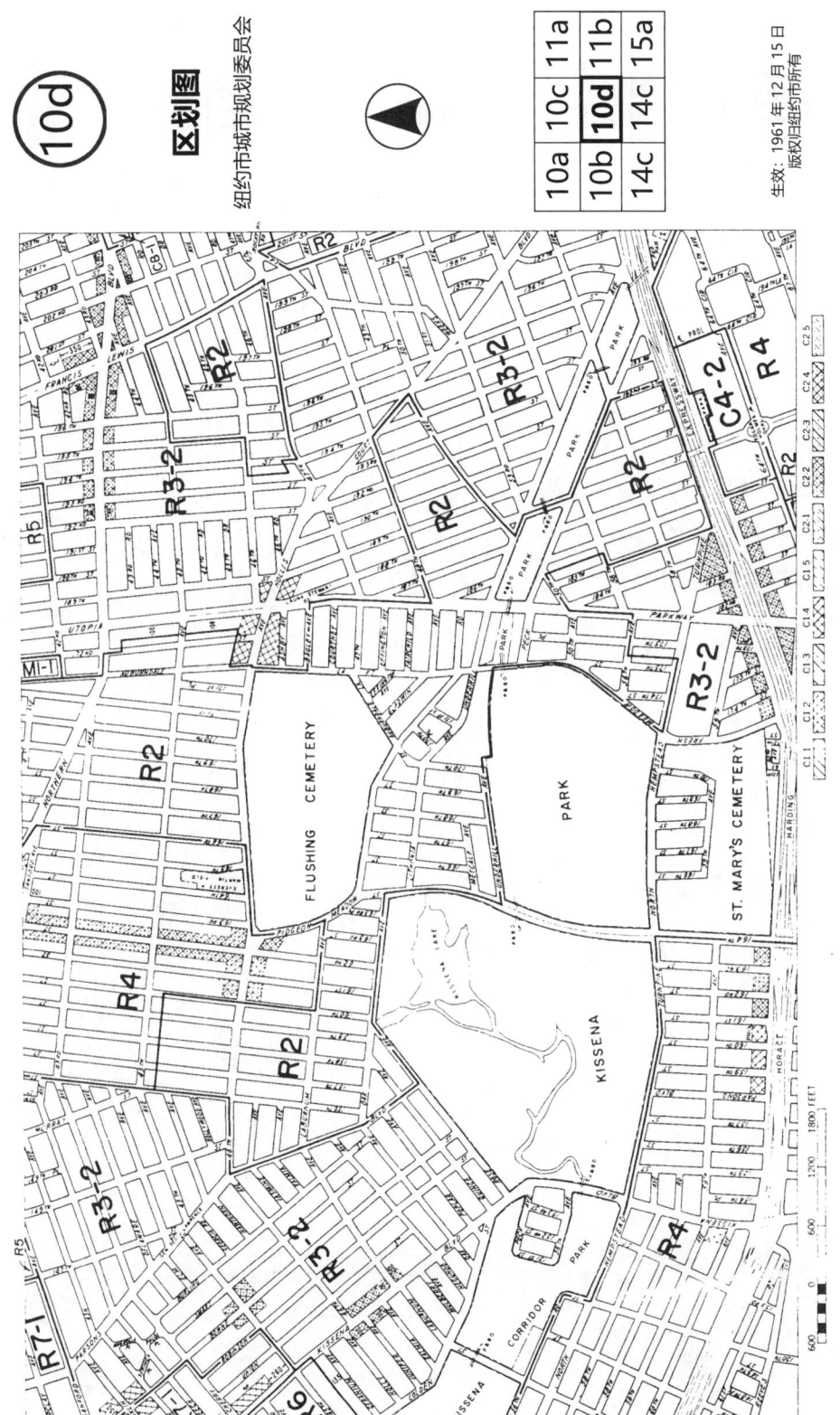

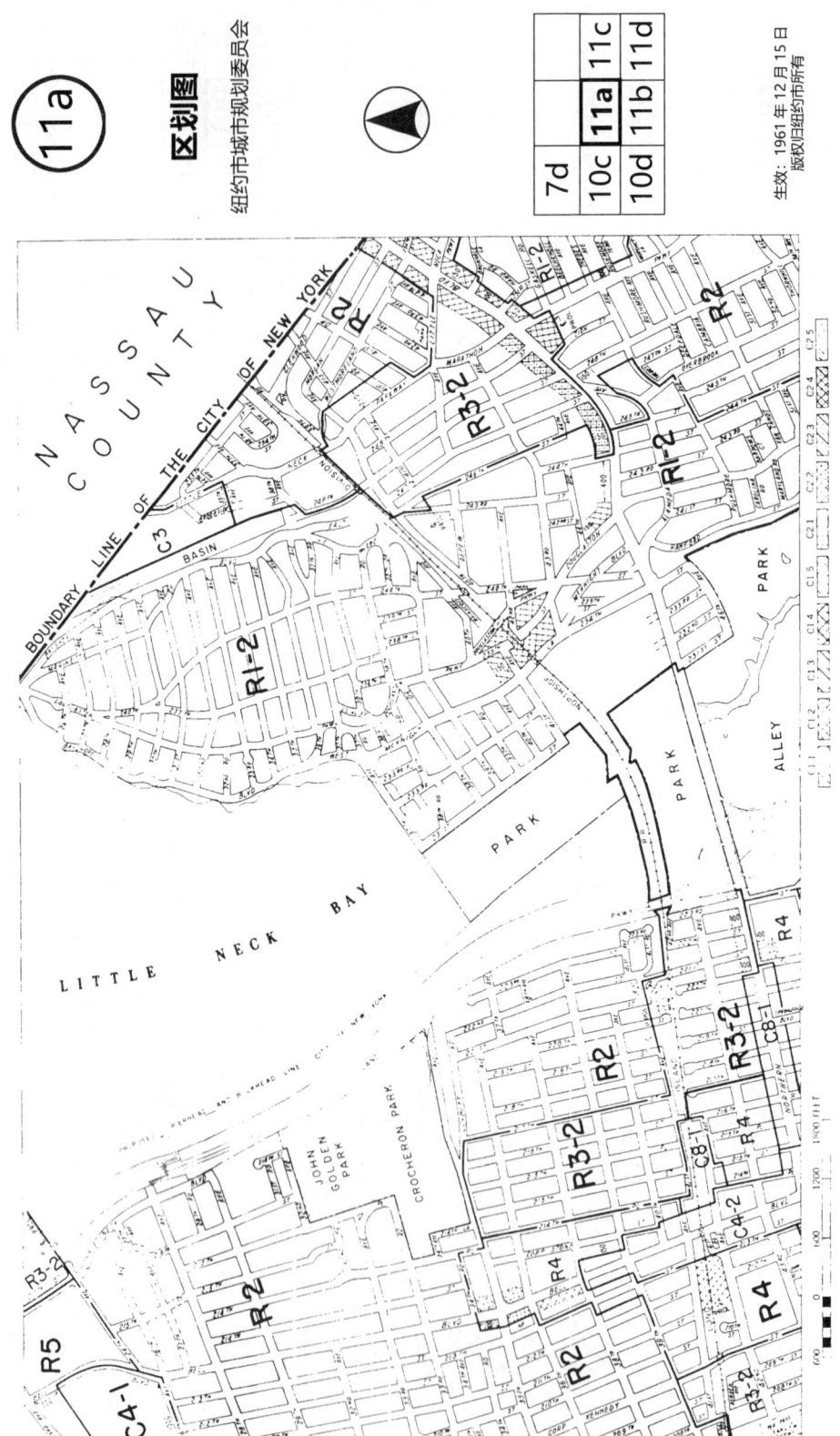

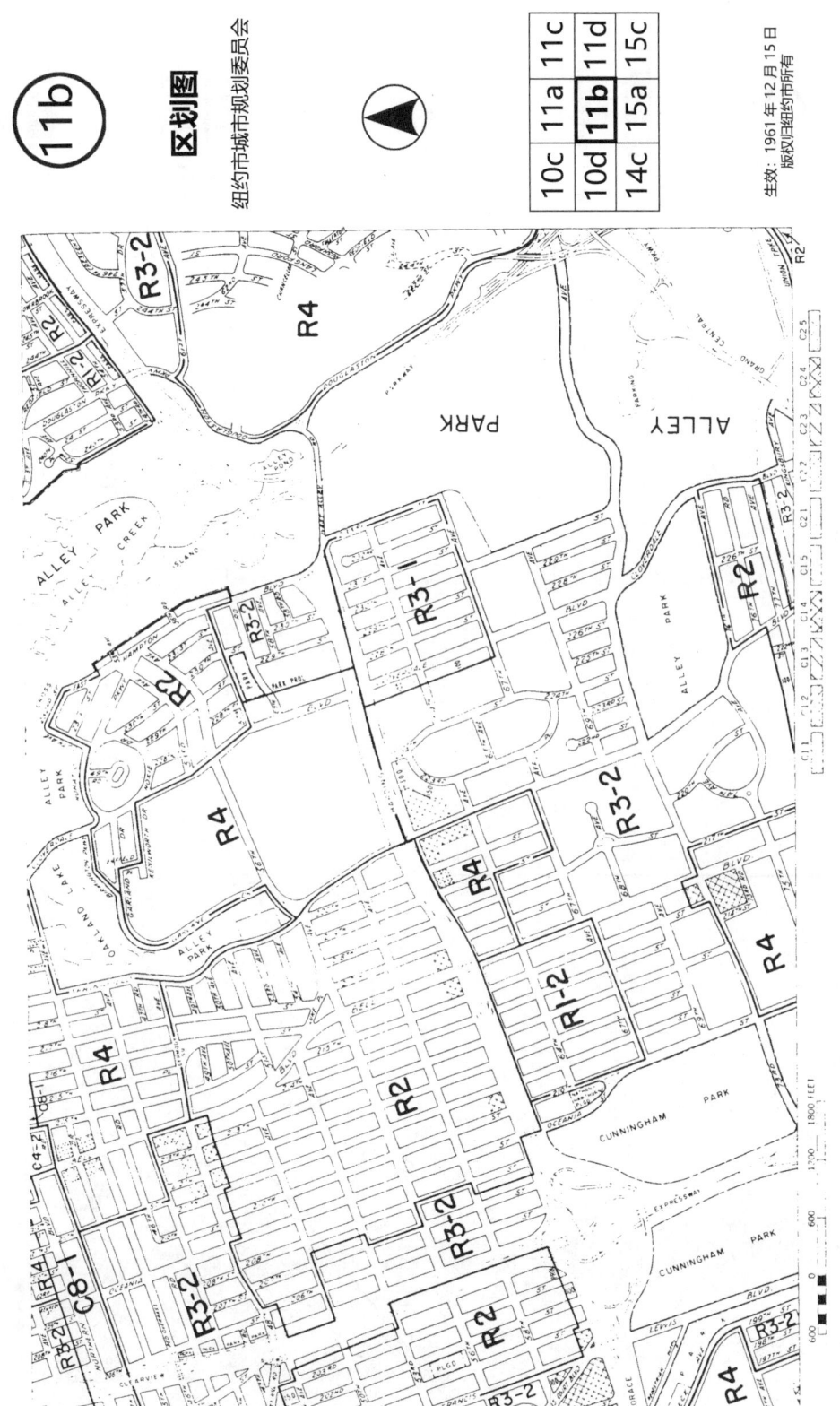

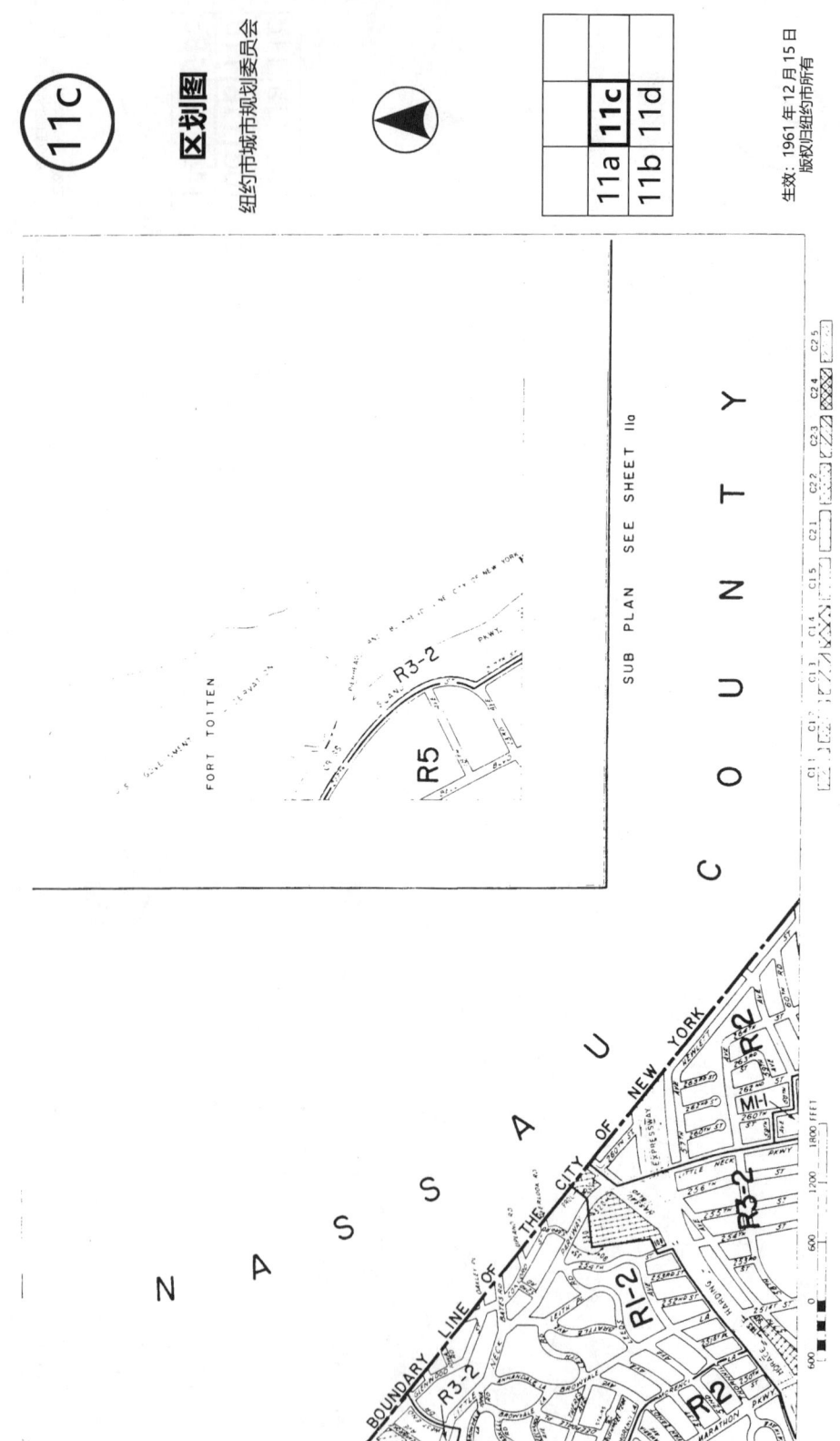

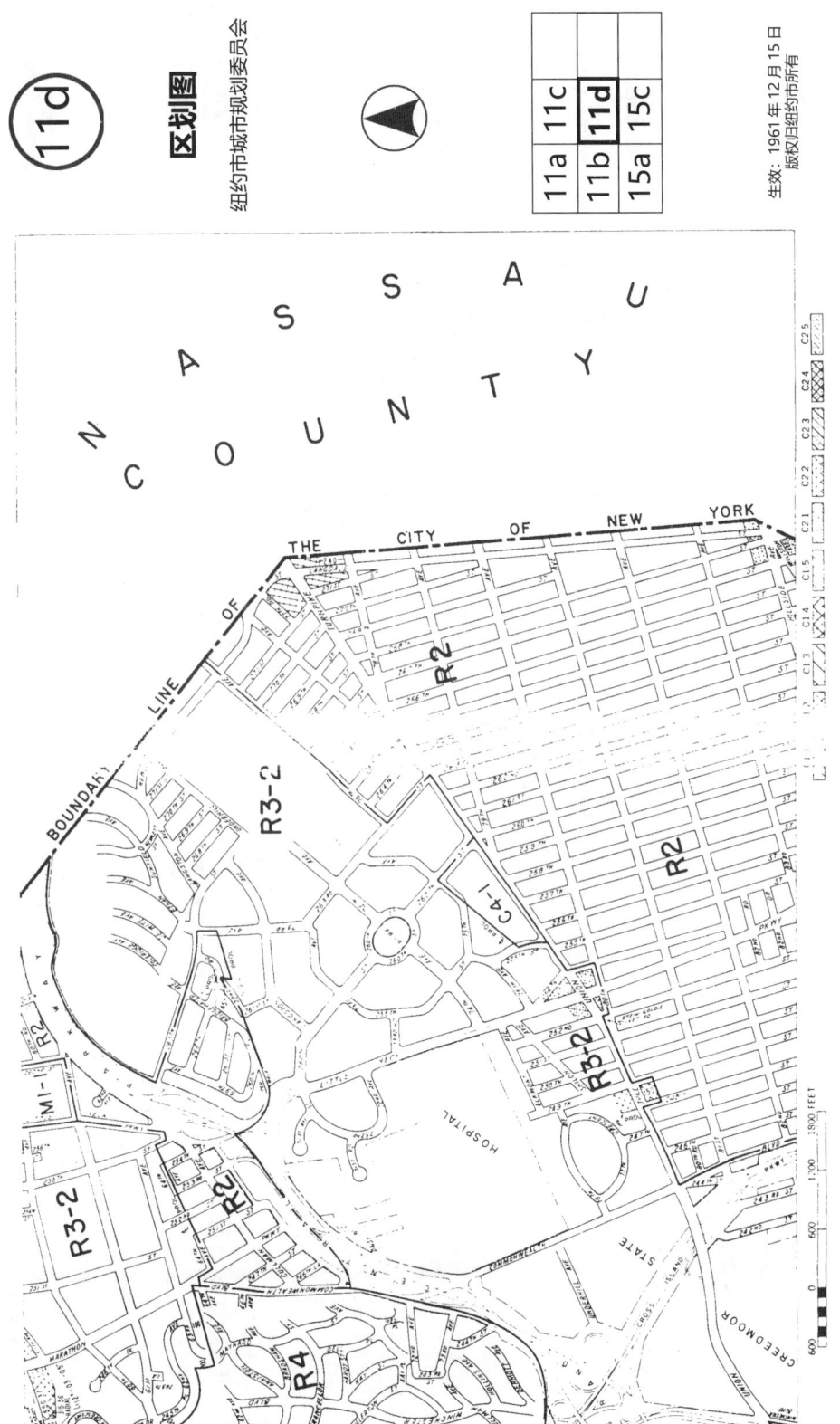

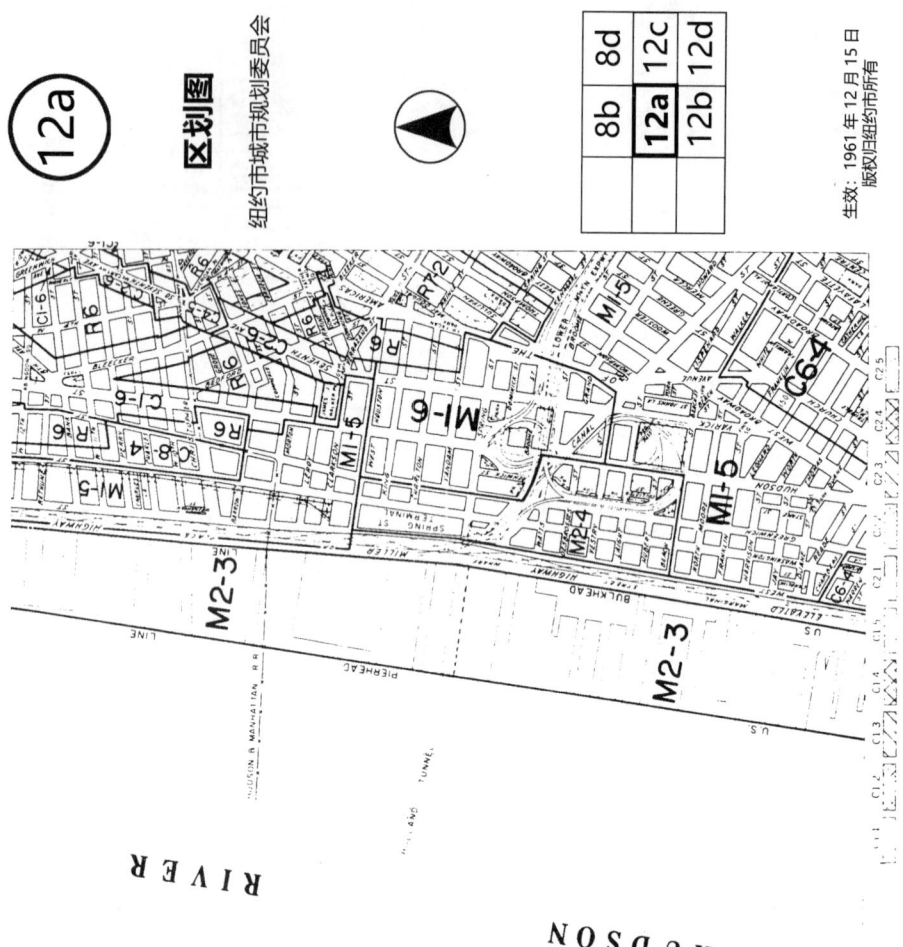

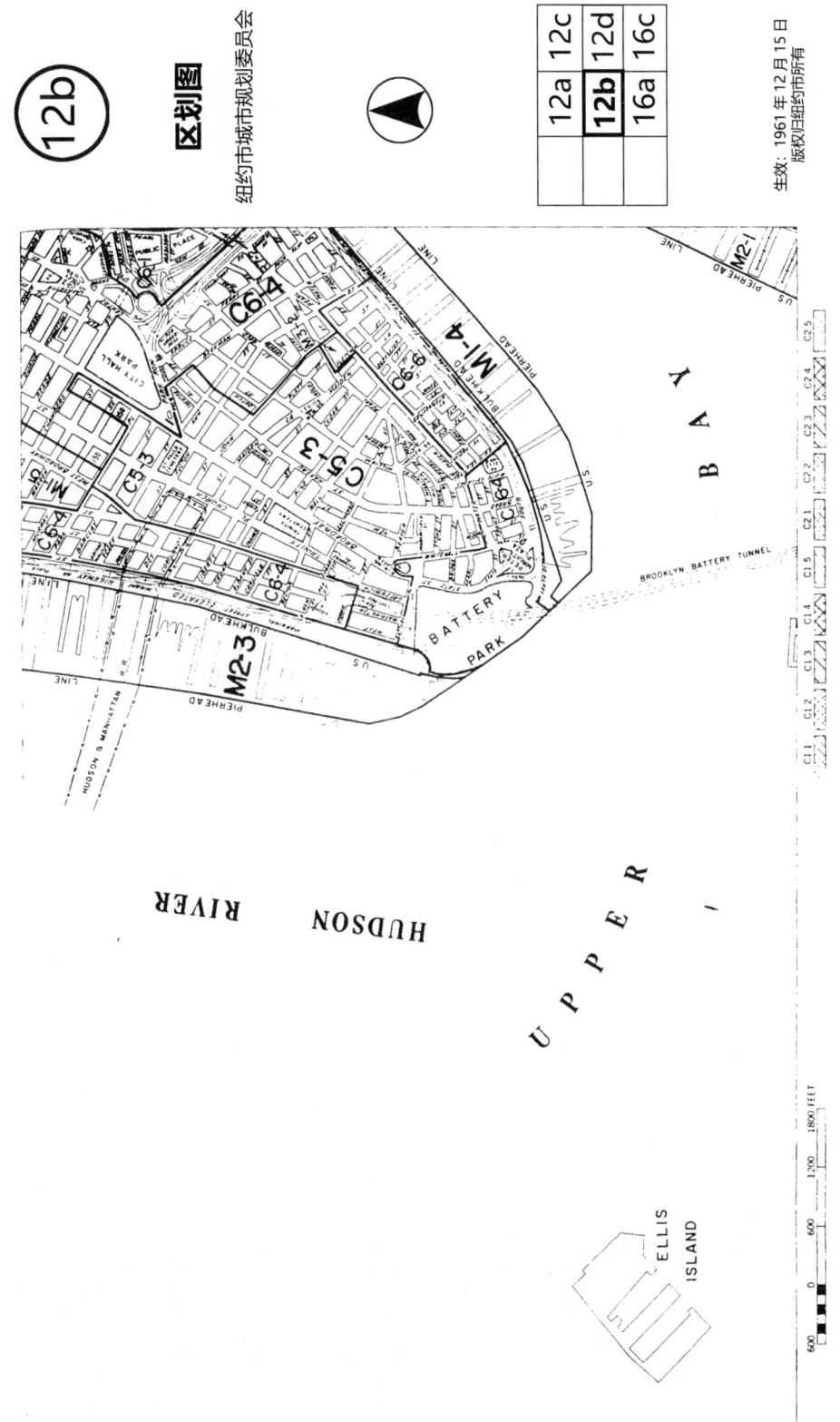

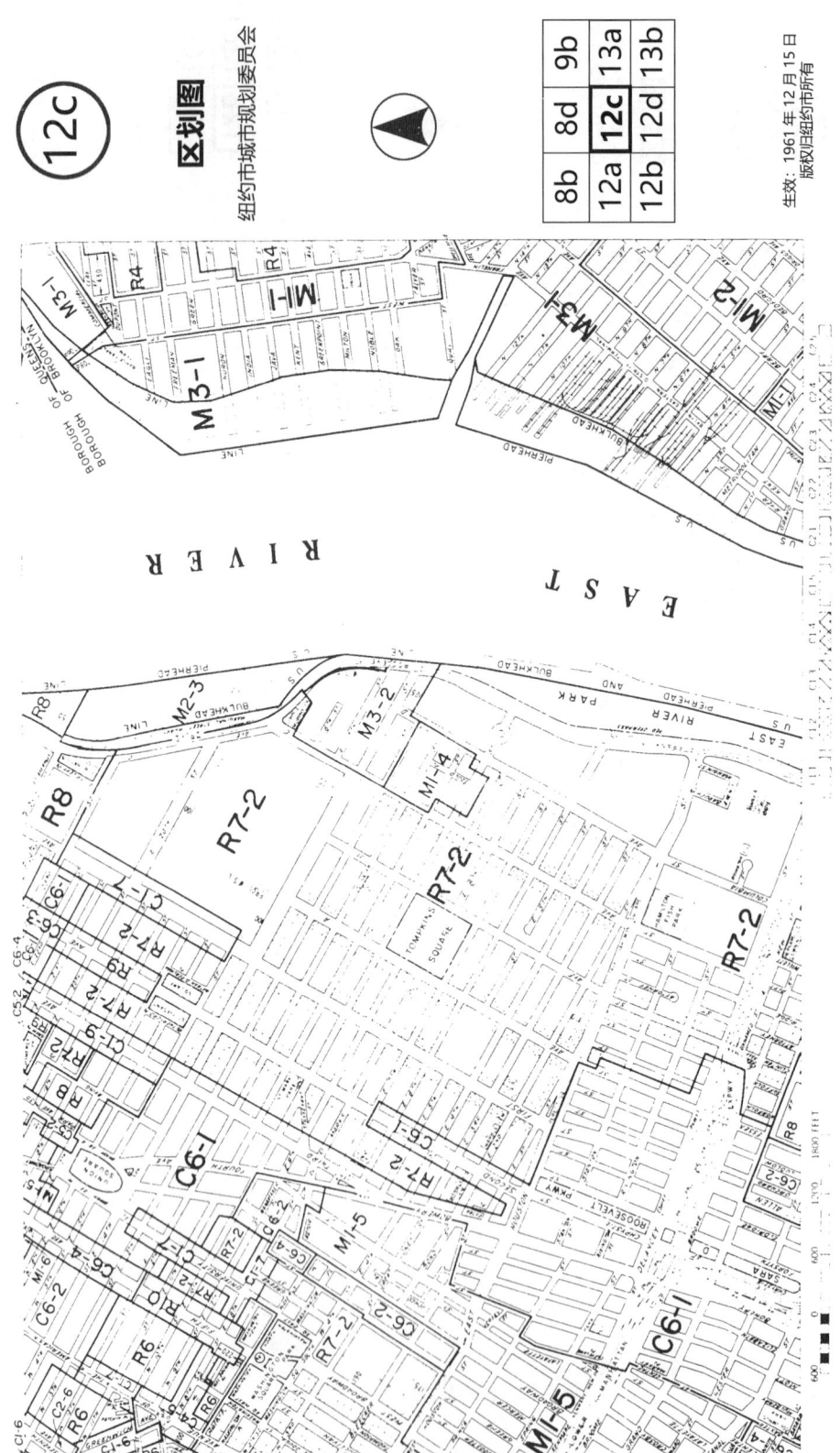

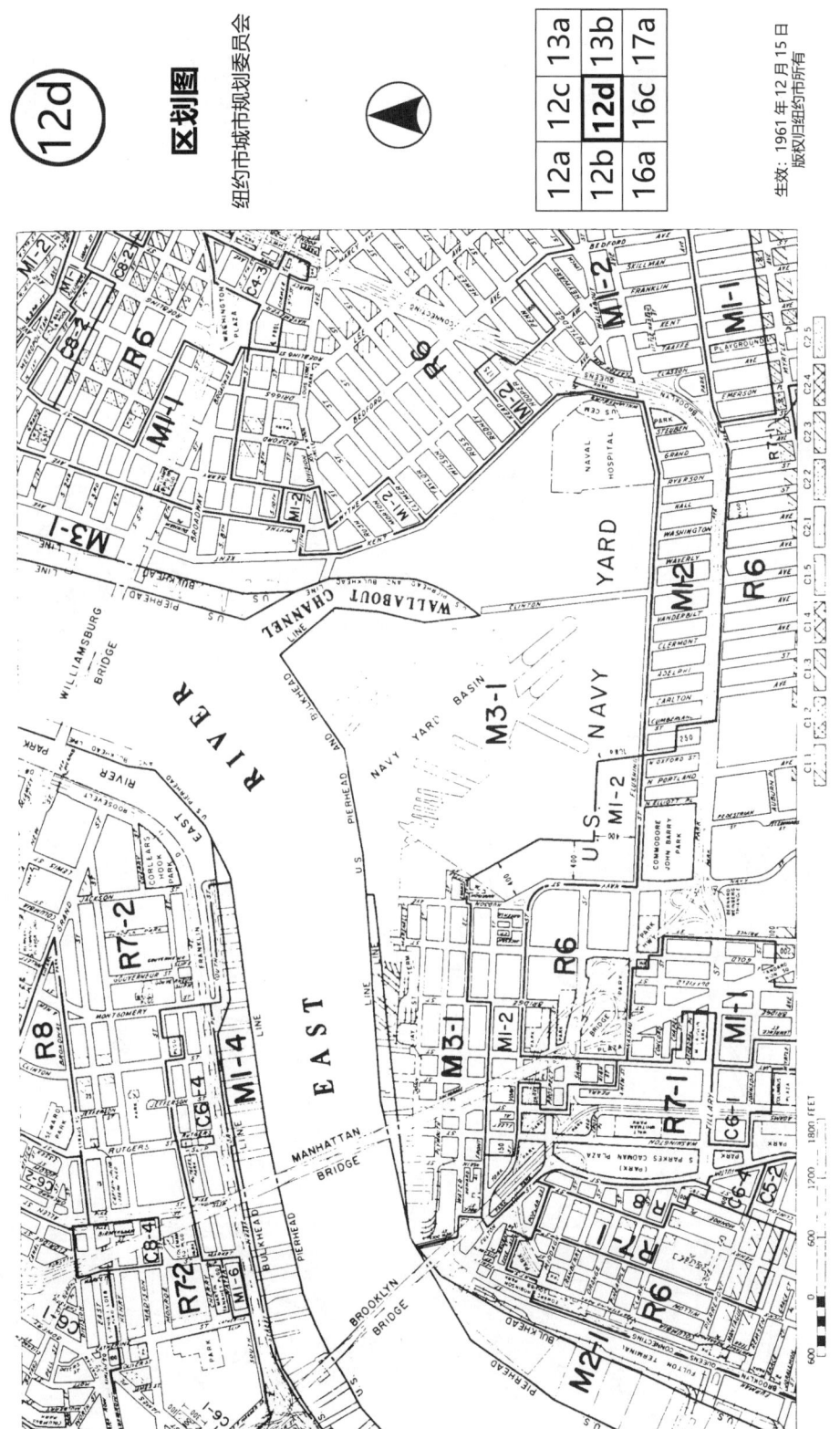

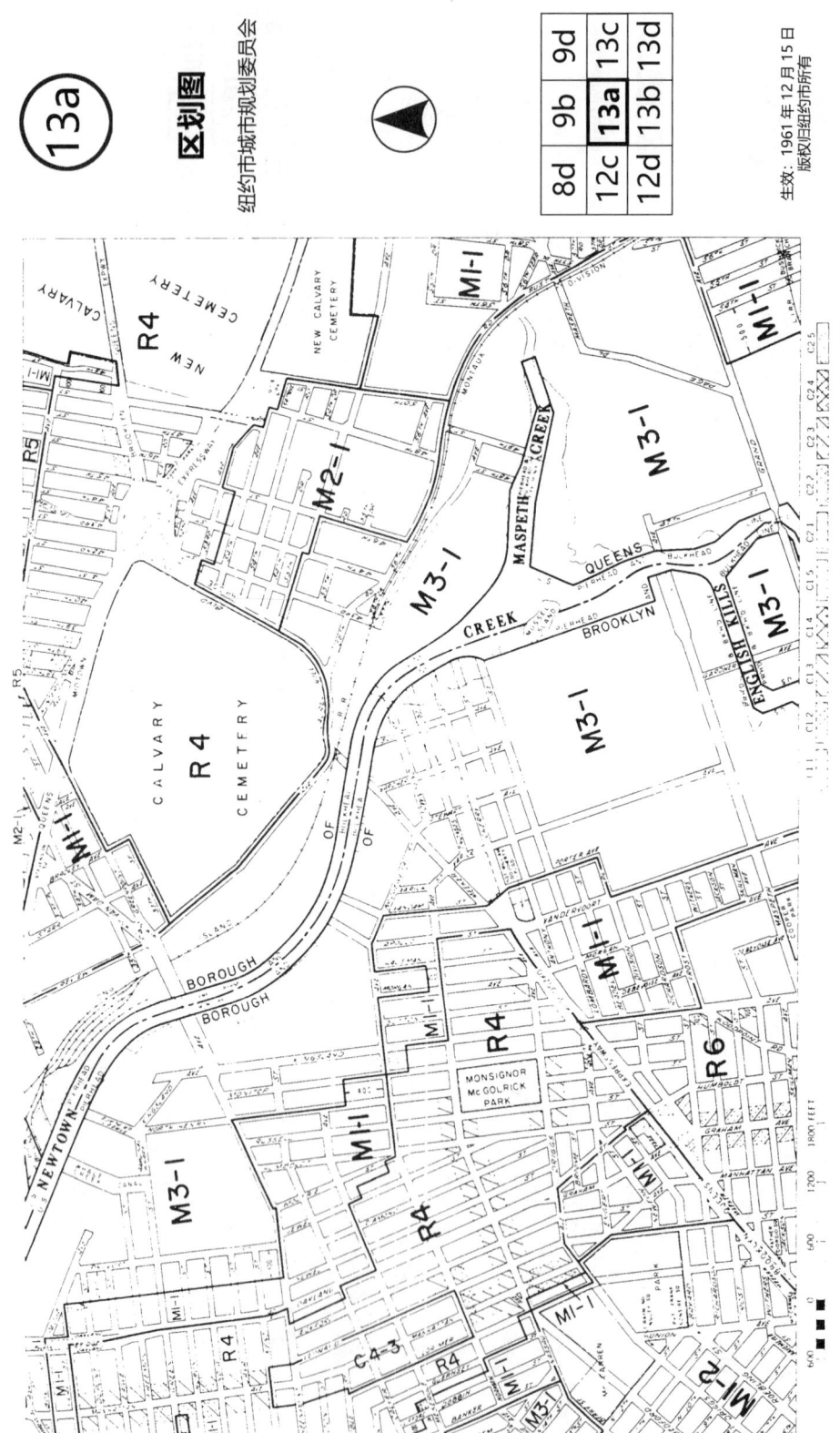

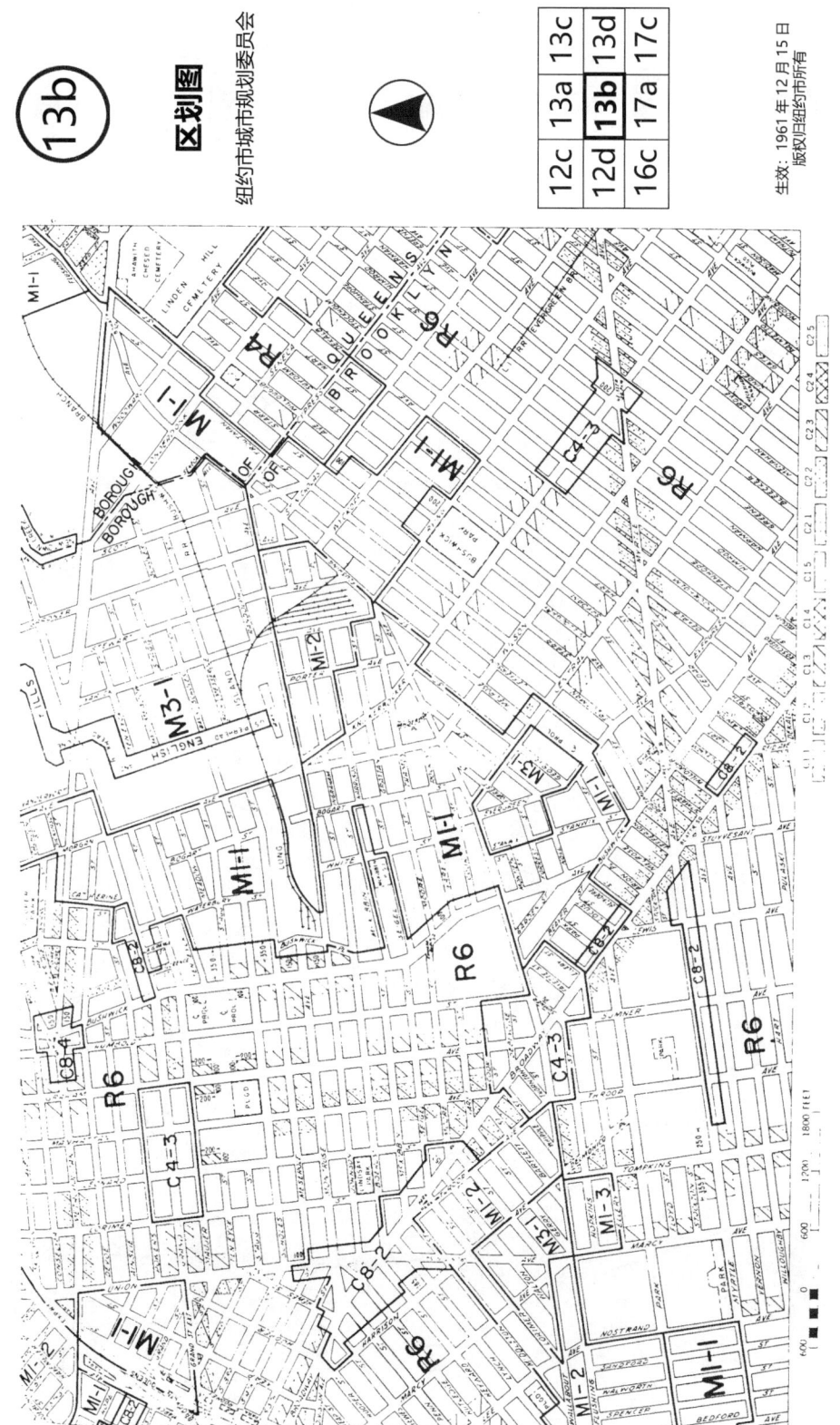

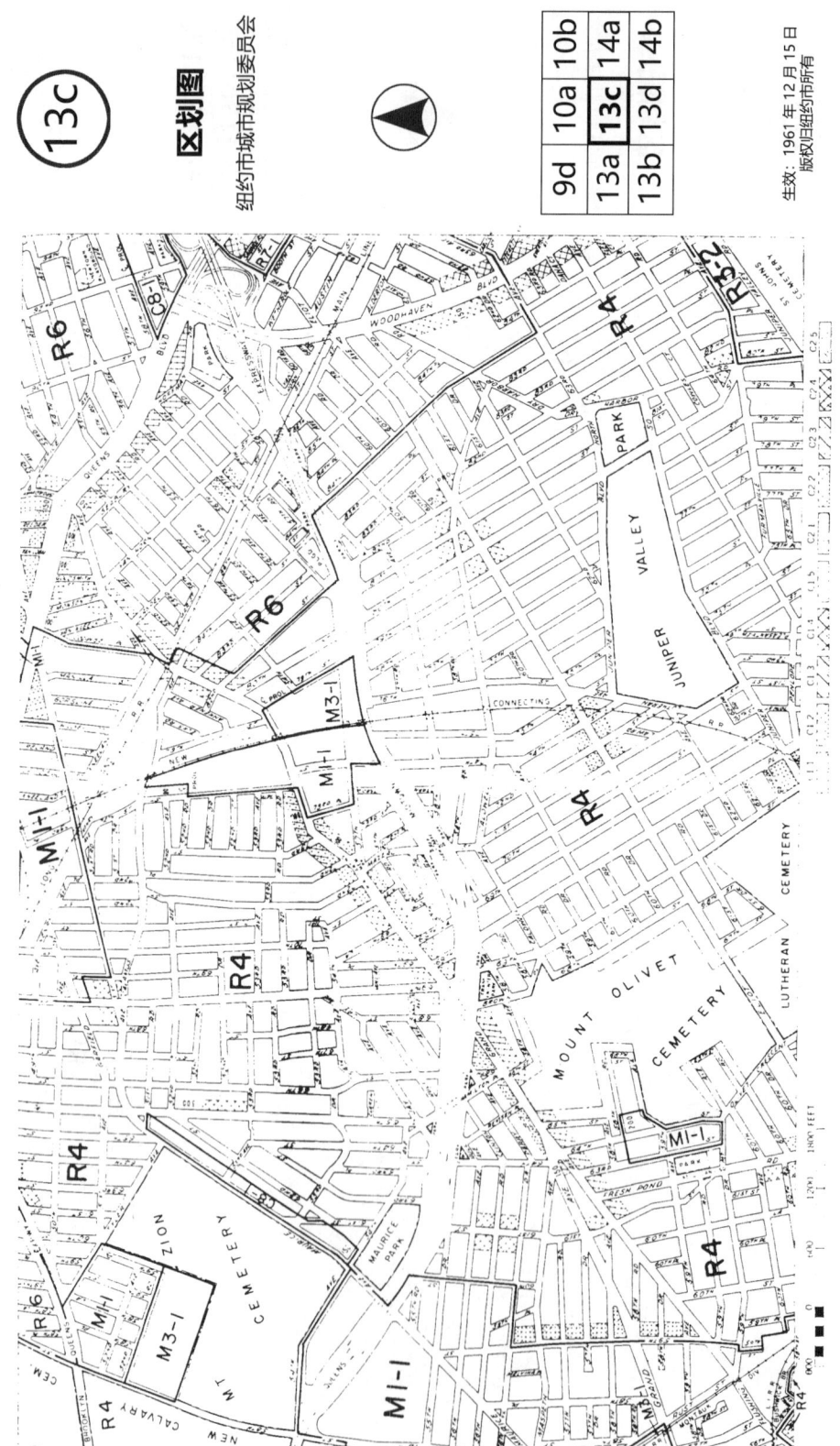

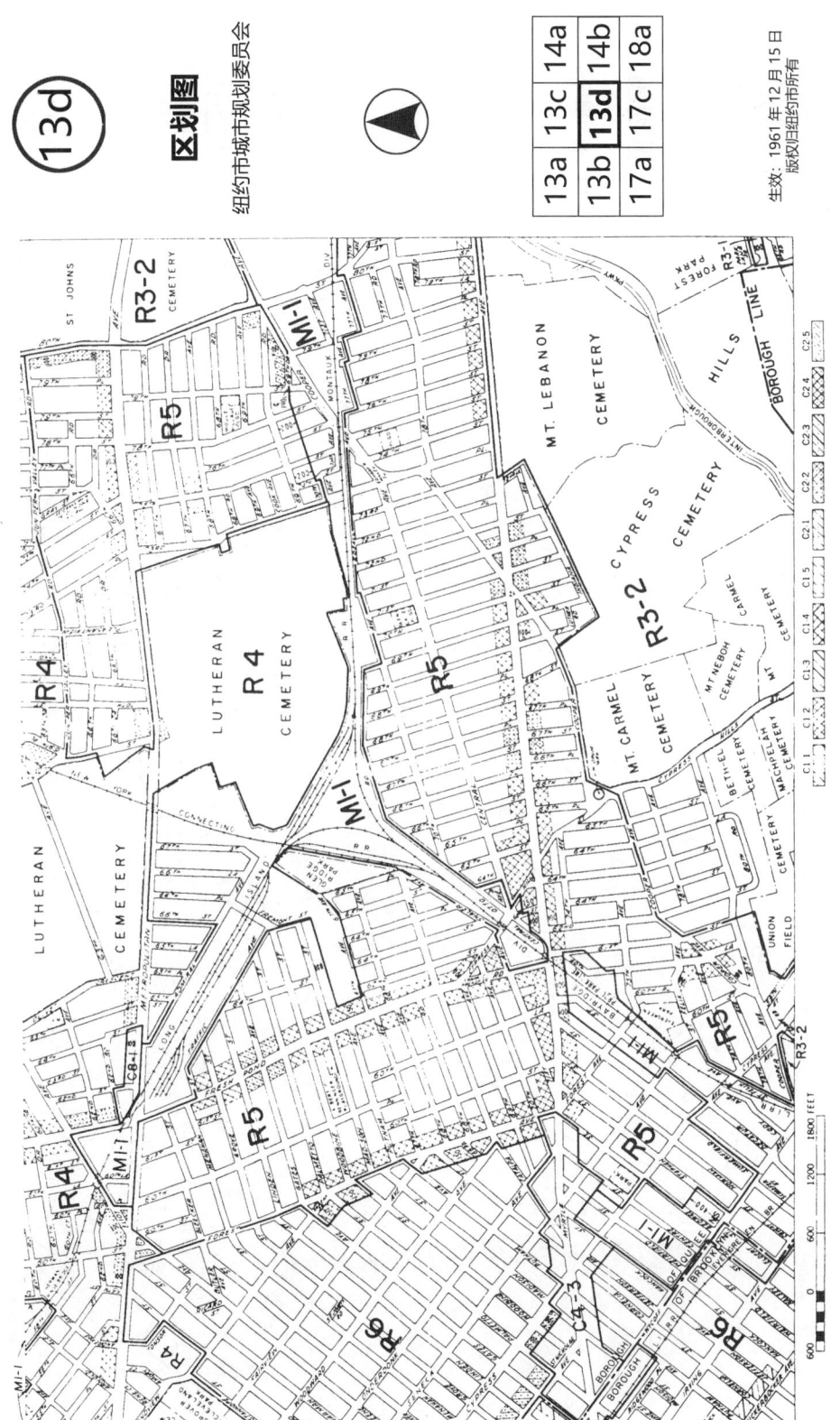

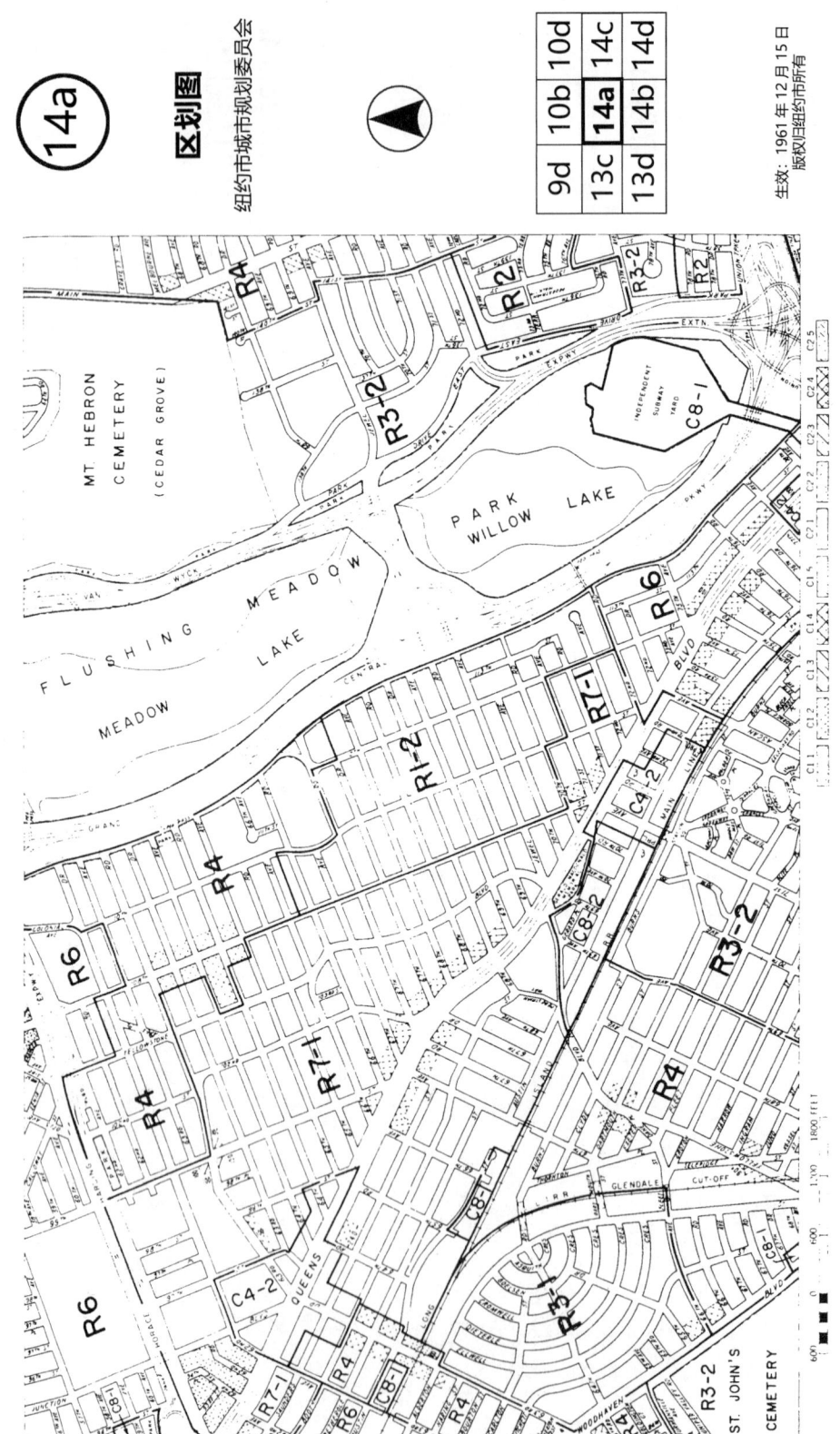

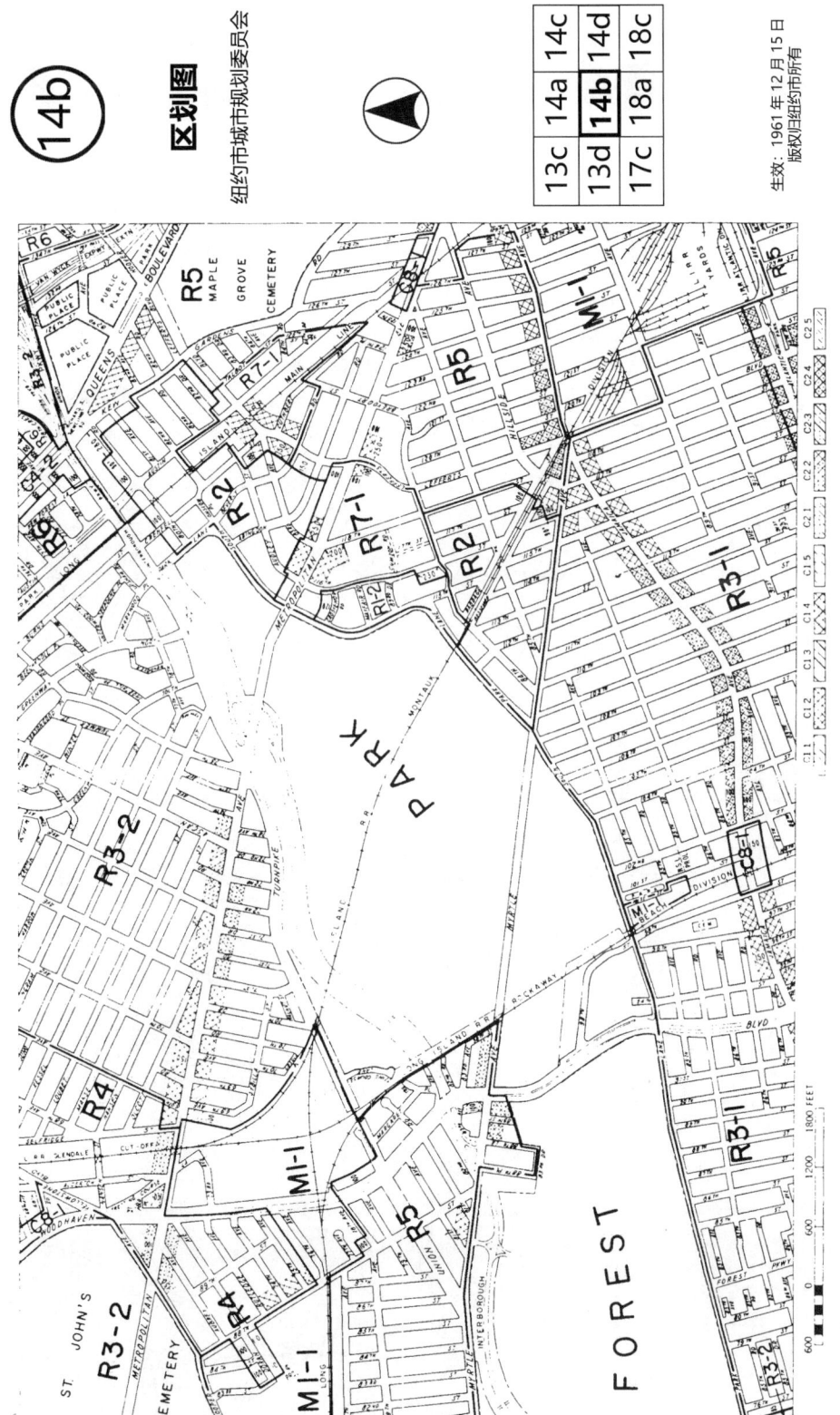

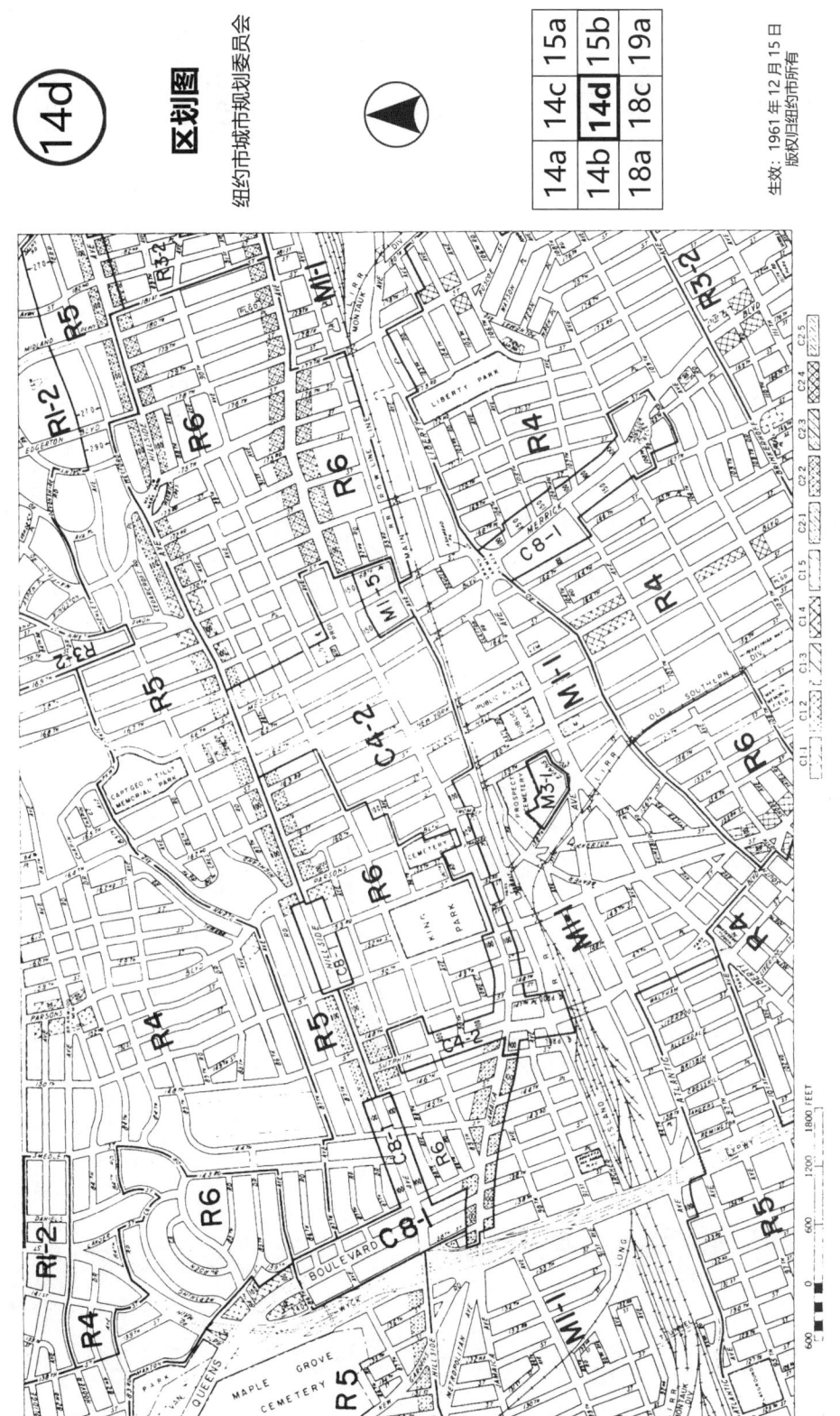

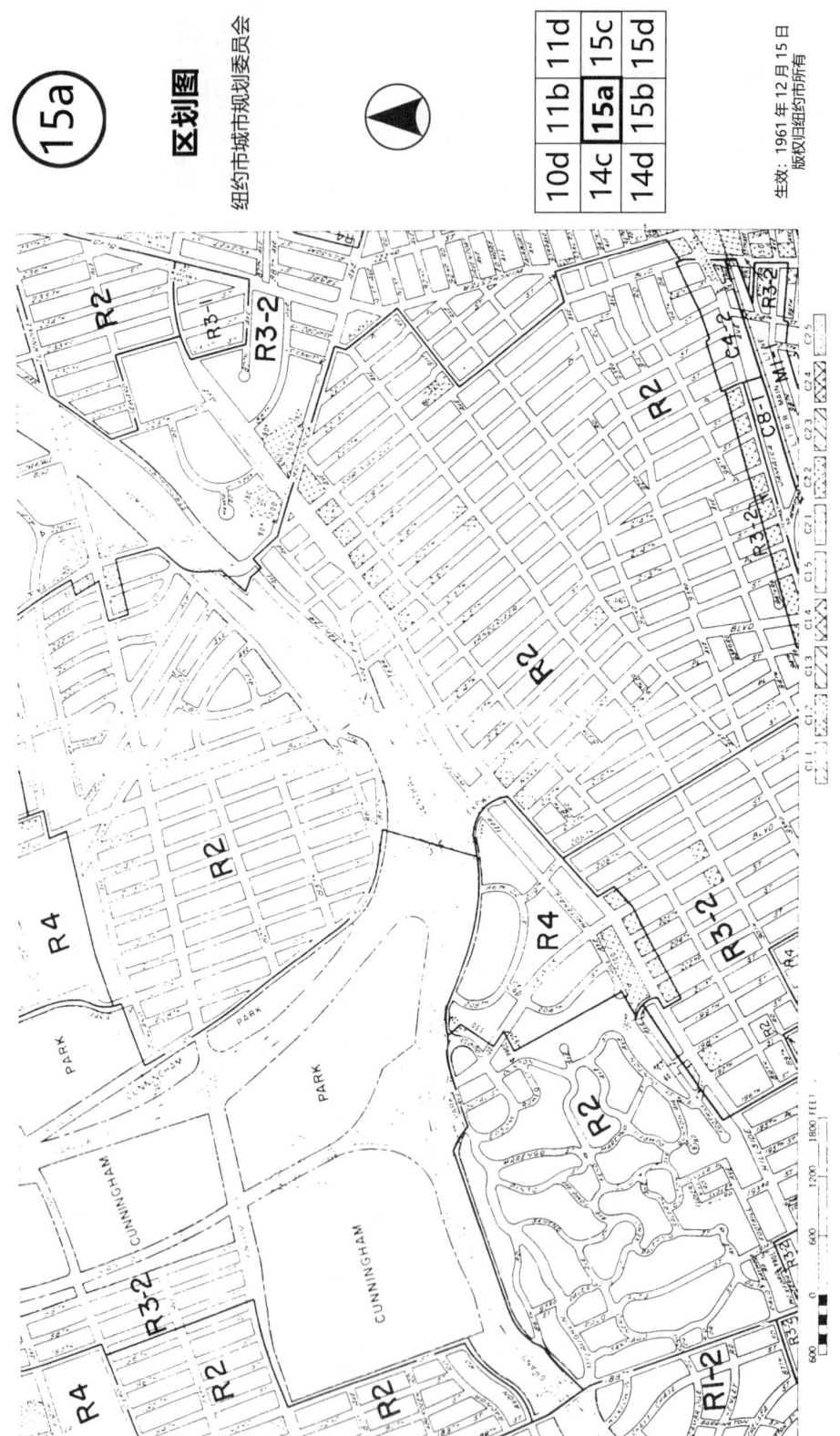

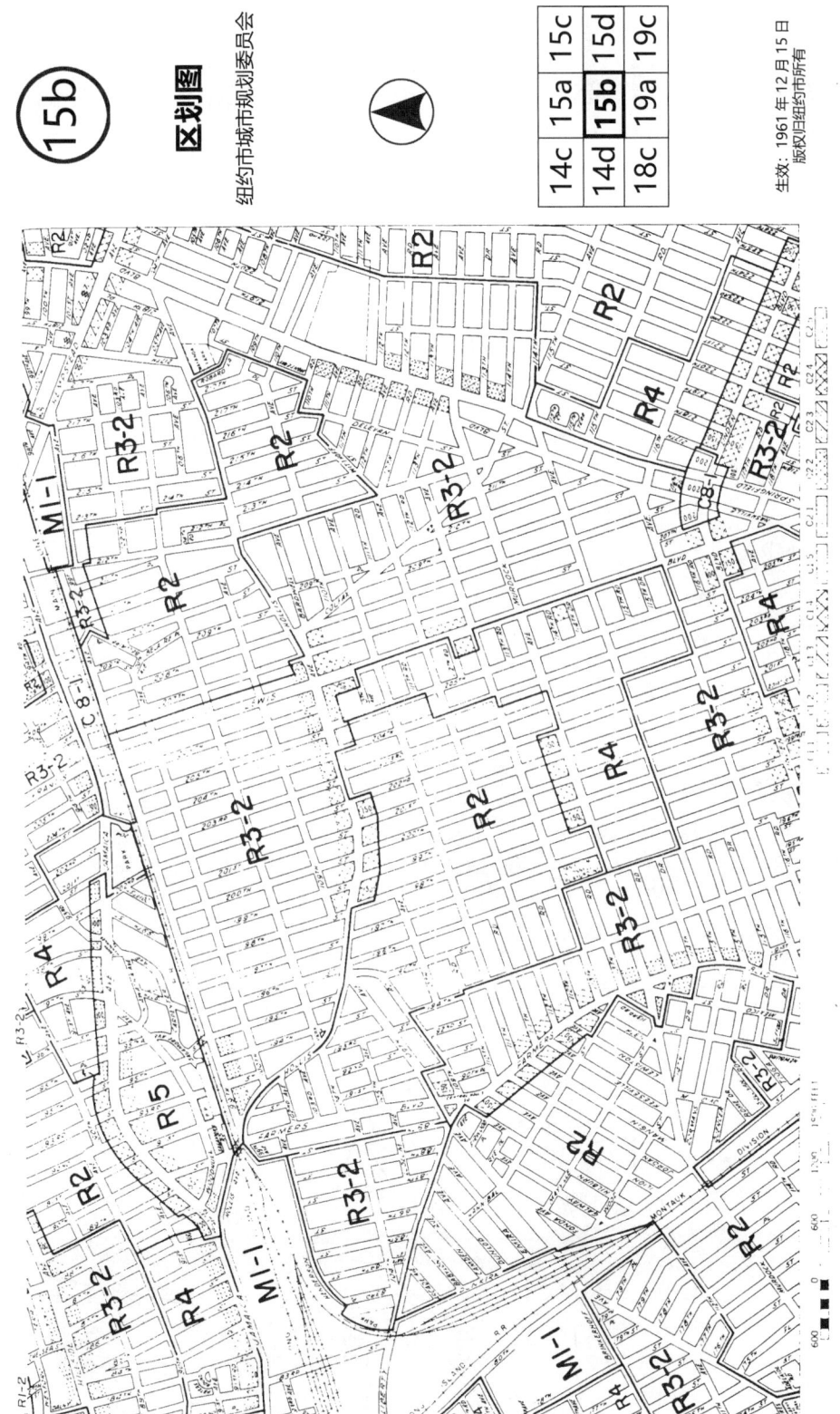

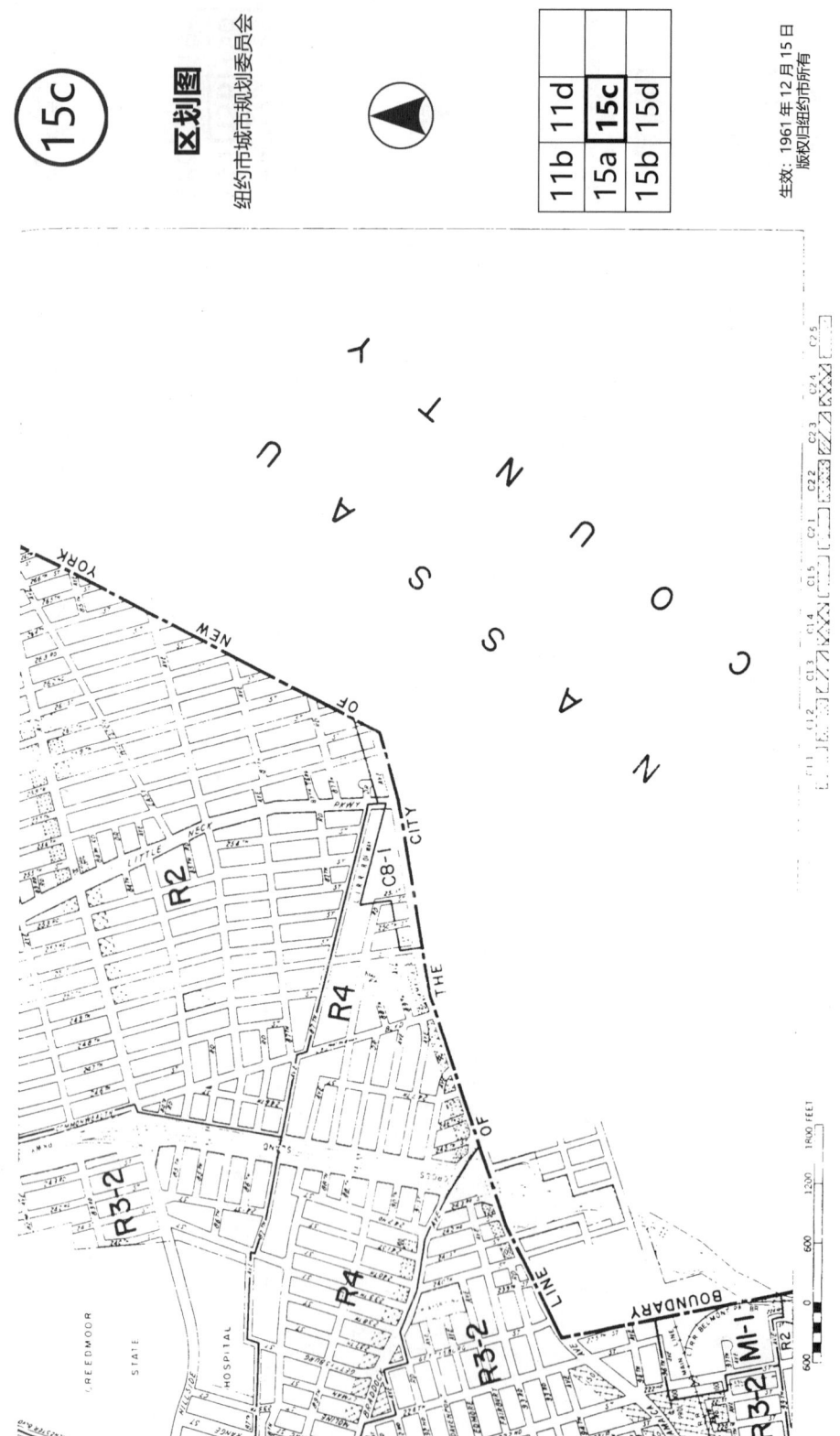

区划图

纽约市城市规划委员会

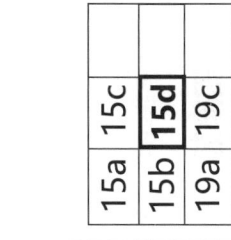

生效：1961年12月15日
版权归纽约市所有

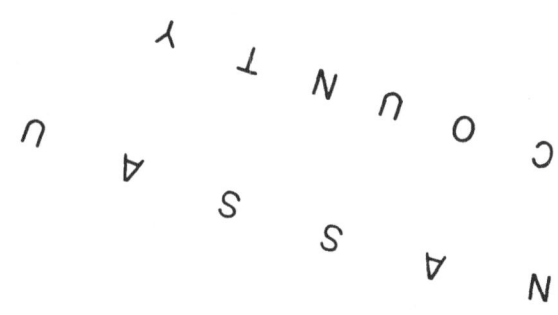
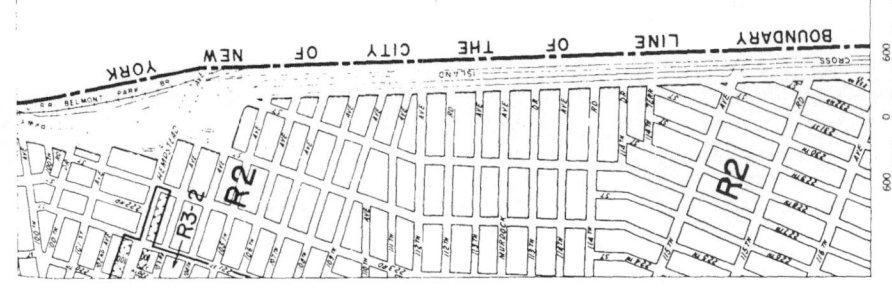

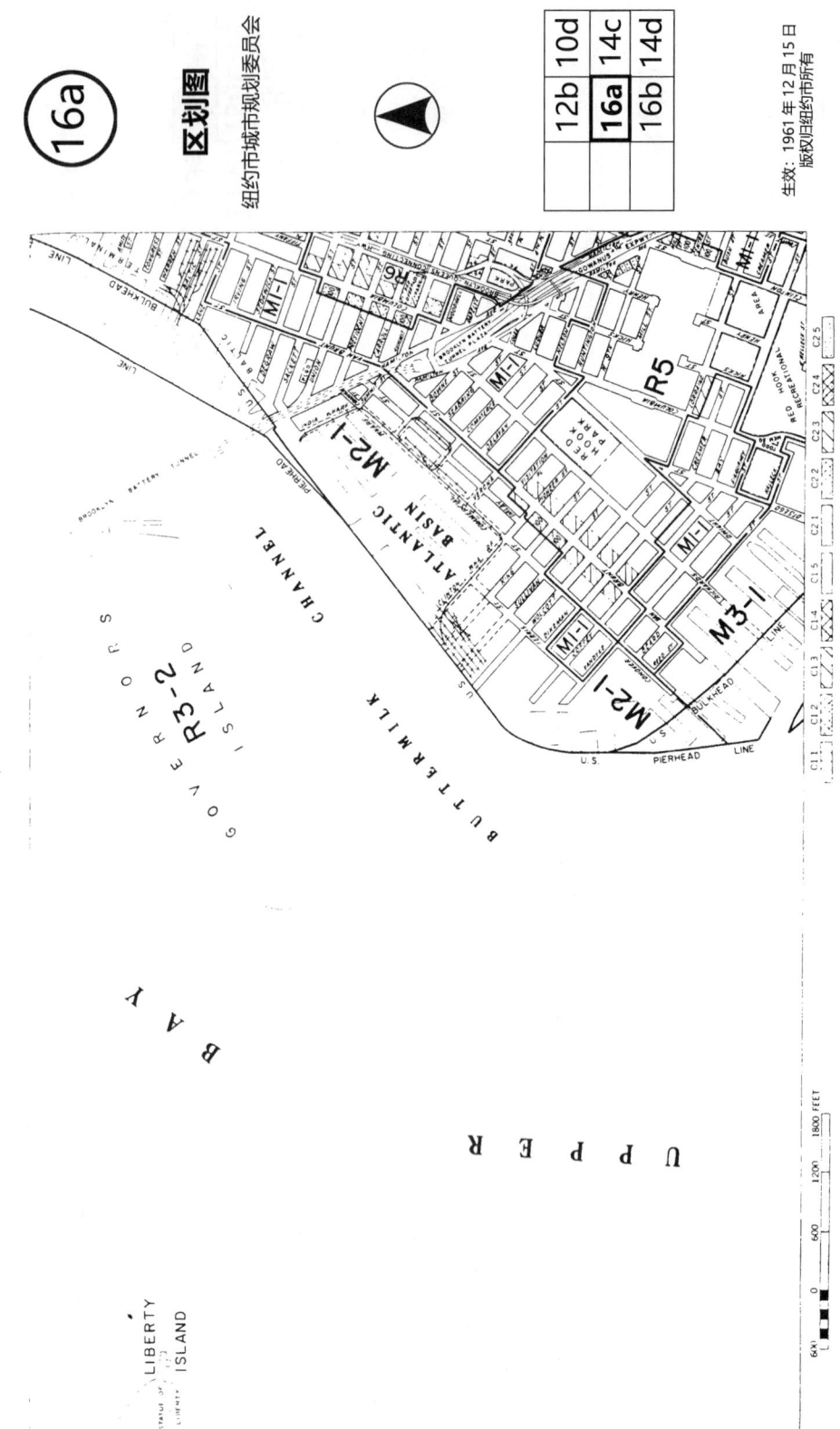

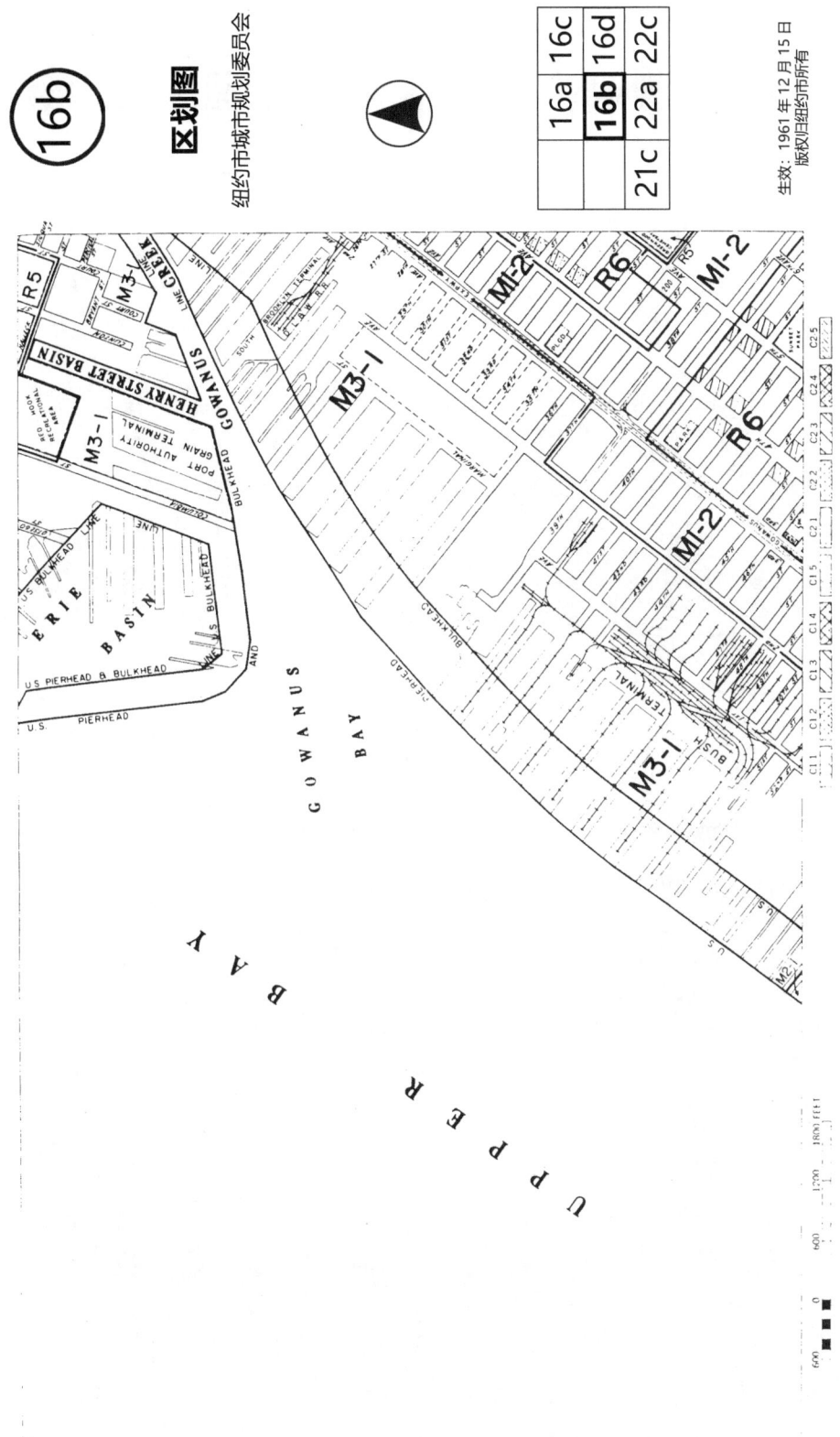

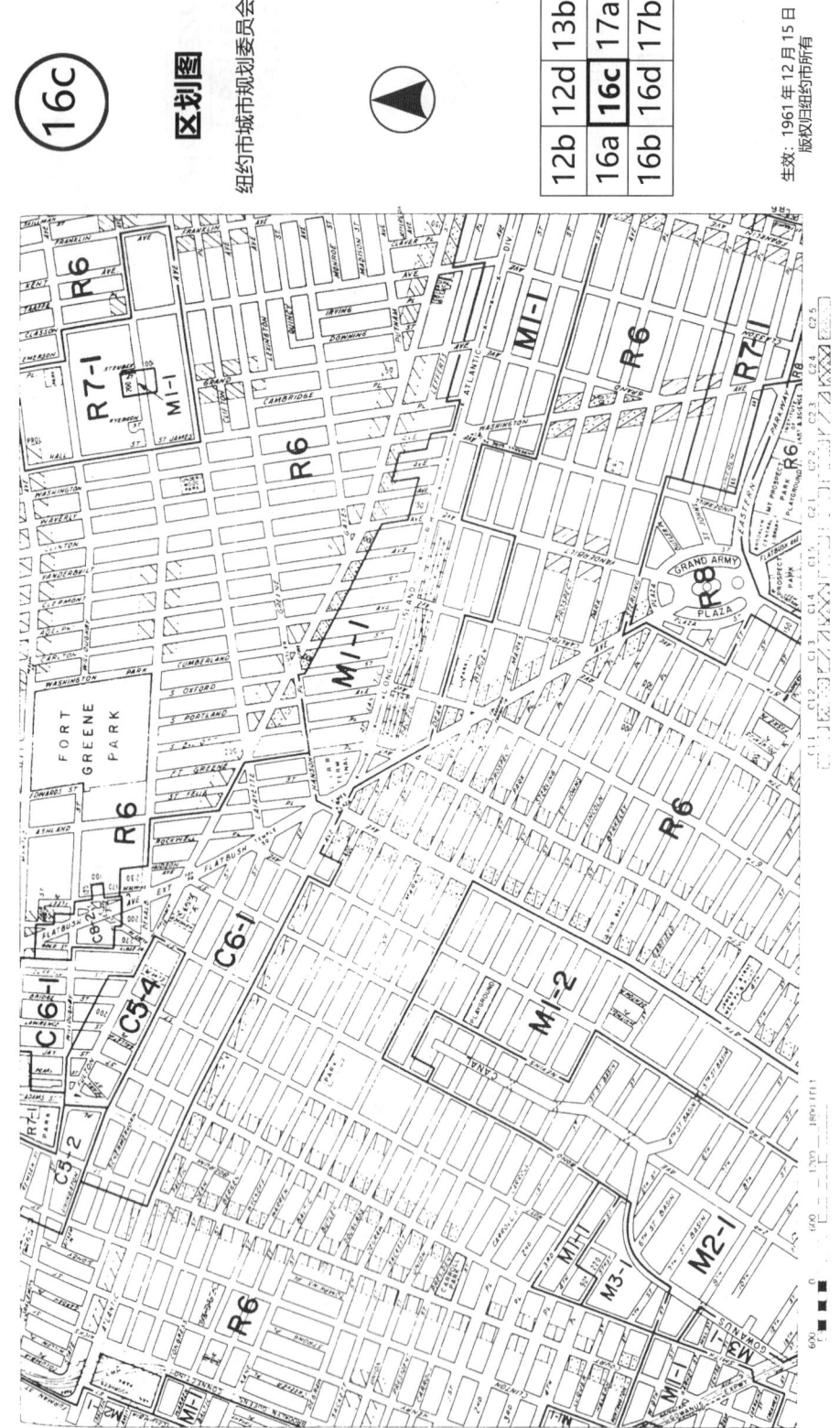

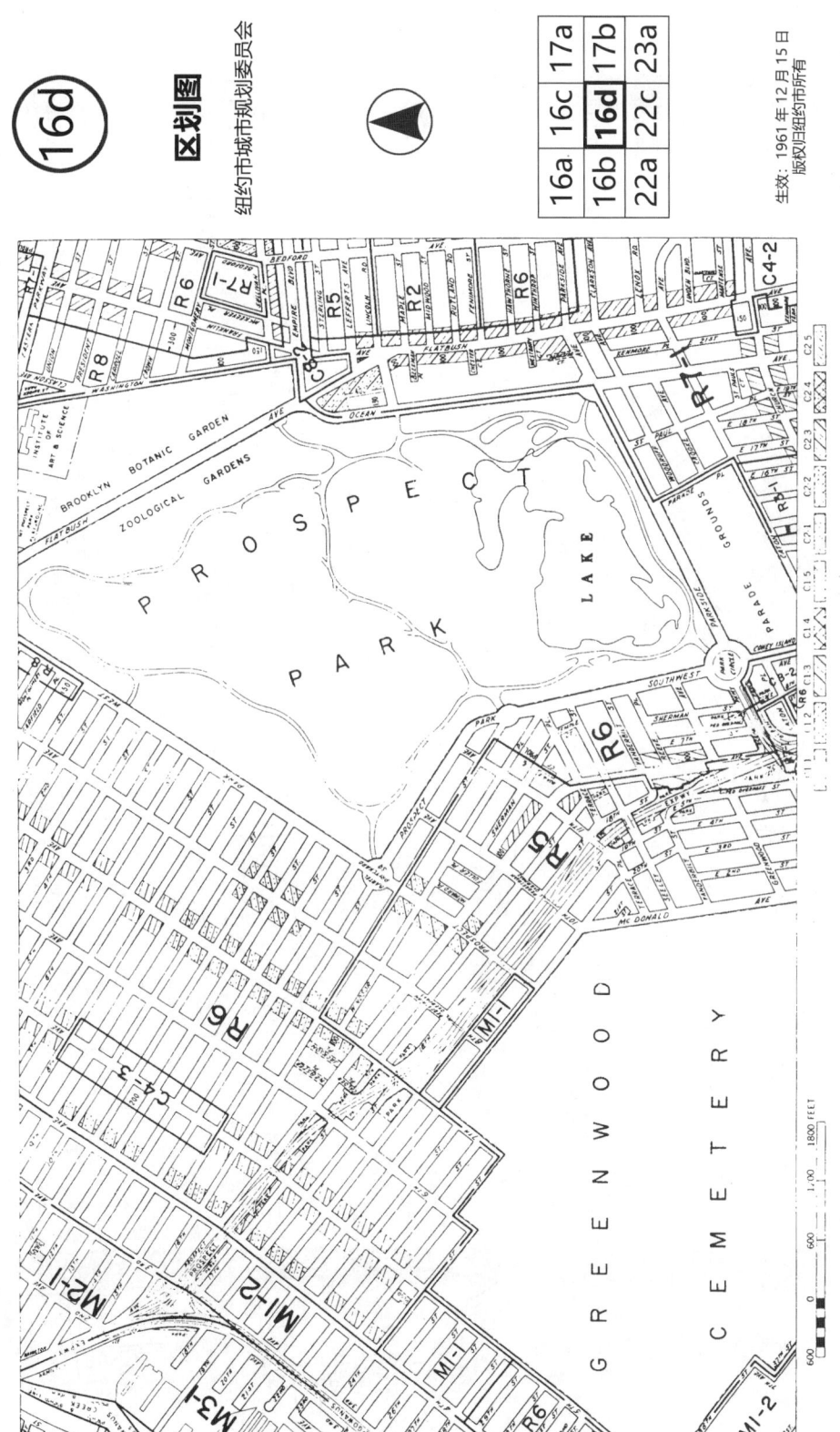

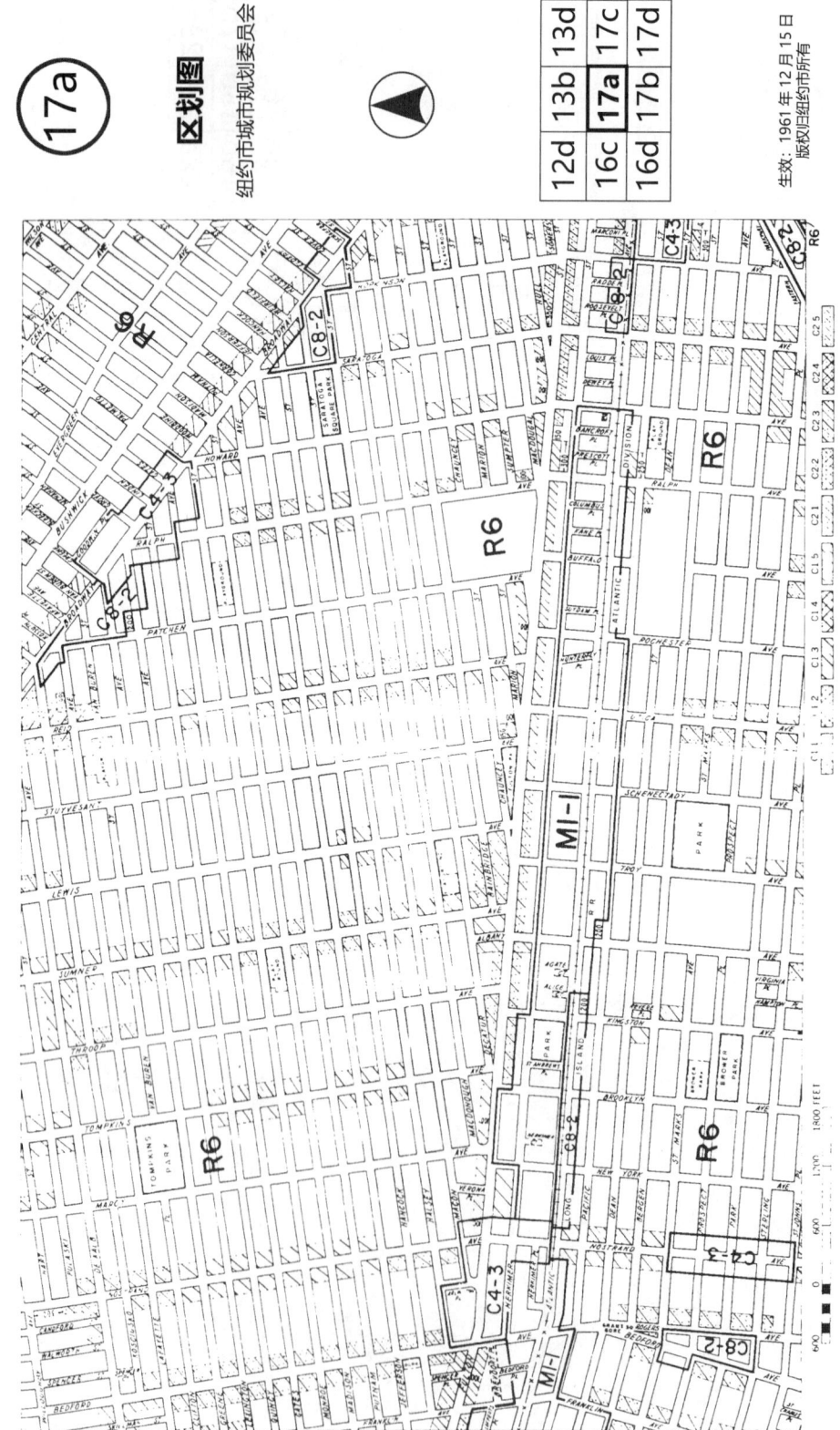

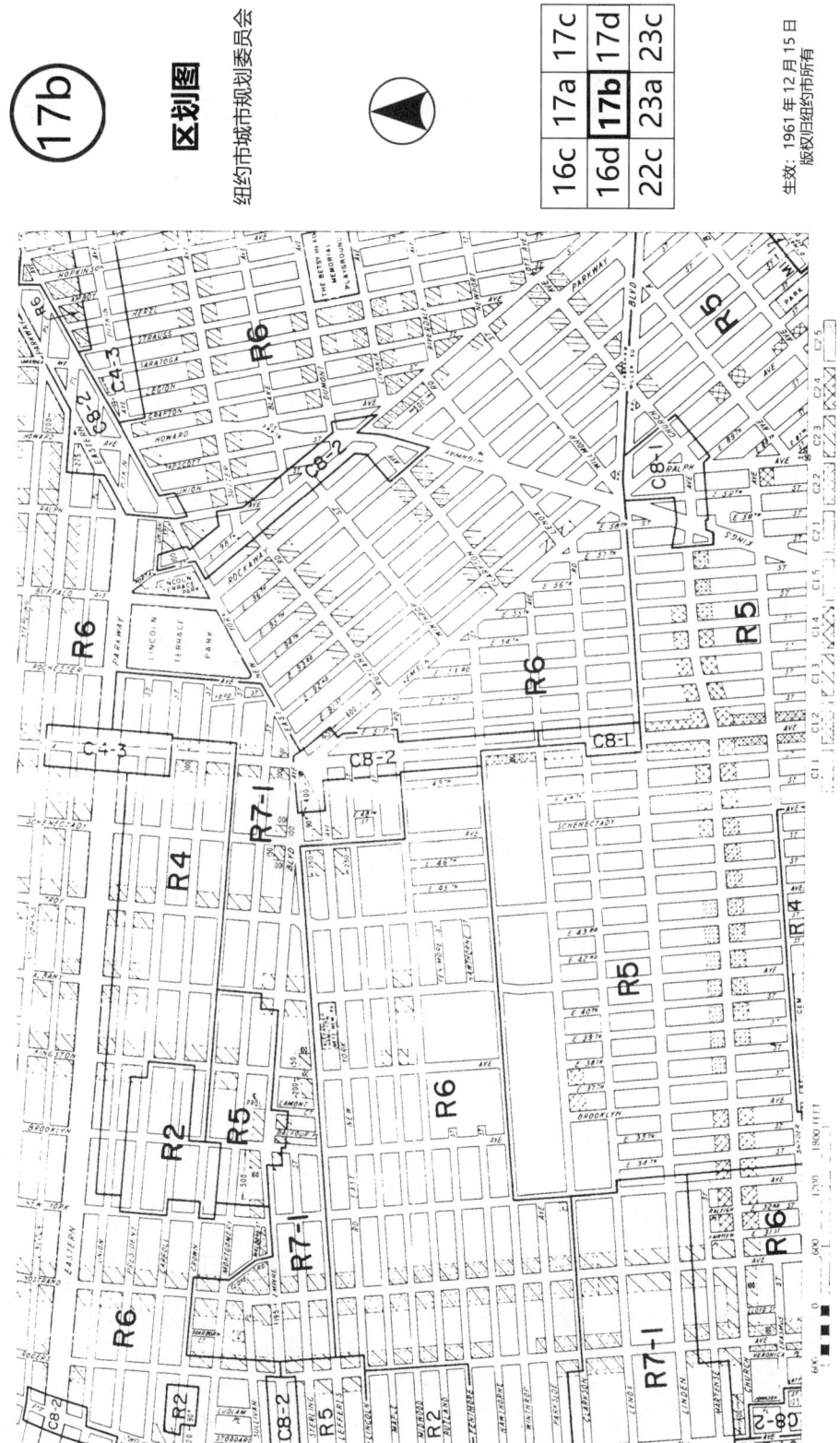

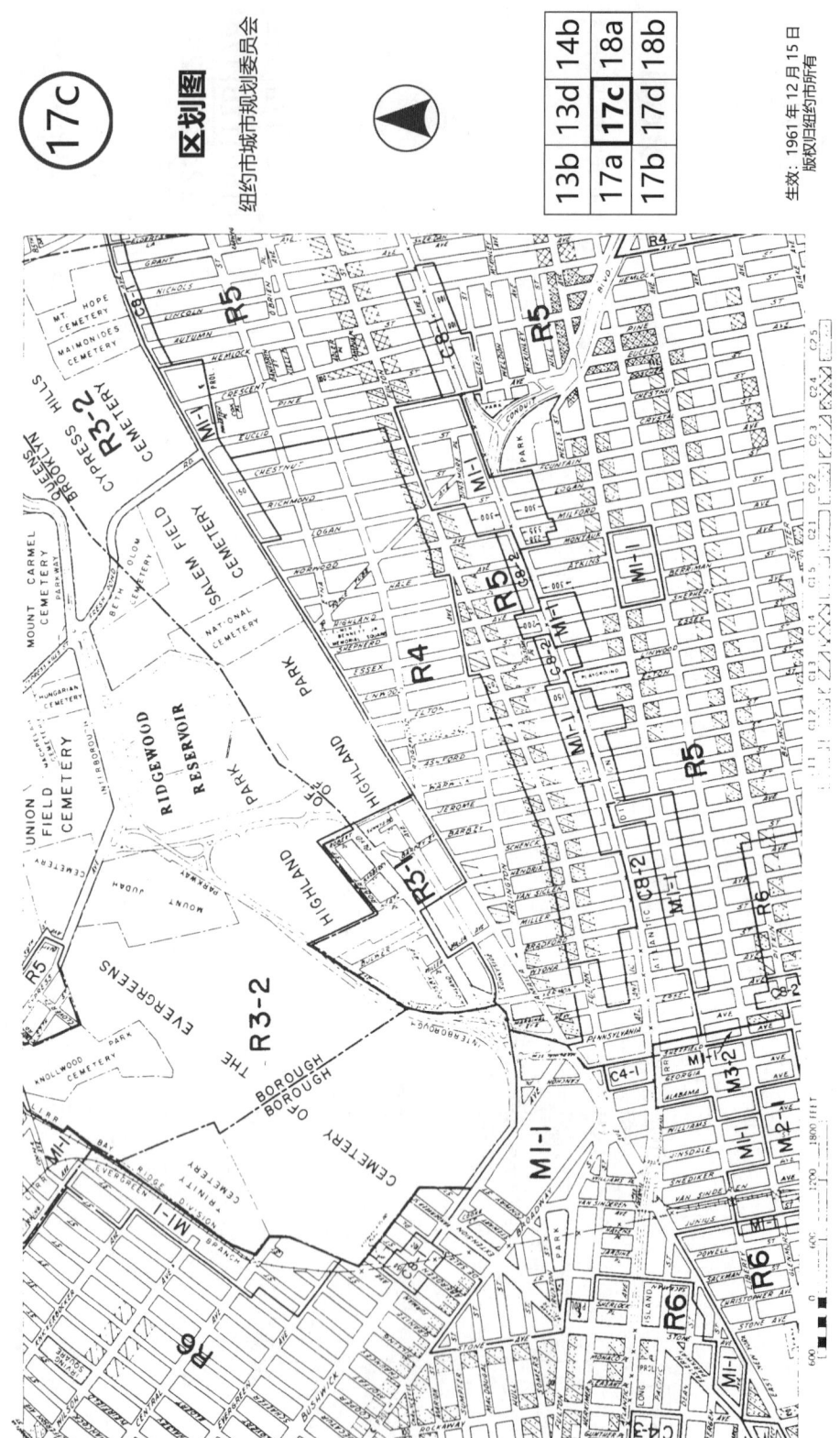

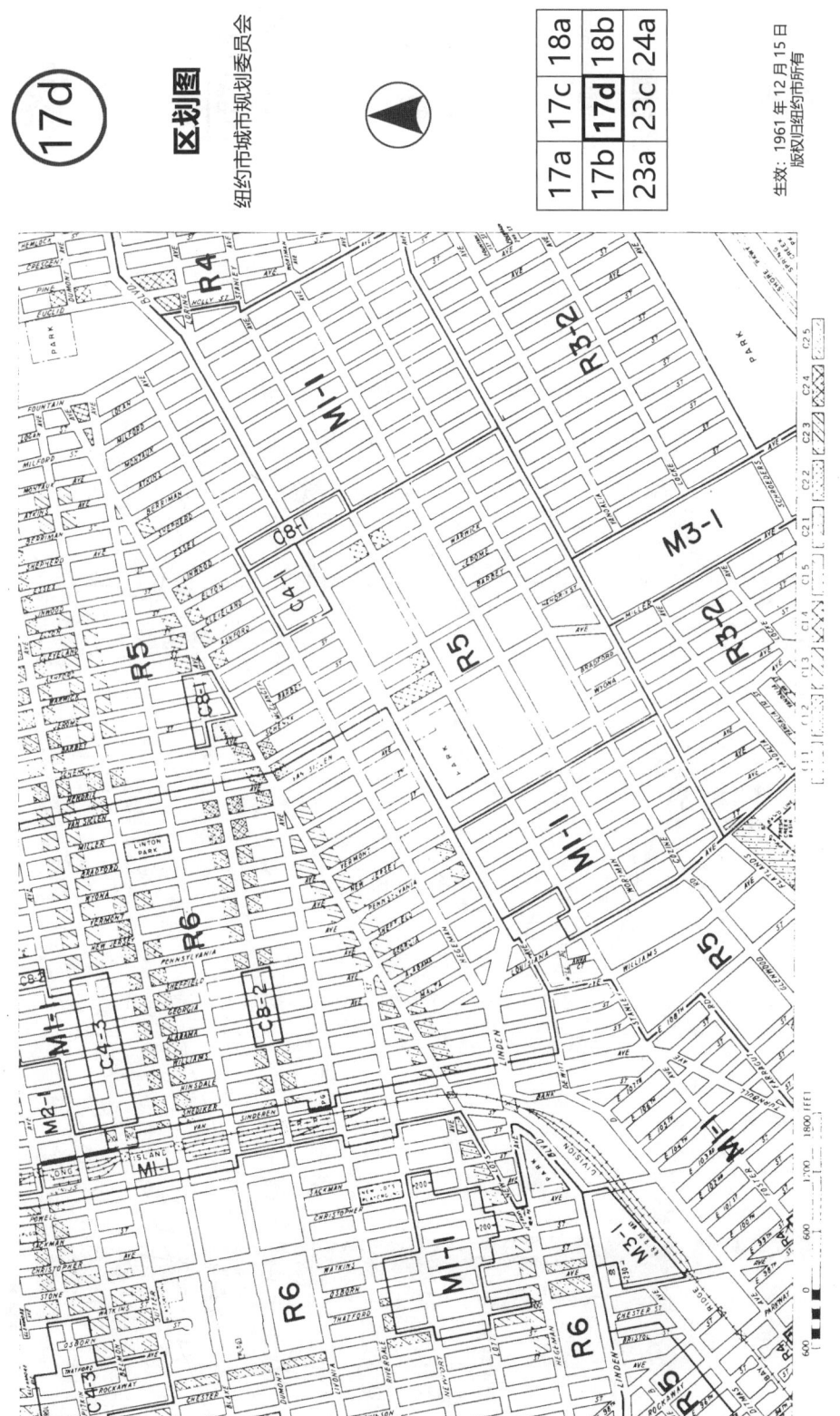

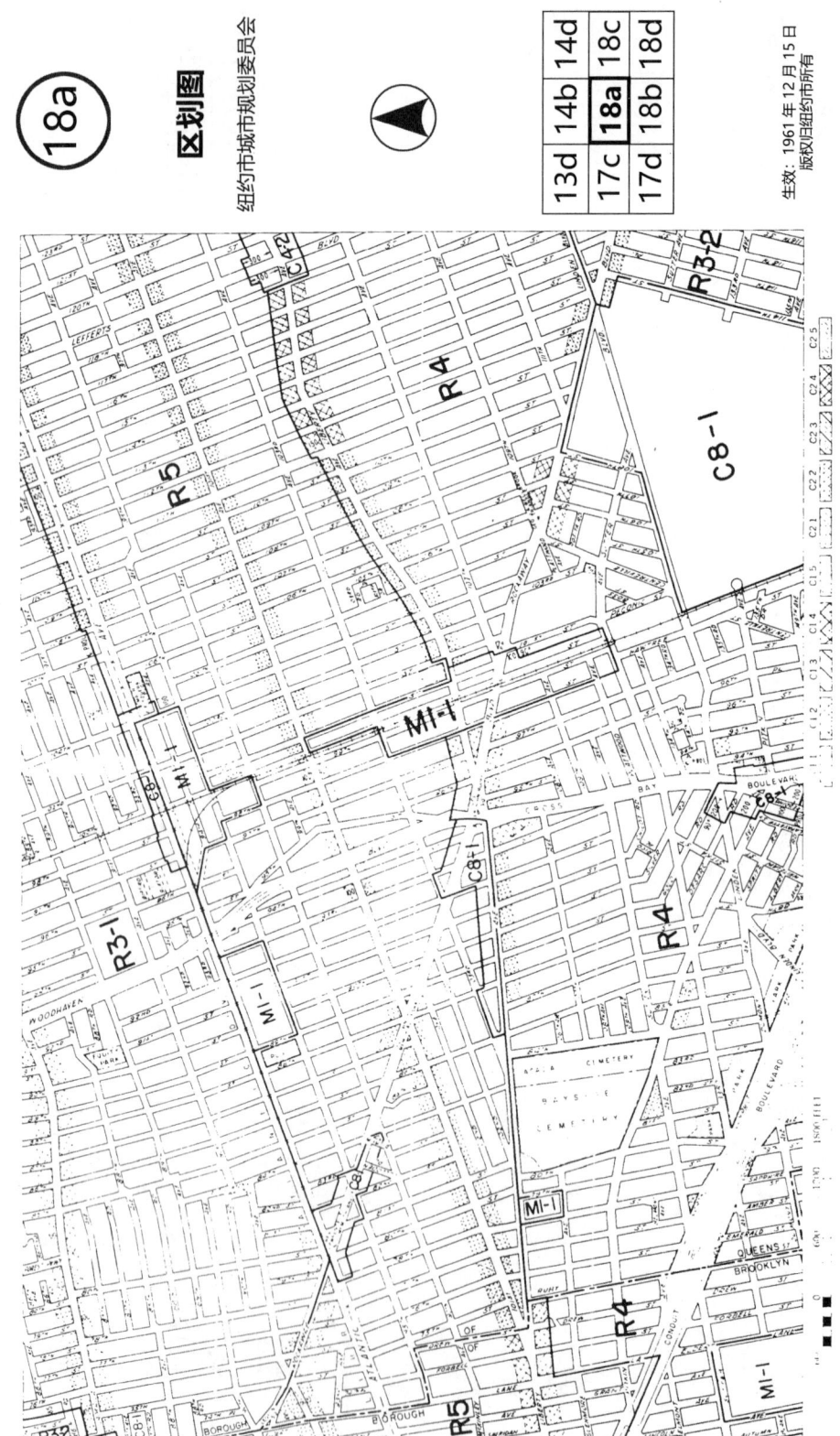

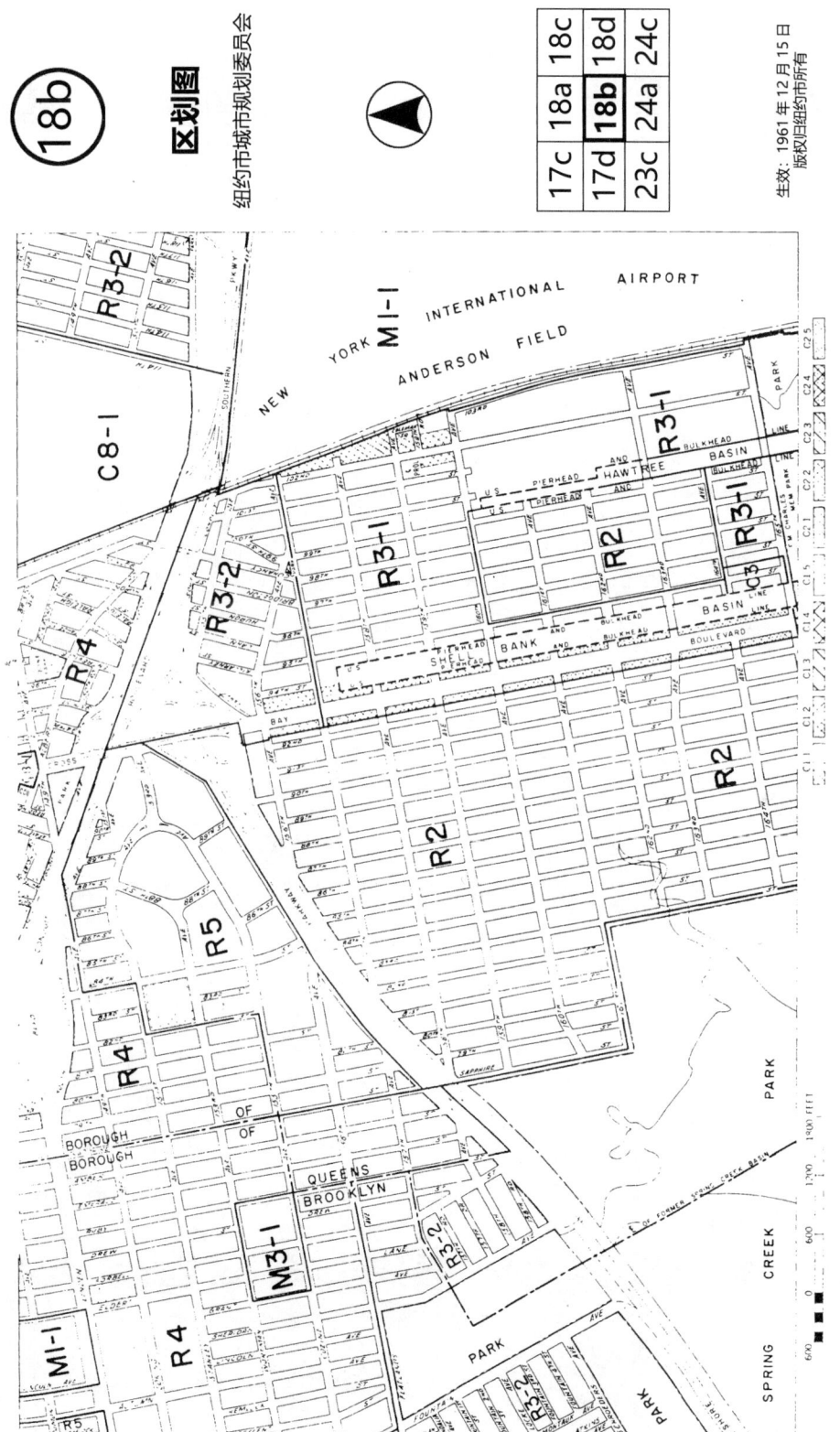

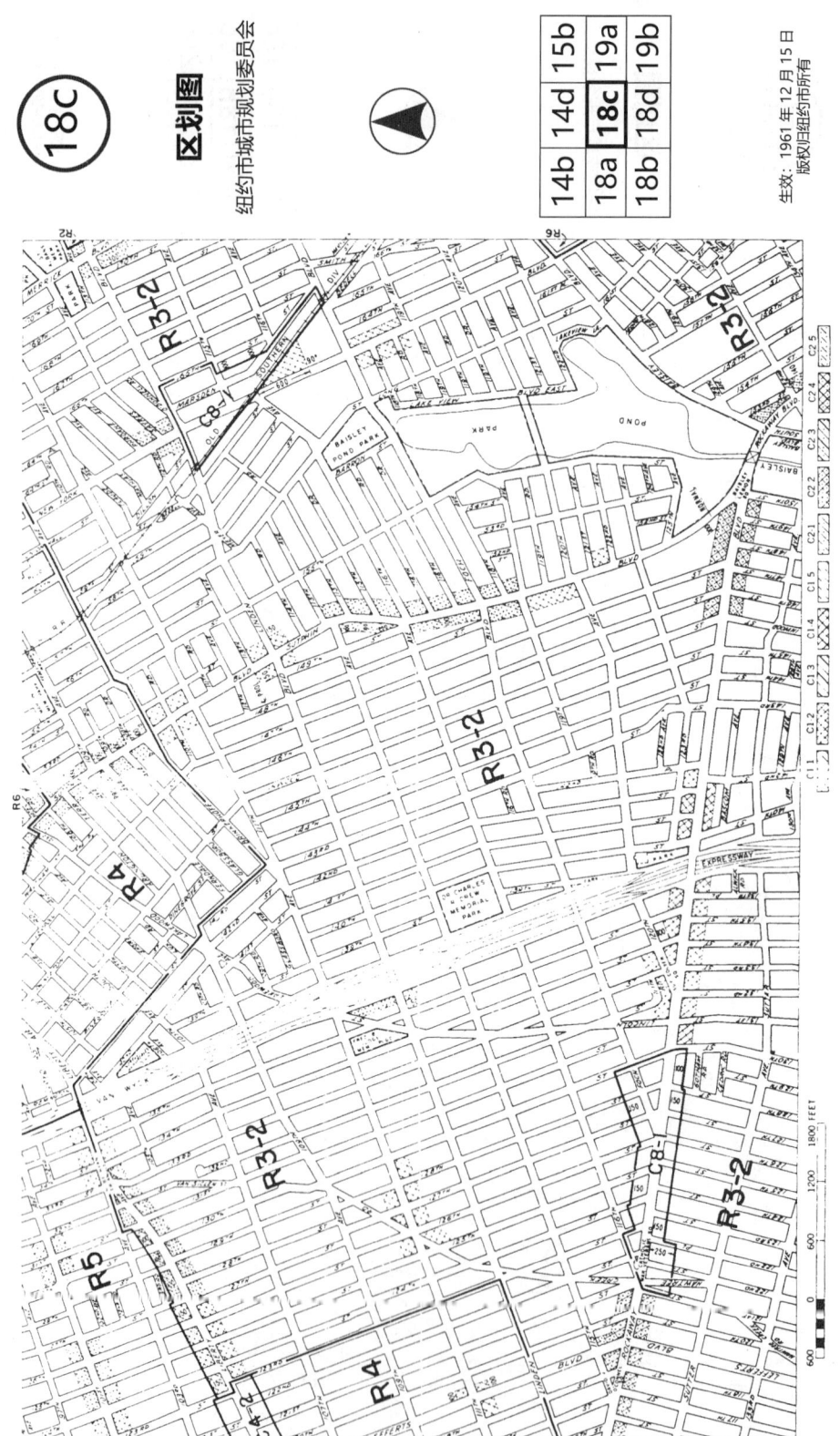

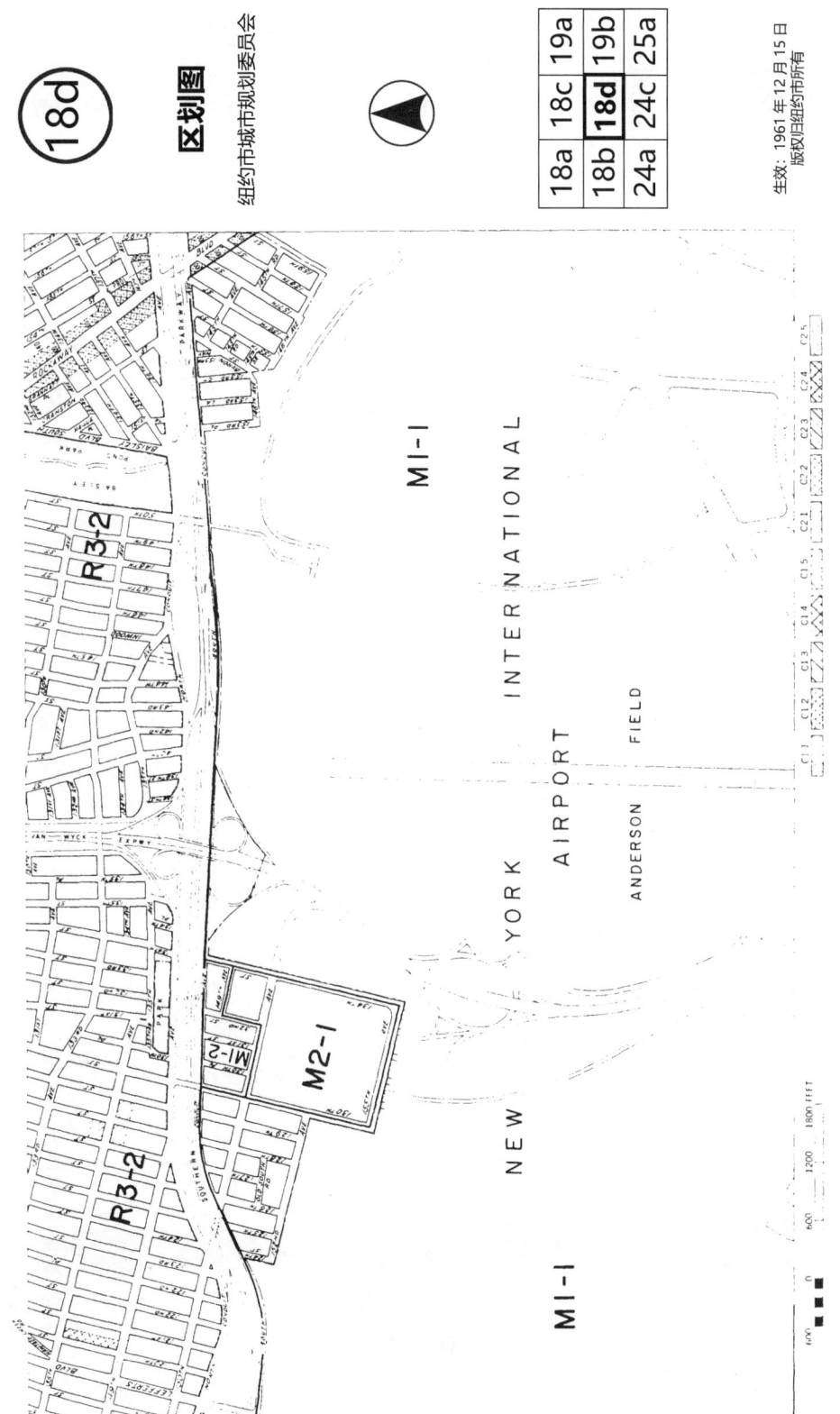

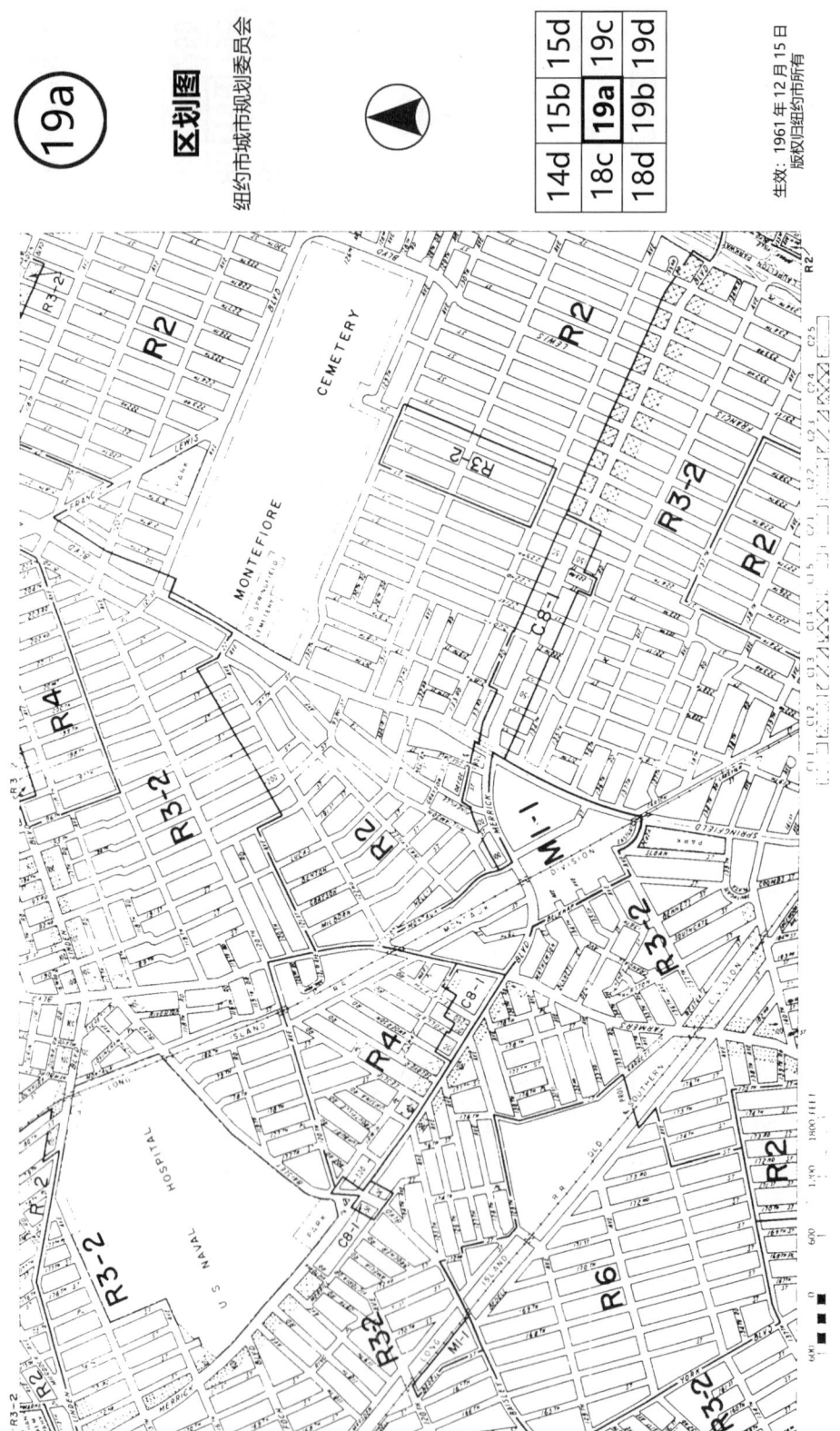

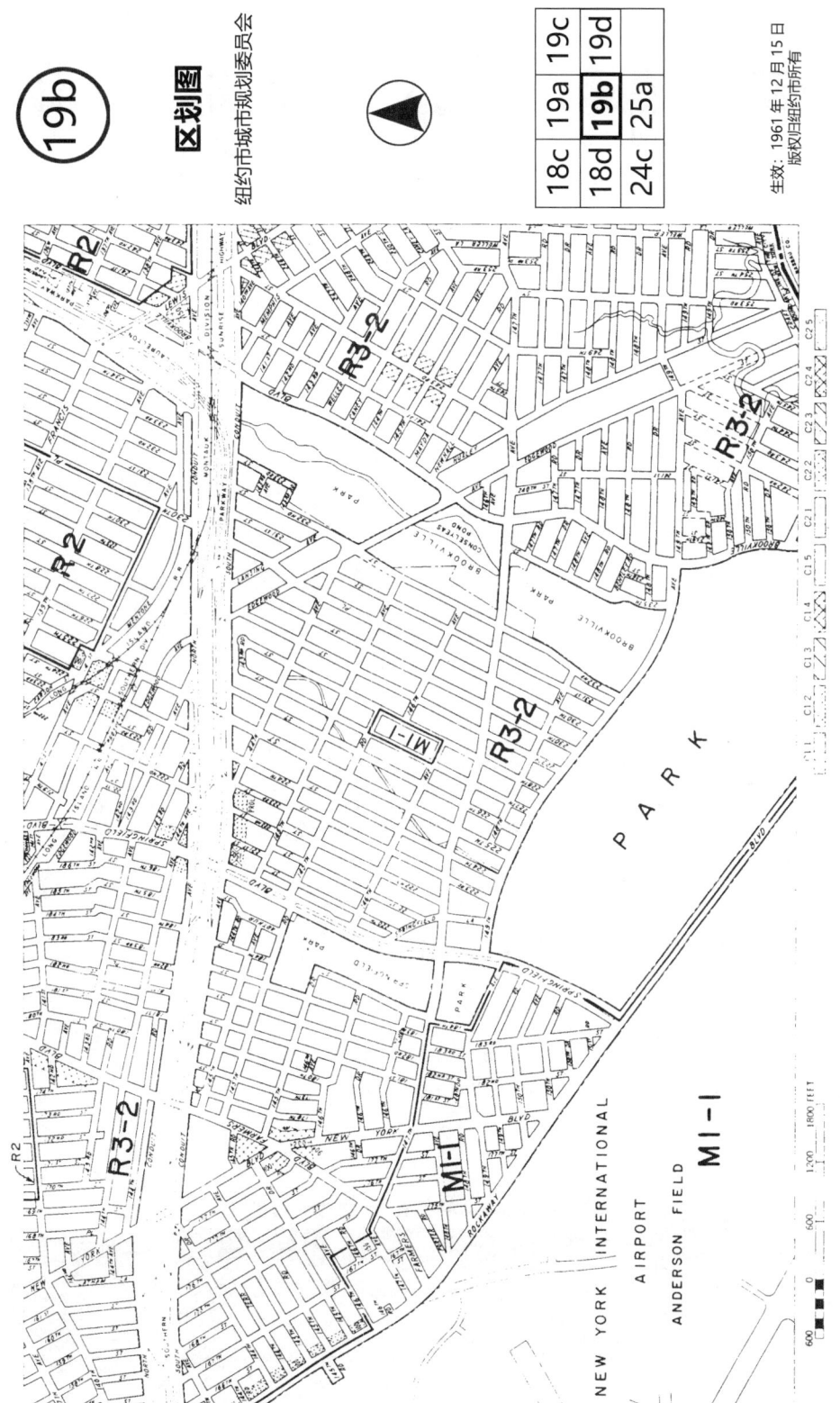

15b	15d	
19a	**19c**	
19b	19d	

区划图
纽约市城市规划委员会

生效: 1961年12月15日
版权归纽约市所有

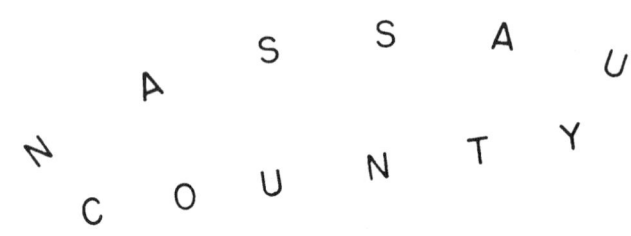
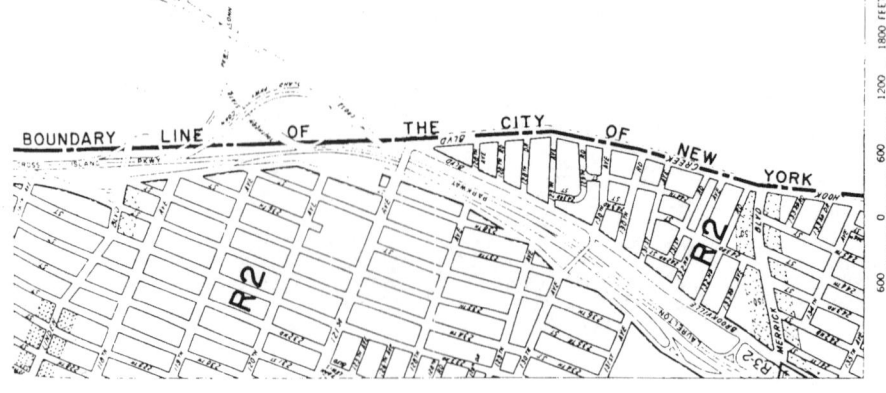

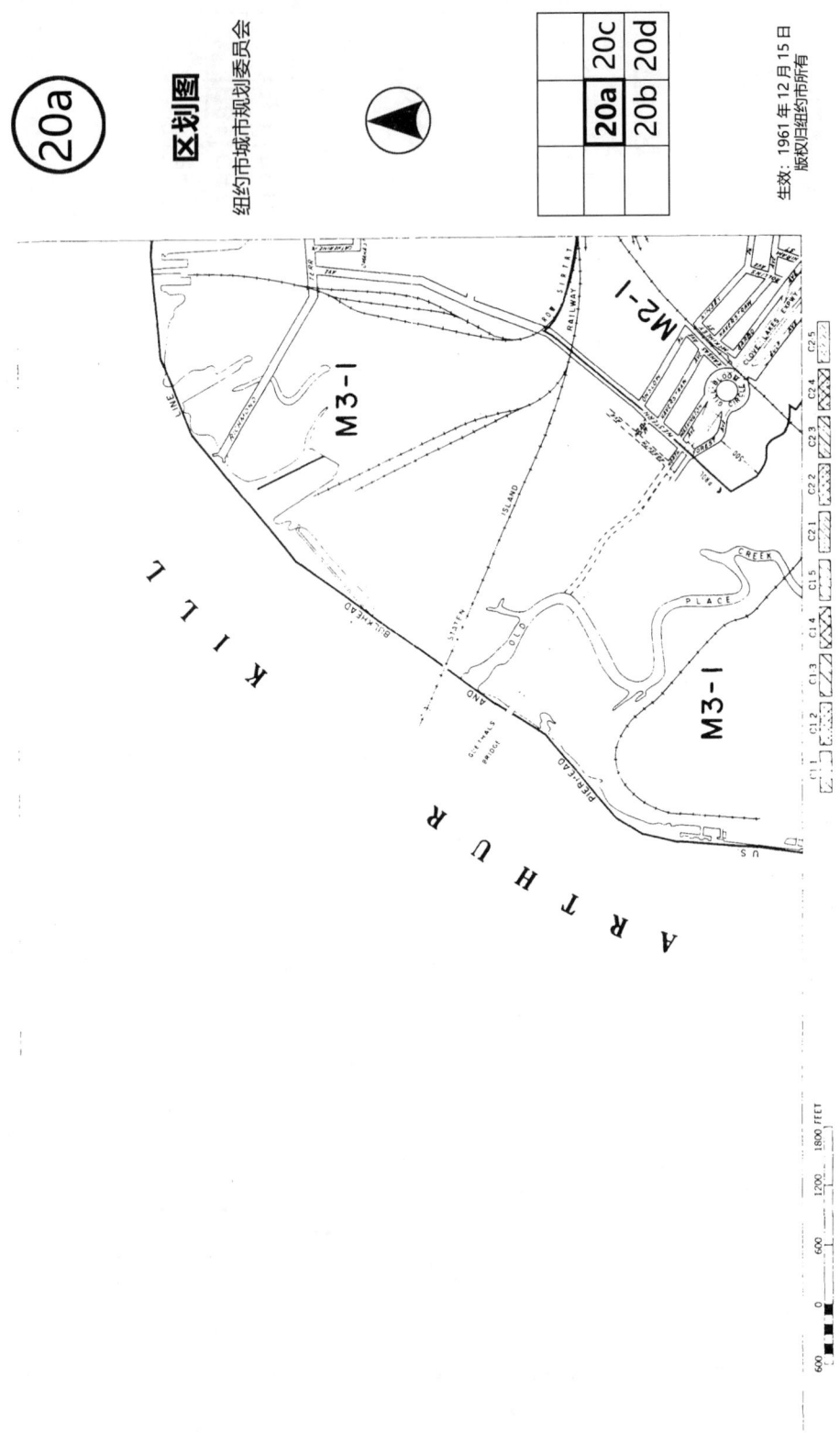

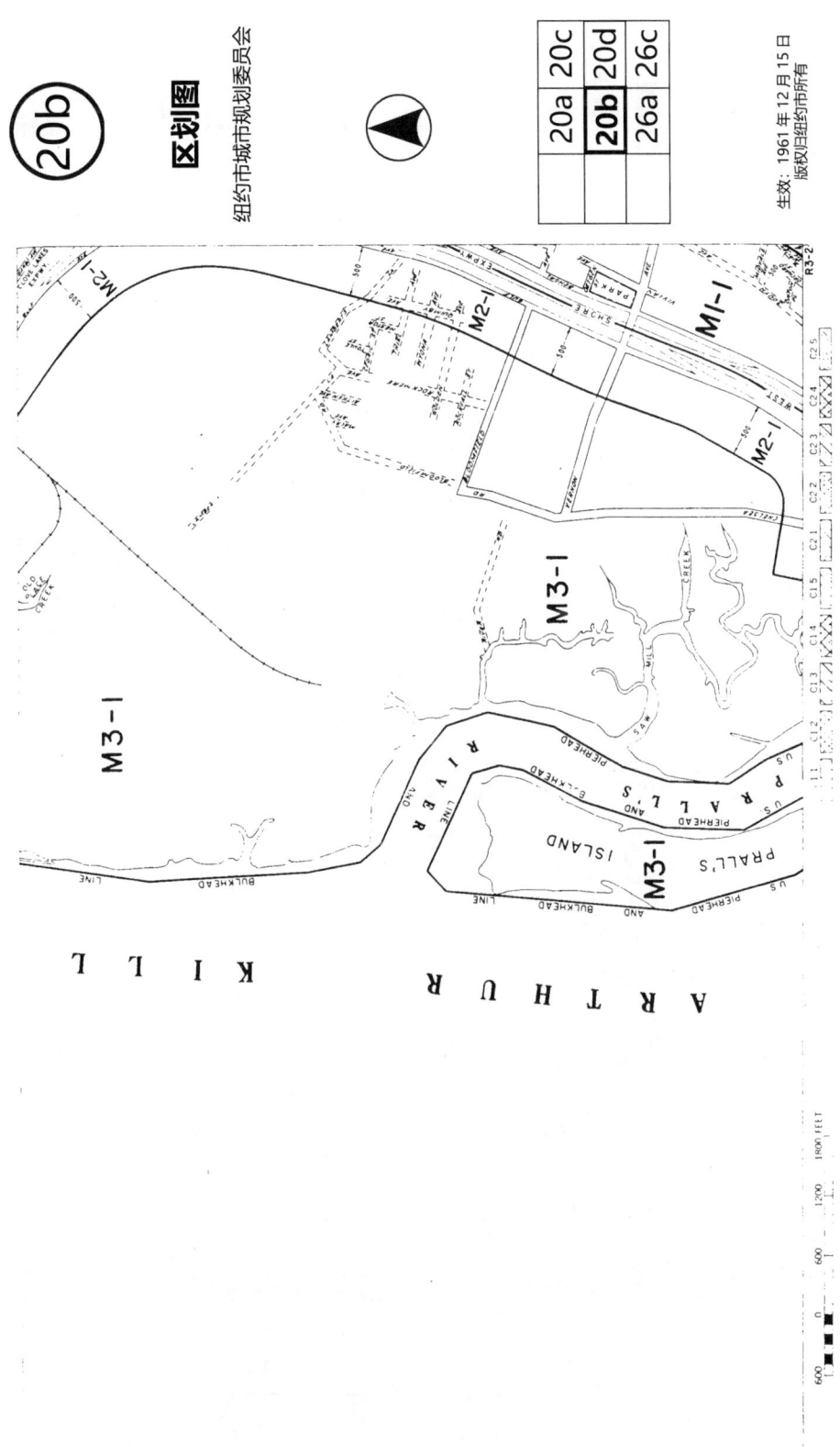

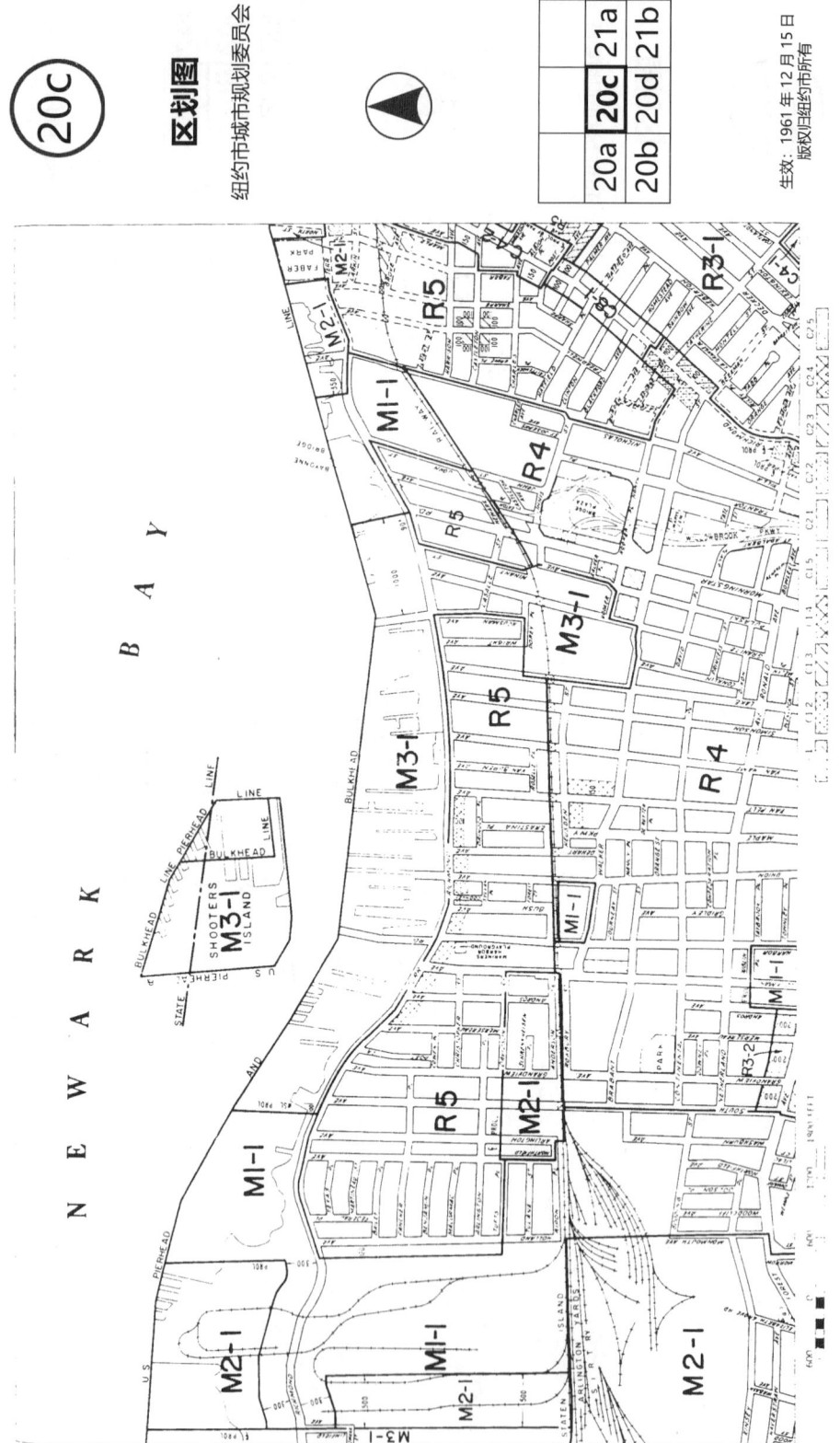

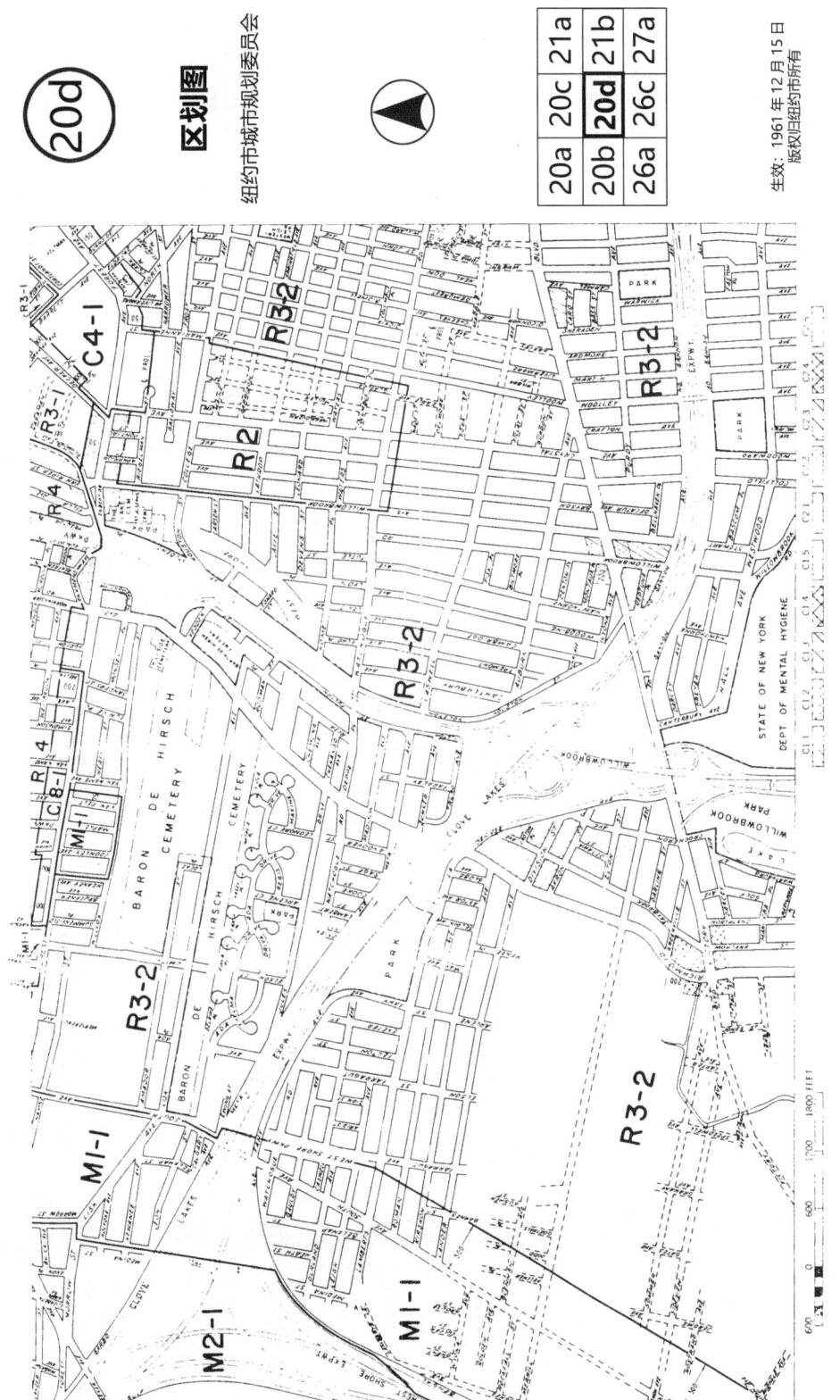

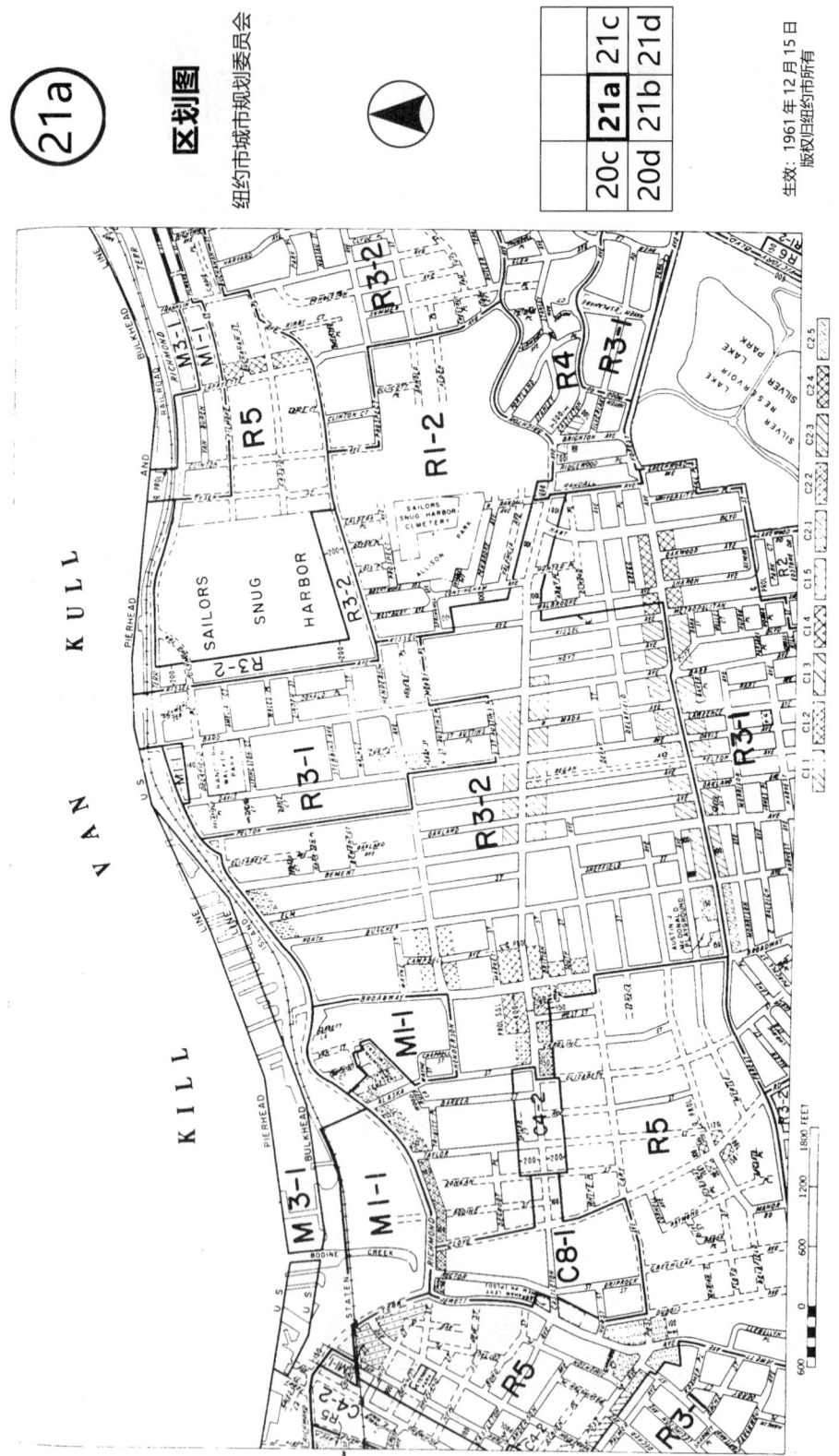

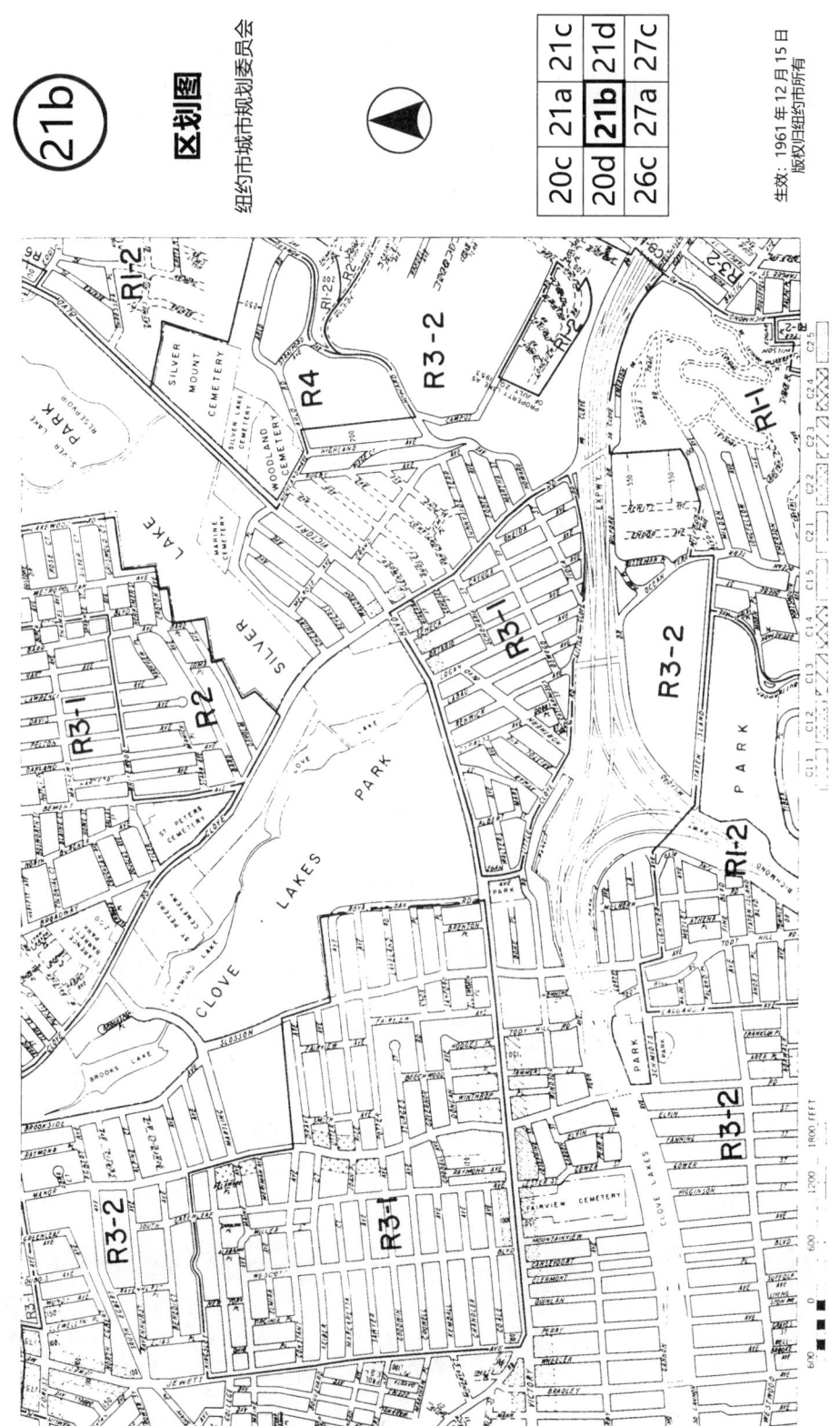

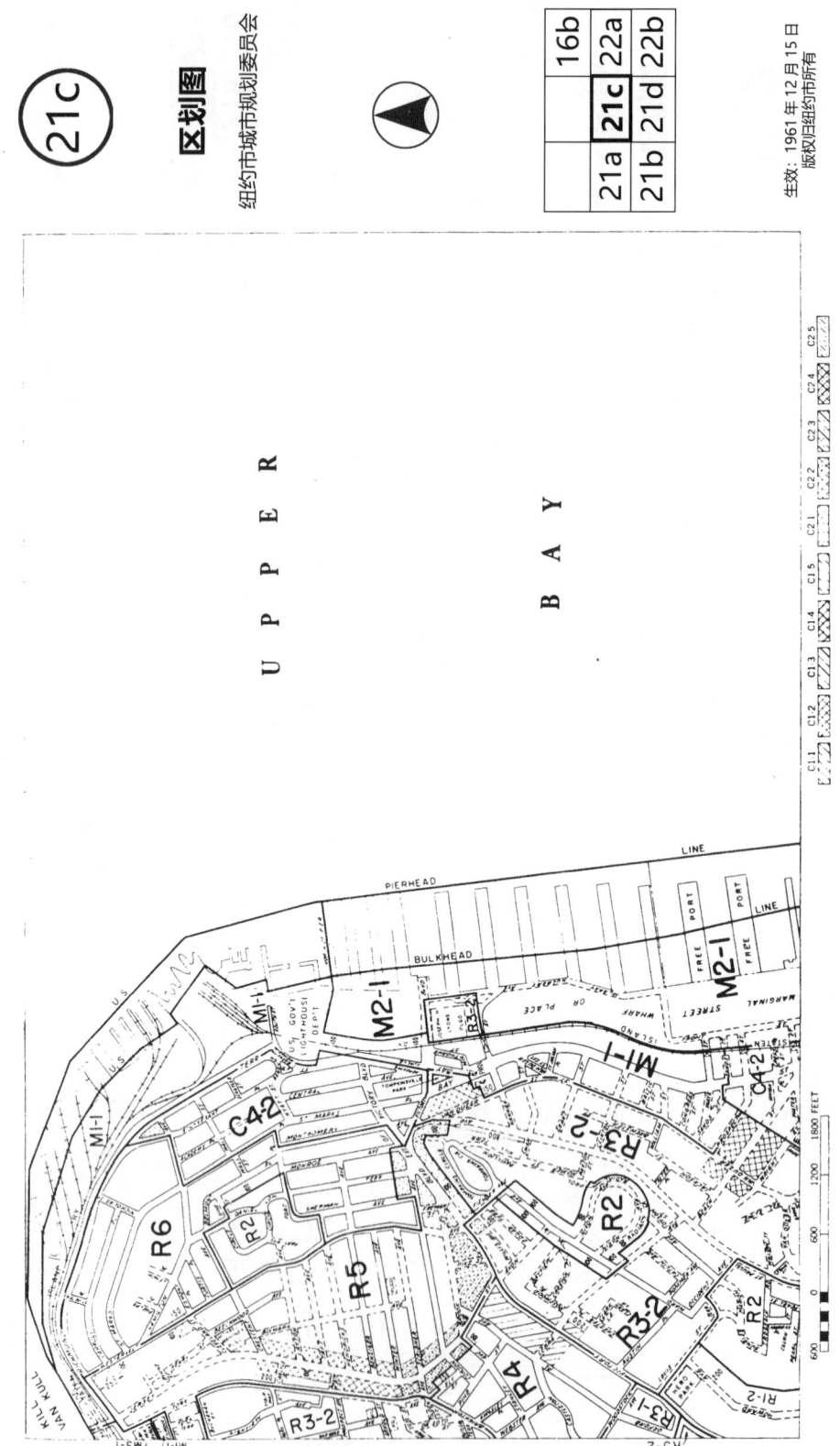

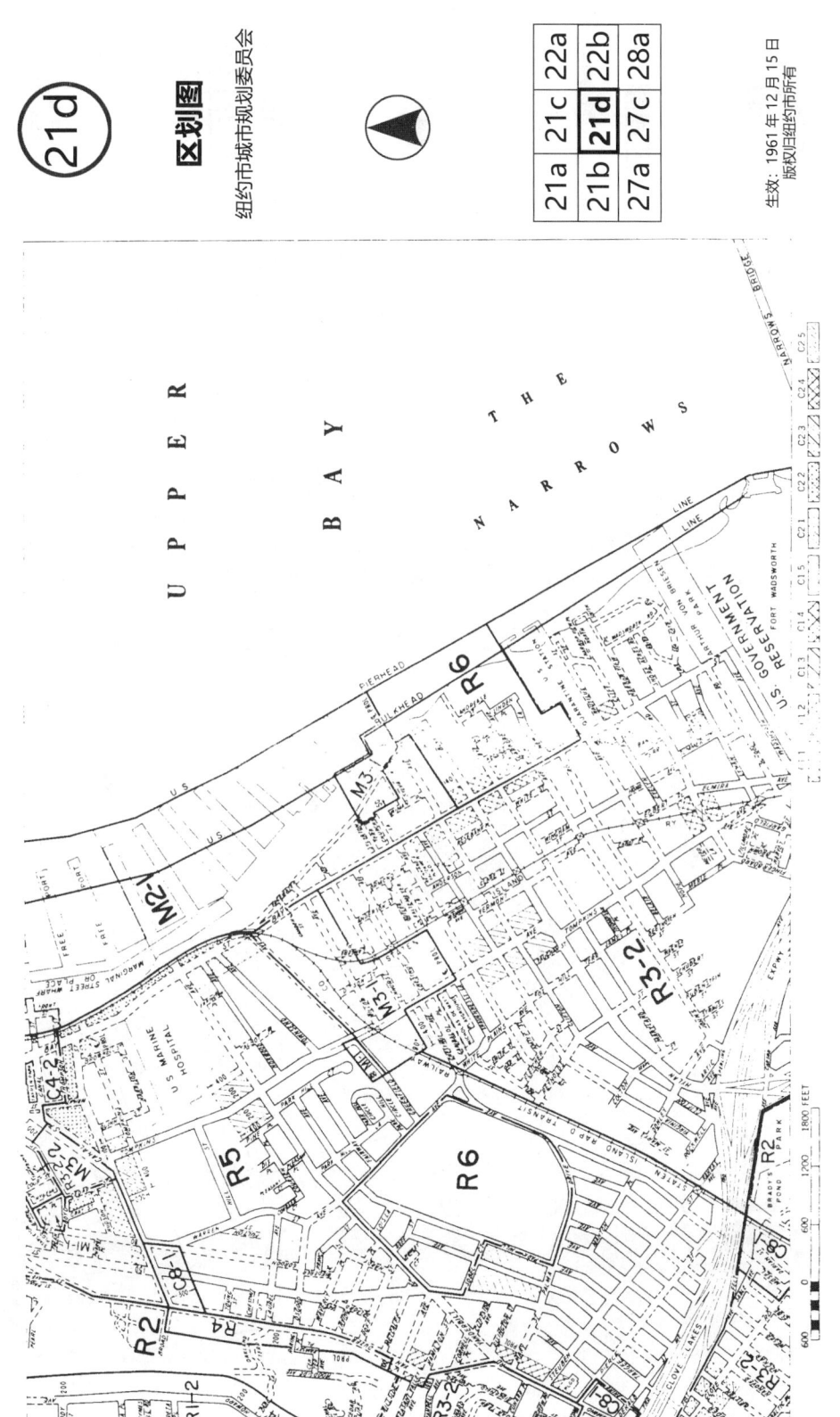

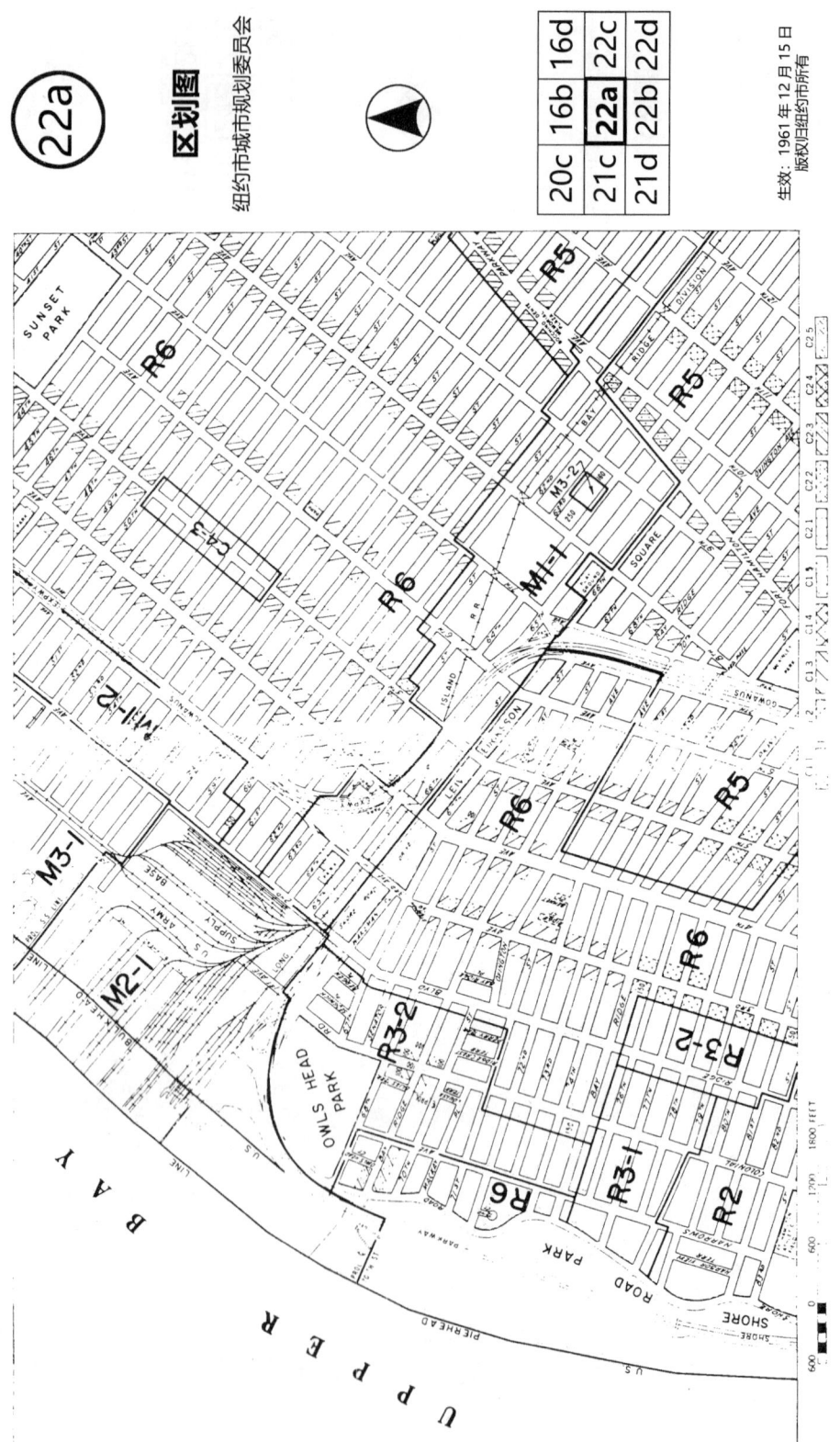

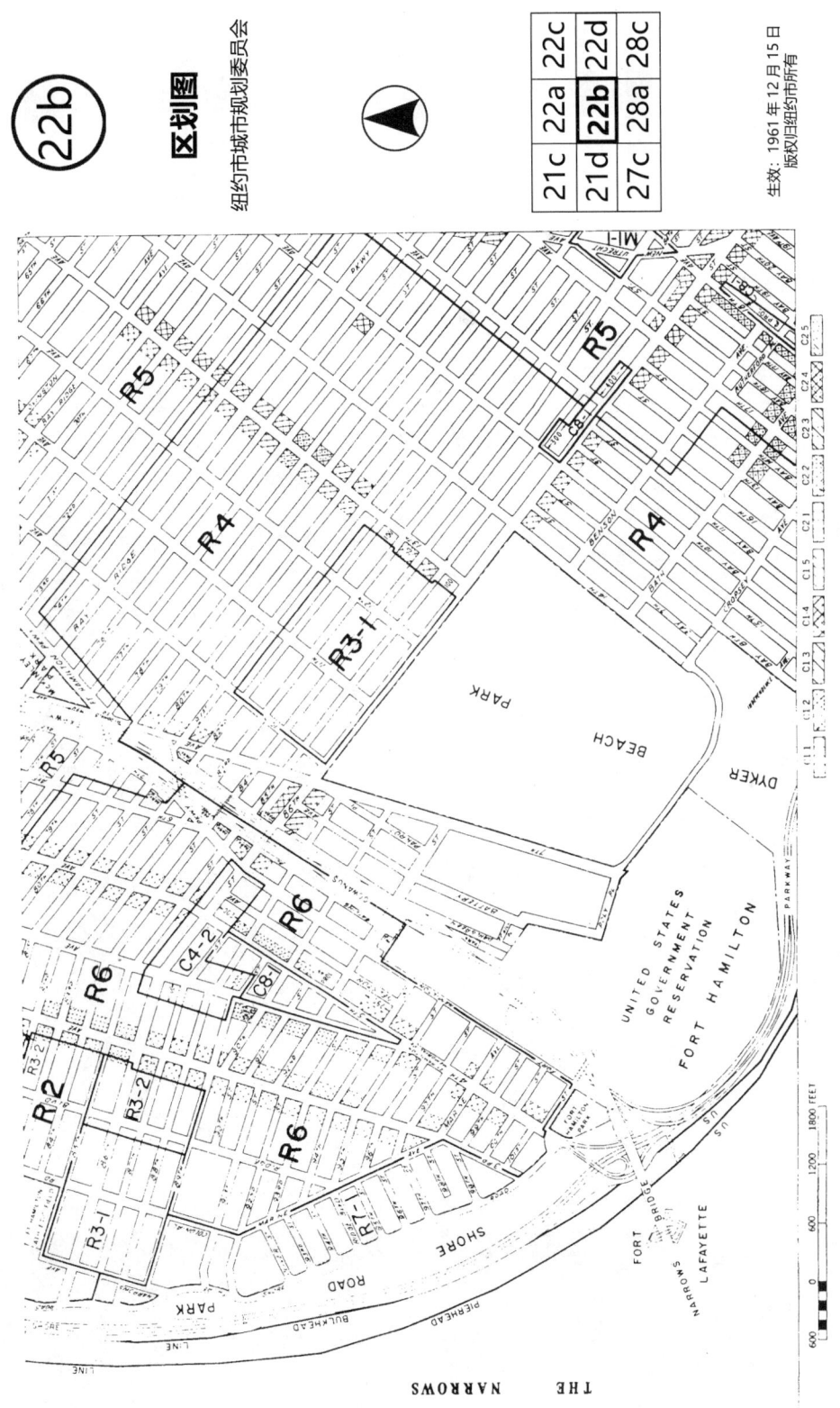

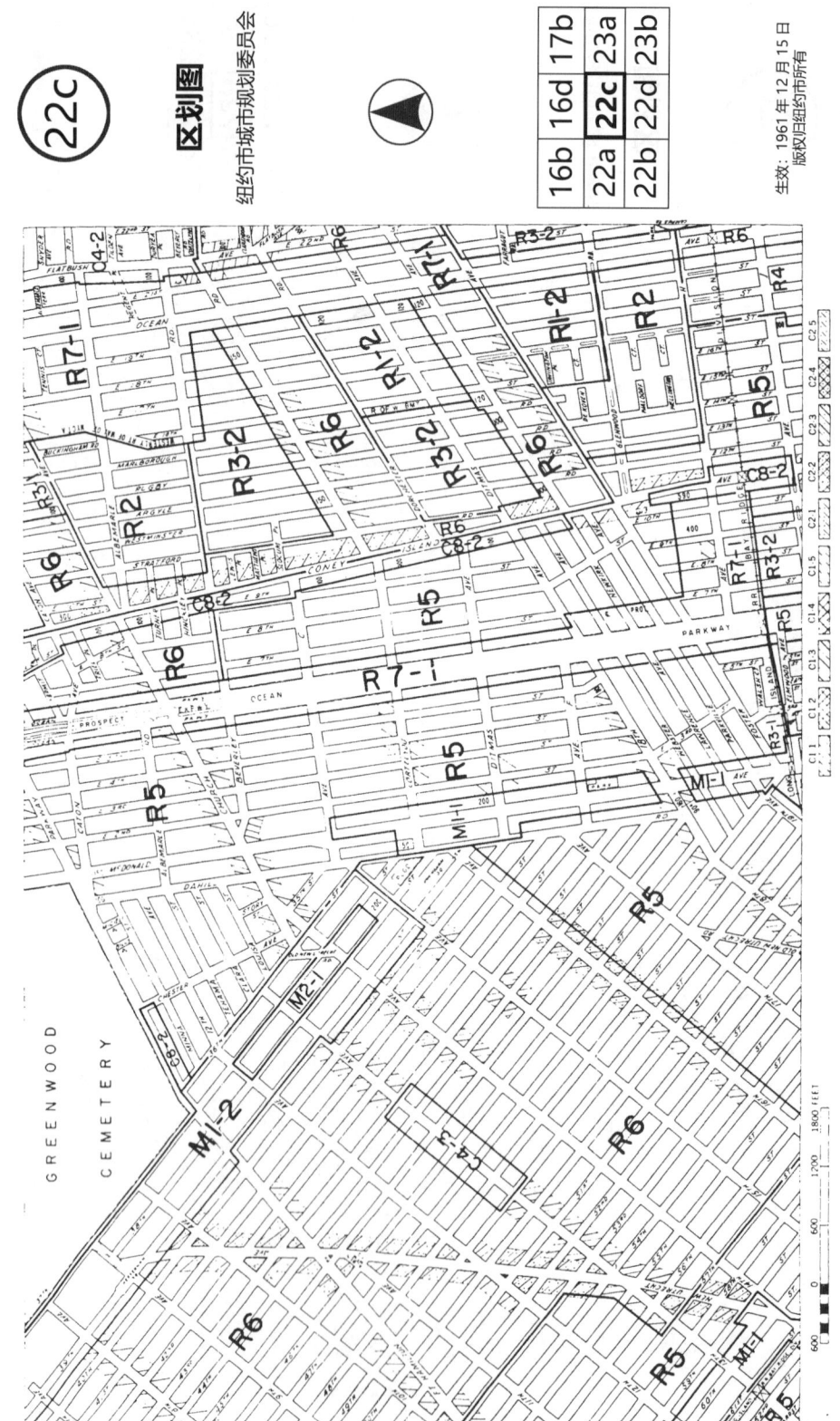

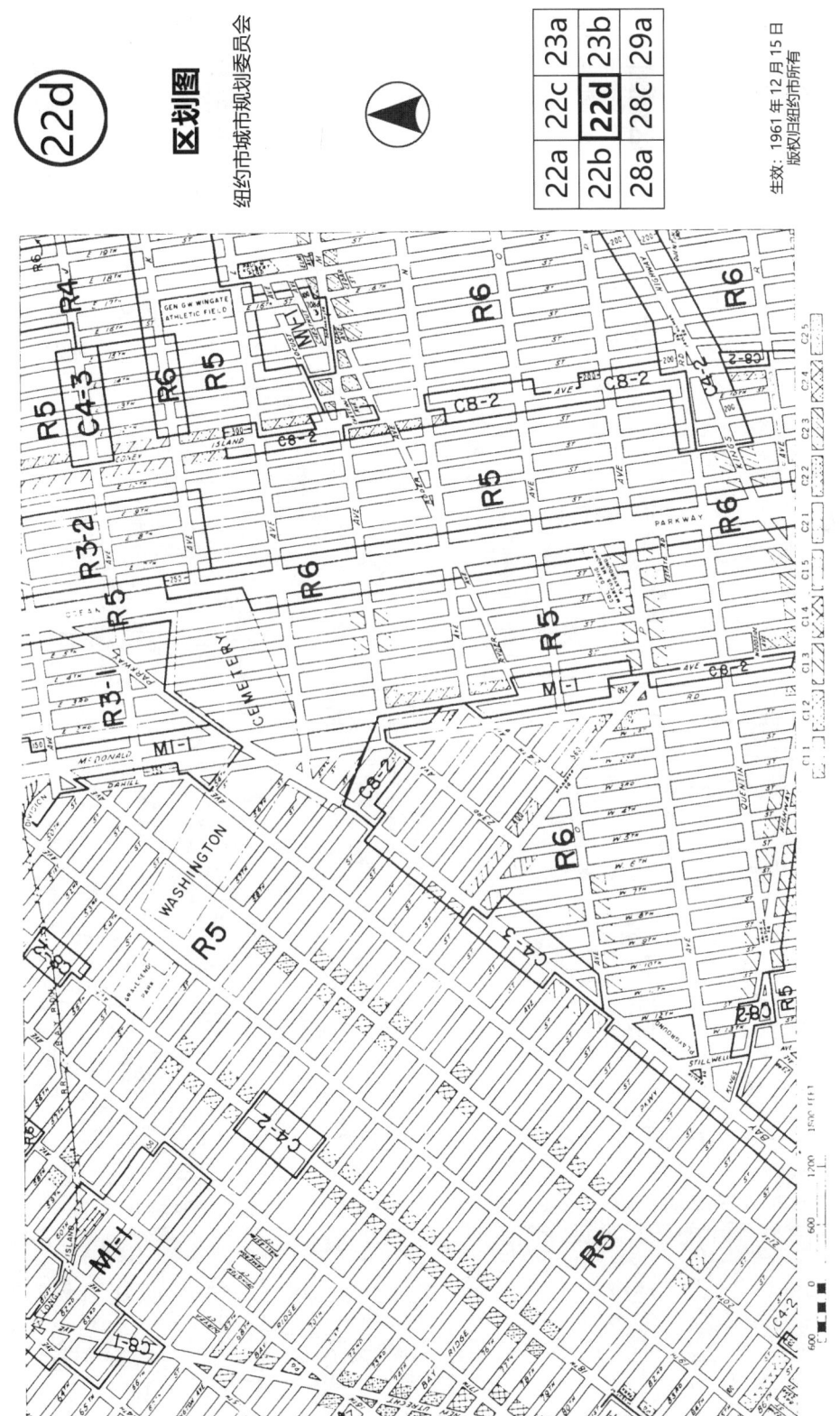

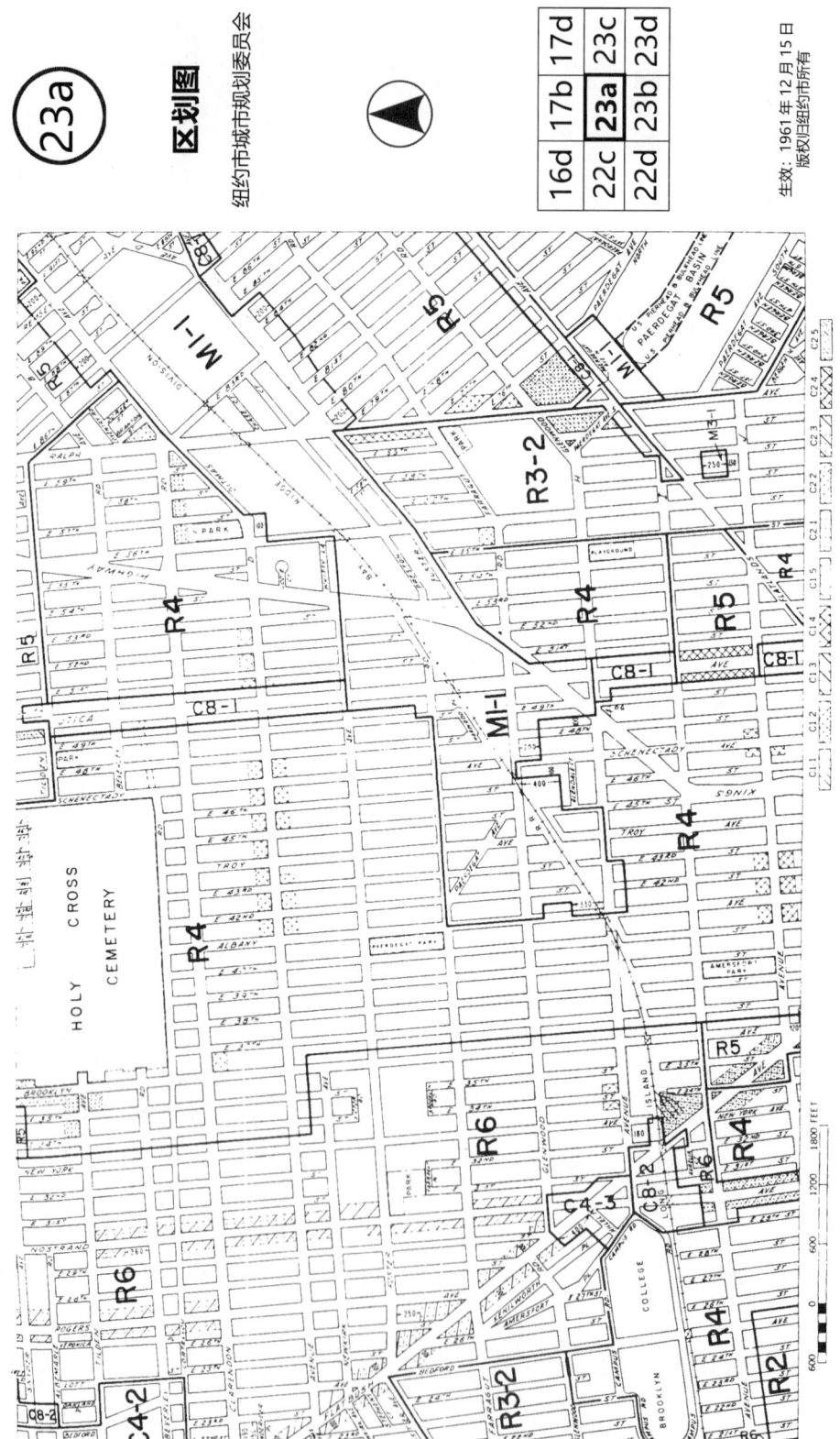

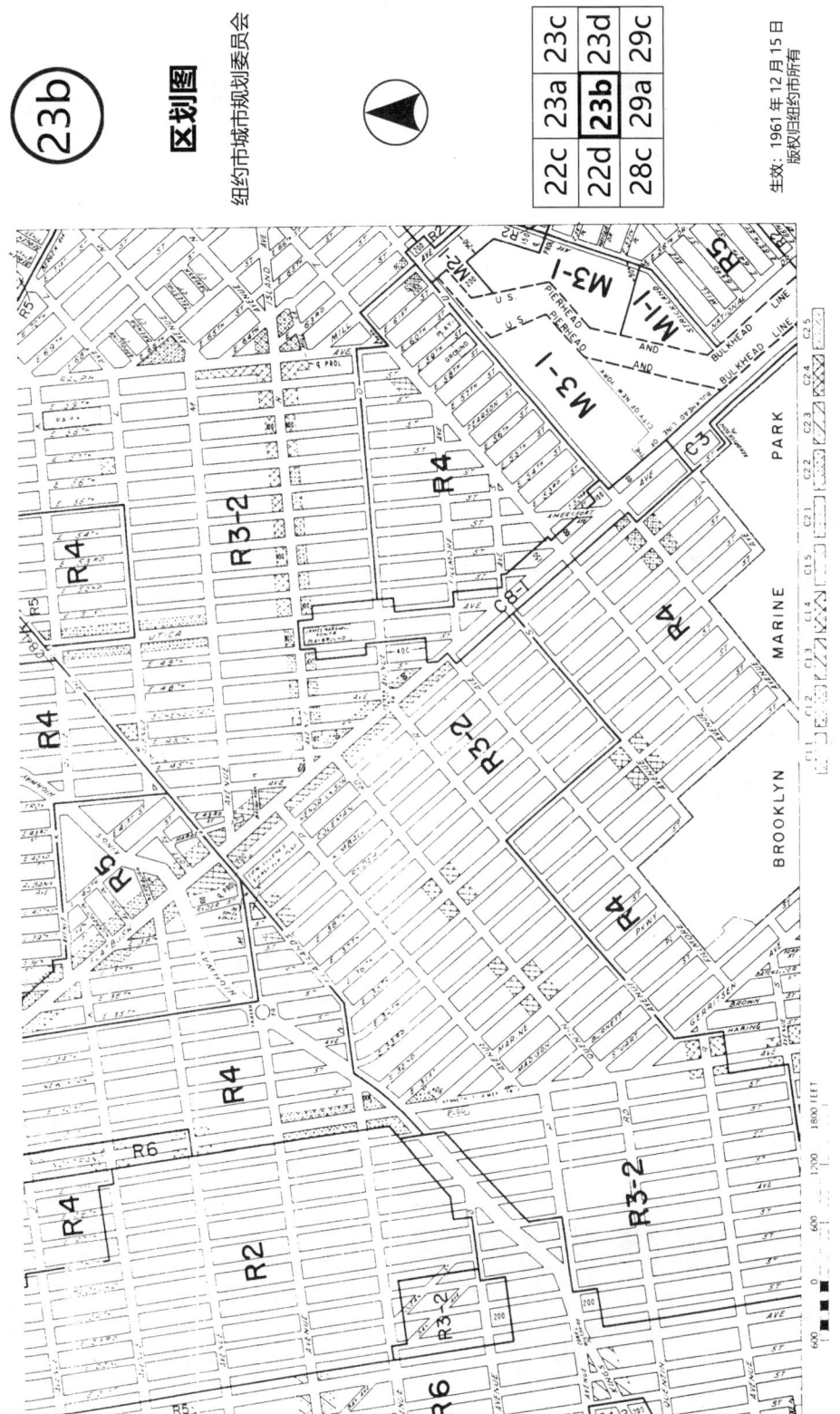

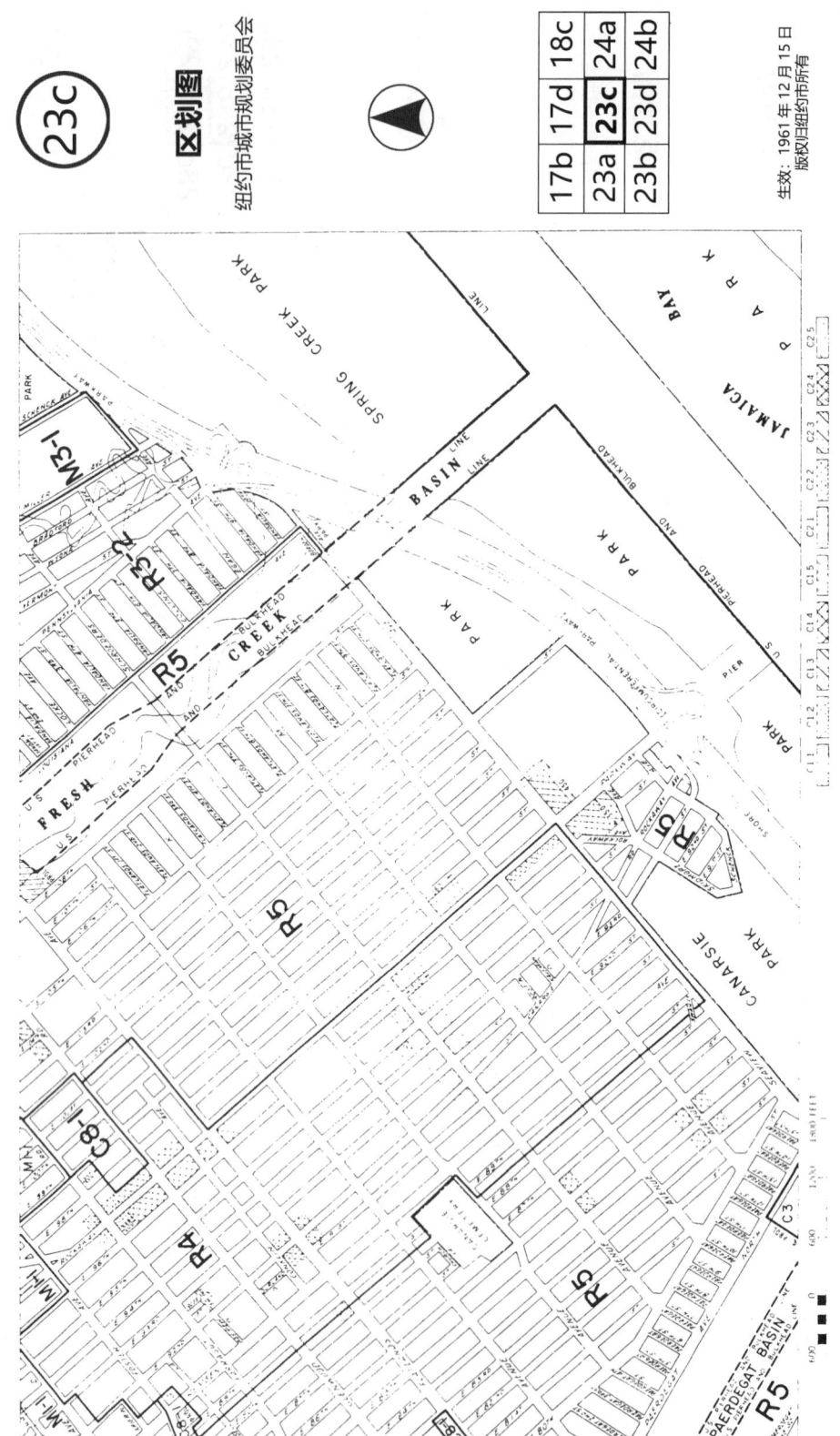

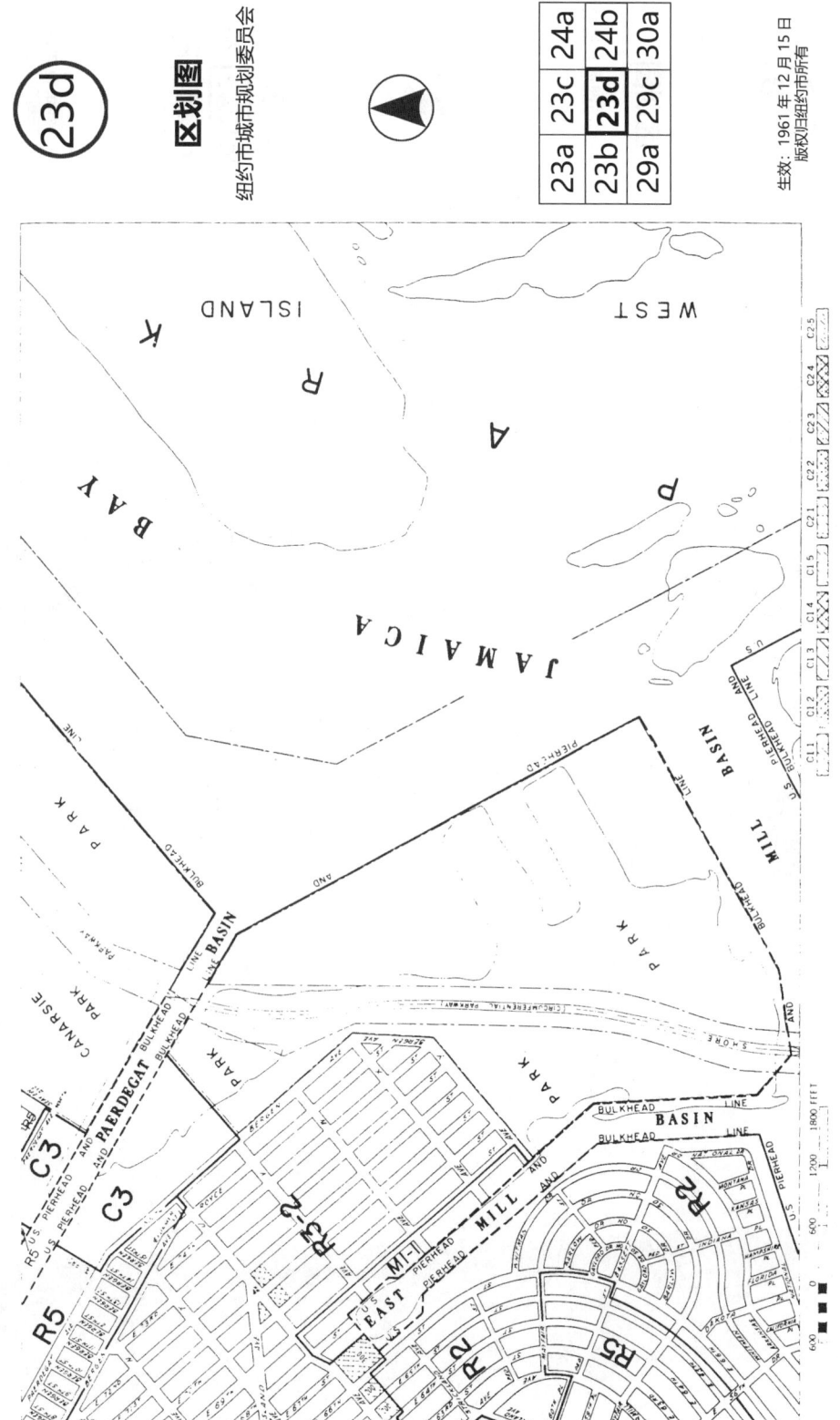

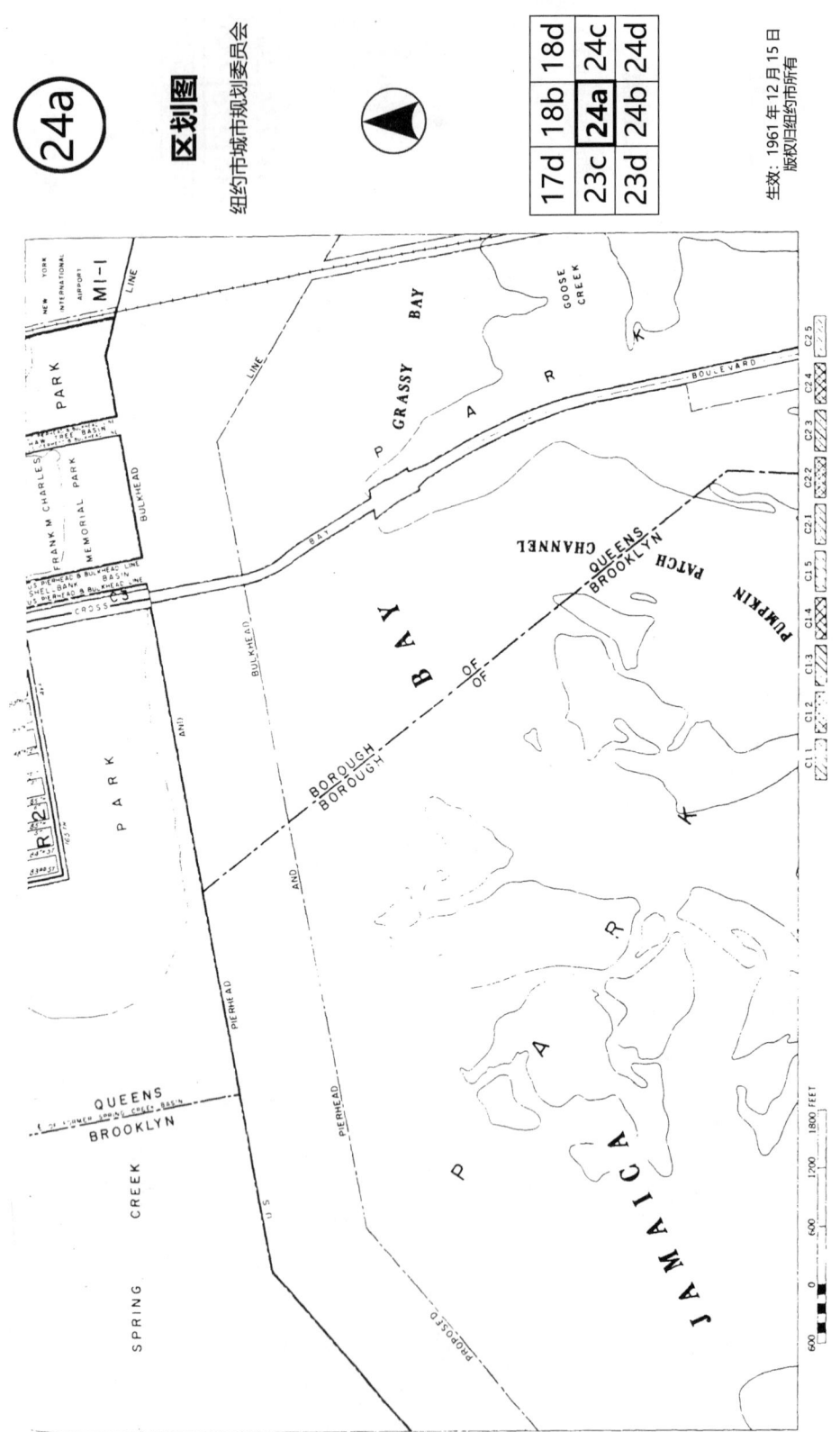

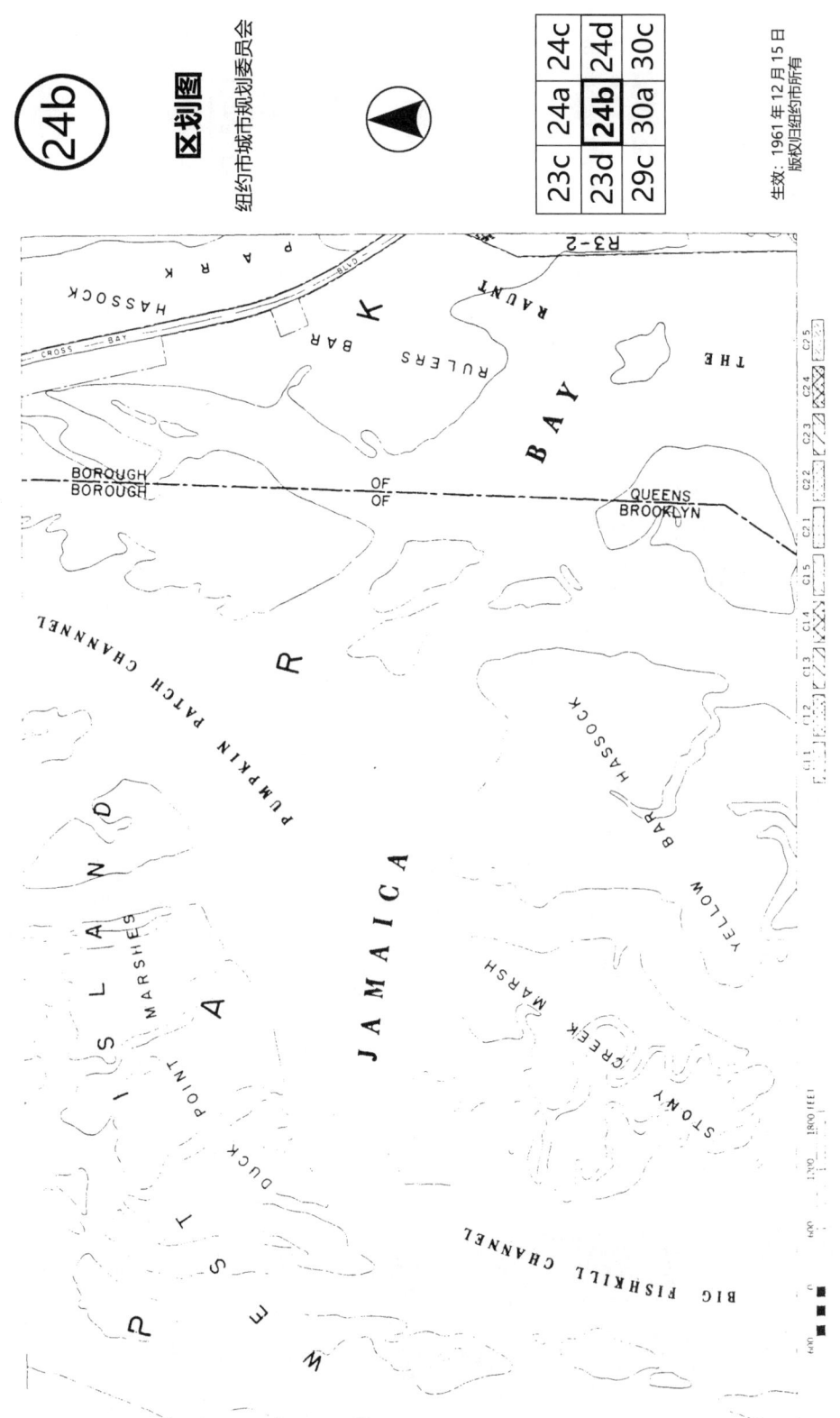

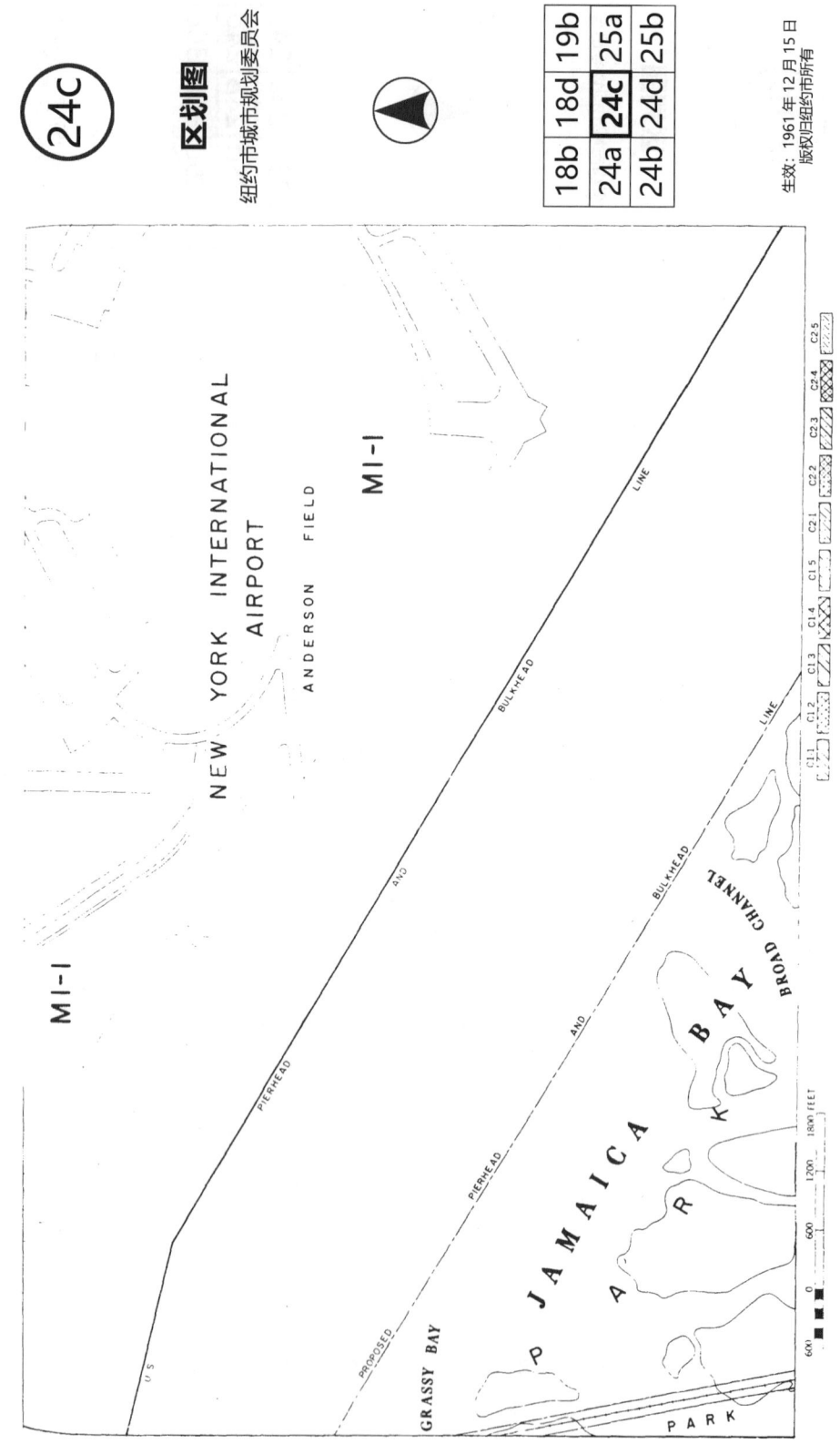

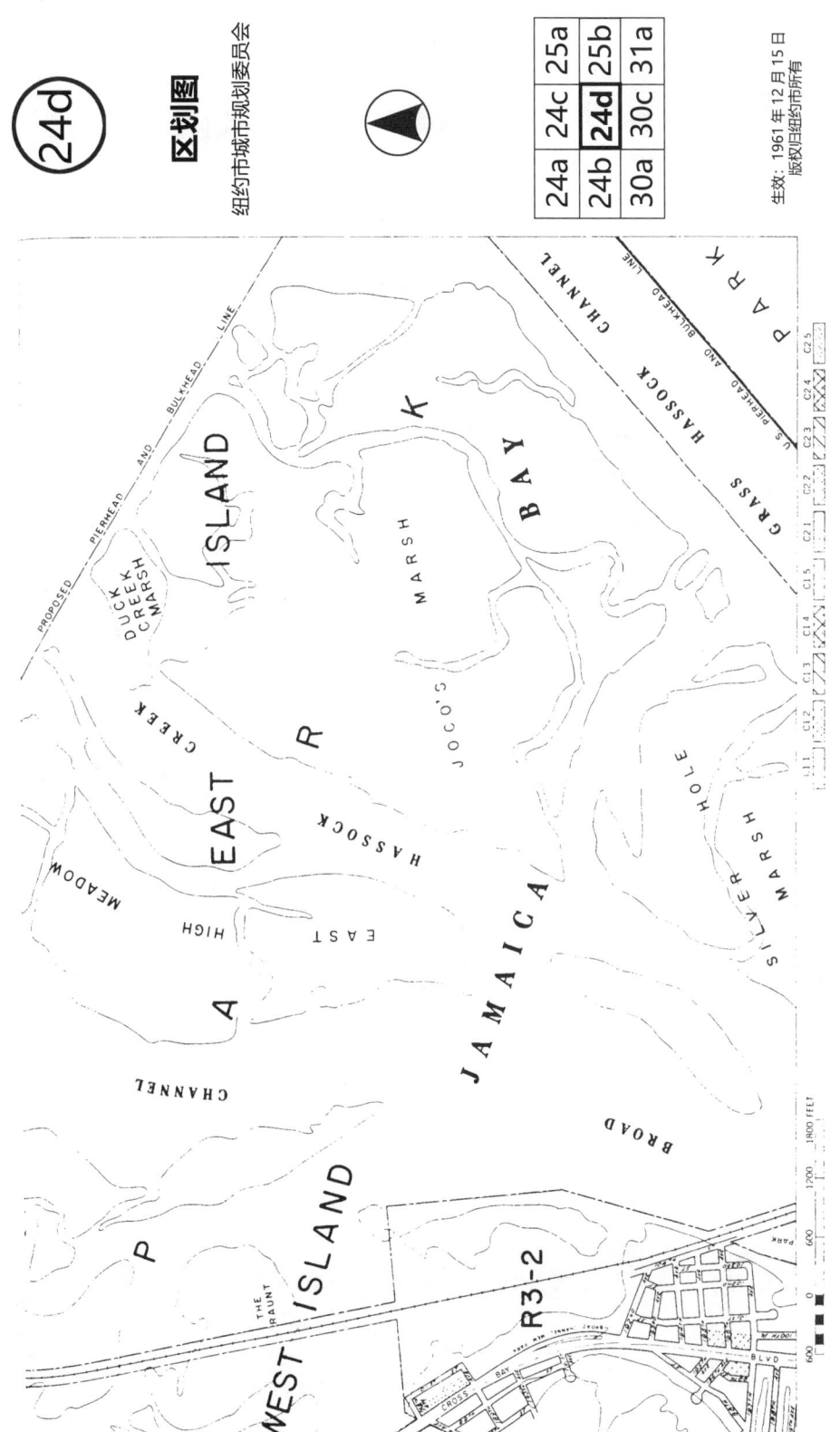

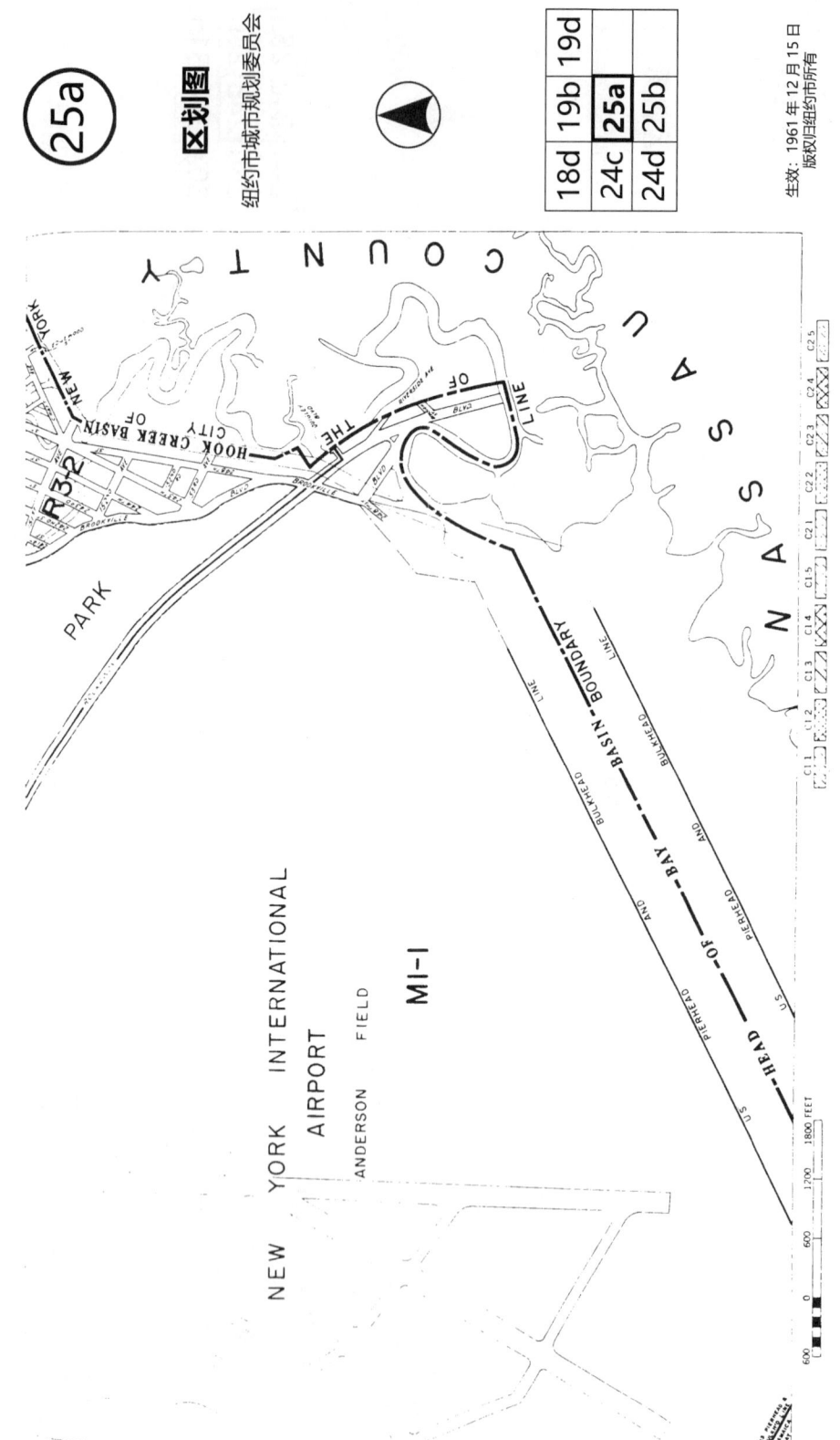

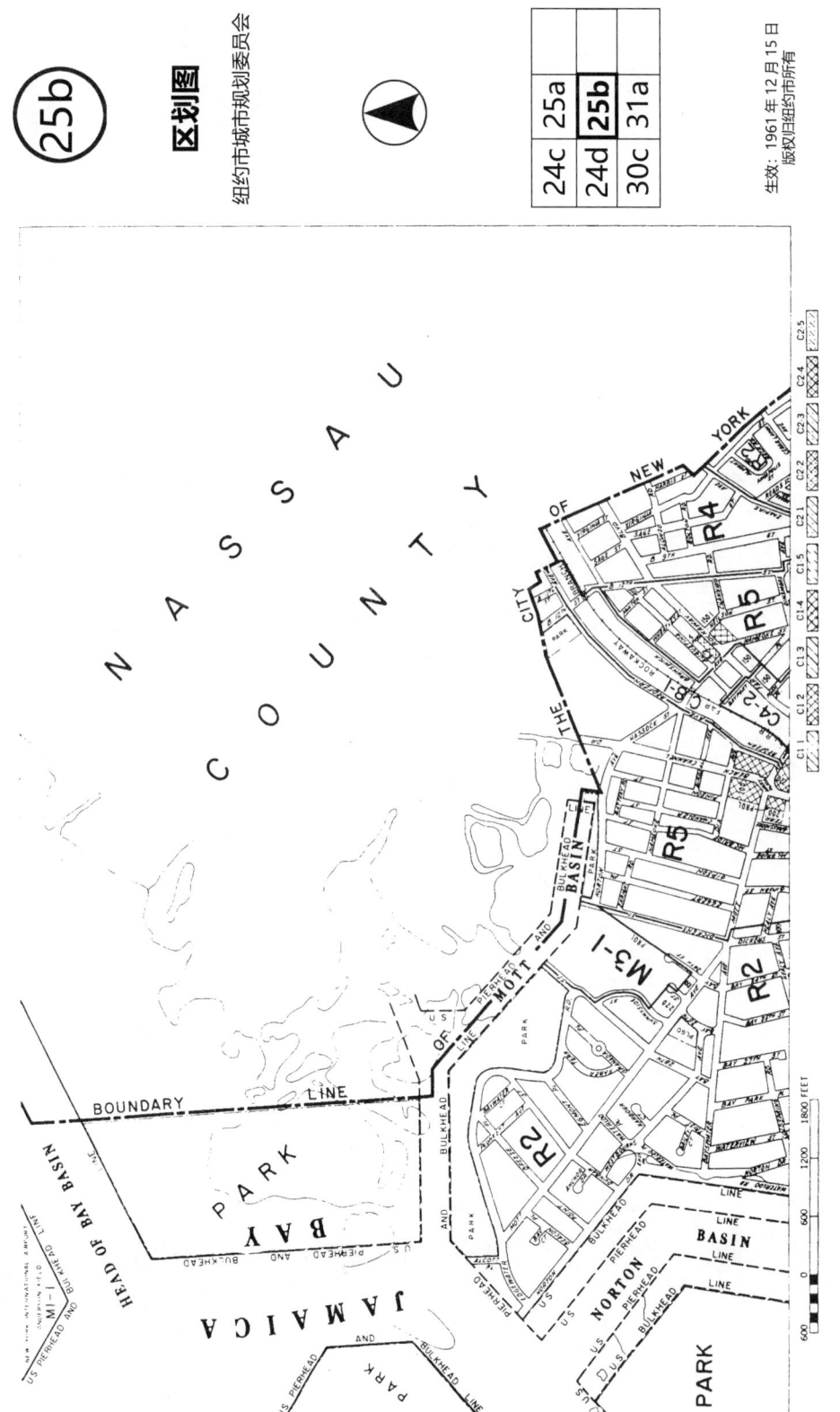

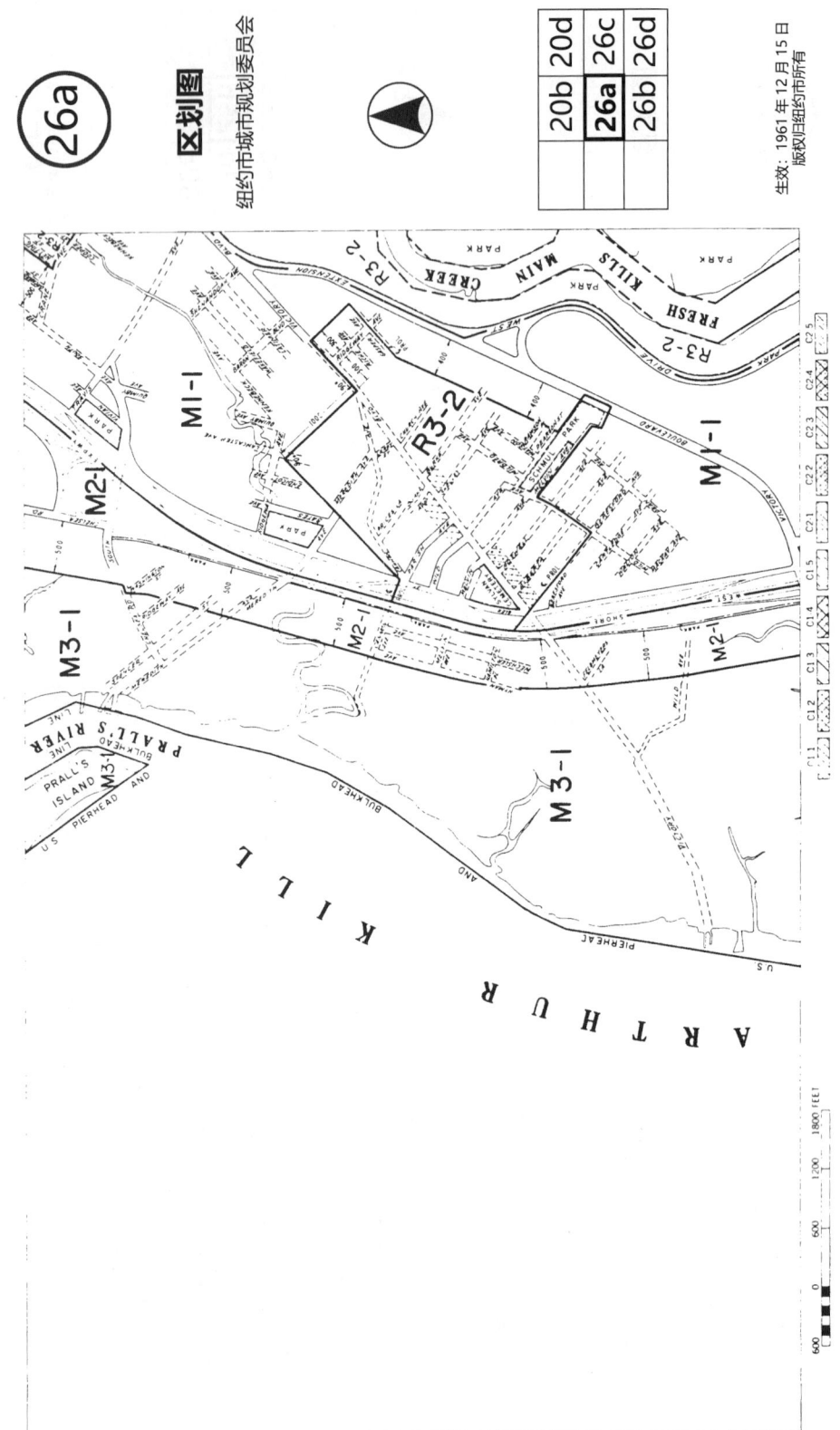

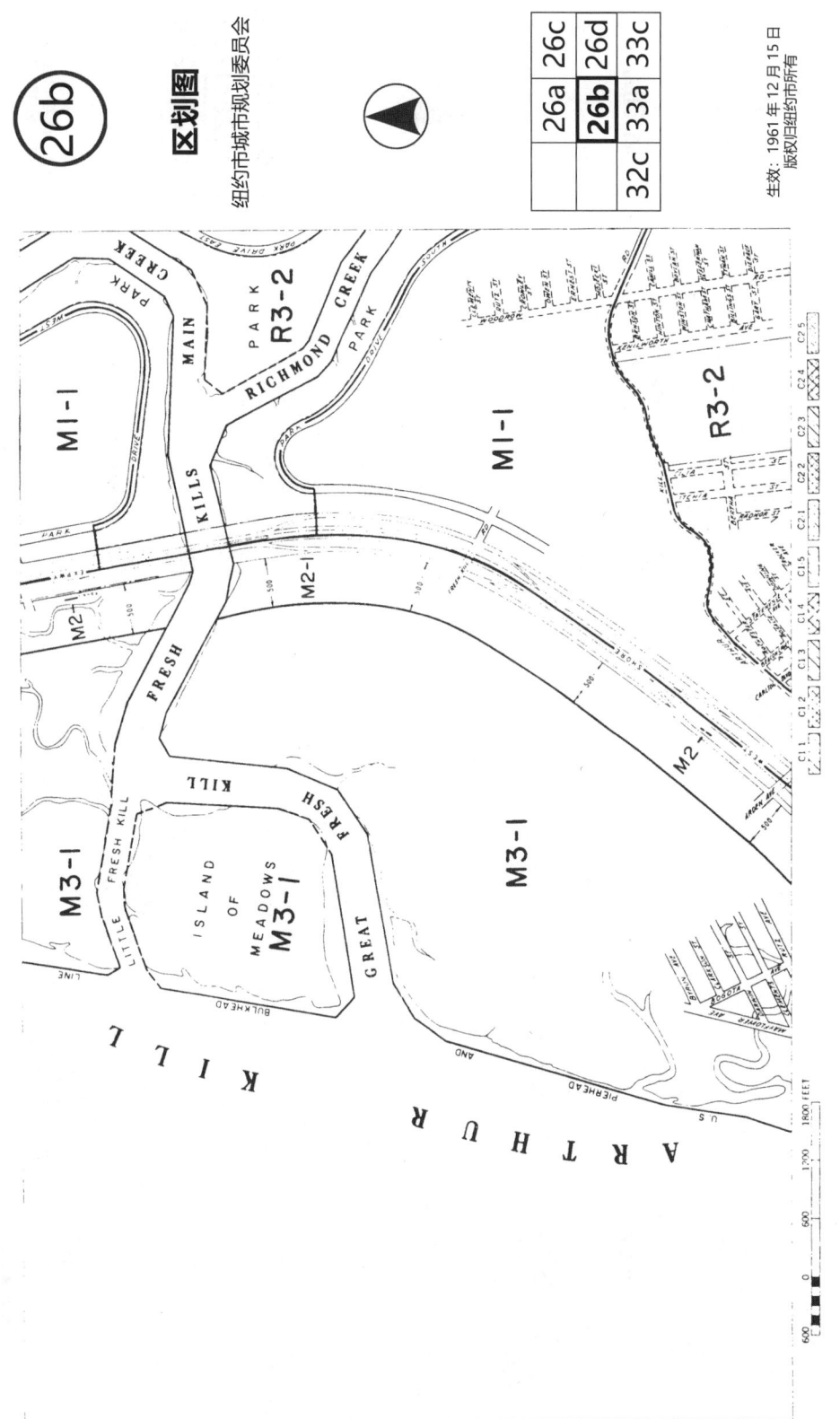

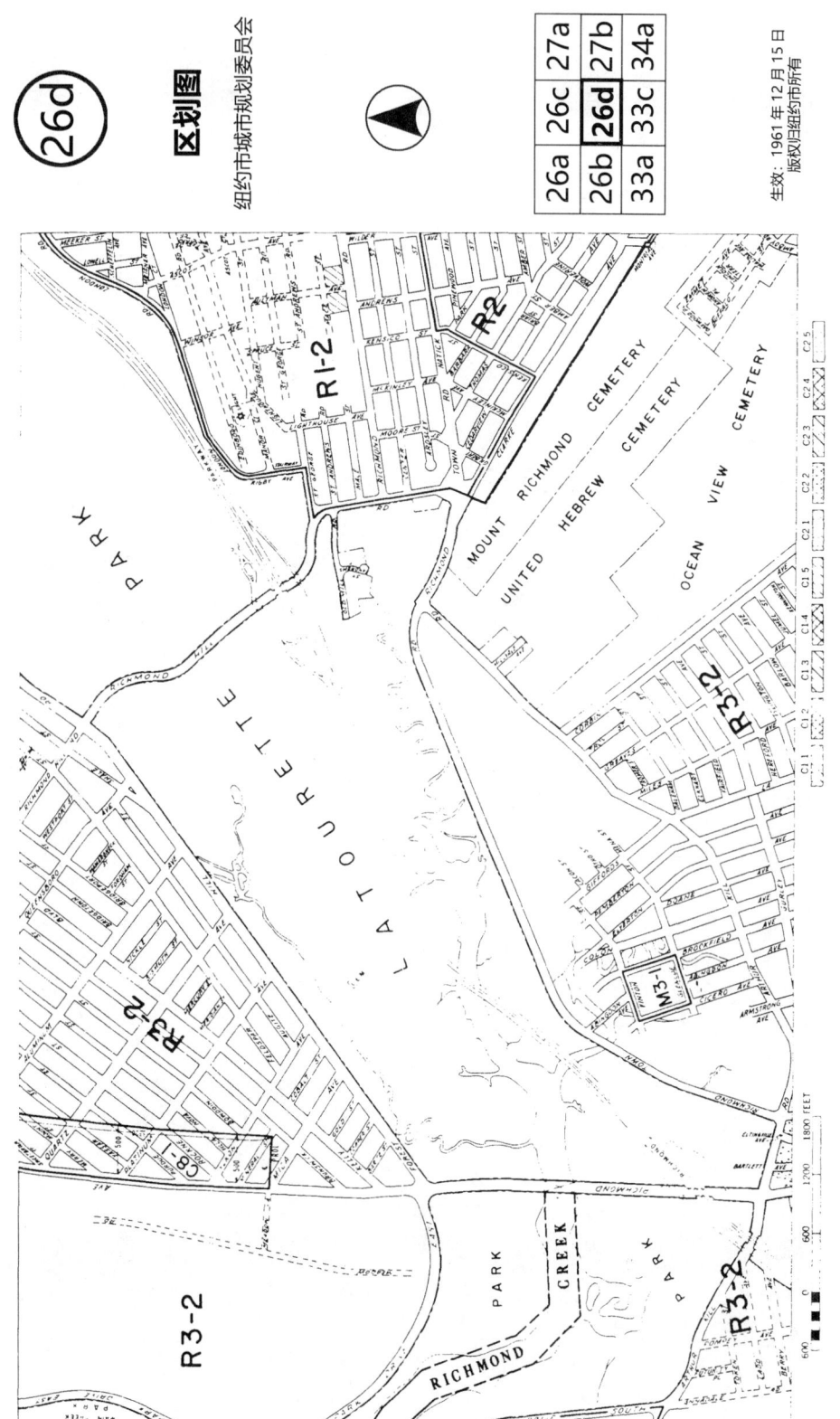

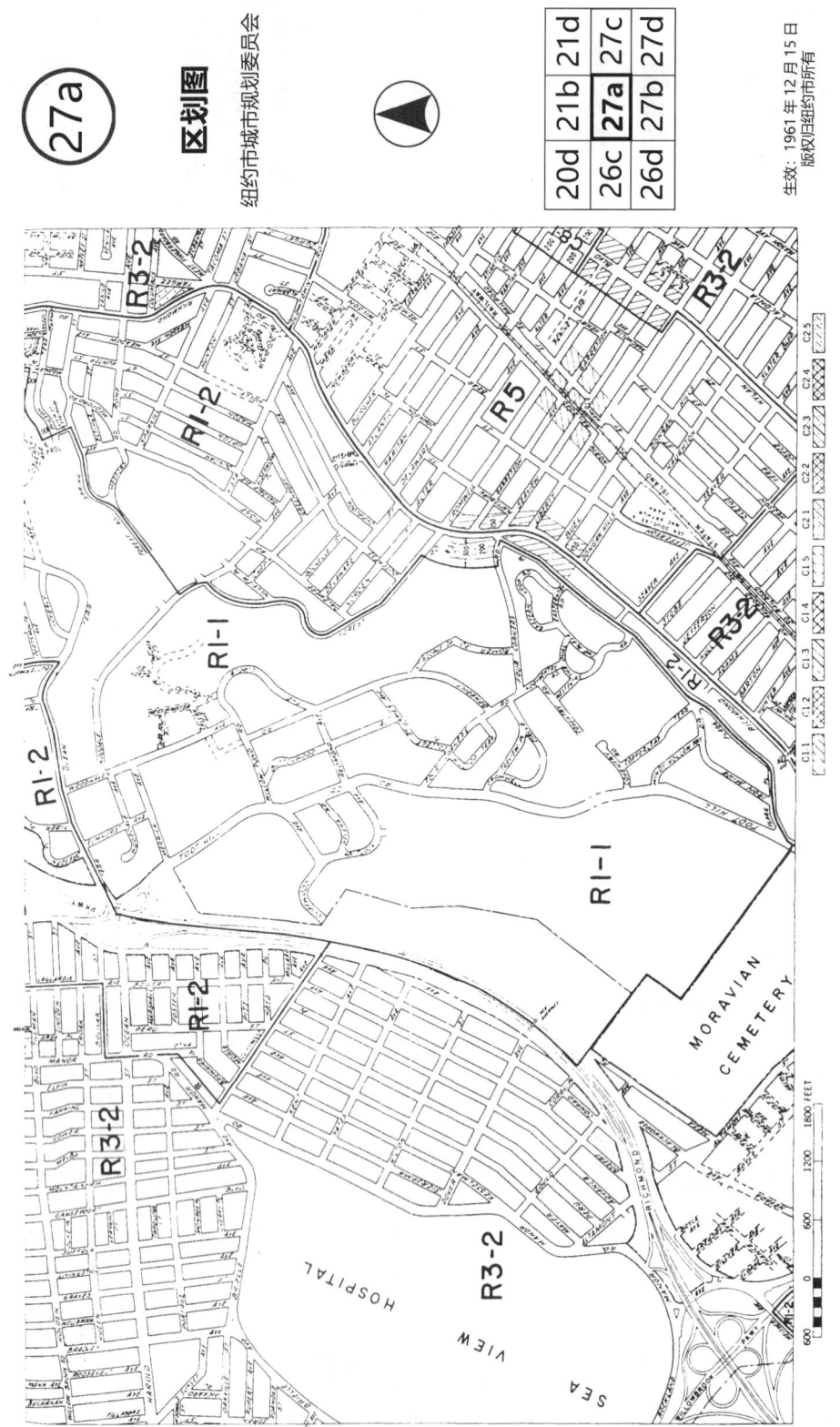

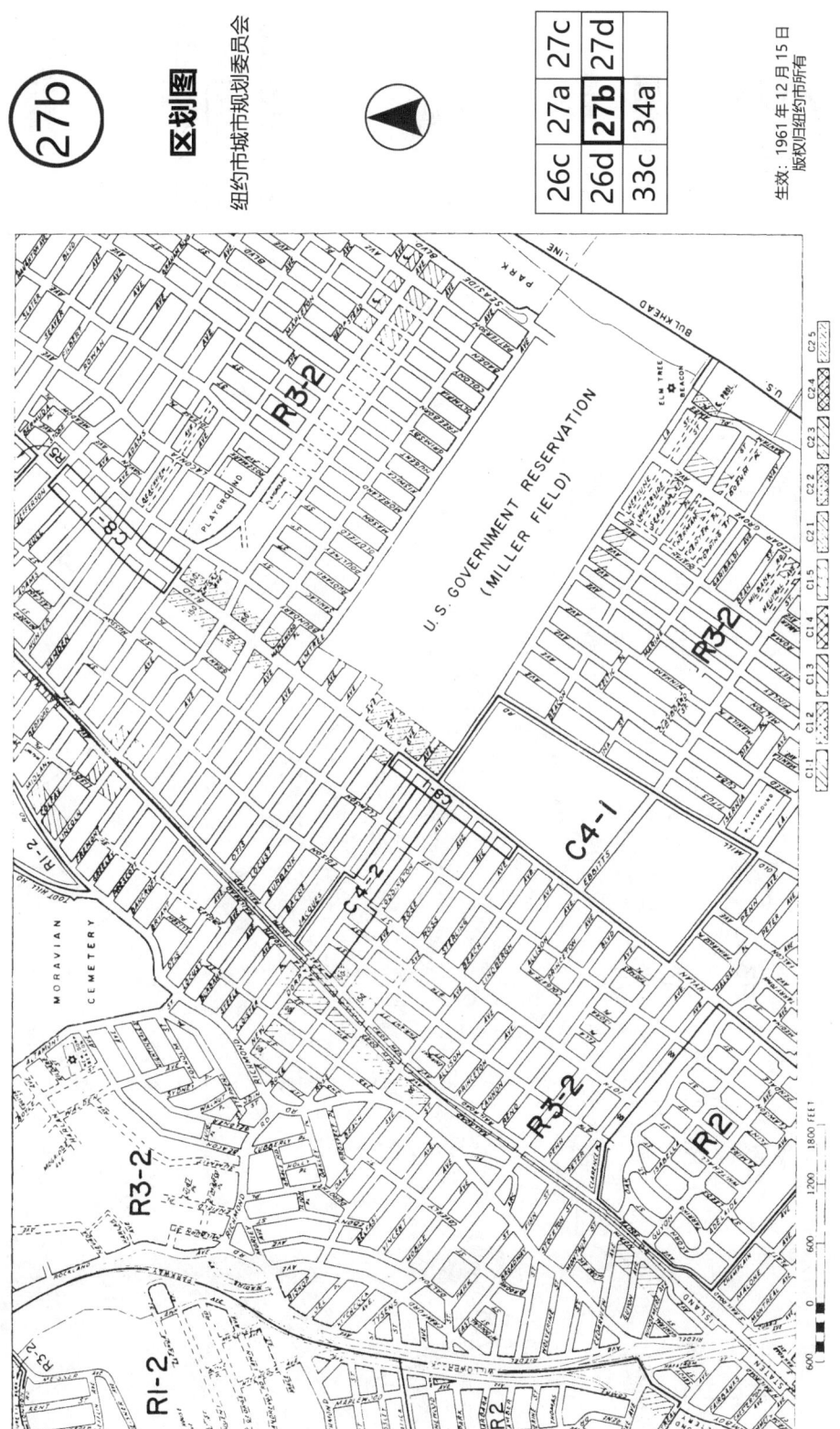

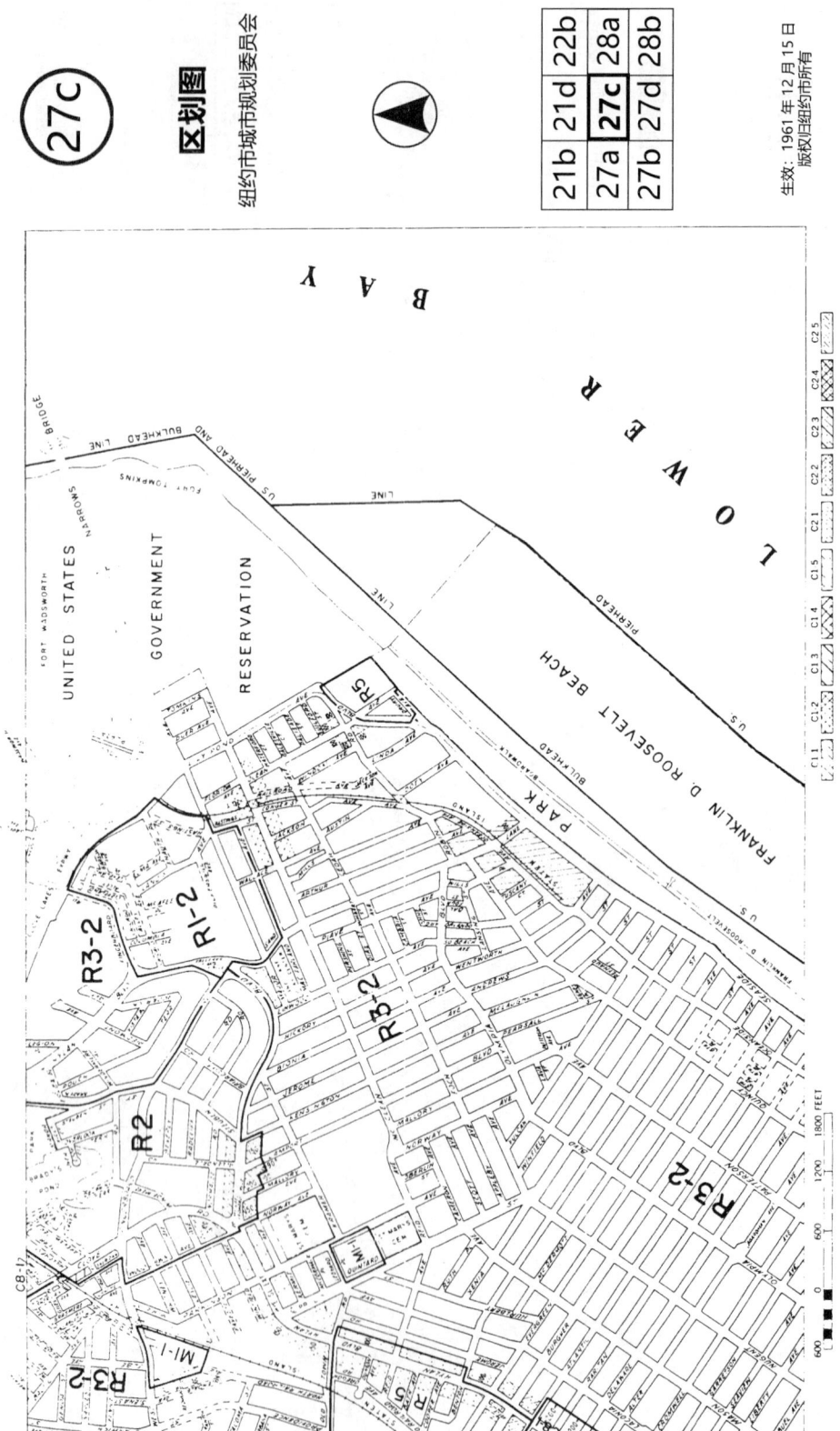

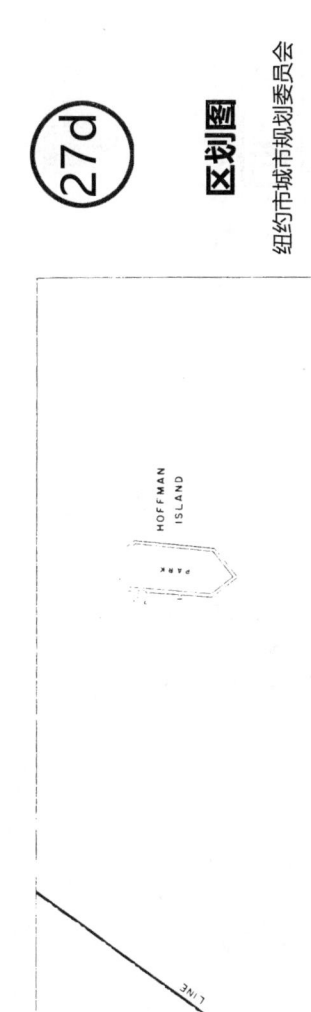

区划图

纽约市城市规划委员会

27a	27c	28a	
		27d	28b
27a	27b		
	34a		

生效：1961年12月15日
版权归纽约市所有

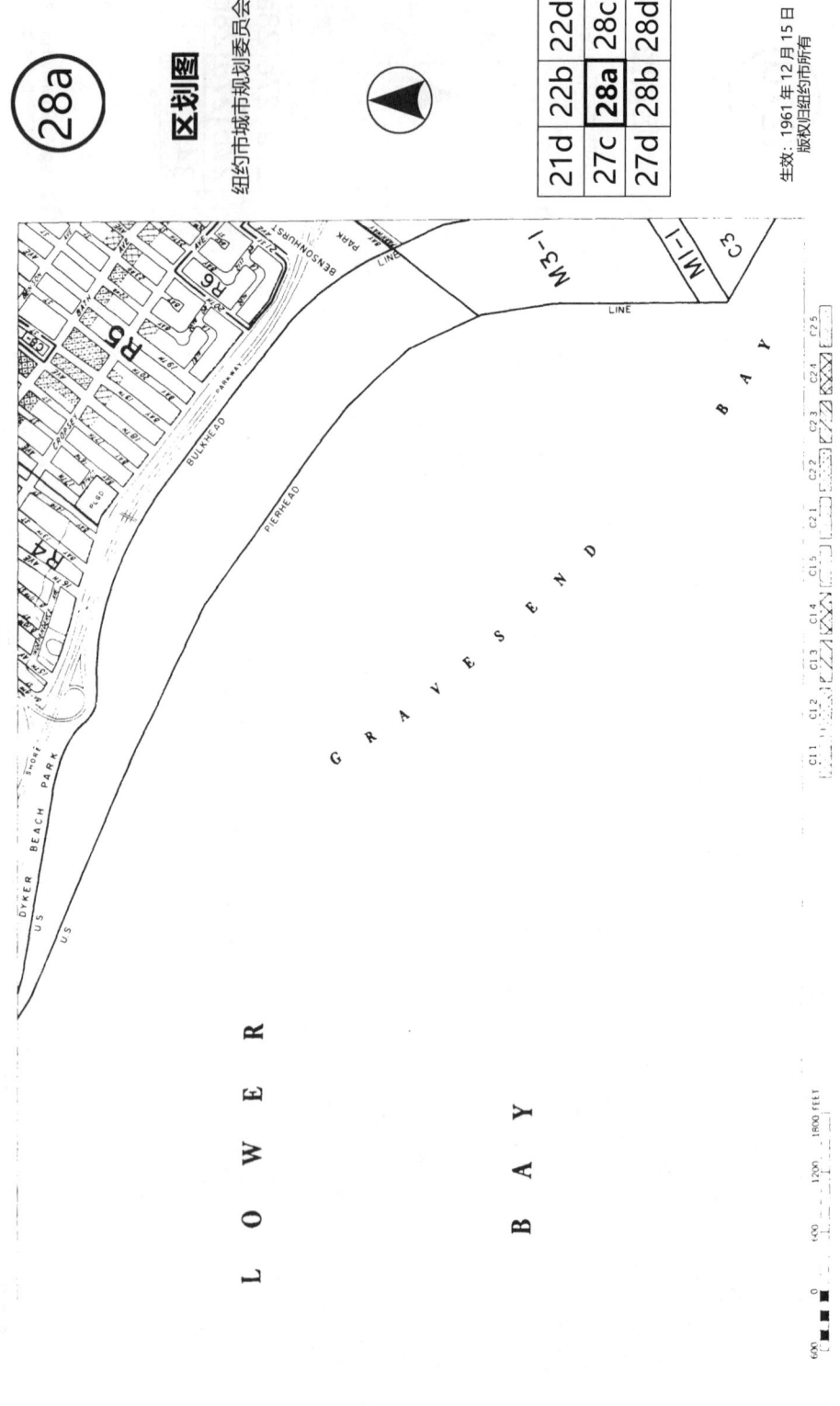

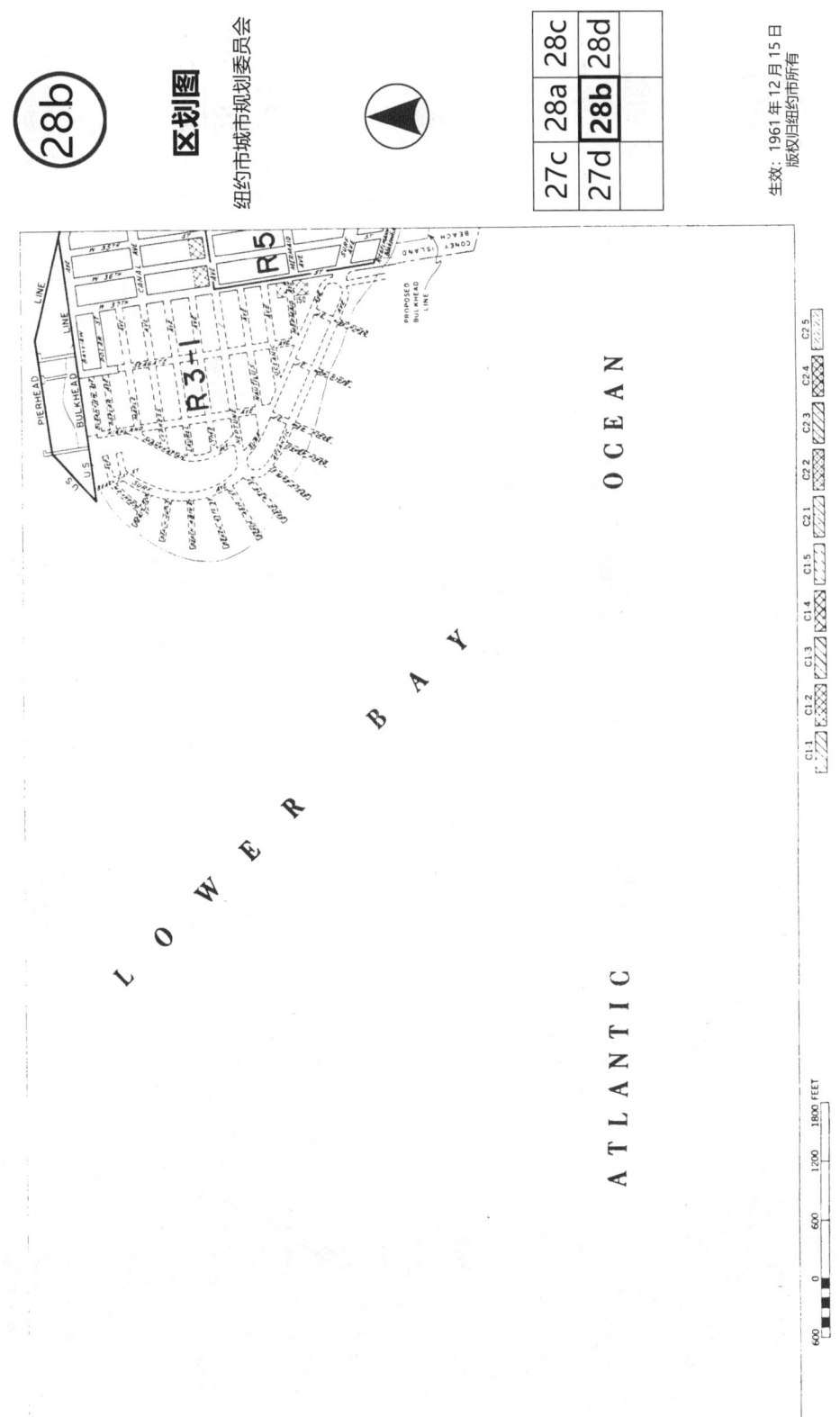

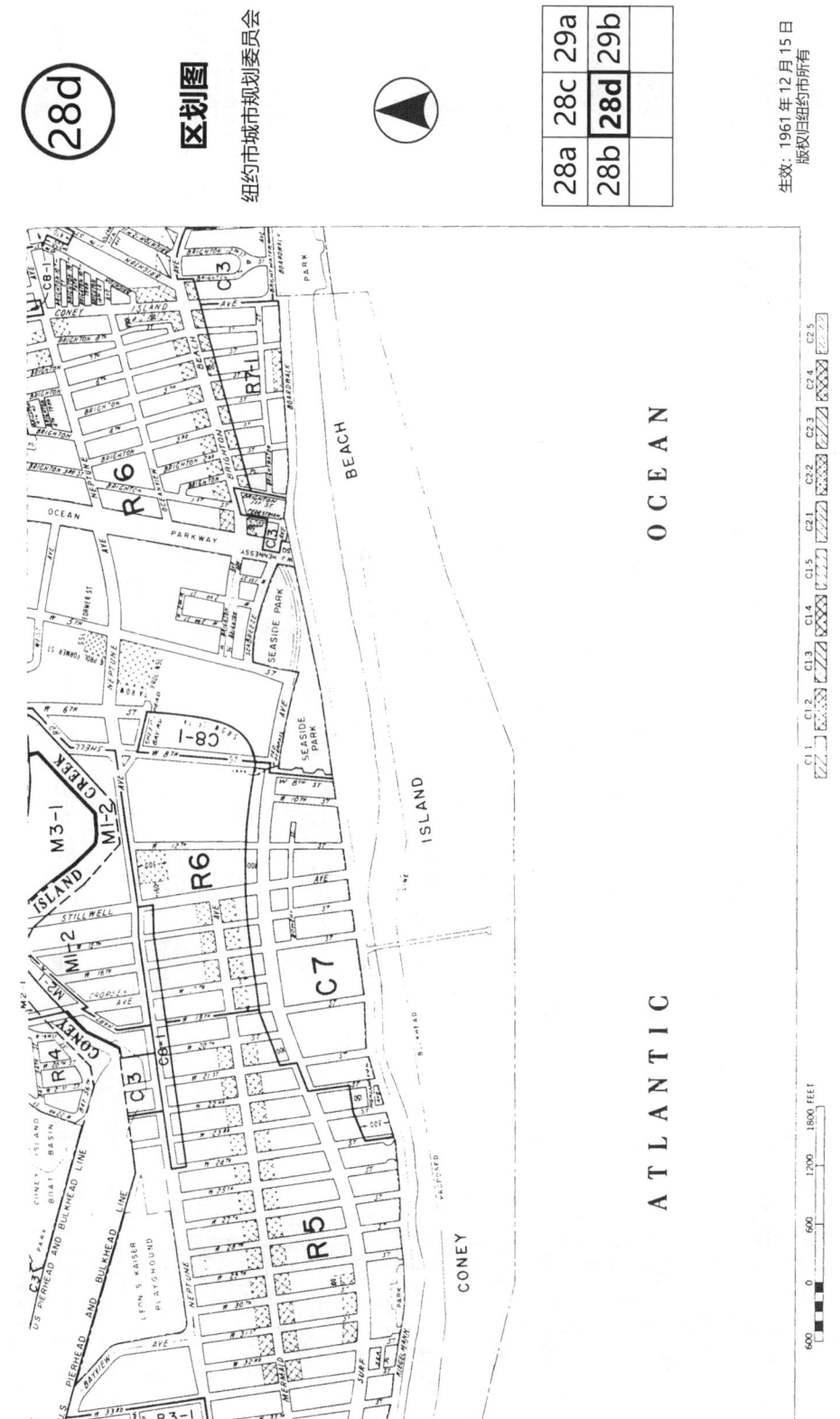

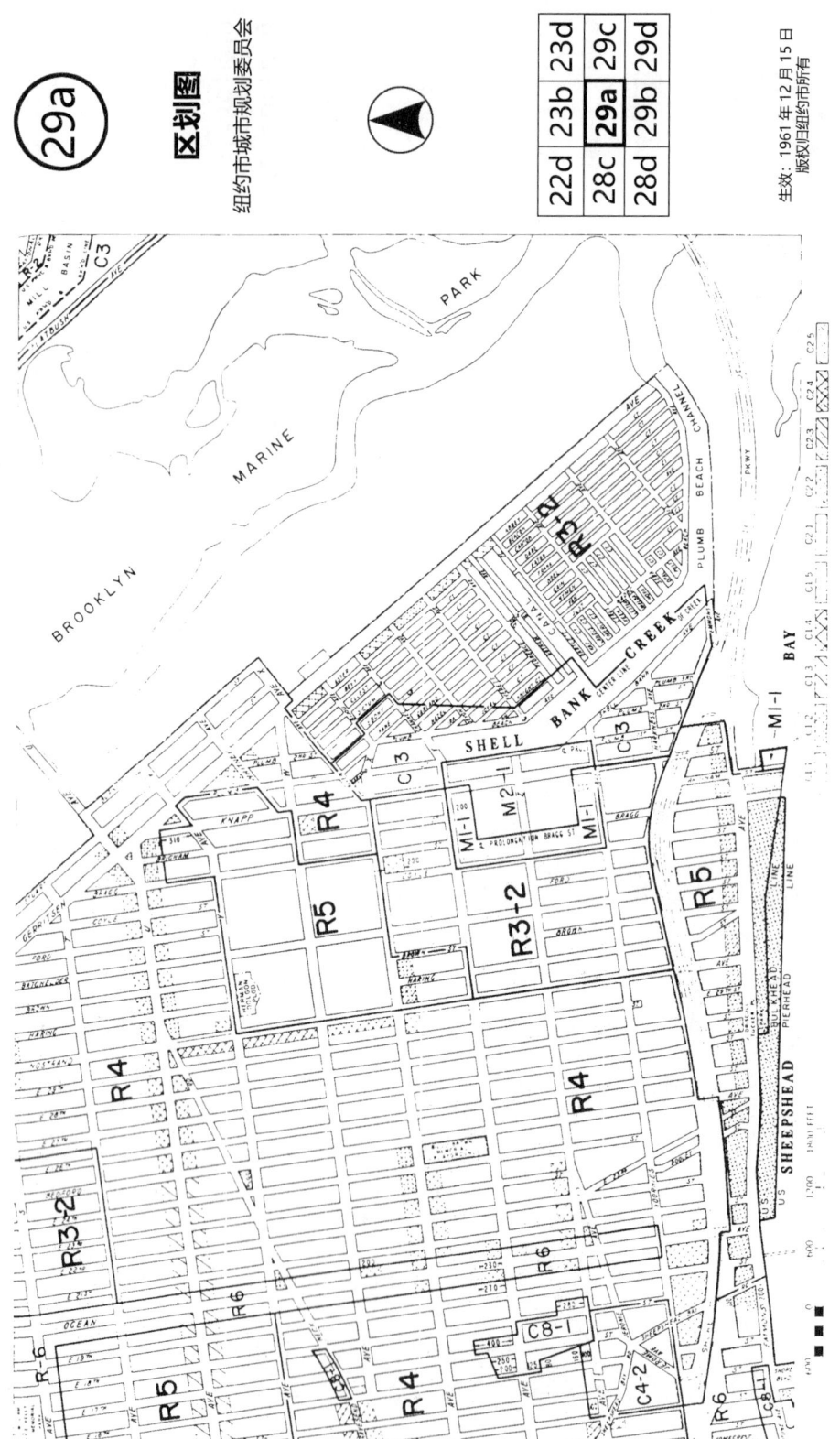

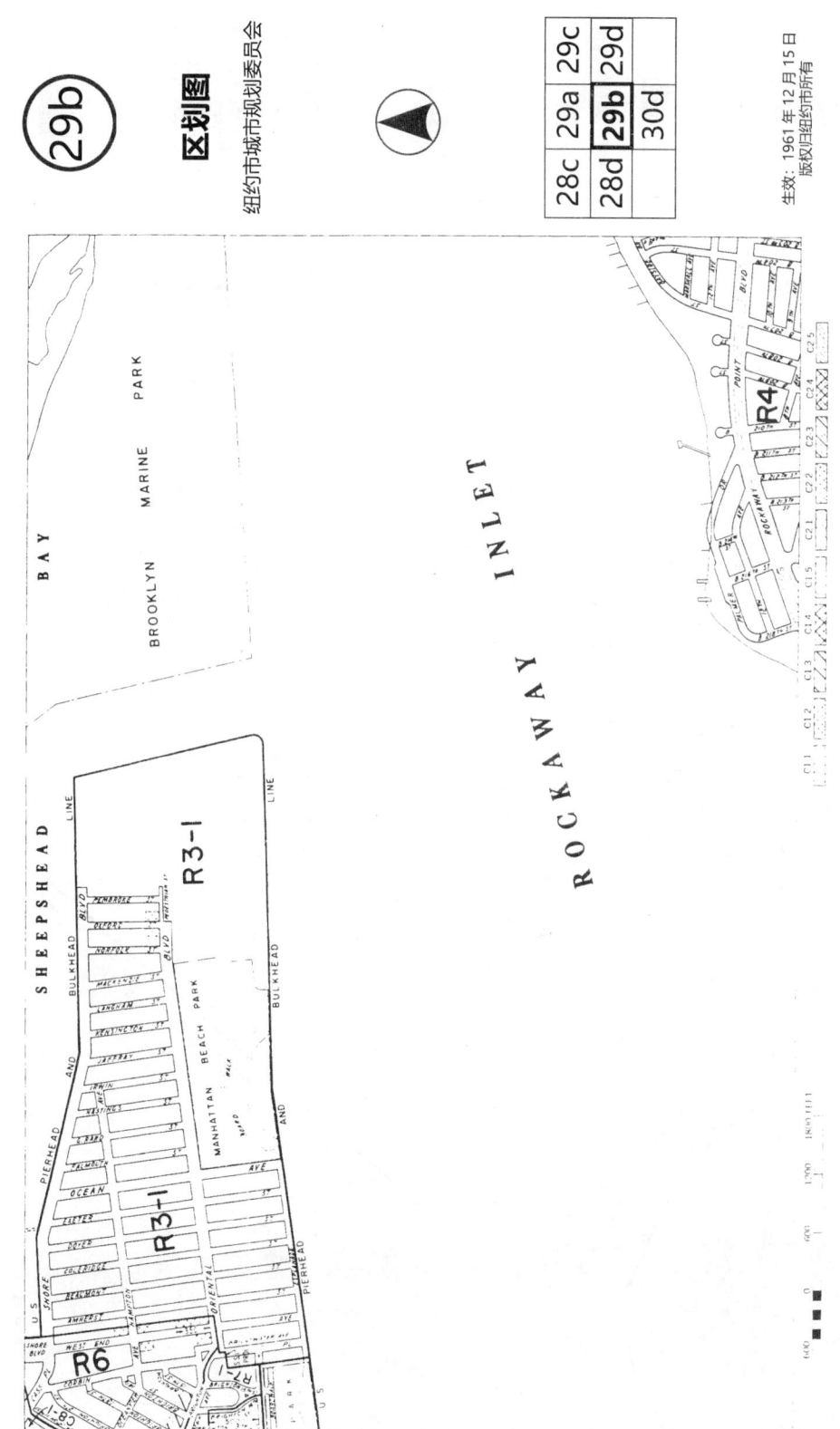

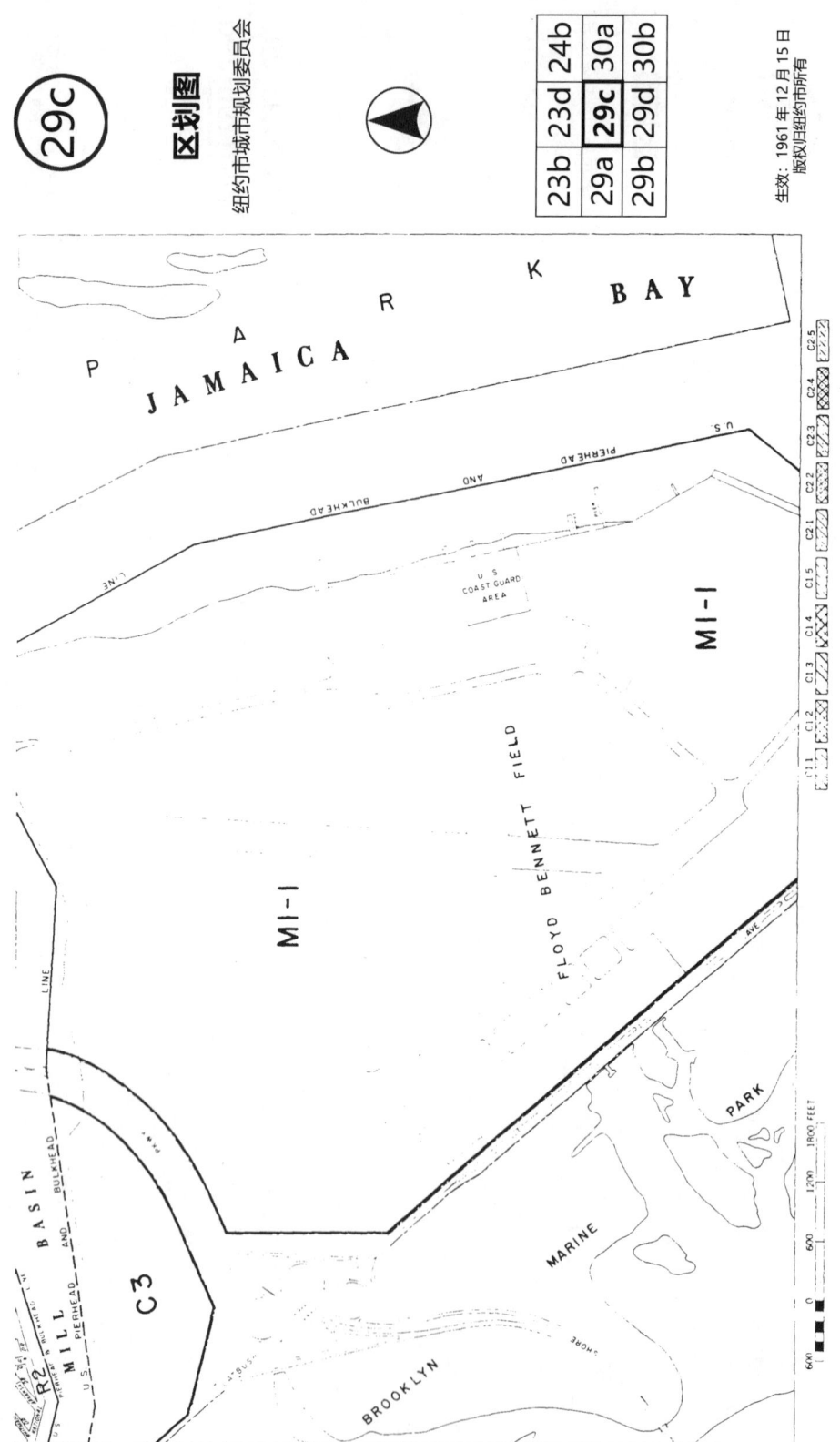

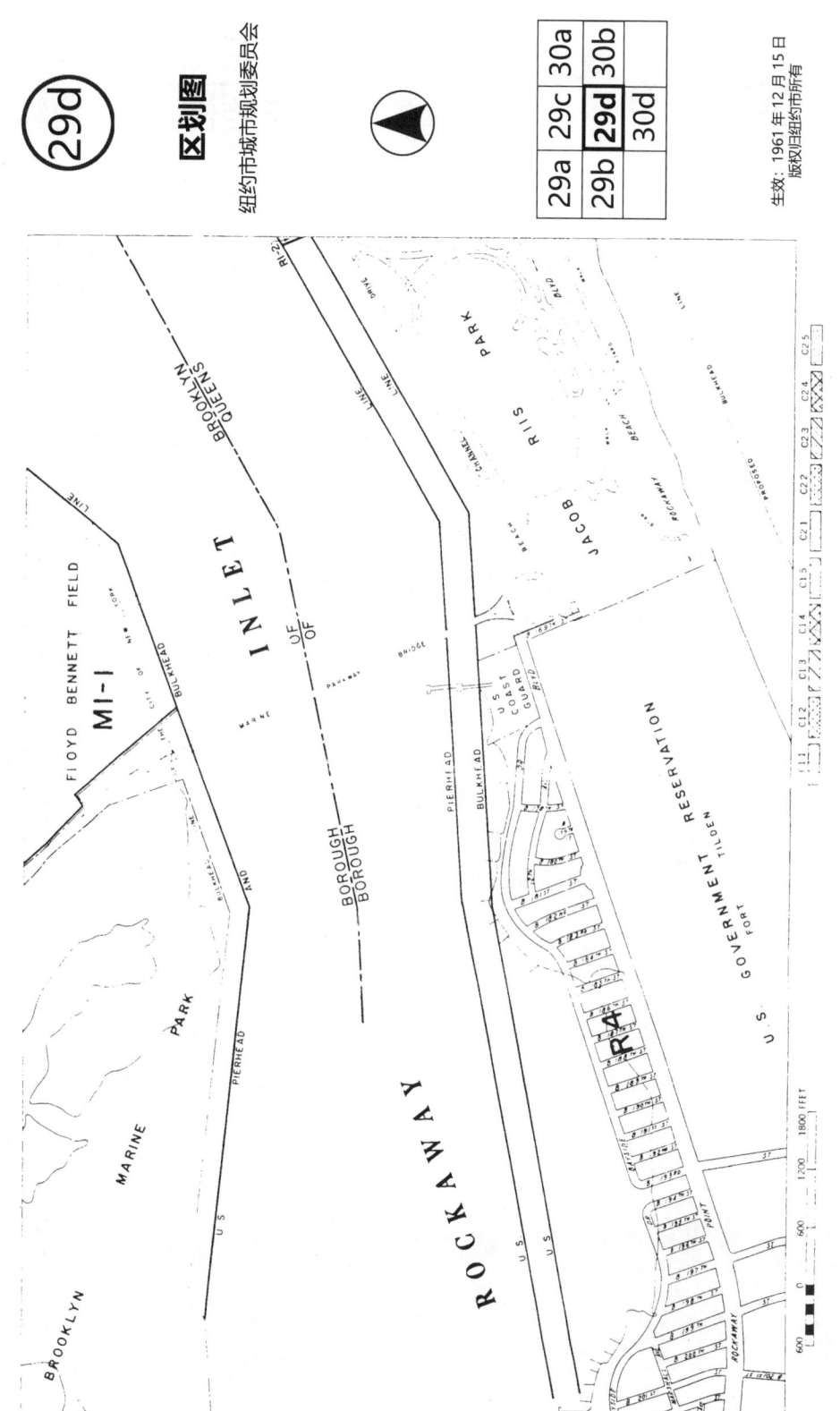

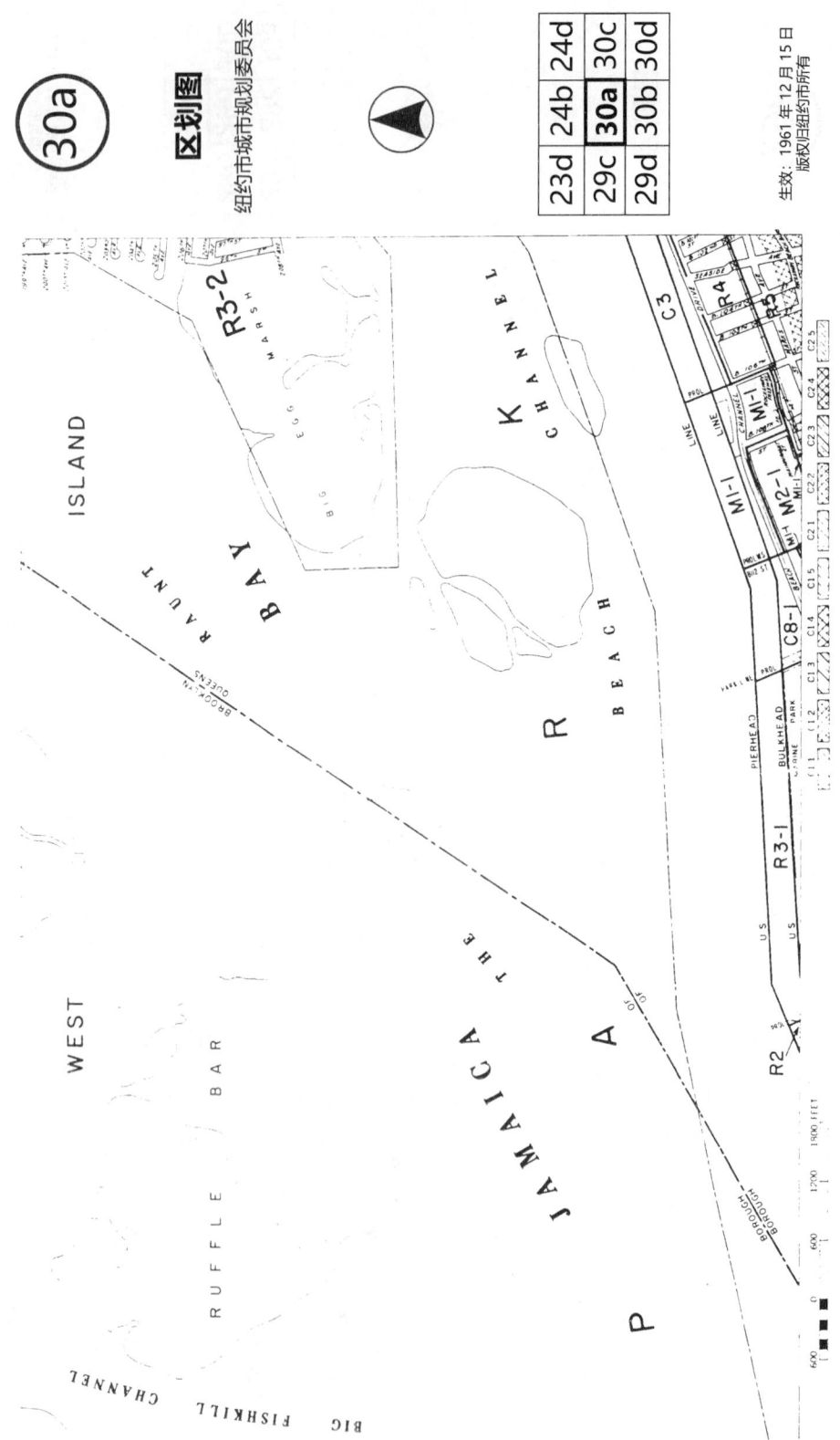

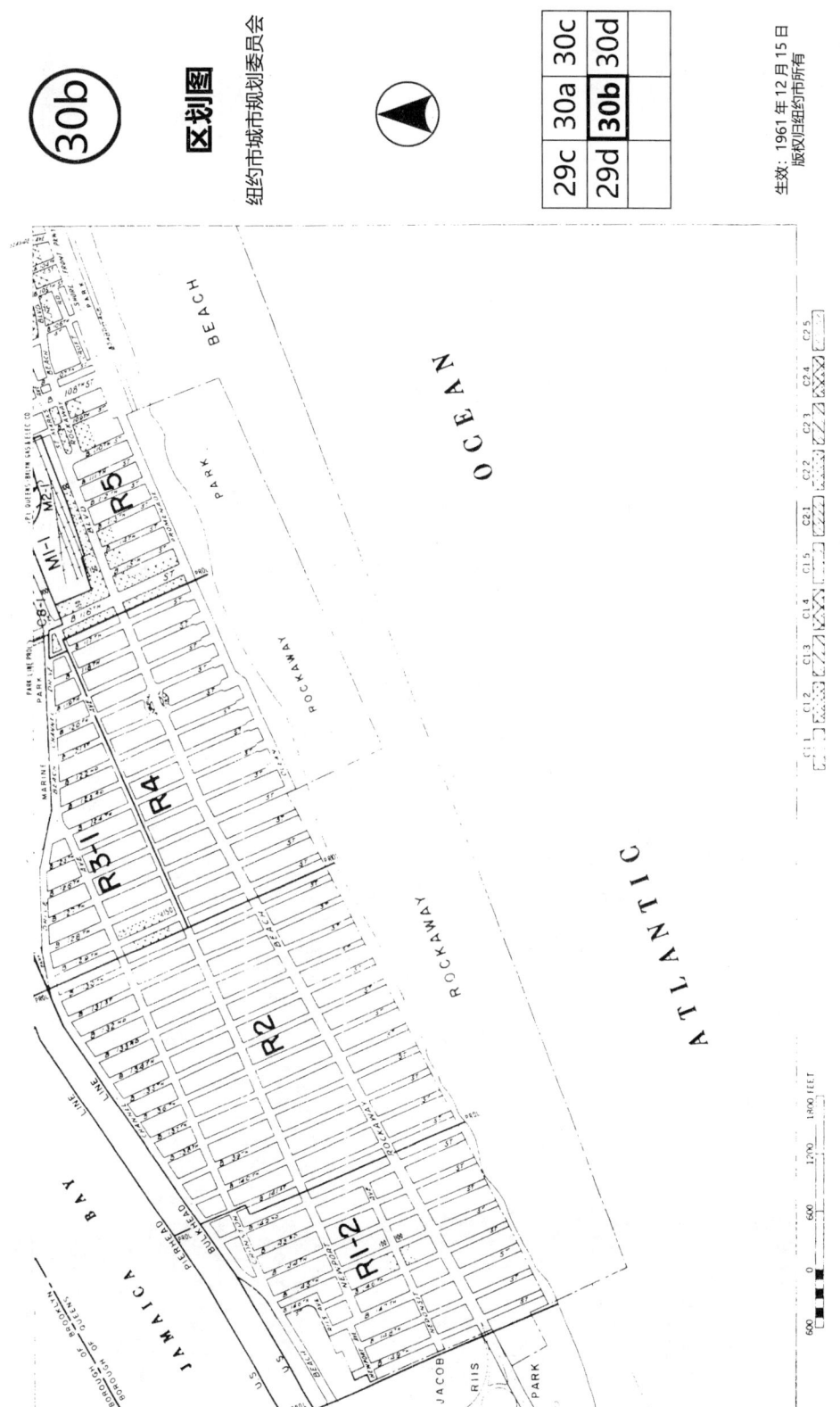

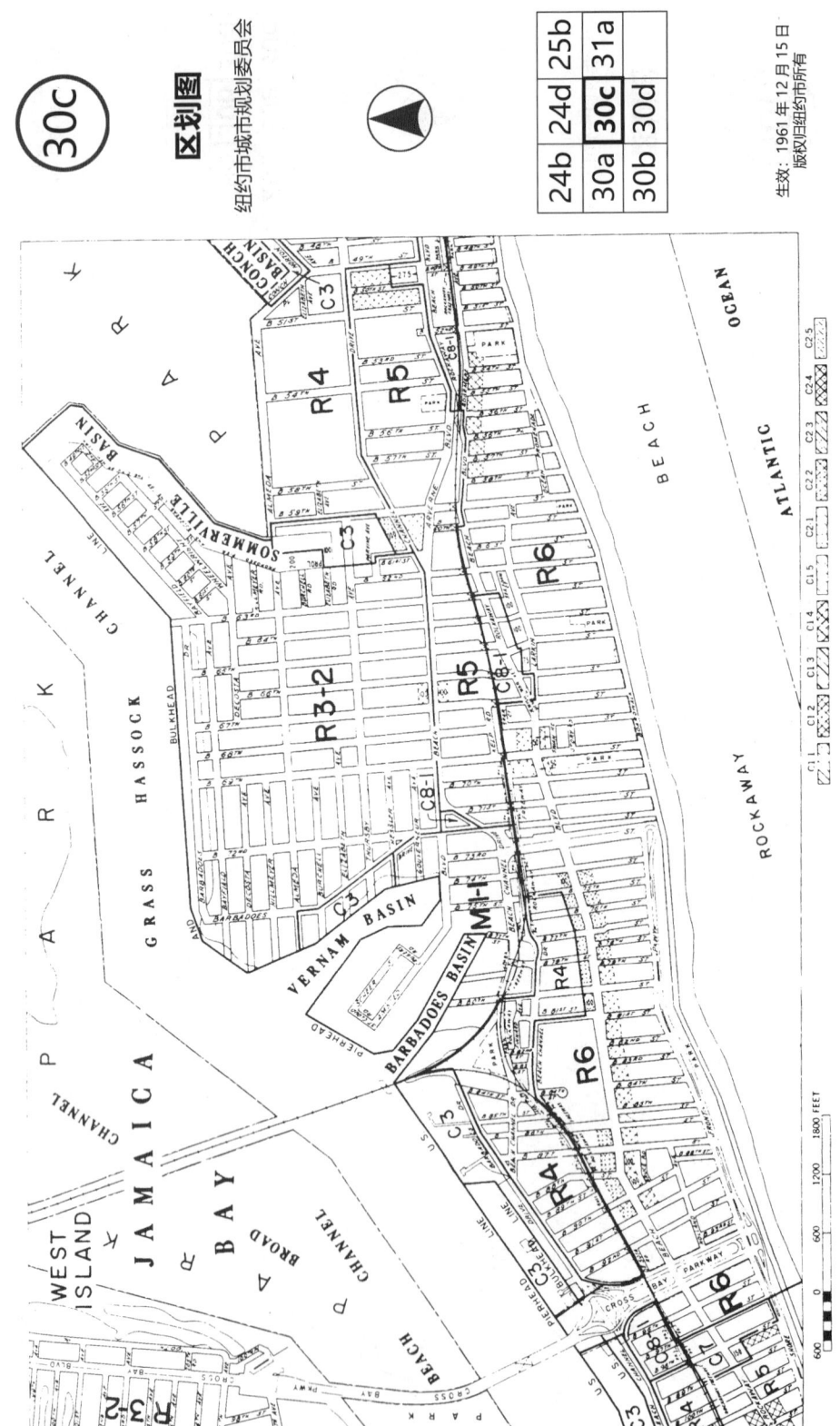

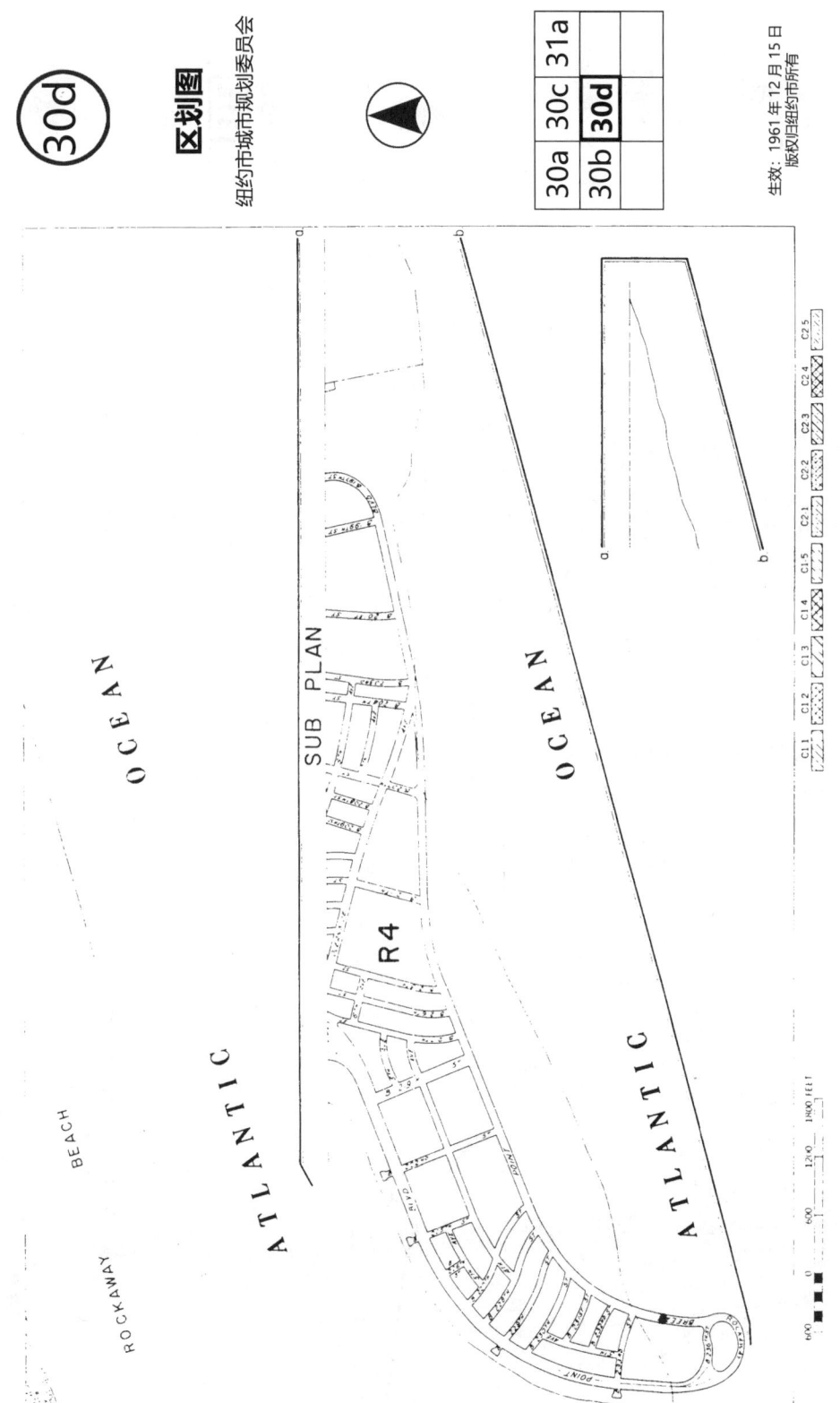

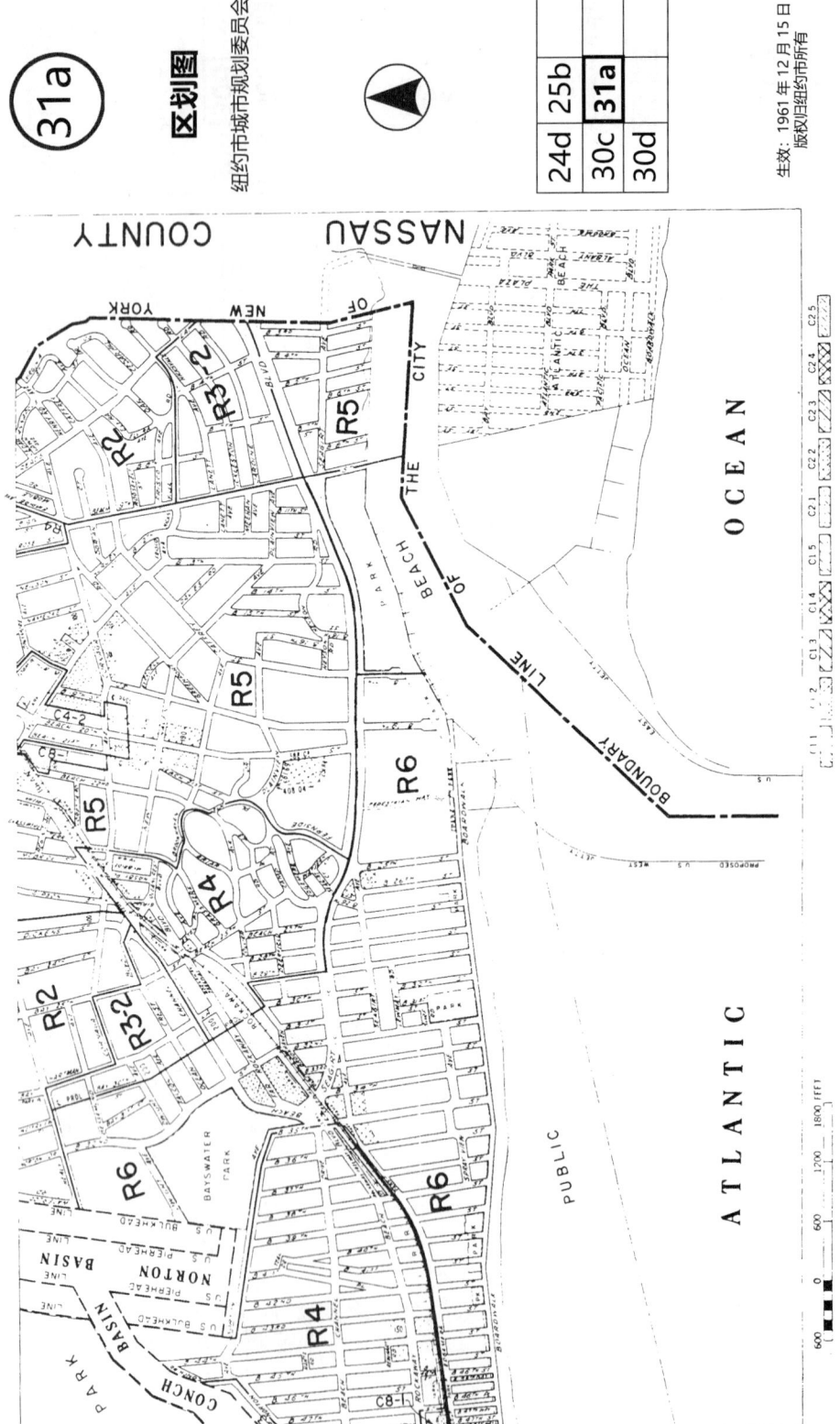

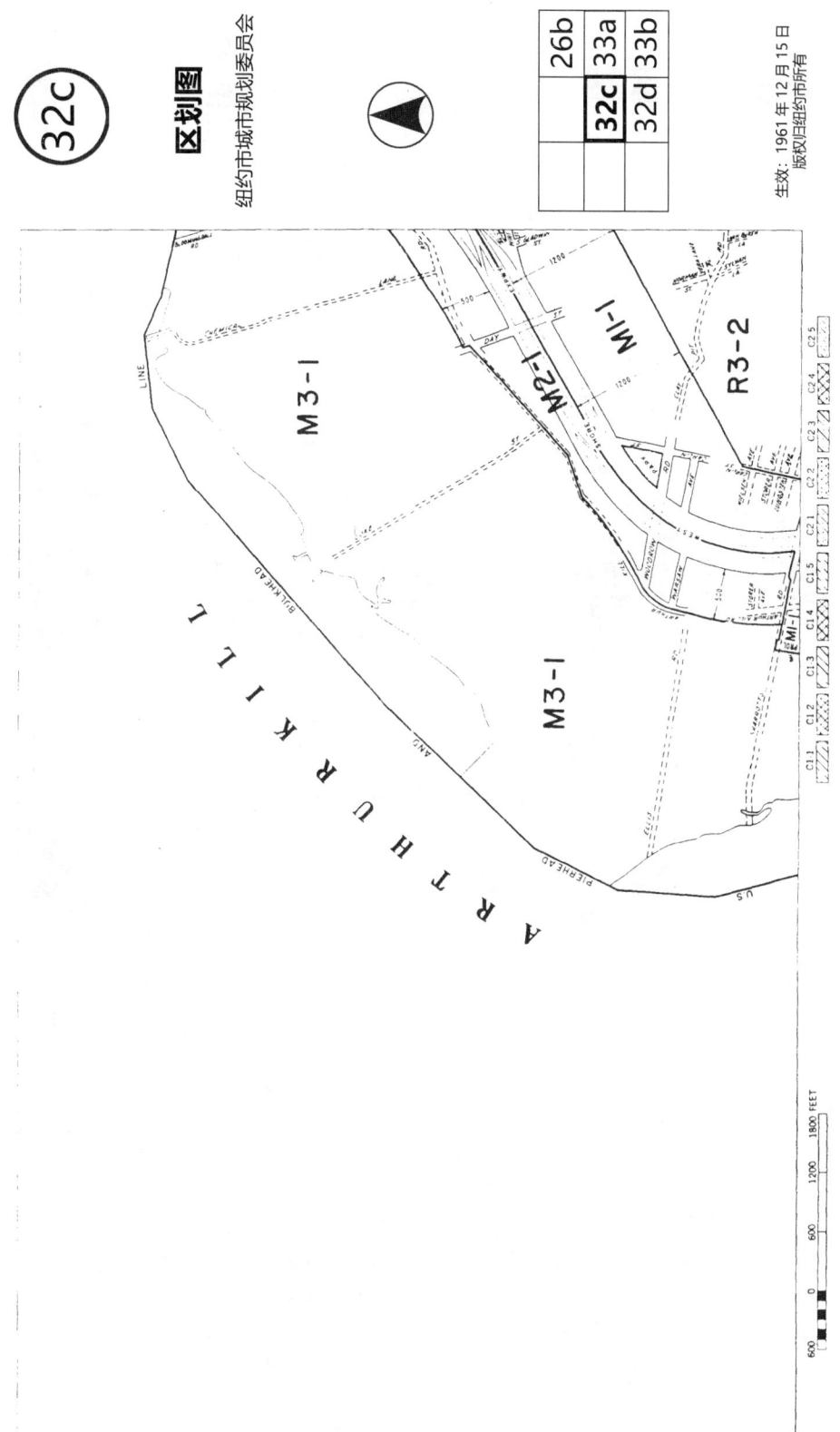

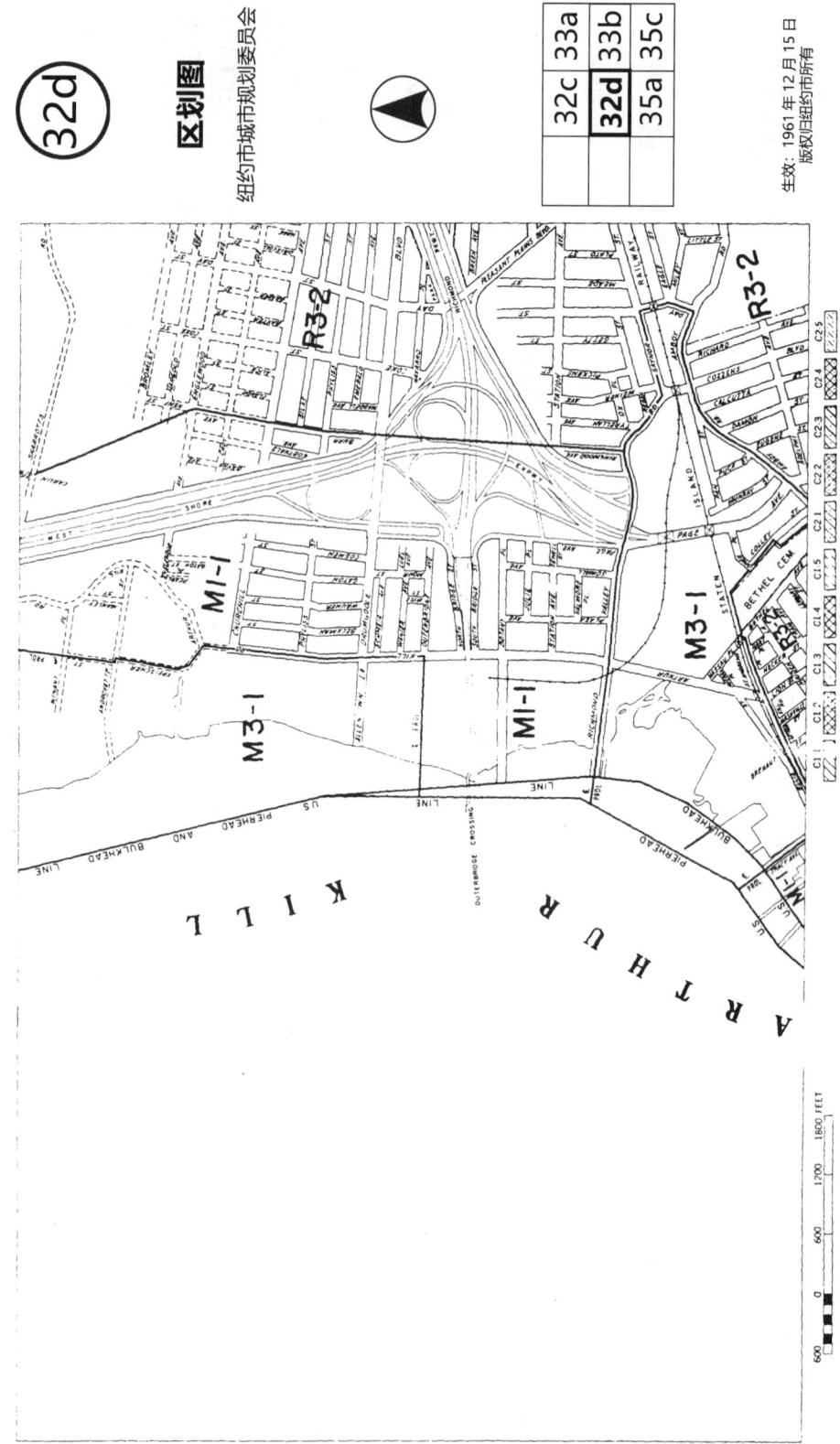

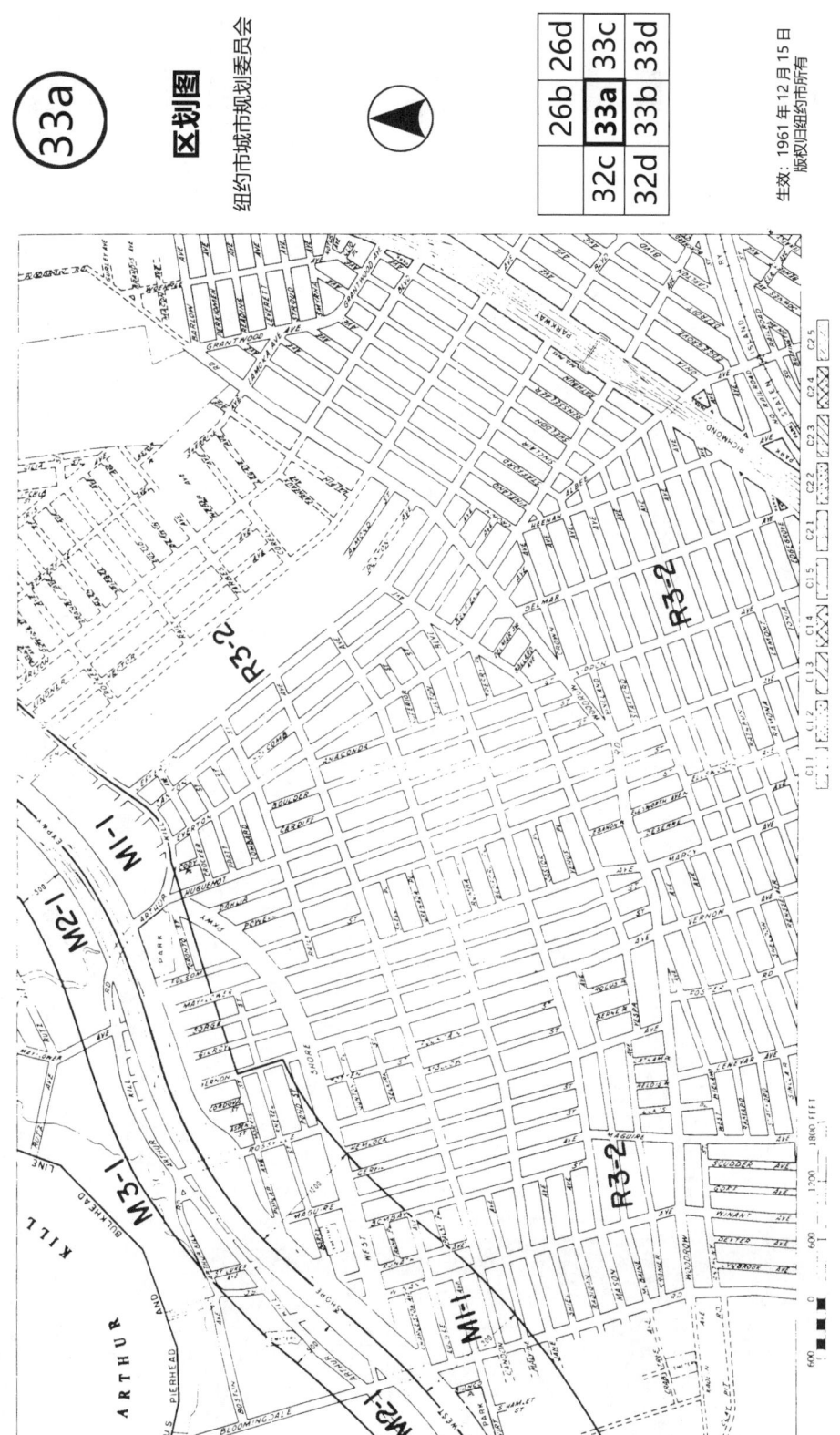

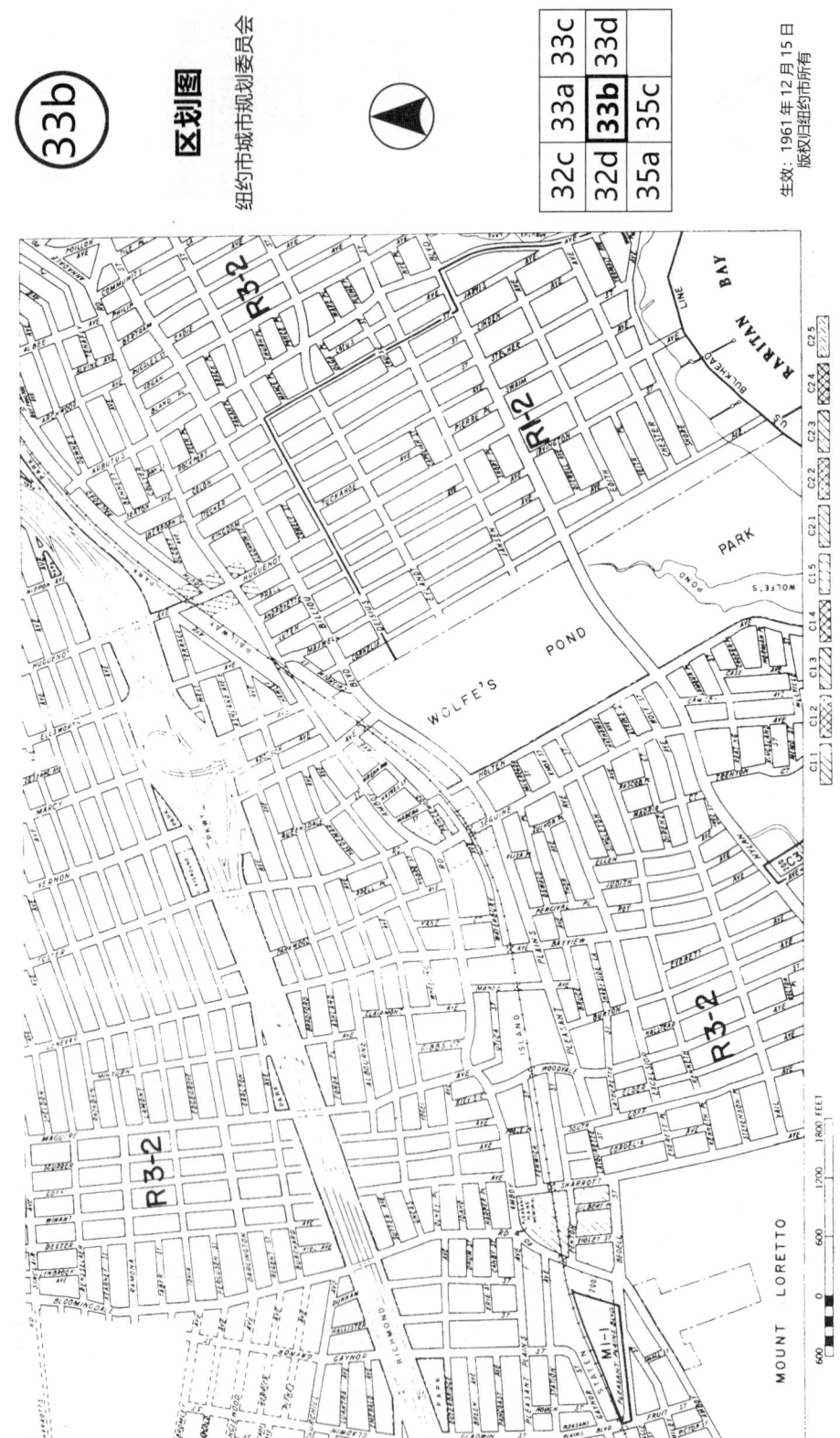

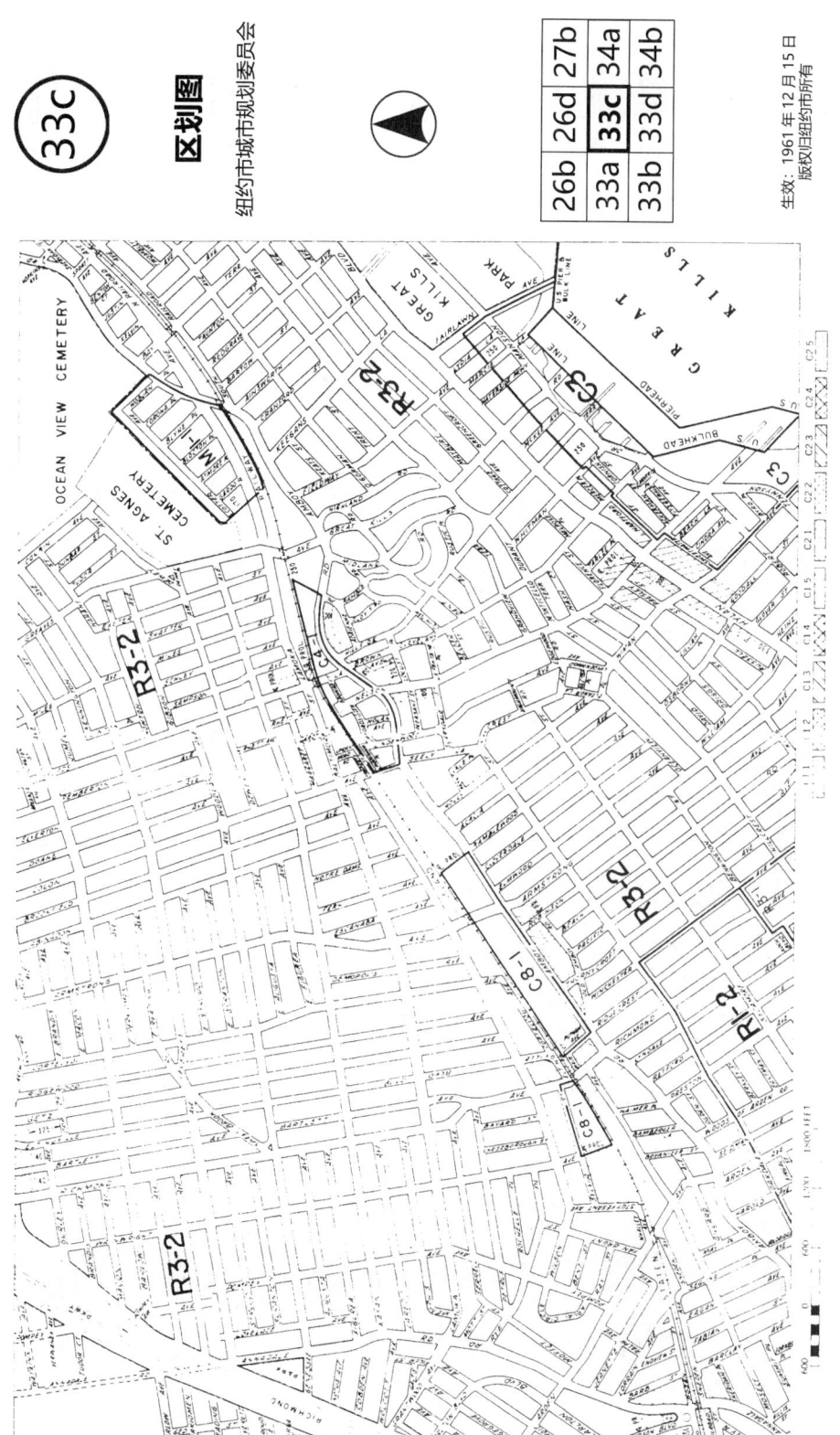

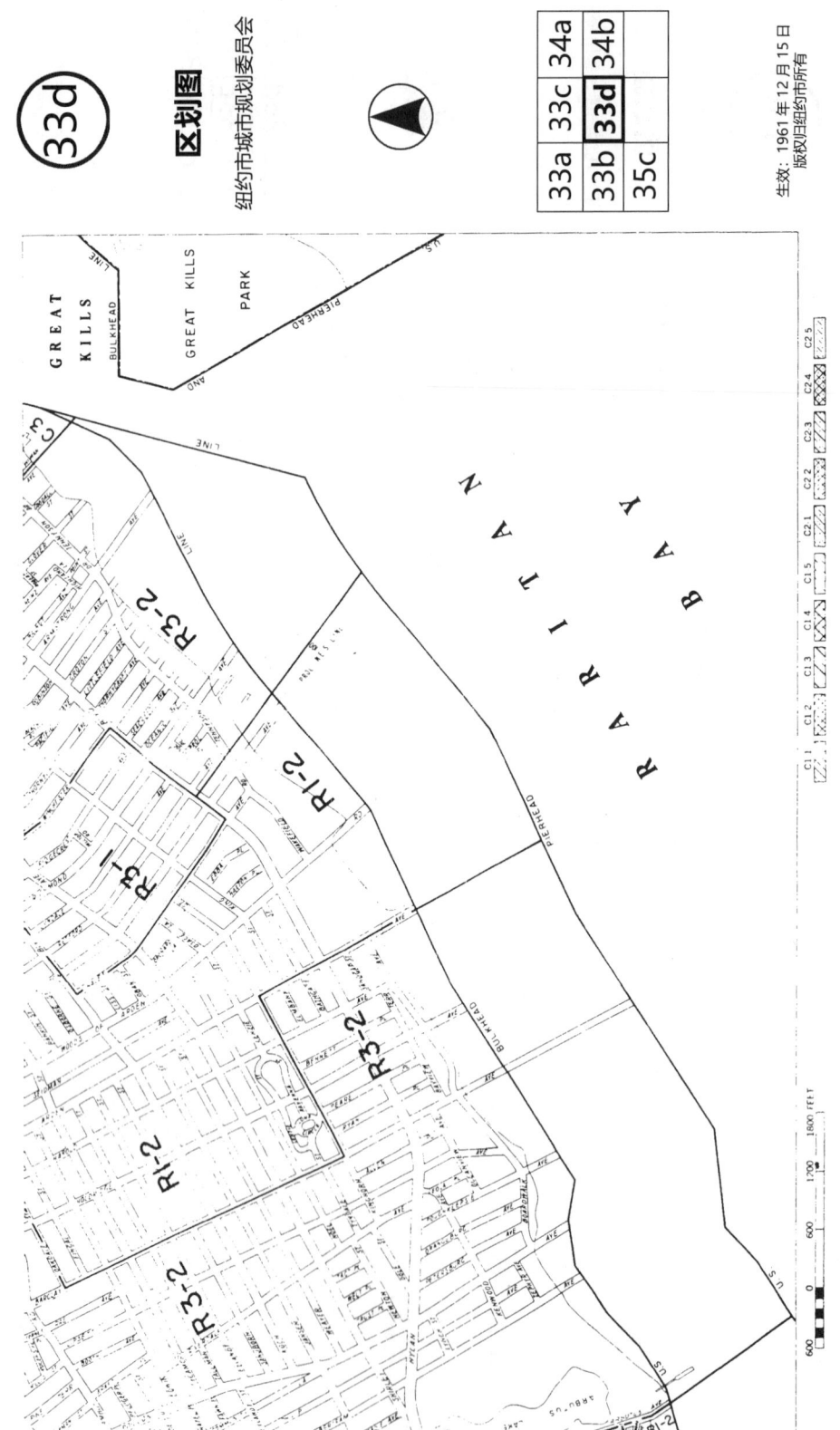

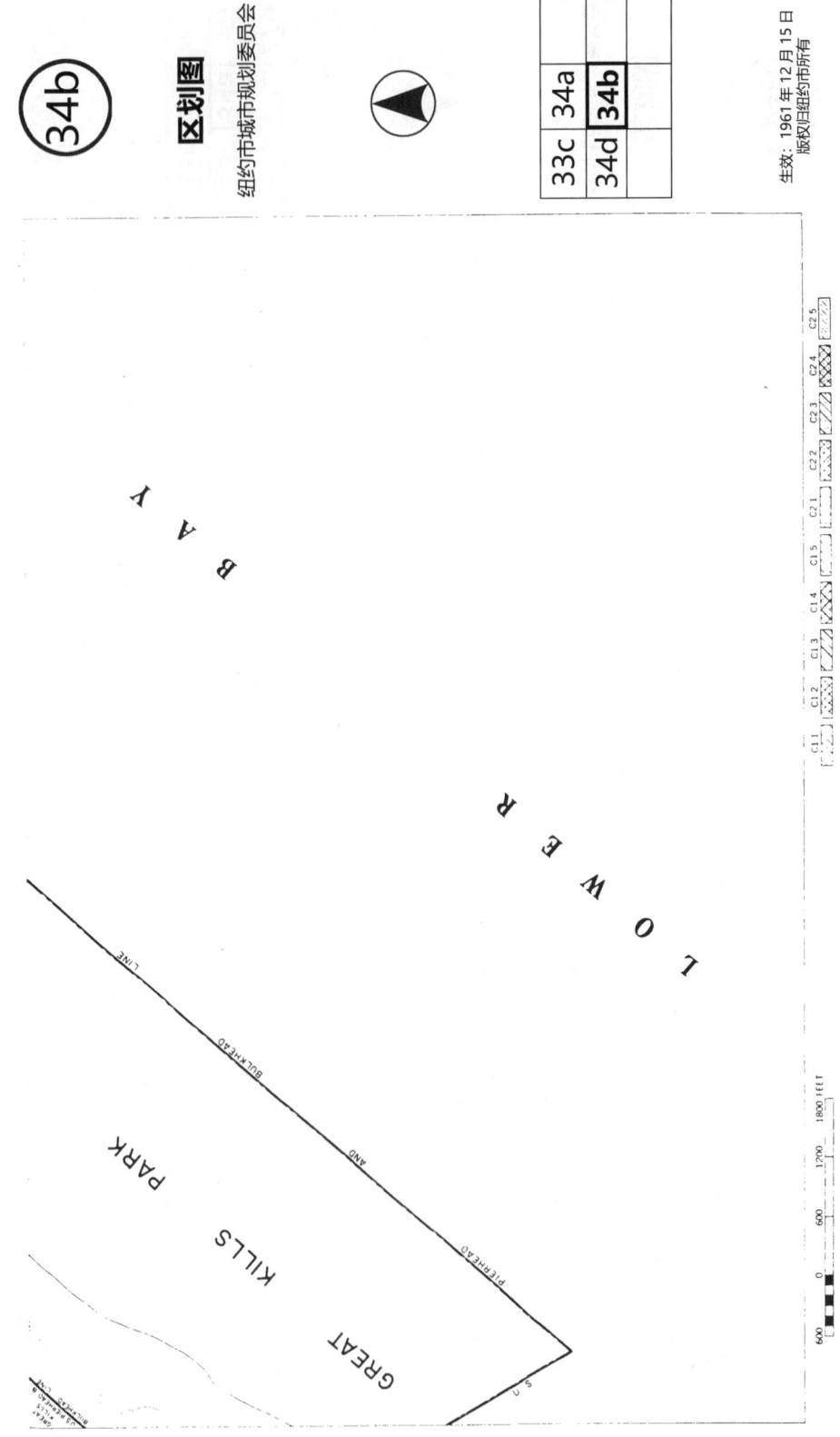

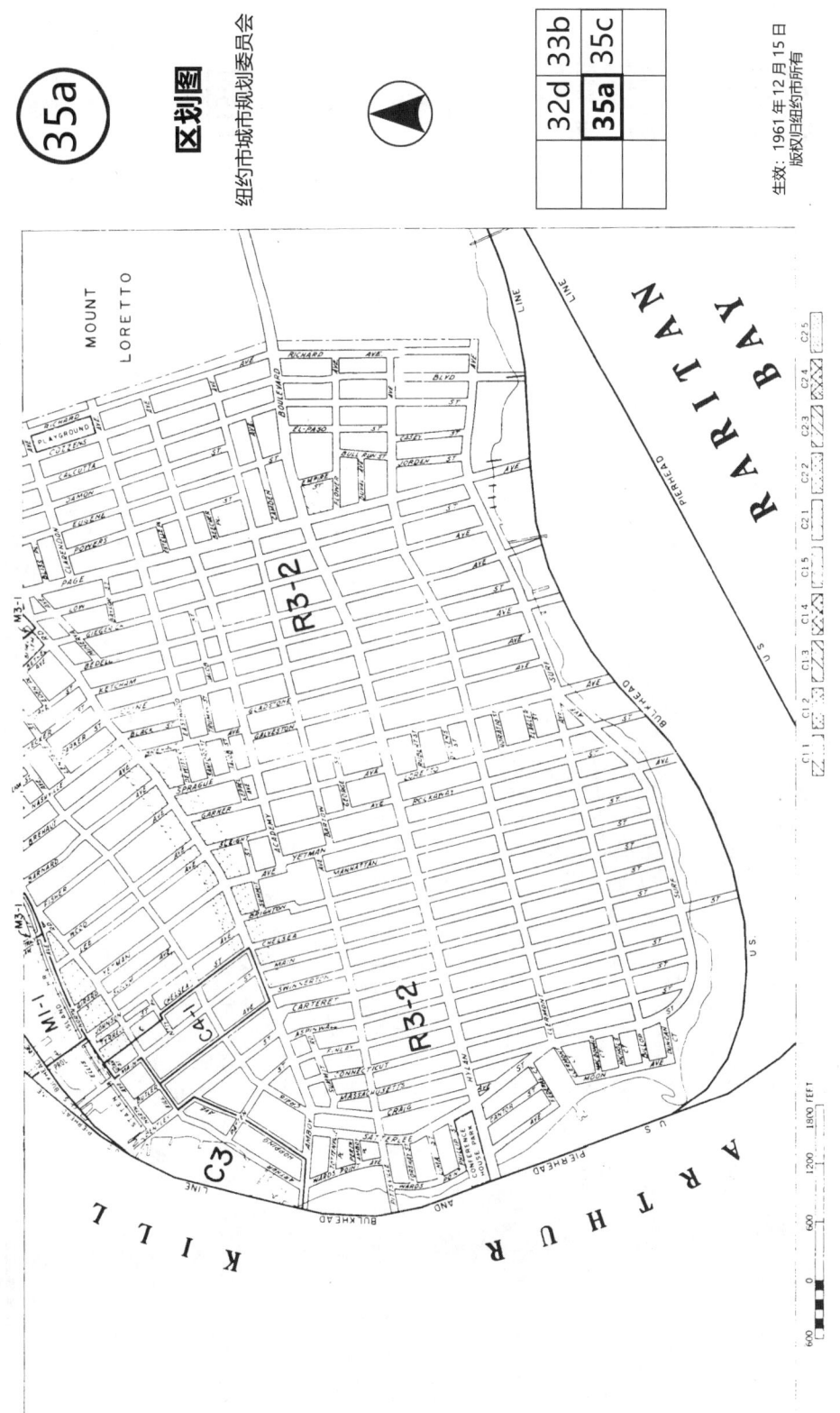

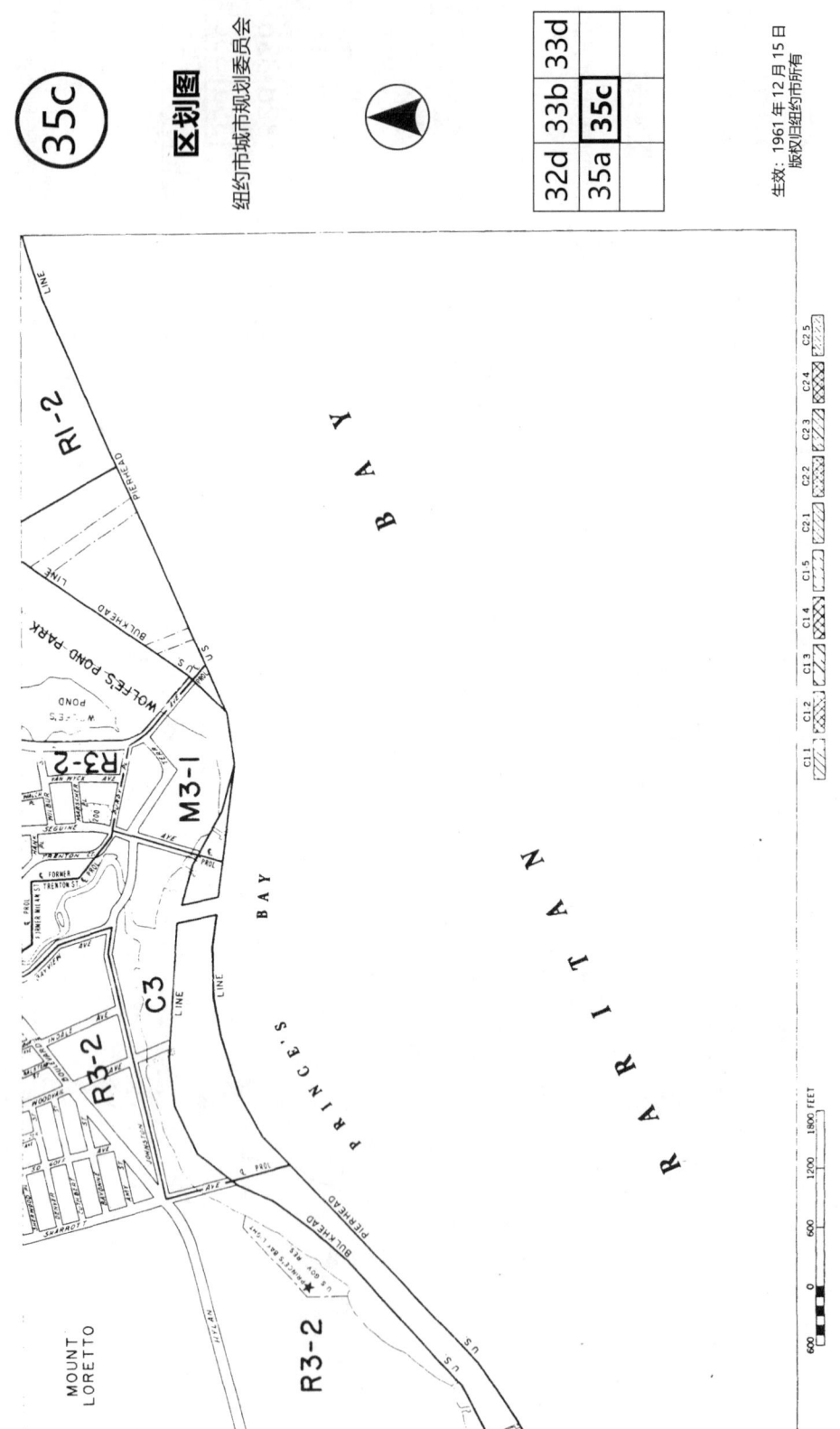

附　录

附录 A　用途清单[①]

以下是按字母顺序排列的本决议案所许可的用途清单，以及每个列出的用途所在的用途组、商业用途的停车要求类别（如果适用），以及许可的分区。这些用途或作为法规许可的用途，或作为特别许可的用途。

当与指定用途相关的分区在索引中以星号（*）标明时，则该分区的用途只能通过标准及上诉理事会的特别许可来授予，如本决议案的适用部分所述。

当与指定用途相关的分区在索引中以双星号（**）标明时，则该分区的用途只能通过城市规划委员会的特别许可来授予，如本决议案的适用部分所述。

用途组 11A、16、17 或 18 中所列的用途作为 C8 或工业区中许可的用途，也必须符合这些分区适用的释放标准。

如果这些用途可以与这些分区适用的释放标准一致，则在 M1 或 M2 区中可以许可用途组 18 中所列的用途。

本清单是作为本决议案的参考指南而制定的，并不是决议案的组成部分。当本决议案第一篇至第七篇所列的各项规定与本清单之间的含义或意义有任何不同时，应以本决议案正文为准。

本决议案的下列章节规定了管理这几类分区的用途规则：

居住区：第二篇，第 2 章；

商业区：第三篇，第 2 章；

工业区：第四篇，第 2 章。

用途	用途组	停车要求类别	许可的分区											
			R1 R2	R3 至 R10	C1	C2	C3	C4	C5	C6	C7	C8	M1	M2	M3
黏合剂制造（不包括基本要素的生产）	17												M1	M2	M3
广告展示牌制作	17												M1	M2	M3
广告标识（见第32-63 和42-52条）															
农业的重型机械制造，包括维修	18														M3

[①]　附录中楷体字参照第 12-10 节的定义。

续表

用途		用途组	停车要求类别	许可的分区											
				R1 R2	R3 至 R10	C1	C2	C3	C4	C5	C6	C7	C8	M1	M2	M3
农业	无公害或销售限制	4		R1 R2	R3 至 R10	C1	C2	C3	C4	C5	C6	C7	C8	M1	M2	M3
	无公害或销售限制	17												M1	M2	M3
飞机制造（包括部件）		17												M1	M2	M3
机场														*M1	*M2	*M3
娱乐公园（儿童的，见儿童娱乐公园）																
娱乐公园活动		15	E									C7			M2	M3
动物医院		16	B1										C8	M1	M2	M3
动物羁留所或火葬场		16	C										C8	M1	M2	M3
古董店		6	B			C1	C2		C4	C5	C6	C7	C8	M1	M2	M3
公寓式酒店		2			R3① 至 R10	C1	C2	C3	C4	C5	C6	C7				
纺织品（见衣服）																
设备	电器设备生产	17												M1	M2	M3
电视、收音机、留声机或家用设备店	限制楼板面积	6	B			C1	C2		C4	C5	C6	C7	C8	M1	M2	M3
	不限制楼板面积	10	B						C4	C5	C6	C7	C8	M1	M2	M3
家用设备维修店		8	B				C2		C4		C6	C7	C8	M1	M2	M3
表演场地、礼堂、体育馆	限制容量	12	D						C4		C6	C7	C8	M1	M2	M3
	不限制容量		D						**C4		**C6	**C7	**C8	**M1	**M2	**M3

① 在 R3-1 区中不许可。

附录 A 用途清单

续表

用途		用途组	停车要求类别	许可的分区											
				R1 R2	R3至R10	C1	C2	C3	C4	C5	C6	C7	C8	M1	M2	M3
艺术画廊	商业性的	6	B			C1	C2		C4	C5	C6	C7	C8	M1	M2	M3
	非商业性的	3		R1 R2	R3至R10	C1	C2	C3	C4	C5	C6	C7				
艺术品生产，宗教或教堂的，不包括铸造操作		17												M1	M2	M3
艺术金属手艺店		6	B			C1	C2		C4	C5	C6	C7	C8	M1	M2	M3
艺术针织品		11	F							C5	C6		C8	M1	M2	M3
艺术家供料店		6	B			C1	C2		C4	C5	C6	C7	C8	M1	M2	M3
沥青或沥青产品		18														M3
运动装备生产		17												M1	M2	M3
运动品商店		6	B			C1	C2		C4	C5	C6	C7	C8	M1	M2	M3
公共竞拍房		9	D				C2		C4	C5	C6	C7	C8	M1	M2	M3
音乐厅	限制容量	12	D						C4		C6	C7	C8	M1	M2	M3
	不限制容量		D						** C4		** C6	** C7	** C8	** M1	** M2	** M3
汽车用途	长期储存	16											C8	M1	M2	M3
	机动车驾驶学校	8	B				C2		C4		C6	C7	C8	M1	M2	M3
	玻璃及镜子店	7	B1				C2				C6	C7	C8	M1	M2	M3
	洗衣店	16											C8	M1	M2	M3
	汽车制造（包括部件或引擎的重新组装）	17												M1	M2	M3
	租赁企业	8					C2		C4		C6	C7	C8	M1	M2	M3
	车身维修	17												M1	M2	M3
	维修（车身维修除外）	16	C										C8	M1	M2	M3

535

续表

用途		用途组	停车要求类别	许可的分区										
				R1 R2	R3 至 R10	C1	C2	C3	C4	C5	C6	C7	C8	M1	M2	M3
汽车用途	开敞的或围蔽的销售店	16	C										C8	M1	M2	M3
	销售或安装座椅套或活动车顶企业	7	B1				C2				C6	C7	C8	M1	M2	M3
	不设维修服务的陈列室	9	C				C2		C4	C5	C6	C7	C8	M1	M2	M3
	不设维修服务的耗材店	6	B			C1	C2		C4	C5	C6	C7	C8	M1	M2	M3
	轮胎销售企业	7	B1				C2				C6	C7	C8	M1	M2	M3
	废弃物企业	18														M3
机动车服务站	限制总面积	13					*C2		*C4		*C6	C7	C8	M1	M2	M3
	不限制总面积	13										C7	C8	M1	M2	M3
雨篷定制	限制楼板面积的商店	7	B1				C2				C6	C7	C8	M1	M2	M3
	不限制产品及楼板面积的生产	17												M1	M2	M3
面包店	限制用于生产的楼板面积	6	B			C1	C2		C4	C5	C6	C7	C8	M1	M2	M3
	不限制（见食品加工）															
银行（包括免下车银行）		6	B			C1	C2		C4	C5	C6	C7	C8	M1	M2	M3
宴会厅		9	D				C2		C4	C5	C6	C7	C8	M1	M2	M3
理发店		6	B			C1	C2		C4	C5	C6	C7	C8	M1	M2	M3
蒸汽式浴池		9	B				C2		C4	C5	C6	C7	C8	M1	M2	M3
商业性的海滩		13	E					*C3				C7	C8	M1	M2	M3
美容院		6	B			C1	C2		C4	C5	C6	C7	C8	M1	M2	M3

附录 A 用途清单

续表

用途		用途组	停车要求类别	许可的分区											
				R1 R2	R3 至 R10	C1	C2	C3	C4	C5	C6	C7	C8	M1	M2	M3
饮品生产	装瓶厂	17												M1	M2	M3
	生产厂 含酒精的	18	1													M3
	生产厂 无酒精的	17	1											M1	M2	M3
自行车	生产厂	17												M1	M2	M3
	租赁或维修店	7	B1				C2				C6	C7	C8	M1	M2	M3
	销售店	6	B			C1	C2		C4	C5	C6	C7	C8	M1	M2	M3
台球室		8	D				C2		C4		C6	C7	C8	M1	M2	M3
铁匠店		16	C										C8	M1	M2	M3
晒图店铺		9	B1				C2		C4	C5	C6	C7	C8	M1	M2	M3
寄宿房屋		2			R6 至 R10	C1	C2	C3	C4	C5	C6	C7				
水上旅馆		7	H				C2	*C3			C6	C7	C8	M1	M2	M3
船舶业	长度少于 200 英尺的船的建造或维修厂	17												M1	M2	M3
	长度大于或等于 200 英尺的船的建造或维修厂	18														M3
	用于小型游船的码头	14	H				C2	C3				C7	C8	M1	M2	M3
	开敞的或围蔽的汽油销售店 不限制位置	13	C									C7	C8	M1	M2	M3
	开敞的或围蔽的汽油销售店 限制位置	14	C				C2	C3				C7	C8	M1	M2	M3
	开敞的或围蔽的租赁店	14	H				C2	C3				C7	C8	M1	M2	M3

537

续表

用途		用途组	停车要求类别	R1 R2	R3 至 R10	C1	C2	C3	C4	C5	C6	C7	C8	M1	M2	M3
船舶业	开敞的或围蔽的销售店	16	C										C8	M1	M2	M3
	不设维修服务的陈列室	9	C				C2		C4	C5	C6	C7	C8	M1	M2	M3
	存放、维修或油漆，包含辅助性的船只、船只部件或配件的销售，限制船只的尺寸和退缩	14	C				C2	C3				C7	C8	M1	M2	M3
骨炭蒸馏		18														M3
书籍	装帧（见打印）															
	手工装帧或加工	11	F							C5	C6		C8	M1	M2	M3
	商店	6	B			C1	C2		C4	C5	C6	C7	C8	M1	M2	M3
所有饮品的装瓶厂		17												M1	M2	M3
保龄球道生产	限制球道数量	8	D				C2		C4		C6	C7	C8	M1	M2	M3
	不限制球道数量	12	D						C4		C6	C7	C8	M1	M2	M3
啤酒厂		18														M3
砖生产		18														M3
刷子或扫帚生产		17												M1	M2	M3
建筑材料	开敞的或围蔽的销售店，限制地块面积	16	B1										C8	M1	M2	M3
	用于销售、储藏或操作的开敞的或围蔽的场地，除木材场外不限制地块面积	17												M1	M2	M3

附录 A 用途清单

续表

用途		用途组	停车要求类别	许可的分区											
				R1 R2	R3 至 R10	C1	C2	C3	C4	C5	C6	C7	C8	M1	M2	M3
公交站	少于10个泊位					** C1	** C2		** C4		** C6	** C7	** C8	** M1	** M2	** M3
	大于或等于10个泊位								** C4		** C6			** M1	** M2	** M3
商业机器	生产	17												M1	M2	M3
	小型维修店	9	B1				C2		C4	C5	C6	C7	C8	M1	M2	M3
	销售或租赁的商店	10	B1						C4	C5	C6	C7	C8	M1	M2	M3
商业学校或学院		9	B1				C2		C4	C5	C6	C7	C8	M1	M2	M3
相机生产		17												M1	M2	M3
夜间留宿或日间的露营地		13	H	* R1 R2	* R3 至 R10	* C1	* C2	* C3				C7	C8	M1	M2	M3
糖果店		6				C1	C2		C4	C5	C6	C7	C8	M1	M2	M3
帆布或帆布产品生产		17												M1	M2	M3
临时的嘉年华		13	E									C7	C8	M1	M2	M3
木匠店		16	B1										C8	M1	M2	M3
地毯	清洁企业	16	F										C8	M1	M2	M3
	生产厂	17												M1	M2	M3
地毯毛毯、油毡或其他地板覆盖物商店	限制楼板面积	6	B1			C1	C2		C4	C5	C6	C7	C8	M1	M2	M3
	不限制楼板面积	10	B1						C4	C5	C6	C7	C8	M1	M2	M3
饮食店		9	B1				C2		C4	C5	C6	C7	C8	M1	M2	M3
水泥生产		18														M3
墓地		4			R3 至 R10	C1	C2	C3	C4	C5	C6	C7	C8	M1		

续表

用途		用途组	停车要求类别	许可的分区											
				R1 R2	R3 至 R10	C1	C2	C3	C4	C5	C6	C7	C8	M1	M2	M3
陶瓷产品生产	定制生产	11	F							C5	C6		C8	M1	M2	M3
	生产	17												M1	M2	M3
木炭生产		18														M3
化学品	混合或包装生产	17												M1	M2	M3
	生产	18														M3
儿童娱乐公园	小型	13	E									C7	C8	M1	M2	M3
	中型	15	E									C7	*C8	*M1	M2	M3
	大型	15	E									C7	**C8	**M1	M2	M3
	不限制尺寸	15	E									C7			M2	M3
教堂		4		R1 R2	R3 至 R10	C1	C2	C3	C4	C5	C6	C7	C8	M1		
雪茄店		6	B			C1	C2		C4	C5	C6		C8	M1	M2	M3
临时的马戏团		13	E									C7		M1	M2	M3
黏土生产		18														M3
黏土井				*R1 R2	*R3 至 R10	*C1	*C2	*C3	*C4	*C5	*C6	*C7	*C8	*M1	*M2	*M3
清洁或清洁和染色企业（见干洗）																
钟表	生产	17												M1	M2	M3
	商店或维修店	6				C1	C2		C4	C5	C6	C7	C8	M1	M2	M3
服饰	配饰店（见服装店）															
	可定制或修改的零售店	11	F							C5	C6		C8	M1	M2	M3
	生产	17												M1	M2	M3

附录 A 用途清单

续表

用途		用途组	停车要求类别	许可的分区											
				R1 R2	R3 至 R10	C1	C2	C3	C4	C5	C6	C7	C8	M1	M2	M3
服饰	租赁企业	9	B				C2		C4	C5	C6	C7	C8	M1	M2	M3
	商店 限制楼板面积	6	B			C1	C2		C4	C5	C6	C7	C8	M1	M2	M3
	商店 不限制楼板面积	10	B						C4	C5	C6	C7	C8	M1	M2	M3
俱乐部	夜晚营业（见餐饮店场所）															
	非商业性的 任何类型，含户外游泳池的除外	4		* R1 R2	R3 至 R10	C1	C2	C3	C4	C5	C6	C7	C8	M1		
	非商业性的 含距离地块线超过500英尺的户外游泳池的俱乐部	4		* R1 R2	R3 至 R10	C1	C2	C3	C4	C5	C6	C7	C8	M1		
	非商业性的 任何类型，包括户外游泳池俱乐部或者含距离地块线不足500英尺的户外游泳池的俱乐部	6, 14	D	** R1 R2	** R3 至 R10	C1	C2	C3	C4	C5	C6	C7	C8	M1	M2	M3
煤	产品生产	18														M3
	开敞的或围蔽的销售企业 限制地块面积	16	B1										C8	M1	M2	M3
	开敞的或围蔽的销售企业 不限制（见煤的储存）															
	开敞的或围蔽的储存场地	18														M3
硬币店		6	B			C1	C2		C4	C5	C6	C7	C8	M1	M2	M3
焦炭产品生产		18														M3

续表

用途	用途组	停车要求类别	许可的分区											
			R1 R2	R3 至 R10	C1	C2	C3	C4	C5	C6	C7	C8	M1	M2	M3
学院或大学（包括专业学校）、学院或大学宿舍、兄弟会或妇女联谊会住房，但不包括商业学院或贸易学校	8		* R1 R2	R3 至 R10	C1	C2	C3	C4	C5	C6	C7				
商业停车场或停车库（见公共停车库或公共停车场）															
社区中心	4		R1 R2	R3 至 R10	C1	C2	C3	C4	C5	C6	C7	C8	M1		
混凝土配料（见建筑材料场地）															
混凝土产品生产（见石材加工或石材产品）															
建筑重型机械生产（包括维修）	18														M3
承建商企业 电、玻璃、供暖、油漆、壁纸、水管、屋顶或通风的	限制楼板面积	7	B1				C2				C6	C7	C8	M1	M2	M3
	限制开敞存放	16	B1										C8	M1	M2	M3
	不限制（见承建商场地）															
承建商场地	17													M1	M2	M3
疗养院(见护士住所)																

续表

用途	用途组	停车要求类别	许可的分区											
			R1 R2	R3 至 R10	C1	C2	C3	C4	C5	C6	C7	C8	M1	M2	M3
修道院	3		R1 R2	R3 至 R10	C1	C2	C3	C4	C5	C6	C7				
软木产品生产	17												M1	M2	M3
化妆品生产	17												M1	M2	M3
戏服租赁店	9	B				C2		C4	C5	C6	C7	C8	M1	M2	M3
轧棉、填充棉花或剥绒生产	17												M1	M2	M3
法院	6	C			C1	C2		C4	C5	C6	C7	C8	M1	M2	M3
装箱企业	16	G										C8	M1	M2	M3
火葬场 动物	16	C										C8	M1	M2	M3
火葬场 人	16	C										C8	M1	M2	M3
舞厅（公共的）	12	D						C4		C6	C7	C8	M1	M2	M3
舞蹈工作室（见工作室）															
白天的营地（户外的）	13	H	* R1 R2	* R3 至 R10	* C1	* C2	* C3				C7	C8	M1	M2	M3
熟食店（见食品店）															
牙医 仪器生产	11								C5	C6		C8	M1	M2	M3
牙医 实验室（见实验室，医疗或牙医的）															
牙医 办公室（见医疗办公室）															
百货商店	10	B						C4	C5	C6	C7	C8	M1	M2	M3
棉麻织物供应店	16	F										C8	M1	M2	M3
消毒剂生产	18														M3
宿舍（学院或学校，见学院或大学）															

附录

续表

用途		用途组	停车要求类别	许可的分区											
				R1 R2	R3至R10	C1	C2	C3	C4	C5	C6	C7	C8	M1	M2	M3
绘图仪器生产		11	F							C5	C6		C8	M1	M2	M3
制衣店（定制的）		6	B			C1	C2		C4	C5	C6	C7	C8	M1	M2	M3
饮品店（见餐饮店）																
汽车电影院												**C7	**C8	**M1	**M2	**M3
药店		6	B			C1	C2		C4	C5	C6	C7	C8	M1	M2	M3
干洗或服装熨烫企业（限制楼板面积、溶剂和机器容量）		6	B			C1	C2		C4	C5	C6	C7	C8	M1	M2	M3
干洗或清洁和染色企业（没有限制）		16	F										C8	M1	M2	M3
干货店	限制楼板面积	6	B			C1	C2		C4	C5	C6	C7	C8	M1	M2	M3
	不限制	10	B						C4	C5	C6	C7	C8	M1	M2	M3
垃圾场		18														M3
餐饮店	限制娱乐活动	6	B			C1	C2	*C3	C4	C5	C6	C7	C8	M1	M2	M3
	不限制娱乐或跳舞，但仅限于在酒店内	10	D						C4	C5	C6	C7	C8	M1	M2	M3
	没有限制	12	D						C4		C6	C7	C8	M1	M2	M3
电变电站	电力或蒸汽发电厂	18														M3
	公共交通或铁路（小型或中型）	17		*R1 R2	*R3至R10	*C1	*C2	*C3	*C4	*C5	*C6	*C7	*C8	M1	M2	M3
	大型	17		**R1 R2	**R3至R10	**C1	**C2	**C3	**C4	**C5	**C6	**C7	**C8	M1	M2	M3

544

附录 A 用途清单

续表

用途		用途组	停车要求类别	许可的分区											
				R1 R2	R3 至 R10	C1	C2	C3	C4	C5	C6	C7	C8	M1	M2	M3
电设备	小型	6		* R1 R2	* R3 至 R10	C1	C2		C4	C5	C6	C7	C8	M1	M2	M3
	中型	17		* R1 R2	* R3 至 R10	* C1	* C2	* C3	* C4	* C5	* C6	* C7	* C8	M1	M2	M3
	大型	17		** R1 R2	** R3 至 R10	** C1	** C2	** C3	** C4	** C5	** C6	** C7	** C8	M1	M2	M3
电气	生产	17												M1	M2	M3
	商店（见设备、电视、收音机、留声机或家用设备店）															
	承建商（见承建商企业）															
	设备装配，但不包括电气机器	17												M1	M2	M3
	供应机构	17												M1	M2	M3
电解工作室		6	B			C1	C2		C4	C5	C6	C7	C8	M1	M2	M3
电铸或定型(见打印)																
雕刻或光刻(见打印)																
刨花生产		18														M3
灭虫者		7	B1				C2				C6	C7	C8	M1	M2	M3
织物店（见干货店）																
集市（临时的）		13	E									C7	C8	M1	M2	M3

545

续表

用途		用途组	停车要求类别	许可的分区											
				R1 R2	R3 至 R10	C1	C2	C3	C4	C5	C6	C7	C8	M1	M2	M3
羽毛	大量加工、清洗、加工或染色	18														M3
	产品（不包括清洗、加工或染色）	17												M1	M2	M3
毛毡	大量加工、清洗、加工或染色	18														M3
	产品（不包括清洗、加工或染色）	17												M1	M2	M3
肥料生产		18														M3
加油站（见机动车服务站）																
摄影胶片生产		18														M3
消防局		6, 14	C	**R1 R2	**R3 至 R10	C1	C2	C3	C4	C5	C6	C7	C8	M1	M2	M3
鱼产品(包装或加工)		18														M3
钓鱼装备或设备（租赁或销售）		6, 14	B1			C1	C2	C3	C4	C5	C6	C7	C8	M1	M2	M3
花店		6	B			C1	C2		C4	C5	C6	C7	C8	M1	M2	M3
食物	产品加工（肉的屠宰或包装鱼的准备除外）	17												M1	M2	M3
	商店（包括超级市场、日用品商店、肉市场或熟食店）	6	A 或 B①			C1	C2		C4	C5	C6	C7	C8	M1	M2	M3

① 楼板面积为 2000 及 2000 以上平方英尺的食物商店的停车要求类别为 A，楼板面积少于 2000 平方英尺的食物商店的停车要求类别为 B.

附录 A 用途清单

续表

用途	用途组	停车要求类别	许可的分区											
			R1 R2	R3 至 R10	C1	C2	C3	C4	C5	C6	C7	C8	M1	M2	M3
铸造厂（黑色或有色金属）	18														M3
兄弟会住房（见学院或大学）															
食品冷藏间	6	B			C1	C2		C4	C5	C6	C7	C8	M1	M2	M3
燃料砖	18														M3
燃料销售，开敞的或围蔽的	限制地块面积	16	B1										C8	M1	M2	M3
	不限制（见煤储存，石油储存或木材场）														
殡葬机构	7	H			*C1	C2		*C4		C6	C7	C8	M1	M2	M3
杀菌剂生产	18														M3
毛皮	产品生产（不包括鞣制或染色）	17												M1	M2	M3
	鞣制、加工、修整或染色	18														M3
家具	定制商店	16	B1										C8	M1	M2	M3
	生产	17												M1	M2	M3
	商店	限制楼板面积	6	B1		C1	C2		C4	C5	C6	C7	C8	M1	M2	M3
		不限制	10	B1					C4	C5	C6	C7	C8	M1	M2	M3
毛皮裁缝店（定制的）	6	B			C1	C2		C4	C5	C6	C7	C8	M1	M2	M3
库（见公共停车库）															
垃圾焚化或减少	18														M3
花园耗材店	6	B			C1	C2		C4	C5	C6	C7		M1	M2	M3
花园（货车，见农业）															

附录

续表

用途		用途组	停车要求类别	许可的分区											
				R1 R2	R3 至 R10	C1	C2	C3	C4	C5	C6	C7	C8	M1	M2	M3
燃气	生产	18														M3
	用于计量或管理的公用设备站点	6		*R1 R2	*R3 至 R10	C1	C2		C4	C5	C6	C7	C8	M1	M2	M3
	储存	18														M3
	分站	6		*R1 R2	*R3 至 R10	C1	C2		C4	C5	C6	C7	C8	M1	M2	M3
汽油服务站（见机动车服务站）																
明胶生产		18														M3
发电厂，电气或蒸汽		18														M3
礼品店		6	B			C1	C2		C4	C5	C6	C7	C8	M1	M2	M3
玻璃	切割店	16	B1										C8	M1	M2	M3
	生产	18														M3
	以前生产的玻璃制作的产品	17												M1	M2	
玻璃承建商（见承建商企业）																
胶水生产		18														M3
高尔夫球	练习道	4		R1 R2	R3 至 R10	C1	C2	C3	C4	C5	C6	C7	C8	M1		
	练习道（小型）	13	E									C7	C8	M1	M2	M3
	练习场	18	E									C7	C8	M1	M2	M3
谷物	研磨或加工	18														M3
	储存	18														M3
石墨或石墨制品生产		18														M3

附录 A 用途清单

续表

用途		用途组	停车要求类别	许可的分区											
				R1 R2	R3 至 R10	C1	C2	C3	C4	C5	C6	C7	C8	M1	M2	M3
砾石井				*R1 R2	*R3 至 R10	*C1	*C2	*C3	*C4	*C5	*C6	*C7	*C8	*M1	*M2	*M3
温室（见农业）																
杂货店																
健身房		9	B				C2		C4	C5	C6	C7	C8	M1	M2	M3
石膏生产		18														M3
毛发	大量加工、清洗或染色	18														M3
	产品生产（清洗、加工或染色除外）	17													M1	M2	M3
	产品生产（定制的）	11	F							C5	C6		C8	M1	M2	M3
	五金器具生产	17												M1	M2	M3
	商店	6	B			C1	C2		C4	C5	C6	C7	C8	M1	M2	M3
帽子	帽身生产	17												M1	M2	M3
	维修店	6	B			C1	C2		C4	C5	C6	C7	C8	M1	M2	M3
健康中心		4		R1 R2	R3 至 R10	C1	C2	C3	C4	C5	C6	C7	C8	M1		
健康服务（见体育企业）																
采暖承建商（见承建商企业）																
采暖设备陈列室（不包含维修服务）		9	B1				C2		C4	C5	C6	C7	C8	M1	M2	M3
直升机场											**C6		**C8	**M1	**M2	**M3
大麻产品生产														M1	M2	M3

549

附录

续表

用途			用途组	停车要求类别	许可的分区											
					R1 R2	R3 至 R10	C1	C2	C3	C4	C5	C6	C7	C8	M1	M2	M3
住宅占用					R1 R2	R3 至 R10	C1	C2	C3	C4	C5	C6	C7				
针织品生产			17												M1	M2	M3
医院（动物医院除外）	非营利的或志愿医院及相关设施		4		R1 R2	R3 至 R10	C1	C2	C3	C4	C5	C6	C7	C8	M1		
	专属医院及相关设施		4			R3 至 R10	C1	C2	C3	C4	C5	C6	C7	C8	M1		
酒店	短时酒店		5	H			C1	C2		C4	C5	C6	C7	C8	M1	M2	M3
	公寓式酒店		2			R3① 至 R10	C1	C2	C3	C4	C5	C6	C7				
家用	设备维修店		8	B				C2		C4		C6	C7	C8	M1	M2	M3
	设备店（见设备、电视、收音机、留声机或家用设备店）																
	设备或机器维修店		16	B1										C8	M1	M2	M3
雪糕店			6				C1	C2		C4	C5	C6	C7	C8	M1	M2	M3
冰	生产（干的或自然的）		17												M1	M2	M3
	销售（开敞的或围蔽的）	限制地块面积	16	B1										C8	M1	M2	M3
		不限制（见冰箱设备）															

① 在 R3-1 区中不许可

附录 A 用途清单

续表

用途		用途组	停车要求类别	许可的分区											
				R1 R2	R3 至 R10	C1	C2	C3	C4	C5	C6	C7	C8	M1	M2	M3
溜冰场（户外）		4	*	R1 R2	R3 至 R10	C1	C2	C3	C4	C5	C6	C7	C8	M1		
焚化或减少垃圾、内脏或动物尸体		18														M3
墨水或色带生产		17												M1	M2	M3
杀虫剂生产		18														M3
机构（慈善或非营利的）	有睡眠住宿	3		R1 R2	R3 至 R10	C1	C2	C3	C4	C5	C6	C7				
	无睡眠住宿	4		R1 R2	R3 至 R10	C1	C2	C3	C4	C5	C6	C7	C8	M1		
室内装饰企业	限制用于加工、服务或维修的楼板面积	6	B			C1	C2		C4	C5	C6	C7	C8	M1	M2	M3
	不限制（见家具、纺织品或室内装饰）															
首饰	定制	17												M1	M2	M3
	生产 用贵重金属制作	11	F							C5	C6		C8	M1	M2	M3
	商店	6	B			C1	C2		C4	C5	C6	C7	C8	M1	M2	M3
垃圾场		18														M3
黄麻产品		17												M1	M2	M3
养狗场		16	B1										C8	M1	M2	M3

551

续表

用途		用途组	停车要求类别	许可的分区											
				R1 R2	R3至R10	C1	C2	C3	C4	C5	C6	C7	C8	M1	M2	M3
实验室	用于研究或测试的医疗或牙医实验室（限制产生令人厌烦的影响）	9	B1				C2		C4	C5	C6	C7	C8	M1	M2	M3
	研究、实验或测试	17												M1	M2	M3
灯黑生产		18														M3
洗衣店（操作类型不限）		16	F										C8	M1	M2	M3
洗衣店（手洗或自助自动的）		6	B			C1	C2		C4	C5	C6	C7	C8	M1	M2	M3
皮革	鞣制、加工、修整或染色	18														M3
	皮具店	6	B			C1	C2		C4	C5	C6	C7	C8	M1	M2	M3
	皮革制品生产	17												M1	M2	M3
图书馆		3		R1 R2	R3至R10	C1	C2	C3	C4	C5	C6	C7				
棉麻织物供应店		16	F										C8	M1	M2	M3
油毡或油布	生产	18														M3
	商店（见地毯商店）															
家用酒精饮品店（包装）		6	B			C1	C2		C4	C5	C6	C7	C8	M1	M2	M3
借贷办公室		6	B1			C1	C2		C4	C5	C6	C7	C8	M1	M2	M3
锁匠店		6	B			C1	C2		C4	C5	C6	C7	C8	M1	M2	M3
场（见公共停车场）																
皮箱	生产	17												M1	M2	M3
	商店	6	B			C1	C2		C4	C5	C6	C7	C8	M1	M2	M3

续表

用途			用途组	停车要求类别	许可的分区									
					R1 R2	R3 至 R10	C1	C2	C3	C4	C5	C6	C7	C8	M1	M2	M3
木材	大量加工或木制品		18														M3
	销售	限制地块面积（见建筑材料的销售）															
		不限制	18														M3
	场地	限制地块面积	17												M1	M2	M3
		不限制	18														M3
机器	商店（包括工具、硬模或图案制造）		16	B1										C8	M1	M2	M3
	工具生产		17												M1	M2	M3
机械	生产或维修	重型	18														M3
		各类或电气设备	17												M1	M2	M3
	租赁或销售企业		16	B1										C8	M1	M2	M3
	维修店		16	B1										C8	M1	M2	M3
机器（商业，见商业机器）																	
肥料储存			18														M3
市场	零售（包括肉，见食品店）																
	批发，农产品或肉		17												M1	M2	M3
按摩			9	B				C2		C4	C5	C6	C7	C8	M1	M2	M3
火柴生产			18														M3
床垫生产（重建和翻新）			17												M1	M2	M3

续表

用途			用途组	停车要求类别	许可的分区											
					R1 R2	R3至R10	C1	C2	C3	C4	C5	C6	C7	C8	M1	M2	M3
肉	市场	零售（见食品店）															
		批发	17												M1	M2	M3
	包装制品的屠宰或准备		18														M3
医疗	器械	定制生产	11	F							C5	C6		C8	M1	M2	M3
		生产	17												M1	M2	M3
		商店	6	B			C1	C2		C4	C5	C6	C7	C8	M1	M2	M3
	仪器生产		11	F							C5	C6		C8	M1	M2	M3
	实验室（见实验室，医疗）																
	办公室或团体	限制在建筑内分布的位置	4		R1 R2	R3至R10	C1	C2	C3	C4	C5	C6	C7	C8	M1		
	医疗中心	不限制	6	B1			C1	C2		C4	C5	C6	C7	C8	M1	M2	M3
会议礼堂			6	D			C1	C2		C4	C5	C6	C7	C8	M1	M2	M3
金属制品	各种合金或金属箔		18														M3
	重型金属铸件或铸造制品		18														M3
	表面精整、电镀、磨削、打磨、抛光、清洗、防锈、热加工或类似加工		17												M1	M2	M3
	矿石还原或精炼		18														M3
	产品处理或加工		18														M3
	还原、精炼、熔炼或合金化		18														M3

续表

用途		用途组	停车要求类别	许可的分区											
				R1 R2	R3至R10	C1	C2	C3	C4	C5	C6	C7	C8	M1	M2	M3
金属制品	冲压或挤压	17												M1	M2	M3
	处理或加工	18														M3
女帽店		6	B			C1	C2		C4	C5	C6	C7	C8	M1	M2	M3
采矿机械生产（包括维修）		18														M3
镜子镀银店		16	B1										C8	M1	M2	M3
修道院		3		R1 R2	R3至R10	C1	C2	C3	C4	C5	C6	C7				
纪念碑	销售企业（附带处理订单）	7	C				C2				C6	C7	C8	M1	M2	M3
	作品（不限制加工）	18														M3
汽车旅馆		7	H				C2				C6	C7	C8	M1	M2	M3
电影产品		17												M1	M2	M3
摩托车	生产	17												M1	M2	M3
	维修（车身）	17												M1	M2	M3
	维修（车身维修除外）	16	C										C8	M1	M2	M3
	销售（开敞的或围蔽的）	16	C										C8	M1	M2	M3
	陈列室（不设维修服务）	9	C				C2		C4	C5	C6	C7	C8	M1	M2	M3
汽车货运站（见货运场）																
机动车（长期储存）		16											C8	M1	M2	M3
搬运或存储办公室	限制储存	7	B1				C2				C6	C7	C8	M1	M2	M3
	不限制	16	G										C8	M1	M2	M3

续表

用途	用途组	停车要求类别	许可的分区											
			R1 R2	R3至R10	C1	C2	C3	C4	C5	C6	C7	C8	M1	M2	M3
博物馆	3		R1 R2	R3至R10	C1	C2	C3	C4	C5	C6	C7				
音乐厅	6	B			C1	C2		C4	C5	C6	C7	C8	M1	M2	M3
音乐工作室															
乐器 生产 钢琴和风琴除外	11	F							C5	C6		C8	M1	M2	M3
乐器 生产 包括钢琴和风琴	17												M1	M2	M3
维修店	9	B1				C2		C4	C5	C6	C7	C8	M1	M2	M3
报纸印刷	17									*C6			M1	M2	M3
报摊（开敞的或围蔽的）	6	B			C1	C2		C4	C5	C6	C7	C8	M1	M2	M3
新颖产品生产	17												M1	M2	M3
女修道院	3		R1 R2	R3至R10	C1	C2	C3	C4	C5	C6	C7				
苗圃（见农业）															
护理院 慈善或非营利的	3		R1 R2	R3至R10	C1	C2	C3	C4	C5	C6	C7				
护理院 专属	3			R3至R10	C1	C2	C3	C4	C5	C6	C7				
麻制产品	17												M1	M2	M3
办公设备或机器维修店	16	B1										C8	M1	M2	M3
办公或商业机器店（销售或租赁）	10	B1						C4	C5	C6	C7	C8	M1	M2	M3

附录 A 用途清单

续表

用途		用途组	停车要求类别	许可的分区											
				R1 R2	R3 至 R10	C1	C2	C3	C4	C5	C6	C7	C8	M1	M2	M3
办公室	商务的、专业的或政府的	6	B1			C1	C2		C4	C5	C6	C7	C8	M1	M2	M3
	牙医、医疗或整形的															
	批发（配置的储藏室仅限于存放样品）	10	B1						C4	C5	C6	C7	C8	M1	M2	M3
油布生产		18														M3
燃油（用于计量或管理的公用设备站点）		6		*R1 R2	*R3 至 R10	C1	C2		C4	C5	C6	C7	C8	M1	M2	M3
燃油销售（开敞的或围蔽的）	限制地块面积	16	B1										C8	M1	M2	M3
	不限制（见石油或石油产品储存）															
光学	设备生产	17												M1	M2	M3
	产品生产	11	F							C5	C6		C8	M1	M2	M3
眼镜或验光师企业		6	B			C1	C2		C4	C5	C6	C7	C8	M1	M2	M3
整形手术	设备 定制生产	11	F							C5	C6		C8	M1	M2	M3
	设备 生产	17												M1	M2	M3
	设备 商店	6	B			C1	C2		C4	C5	C6	C7	C8	M1	M2	M3
	工具生产	11	F							C5	C6		C8	M1	M2	M3
整骨办公室（见医疗办公室）																
包装或装箱企业		16	G										C8	M1	M2	M3
包装材料生产		18														M3
油漆	生产	18														M3
	商店	6	B			C1	C2		C4	C5	C6	C7	C8	M1	M2	M3

续表

用途		用途组	停车要求类别	许可的分区											
				R1 R2	R3 至 R10	C1	C2	C3	C4	C5	C6	C7	C8	M1	M2	M3
油漆承建商（见承建商企业）																
纸	纸厂（见木质纸浆或纤维）															
	产品生产	18														M3
	原料厂	18														M3
墙纸承建商（见承建商企业）																
教区办公室		4		R1 R2	R3 至 R10	C1	C2	C3	C4	C5	C6	C7	C8	M1		
公园或私人公园		4		R1 R2	R3 至 R10	C1	C2	C3	C4	C5	C6	C7	C8	M1		
公共停车场	容量等于或少于100个车位	8				**C1	C2		C4	**C5	C6	C7	C8	M1	M2	M3
	容量少于150个车位	8					C2		C4	**C5	C6	C7	C8	M1	M2	M3
	容量等于或多于150个车位						**C2		**C4	**C5	**C6	**C7	**C8	**M1	**M2	**M3
公共停车库	容量等于或少于100个车位	8				**C1	C2		C4	**C5	C6	C7	C8	M1	M2	M3
	容量少于150个车位	8					C2		C4	**C5	C6	C7	C8	M1	M2	M3
	容量等于或多于150个车位						**C2		**C4	**C5	**C6	**C7	**C8	**M1	**M2	**M3
泥煤储存		18														M3
游乐场		15	E									C7			M2	M3
香水或香皂（仅限混合,不包括肥皂生产）		17												M1	M2	M3
宠物店		6	B			C1	C2		C4	C5	C6	C7	C8	M1	M2	M3

附录 A 用途清单

续表

用途		用途组	停车要求类别	许可的分区											
				R1 R2	R3 至 R10	C1	C2	C3	C4	C5	C6	C7	C8	M1	M2	M3
石油或石油产品	精炼	18														M3
	储存或处理	18														M3
制药产品生产		17												M1	M2	M3
相机	维修店	8	B				C2		C4	C5	C6	C7	C8	M1	M2	M3
	商店（见设备）															
摄影	照片冲印店	零售	6	B			C1	C2		C4	C5	C6	C7	C8	M1	M2	M3
		批发 限制楼板面积	9	B1				C2		C4	C5	C6	C7	C8	M1	M2	M3
		不限制	16	C										C8	M1	M2	M3
	设备	生产（电影除外）	17												M1	M2	M3
		商店	6	B			C1	C2		C4	C5	C6	C7	C8	M1	M2	M3
		工作室	6	B			C1	C2		C4	C5	C6	C7	C8	M1	M2	M3
		耗材店	6	B			C1	C2		C4	C5	C6	C7	C8	M1	M2	M3
影印企业		9	B1				C2		C4	C5	C6	C7	C8	M1	M2	M3
体育运动企业		9	B				C2		C4	C5	C6	C7	C8	M1	M2	M3
图画装裱店		6	B			C1	C2		C4	C5	C6	C7	C8	M1	M2	M3
塑料	产品生产	17												M1	M2	M3
	生塑料生产	18														M3
制版（见打印）																
操场		4		** R1 R2	** R3 至 R10	C1	C2	C3	C4	C5	C6	C7	C8	M1		

续表

用途		用途组	停车要求类别	许可的分区											
				R1 R2	R3至R10	C1	C2	C3	C4	C5	C6	C7	C8	M1	M2	M3
采暖	承建商（见承建商企业）															
	设备生产（见工具或五金器具）															
	陈列室（不设维修服务）	9	B1				C2		C4	C5	C6	C7	C8	M1	M2	M3
警察局		6	C	R1 R2	R3至R10	C1	C2		C4	C5	C6	C7	C8	M1	M2	M3
桌球室		8	D				C2		C4	C5	C6	C7	C8	M1	M2	M3
陶瓷产品生产		18														M3
邮局		6	B			C1	C2		C4	C5	C6	C7	C8	M1	M2	M3
家禽	仅为在同一区划地块零售的宰杀企业	16	B1										C8	M1	M2	M3
	包装或屠宰	18														M3
精密仪器	光学设备、钟及类似的精密仪器	17												M1	M2	M3
	医疗、牙医、绘图仪器、光学产品或类似的精密仪器	11	F							C5	C6		C8	M1	M2	M3
打印	定制	11	F								C6			M1	M2	M3
	限制楼板面积	9	B1				C2		C4	C5	C6	C7		M1	M2	M3
	不限制	17												M1	M2	M3
监狱		12	H						C4		C6	C7	C8	M1	M2	M3
农产品或肉批发市场		17												M1	M2	M3
公共竞拍房		9	D				C2		C4	C5	C6	C7	C8	M1	M2	M3
公交场站		16	G										C8	M1	M2	M3
出版业		17												M1	M2	M3

附录 A 用途清单

续表

用途		用途组	停车要求类别	许可的分区											
				R1 R2	R3 至 R10	C1	C2	C3	C4	C5	C6	C7	C8	M1	M2	M3
水或污水泵站		6		*R1 R2	*R3 至 R10	C1	C2		C4	C5	C6	C7	C8	M1	M2	M3
兔子	仅为在同一区划地块零售的宰杀企业	16	B1										**C8	**M1	**M2	**M3
	包装或屠宰	18														M3
跑道														C8	M1	M2	M3
收音机	家用设备维修店	8	B				C2		C4		C6	C7	C8	M1	M2	M3
	零售商店（见家用设备）															
	工作室	10	D						C4	C5	C6	C7	C8	M1	M2	M3
	非辅助性的塔			*R1 R2	*R3 至 R10	*C1	*C2	*C3	*C4	*C5	*C6	*C7	*C8	*M1	*M2	*M3
放射性废弃物处理服务		18														M3
	设施生产（包括铁路车厢或机车）	18														M3
铁路	乘客站			**R1 R2	**R3 至 R10	**C1	**C2	**C3	**C4	**C5	**C6	**C7	**C8	**M1	**M2	**M3
	路权线	4		R1 R2	R3 至 R10	C1	C2	C3	C4	C5	C6	C7	C8	M1		
变电站	中小型	17		*R1 R2	*R3 至 R10	*C1	*C2	*C3	*C4	*C5	*C6	*C7	*C8	M1	M2	M3

561

续表

用途			用途组	停车要求类别	许可的分区											
					R1 R2	R3 至 R10	C1	C2	C3	C4	C5	C6	C7	C8	M1	M2	M3
铁路	变电站	大型	17		** R1 R2	** R3 至 R10	** C1	** C2	** C3	** C4	** C5	** C6	** C7	** C8	M1	M2	M3
铁路（包括路权线、货运站、站场或附件，或铁路运营使用的或要求的设施或服务，但不包括客运站）			17												M1	M2	M3
音像带商店			6	B			C1	C2		C4	C5	C6	C7	C8	M1	M2	M3
非商业性质的娱乐中心			4		R1 R2	R3 至 R10	C1	C2	C3	C4	C5	C6	C7	C8	M1		
住宅			4		R1 R2	R3 至 R10	C1	C2	C3	C4	C5	C6	C7	C8	M1		
减重沙龙			9	B				C2		C4	C5	C6	C7	C8	M1	M2	M3
茶点摊贩（免下车）			7	H				C2				C6	C7	C8	M1	M2	M3
制冷装置			18														M3
宗教或教堂的艺术品			17												M1	M2	M3
住宅	单户独栋住宅		1		R1 R2	R3 至 R10	C1	C2	C3	C4	C5	C6	C7				
	单户或两户双拼住宅、独立或半独立		2			R3 至 R10	C1	C2	C3	C4	C5	C6	C7				
	寄宿或公寓		2			R3 至 R10	C1	C2	C3	C4	C5	C6	C7				
	其他		2			R3① 至 R10	C1	C2	C3	C4	C5	C6	C7				

① 在 R3-1 区中不许可。

附录 A 用途清单

续表

用途		用途组	停车要求类别	许可的分区										
				R1 R2	R3至R10	C1	C2	C3	C4	C5	C6	C7	C8	M1	M2	M3
住宅	休息室（见护理院）															
骑术学校（开敞的或围蔽的）		16	C	*R1 R2	*R3至R10		*C2				*C6	*C7	C8	M1	M2	M3
屋面承包商（见承建商企业）																
公寓		2			R3至R10	C1	C2	C3	C4	C5	C6	C7				
橡胶	加工或生产（天然的或合成的）	18														M3
	产品生产（不包括自然或合成橡胶的加工）	17												M1	M2	M3
车毯店（见地毯店）																
帆船设施		7,14	C				C2	C3			C6	C7	C8	M1	M2	M3
废弃物贮存		18														M3
砂井				*R1 R2	*R3至R10	*C1	*C2	*C3	*C4	*C5	*C6	*C7	*C8	*M1	*M2	*M3
疗养院	慈善或非营利机构	3		R1 R2	R3至R10	C1	C2	C3	C4	C5	C6	C7				
	专属的	3			R3至R10	C1	C2	C3	C4	C5	C6	C7				
锯木厂		18														M3
舞台建造		17													M1	M2	M3

563

附录

续表

用途		用途组	停车要求类别	许可的分区											
				R1 R2	R3 至 R10	C1	C2	C3	C4	C5	C6	C7	C8	M1	M2	M3
学校	宿舍（见学院或大学）															
	幼儿园、学前班、小学或中学	8		R1 R2	R3 至 R10	C1	C2	C3	C4	C5	C6	C7				
	不提供住宿或睡眠场所	8		R1 R2	R3 至 R10	C1	C2	C3	C4	C5	C6	C7	*C8	*M1		
	贸易或其他成人学校（限制厌恶性影响）	9	B1				C2	C3	C4	C5	C6	C7	C8	M1	M2	M3
	成人贸易学校（不限制）	16	B1										C8	M1	M2	M3
废金属、纸张或碎布储存		18														M3
种子店		6	B			C1	C2		C4	C5	C6	C7	C8	M1	M2	M3
神学院		4		R1 R2	R3 至 R10	C1	C2	C3	C4	C5	C6	C7	C8	M1		
住区中心		4		R1 R2	R3 至 R10	C1	C2	C3	C4	C5	C6	C7	C8	M1		
污水	处理厂	18														M3
	泵站	6		*R1 R2	*R3 至 R10	C1	C2		C4	C5	C6	C7	C8	M1	M2	M3
缝纫机店（仅销售家用机器）		6	B			C1	C2		C4	C5	C6	C7	C8	M1	M2	M3
船用品店		11	F							C5	C6		C8	M1	M2	M3
长度大于等于200英尺的船或艇的建造或维修场地		18														M3
滨水航运		17												M1	M2	M3

附录 A 用途清单

续表

用途		用途组	停车要求类别	许可的分区											
				R1 R2	R3 至 R10	C1	C2	C3	C4	C5	C6	C7	C8	M1	M2	M3
软再生毛生产		17												M1	M2	M3
鞋	生产	17												M1	M2	M3
	修理店	6	B			C1	C2		C4	C5	C6	C7	C8	M1	M2	M3
	零售商店	6	B			C1	C2		C4	C5	C6	C7	C8	M1	M2	M3
标识绘制店	限制楼板面积	7	B1				C2				C6	C7	C8	M1	M2	M3
	不限制	16	B1										C8	M1	M2	M3
镀银店（定制）		16	B1										C8	M1	M2	M3
银器（电镀或纯银）		17												M1	M2	M3
剑麻产品生产		17												M1	M2	M3
糨糊生产		18														M3
溜冰场	室内	12	D						C4		C6	C7	C8	M1	M2	M3
	室外	4	*	R1 R2	R3 至 R10	C1	C2	C3	C4	C5	C6	C7	C8	M1		
矿渣堆		18														M3
动物或家禽屠宰		18														M3
肥皂或洗涤剂	生产（包括炼脂）	18														M3
	仅包装	17												M1	M2	M3
锡焊或熔接店		16	B1										C8	M1	M2	M3
溶剂提取		18														M3
妇女联谊会（见学院或大学）																
体育器材生产		17												M1	M2	M3
体育用品店		6	B			C1	C2		C4	C5	C6	C7	C8	M1	M2	M3

565

附录

续表

用途		用途组	停车要求类别	许可的分区											
				R1 R2	R3 至 R10	C1	C2	C3	C4	C5	C6	C7	C8	M1	M2	M3
马厩		16	C	* R1 R2	* R3 至 R10		* C2				* C6	* C7	C8	M1	M2	M3
体育场	限制容量	12	D						C4		C6	C7	C8	M1	M2	M3
	不限制		D						** C4		** C6	** C7	** C8	** M1	** M2	** M3
邮票店		6	B	C1	C2				C4	C5	C6	C7	C8	M1	M2	M3
文具店		6	B	C1	C2				C4	C5	C6	C7	C8	M1	M2	M3
雕塑、人体模型、雕像，宗教或教堂的艺术品（不包括铸造操作）		17												M1	M2	M3
钢制品	各种制作或组装	17												M1	M2	M3
	结构产品生产	18														M3
原料厂或者动物或家禽屠宰		18														M3
石头加工或石头制品		18														M3
存放	批发	16	C										C8	M1	M2	M3
	办公室（见搬运或存放办公室）															
工作室	音乐、舞蹈或戏剧	9	B				C2		C4	C5	C6	C7	C8	M1	M2	M3
	广播或电视	10	D						C4	C5	C6	C7	C8	M1	M2	M3
糖的精炼		18														M3
游泳池	商业	13	E					* C3				C7	C8	M1	M2	M3
	非商业（见俱乐部）															
乒乓球馆		12	D						C4		C6	C7	C8	M1	M2	M3
裁缝店（定制）		6	B	C1	C2				C4	C5	C6	C7	C8	M1	M2	M3

附录 A 用途清单

续表

用途		用途组	停车要求类别	许可的分区											
				R1 R2	R3 至 R10	C1	C2	C3	C4	C5	C6	C7	C8	M1	M2	M3
鞣制（见皮革或毛皮）																
织锦生产		11	F							C5	C6		C8	M1	M2	M3
焦油产品的生产		18														M3
标本店		7	B1				C2				C6	C7	C8	M1	M2	M3
电报局		6	B			C1	C2		C4	C5	C6	C7	C8	M1	M2	M3
电话交换机或其他通信设备机构		6		* R1 R2	* R3 至 R10	C1	C2		C4	C5	C6	C7	C8	M1	M2	M3
电视	维修店	8	B				C2		C4		C6	C7	C8	M1	M2	M3
	零售商店（见家用电器）															
	工作室	10	D						C4	C5	C6	C7	C8	M1	M2	M3
非辅助性的塔				* R1 R2	* R3 至 R10	* C1	* C2	* C3	* C4	* C5	* C6	* C7	* C8	* M1	* M2	* M3
网球场（户外）		4		* R1 R2	R3 至 R10	C1	C2	C3	C4	C5	C6	C7	C8	M1		
河流桥渡上用于接通电力、燃气或蒸汽管道的终端设备		6		* R1 R2	* R3 至 R10	C1	C2		C4	C5	C6	C7	C8	M1	M2	M3
纺织品	漂白	18														M3
	产品生产	17												M1	M2	M3
	纺织、编织、加工、染色、印压、针织产品、纱、线或绳	17												M1	M2	M3
剧院	限制容量	8	D			* C1	C2		C4		C6	C7	C8	M1	M2	M3
	不限制容量	8	D				C2		C4		C6	C7	C8	M1	M2	M3

567

续表

用途		用途组	停车要求类别	许可的分区										
				R1 R2	R3 至 R10	C1	C2	C3	C4	C5	C6	C7	C8	M1	M2	M3
剧院（免下车）												** C7	** C8	** M1	** M2	** M3
戏剧工作室（见工作室）																
瓦片生产		18														M3
轮胎销售企业（包括安装服务）		7	B1				C2				C6	C7	C8	M1	M2	M3
烟草	加工或生产，或烟草产品生产	17												M1	M2	M3
	商店	6	B			C1	C2		C4	C5	C6	C7	C8	M1	M2	M3
化妆用品生产（不包括肥皂生产）		17												M1	M2	M3
工具或五金器具		17												M1	M2	M3
表土储存		18														M3
驿站		7	H				C2				C6	C7	C8	M1	M2	M3
毛巾供应店		16	F										C8	M1	M2	M3
玩具	生产	17												M1	M2	M3
	商店	6	B			C1	C2		C4	C5	C6	C7	C8	M1	M2	M3
贸易或其他成人学校	限制厌恶性影响	9	B1				C2		C4	C5	C6	C7	C8	M1	M2	M3
	不限制	16	B1										C8	M1	M2	M3
贸易展览会	限制额定容量	12	D						C4		C6	C7	C8	M1	M2	M3
	不限制	D							** C4		** C6	** C7	** C8	** M1	** M2	** M3
拖曳式房车营地		7					C2				C6	C7	C8	M1	M2	M3
拖曳式房车	生产（包括部件）	17												M1	M2	M3
	车身维修	17												M1	M2	M3

附录 A 用途清单

续表

用途		用途组	停车要求类别	许可的分区										
				R1 R2	R3 至 R10	C1	C2	C3	C4	C5	C6	C7	C8	M1	M2	M3
拖曳式房车	销售（开敞的或围蔽的）	16	C										C8	M1	M2	M3
	陈列室（无维修服务）	9	C				C2		C4	C5	C6	C7	C8	M1	M2	M3
变电站	小型或中型	17		* R1 R2	* R3 至 R10	* C1	* C2	* C3	* C4	* C5	* C6	* C7	* C8	M1	M2	M3
	大型	17		** R1 R2	** R3 至 R10	** C1	** C2	** C3	** C4	** C5	** C6	** C7	** C8	M1	M2	M3
旅游信息处		6	B			C1	C2		C4	C5	C6	C7	C8	M1	M2	M3
货车花园（见农业）																
货车	生产（包括部件）	17												M1	M2	M3
	维修（包括车身）	17												M1	M2	M3
	维修（不包括车身）	16	C										C8	M1	M2	M3
	销售（开敞的或围蔽的）	16	C										C8	M1	M2	M3
	陈列室（无维修服务）	9	C				C2		C4	C5	C6	C7	C8	M1	M2	M3
货运场或汽车货运站	限制地块面积	16	G										C8	M1	M2	M3
	不限制	17	G										* C8	M1	M2	M3
松节油生产		18														M3
打字机店		6	B			C1	C2		C4	C5	C6	C7	C8	M1	M2	M3

569

续表

用途		用途组	停车要求类别	许可的分区											
				R1 R2	R3至R10	C1	C2	C3	C4	C5	C6	C7	C8	M1	M2	M3
打字机或其他小型办公机器维修店		9	B1				C2		C4	C5	C6	C7	C8	M1	M2	M3
印刷（见打印）																
雨伞	生产	17												M1	M2	M3
	维修店	9	B				C2		C4	C5	C6	C7	C8	M1	M2	M3
殡仪业(见殡葬机构)																
室内装饰品	大量商品（不包括直接与消费者交易的室内装饰品店）	17												M1	M2	M3
	直接与消费者交易的室内装饰品店	8	B1				C2		C4		C6	C7	C8	M1	M2	M3
杂货店	限制楼板面积	6	B			C1	C2		C4	C5	C6	C7	C8	M1	M2	M3
	不限制	10	B						C4	C5	C6	C7	C8	M1	M2	M3
清漆生产		18														M3
车	机动车长期储存	16											C8	M1	M2	M3
	生产（儿童的）	17												M1	M2	M3
	商业或公共功能车辆存放（开敞的或围蔽的）	16	G										C8	M1	M2	M3
百叶窗、遮光帘或雨篷	定制店（限制楼板面积）	7	B1				C2				C6	C7	C8	M1	M2	M3
	生产（不限制产品及楼板面积）	17												M1	M2	M3
通风的承建商（见承建商企业）																
通风设备陈列室（不包含维修服务）		9	B1				C2		C4	C5	C6	C7	C8	M1	M2	M3
墙纸店		6	B			C1	C2		C4	C5	C6	C7	C8	M1	M2	M3

附录 A 用途清单

续表

用途		用途组	停车要求类别	许可的分区											
				R1 R2	R3 至 R10	C1	C2	C3	C4	C5	C6	C7	C8	M1	M2	M3
仓库		16	G										C8	M1	M2	M3
钟表店或维修店		6	B			C1	C2		C4	C5	C6	C7	C8	M1	M2	M3
手表制作		11	F							C5	C6		C8	M1	M2	M3
滨水航运		17												M1	M2	M3
污水泵站		6		* R1 R2	* R3 至 R10	C1	C2		C4	C5	C6	C7	C8	M1	M2	M3
蜡制品		17												M1	M2	M3
编织（手工）		11	F							C5	C6		C8	M1	M2	M3
婚礼教堂		9	D				C2		C4	C5	C6	C7	C8	M1	M2	M3
焊接车间		16	B1										C8	M1	M2	M3
福利中心		4		* R1 R2	R3 至 R10	C1	C2	C3	C4	C5	C6	C7	C8	M1		
批发企业	辅助性的储存面积不超过1500平方英尺	7	B1				C2			C5	C6	C7	C8	M1	M2	M3
	辅助性的储存面积不超过2500平方英尺	11	B1							C5	C6		C8	M1	M2	M3
	不限制辅助性的储存面积	16	C										C8	M1	M2	M3
批发办公或陈列室（配置的储藏室仅限于存放样品）		10	B1						C4	C5	C6	C7	C8	M1	M2	M3
遮光帘	定制店（限制楼板面积）	7	B1				C2				C6	C7	C8	M1	M2	M3
	生产（不限制产品及楼板面积）	17												M1	M2	M3
木头	批量加工或木工	18														M3
	蒸馏	18														M3

571

续表

用途			用途组	停车要求类别	许可的分区										
					R1 R2	R3 至 R10	C1	C2	C3	C4	C5	C6	C7	C8	M1	M2	M3
木头	产品生产		17												M1	M2	M3
	木质纸浆或纤维还原或加工（包括纸厂运营）		18														M3
	销售（开敞的或围蔽的）	限制地块面积	16	B1										C8	M1	M2	M3
		不限制（见木材堆场）															
木工店（定制）			16	B1										C8	M1	M2	M3
羊毛洗涤或络纱			18														M3

附录 B 放射性材料的数量

下表摘录自《关于辐射防护的第 38 号工业法规规则》[①]第 38-2 节（该决议案的第 42-262 款限制了在工业区中生产、使用及储存的未密封放射性材料的数量）

材料	未密封（微居里）	材料	未密封（微居里）
锑 124（Sb 124）	1	碘 131（I 131）	10
砷 76（As 76）	10	铱 192（Ir 192）	10
砷 77（As 77）	10	铁 55（Fe 55）	50
钡 140-镧（Ba La 140）	1	铁 59（Fe 59）	1
铍（Be）	50	镧（La 140）	10
镉 109-银 109（Cd Ag 109）	10	锰 52（Mn 52）	1
钙 45（Ca 45）	10	锰 56（Mn 56）	50
碳 14（C 14）	50	钼 99（Mo 99）	10
铈 144-镨（Ce Pr 144）	1	镍 59（Ni 59）	1
铯 137-钡 137（Cs Ba 137）	1	镍 63（Ni 63）	1
氯 36（Cl 36）	1	铌 95（Nb 95）	10
铬 51（Cr 51）	50	钯 109（Pd 109）	10
钴 60（Co 60）	1	钯 103-铑 103（Pd Rh 103）	50
铜 64（Cu 64）	50	磷 32（P 32）	10
铕 154（Eu 164）	1	钋 210（Po 210）	0.1
氟 18（F 18）	50	钾 42（K 42）	10
镓 72（Ga 72）	10	镨 143（Pr 143）	10
锗 71（Ge 71）	50	钷 147（Pm 147）	10
金 198（Au 198）	10	镭 226（Ra 226）	1
金 199（Au 199）	10	铼 186（Re 186）	10
氢 3（氚）（H 3）	250	铑 105（Rh 105）	10
铟 114（In 114）	1	铷 86（Rb 86）	10
钌 106-铑 106（Ru Rh 106）	1	碲 127（Te 127）	10
钐 153（Sm 153）	10	碲 129（Te 129）	1

[①] 纽约州劳工部的标准及上诉理事会于 1955 年 8 月 10 日采纳，于 1955 年 12 月 15 日生效。

续表

材料	未密封（微居里）	材料	未密封（微居里）
钪 46（Sc 46）	1	铊 204（Tl 204）	50
银 105（Ag 105）	1	锡 113（Sn 113）	10
银 111（Ag 111）	10	钨 181（W 181）	10
钠 22（Na 22）	10	钨 185（W 185）	10
钠 24（Na 24）	10	钒 48（V 48）	1
锶 89（Sr 89）	1	钇 90（Y 90）	1
锶 90-钇 90（Sr Y 90）	0.01	钇 91（Y 91）	1
硫 35（S 35）	50	锌 65（Zn 65）	10
钽 182（Ta 182）	10	天然铀	1000
锝 96（Tc 96）	1	天然钍	1000
锝 99（Tc 99）	1		

附录 C 干线公路名称

根据《纽约市区划决议案》第 32-66 条和 42-53 条（广告标识的额外规则）的规定，城市规划委员会指定了适用于第 32-66 条和 42-53 条的干线公路，下列干线公路出现在城市地图上，且在《干线公路及主要街道总体规划》标明为主要通道、林荫大道或收费道口。

1. 主要通道

亚当斯街——金沙街至富尔顿街。

亚瑟 V. 谢里丹高速公路——布鲁克纳高速公路（林荫大道）至布朗克斯高速公路。

巴特里公园地下通道及入口——米勒公路。

布鲁克林大桥及入口。

布鲁克林皇后高速公路——布鲁克林区自治区哈密尔顿大道，至皇后区中央公园大道。

布鲁克纳高速公路（林荫大道）——特里伯勒引桥至新英格兰高速公路。

克利尔高速公路——窄颈引桥至 73d 大道。

丁香湖高速公路——纽约湾海峡引桥至戈瑟尔斯引桥。

跨布朗克斯高速公路——华盛顿大桥与哈莱姆跨河引桥至窄颈引桥。

富兰克林·D·罗斯福大道——蒙哥马利街至东第一百二十五街。

高瓦努高速公路（第三大道）——普罗斯佩特高速公路至纽约湾海峡引桥。

格兰德林荫大道及广场——第一百五十一街至莫斯霍路公园。

跨哈莱姆河大桥（计划）和入口。

哈莱姆河大道——东第一百二十五街至哈莱姆河大道。

哈莱姆河大道——西第一百五十五街至迪克曼街。

百合塘大道——纽约湾海峡引桥至锡赛德林荫大道。

长岛高速公路（皇后区中城高速公路，贺瑞斯哈丁高速公路）——皇后区中城隧道通往纳索县特线。

狄根少校高速公路（林荫大道）——特里堡大桥通往威斯特切斯特线。

曼哈顿大桥及入口。

米勒高速公路——西第七十二街至布鲁克林巴特瑞隧道入口。

新英格兰直通公路——布鲁克纳高速公路通往威斯特切斯特线。

诺森林荫大道——中央车站林荫大道至惠斯通林荫大道。

公园街——百老汇至查塔姆广场。

普罗斯佩克特高速公路——高瓦纳林荫大道到汉密尔顿堡林荫大道。

皇后区大桥及入口。

罗伯特 F.瓦格纳大道——南大街高架路至珍珠街。

西吉特大道——海滩第三十五街至拿骚县特线。

海滨大道——百合塘大道至米勒草原。

南大街高架公路——蒙哥马利街到怀特霍尔街。

森赖斯高速公路——南林荫大道至拿骚县特线。

窄颈高速公路——布鲁克纳高速公路至窄颈引桥。

575

跨曼哈顿高速公路——乔治·华盛顿引桥至计划跨哈莱姆河引桥。

范怀克高速公路——格兰特中央林荫大道至纽约国际机场。

华盛顿大桥及入口。

西岸高速公路——丁坝湖高速公路至外桥交叉道。

白石高速公路——北大道至布朗克斯惠斯通引桥。

威廉斯堡大桥及入口。

2. 林荫大道

布朗克斯和佩勒姆林荫大道——布朗克斯河至布鲁克纳高速公路。

布朗克斯河——声音景观公园至韦斯特切斯特郡特线。

跨岛林荫大道——布朗克斯白石引桥至南林荫大道。

东林荫大道——格兰德部队广场至布什威克大街。

高瓦努林荫大道——滨海林荫大道至布鲁克林巴特瑞隧道入口。

中央车站林荫大道——特里博洛引桥至拿骚县特线。

亨利哈德森韦斯特切斯特林荫大道——西第七十二街至县特线。

哈琴森河林荫大道——布朗克斯惠斯通大桥通往威斯切斯特特线。

区间林荫大道——布鲁克林区自治区布什维克大街，至皇后区中央车站林荫大道。

莫霍鲁林荫大道——冯科特兰公园至布朗克斯公园。

海洋林荫大道——汉密尔顿堡冲浪大道。

里士满林荫大道——亚瑟基尔路至克劳伍德大道。

肖尔林荫大道——皇后区南林荫大道至布鲁克林区的高瓦努林荫大道。

南林荫大道——跨岛林荫大道至管道林荫大道。

威洛布鲁克林荫大道——巴约讷引桥至海洋公园。

3. 收费道口

巴约讷大桥及入口。

布朗克斯惠斯通大桥及入口。

布鲁克林巴特瑞隧道及入口。

跨海湾林荫大道大桥及入口。

乔治·华盛顿大桥及入口。

戈瑟尔斯大桥及入口。

亨利哈德逊桥。

荷兰隧道及入口。

林肯隧道及入口。

马林林荫大道大桥及入口。

纽约湾海峡大桥及入口。

奥特布里奇交叉及入口。

皇后中城隧道及入口。

窄颈大桥及入口。

特里堡大桥及入口。